Über dieses Buch

Titus Livius (59 v. Chr. – 17 n. Chr.), geboren in Padua und erst später nach Rom gekommen, muß von immensem Fleiß gewesen sein. Sein Werk über die römische Geschichte hat nicht weniger als 142 Bücher umfaßt, von der Stadtgründung bis zum Jahr 9 v. Chr., ein gigantisches Unternehmen. Dabei war Livius kein eigentlicher Vertreter der historischen Zunft, wie man ihn in Rom sich vorstellte. Anders als etwa Caesar oder Sallust hat er nie Politik gemacht und auch militärisch über keine eigenen Erfahrungen verfügt. Aber gestützt auf weitläufige Studien und stilistisches Talent, hat er sich seines Themas als Erzähler bemächtigt, hat gezeigt, wie man toten Fakten Leben und Spannung entlockt. Ein Faible besaß er für die Frühzeit Roms. Dort fand er die Vorbilder, die er seinen Lesern ans Herz legen wollte: gradlinige, ja knorrige Charaktere, Verkörperungen jener Willensstärke, durch die Rom groß geworden war.

Hier, wo Geschichte noch im Halbdunkel von Mythen und Legenden liegt, hat er auch seine erzählerische Begabung am freiesten entfalten können. Die Sagen von Aeneas, von Romulus und Remus oder dem Raub der Sabinerinnen, das römisch-etruskische Königtum, Lucretia, dann der Übergang zur Republik, Coriolan, der Einfall der Gallier und die kapitolinischen Gänse, all das entstammt den ersten fünf Büchern seines Werkes, die in dieser Ausgabe als ›Die Anfänge Roms‹ zusammengefaßt sind.

Literatur · Philosophie · Wissenschaft

Bibliothek der Antike
Herausgegeben von Manfred Fuhrmann

Livius

Die Anfänge Roms
Römische Geschichte I–V

Übersetzt und mit einer Einführung
und Erläuterungen versehen
von Hans Jürgen Hillen

Bibliothek der Antike
Deutscher Taschenbuch Verlag
Artemis Verlag

Vollständige Ausgabe.
Zeittafel, Schema des Aufbaus und
Verzeichnis der Eigennamen
von Hans Jürgen Hillen.

Mai 1991
Deutscher Taschenbuch Verlag GmbH & Co. KG,
München
© 1987 und 1991 Artemis Verlag,
Zürich und München
Umschlaggestaltung: Celestino Piatti
Gesamtherstellung: C. H. Beck'sche Buchdruckerei,
Nördlingen
Printed in Germany · ISBN 3-423-02262-0

EINFÜHRUNG

DIE RÖMISCHE GESCHICHTSSCHREIBUNG VOR LIVIUS

Als höchste Bewährung des Menschen galt römischem Denken die Leistung für den Staat. Auch die Geschichtsschreibung der Römer war in hohem Maße Dienst an der *res publica*. Voll Stolz auf die Taten ihres Volkes fühlten sich die römischen Geschichtsschreiber gedrängt, ihrer Umwelt und der Nachwelt von dem Ruhm und der Größe Roms zu berichten. Die meisten dieser Männer waren Angehörige der Senatsaristokratie, hatten selbst an herausgehobener Stelle am politischen Leben teilgenommen und es mitgestaltet; für sie war auch ihre Geschichtsschreibung politische Tat, auf Wirken ausgerichtet.

Dies zeigt sich schon bei Q. Fabius Pictor, dem ersten Geschichtsschreiber der Römer, aufs deutlichste. Im Jahre 216, nach der Niederlage von Cannae, war er vom Senat nach Delphi geschickt worden, um beim Orakel anzufragen, wie die Römer die Götter wieder versöhnen könnten und wann die schweren Schicksalsschläge ein Ende nähmen. Auf dieser Reise hatte er erfahren müssen, daß Rom in der griechischen Welt nicht nur Freunde hatte. Ursache dafür war zum einen Angst vor dem mächtigen Nachbarn im Westen. Aber auch die karthagische Propaganda war nicht unwirksam geblieben: Philinos von Akragas hatte eine Geschichte des 1. Punischen Krieges (264–241) geschrieben, in der die Karthager als besonnen, anständig und tapfer, die Römer als das Gegenteil dargestellt waren, und Hannibal führte griechische Publizisten in seinem Stab mit sich, die die Zeitereignisse aus ihrer romfeindlichen Sicht darstellten. Daß sein Volk so verunglimpft wurde, erfüllte Fabius, den Angehörigen eines der ältesten und angesehensten Geschlechter Roms, mit tiefer Empörung; um diesem Zerrbild entgegenzuwirken und der Welt das rechte Bild von den Römern und den Grundsätzen ihres Handelns zu vermitteln, verfaßte er sein Werk, in dem er die Geschichte Roms von der Vorzeit bis auf die Gegenwart darstellte. Da er sich an die griechische Welt wandte, benutzte er dabei die griechische Sprache. Verhältnismäßig ausführlich war der erste Teil bis etwa zur Mitte des 5. Jahrhunderts gehalten. Durch den Arkader Euander, der sich als erster auf dem Palatin angesiedelt und die Kenntnis der Schrift nach Italien gebracht haben soll, und den Trojaner Aeneas, der der Sage nach in Latium Zuflucht fand und dessen Nachkommen Rom gründeten, hängt diese Stadt von ihren frühesten Anfängen an mit der griechischen Welt und ihrer Zivilisation zusammen; man kann die Römer daher nicht als Barbaren betrachten.

Die Zeit von der Mitte des 5. Jahrhunderts bis zum Krieg mit Tarent und Pyrrhos (282–272) war dann summarisch behandelt. Der Hauptakzent von Fabius' Werk lag auf dem dritten Teil, der die Zeitgeschichte vom 1. Punischen Krieg an umfaßte. Nachdrücklich wird hier gezeigt, daß die Römer kein Räubervolk sind, sondern bei allen Auseinandersetzungen dieses Jahrhunderts das Recht auf ihrer Seite hatten. Wir wissen nicht sicher, wie weit das Werk des Fabius reiche und wann er es veröffentlicht hat. Das letzte der erhaltenen Fragmente handelt von der Schlacht am Trasumennischen See (217). Es spricht nichts gegen die Annahme einer Veröffentlichung des Werkes noch im Laufe des 2. Punischen Krieges; manche nehmen jedoch an, Fabius habe den ganzen Krieg behandelt und das Werk sei folglich erst nach 201 v. Chr. erschienen.

Für die Darstellung des Hauptteils mit der Geschichte seines Jahrhunderts konnte Fabius sich z. T. auf eigenes Erleben, dazu vor allem aber auch auf die lebendige Senatstradition sowie auf Senatsakten stützen; seine senatorischen Standesgenossen oder deren Väter und Brüder waren nicht nur Zeugen der Ereignisse dieses Jahrhunderts gewesen, sondern hatten diese Ereignisse selbst entscheidend mitgestaltet.

Aber auch für die frühere Zeit verfügte die römische Nobilität, vor allem was die eigenen Vorfahren anging, über eine verhältnismäßig reiche Tradition. Die Ahnenmasken (imagines) in ihren Häusern und die Inschriften darunter (tituli), die Namen, Ämter und Taten der Verstorbenen mitteilten, hielten von Generation zu Generation die Taten der Ahnen lebendig. Außerdem befanden sich in den meisten Familienarchiven Unterlagen und Aufzeichnungen aus den Amtsjahren einzelner Familienmitglieder, auch Manuskripte von Reden, vor allem zum Preis der Verstorbenen *(laudationes funebres).* Da der Ruhm der Familie auf ihren Leistungen für die *res publica* beruhte, scheute man gelegentlich aber auch nicht davor zurück, solche Leistungen zu übertreiben oder gar zu erfinden. Die Unzuverlässigkeit der *tituli* und der Totenreden in dieser Hinsicht war bekannt. So steht in der Tradition der senatorischen Familien Echtes und Unechtes nebeneinander.

Ähnlich ist es auch mit den Überlieferungen, die sich im Volk erhalten hatten. Die Erinnerung an die Zustände vergangener Zeiten und an eine Reihe bedeutender Begebenheiten war im Weitererzählen lebendig geblieben, hatte dabei allerdings auch Aus- und Umgestaltungen erfahren. Dabei waren vor allem wichtige historische Ereignisse in engste Verbindung mit Einzelschicksalen gebracht worden, wie der Sieg über Alba mit den Horatiern und Curiatiern, die Vertreibung der Könige mit der Vergewaltigung der Lucretia, der Sturz der Decemvirn mit dem Schicksal der Verginia. Diese Szenen haben sich nie so abgespielt, wie sie erzählt wurden, aber in ihnen leuchtet viel von römischem Wesen auf, und für die Römer selbst waren sie das Lebendigste an ihrer geschichtlichen Überlieferung. Dazu waren Tatsachen, gegen die sich das patriotische Gefühl der Römer aufbäumte, in dieser mündlichen Tradition abgewandelt worden. So wurde die etruskische Fremdherrschaft vertuscht: Man machte den historischen Übergang der Macht an die Etrusker für den Römerstolz erträglich, indem man ihn zur Einwanderung eines Mannes aus Tarquinii umstilisierte. Und die Besetzung der Stadt durch Porsenna wurde durch die Legende von der Abwehr seines Angriffs und von den Heldentaten einzelner ins Gegenteil verkehrt. Nicht zu unterschätzen ist die Rolle, die die römische Schule für die Tradition dieser Erzählungen aus der römischen Vergangenheit gespielt hat. Es ist auch überliefert, man habe in Liedern, die beim Mahl gesungen wurden, Taten von besonderer Bedeutung gepriesen; doch ist von solchen Liedern nichts erhalten, und man ist von diesem Brauch schon lange vor dem Beginn der römischen Geschichtsschreibung abgekommen.

Doch trotz aller im einzelnen angebrachten Skepsis enthalten die Nachrichten über die Frühzeit Roms erstaunlich vieles, was durch die moderne Forschung bestätigt worden ist. Im Kern richtig ist z. B. die Überlieferung von dem Zusammenwachsen des latinischen und des sabinischen Bevölkerungsteils zu einer Bürgerschaft, von dem Verhältnis der jungen Gemeinde zu ihren latinischen, sabinischen und etruskischen Nachbarn, von der Rivalität zwischen Rom und Alba und dem Untergang Albas im 6. Jahrhundert sowie von der Etruskerherrschaft, die Rom einen ungeheuren Aufschwung, der Bevölkerung aber auch harte Fron brachte. Was die römische Tradition von Tanaquil und der jüngeren Tullia überliefert, entspricht – wenn auch beide Gestalten kaum historisch sein dürften – dem großen Einfluß der Frau in der etruskischen Gesellschaft; die überschäumende Lebensfreude in den Häusern des etruskischen Adels, der die zurückgezogene Häuslichkeit der Römerin Lucretia als Idealbild entgegengestellt wird, finden wir durch die Malereien in den Gräbern der Etrusker bestätigt.

Für die Gründungssage Roms konnte Fabius sich auf griechische und römische Überlieferungen stützen. Seitdem griechische Kolonisten im 8. Jahrhundert in Italien Fuß gefaßt hatten, suchten die fabulierfreudigen Griechen in neuen Mythen die Gebiete im Westen in ihr Welt- und Geschichtsbild einzubeziehen. Die Irrfahrten des Odysseus boten sich als Anknüpfungspunkt an. Hesiod berichtet um 700, daß aus der Verbindung des Odysseus mit Kirke drei Söhne hervorgegangen seien, neben Agrios und Telegonos auch Latinos, der Urkönig der Latiner; diese drei hätten über die Etrusker – so bezeichneten die Griechen damals allgemein die Bewohner Italiens – geherrscht. Rund hundert Jahre später taucht dann bei den Griechen die Überlieferung von der Fahrt des Aeneas nach Westen auf. Wie wir aus Bodenfunden wissen, war die Sage von der Flucht des Aeneas aus Troja im letzten Drittel des 6. Jahrhunderts nirgendwo so bekannt und beliebt wie in der etruskischen Welt, zu der auch das damalige Rom gehörte. Nach der Vertreibung der Könige könnten die Römer

Aeneas als Gründungsheros für sich beansprucht haben. Das erste Zeugnis dafür finden wir bei Hellanikos von Lesbos, der im letzten Drittel des 5. Jahrhunderts berichtet, Aeneas habe Rom gegründet und nach der Trojanerin Rome benannt. Im 4. Jahrhundert wird zum erstenmal Romus, der Sohn, Enkel oder Urenkel des Aeneas, als der Gründer Roms erwähnt; neben ihm erscheint bald auch der Name Romulus. Die vielen aus dieser Zeit bekannten Varianten zeigen, daß die Gründungssage damals noch nicht ihre feste Form gefunden hatte. Das muß um 300 geschehen sein. Im Jahre 296 wurde in Rom ein ehernes Standbild der Wölfin durch die Figuren der Zwillinge ergänzt. Vielleicht hat auch dieses Denkmal nicht unwesentlich dazu beigetragen, daß sich die Sagenform mit den Zwillingen, ihrer Aussetzung und ihrer wunderbaren Rettung durchsetzte. Bald nach 269 erscheint das Motiv auch auf römischen Münzen.

In lateinischer Sprache ist die römische Geschichte zuerst von Dichtern behandelt worden. Bald nachdem das griechisch geschriebene Werk des Fabius erschienen war, wandte sich der aus Kampanien stammende Cn. Naevius (geb. ca. 265, gest. wahrscheinlich nach 200) mit einem im saturnischen Versmaß geschriebenen Epos über den 1. Punischen Krieg (›Bellum Poenicum‹) an das römische Publikum. Er hatte selbst als junger Mann an diesem Krieg teilgenommen, war dann nach Rom gekommen und hatte sich hier von 235 an als Bühnenautor vor allem durch seine Komödien einen Namen gemacht.

Naevius hat in die Darstellung des 1. Punischen Krieges die Vorgeschichte Roms von der Flucht des Aeneas aus Troja bis zur Gründung der Stadt eingefügt. Diese Vorgeschichte hat aber bei ihm eine völlig andere Funktion als bei Fabius. Dem Brauch des griechischen Epos entsprechend, treten bei ihm, dem Dichter, auch die Götter auf. Venus übergibt dem Anchises Bücher, in denen die Zukunft aufgezeichnet ist. Nach dem Seesturm, der die Trojaner nach Afrika verschlagen hat, beklagt sich Venus bei Jupiter wegen des harten Schicksals ihres Sohnes Aeneas; doch Jupiter tröstet sie mit der Verheißung einer glücklichen Zukunft für dessen Nachkommen. Und schließlich bestätigen zwei Auspizien das Einverständnis der Götter mit den Unternehmungen des

Aeneas und seines Enkels Romulus. So wird der Ablauf der römischen Geschichte zur Erfüllung eines göttlichen Plans, nach dem Rom eine große Zukunft bestimmt ist. Das Hochgefühl der Zeit kurz vor oder nach dem Ende des 2. Punischen Krieges, in der das Epos des Naevius entstand, wird hier greifbar. Seine Geschichtstheologie blieb nicht ohne Nachwirkung; diese ist auch bei Livius spürbar, vor allem aber bei Vergil, der ihr entscheidende Anregungen für seine ›Aeneis‹ verdankt.

Zum Ausbruch des 1. Punischen Krieges zeigt Naevius wie Fabius, daß es sich um einen »gerechten und frommen Krieg« gehandelt hat. Für die Schilderung der Kriegsereignisse reichten seine eigenen Erlebnisse nicht aus; er muß dafür eine literarische Vorlage benutzt haben, wahrscheinlich das Werk des Fabius; vielleicht hat er daneben auch die Darstellung des Philinos eingesehen.

Nur etwa 15–20 Jahre trennen das ›Bellum Poenicum‹ des Naevius von dem zweiten lateinischen Geschichtsepos, den ›Annalen‹ (Jahrbüchern) des Q. Ennius (239–169). Dieser war 204 durch M. Porcius Cato nach Rom gekommen, war hier durch seine vielseitige literarische Tätigkeit bekannt geworden und hatte Zugang zu einer Reihe führender Männer gewonnen. Der Konsul M. Fulvius Nobilior nahm ihn im Jahre 189 mit auf seinen Feldzug gegen die Ätoler, damit er seine Taten verherrliche. Ennius hat die ›Annalen‹ nach der Rückkehr von diesem Feldzug begonnen. Das Werk ist sukzessive erschienen, die ersten der insgesamt 18 Bücher wohl noch in den 180er Jahren, die letzten gegen Ende seines Lebens.

Ennius trat mit dem höchsten Anspruch vor seine Leser und stellte sich als der wiedergeborene Homer vor. Für die Form seiner Darstellung verschmähte er den Saturnier, in dem Naevius geschrieben hatte, als altertümlich und primitiv und setzte nach dem Vorbild der Griechen den Hexameter an seine Stelle. Dazu schuf er, z. T. in direkter Nachahmung Homers, einen hohen epischen Stil. Dadurch haben seine ›Annalen‹ auf die Zeitgenossen wie auf die nachfolgenden Generationen einen ungeheuren Eindruck gemacht; bis zum Erscheinen der ›Aeneis‹ galten sie als das römische Nationalepos.

Ennius ließ zwar den Ätolerfeldzug seines Gönners M. Fulvius Nobilior mit der Einnahme von Ambrakia einen Höhepunkt in den ›Annalen‹ bilden; das eigentliche Thema indes machte er nicht daraus. Das Werk enthielt die römische Geschichte von der Flucht des Aeneas aus Troja bis auf seine eigene Zeit. Für die Vorgeschichte bis zur Gründung Roms hat er sich eng an Naevius gehalten, für die Königszeit, die Naevius nicht behandelt hatte, an Fabius. Die Zeit der Republik ist bei ihm breiter dargestellt als bei diesem, doch nicht chronikartig Jahr um Jahr, wie der Titel vermuten läßt; vielmehr hat er sich auf die bedeutenden Ereignisse konzentriert und dabei die Taten der großen Männer Roms rühmend herausgestellt. Der bekannteste Vers aus seinem Epos hebt hervor, welche Bedeutung solche Männer und die Haltung, aus der ihre Taten erwuchsen, für den römischen Staat hatten:

Moribus antiquis res stat Romana virisque.
Auf den alten Sitten und seinen Männern ruht der römische Staat.

Es dürfte für Ennius nicht schwer gewesen sein, von den Großen Roms Auskünfte über ihre eigenen Leistungen und die ihrer Ahnen zu erhalten. Es ist ja die Zeit, in der zahlreiche römische Nobiles durch ihre Taten in eitler Ruhmsucht vor allem die Aufmerksamkeit der Umwelt auf sich und ihre Gens lenken wollten und in der zum erstenmal römischen Politikern von ihren eigenen Angehörigen vergoldete Denkmäler errichtet wurden.

Diese Ruhmsucht des einzelnen war für M. Porcius Cato (234–149), der unermüdlich bestrebt war, »die neuen Fehlhaltungen einzudämmen und die alten Sitten wiederherzustellen«, ein Grundübel der Zeit. Seine ›Origines‹ (Gründungsgeschichten) sind das erste Geschichtswerk in lateinischer Prosa. Sie umfassen insgesamt sieben Bücher. Der Titel paßt aber eigentlich nur zu den ersten drei, die neben der Frühgeschichte Roms auch die Gründungsgeschichten der übrigen Städte Italiens enthalten; die Bücher IV-VII behandeln dagegen in chronologischer Abfolge die römische Geschichte vom 1. Punischen Krieg bis unmittelbar vor Catos Tod.

Cato hat mit dem Abfassen der ›Origines‹ nicht vor dem Ende der 170er Jahre begonnen. Das Werk hat ihn dann bis zum Ende seines Lebens weiter beschäftigt; er hat noch eine Rede aus seinem letzten Lebensjahr darin aufgenommen. Man kann wohl annehmen, daß er nur die ersten drei Bücher selbst veröffentlicht hat und daß die übrigen vier erst nach seinem Tode herausgegeben wurden; das würde auch den für das Ganze so wenig passenden Titel erklären.

Bei der Frühgeschichte Roms, die bei ihm von der Landung des Aeneas in Italien bis zum Decemvirat (451–449) reicht, konnte Cato sich weitgehend auf Fabius Pictor stützen. Für die Städte und Völker Italiens boten ihm zwar griechische Geschichtswerke eine gewisse Hilfe, aber einen großen Teil dieses Stoffes mußte er sich selbst beschaffen. Sein Fleiß und seine Gewissenhaftigkeit bei diesen Bemühungen wurden schon im Altertum aufs höchste bewundert.

Die letzten vier Bücher atmen in besonderer Weise Catonischen Geist. Cato will auch als Geschichtsschreiber auf seine Mitbürger einwirken, indem er ihnen Vorbilder rechten Handelns zeigt und Verwerfliches in aller Schärfe anprangert; er glaubt an die mitreißende Kraft des guten und die abstoßende des schlechten Beispiels. Als Politiker hatte er die Selbstherrlichkeit der Großen bekämpft; in seinem Geschichtswerk stellt er alle Taten ohne Nennung eines Namens dar. Es geht um Römertugend und den Ruhm Roms, nicht um den Ruhm bestimmter Römer und bestimmter Familien; es gilt nur die Leistung im Dienst des römischen Volkes, Persönliches hat zurückzustehen. Seine Leser sollen stolz sein, daß es Römer waren, die diese Taten vollbrachten; der Name tut nichts zur Sache.

Catos Bild vom Verfall der Sitten gegenüber der großen Vergangenheit, gepaart mit der erzieherischen Absicht seiner Geschichtsschreibung, hat über Calpurnius Piso und Sallust weitergewirkt bis auf Livius. Mit der Unterdrückung der Namen indes hat er keine Nachfolge gefunden. Es blieb in der römischen Geschichtsschreibung bei dem herkömmlichen Brauch, die Namen mitzuüberliefern.

In diesen Rahmen fügt sich auch das biographische Schrifttum

der Römer ein. Es beginnt bald nach der Wende vom 2. zum 1.
Jahrhundert mit den Autobiographien des M. Aemilius Scaurus
(163/2–89/8), Q. Lutatius Catulus (um 150–87) und P. Rutilius
Rufus (etwa 155 bis nach 78). Von ihren Memoiren führt eine gerade Linie zu den berühmten autobiographischen Werken eines
Sulla, Cicero, Caesar, Varro, Agrippa und Augustus. Seit den
30er Jahren gibt es auch Biographien als Darstellung des Lebens
berühmter Gestalten aus der Geschichte (Varro, Nepos); diese literarische Form hat ihren Höhepunkt in der Kaiserzeit erlebt
(Tacitus, Sueton, ›Historia Augusta‹).

   Die wichtigste, noch aus der vorliterarischen Zeit stammende
Quelle für eine kontinuierliche Geschichte des republikanischen
Roms, die *annales pontificum* (Jahreschroniken der Pontifices),
fand erst nach der Mitte des 2. Jahrhunderts gebührende Beachtung. Jahr um Jahr hatte der Pontifex maximus auf weißen Tafeln
die Namen der Beamten und wichtige Begebenheiten des Jahres,
vor allem aus dem religiösen Bereich, festgehalten. Diese Tafeln
wurden nach Ablauf des Jahres in der Regia, dem Amtssitz des
Pontifex maximus, aufbewahrt.

   Die Aufzeichnungen für die ältere Zeit sind bei dem Brand
Roms nach der Besetzung der Stadt durch die Gallier 386 zum
größten Teil vernichtet worden. Nach dem Abzug der Feinde haben die Pontifices versucht, das Verlorene, so gut es ging, zu re-
konstruieren. Dabei blieben Lücken und Unklarheiten, vor allem hinsichtlich der Beamten einzelner Jahre und der Datierung
von Ereignissen. Die Liste der Beamten gilt jedoch zum mindesten für die Zeit ab 486 als recht zuverlässig.

   Fabius scheint die Priesterannalen nicht herangezogen zu haben; Ennius hat sein Epos nach ihnen benannt, sie aber nur für
Einzelheiten eingesehen; Cato äußert sich verächtlich über sie
wegen ihres Inhalts, in dem Teuerungen, ungewöhnliche Him-
melserscheinungen und andere Prodigien eine besondere Rolle
spielten. Der karge Notizenstil der Priesterchronik mit dem bloßen Anführen von Personen und Fakten wird für uns in manchen
chronikartigen Partien bei Livius noch greifbar.

   In der Amtszeit des Pontifex maximus P. Mucius Scaevola (130
bis ca. 115) wurde die laufende Führung der Jahreschroniken ein-

gestellt; gleichzeitig erschien eine überarbeitete Fassung des bis-
herigen Bestandes in 80 Büchern *(annales maximi)*. Im Gegensatz zu den Tafeln der Pontifices begannen die *annales maximi*
mit der Gründung Roms, und sie waren auch für die spätere Zeit
durch Aufnahme von Nachrichten aus den inzwischen vorliegenden Geschichtswerken sowie durch Material aus den Archi-
ven der Priester und des Senats erweitert worden. Durch diese
Publikation wurden die alten Aufzeichnungen für die Geschichte der ersten 2¹/₂ Jahrhunderte der römischen Republik allgemein zugänglich.

Die Annalen der Pontifices haben die Form der späteren römischen Geschichtsschreibung als Aneinanderreihung einzelner
Jahresberichte geprägt. Nach dieser Form bezeichnet man die ältere römische Geschichtsschreibung allgemein als Annalistik; im
eigentlichen Sinn paßt diese Benennung jedoch nur für die nach
der Veröffentlichung der annales maximi erschienenen Werke,
die die Beamten und die Ereignisse Jahr um Jahr anführen.

Neben den annales pontificum gab es noch andere Beamtenlisten, die mit ihnen nicht immer übereinstimmten, wie das auf
Leinen geschriebene Verzeichnis im Tempel der Juno Moneta.
Die erste Veröffentlichung einer solchen Liste war bereits um
300 durch Cn. Flavius erfolgt. In der Zeit des Livius lagen Hand-
bücher mit Beamtenlisten *(libri magistratuum)* vor, die auf die älteren Aufzeichnungen zurückgingen.

In der Gracchenzeit nimmt die Zahl der Geschichtsschreiber
zu. Die Wirkung der soeben erschienenen annales maximi wird
bei L. Calpurnius Piso (133 Konsul) deutlich, in dessen ›Annalen‹ die Geschichte der frühen römischen Republik eine größere
Rolle spielt als bei seinen Vorgängern. Wie Cato empfand er die
eigene Zeit als entartet, und wie dieser stellte er ihr das leuch-
tende Vorbild der Vergangenheit vor Augen. Auch Cn. Gellius
und C. Sempronius Tuditanus (129 Konsul) verfaßten in der
Gracchenzeit Gesamtdarstellungen der römischen Geschichte.

C. Fannius (122 Konsul) und Sempronius Asellio (geb. ca. 160,
gest. nach 91) haben die Geschichte ihrer eigenen Zeit ausführlich behandelt. In Anlehnung an den griechischen Historiker Polybios (ca. 200 – ca. 120) bemühten sich beide darum, die politi-

schen Zusammenhänge und die Motive der Gestalten darzulegen; die Objektivität des Fannius wird von Sallust gerühmt.

Der ebenfalls in dieser Zeit schreibende C. Coelius Antipater
(geb. wohl zwischen 180 und 170) ist der erste römische Historiker, der sich auf einen in sich geschlossenen Abschnitt der Vergangenheit beschränkte; er beschrieb in sieben Büchern den
2. Punischen Krieg. Dabei bemühte er sich in Nachfolge der hel-
lenistischen Geschichtsschreibung besonders um eine wirkungs-
volle Darstellung des vorliegenden Stoffes und ließ in dieser Hinsicht alle anderen Geschichtsschreiber seines Jahrhunderts weit
hinter sich. Für Cicero war Antipater der einzige, der den geschichtlichen Stoff nicht nur mitteilen, sondern auch einigermaßen wirkungsvoll gestalten konnte.

Im Streben nach einer anschaulichen und wirkungsvollen Darstellung scheuten seit der Gracchenzeit manche römischen Historiker über das einfache Ausmalen des Überlieferten hinaus
auch vor freien Erfindungen nicht zurück. Von Calpunius Piso
wissen wir, daß er die Überlieferung mit Anekdoten ausgeschmückt hat. Andere haben ohne Bedenken Fakten, die sie für
möglich oder wahrscheinlich hielten, sowie unterhaltsame Geschichten in ihre Werke eingefügt. Bei den kärglichen Resten der
frühen römischen Geschichtsschreibung können wir im allgemeinen nicht sicher sagen, wer für die jeweilige Darstellung in
der späteren Überlieferung verantwortlich ist. In vielen Fällen
läßt sich jedoch die Zeit erkennen, aus der diese Erweiterungen
des Überlieferten stammen. So werden für die Hinrichtung des
Sp. Cassius nach seinem dritten Konsulat sehr verschiedene
Gründe angeführt. Offensichtlich war lediglich überliefert, Cassius habe nach der Alleinherrschaft getrachtet und sei deswegen
hingerichtet worden. Das haben dann verschiedene Historiker
jeweils auf ihre Art ausgestaltet. Die bei Livius vorliegende Fassung (II 41) kann mit dem Motiv der Landanweisungen nicht historisch sein; sie läßt deutlich die Probleme der Gracchenzeit erkennen, die hier in das frühe 5. Jahrhundert zurückprojiziert
sind. Die freie Ausgestaltung überlieferter Fakten konnte – zumal bei schwankender Datierung – dazu führen, daß spätere Historiker, auch Livius, in ihrer Überlieferungsgläubigkeit nicht

merkten, daß es sich um ein und dasselbe Ereignis in verschiedenen Ausgestaltungen handelte und daß sie beide Fassungen als zwei verschiedene Ereignisse mitteilten (sog. Dubletten).

Die Polarisierung in den innenpolitischen Auseinandersetzungen der sullanischen Zeit hat bei den senatorischen Geschichtsschreibern dieser Epoche deutliche Spuren hinterlassen. Durch den mit Leidenschaft geführten Parteikampf geprägt, neigten sie auch in ihren Darstellungen der römischen Geschichte zu einseitiger Akzentuierung und Parteinahme und suchten so aufzuzeigen, was ihrer Meinung nach das Rechte war. Verzerrungen blieben dabei nicht aus.

L. Cornelius Sisenna (um 118–67; 78 Prätor) stellte als Sullaner die Geschichte seiner Zeit vom Bundesgenossenkrieg (91–88) bis zum Tode Sullas (78) aus der Sicht eines Optimaten dar; in der Einleitung oder in einem Exkurs scheint er die Frühgeschichte Roms gestreift zu haben. Auch L. Aelius Tubero, der Altersgenosse und Freund Ciceros, dürfte wie in seinem Leben, so auch in seinem um 60 entstandenen Geschichtswerk, das die Geschichte Roms von den Anfängen bis auf seine Zeit darstellte, den Standpunkt des Optimaten eingenommen haben. Deutlich populare Tendenz und Parteinahme für die Plebs zeigen dagegen die ›Annalen‹ des C. Licinius Macer (73 Volkstribun, ca. 68 Prätor, gest. 66), in denen die Geschichte Roms von den Anfängen an fortlaufend behandelt war; wie weit sein Werk reichte, können wir nicht mehr erkennen. Als Grundlage seiner Darstellung gab er sich nicht mit den älteren Geschichtswerken zufrieden, sondern suchte weitere Quellen ausfindig zu machen; mehrfach wird von ihm die alte Leinenchronik angeführt, die im Tempel der Juno Moneta lag. Andererseits war sein Werk nicht frei von Erfindungen, vor allem zum Ruhm der Licinier.

Zeitgenossen dieser Historiker waren auch Q. Claudius Quadrigarius und Valerius Antias, die nicht zum Kreis der Senatoren gehörten. Claudius ließ seine ›Annalen‹ mit der Gallierkatastrophe von 386 anheben; die Überlieferung für die Zeit davor sah er als zu wenig gesichert an. Seine Darstellung führte dann in 23 oder mehr Büchern bis auf die eigene Zeit. Valerius Antias' Werk war noch breiter angelegt; es umfaßte in mindestens 75 Bü-

chern die Geschichte Roms von den Anfängen bis auf die Gegenwart. Durch anschauliches Ausmalen des Überlieferten über das
Maß des bisher Üblichen hinaus sowie durch das Einfügen von
Episoden suchten beide ihren Lesern die Ereignisse der römischen Geschichte möglichst nahezubringen, durch die Angaben
über ungeheure Verluste der Feinde die Überlegenheit der römischen Truppen herauszustreichen. Die Darstellungen des Claudius Quadrigarius und des Valerius Antias müssen von einem
starken patriotischen Gefühl bestimmt gewesen sein; sonst wäre
die Wirkung nicht zu erklären, die ihre ›Annalen‹ auf Livius und
andere nach ihm gehabt haben.

Antias war im Aus- und Umgestalten der Überlieferung bis ins
kleinste Detail noch bedenkenloser als Claudius. Aus Vorliebe
für bestimmte Persönlichkeiten scheute er auch vor Eingriffen in
die Überlieferung nicht zurück; vor allem das Geschlecht der Va-
lerier erhielt bei ihm eine besondere Bedeutung. Für Livius war
Valerius Antias eine der wichtigsten Quellen; keinen anderen
Geschichtsschreiber nennt er so oft wie ihn. Anfangs folgte er
ihm arglos, aber schon bald kamen ihm Zweifel an der Glaub-
würdigkeit seines Gewährsmanns. Er wirft ihm maßlose Übertreibungen vor, maßloser noch als die des Claudius, zeiht ihn der
Lüge, spricht von unverschämten Erfindungen, machte sich aber
dennoch von ihm nicht ganz frei.

Die sachliche Form der *commentarii* (Aufzeichnungen), in der
C. Julius Caesar (100–44) seine Taten im gallischen und im Bürgerkrieg darstellte, ist etwas Neuartiges in der römischen Geschichtsschreibung. Livius hat in seinem 5. Buch beim Bericht
über die Gallier Caesars Werk für einzelne Mitteilungen herangezogen. Die *commentarii* Caesars und die von Offizieren seines
Heeres geschriebenen Fortsetzungen dazu sind die ältesten Geschichtswerke der römischen Literatur, die uns erhalten geblieben sind.

C. Sallustius Crispus (86–34; 46 Prätor) ist der große Geschichtsschreiber aus der Endzeit der römischen Republik. Nach
der Ermordung Caesars zog er sich aus der aktiven Politik zurück und widmete sich fortan der Geschichtsschreibung. Tief
enttäuscht von der politischen Wirklichkeit hielt er jetzt die Tä-

tigkeit des Historikers für nützlicher als die des Politikers. Denn das Wort des Historikers kann etwas erreichen, was der Macht des Politikers nicht möglich ist: Die großen Taten der Vergangenheit, auf die er die Menschen blicken läßt, wecken in diesen das Verlangen, es den Vorfahren gleichzutun. Damit knüpft Sallust an die Geschichtsschreibung der Vorgracchenzeit, vor allem an Cato, an. In den beiden Monographien über die ›Verschwörung Catilinas‹ (erschienen etwa 42/1) und über den ›Jugurthinischen Krieg‹ (erschienen etwa 40) legt Sallust brennender und bohrender als je einer vor ihm die Hintergründe dieser beiden Krisen offen und ordnet sie in den Gesamtzusammenhang der römischen Geschichte ein: Sie sind aus dem allgemeinen Verfall der Sitten erwachsen. Zugleich zeigt er, daß in der ganzen römischen Geschichte ein Zusammenhang zwischen der Haltung der Menschen und dem Zustand des Staates festzustellen ist. Die guten Sitten der Vergangenheit sind der eigentliche Grund für Roms Erstarken gewesen, der Verfall dieser Sitten hat zum Zerbrechen der Ordnung und dem allgemeinen Niedergang in der Gegenwart geführt. Mit seinem Bild vom Gang der römischen Geschichte hat Sallust entscheidenden Einfluß auf Livius ausgeübt. Das letzte Werk Sallusts, die ›Historien‹, brachten als Fortsetzung Sisennas eine Zeitgeschichte vom Jahre 78 an. Als Sallust starb, lagen fünf Bücher bis zu den Ereignissen von 67 vor; wie weit seine Darstellung gehen sollte, wissen wir nicht.

LIVIUS

T. Livius wurde 59 v. Chr. in Padua geboren, das damals zu den reichsten und angesehensten Städten Italiens gehörte. Die Sittenstrenge seiner Bewohner, die sprichwörtlich war, hat ihn entscheidend mitgeprägt. Wie sein Werk zeigt, fühlte er sich seiner norditalischen Heimat zeitlebens verbunden.

Seine Kindheit fällt in die Zeit, in der Caesar Gallien eroberte. Der im Jahre 49 ausbrechende Bürgerkrieg zwischen Caesar und seinen Gegnern, Caesars Diktatur und seine Ermordung an den Iden des März 44 werden in dem Heranwachsenden einen tiefen

Eindruck hinterlassen haben. In seiner Vaterstadt war man republikanisch gesinnt. Kein Wunder, daß auch der junge Livius es war. Wir wissen, daß er Caesar mit tiefster Skepsis gegenüberstanden, den Pompejus dagegen bewundert hat, ebenso die Pompejaner Scipio und Afranius und die Caesarmörder Cassius und Brutus. Noch in späteren Jahren nannte Kaiser Augustus ihn halb im Scherz, halb im Ernst einen Pompejaner. Bei den Auseinandersetzungen, die auf die Ermordung Caesars folgten, blieb auch Padua nicht verschont; Livius wird wohl noch in der Heimat gewesen sein, als im Jahre 43 seine Vaterstadt heimgesucht wurde, weil sie sich nicht M. Antonius anschließen wollte.

Livius stammte aus einem angesehenen und begüterten Elternhaus und konnte in äußerer Unabhängigkeit leben. Wie andere seines Standes genoß er die übliche philosophisch-rhetorische Ausbildung. Wann er nach Rom gekommen ist, wissen wir nicht, es dürfte spätestens im Laufe der 30er Jahre gewesen sein. Damals sind wohl auch die ersten literarischen Arbeiten entstanden, von denen wir hören; sie behandelten philosophische Themen, zeigten aber zugleich auch sein Interesse an der Geschichte. Livius hat wahrscheinlich viele Jahre seines Lebens in Rom verbracht, ohne die Verbindung zu seiner Heimatstadt je ganz aufzugeben. Ein politisches Amt hat er im Gegensatz zu den meisten römischen Historikern nie bekleidet, politische und administrative Verantwortung nie aus eigener Erfahrung kennengelernt.

Die römische Welt fand in den Jahren nach der Ermordung Caesars keine Ruhe. Immer neue, mit Erbarmungslosigkeit geführte Bürgerkriege suchten Italien und die Provinzen heim, die Schrecken schienen kein Ende zu nehmen. Wer war seines Besitzes, wer seines Lebens noch sicher? Die Triumvirn Antonius, Lepidus und Octavian schufen nicht die Ordnung, die sie zu schaffen versprachen. Ihre grausigen Proskriptionen verbreiteten neuen Schrecken. Bald standen sie einander auch selbst in Waffen gegenüber. Lepidus wurde gewaltsam entmachtet. Die Rivalität zwischen Antonius und Octavian wurde 40 in Brundisium und 37 bei Tarent und einmal beigelegt; die Vernunft schien zu triumphieren. Aber dann kam der unvermeidliche Endkampf zwischen ihnen, der Octavian den Sieg brachte.

Von den Leiden der Menschen an den Schrecknissen dieser
Jahre und von ihrer Sehnsucht nach Frieden, Ordnung und Sicherheit geben die gleichzeitigen Dichtungen des Vergil und Horaz Zeugnis. Der junge Livius ist in den für die Herausbildung
seines Lebensgefühls entscheidenden Jahren durch das Erlebnis
dieser Bürgerkriege geprägt worden; noch Jahre danach sucht er
in der Vorrede seines Werkes mit Schaudern die Erinnerung an
die »Übel, die unser Zeitalter so viele Jahre lang gesehen hat«, zurückzudrängen. Je tiefer die Verzweiflung gewesen war, um so
freudiger wurde die Neuordnung begrüßt, die dem Leben wieder
einen Sinn gab.

Anfang 29 kehrte Octavian nach dem Sieg von Actium (2. Sep-
tember 31) und der Besetzung Alexandrias (August 30) nach
Rom zurück. Zum Zeichen dafür, daß im ganzen Reich der
Friede eingekehrt war, wurden am 11. Januar 29 auf Beschluß des
Senats die Tore des Janusbogens geschlossen. Schon in den 30er
Jahren hatte sich die Hoffnung der Menschen – auch infolge geschickter Propaganda – immer mehr auf Octavian gerichtet.
Durch seine Milde nach dem Sieg, durch das Festhalten an republikanischen Formen und die respektvolle Behandlung des Senats, durch seine Großzügigkeit gegenüber dem Volk, seine Bewunderung der Leistungen der Vorfahren und seine Bemühungen um eine Wiederbelebung des Geistes, der Rom groß gemacht
hatte, übertraf er jetzt alle Erwartungen, und seine Politik fand
allgemeine Zustimmung, wie er selbst voller Stolz im Rückblick
auf seine Taten berichtet. Als er am 13. Januar 27 dem Senat mitteilte, er wolle die ihm übertragene Gewalt dem Senat und Volk
zurückgeben, bat man ihn daher, diese Macht zu behalten; über
der Tür seines Hauses wurde die *corona civica* (Bürgerkrone) aus
Eichenlaub angebracht, die ihn als Retter des Staates und Wie-
derhersteller der Freiheit auszeichnen sollte. Drei Tage später
ehrte ihn der Senat mit dem Beinamen *Augustus* (etwa: der Erha-
bene, Geweihte), der ihn über das normale menschliche Maß hinaus in eine sakrale Sphäre erhob, und im Senatsgebäude wurde
auf Beschluß von Senat und Volk »wegen seiner Tapferkeit, seiner Milde, seiner Gerechtigkeit und seiner Frömmigkeit« ein
goldener Ehrenschild für ihn aufgehängt.

Das ist die Zeit, in der Livius sich an die gewaltige Aufgabe
machte, die Geschichte des römischen Volkes von den Anfängen
– daher der Titel seines Werkes: ›Ab urbe condita‹ (Von der
Gründung der Stadt an) – bis auf seine Zeit darzustellen. Aus einer tiefen Liebe zu Rom möchte er, soweit es in seinen Kräften
steht, daran mitwirken, daß die »Erinnerung an die Taten des ersten Volkes der Erde« lebendig bleibt. Sein besonderes Anliegen
ist dabei, durch das Herausstellen des Vorbildlichen und des Ver-
werflichen auf seine Leser zu wirken. Die Geschichte zeigt, welche Eigenschaften und welche Menschen Rom aus kleinen Anfängen zu seiner gewaltigen Größe emporwachsen ließen und
wie das Nachlassen von Zucht und Ordnung zu dem Niedergang
der Sitten und der großen Krise geführt hat, aus der man jetzt einen Ausweg sucht. Hierin folgt Livius weitgehend dem Geschichtsbild des Sallust; aber mehr als sein großer Vorgänger
glaubt er aus dem Geist der frühaugusteischen Zeit heraus an die
Möglichkeit einer Erneuerung, wenn die Menschen begreifen,
daß ihre eigene Haltung zu ihrem Glück oder Unglück führt,
und aus den Beispielen der Geschichte erkennen, was sie nachahmen und was sie meiden sollen. Die großen Taten und die Haltung der Ahnen zu bewundern und sich an ihnen auszurichten,
war alte römische Tradition gewesen; jetzt, in dem Bemühen um
eine Neuordnung, gewinnt die Besinnung auf diese Tradition
neue Bedeutung. Das ist ganz im Geiste der Zeit. Auch Horaz
verherrlicht nunmehr in seinen Römeroden das Vorbild der römischen Vergangenheit, und Vergil beschwört in seiner ›Aeneis‹
die großen Gestalten der Vorzeit und Geschichte. Augustus
selbst achtete beim Lesen stets auf beherzigenswerte Vorschriften und Beispiele für das private und öffentliche Leben, schrieb
diese heraus und gab sie an andere weiter; und als er sein eigenes
Forum anlegte, schmückte er es mit Denkmälern der berühmten
Gestalten der römischen Geschichte.

Zwischen den Jahren 27 und 25 veröffentlichte Livius die ersten fünf Bücher seines Werkes. An der großen Aufgabe einer
Geschichte des römischen Volkes und seiner Taten hat er dann
Jahrzehnt um Jahrzehnt bis zum Ende seines Lebens unermüdlich gearbeitet; die Veröffentlichung erfolgte abschnittsweise.

Das Ergebnis waren 142 Bücher, die bis zum Jahre 9 v. Chr. reichten. An dieser Stelle scheint der Tod seinem Schaffen ein Ende gesetzt zu haben; möglicherweise wollte er die Geschichte bis zum Tode des Augustus im Jahre 14 n. Chr. führen.

Gestorben ist Livius 17 n. Chr. in Padua. Wir wissen nicht, ob er zu einem Besuch in seiner Vaterstadt weilte oder ob er die letzten Jahre seines Lebens ganz in seiner Heimat verbracht hat.

Der Ruhm des Livius drang schon zu seinen Lebzeiten bis an die Grenzen der römischen Welt. Es wird von einem Bewohner der spanischen Stadt Gades erzählt, der nach Rom reiste, nur um Livius zu sehen, und als er sein Ziel erreicht hatte, sogleich wieder heimkehrte. Auch der Kaiser wurde bald auf den Geschichtsschreiber aufmerksam, dessen Werk seine Reformbemühungen unterstützte; er nahm freundlichen Anteil an seiner Arbeit und würdigte ihn seines persönlichen Umgangs. Dieser Verkehr mit dem Kaiserhaus hat bis in die letzten Lebensjahre des Augustus angedauert. So hat Livius noch den jungen Claudius (geboren 10 v. Chr.), den späteren Kaiser, zur Geschichtsschreibung ermuntern können.

Tacitus, wohl der berufenste Zeuge, bewunderte Livius wegen seiner Darstellungskunst und seiner Zuverlässigkeit. Livius selbst nennt in der Vorrede seines Werkes die Suche nach der historischen Wahrheit als die wichtigste Aufgabe des Historikers noch vor der angemessenen Darstellung. Er hat sich für sein Geschichtswerk vor allem auf die Gesamtdarstellungen der römischen Geschichte aus der vorausgegangenen Generation gestützt, aber auch ältere Werke gelegentlich herangezogen. Namentlich erwähnt er in der ersten Pentade Valerius Antias, C. Licinius Macer und L. Aelius Tubero, dazu von den früheren Historikern Q. Fabius und L. Calpurnius Piso. Die Kenntnis weiterer Werke wie Catos ›Origines‹ und der Geschichtsepen des Naevius und Ennius ist bei ihm vorauszusetzen. Livius ist sich darüber im klaren, wie schlecht die Quellenlage und wie getrübt das Wissen um die Frühzeit Roms ist, und macht an einer Reihe von Stellen auf Unwahrscheinlichkeiten, voneinander abweichende Darstellungen und Entstellungen in seinen Vorlagen aufmerksam. Aber wenn die Überlieferung im einzelnen auch fehlerhaft sein mag, so glaubt er im ganzen doch an sie und bemüht sich, sie möglichst rein weiterzugeben und seinerseits nichts zu verfälschen. Wie in dieser Überlieferung Wahrheit und Dichtung miteinander verflochten sind, so finden wir auch bei Livius nicht die wirkliche Geschichte der Römer, sondern das Bild, das er und seine Zeit aufgrund einer langen mündlichen und schriftlichen Überlieferung von der Vergangenheit hatten.

Was die Darstellungskunst angeht, war Cicero gegen Ende der 50er Jahre nach einer kritischen Musterung der römischen Geschichtsschreibung zu dem vernichtenden Urteil gekommen: »Wir haben in unserer Literatur noch keine Geschichtsschreibung.« Quintilian, der große Lehrer der Redekunst aus dem 1. Jahrhundert n. Chr., konnte dagegen sagen, die römische Geschichtsschreibung stehe hinter der der Griechen nicht zurück, und diese Feststellung mit dem Hinweis auf Sallust und Livius begründen. An Livius rühmt er sein Einfühlungsvermögen und seine Darstellungskraft, die sich vor allem in der Gestaltung in sich geschlossener Szenen zeigen, und stellt ihn als Erzähler dem Herodot an die Seite. So wurde die ›Römische Geschichte‹ des Livius rasch allgemein anerkannt; sie ließ die Werke seiner Vorgänger in Vergessenheit geraten und bestimmte für die Nachwelt das Bild vom Rom der Königszeit und der Republik. Wie sehr sein Werk kanonische Geltung erlangte, zeigt Dantes »Livio, que non erra«.

›Ab urbe condita‹ wurde aus buchtechnischen Gründen seit dem 4. Jahrhundert n. Chr. in Dekaden, Abschnitte von je zehn Büchern, eingeteilt. Der ungeheure Umfang war der Erhaltung des Gesamtwerkes nicht günstig. In den Wirren des zusammenbrechenden Römerreiches und des heraufziehenden Mittelalters traten unersetzliche Verluste ein, so daß uns heute nur noch etwa ein Viertel des einst Vorhandenen vorliegt: die Bücher 1–10 mit der Darstellung der Geschichte Roms von den Anfängen bis zum Jahre 293 und die Bücher 21–45 mit der Darstellung der Ereignisse vom Beginn des 2. Punischen Krieges (218) bis zum Triumph des L. Aemilius Paulus über Makedonien (167). Dazu kommen ein Stück aus dem 91. Buch mit Ereignissen aus den Jahren 77/6 in Spanien, das auf einem Palimpsest erhalten ist, und etwa 80 Zitate aus den verlorenen Büchern bei den verschiedensten Schriftstellern, darunter am umfangreichsten die bei dem älteren Seneca (ca. 55 v. Chr.–40 n. Chr.) erhaltene Darstellung von Ciceros Tod aus dem 120. Buch.

Von den übrigen Partien haben wir Kunde durch die zu allen Büchern außer dem 136. und 137. erhaltenen Inhaltsangaben, die schon seit dem 1. Jahrhundert n. Chr. angefertigt wurden, durch die Auszüge des Julius Obsequens (wahrscheinlich im ausgehenden 4. Jahrhundert n. Chr.) und durch die Benutzung des Livianischen Werkes bei einer Reihe späterer Schriftsteller.

Daß gerade die Darstellung der älteren römischen Geschichte zu einem großen Teil erhalten geblieben ist, ist kein Zufall. Livius' ganze Liebe und Bewunderung gehört nach seinen eigenen Worten den frühen Jahrhunderten der römischen Geschichte. Er hatte allerdings erwartet, daß seine Leser mehr Interesse für die spätere Zeit zeigen würden. Aber das Gegenteil trat ein: Die innere Anteilnahme, mit der er die Frühzeit Roms dargestellt hatte, schlug auch seine Leser in ihren Bann; kein Teil seines Werkes ist mehr gelesen und abgeschrieben und häufiger zitiert worden als gerade die ersten Bücher.

DIE ERSTE PENTADE

Die ersten fünf Bücher von ›Ab urbe condita‹ sind von Livius als in sich geschlossener Teil des Gesamtwerkes veröffentlicht worden. Sie bringen die Ereignisse von den Anfängen Roms bis zur Gallierkatastrophe des Jahres 386, einer der großen Zäsuren der römischen Geschichte.

In ihnen ist das erste Buch mit der Darstellung der Königszeit wiederum eine Einheit für sich. Die ersten Könige stellen Grundtypen des Herrschers dar: Romulus als Gründer-, Numa als Priester- und Tullus Hostilius als Kriegerkönig. Unter Romulus und Numa gewinnt Rom seine innere Form. Die junge Gemeinde erscheint bei Livius aber größer und mächtiger, als sie damals gewesen sein kann; sie mußte sich ihre Stellung unter den Gemeinden der näheren und weiteren Umgebung erst erkämpfen. Doch der Aufstieg gelang rasch; schon im 7. Jahrhundert unter Tullus Hostilius konnte Rom Alba bezwingen und dessen

Rolle als Vormacht unter den Latinern übernehmen. Ancus Marcius, der vierte in der Reihe der römischen Könige, bemühte sich erfolgreich um die Festigung der römischen Vormachtstellung in Latium.

Der Bericht über die Einwanderung und den Aufstieg des Tarquinius Priscus verharmlost die Tatsache, daß damals ein etruskisches Geschlecht, wahrscheinlich aus Tarquinii, die Herrschaft über Rom gewann. Die Etrusker waren nämlich damals weit nach Süden vorgedrungen. Auf dem Höhepunkt ihrer Macht hatten sie im 6. Jahrhundert nicht nur große Teile Latiums, sondern auch Kampaniens unter ihrer Kontrolle. Unübersehbar sind der wirtschaftliche Aufschwung und die städtebaulichen Fortschritte im tarquinischen Rom, die weitgehend durch die Archäologie bestätigt werden. Wie sehr das etruskische Rom erstarkte, zeigt sich auch in seinem Verhältnis zu den Nachbarvölkern: Die Sabiner wurden unter Tarquinius Priscus zurückgedrängt, die römische Macht in Latium weiter ausgedehnt. Servius Tullius teilte die Bürger aufgrund ihrer Vermögensverhältnisse in Klassen und Centurien ein; jede dieser Klassen erhielt ihrer wirtschaftlichen Leistungsfähigkeit entsprechende militärische Aufgaben, aber auch diesen Leistungen entsprechende politische Rechte. Die führende Rolle Roms unter den Latinern konnte er durch die gemeinsame Errichtung eines Dianaheiligtums auf dem Aventin festigen. Der letzte der Könige, Tarquinius Superbus, durch Ermordung des Servius auf den Thron gelangt, übte ein tyrannisches Regiment aus, das schließlich zur Vertreibung der Königsfamilie aus Rom führte. Dieses Ereignis war keine nationale Erhebung gegen die etruskische Fremdherrschaft, sondern Abwerfung des Jochs einer gesetzlosen und menschenverachtenden Tyrannei. Die Führer der Erhebung waren nicht Römer, sondern der Halbetrusker Brutus und der Etrusker Tarquinius Collatinus, ein naher Verwandter des Königshauses. Diese beiden wurden als erste zu Konsuln Roms gewählt.

Das erste Buch ist nach den Regierungszeiten der einzelnen Könige gegliedert. Vom zweiten Buch an folgt Livius dem annalistischen Prinzip, d. h. die Ereignisse jedes Jahres werden für sich dargestellt.

In der jungen römischen Republik freute man sich der Freiheit, aber es machte sich auch ein Gefühl der Unsicherheit und Angst vor einer Rückkehr der Königsherrschaft breit. Noch lange hatte Tarquinius Anhänger in der Stadt, die die Königszeit zurückwünschten; manche gerieten auch zu Unrecht in diesen Verdacht. Erst der Tod des Superbus machte 495 diesen Befürchtungen ein Ende.

Dazu rückte Porsenna, der König von Clusium, im Jahre 508 heran und besetzte die Stadt – im Gegensatz zu der üblichen römischen Darstellung, die auch bei Livius vorliegt. Er wollte seine Herrschaft nicht nur über Rom, sondern auch über weitere Teile Latiums ausdehnen. Gegenüber dieser Bedrohung schloß sich eine Reihe von latinischen Gemeinden unter Führung von Aricia zusammen. Von Cumae wirkungsvoll unterstützt, brachten sie Porsennas Sohn Arruns im Jahre 506 eine schwere Niederlage bei, und Porsenna mußte sein Unternehmen in Mittelitalien abbrechen. Rom war wieder frei.

Die Invasion des Porsenna war kaum vorüber, da begann das Ringen der jungen Republik mit ihren italischen Nachbarn. Vor allem das Verhältnis zu den Latinern spitzte sich zu. Das zu neuem Selbstbewußtsein gelangte Rom versuchte bald nach dem Abzug Porsennas, seine führende Rolle unter den Latinern wieder einzunehmen. Diese wollten sich aber damit nicht mehr abfinden, und unter Tusculums Führung organisierte sich der Widerstand gegen den römischen Hegemonieanspruch. 496 kam es zur entscheidenden Schlacht am Regillus-See, die mit dem Sieg der Römer endete.

Das damalige Rom war militärisch jeder anderen Gemeinde Latiums überlegen. Es ist jedoch fraglich, ob die junge Republik wirklich stark genug war, dreißig verbündeten Latinergemeinden so weitgehend ihren Willen aufzuzwingen, wie es die annalistische Überlieferung darstellt. Ein anderes Bild gewinnt man aus dem Vertrag, den die Römer durch ihren Konsul Sp. Cassius 493 mit den Latinern schlossen; darin verpflichteten sich beide Seiten angesichts der Bedrohung durch die Volsker, Aequer und Herniker zu gegenseitiger Hilfe. Bei Livius ist der Vertrag nur beiläufig erwähnt. Seine Voraussetzungen und seine Bedeutung scheinen ihm nicht bewußt geworden zu sein.

Die Volsker waren, von Landhunger und Beutegier getrieben, am Ende des 6. Jahrhunderts in Latium eingedrungen, aber durch Tarquinius Superbus zum Stehen gebracht und stellenweise zurückgedrängt worden. Als die Tarquinierherrschaft zusammenbrach, rückten sie erneut nach Mittellatium vor; eine Reihe von Städten, darunter die wichtige Hafenstadt Antium, fielen damals in ihre Hand. Es gelang ihnen auch, das Bergvolk der Herniker als Bundesgenossen zu gewinnen. Im Jahre 494 fielen dazu noch die Aequer aus dem Bergland weiter nördlich plündernd in Latium ein. Für Jahrzehnte prägten nun fast Jahr um Jahr die Kämpfe mit den Volskern und den Aequern das Geschehen in Latium. Das ist die Situation, die Römer und Latiner bewog, ihre Rivalitäten zu begraben, um nicht ein Opfer dieser Bergvölker zu werden. Im Jahre 486 schlossen sich die Herniker infolge einer schweren Niederlage gegen die Römer dem römisch-latinischen Beistandspakt an.

Nach jahrelangen Kämpfen mit wechselndem Erfolg brachte eine Gegenoffensive 469/8 den Römern entscheidende Erfolge gegen die Volsker. Antium, der Hauptort der Volsker an der Küste von Latium, wurde zur Übergabe gezwungen. Damit waren große Teile des Gebietes, das die Volsker nach dem Zusammenbruch der Etruskerherrschaft besetzt hatten, wieder unter römisch-latinischer Kontrolle. Doch die Kämpfe mit den Aequern nahmen nun an Heftigkeit zu, vor allem seit sie sich 464 mit den Volskern im Tal des Tolerus und auf dem Mons Lepinus verbündet hatten.

Im Jahre 495 setzt mit den Ständekämpfen das zweite große Thema ein, das sich neben den Kriegen Roms durch die ganze erste Dekade des Livius zieht. Bis zum Tode des Tarquinius, der in diesem Jahr erfolgte, hatten sich die Patrizier – offensichtlich aus Angst vor einer möglichen Rückkehr des Königshauses – um ein gutes Einvernehmen mit der Masse der Bevölkerung bemüht; danach aber glaubte ein großer Teil von ihnen, solche Zurückhaltung nicht mehr nötig zu haben. Dies zeigte sich vor allem in einer harten und zuweilen grausamen Behandlung der Menschen, die in Schuldknechtschaft geraten waren. Nach scharfen Auseinandersetzungen setzten die Plebejer 493 durch, daß ihnen zu ihrem Schutz eigene Beamte, die Volkstribunen, zugestanden wurden. Eine zweite Phase des Ständekampfes hebt bei Livius mit dem Jahre 486 an, als Sp. Cassius die Verteilung von Land an die Plebejer vorschlägt. Dieses Motiv, das in der Darstellung des Livius immer wieder auftaucht, ohne zu einer Lösung zu führen, ist unhistorisch und erst von Geschichtsschreibern der Gracchenzeit in die Ständekämpfe hineingebracht worden. Ein drittes Mal entzündet sich der Kampf der Stände im Jahre 472 an dem Gesetzesvorschlag des Volero Publilius, der die Wahl der Volkstribunen in Tribusversammlungen fordert. Nach einjährigem Widerstand gaben die Patrizier in dieser Frage der Forderung der Plebs nach. 462 gab es abermals einen neuen Streitpunkt: Der Volkstribun C. Terentilius Harsa erhob den Vorwurf, die Konsuln mißbrauchten ihre Machtstellung, und forderte eine genaue Festlegung ihrer Befugnisse. Die Auseinandersetzungen um diese Frage zogen sich bis 454 hin; dann waren beide Seiten des Streites müde und einigten sich darauf, durch schriftliche Festlegung der Gesetze größere Rechtssicherheit für alle zu schaffen. Dabei ging es im wesentlichen um Aufzeichnung, nur zum geringsten Teil um Weiterentwicklung des geltenden Rechts.

Für das Jahr 451 wurden zehn Männer mit umfassenden Vollmachten zur Aufzeichnung der Gesetze gewählt; Konsulat und Volkstribunat ruhten für die Zeit ihrer Amtsführung. Das erste Decemviratsjahr ist als ein für Rom glückliches Jahr dargestellt, der größte Teil der Arbeit an den Gesetzen konnte damals in gutem Einvernehmen zwischen Decemvirn und Volk abgeschlossen werden. Doch nach der Wahl eines neuen Zehnerkollegiums für das folgende Jahr setzte ein radikaler Wandel ein, Machtmißbrauch und Rechtsunsicherheit bestimmten jetzt das Geschehen. Zwei abscheuliche Verbrechen, die Ermordung des Kriegshelden L. Siccius und der Versuch des Decemvirn App. Claudius, die junge Verginia, die ihm nicht zu Willen sein wollte, durch einen Richterspruch in seine Gewalt zu bringen, führten 449 zum Sturz der Decemvirn und zur Wiederherstellung der alten Ordnung mit Konsulat und Volkstribunat.

Für das Jahr 445 berichtet Livius von zwei wichtigen Anträgen der Volkstribunen: C. Canulejus forderte die Aufhebung des

Verbots von Ehen zwischen Patriziern und Plebejern, andere
Tribunen die Zulassung der Plebejer zum Konsulat. Der Antrag
des Canulejus kam nach einigem Widerstand der Patrizier durch;
es handelte sich dabei allerdings nicht, wie Livius glaubt, um eine
Neuerung, sondern um die Wiederherstellung des Zustandes,
der vor den Zwölftafelgesetzen geherrscht hatte. Der Antrag,
auch Plebejer zum Konsulat zuzulassen, wurde indes nicht 445,
sondern erst 376 gestellt (VI 35) und führte 367 mit den *leges Lici-
niae Sextiae* zum Erfolg. Zum Jahr 445 ist dieser Antrag lediglich
angeführt, um die Einrichtung des Militärtribunats mit konsularischer Vollmacht zu erklären. Denn damals wurde die Möglichkeit geschaffen, statt der beiden Konsuln drei oder mehr Militärtribunen als höchste Beamte des Staates zu wählen; zu dem neu-
geschaffenen Amt sollten auch Plebejer Zutritt haben. In den folgenden Jahren wurden zunächst seltener, seit 426 immer häufiger,
von 391 bis 367 gar ausschließlich Konsulartribunen an die Spitze
des Staates gewählt. Warum es 445 zur Schaffung des Konsulartribunats kam, ist nicht ganz klar. Auch der Versuch, seine Einführung mit militärischen Notwendigkeiten zu erklären (IV 7),
ist nicht überzeugend. Die Neuerung hat aber offensichtlich mit
dem Drängen der Plebejer zum höchsten Amt zu tun. Doch Livius zufolge wurde erst 400 mit P. Licinius Calvus zum erstenmal
ein Plebejer Konsulartribun. Nachdem die Plebejer 367 Zugang
zum Konsulat erlangt hatten, wurde das Konsulartribunat wieder abgeschafft.

Erfolg hatten die Plebejer auch beim Zugang zur Quästur.
Nachdem 421 auf Vorschlag der Konsuln die Zahl der Quästoren
verdoppelt worden war, setzten sie durch, daß auch sie in dieses
Amt gewählt werden konnten; es dauerte dann aber auch hier
noch eine Reihe von Jahren, bis 409 zum erstenmal Plebejer Quästoren wurden.

Die Kriege, die Rom in dieser Zeit im südlichen Etrurien und
in Latium führte, zeigen seine wachsende Stärke. Schon seit der
Frühzeit ist mehrfach von Kämpfen mit Veji, der mächtigen
Nachbarstadt im Norden, und seinem Brückenkopf Fidenae die
Rede. Der größte dieser Kriege hatte von 483 bis 474 gedauert; in
ihm waren die Fabier an der Cremera untergegangen, es gab am

Ende keinen rechten Sieger; ein Waffenstillstand auf 40 Jahre beendete die Feindseligkeiten. Zweimal, für die Jahre 438–435 und 428–426, berichtet Livius nun von einem großen Krieg mit Veji und Fidenae, bei dem es vor allem um Fidenae ging, das beide Male in die Hand der Römer fiel. Ein anderer großer Erfolg gelang den Römern 406 in Latium mit der Einnahme von Anxur, das am Ende der Königszeit schon einmal unter römischer Kontrolle gestanden hatte.

Im selben Jahr kam es zum letzten großen Krieg mit Veji. Die römische Überlieferung sagt, die Stadt sei – wie Troja – zehn Jahre belagert worden, ehe Camillus sie einnehmen konnte. Zwei Jahre danach ergaben sich auch die Falisker, die Veji unterstützt hatten, von der Redlichkeit des Camillus überwältigt.

Aber dann folgte im Jahre 386 der tiefste Sturz der römischen Geschichte: die Niederlage an der Allia und die Besetzung der Stadt durch die Gallier. Auch in dieser Not zeigt sich die innere Kraft des römischen Volkes: Man gab nicht auf, ein großer Teil der Bevölkerung wurde evakuiert, die Heiligtümer in Sicherheit gebracht, ein Nest des Widerstandes hielt sich auf dem Kapitol, und schließlich kam Camillus aus der Verbannung mit einem neuen Heer heran und befreite die Stadt. Ein zweites Mal noch wurde er zum Retter, als er seine Mitbürger von dem Plan abbrachte, das verwüstete Rom zu verlassen und nach Veji zu ziehen. In einer großen Rede beschwor er die Liebe zur Vaterstadt, erinnerte seine Mitbürger an das Eingreifen der Götter, das sie so oft erfahren hatten, sowie an ihre religiösen Verpflichtungen, von deren Erfüllung ihr Glück oder Unglück abhing, und rief ihnen die großen Verheißungen ins Gedächtnis, die sich an Rom knüpften. Seine Worte verfehlten ihre Wirkung nicht, die Römer machten sich daran, ihre Stadt wiederaufzubauen. Wie am Anfang der ersten Pentade die Gründung der Stadt, so steht an ihrem Ende der Beginn des Wiederaufbaus, eine zweite Gründung. Doch anders als die Gefährten des Romulus tragen die Römer, die sich jetzt an diese Aufgabe machen, die Erfahrungen von mehr als dreieinhalb Jahrhunderten römischer Geschichte in sich.

Hans Jürgen Hillen

LIVIUS

DIE ANFÄNGE ROMS

Ob ich etwas tue, was die Mühe lohnt, wenn ich die Angelegenheiten des römischen Volkes vom Anbeginn der Stadt an ausführlich aufzeichne, weiß ich nicht recht, und wenn ich es wüßte, würde ich es wohl nicht zu sagen wagen. Denn ich sehe, daß es ein alter und vor allem ein allbekannter Stoff ist, indem immer neue Schriftsteller entweder in der Sache etwas Genaueres beizubringen oder durch ihre Darstellungskunst die unbeholfene alte Zeit zu übertreffen glauben. Wie es auch kommt, es wird mir doch Freude machen, für die Überlieferung der Taten des ersten Volkes der Erde auch meinerseits nach Kräften gesorgt zu haben. Und wenn in der so großen Schar der Schriftsteller mein Ruf im dunkeln bleibt, kann ich mich mit dem Rang und der Größe derer trösten, die meinen Namen in den Schatten stellen. Der Stoff bedeutet außerdem unermeßlich viel Arbeit: er reicht ja über mehr als 700 Jahre zurück, und er ist, von kleinen Anfängen ausgehend, so sehr gewachsen, daß er jetzt an seiner Größe leidet. Auch zweifle ich nicht daran, daß den meisten Lesern die ersten Anfänge und das, was den Anfängen zunächst liegt, weniger Freude machen wird, da sie es eilig haben, zu unserer Neuzeit zu kommen, in der die Kräfte des Volkes, das schon längst übermächtig ist, sich selbst aufzehren. Ich hingegen möchte auch darin einen Lohn für meine Mühe suchen, daß ich mich von dem Anblick der Übel, die unser Zeitalter so viele Jahre lang gesehen hat, wenigstens so lange abwende, wie ich jene alte Zeit mir wieder aus ganzem Herzen vergegenwärtige, frei von jeder Sorge, die einen beim Schreiben wenn auch nicht von der Wahrheit abbringen, so doch in Erregung versetzen könnte.

Was vor der Gründung der Stadt oder dem Plan zu ihrer Gründung mehr mit dichterischen Erzählungen ausgeschmückt als in unverfälschten Zeugnissen der Ereignisse überliefert wird, das möchte ich weder als richtig hinstellen noch zurückweisen. Man sieht es der alten Zeit nach, daß sie den Anbeginn der Städte verklärt, indem sie das Menschliche mit Göttlichem vermischt. Und wenn es in der Ordnung ist, daß ein Volk seine Ursprünge mit einem weihevollen Nimbus umgeben und sie auf göttliche Ahnen zurückführen darf: der Kriegsruhm des römischen Volkes ist so groß, daß die Völker der Erde es ebenso gelassen hinnehmen, wenn es als seinen und seines Gründers Vater gerade den Mars nennt, wie sie die römische Herrschaft ertragen.

Aber wie auch immer man dies und ähnliches beachtet oder beurteilt, dem will ich keine große Bedeutung beimessen. Darauf vielmehr soll mir jeder scharf sein Augenmerk richten, wie das Leben, wie die Sitten gewesen sind, durch was für Männer und durch welche Eigenschaften zu Hause und im Krieg die Herrschaft geschaffen und vergrößert wurde; dann soll er verfolgen, wie mit dem allmählichen Nachlassen von Zucht und Ordnung die Sitten zunächst gleichsam absanken, wie sie darauf mehr und mehr abglitten und dann jäh zu stürzen begannen, bis es zu unseren Zeiten gekommen ist, in denen wir weder unsere Fehler noch die Heilmittel dagegen ertragen können. Das ist vor allem beim Studium der Geschichte das Heilsame und Fruchtbare, daß man belehrende Beispiele jeder Art auf einem in die Augen fallenden Monument dargestellt findet. Daraus kann man für sich und seinen Staat entnehmen, was man nachahmen, daraus auch, was man meiden soll, da es häßlich in seinem Anfang und häßlich in seinem Ende.

Aber entweder täuscht mich die Liebe zu der übernommenen Aufgabe, oder kein Staat war jemals größer, ehrwürdiger und an guten Beispielen reicher, und in keine Bürgerschaft hielten so spät Habsucht und Verschwendungssucht Einzug, und nirgendwo standen Armut und Sparsamkeit so hoch und so lange in Ehren: so sehr, daß man um so weniger begehrte, je weniger man besaß. Jüngst erst hat der Reichtum auch die Habgier zu uns gebracht und das Übermaß der Vergnügungen das Verlangen, in Schwelgerei und Ausschweifung zugrunde zu gehen und alles zugrunde zu richten.

Aber Klagen, die nicht einmal dann willkommen sein werden, wenn sie vielleicht nötig sind, sollen wenigstens vom Anfang eines so großen Unternehmens wegbleiben. Mit guten Vorzeichen vielmehr und mit Gelübden und Gebeten zu Göttern und Göttinnen würden wir lieber beginnen, wenn das auch bei uns, wie bei den Dichtern, üblich wäre: sie möchten uns, die wir ein so großes Werk beginnen, glücklichen Fortgang schenken.

1. Zuallererst nun steht es ziemlich fest, daß man nach der Einnahme von Troja mit den übrigen Trojanern grausam verfuhr; bei zweien aber, bei Aeneas und Antenor, machten die Achiver aufgrund alten Gastrechts und weil die beiden immer für den Frieden und für die Rückgabe der Helena eingetreten waren, vom Kriegsrecht überhaupt keinen Gebrauch. Nach mancherlei Zwischenfällen sodann kam Antenor mit einer Menge der Eneter, die infolge innerer Unruhen aus Paphlagonien vertrieben worden waren, ihren König Pylaimenes vor Troja verloren hatten und Wohnsitze und einen Führer suchten, in die innerste Bucht des Adriatischen Meeres; hier vertrieben die Eneter und die Trojaner die Euganeer, die zwischen dem Meer und den Alpen wohnten, und nahmen diese Länder in Besitz. Und wirklich heißt die Stelle, wo sie zuerst an Land gingen, Troja, und der Gau heißt danach der Trojanische; das Volk insgesamt nannte man die Veneter.

Aeneas mußte infolge eines ähnlichen Mißgeschicks aus seiner Heimat fliehen; aber ihn leiteten Schicksalssprüche zu größeren Anfängen. Zuerst kam er nach Makedonien, von dort wurde er auf der Suche nach Wohnsitzen nach Sizilien verschlagen, von Sizilien aus nahm er mit seiner Flotte Kurs auf das Laurentische Gebiet. Auch diese Stelle hat den Namen Troja. Dort gingen die Trojaner an Land. Nach einer fast endlosen Irrfahrt besaßen sie außer ihren Waffen und ihren Schiffen nichts mehr, und als sie daher die Felder plünderten, liefen der König Latinus und die Aboriginer, die damaligen Bewohner dieser Gegend, bewaffnet aus der Stadt und von den Feldern zusammen, um die Ankömmlinge an ihrem gewaltsamen Vorgehen zu hindern. Von hier an gibt es eine doppelte Überlieferung. Die einen sagen, Latinus sei im Kampf besiegt worden und habe mit Aeneas Frieden geschlossen und ihn dann durch Heirat in seine Familie aufgenommen. Andere: als die Heere schon zur Schlacht aufgestellt dage-

standen hätten, sei Latinus, bevor die Signale ertönten, inmitten
der Vornehmsten vorgetreten und habe den Führer der Ankömmlinge zu einer Unterredung herausgerufen. Dann habe er
ihn gefragt, wer sie seien, woher und warum sie von daheim aufgebrochen seien und was sie gesucht hätten, als sie im Laurenti-
schen Gebiet an Land gegangen seien. Nachdem er gehört habe,
daß es sich bei der Menge um Trojaner handle, daß ihr Führer
Aeneas sei, der Sohn des Anchises und der Venus, daß sie nach
der Einäscherung ihrer Vaterstadt ihre Heimat verlassen hätten
und einen Wohnsitz und eine Stelle für die Gründung einer Stadt
suchten, habe ihn der berühmte Name des Volkes und des Mannes beeindruckt sowie die Tatsache, daß er zum Krieg wie zum
Frieden gleichermaßen bereit war, und er habe ihm die Hand gereicht und so ihre Freundschaft für die Zukunft besiegelt. Darauf
sei zwischen den Führern ein Vertrag geschlossen worden und
die Heere hätten sich gegenseitig begrüßt. Aeneas habe die Gastfreundschaft des Latinus genossen; und dort habe Latinus vor
den Hausgöttern eine familiäre Verbindung auf die zwischen den
Völkern folgen lassen, indem er seine Tochter mit Aeneas verhei-
ratete. Das bestärkte die Trojaner auf jeden Fall in der Hoffnung,
endlich einen dauernden und festen Wohnsitz gefunden zu haben und damit ihre Irrfahrt beenden zu können. Sie gründeten
eine Stadt; Aeneas nannte sie nach seiner Frau Lavinium. Bald
gab es auch einen männlichen Sproß aus der neuen Ehe, dem die
Eltern den Namen Ascanius gaben.

2. Hierauf wurden die Aboriginer und die Trojaner zugleich
angegriffen. Turnus, der König der Rutuler, dem Lavinia vor der
Ankunft des Aeneas versprochen gewesen war, trug schwer
daran, daß ein Ankömmling ihm vorgezogen worden war, und
hatte mit Aeneas und Latinus zugleich Krieg angefangen. Keines
der beiden Heere schied froh aus diesem Kampf: Die Rutuler
wurden besiegt, die siegreichen Aboriginer und Trojaner verloren ihren Führer Latinus. Danach hatten Turnus und die Rutuler
kein Selbstvertrauen mehr und suchten ihre Zuflucht bei der in
voller Blüte stehenden Macht der Etrusker und ihrem König Mezentius, der in Caere herrschte, damals einer mächtigen Stadt.
Der war schon von Anfang an keineswegs erfreut gewesen über

das Entstehen der neuen Stadt und glaubte jetzt, die Macht der Trojaner wachse bei weitem mehr, als mit der Sicherheit der angrenzenden Nachbarn zu vereinbaren sei; daher schloß er nicht ungern ein Waffenbündnis mit den Rutulern. Um die Aboriginer im Hinblick auf das Schrecknis eines so großen Krieges für sich zu gewinnen und damit alle nicht nur nach demselben Recht lebten, sondern auch denselben Namen trügen, nannte Aeneas die beiden Völker Latiner. Seitdem standen die Aboriginer an Eifer und Treue gegenüber dem König Aeneas den Trojanern nicht nach. Auf diese Gesinnung der von Tag zu Tag mehr zusammenwachsenden beiden Völker verließ sich Aeneas: zwar war Etrurien so mächtig, daß es schon nicht nur die Lande, sondern auch das Meer über die ganze Länge Italiens von den Alpen bis zur Sizilischen Meerenge mit dem Ruhm seines Namens erfüllt hatte; trotzdem führte Aeneas, obwohl er den Krieg von den Mauern aus hätte abwehren können, seine Truppen zur Schlacht hinaus. Der Kampf ging dann für die Latiner günstig aus, für Aeneas war es auch das letzte, was er auf Erden vollbracht hat. Begraben liegt er, wie auch immer man ihn nennen darf und soll, am Ufer des Numicus; man ruft ihn als Jupiter Indiges (den heimischen Jupiter) an.

3. Ascanius, der Sohn des Aeneas, war für die Herrschaft noch nicht alt genug. Doch blieb ihm diese Herrschaft unangetastet erhalten, bis er volljährig wurde. In der Zwischenzeit verblieb dem Knaben unter weiblicher Vormundschaftsregierung – so große Fähigkeiten besaß Lavinia – der Latinerstaat und das vom Großvater und vom Vater ererbte Königtum. Ich möchte es offenlassen – denn wer möchte schon eine so alte Geschichte als gesichert hinstellen? –, ob es dieser Ascanius war oder ein älterer als dieser, den Krëusa geboren hatte, als Ilion noch unversehrt stand, und der danach seinen Vater auf der Flucht begleitet hatte; den nennt die Familie der Julier Julus, und sie führt ihren Namen auf ihn zurück. Dieser Ascanius, wo er auch geboren war und wen er auch zur Mutter hatte – daß er ein Sohn des Aeneas war, steht jedenfalls fest –, überließ, weil Lavinium von Einwohnern überquoll, die für damalige Verhältnisse schon blühende und mächtige Stadt seiner Mutter oder Stiefmutter und gründete selbst eine andere, neue dicht am Albaner Berg, die nach ihrer Lage – die

Stadt zog sich auf einem Bergrücken hin – Longa Alba (Lang-Alba) genannt wurde. Zwischen der Gründung von Lavinium und der Anlage der Tochterstadt Alba Longa lagen etwa 30 Jahre. So sehr jedoch war die Macht der Latiner gewachsen, besonders durch den Sieg über die Etrusker, daß nicht einmal beim Tod des Aeneas und dann während der weiblichen Vormundschaftsregierung und während der ersten Regierungsversuche des Knaben Mezentius und die Etrusker oder irgendwelche anderen angrenzenden Völker es wagten, die Waffen zu rühren. Im Friedensvertrag war man übereingekommen, daß der Fluß Albula, der jetzt Tiber heißt, die Grenze zwischen den Etruskern und den Latinern bilden sollte.

Danach herrschte Silvius (Waldmann), der Sohn des Ascanius, der durch einen Zufall im Wald geboren war. Er zeugte den Aeneas Silvius, dieser dann den Latinus Silvius. Von dem wurden einige Pflanzstädte gegründet, die sogenannten Alten Latiner. Der Beiname Silvius blieb später allen, die in Alba herrschten. Von Latinus stammte Alba ab, von Alba Atys, von Atys Capys, von Capys Capetus, von Capetus Tiberinus, der beim Überqueren der Albula ertrank und dem Fluß den bei der Nachwelt gebräuchlichen Namen gab. Darauf herrschte Agrippa, der Sohn des Tiberinus, nach Agrippa Romulus Silvius durch Übernahme der Herrschaft von seinem Vater. Er selbst wurde vom Blitz getroffen und übergab die Königsherrschaft dem Aventinus von Hand zu Hand. Der wurde auf dem Hügel bestattet, der jetzt ein Teil der Stadt Rom ist, und gab dem Hügel den Namen. Dann herrschte Proca; dieser zeugte Numitor und Amulius. Weil Numitor der älteste seiner Nachkommen war, vermachte Proca ihm die alte Königswürde der Silvierfamilie. Die Gewalt erwies sich jedoch als stärker denn der Wille des Vaters oder die Achtung vor dem Recht des Älteren. Amulius verjagte seinen Bruder und übte die Herrschaft aus. Zu dem einen Verbrechen fügte er noch ein weiteres hinzu: er beseitigte die männliche Nachkommenschaft seines Bruders; die Tochter seines Bruders, Rea Silvia, wählte er – angeblich, um ihr eine Ehre zu erweisen – zur Vestalin und nahm ihr durch die Verpflichtung zu lebenslanger Jungfräulichkeit die Aussicht auf Nachkommenschaft.

4. Aber das Schicksal wollte, wie ich glaube, die Entstehung einer so bedeutenden Stadt und den Anfang der größten Macht, die nur noch von der der Götter übertroffen wird. Der Vestalin wurde Gewalt angetan, und als sie Zwillinge zur Welt gebracht hatte, gab sie Mars als den Vater ihrer zweifelhaften Nachkommenschaft an, sei es, daß sie wirklich daran glaubte, sei es, weil es ehrenvoller war, einem Gott die Schuld zu geben. Aber weder Götter noch Menschen retteten sie selbst und ihre Nachkommenschaft vor der Grausamkeit des Königs. Die Priesterin wurde gefesselt und in Haft genommen; die Knaben befahl der König in fließendes Wasser zu schaffen. Durch göttliche Fügung war der Tiber über die Ufer getreten, auf den überschwemmten Flächen bewegte sich das Wasser kaum von der Stelle. Nirgendwo konnte man an den eigentlichen Lauf des Flusses heran; aber die Männer, die die Kinder brachten, durften hoffen, diese könnten untergehen, wenn das Wasser auch noch so träge floß. So setzten sie, als wenn sie sich damit des königlichen Auftrags entledigt hätten, die Knaben in der nächsten Lache aus, wo jetzt der Ruminalische Feigenbaum steht – man sagt, er habe früher der Romularische geheißen. Damals war in dieser Gegend eine ungeheure Einöde. Es hält sich die Sage, als das seichte Wasser den schwankenden Trog, in dem die Knaben ausgesetzt waren, aufs Trockene gesetzt hatte, habe eine durstige Wölfin aus den umliegenden Bergen auf das Wimmern der Kinder hin ihren Weg geändert. Sie habe den Kindern ihre Zitzen gereicht und sei dabei so sanft gewesen, daß der Aufseher der königlichen Herden – man sagt, er habe Faustulus geheißen – sie fand, wie sie die Knaben mit der Zunge leckte. Er habe diese zu den Stallungen gebracht und seiner Frau Larentia zum Aufziehen gegeben. Manche glauben auch, Larentia sei, weil sie sich jedem hingab, bei den Hirten »Wölfin« genannt worden; das sei der Ansatzpunkt für das Wundermärchen gewesen.

So gezeugt und so erzogen blieben sie, als sie älter wurden, nicht tatenlos in den Stallungen und bei den Herden, sondern durchstreiften jagend Berg und Tal. Das stärkte ihre Körperkraft und ihren Mut, und sie bestanden nicht mehr nur den Kampf mit wilden Tieren, sondern griffen auch mit Beute beladene Räuber

an und verteilten den Raub an die Hirten und trieben mit diesen –
die Schar der jungen Leute wuchs von Tag zu Tag – ernsthafte
und lustige Dinge.

5. Schon damals soll es auf dem Palatium unser Lupercalienfest
gegeben haben, und der Berg soll nach Pallanteion, einer Stadt in
Arkadien, Pallantium, dann Palatium genannt worden sein. Dort
habe Euander, der von diesem Teil der Arkader abstammte und
vor langer Zeit die Gegend bewohnte, die aus Arkadien mitge-
brachte Festlichkeit eingeführt, daß nackte Jünglinge zu Ehren
des Pan Lykaios, den die Römer später Inuus nannten, in ausge-
lassenem Spiel einen Umlauf machten. Als sie sich diesem Spiel
hingaben – die Festlichkeit war allgemein bekannt –, hätten Räuber aus Wut über den Verlust ihrer Beute ihnen aufgelauert, und
während Romulus sich mit Gewalt zur Wehr setzte, hätten sie
Remus gefangen, den Gefangenen dem König Amulius übergeben und obendrein Klage erhoben. Der Hauptvorwurf war, sie
verübten Überfälle gegen Numitors Ländereien; von dort aus
zögen sie mit einer Rotte junger Leute wie Feinde im Krieg auf
Beute aus. So wurde Remus dem Numitor zur Bestrafung übergeben.

Schon von Anfang an hatte sich Faustulus der Hoffnung hin-
gegeben, daß er Kinder königlichen Geblüts bei sich aufziehe;
denn er wußte, daß auf Befehl des Königs Kinder ausgesetzt worden waren und daß der Zeitpunkt, zu dem er die Kinder aufgenommen hatte, damit genau übereinstimmte. Aber er hatte die
Sache nicht zu früh aufdecken wollen, es sei denn bei günstiger
Gelegenheit oder bei einem zwingenden Umstand. Der zwin-
gende Umstand stellte sich zuerst ein. So weihte er, von Angst
getrieben, Romulus in die Sache ein. Zufällig hatte auch Numitor, als er Remus in Gewahrsam hatte und hörte, es handle sich
um Zwillingsbrüder, ihr Alter verglichen und ihr Wesen, das zu
einer Abkunft von Sklaven so gar nicht paßte, und das hatte in
ihm die Erinnerung an seine Enkel wachgerufen. Und durch
Nachfragen kam er zu dem gleichen Ergebnis, so daß nicht mehr
viel daran fehlte, und er hätte Remus erkannt. So zog sich von allen Seiten das Netz um den König zusammen. Romulus ging
nicht mit dem Haufen seiner jungen Leute vor – denn er wäre ei-

nem offenen Kampf nicht gewachsen gewesen –, sondern befahl
seinen Hirten, auf diesem und jenem Weg zu einem bestimmten
Zeitpunkt zum Königspalast zu kommen, und griff den König
an. Und vom Haus des Numitor kam Remus mit einer anderen
Schar, die er zusammengebracht hatte, zu Hilfe. So erschlugen
sie den König.

6. In der ersten Verwirrung sagte Numitor immer wieder,
Feinde seien in die Stadt eingedrungen und hätten das Königshaus angegriffen, und rief die wehrfähige Mannschaft von Alba
auf die Burg, um diese mit bewaffneter Macht zu halten. Als er
sah, daß die jungen Männer nach der Mordtat auf ihn zukamen,
um ihn zu beglückwünschen, ließ er auf der Stelle eine Versammlung zusammentreten und hielt ihr die Verbrechen seines Bruders gegen ihn vor Augen, die Herkunft seiner Enkel, wie sie gezeugt, wie sie aufgezogen, wie sie erkannt worden seien, die Ermordung des Tyrannen unmittelbar danach und seine eigene
Verantwortung dafür. Als die jungen Männer im geordneten Zug
mitten durch die Versammlung schritten und ihren Großvater als
König begrüßten, bestätigte die ganze Menge durch einhelligen
Zuruf dem König Titel und Macht.

Nachdem so Numitor die Herrschaft in Alba übertragen worden war, ergriff Romulus und Remus das Verlangen, in der Gegend, wo sie ausgesetzt und wo sie erzogen worden waren, eine
Stadt zu gründen. Und in der Tat war die Menge der Albaner und
der Latiner zu groß; dazu waren noch die Hirten gekommen; sie
alle zusammen ließen zweifellos erwarten, daß Alba und daß Lavinium klein sein würden im Vergleich mit der Stadt, die man
gründen wollte. Gestört wurden diese Vorstellungen dann von
dem Erbübel, der Herrschsucht, und es entwickelte sich daraus
ein häßlicher Streit, der aus einem ziemlich harmlosen Anlaß hervorging. Weil sie Zwillinge waren und die Rücksicht auf das
Recht des Älteren die Entscheidung nicht herbeiführen konnte,
sollten die Götter, unter deren Schutz die Gegend stand, durch
Zeichen beim Vogelflug bestimmen, wer der neuen Stadt den
Namen geben und wer sie nach ihrer Gründung regieren sollte;
daher nahm Romulus das Palatium, Remus den Aventin als Be-
obachtungspunkt, um den Vogelflug zu befragen.

7. Zuerst soll Remus ein Zeichen erhalten haben, sechs Geier;
das Zeichen war bereits gemeldet, da hatte sich dem Romulus die
doppelte Anzahl gezeigt, und beide waren von ihrem Anhang als
König begrüßt worden. Die einen leiteten den Anspruch auf die
Königswürde von dem früheren Zeitpunkt ab, die anderen dagegen von der Anzahl der Vögel. Darüber gerieten sie in Streit, und
die zornige Auseinandersetzung führte zu blutigem Kampf; dabei wurde Remus im Getümmel getroffen und fiel.

Bekannter ist die Überlieferung, Remus sei, um sich über seinen Bruder lustig zu machen, über die neuen Mauern gesprun-
gen; daraufhin habe ihn Romulus in seinem Zorn erschlagen und
ihn dazu noch mit den Worten verhöhnt: »So soll es künftig jedem ergehen, der über meine Mauern springt.« So gewann Romulus allein die Herrschaft; die neugegründete Stadt wurde nach
ihrem Gründer benannt.

Als erstes befestigte Romulus das Palatium, auf dem er selbst
aufgewachsen war. Den übrigen Göttern opferte er nach dem Ritus von Alba, dem Herkules nach griechischem Ritus, wie es von
Euander eingeführt worden war.

Es heißt, Herkules habe, nachdem er den Geryones getötet
hatte, dessen prachtvolle Rinder in diese Gegend getrieben und
sich in der Nähe des Tiber, den er schwimmend, die Herde vor
sich hertreibend, überquert hatte, auf einer saftigen Wiese gela-
gert; die Rinder sollten sich ausruhen und bei üppigem Futter erholen, und auch er selbst war von dem Weg erschöpft. Als er hier,
von Speise und Wein beschwert, von tiefem Schlaf übermannt
wurde, stachen einem Hirten mit Namen Cacus, der in der Nähe
hauste, einem dreisten, bärenstarken Kerl, die schönen Rinder in
die Augen, und er wollte sie als Beute beiseite schaffen. Wenn er
aber die Herde einfach in seine Höhle getrieben hätte, hätten die
Spuren den Eigentümer beim Suchen dorthin führen müssen; daher zog er die Rinder, und zwar die allerschönsten, rückwärts am
Schwanz in seine Höhle. Als Herkules bei der ersten Morgenröte
aus dem Schlaf erwachte, seine Augen über die Herde schweifen
ließ und merkte, daß ein Teil fehlte, ging er zur nächsten Höhle,
ob die Spuren vielleicht dorthin führten. Nachdem er sah, daß sie
alle nach draußen gingen und in keine andere Richtung führten,

war er verwirrt und unsicher und begann, die Herde aus der unheimlichen Gegend wegzutreiben. Da muhten, wie es vorkommt, beim Wegziehen ein paar Kühe, weil sie die zurückgebliebenen vermißten; das Brüllen der eingesperrten Kühe antwortete aus der Höhle und ließ Herkules umkehren. Als er zu der Höhle kam, suchte Cacus ihn mit Gewalt zu hindern, wurde aber von der Keule getroffen, und vergeblich nach dem Beistand der Hirten rufend, sank er in den Tod.

Über diese Gegend herrschte damals Euander, ein Flüchtling aus der Peloponnes, mehr durch sein Ansehen als aufgrund der Vollmacht eines Herrschers, ein Mann, verehrungswürdig durch das Wunder der Schreibkunst, die etwas ganz Neues für diese ungebildeten Menschen war, verehrungswürdiger noch durch die göttliche Natur, die man seiner Mutter Carmenta zuschrieb, die diese Völker vor der Ankunft der Sibylle in Italien als Seherin bewundert hatten. Dieser Euander wurde damals durch das Zusammenströmen der Hirten aufgeschreckt, die aufgeregt um den Fremden herumliefen, der sich offensichtlich eines Totschlags schuldig gemacht hatte. Nachdem er den Tathergang und den Anlaß für die Tat erfahren hatte, betrachtete er die Haltung und die Gestalt des Mannes, die erheblich größer und majestätischer war als bei Menschen, und fragte ihn, wer er sei. Als er Namen, Vater und Heimat vernahm, sagte er: »Sei willkommen, Herkules, Sohn des Jupiter! Meine Mutter, durch deren Mund die Götter die Wahrheit verkündeten, hat mir geweissagt, du würdest die Zahl der Himmlischen vergrößern und dir würde hier ein Altar geweiht werden, den dereinst das mächtigste Volk der Erde den größten *(ara maxima)* nennen und nach deinem Ritus heilig halten werde.« Herkules reichte ihm die Hand und sagte, er nehme die Verheißung an und werde den Willen des Schicksals erfüllen, indem er den Altar errichte und weihe.

Dort wurde damals zum erstenmal dem Herkules ein Opfer dargebracht, zu dem man eine besonders schöne Kuh aus der Herde nahm. Zum Opferdienst und zum Opfermahl wurden die Potitier und die Pinarier herangezogen, die bekanntesten Familien, die damals in dieser Gegend wohnten. Es kam zufällig so, daß die Potitier rechtzeitig zur Stelle waren und ihnen die Innereien vorgesetzt wurden, während die Pinarier erst zum weiteren Opfermahl dazukamen, als die Innereien schon verzehrt waren. Von da an hielt sich der Brauch, daß die Pinarier, solange es diese Familie gab, beim Opfer keine Innereien essen durften. Die Potitier wurden von Euander unterwiesen und waren viele Generationen lang die Oberpriester dieses Kultes, bis der feierliche Opferdienst der Familie Staatssklaven übertragen wurde und daraufhin das ganze Geschlecht der Potitier ausstarb.

Dieser Kult war damals von allen der einzige fremde, den Romulus übernahm, der schon damals ein Förderer einer durch Leistung errungenen Unsterblichkeit war, zu der ihn dann auch seine eigene Bestimmung führte.

8. Nachdem er die Kulthandlungen ordnungsgemäß vollzogen hatte, berief er die Menge, die allein durch Gesetze zum Organismus eines Volkes zusammenwachsen konnte, zu einer Versammlung und stellte Rechtsnormen auf. Er glaubte jedoch, daß diese dem derben Hirtenvolk nur dann heilig sein würden, wenn er sich selbst durch Insignien der Herrschermacht verehrungswürdiger mache; daher machte er sein Erscheinungsbild durch den Ornat majestätischer, vor allem aber dadurch, daß er sich zwölf Liktoren zulegte.

Manche glauben, er habe diese Zahl nach der Anzahl der Vögel gewählt, die ihm durch ihr Erscheinen die Königsherrschaft angezeigt hatten; ich bin nicht abgeneigt, mich der Meinung derer anzuschließen, die überzeugt sind, die Amtsdiener und dergleichen stammten von den benachbarten Etruskern her, von denen auch der Amtsstuhl (*sella curulis*) und von denen die purpurverbrämte Toga (*toga praetexta*) übernommen ist, und auch die Zahl selbst stamme dorther und die Etrusker hätten es so gehalten, weil jedes der zwölf Völker, wenn sie gemeinsam einen König gewählt hatten, ihm einen Liktor gestellt habe.

Unterdessen wuchs die Stadt, und ein Gebiet um das andere wurde in die Befestigungen mit einbezogen; denn sie errichteten die Mauern mehr in der Hoffnung auf eine künftige große Bevölkerung als im Hinblick auf die Menschen, die damals in der Stadt lebten. Damit die Größe der Stadt nicht bloßer Schein blieb, griff Romulus sodann, um weitere Einwohner zu gewinnen, auf eine

alte Methode der Städtegründer zurück, die eine Menge dunkler
Gestalten und Leute von niedriger Herkunft an sich zogen und
dann die Lüge ausstreuten, ihnen sei ein Volk aus der Erde ent-
sprossen, und öffnete die Stelle, die jetzt, wenn man hinaufsteigt,
zwischen den beiden Hainen eingehegt ist, als Freistatt. Hier
suchten alle möglichen Leute aus den Nachbarvölkern, die ein
neues Leben beginnen wollten, Zuflucht, wobei es nichts aus-
machte, ob einer ein Freier oder ein Sklave war; und das war der
erste Ansatz zu der beginnenden Größe.

Als Romulus sich jetzt der vorhandenen Kräfte nicht mehr zu
schämen brauchte, schuf er dann für diese Kräfte eine beratende
Versammlung. Er ernannte hundert Senatoren, sei es weil diese
Zahl ausreichend war, sei es weil es nur hundert gab, die man zu
»Vätern« ernennen konnte. Väter (patres) wurden sie jedenfalls
aus Achtung genannt, und ihre Nachkommen hießen Patrizier
(zu den patres gehörend).

9. Schon war das römische Gemeinwesen so stark, daß es jeder
der Nachbargemeinden im Krieg gewachsen war. Aber da es an
Frauen fehlte, konnte die Größe nur ein Menschenalter andauern; denn sie hatten weder daheim Hoffnung auf Nachkommenschaft noch gab es mit den Nachbarvölkern rechtliche Abma-
chungen zum Eingehen einer Ehe. Da schickte Romulus auf Anraten der Väter Gesandte zu den Nachbarvölkern rundum, die
für das neue Volk um ein Bündnis und um das Recht zum Eingehen von Ehen bitten sollten. Auch Städte entständen wie alles übrige aus kleinsten Anfängen; die, welche eigene Tüchtigkeit und
die Götter voranbrächten, verschafften sich dann große Macht
und einen großen Namen. Sie wüßten gut, daß bei der Gründung
Roms auch die Götter mitgewirkt hätten und daß es an Tüchtigkeit nicht fehlen werde. Daher sollten sie sich nicht weigern, als
Menschen mit Menschen eine Bluts- und Familienbindung einzugehen.

Nirgendwo wurden die Gesandten freundlich angehört. So
sehr verachtete man sie, zugleich fürchtete man aber auch für sich
und seine Nachkommen die große Macht, die da in ihrer Mitte
heranwuchs. Von den meisten wurden sie mit der Frage entlassen, ob sie etwa auch für Frauen eine Freistatt geschaffen hätten;

denn das erst würde eine Ehe unter Ebenbürtigen sein. Das nahm
die römische Jugend übel auf, und ohne Zweifel begann die Sache
auf Gewalt hinauszulaufen. Um dafür einen geeigneten Zeitpunkt und einen passenden Ort zu schaffen, ließ Romulus sich
seine Verärgerung nicht anmerken und bereitete mit Fleiß feierliche Spiele zu Ehren des Pferde-Neptun vor; er nannte sie Consualien. Dann ließ er den Nachbarn das Schauspiel ankündigen.
Man traf alle Anstalten, soweit man es damals verstand und
konnte, es zu einem glänzenden und mit Spannung erwarteten
Fest zu machen. Viele Menschen strömten zusammen, auch mit
dem Wunsch, die neue Stadt zu sehen, besonders die nächsten
Nachbarn aus Caenina, Crustumeria und Antemnae; ferner kam
die ganze Bevölkerung der Sabiner mit ihren Kindern und
Frauen. Sie wurden gastlich in die Häuser eingeladen, und nachdem sie die Lage und die Mauern und die ganze Stadt mit ihren
vielen Häusern gesehen hatten, staunten sie, in wie kurzer Zeit
Rom gewachsen war.

Als die Zeit des Schauspiels gekommen war und ihre Aufmerksamkeit und ihre Blicke ganz darauf gerichtet waren, da
brach, wie verabredet, die Gewalt los, und auf ein Zeichen hin
liefen die jungen Römer nach allen Seiten auseinander, um die
Mädchen zu rauben. Ein großer Teil wurde aufs Geratewohl geraubt, wie sie ihnen in die Hände fielen. Einige besonders schöne
Mädchen, die für die angesehensten unter den Vätern bestimmt
waren, brachten Leute aus dem einfachen Volk, die dazu den
Auftrag hatten, in deren Häuser. Eine, die durch ihr Aussehen
und ihre Schönheit alle anderen weit übertraf, wurde, wie es
heißt, von der Schar eines gewissen Thalassius geraubt, und als
viele wissen wollten, wem sie sie denn brächten, riefen sie, damit
keiner sie antastete, immer wieder, sie werde dem Thalassius gebracht. Daraus soll der bekannte Hochzeitsruf (»Thalassio«,
d. h. »für Thalassius«) entstanden sein.

Das Spiel war durch den Schrecken zu Ende, verstört liefen die
Eltern der Mädchen davon, klagten über die Verletzung des Gastrechts und riefen den Gott an, zu dessen Fest und zu dessen Spielen
sie gekommen seien, widerrechtlich und treulos getäuscht.

Die geraubten Mädchen waren wegen ihres Schicksals nicht

weniger verzweifelt und nicht weniger empört. Aber Romulus ging selbst von einer zur anderen und wies darauf hin, daß es infolge der Überheblichkeit ihrer Väter dazu gekommen sei, die den Nachbarn jede eheliche Verbindung verweigert hätten. Sie würden jedoch in rechtmäßiger Ehe leben und würden allen Besitz, das Bürgerrecht und die Kinder, die dem Menschengeschlecht das Liebste seien, mit ihren Männern gemeinsam haben. Sie sollten doch ihren Zorn besänftigen und denen, denen der Zufall sie in die Hand gegeben habe, auch ihr Herz schenken. Oft habe sich aus Unrecht im Laufe der Zeit ein gutes Einvernehmen entwickelt, und sie würden um so bessere Männer haben, als sich jeder einzelne Mühe geben werde, nicht nur seinerseits seine Pflicht zu erfüllen, sondern sie auch über den Verlust ihrer Eltern und ihrer Heimat hinwegzutrösten. Dazu kamen Schmeicheleien der Männer, die ihre Tat mit leidenschaftlicher Liebe entschuldigten, eine Bitte, die auf ein Frauenherz am meisten wirkt.

10. Bald waren die geraubten Mädchen einigermaßen versöhnt. Aber ihre Eltern drängten gerade jetzt in Trauerkleidung und mit Tränen und Klagen ihre Gemeinden zum Handeln; und sie ließen es nicht dabei bewenden, nur daheim ihre Empörung zu äußern, sondern kamen scharenweise von überallher zum Sabinerkönig T. Tatius; auch Abordnungen fanden sich dort ein, weil der Name des Tatius in diesen Gebieten am meisten galt.

Zu einem Teil waren von dem Unrecht Bewohner von Caenina, Crustumeria und Antemnae betroffen. Sie meinten, Tatius und die Sabiner reagierten zu langsam. Daher rüsteten die drei Völker allein für sich zu einem gemeinsamen Krieg. Aber nicht einmal die Bewohner von Crustumeria und Antemnae trieben die Sache für den brennenden Zorn der Leute von Caenina energisch genug voran. Deshalb unternahmen die Bürger von Caenina für sich allein einen Angriff auf das römische Gebiet. Aber als sie in aufgelöster Ordnung das Land verheerten, trat ihnen Romulus mit dem Heer entgegen und machte ihnen in einem raschen Kampf klar, daß Zorn nichts nützt, wenn keine Kraft dahintersteckt. Er schlug ihr Heer und jagte es in die Flucht und setzte ihnen nach. Ihren König erschlug er im Kampf und nahm ihm die Rüstung. Nachdem der Anführer der Feinde gefallen war, eroberte er ihre Stadt im ersten Ansturm. Von dort führte er das siegreiche Heer zurück. Er war ein Mann, der nicht nur durch seine Taten glänzte, sondern es ebensogut verstand, seine Taten zur Schau zu stellen; so ließ er die Rüstung des erschlagenen Anführers der Feinde an ein dafür passend angefertigtes Tragegestell hängen und trug sie selbst auf das Kapitol hinauf; hier legte er sie an einer den Hirten heiligen Eiche nieder, bestimmte zugleich mit der Gabe die Fläche für ein Heiligtum des Jupiter und gab dem Gott einen Beinamen. »Jupiter Feretrius«, sagte er, »ich, der siegreiche König Romulus, bringe dir diese Königswaffen und bestimme für dich in diesem Bereich, den ich gerade im Geist abgesteckt habe, ein Heiligtum als Stätte für die Feldherrnrüstungen, die die Nachkommen, meinem Beispiel folgend, dir darbringen werden, wenn sie einen König oder Feldherrn der Feinde erschlagen haben.« Das ist die Keimzelle des Heiligtums, das als erstes von allen in Rom geweiht worden ist. Den Göttern schien es später gut, daß die Worte des Tempelgründers nicht unerfüllt blieben, mit denen er feierlich verkündete, seine Nachfolger würden die Beutewaffen dort hinbringen; doch sollte der Ruhm dieser Gabe auch nicht durch die Vielzahl derjenigen, die in seinen Genuß kämen, entwertet werden. Nur noch zweimal wurden seitdem in so vielen Jahren und so vielen Kriegen Feldherrnrüstungen gewonnen; so selten hatte man das Glück, diesen Ruhm zu erlangen.

11. Während die Römer dort so beschäftigt waren, machte das Heer von Antemnae sich die Gelegenheit, daß das Land verlassen dalag, zunutze und drang in das römische Gebiet ein. Auf der Stelle rückte die römische Legion gegen sie aus und fiel über die im Land herumschweifenden Plünderer her. So wurden die Feinde mit dem ersten Angriff und Feldgeschrei verjagt, ihre Stadt eingenommen. Als Romulus den doppelten Sieg feierte, bat ihn seine Frau Hersilia, von den Bitten der geraubten Mädchen erweicht, mit ihren Eltern Nachsicht zu haben und sie in die Bürgergemeinschaft aufzunehmen. Auf diese Weise könne der Staat in Eintracht zusammenwachsen. Ihre Bitte wurde ohne weiteres erfüllt.

Dann rückte er gegen die Bewohner von Crustumeria ins Feld,

die den Krieg in sein Land trugen. Hier kam es noch weniger zu einem Kampf, weil sie durch die Niederlagen der anderen mutlos geworden waren. Nach beiden Orten wurden Siedler geschickt; es fanden sich freilich mehr, die sich für das Gebiet von Crustumeria meldeten, weil der Boden dort sehr fruchtbar war. Viele zogen auch von dort nach Rom, vor allem Eltern und Verwandte der geraubten Mädchen.

Als letzte begannen die Sabiner den Krieg, und das war bei weitem der schwerste; denn sie ließen sich weder von Zorn und Leidenschaft hinreißen noch kündeten sie den Krieg vor seinem Beginn an. Zu dem planmäßigen Vorgehen kam noch eine List. Sp. Tarpejus hatte das Kommando über die Burg von Rom. Dessen junge Tochter wurde von Tatius bestochen, Bewaffnete in die Burg hineinzulassen; sie war damals zufällig vor die Mauern gegangen, um für eine Opferhandlung Wasser zu holen. Kaum waren sie eingelassen, da warfen sie ihre Schilde auf das Mädchen und brachten es so um; es sollte doch so aussehen, als sei die Burg mit Gewalt genommen worden, oder sie wollten damit ein Exempel statuieren, daß ein Verräter nie damit rechnen dürfe, daß man ein ihm gegebenes Wort halte. Daran knüpft sich die Sage, weil die Sabiner allgemein am linken Arm schwere goldene Armreifen und prächtige, mit Edelsteinen besetzte Ringe getragen hätten, habe sich das Mädchen als Lohn ausbedungen, was sie an der linken Hand hätten; daraufhin hätten sie anstatt der goldenen Geschenke alle ihre Schilde auf sie geworfen. Einige berichten auch, das Mädchen habe aufgrund der Abmachung, daß sie ihr übergeben sollten, was sie an der linken Hand hätten, ausdrücklich ihre Schilde verlangt; da hätten sie ihre Hinterlist bemerkt, und sie sei durch den Lohn, den sie selbst gefordert hatte, zu Tode gekommen.

12. Jedenfalls war die Burg jetzt in der Hand der Sabiner. Als sich tags darauf das römische Heer zur Schlacht formierte und das ganze Gelände zwischen dem Palatin und dem Kapitol füllte, stiegen sie nicht eher in die Ebene hinab, bis die Römer, getrieben von dem wütenden Verlangen, die Burg zurückzugewinnen, gegen die vor ihnen liegende Höhe anrückten. Herausragende Krieger rissen auf beiden Seiten zum Kampf mit, bei den Sabi-

nern Mettius Curtius, bei den Römern Hostius Hostilius. Dieser konnte durch seinen Mut und seine Kühnheit in vorderster Linie erreichen, daß die Römer sich trotz ihrer ungünstigen Position behaupteten. Als Hostius fiel, kam die römische Schlachtreihe sofort ins Wanken und wurde bis zum alten Tor des Palatiums gejagt. Auch Romulus selbst wurde von der Masse der Fliehenden mit fortgerissen; da erhob er seine Waffen zum Himmel und rief: »Jupiter, auf das Vogelzeichen hin, das du mir geschickt hast, habe ich hier auf dem Palatium die ersten Grundmauern für die Stadt gelegt. Die Burg ist bereits durch Bestechung in der Hand der Sabiner. Jetzt kommen sie von dort bewaffnet heran und haben die Mitte der Talsenke schon überschritten. Doch du, Vater der Götter und Menschen, halte die Feinde wenigstens von diesem Platz hier fern, nimm den Schrecken von den Römern und bringe die schimpfliche Flucht zum Stehen! Hier gelobe ich dir als dem Jupiter Stator (Fluchthemmer) ein Heiligtum zum Zeichen für die Nachwelt, daß deine unmittelbare Hilfe die Stadt gerettet hat.« Nach diesem Gebet rief er, als hätte er gespürt, daß seine Bitten erhört wurden: »Hier, Römer, sollt ihr auf Geheiß Jupiters, des Besten und Größten, haltmachen und den Kampf wieder aufnehmen.« Und wie auf Befehl einer Stimme vom Himmel machten die Römer halt; Romulus selbst eilte in die vorderste Linie.

Mettius Curtius war auf sabinischer Seite als erster von der Burg herabgestürmt und hatte die Römer in wilder Flucht über den ganzen Raum, den jetzt das Forum einnimmt, vor sich hergetrieben. Jetzt war er nicht mehr weit vom Tor des Palatiums entfernt und rief: »Wir haben sie besiegt, die treulosen Gastgeber, die feigen Feinde. Jetzt merken sie, daß mit Männern zu kämpfen etwas ganz anderes ist als Mädchen zu rauben.« Noch während er so prahlte, griff Romulus ihn mit einer Schar der kampflustigsten jungen Männer an. Mettius kämpfte da gerade zu Pferde; um so leichter war er davonzujagen. Die Römer setzten ihm nach. Und eine andere römische Kampfgruppe, durch die Kühnheit ihres Königs angefeuert, schlug die Sabiner in die Flucht. Mettius stürzte sich, da sein Pferd bei dem Lärm der Verfolger scheute, in einen Sumpf. Dieses Ereignis hatte auch die anderen Sabiner abgelenkt, da ein so bedeutender Mann in Gefahr schwebte. Man winkte und rief ihm zu, die Anteilnahme so vieler gab ihm neuen Mut, und er konnte sich retten.

Die Römer und die Sabiner nahmen in der Mitte der Talsenke zwischen den beiden Anhöhen den Kampf wieder auf. Aber es stand besser für die Römer.

13. Da verdrängte das schreckliche Geschehen bei den Sabinerinnen, deren Raub Anlaß zum Krieg gegeben hatte, die natürliche Angst der Frauen, und mit aufgelösten Haaren und zerrissenen Kleidern wagten sie es, sich zwischen die fliegenden Geschosse zu werfen; von der Seite her drangen sie vor und trennten die feindlichen Linien, und sie beschwichtigten die Zornigen, indem sie hier ihre Väter, dort ihre Männer anflehten, sie sollten sich doch nicht als Schwiegerväter und Schwiegersöhne mit frevelhaft vergossenem Blut beflecken und die Kinder, die sie erwarteten, nicht mit dem Makel eines Mordes in ihrer Familie belasten, die einen die Schar ihrer Enkel, die anderen die ihrer Kinder. »Wenn euch aber die Verschwägerung miteinander und wenn euch die eheliche Verbindung nicht paßt, dann richtet doch euren Zorn gegen uns! Wir sind ja der Anlaß des Krieges, wir der Anlaß der Wunden und des blutigen Todes unserer Männer und unserer Väter. Besser, wir sterben, als daß wir ohne einen von euch als Witwen oder als Waisen leben.« Das wirkte auf die Masse wie auf die Anführer. Man hörte kein Wort mehr, und plötzlich herrschte Ruhe. Dann traten die Anführer vor, um einen Vertrag zu schließen. Sie schlossen nicht nur Frieden, sondern vereinigten auch die beiden Völkerschaften zu einer. Die Königswürde teilten sie miteinander; alle Herrschergewalt verlegten sie nach Rom. Um in der so geschaffenen Doppelstadt den Sabinern doch auch etwas zu geben, wurden die Bürger nach Cures »Quiriten« genannt. Und zum Andenken an diese Schlacht nannten sie die Stelle, wo das Pferd sich aus dem tiefen Sumpf herausgearbeitet und dem Curtius wieder Boden unter die Füße gegeben hatte, Curtius-Wasser.

Der nach einem so traurigen Krieg unvermutet eingetretene heitere Friede machte die Sabinerinnen ihren Männern und Vätern und vor allem dem Romulus selbst noch lieber. Als er das

Volk in 30 Curien einteilte, benannte er die Curien daher nach ihnen. Zweifellos war die Zahl der Frauen erheblich größer als die
der Curien; die Überlieferung sagt jedoch nichts darüber, ob die,
die den Curien ihren Namen geben sollten, nach dem Alter, nach
ihrem Rang oder dem ihrer Männer oder durch das Los ausgewählt wurden. Zur selben Zeit wurden auch drei Reitercenturien
gebildet; die Ramnenser wurden nach Romulus, die Titienser
nach T. Tatius benannt; warum die Lucerer so heißen und wo sie
herkommen, ist unklar. Von da an regierten die beiden Könige
nicht nur gemeinsam, sondern auch in Eintracht.

14. Einige Jahre später mißhandelten Verwandte des Königs
Tatius Gesandte der Laurenter, und als die Laurenter nach dem
Völkerrecht Genugtuung forderten, wogen bei Tatius das gute
Verhältnis zu seinen Verwandten und ihre Bitten schwerer. So
zog er die Strafe, die jene hätte treffen müssen, auf sich. Denn als
er zu einem feierlichen Opfer nach Lavinium kam, wurde er dort
in einem Volksauflauf erschlagen. Es heißt, Romulus habe sich
über diesen Vorfall weniger empört, als es angebracht gewesen
wäre, vielleicht weil die gemeinsame Ausübung der Herrschaft
nicht redlich gemeint war, vielleicht aber auch weil er glaubte,
Tatius sei nicht zu Unrecht erschlagen worden. Daher sah er von
einem Krieg ab; um aber dennoch das Unrecht an den Gesandten
und die Ermordung des Königs wiedergutzumachen, wurde der
Vertrag zwischen Rom und Lavinium erneuert.

So hatte man mit diesen wider Erwarten Frieden. Doch ein anderer Krieg brach aus, viel näher und fast unmittelbar vor den
Toren. Die Leute von Fidenae meinten, allzu nahe bei ihnen
wachse eine starke Macht heran, und bevor sie so stark würde,
wie sie offensichtlich zu werden drohte, fingen sie rasch einen
Krieg an. Sie schickten ihre jungen Männer unter Waffen aus und
verwüsteten das ganze Land zwischen Rom und Fidenae; dann
bogen sie nach links ab, da rechts der Tiber sie hinderte, und
plünderten zum großen Schrecken der Landbevölkerung; erst
durch die Unruhe, die plötzlich vom Land in die Stadt drang, erhielt man dort Kunde von dem Geschehen. Aufgeschreckt rückte
Romulus mit dem Heer aus – denn ein Krieg in solcher Nähe duldete keinen Aufschub – und schlug eine Meile vor Fidenae sein

Lager auf. Dort ließ er nur eine kleine Besatzung zurück, dann
rückte er mit allen Truppen los und befahl einem Teil der Soldaten, sich an versteckten Stellen in dem dichten Buschwerk ringsum in den Hinterhalt zu legen. Mit dem größeren Teil der Truppen und der gesamten Reiterei zog er weiter. Indem er mit viel
Getöse in einem bedrohlich aussehenden Manöver bis dicht vor
die Tore der Stadt sprengte, lockte er, wie er es wollte, die Feinde
heraus. Auch für die Flucht, die vorgetäuscht werden sollte, bot
dieser Reiterkampf einen unauffälligen Vorwand. Als es dann so
aussah, als schwanke die Reiterei, ob sie kämpfen oder fliehen
solle, und daraufhin auch das Fußvolk zurückging, stürzten die
Feinde plötzlich dichtgedrängt aus den Toren, brachten die römische Schlachtreihe zum Weichen und ließen sich in ihrem Eifer
beim Nachsetzen und Verfolgen in den Hinterhalt locken. Dort
brachen überraschend die Römer hervor und griffen die feindlichen Linien von der Seite her an. Der Schrecken vergrößerte sich
noch, als auch die Abteilungen aus dem Lager heranrückten, die
dort als Besatzung zurückgelassen worden waren. So gerieten die
Leute von Fidenae, von vielen Seiten bedroht, in Panik und ergriffen fast noch schneller die Flucht, als Romulus und seine Begleiter ihre Pferde herumreißen konnten. In noch weit größerer
Unordnung – sie flohen ja wirklich – suchten die, die eben noch
die zum Schein Fliehenden verfolgt hatten, wieder in die Stadt zu
gelangen. Aber sie konnten dem Feind nicht entkommen; die
Römer blieben ihnen hart auf den Fersen, und bevor man die Flügel der Tore vor ihnen schließen konnte, drangen sie mit ein, als
gehörten sie dazu.

15. Der Krieg von Fidenae wirkte ansteckend, und die Leute
von Veji fühlten sich herausgefordert; sie waren ja Blutsver-
wandte – denn auch die Leute von Fidenae waren Etrusker –, und
dann beunruhigte sie schon allein die Nachbarschaft des Platzes,
die eine Gefahr bedeutete, wenn die römischen Waffen alle
Nachbarn bedrohten. Sie fielen in das römische Gebiet ein, mehr
plündernd als nach Art eines richtigen Krieges. Daher schlugen
sie kein Lager auf, warteten auch nicht auf das feindliche Heer,
sondern kehrten mit der Beute, die sie im Land gemacht hatten,
wieder nach Veji zurück. Die Römer dagegen, die den Feind in

ihrem Land nicht aufspüren konnten, überschritten den Tiber,
zu einem Entscheidungskampf gerüstet und entschlossen. Als
man in Veji hörte, daß sie ein Lager aufschlugen und gegen ihre
Stadt anrücken wollten, zog man ihnen entgegen, um lieber in offener Schlacht eine Entscheidung herbeizuführen als eingeschlossen um ihre Häuser und Mauern kämpfen zu müssen. Da
errang der König von Rom, ohne mit seinen Streitkräften eine
besondere Taktik anzuwenden, nur durch die Schlagkraft seines
kampferprobten Heeres den Sieg; er verfolgte die geschlagenen
Feinde bis vor die Stadtmauern; die stark befestigte und schon
durch ihre Lage geschützte Stadt griff er jedoch nicht an, sondern
verwüstete auf dem Rückweg ihr Land, wobei es ihm mehr auf
Vergeltung als auf Beute ankam. Das traf die Leute von Veji nicht
weniger hart als ihre Niederlage in der Schlacht, und sie schickten
Unterhändler nach Rom mit der Bitte um Frieden. Zur Strafe
mußten sie einen Teil ihres Landes abtreten und erhielten dann
einen Waffenstillstand für hundert Jahre.

Dies sind im wesentlichen die Ereignisse im Frieden und im
Krieg aus der Regierungszeit des Romulus. Nichts davon steht
im Widerspruch zu der Überzeugung von seiner göttlichen Herkunft und seinem göttlichen Wesen, an das man nach seinem
Tode glaubte: nicht der Mut, mit dem er die Königswürde für
seinen Großvater zurückgewann, nicht das planvolle Vorgehen
bei der Gründung der Stadt und bei ihrer Festigung im Krieg und
im Frieden. Denn er machte sie in der Tat stark und so mächtig,
daß sie dann vierzig Jahre lang sicheren Frieden genoß. Die
Volksmenge schätzte ihn freilich mehr als die Väter, weitaus am
meisten von allen aber liebten ihn die Soldaten. Als Leibwache –
nicht nur im Krieg, sondern auch im Frieden – hatte er 300 Bewaffnete, die er Celeres (die Schnellen) nannte.

16. Als er nach diesen unsterblichen Taten zur Musterung des
Heeres auf dem Marsfeld beim Ziegensumpf eine Heeresversammlung durchführte, brach plötzlich mit lautem Tosen und
Donnern ein Unwetter los und hüllte den König in einen so dichten Sturzregen, daß die Versammelten ihn nicht mehr sehen
konnten; und danach war Romulus nicht mehr auf Erden. Der
Schrecken legte sich schließlich, als nach diesem Gewittersturm

das Tageslicht heiter und ruhig zurückkehrte. Da sahen die Männer von Rom den Platz des Königs leer; sie glaubten zwar den Senatoren, die direkt dabeigestanden hatten, voll und ganz, daß der Sturm ihn emporgerissen habe, waren aber doch eine Zeitlang sprachlos vor Kummer, als hätte die Angst, nunmehr verwaist zu sein, sie gelähmt. Als dann einige wenige den Anfang machten, grüßten sie alle Romulus als Gott, von einem Gott gezeugt, als König und Vater der Stadt Rom; und sie flehten um seinen Beistand, daß er huldvoll und gnädig sein Volk immer behüten möge. Es gab aber, glaube ich, auch damals schon einige, die im stillen die Senatoren beschuldigten, den König eigenhändig in Stücke gerissen zu haben. Denn auch diese Version breitete sich aus, wenn auch nur in ganz dunklen Andeutungen. Jene andere dagegen setzte sich infolge der Bewunderung, die der Mann genoß, und infolge des Schreckens, der die Menschen befallen hatte, allgemein durch.

Und die Sache soll auch durch den klugen Einfall eines einzelnen Mannes noch glaubhafter geworden sein. Denn während die Bürgerschaft durch den Schmerz über den Verlust ihres Königs aufgewühlt war und den Senatoren grollte, trat Proculus Julius, eine, wie es heißt, gewichtige Autorität auch in einer so bedeutenden Sache, vor die Volksversammlung und sagte: »Mitbürger! Heute beim ersten Licht des Tages kam Romulus, der Vater dieser Stadt, plötzlich vom Himmel herab und trat mir entgegen. Als ich, von Schauer durchbebt und in tiefer Ehrfurcht vor ihm stand und ihn bat, ihm ins Antlitz blicken zu dürfen, sagte er: ›Geh und verkünde den Römern, es sei der Wille der Himmlischen, daß mein Rom das Haupt des Erdkreises sei. Sie sollen also das Kriegswesen pflegen, und sie sollen es wissen und es an ihre Nachkommen weitergeben, daß keine Macht der Welt den Waffen Roms widerstehen kann.‹ Nach diesen Worten«, sagte er, »entschwand er in die Höhe.« Es ist erstaunlich, wieviel Glauben der Mann mit diesen Worten fand und wie der Schmerz um Romulus beim Volk und beim Heer gelindert wurde, nachdem seine Unsterblichkeit als erwiesen galt.

17. Den Senatoren ließ unterdessen der Streit um die begehrte Königswürde keine Ruhe. Er hatte sich noch nicht auf einzelne

Kandidaten konzentriert, weil in dem jungen Volk niemand besonders herausragte; es war ein Parteienstreit zwischen den beiden Stammesgruppen. Die von den Sabinern abstammten, hatten seit dem Tod des Tatius ihrerseits keinen Herrscher mehr gestellt; um den Anspruch auf die Herrschaft, den sie als gleichberechtigte Partner hatten, nicht zu verlieren, verlangten sie daher jetzt, daß man einen König aus ihren Reihen wähle; die Ur-Römer dagegen lehnten einen fremden König ab. Trotz der verschiedenen Interessen waren sie sich aber in dem Wunsch nach einem König einig; denn das Glück der Freiheit hatten sie noch nicht gekostet. Da kam bei den Senatoren die Befürchtung auf, irgendeine auswärtige Macht könne die Stadt, die keine Regierung, und das Heer, das keinen Führer habe, angreifen – denn in vielen Völkerschaften ringsum war die Stimmung gereizt. Auf der einen Seite also war man sich einig, daß man ein Oberhaupt brauchte, auf der anderen konnte sich keine Partei zu einem Zugeständnis entschließen. So teilten die hundert Senatoren die Herrschaft unter sich. Sie bildeten zehn Decurien und bestimmten für jede Decurie einen Mann, der an der Spitze stehen sollte. Zehn übten also die Herrschaft aus. Einer von ihnen trug die Insignien der Herrschermacht und hatte die Liktoren. Seine Herrschaft war auf die Zeit von fünf Tagen beschränkt und ging unter allen reihum. Ein Jahr dauerte die Unterbrechung der Königsherrschaft; dieser Zustand wurde von der Sache her mit einem Wort, das es auch heute noch gibt, Interregnum (Zwischenkönigtum) genannt.

Das Volk fing dann aber an zu murren: ihre Unterdrückung habe sich vervielfacht, jetzt seien hundert Gebieter da anstelle des einen. Sie wollten offensichtlich weiterhin nur noch einen König hinnehmen, und zwar einen, den sie selbst gewählt hatten. Als die Senatoren merkten, was da in der Luft lag, hielten sie es für richtig, von sich aus anzubieten, was sie sonst verloren hätten. Sie stellten das gute Einvernehmen wieder her, indem sie dem Volk die höchste Machtbefugnis in der Weise überließen, daß sie nicht mehr Rechte veräußerten, als sie sich vorbehielten. Sie beschlossen nämlich, wenn das Volk einen König ernannt habe, solle das erst rechtskräftig werden, wenn der Senat diesen Akt bestätigte.

Noch heute gelangt, wenn Gesetze vorgeschlagen und Beamte gewählt werden, dasselbe Recht zur Anwendung, wenn es auch seinen Sinn verloren hat: Bevor das Volk zur Abstimmung schreitet, gibt der Senat seine Bestätigung, obwohl es noch unklar ist, was bei der Abstimmung herauskommt. Damals berief der Interrex die Volksversammlung ein und verkündete: »Möge es gut, glückhaft und segensreich sein, Mitbürger, wenn ihr jetzt einen König wählt. Der Senat hat so entschieden. Wenn ihr einen gewählt habt, der würdig ist, Nachfolger des Romulus zu werden, dann wird der Senat die Wahl bestätigen.« Das gefiel dem Volk so sehr, daß es, um sich an Entgegenkommen nicht übertreffen zu lassen, nur beschloß und anordnete, der Senat möge entscheiden, wer in Rom König sein solle.

18. Man sprach in dieser Zeit viel von der Gerechtigkeit und der Frömmigkeit des Numa Pompilius. Er wohnte in Cures im Sabinerland und war, soweit man es in jener Zeit sein konnte, ein ausgezeichneter Kenner des gesamten sakralen und profanen Rechts. Man nennt als seinen Lehrer, weil man keinen anderen hat, fälschlich Pythagoras aus Samos; der hat aber, wie man sicher weiß, erst mehr als hundert Jahre später, als Servius Tullius in Rom herrschte, an einer weit entfernten Küste Italiens im Gebiet von Metapontum, Heraclea und Croton junge Männer um sich geschart, die sich den Studien geweiht hatten. Hätte von dort, auch wenn er ein Zeitgenosse Numas gewesen wäre, eine Kunde bis zu den Sabinern dringen können? Wie hätte er sich sprachlich verständigen und in jemandem den Lerneifer wecken sollen? Und unter wessen Schutz wäre ein einzelner durch das Gebiet so vieler Völker mit ganz anderen Sprachen und Sitten hingelangt? Ich glaube daher eher, daß Numa seine trefflichen Eigenschaften von Natur aus besaß und sich nicht so sehr durch fremde Lehren gebildet hat als vielmehr durch die strenge und ernste Schule der alten Sabiner, die ihre Traditionen einstmals reiner bewahrten als sonst jemand.

Als die römischen Senatoren den Namen Numas hörten, sahen sie zwar, daß sich die Macht zugunsten der Sabiner verschob, wenn sie einen König von dort nahmen; trotzdem aber wagte es niemand, sich selbst oder einem anderen von seiner Partei oder

überhaupt einem von den Senatoren oder Mitbürgern jenem
Mann gegenüber den Vorzug zu geben, und sie beschlossen ein-
stimmig, Numa Pompilius die Königswürde zu übertragen. Man
holte ihn also nach Rom; wie Romulus nach Einholung eines
Zeichens vom Himmel die Stadt gründete und König wurde, so
ordnete Numa an, daß auch seinetwegen die Götter befragt würden. Daraufhin wurde er von einem Augur, der dann als Auszeichnung dieses staatliche Priesteramt auf Lebenszeit innehatte,
auf die Burg geführt und nahm auf einem Stein Platz, den Blick
nach Süden gewandt. Der Augur ließ sich zu seiner Linken nieder, das Haupt verhüllt und in der Rechten einen oben ge-
krümmten Stab ohne Knoten, den man als Krummstab *(lituus)*
bezeichnete. Dann blickte er auf die Stadt und das Land, betete
zu den Göttern und grenzte durch eine Linie von Ost nach West
die Himmelsgegenden ab; das Gebiet im Süden bezeichnete er als
rechts, das im Norden als links und merkte sich gegenüber ganz
weit am Horizont einen Punkt. Dann nahm er den Krummstab
in die linke Hand, legte die Rechte auf Numas Haupt und betete
so: »Vater Jupiter, wenn es den Göttern recht ist, daß dieser
Numa Pompilius, auf dessen Haupt ich meine Hand gelegt habe,
in Rom König sei, dann offenbare du uns untrügliche Zeichen in
den Grenzen, die ich festgelegt habe.« Dann formulierte er, welche Zeichen erscheinen sollten. Als sie erschienen, wurde Numa
zum König erklärt und stieg von dem Beobachtungsplatz herab.

19. Nachdem er so die Königswürde erlangt hatte, machte er
sich daran, die junge Stadt, die auf Waffengewalt gegründet war,
durch Recht, Gesetze und Sitten erneut zu gründen. Da er sah,
daß sie sich daran in Kriegszeiten nicht gewöhnen könne – denn
durch den Kriegsdienst verrohten die Menschen zusehends –,
glaubte er, daß man das wilde Volk friedsam machen müsse, indem man ihm den Gebrauch der Waffen abgewöhne. Daher errichtete er den Janusbogen am unteren Ende des Argiletum,
durch den Frieden und Krieg angezeigt werden sollten: geöffnet
sollte er zeigen, daß die Bürger unter Waffen ständen; geschlossen, daß man mit allen Völkern ringsum Frieden habe. Nach Numas Regierungszeit ist er dann nur noch zweimal geschlossen gewesen: einmal im Konsulat des T. Manlius nach dem Ende des

Ersten Punischen Krieges, das zweitemal – dies zu erleben, haben die Götter unserer Generation vergönnt – nach dem Krieg von Actium, als der Imperator Caesar Augustus zu Lande und zu Wasser den Frieden hergestellt hatte.

Damals hatte Numa den Janusbogen geschlossen, nachdem er alle Nachbarvölker ringsum durch Bündnisverträge gewonnen hatte. Damit die Römer, die bisher durch die Furcht vor Feinden und durch militärische Zucht in Schranken gehalten worden waren, nicht in der Ruhe, wo es keine Sorge vor Gefahren von außen mehr gab, der Ausgelassenheit verfielen, glaubte er ihnen als allererstes Furcht vor den Göttern ins Herz senken zu müssen – ein im Hinblick auf die Unerfahrenheit und den damaligen niedrigen Bildungsstand der Menge äußerst wirksames Mittel. Da diese Furcht vor den Göttern ohne die Erfindung von etwas Wunderbarem in ihren Herzen nicht Wurzel schlagen konnte, tat er so, als habe er mit der Göttin Egeria nächtliche Zusammenkünfte; auf ihr Drängen hin richte er die Gottesdienste ein, die den Göttern am liebsten seien, und gebe jedem Gott eigene Priester.

Zuallererst nun teilte er das Jahr nach dem Umlauf des Mondes in zwölf Monate ein. Weil aber der Mond für einen Umlauf nicht ganz dreißig Tage braucht und somit am vollen Jahr, das durch die Kreisbahn der Sonne bestimmt wird, elf Tage fehlen, regulierte er das Jahr durch das Einfügen von Schaltmonaten so, daß nach zwanzig Jahren, wenn all diese Jahre ganz abgelaufen waren, die Tage wieder denselben Stand der Sonne hatten wie am Anfang. Er legte auch die Tage fest, an denen Gerichtsverhandlungen und Volksversammlungen nicht stattfinden durften, und die, an denen sie stattfinden durften; denn es würde sich wohl manchmal als nützlich erweisen, wenn nichts vor die Volksversammlung gebracht werden konnte.

20. Dann dachte er daran, Priester zu ernennen, obwohl er selbst sehr viele priesterliche Aufgaben wahrnahm, hauptsächlich diejenigen, die heutzutage dem Flamen (Sonderpriester) des Jupiter übertragen sind. Er glaubte aber, daß das kriegerische Volk in Zukunft mehr Könige von der Art eines Romulus als von der eines Numa haben werde und daß diese selbst in den Krieg ziehen würden; damit dann die Priesterpflichten, die zu den Ob-

liegenheiten des Königs gehörten, nicht vernachlässigt würden, ernannte er einen Flamen als ständig anwesenden Priester für Jupiter und verlieh ihm ein Gewand, das ihn heraushob, und einen Amtssessel, wie ihn der König hatte. Dazu ernannte er zwei weitere Sonderpriester, einen für Mars und einen für Quirinus. Außerdem wählte er Jungfrauen für den Dienst der Vesta, ein Priesteramt, das aus Alba stammte und dem Volke des Stadtgründers wohlvertraut war. Damit sie ständig als Priesterinnen im Heiligtum fungieren konnten, bestimmte er für sie einen Betrag aus öffentlichen Mitteln; durch Verpflichtung zur Jungfräulichkeit und durch sonstige Bräuche gab er ihnen eine Aura der Ehrwürdigkeit und Heiligkeit. Desgleichen wählte er für Mars Gradivus zwölf Salier. Sie erhielten als Insignien eine buntbestickte Tunica und – über der Tunica zu tragen – einen ehernen Brustpanzer; und er wies sie an, die vom Himmel gefallenen Waffen, die sogenannten *ancilia,* zu tragen und durch die Stadt zu ziehen und dabei zum feierlichen Waffentanz im Dreischritt ihre Lieder zu singen. Sodann wählte er aus den Reihen des Senats Numa Marcius, den Sohn des Marcus, zum Pontifex und übergab ihm für das gesamte Sakralwesen genaueste schriftliche Anweisungen, mit welchen Opfertieren, an welchen Tagen und vor welchen Tempeln zu opfern war und woher man das Geld zur Bestreitung dieser Kosten nehmen sollte. Auch alle übrigen staatlichen und privaten Kulthandlungen unterwarf er den Anordnungen dieses Pontifex; es sollte eine Instanz geben, an die das Volk sich mit Fragen wenden konnte, und keine Bestimmung des Sakralrechts sollte durch Vernachlässigung der angestammten und Übernahme fremder Zeremonien verletzt werden. Aber nicht nur über die Zeremonien zur Verehrung der Götter sollte der Pontifex Auskunft geben, sondern auch über die Bestattungsriten und wie man die Geister der Verstorbenen versöhnen könne und welche Zeichen vom Himmel, die in Form von Blitzen oder anderen Erscheinungen geschickt wurden, ernst genommen und gesühnt werden müßten. Um dieses Wissen den Göttern zu entlocken, weihte er dem Jupiter Elicius einen Altar auf dem Aventin und befragte den Gott mit Hilfe von Augurien, welche Zeichen ernst zu nehmen seien.

21. Um dies zu beraten und durchzuführen, hatte sich die gesamte Volksmenge von Gewaltanwendung und dem Gebrauch der Waffen abgekehrt; die Leute waren mit etwas beschäftigt, und die beständige Hinwendung zu den Göttern hatte, weil das göttliche Walten und Wirken im menschlichen Tun gegenwärtig zu sein schien, die Herzen aller mit solcher Frömmigkeit erfüllt, daß das gegebene Wort und der Eid mehr als Angst vor den Gesetzen und vor der Strafe die Stadt regierten. Aus eigenem Antrieb richteten sich die Leute nach den Sitten ihres Königs, der ihnen als einzigartiges Vorbild galt. Hatten die Nachbarvölker bisher geglaubt, man habe nicht eine Stadt, sondern ein Heerlager in ihre Mitte gepflanzt, um den allgemeinen Frieden zu stören, so wurden jetzt auch sie von solcher Scheu erfüllt, daß sie es als einen Frevel angesehen hätten, gegen die Stadt, die sich ganz der Verehrung der Götter geweiht hatte, Gewalt zu gebrauchen.

Es gab einen Hain, der in seiner Mitte durch eine Quelle, die in einer schattigen Grotte entsprang, das ganze Jahr über bewässert wurde. Numa begab sich sehr häufig ohne Zeugen an diesen Ort, um hier angeblich eine Göttin zu treffen; er weihte diesen Hain den Camenen, weil diese dort mit seiner Gemahlin Egeria zusammenkämen. Auch für die Fides (Treue) richtete er einen Kult ein. Zu ihrem Heiligtum ließ er die Flamines auf einem zweispännigen Planwagen fahren und, die Hand bis zu den Fingern eingewickelt, das Opfer vollziehen; damit sollten sie dartun, daß die Treue zu schützen und daß auch der Sitz der Treue in der rechten Hand etwas Heiliges sei. Er stiftete noch viele andere Opferhandlungen und die Opferstätten, die die Pontifices als Argei bezeichnen. Doch die bedeutendste all seiner Leistungen war, daß er seine ganze Regierungszeit hindurch den Frieden nicht weniger zu wahren verstand als seine Königswürde.

So haben zwei Könige nacheinander jeder auf seine Weise – der erste durch Krieg, der zweite durch Frieden – die Bürgerschaft gefördert. Romulus regierte siebenunddreißig Jahre, Numa dreiundvierzig. Die Stadt war jetzt nicht nur mächtig, sondern vor allem sowohl für die Aufgaben des Krieges als auch für die des Friedens wohlorganisiert.

22. Nach Numas Tod kam es wieder zu einem Interregnum.

Dann bestimmte das Volk Tullus Hostilius zum König, den Enkel des Hostilius, der am Fuße der Burg so ruhmvoll gegen die Sabiner gekämpft hatte. Die Wahl wurde vom Senat bestätigt. Dieser König war nicht nur grundverschieden von seinem Vorgänger, sondern sogar noch unbändiger als Romulus. Seine Jugend und seine Kraft, noch mehr aber der Ruhm seines Großvaters stachelte ihn an. Er glaubte, die Bürgerschaft verkümmere im Frieden; daher suchte er überall nach einem Anlaß zum Krieg.

Der Zufall wollte es, daß römische Landleute im Gebiet von Alba und albanische auf römischem Boden sich gegenseitig Vieh wegtrieben. Herrscher von Alba war damals C. Cluilius. Beide Seiten schickten fast gleichzeitig Gesandte, um Wiedergutmachung zu fordern. Tullus hatte seinen Gesandten eingeschärft, sich auf nichts einzulassen, bis sie ihren Auftrag ausgeführt hätten. Er war sicher, daß die Albaner ablehnen würden; dann könne er guten Gewissens den Krieg erklären. Die Gesandten aus Alba gingen fahrlässiger vor; sie wurden von Tullus höflich und freundlich als Gäste empfangen und saßen oft in heiterer Laune an der Tafel des Königs. Unterdessen hatten die Römer als erste Wiedergutmachung gefordert und den Albanern, die ablehnten, mit einer Frist von dreißig Tagen den Krieg erklärt; dies berichteten sie Tullus. Jetzt erst gab Tullus den Gesandten aus Alba Gelegenheit vorzutragen, mit welchem Anliegen sie gekommen seien. Diese hatten von allem, was vorging, keine Ahnung und vertaten zunächst die Zeit mit Entschuldigungen: Nur ungern brächten sie etwas vor, was Tullus nicht gerne höre; aber sie ständen unter dem Zwang eines Befehls. Sie seien gekommen, um Wiedergutmachung zu fordern; wenn ihre Forderung nicht erfüllt werde, hätten sie den Auftrag, den Krieg zu erklären. Darauf antwortete Tullus: »Sagt eurem König, der römische König bitte die Götter zu bezeugen, welches der beiden Völker zuerst Gesandte, die Wiedergutmachung forderten, abgewiesen und davongeschickt habe; über dieses Volk sollten sie alles Unheil dieses Krieges verhängen.«

23. Das teilten die Albaner zu Hause mit. Auf beiden Seiten bereitete man sich mit aller Energie auf den Krieg vor, einen Bürgerkrieg sozusagen, ja fast einen Krieg zwischen Vätern und Söh-

nen – denn beide waren Nachkommen der Trojaner: Lavinium
leitete seinen Ursprung von Troja her, Alba von Lavinium und
die Römer von einem Sproß des albanischen Königshauses. Der
Ausgang des Krieges machte die Auseinandersetzung jedoch weniger schmerzlich. Denn es kam zu keiner Schlacht, und nur die
Häuser der einen Stadt wurden niedergerissen, dann aber beide
Völker zu einem verschmolzen.

Die Albaner drangen als erste mit einem gewaltigen Heer in
das römische Gebiet ein. Sie schlugen nicht mehr als fünf Meilen
vor der Stadt ihr Lager auf und umgaben es mit einem Graben;
der wurde noch mehrere Jahrhunderte lang nach ihrem Anführer
Cluilius-Graben genannt, bis infolge der langen Zeit mit dem
Graben auch der Name verschwand. In diesem Lager starb der
Albanerkönig Cluilius, und die Albaner wählten Mettius Fufetius zum Diktator. Unterdessen machte Tullus vor allem der Tod
des Königs dreist, und man hörte ihn immer wieder sagen, die
große Macht der Götter werde über alle Albaner wegen des gewissenlos begonnenen Krieges Strafe verhängen, mit ihrem
Oberhaupt habe sie schon den Anfang gemacht; er zog bei Nacht
am Lager der Feinde vorbei und drang mit seinem Heer auf alba-
nisches Gebiet vor. Das veranlaßte Mettius, sein Standlager aufzugeben. Er rückte so nahe wie möglich an den Feind heran.
Dann schickte er einen Unterhändler vor und ließ Tullus ausrichten, ehe sie kämpften, müsse es zu einer Unterredung kommen.
Er sei überzeugt, daß er bei einer Zusammenkunft Dinge vorbringen könne, die die Interessen der Römer nicht weniger berührten als die der Albaner. Tullus wies das nicht zurück, führte
aber doch sein Heer heraus und stellte es zum Kampf auf für den
Fall, daß Belanglosigkeiten vorgebracht würden. Auf der anderen Seite rückten auch die Albaner aus. Als sie auf beiden Seiten
in Reih und Glied dastanden, kamen die Anführer mit wenigen
von den Vornehmsten in die Mitte. Da begann der Albaner: »Ich
glaube von unserem König Cluilius gehört zu haben, Übergriffe,
für die die Wiedergutmachung unterblieb, die aufgrund des Vertrages gefordert wurde, hätten zu diesem Krieg geführt, und ich
bin überzeugt, daß du, Tullus, dasselbe vorbringst. Wenn man
aber lieber die Wahrheit sagen soll als schön klingende Worte, so

ist es Herrschsucht, was die beiden verwandten und benachbarten Völker zu den Waffen treibt. Ich will nicht entscheiden, ob zu Recht oder zu Unrecht; darüber dürfte sich der seine Gedanken gemacht haben, der sich zum Krieg entschloß. Mich haben die Albaner zum Feldherrn gewählt, den Krieg zu führen. An folgendes aber möchte ich dich erinnern, Tullus: Wie groß die Macht der Etrusker in unserer, besonders aber in deiner Nähe ist, weißt du um so besser, je näher du ihnen bist. Sie sind stark zu Lande, ganz stark aber zur See. Denke daran, daß sie, wenn du jetzt das Zeichen zum Kampf gibst, diesen beiden Heeren zuschauen werden, um dann über die Müden und Erschöpften, die Sieger wie die Besiegten, herzufallen. Wenn uns also die Götter lieben, dann laß uns, da wir mit dem sicheren Besitz der Freiheit nicht zufrieden sind und das ungewisse Spiel um Herrschaft oder Knechtschaft wagen, irgendeinen Weg beschreiten, der eine Entscheidung bringen kann, wer über wen herrschen soll, ohne daß es zu einer schweren Niederlage kommt und ohne daß es beide Völker viel Blut kostet.« Der Vorschlag mißfiel Tullus nicht, obgleich ihn nicht nur seine Veranlagung, sondern auch die Hoffnung auf einen Sieg mehr zum Kampf reizte. Man überlegte auf beiden Seiten und fand eine Lösung, zu der auch das Schicksal selbst einen Weg zeigte.

24. Zufällig waren damals in beiden Heeren Drillingsbrüder, die nicht nur etwa gleich alt, sondern auch etwa gleich stark waren. Es steht ziemlich fest, daß es die Horatier und die Curiatier waren, und wohl keine andere Geschichte aus der alten Zeit ist bekannter; trotzdem, obwohl die Geschichte so berühmt ist, bleibt eine Unsicherheit, zu welchem der beiden Völker die Horatier und zu welchem die Curiatier gehört haben. Die Quellen bringen beides. Ich finde jedoch mehr, die die Horatier als Römer bezeichnen, und bin geneigt, ihnen zu folgen.

Die Könige verhandelten mit den Drillingsbrüdern, daß sie mit dem Schwert kämpften, jeder für seine Vaterstadt. Die Herrschaft werde dem Volk zufallen, auf dessen Seite der Sieg sei. Sie weigerten sich nicht, Zeit und Ort wurden vereinbart. Bevor es zum Kampf kam, wurde zwischen den Römern und den Albanern ein Vertrag geschlossen mit der Bedingung, daß das Volk,

dessen Bürger in diesem Kampf siegten, über das andere in Ruhe
und Frieden herrschen solle.

Verträge können die verschiedensten Bestimmungen enthalten, abgeschlossen aber werden sie alle auf dieselbe Art. Wir haben gehört, daß es damals folgendermaßen geschah – es ist die älteste Kunde von einem Vertragsabschluß, die wir haben: Ein Fetiale richtete an König Tullus die Frage: »Beauftragst du mich, König, mit dem Pater Patratus des Albanervolkes einen Vertrag zu schließen?« Als der König den Auftrag erteilte, sprach der Fetiale weiter: »So fordere ich das heilige Kraut von dir, König.« Darauf der König: »Hol dir ein makelloses!« Der Fetiale holte von der Burg eine makellose Pflanze herbei. Dann richtete er an den König die Frage: »König, machst du mich zum Königsboten des römischen Volkes der Quiriten samt meinem Gerät und meinen Begleitern?« Der König antwortete: »Soweit es ohne Nachteil für mich und das römische Volk der Quiriten geschehen kann, tue ich das.« Der Fetiale war M. Valerius; er machte Sp. Fusius zum Pater Patratus, indem er dessen Haupt und Haar mit dem frischen Grün berührte. Ein Pater Patratus wird ernannt, um den Schwur zu vollziehen, d. h. dem Vertrag die religiöse Weihe zu geben; er tut dies mit vielen Worten, einer langen Formel, die wiederzugeben die Mühe nicht lohnt. Der las dann die Vertragsbestimmungen vor und fuhr fort: »Höre, Jupiter! Höre, Pater Patratus des Albanervolkes! Höre auch du, Volk von Alba! So, wie dies alles vom ersten bis zum letzten Wort ohne Arglist von diesen Wachstafeln öffentlich verlesen, und so, wie es hier und heute ganz richtig verstanden worden ist, wird das römische Volk von diesen Bestimmungen nicht zuerst abgehen. Wenn es das auf Staatsbeschluß arglistig tun sollte, dann sollst du, Jupiter, das römische Volk an diesem Tage so treffen, wie ich hier und heute dieses Schwein treffen werde; und du sollst es mit um so größerer Wucht treffen, je stärker und mächtiger du bist.« Nach diesen Worten erschlug er das Schwein mit dem Kieselstein. In gleicher Weise sprachen auch die Albaner die bei ihnen üblichen Formeln und ihren Eid durch ihren Diktator und ihre Priester.

25. Nach dem Abschluß des Vertrages griffen die Drillinge zu den Waffen, wie es vereinbart worden war. Beide Seiten wurden

von ihren Landsleuten angefeuert: Die Götter ihrer Väter, die Vaterstadt und die Eltern, alle Mitbürger zu Hause, alle im Heer blickten jetzt auf ihre Waffen und auf ihre Hände. In wilder Kampfeslust – ihrem Wesen entsprechend und die ermunternden Zurufe im Ohr – traten sie in die Mitte zwischen den beiden Schlachtreihen. Die zwei Heere hatten sich zu beiden Seiten vor ihrem Lager niedergelassen, im Augenblick zwar frei von Gefahr, aber nicht von Sorge; denn es ging um die Herrschaft, die von der Tapferkeit und dem Glück dieser paar Männer abhing. So richteten sie denn gespannt und voll Unruhe ihre Aufmerksamkeit auf das alles andere als angenehme Schauspiel.

Man gab das Zeichen, und mit gezogenem Schwert stürmten die drei jungen Männer auf jeder Seite wie Schlachtreihen mit dem Kampfesmut großer Heere aufeinander los. Weder die einen noch die anderen dachten an die eigene Gefahr, sie dachten nur an die Herrschaft oder Knechtschaft ihres Volkes und daß ihre Vaterstadt das Schicksal erwarte, das sie ihr bereiteten. Sobald beim ersten Zusammenprall die Schilde dröhnten und funkelnd die Schwerter blitzten, durchfuhr ein ungeheurer Schauder die Zuschauer; und da die Entscheidung noch ganz offen war, verschlug es ihnen die Sprache und den Atem. Als es dann zum Nahkampf kam und jetzt nicht nur die Bewegungen der Körper und das Schwingen der Schwerter und Schilde, das nichts entschied, sondern auch Wunden und Blut die Blicke fesselten, brachen zwei Römer, einer über dem anderen, sterbend zusammen, während die drei Albaner verwundet waren. Beim Tod der Römer war ein Freudenschrei durch das albanische Heer gegangen; den römischen Legionen war schon alle Hoffnung geschwunden, die Sorge jedoch nicht; denn lähmendes Entsetzen ergriff sie angesichts der Lage des einen Mannes, den die drei Curiatier umringt hatten. Er war zum Glück noch unverletzt; gegen alle konnte er allein es zwar nicht aufnehmen, aber dem einzelnen gegenüber fühlte er sich überlegen. Um sie daher im Kampf zu trennen, ergriff er die Flucht. Er rechnete sich aus, daß sie ihn verfolgen würden, so schnell es einem jeden sein verwundeter Körper erlaubte. Schon war er ein ziemliches Stück von der Stelle weggerannt, wo sie gekämpft hatten, als er zurückblickte und be-

merkte, daß sie ihm in weiten Abständen folgten und daß einer
dicht hinter ihm war. Da machte er kehrt und griff diesen mit
Wucht an; und während das albanische Heer den beiden anderen
Curiatiern noch zurief, sie sollten ihrem Bruder zu Hilfe kommen, hatte der Horatier den Gegner bereits erschlagen und
stürzte sich als Sieger in den nächsten Kampf. Da unterstützten
die Römer ihren Mann mit einem Geschrei, wie es die Anhänger
bei einer unverhofften Wendung zu erheben pflegen, und der
Römer beeilte sich, den Kampf zu Ende zu bringen. Bevor daher
der andere herankommen konnte – er war nicht mehr weit weg –,
hatte er auch den zweiten Curiatier erledigt. Jetzt stand der
Kampf gleich; auf jeder Seite war nur noch einer übrig, aber ihre
Aussichten und ihre Kräfte waren ungleich. Der eine war noch
unverletzt und hatte schon zwei besiegt, was ihn mit einem Gefühl der Überlegenheit den Kampf mit dem dritten aufnehmen
ließ; der andere schleppte sich, erschöpft von seiner Wunde, erschöpft vom Laufen und entmutigt durch den Tod der Brüder
vor seinen Augen, dem siegreichen Gegner entgegen. Und es war
dann auch kein Kampf mehr. Im Siegestaumel rief der Römer:
»Zwei habe ich den Manen meiner Brüder geopfert; den dritten
opfere ich jetzt dem Anlaß dieses Krieges, auf daß Rom über
Alba herrsche.« Dem Gegner, der kaum noch seinen Schild halten konnte, stieß er das Schwert von oben in die Kehle; als er am
Boden lag, zog er ihm die Rüstung ab.

Die Römer empfingen den Horatier mit Jubel und Glückwünschen. Ihre Freude war um so größer, als die Sache ja bedrohlich
ausgesehen hatte. Dann machte man sich mit sehr unterschiedlichen Gefühlen an die Bestattung der Kameraden; denn die einen
hatten mehr Macht bekommen, die anderen waren unter fremde
Herrschaft geraten. Die Gräber sind noch zu sehen – dort, wo jeder fiel –, die beiden römischen an einer Stelle, näher an Alba, die
drei albanischen nach Rom hin, aber auseinander liegend, wie
man auch gekämpft hatte.

26. Bevor man sich dort trennte, fragte Mettius, was Tullus
aufgrund des abgeschlossenen Vertrages befehle. Dieser befahl
ihm, die wehrfähige Jugend unter Waffen zu halten; er werde
ihre Dienste in Anspruch nehmen, wenn es zu einem Krieg gegen

Veji komme. Dann zogen die Heere von dort heim. An der Spitze
schritt der Horatier mit den erbeuteten Waffen der Drillinge.
Ihm kam seine Schwester – ein Mädchen noch, das mit einem der
Curiatier verlobt gewesen war – vor der Porta Capena entgegen.
Als sie auf den Schultern ihres Bruders den von ihr selbst verfer-
tigten Kriegsmantel ihres Verlobten erkannte, löste sie ihr Haar
und rief unter Tränen den toten Bräutigam beim Namen. Den
wilden jungen Mann traf das Wehklagen seiner Schwester, wo er
doch als Sieger kam und alles von solchem Jubel erfüllt war. Daher zog er sein Schwert und durchbohrte das Mädchen und fuhr
es gleichzeitig mit den Worten an: »Weg mit dir zu deinem Verlobten mitsamt deiner unangebrachten Liebe! Vergessen hast du
deine toten Brüder und den lebenden, vergessen deine Vaterstadt.
So soll jede Römerin dahingehen, die um einen Feind trauert!«
    Entsetzt war man im Senat wie im Volk über diese Tat, aber ihr
stand die eben erst vollbrachte Leistung gegenüber. Trotzdem
schleppte man ihn zum Gericht vor den König. Der König war
jedoch nicht gewillt, persönlich ein so bitteres Urteil zu fällen,
das der breiten Masse nicht gefallen würde, und nach dem Urteil
die Strafe zu verhängen. Daher berief er eine Volksversammlung
und verkündete: »Kraft Gesetzes bestelle ich zwei Untersuchungsrichter, die den Hochverratsprozeß gegen Horatius führen sollen.« Das Gesetz hat folgenden schauerlichen Wortlaut:
»Zwei Untersuchungsrichter sollen den Hochverratsprozeß führen. Wenn der Angeklagte gegen die Entscheidung der beiden
Berufung einlegt, dann soll er versuchen dürfen, damit durchzu-
kommen. Bleibt es bei dem Urteil der Untersuchungsrichter, so
soll man ihm das Haupt verhüllen und ihn am Baum des Unheils
mit einem Strick aufhängen; man soll ihn geißeln innerhalb des
Pomeriums oder außerhalb des Pomeriums.«
    Nach diesem Gesetz wurden zwei Untersuchungsrichter be-
stellt; diese waren überzeugt, aufgrund des Gesetzes nicht einmal
einen Unschuldigen freisprechen zu können. Als sie ihn verurteilt hatten, sagte der eine von ihnen: »P. Horatius, ich erkenne
gegen dich auf Hochverrat. Geh, Liktor, binde ihm die Hände!«
Der Liktor war an ihn herangetreten und wollte ihn gerade fesseln. Da sagte Horatius auf Anraten des Tullus, der das Gesetz

mild auslegte: »Ich lege Berufung ein.« So kam es zur Berufungs-
verhandlung vor dem Volk. Am meisten beeindruckte es die
Leute bei diesem Prozeß, als P. Horatius, der Vater, laut verkündete, er sei der Meinung, seine Tochter sei zu Recht getötet worden; wenn dem nicht so wäre, wäre er mit dem Recht des Vaters
gegen seinen Sohn vorgegangen. Dann bat er, man möge ihn, den
man gerade noch mit bedeutender Nachkommenschaft gesehen
habe, doch nicht kinderlos machen. Dabei umarmte der Alte den
jungen Mann, zeigte auf die erbeuteten Waffen der Curiatier, die
an der Stelle aufgehängt waren, die heute noch »Die Horatier-
Speere« heißt, und sagte: »Mitbürger, könnt ihr es mit ansehen,
daß dieser Mann da, den ihr eben noch beutegeschmückt als triumphierenden Sieger habt einherschreiten sehen, an eine Gabel
gebunden und gegeißelt und gefoltert wird? Ein so schmähliches
Schauspiel könnten kaum Albaneraugen ertragen. Geh, Liktor,
binde die Hände, die eben erst mit Schwert und Schild dem römischen Volk die Herrschaft gewonnen haben! Geh, verhülle dem
Befreier dieser Stadt das Haupt! Hänge ihn an den Baum des Unheils! Geißle ihn entweder innerhalb des Pomeriums – dann aber
bei diesen Speeren und den anderen erbeuteten Waffen der
Feinde – oder außerhalb des Pomeriums – dann aber bei den Gräbern der Curiatier! Denn wohin könnt ihr diesen jungen Mann
bringen, wo ihn nicht der Glanz seiner Taten vor einer so grauen-
haften Bestrafung schützte?« Das Volk konnte die Tränen des
Vaters und die Haltung des Sohnes, die sich in jeder Gefahr
gleich blieb, nicht ertragen, und man sprach ihn frei, mehr aus
Bewunderung für seine Tapferkeit als aufgrund der Rechtslage.
Damit der offensichtliche Mord aber doch durch irgendeine
Sühne gebüßt wurde, wurde dem Vater auferlegt, den Sohn auf
Staatskosten zu entsühnen. Er brachte einige Sühnopfer dar, die
dann der Familie der Horatier übertragen wurden, und er legte
quer über die Straße einen Balken und schickte den jungen Mann
mit verhülltem Haupt sozusagen unter das Joch. Der Balken ist
heute noch vorhanden und wird immer wieder auf Staatskosten
erneuert; er heißt »Der Schwesternbalken«. Der Horatia wurde
dort, wo sie durchbohrt zusammengebrochen war, aus Quader-
steinen ein Grabmal errichtet.

27. Aber der Friede mit Alba hielt nicht lange. Die breite Masse der Bevölkerung war unzufrieden, weil das Geschick der Stadt drei Soldaten anvertraut worden war. Das verdarb den wankelmütigen Charakter des Diktators vollends. Und da rechtmäßiges Handeln nicht gut ausgegangen war, begann er durch unrechtmäßiges Handeln die Herzen seiner Mitbürger zurückzugewinnen. Wie vorher im Krieg den Frieden, so suchte er jetzt im Frieden den Krieg; weil er aber erkannte, daß seine Stadt zwar genug Mut hatte, doch nicht stark genug war, wiegelte er andere Völker auf, offen und nach offizieller Ankündigung Krieg zu führen; sein Volk sollte zum Schein an dem Bündnis festhalten, dann aber die Römer verraten.

Fidenae, eine römische Kolonie, ließ sich durch die Zusage der Albaner, daß sie überlaufen würden, zum Krieg treiben; auch Veji hatte man für den Plan gewonnen. Als Fidenae offen abfiel, rief Tullus den Mettius mit seinem Heer von Alba heran und zog gegen den Feind. Nach dem Übergang über den Anio schlug er dort, wo der Anio in den Tiber mündet, sein Lager auf. Zwischen diesem Punkt und Fidenae war das Heer von Veji über den Tiber gekommen. Es bildete auch in der Schlacht den rechten Flügel, der beim Fluß stand; auf dem linken Flügel, näher hin zu den Bergen, formierten sich die Leute aus Fidenae. Tullus führte die Seinen gegen den Feind aus Veji, die Albaner stellte er der Legion aus Fidenae gegenüber. Der Albaner zeigte genausowenig Mut wie Treue. Er traute sich also weder zu bleiben noch offen zum Feind überzugehen und setzte sich langsam in Richtung auf die Berge ab; dann, als er nahe genug gekommen zu sein glaubte, führte er sein ganzes Heer die Höhe hinauf und ließ in seiner Unschlüssigkeit, um Zeit zu gewinnen, die Reihen sich breit entfalten. Seine Absicht war, seine Streitkräfte auf die Seite zu führen, der das Glück den Sieg schenkte. Anfangs wunderten sich die Römer, die am nächsten gestanden hatten, als sie merkten, daß durch den Abzug der Verbündeten ihre Flanke entblößt wurde. Dann sprengte ein Reiter los und meldete dem König, daß die Albaner abrückten. Tullus gelobte in dieser kritischen Lage, zwölf Salier einzusetzen und den Gottheiten der Angst und der Panik Tempel zu errichten. Den Reiter aber fuhr er mit lauter Stimme

an – daß es auch die Feinde hören konnten – und forderte ihn auf,
in den Kampf zurückzukehren: es bestehe kein Grund zur Aufregung; auf seinen Befehl werde das Albanerheer im Bogen her-
umgeführt, um den Truppen aus Fidenae in den ungeschützten
Rücken zu fallen. Und er befahl den Reitern, ihre Lanzen hoch-
zunehmen. Das nahm einem großen Teil des römischen Fußvolks die Sicht auf das abrückende Heer der Albaner. Die es gesehen hatten, glaubten den Worten ihres Königs und kämpften um
so eifriger. Jetzt war es an den Feinden, zu erschrecken; denn sie
hatten gehört, was mit lauter Stimme gesagt worden war, und ein
großer Teil der Leute aus Fidenae, die ja als Bürger der Kolonie
mit Römern zusammengelebt hatten, verstand das Lateinische.
Daher machten sie kehrt, um nicht von ihrer Stadt abgeschnitten
zu werden, wenn die Albaner plötzlich von den Höhen herunter-
stürmten. Tullus setzte ihnen nach, schlug den Flügel der Männer von Fidenae und wandte sich dann noch wilder wieder gegen
die Leute aus Veji, die durch die Panik der anderen entmutigt waren. Sie hielten dem Angriff auch nicht stand, aber der Fluß in ihrem Rücken hinderte sie an einer wilden Flucht. Als die Flucht
dorthin ging, warfen die einen schmählich ihre Waffen weg und
stürzten sich blindlings in das Wasser, die anderen wurden niedergemacht, während sie am Ufer zauderten und noch schwankten, ob sie fliehen oder kämpfen sollten. Das war die blutigste
Schlacht, die Rom bisher geschlagen hatte.

28. Dann wurde das Albanerheer – beim Kampf nur ein Zuschauer – in die Ebene hinabgeführt. Mettius beglückwünschte
den Tullus zu seinem vollen Sieg über die Feinde; Tullus seinerseits fand freundliche Worte für Mettius: Die Albaner sollten, was
gut ausgehen möge, ihr Lager mit dem der Römer vereinigen. Für
den nächsten Tag ließ er ein Reinigungsopfer vorbereiten.

Sobald es hell wurde und alle Vorbereitungen, wie es üblich ist,
getroffen waren, befahl er, beide Heere zur Versammlung zu rufen. Die Herolde fingen am äußeren Rand des Lagers an und riefen zuerst die Albaner. Diese waren auch durch das für sie neue
Erlebnis erregt und stellten sich ganz vorne hin, um den römischen König in der Heeresversammlung reden zu hören. Die römische Legion – das war verabredet – umstellte sie und hatte die

Waffen dabei. Die Centurionen hatten den Auftrag, unverzüglich durchzuführen, was man ihnen befahl. Darauf begann Tullus mit folgenden Worten: »Römer! Wenn ihr je zuvor sonst in einem Krieg Grund hattet, euch in erster Linie bei den unsterblichen Göttern, dann aber auch bei eurer Tapferkeit zu bedanken, dann war es die gestrige Schlacht. Der Kampf ging nämlich nicht nur gegen die Feinde, sondern ebensosehr gegen verräterische und treulose Verbündete, und dieser Kampf ist noch schwerer und gefährlicher. Denn damit ihr nicht bei einer falschen Meinung beharrt: Ohne meinen Befehl sind die Albaner in Richtung auf die Berge abgerückt. Was ich dann rief, war nicht mein Befehl, sondern kluge Überlegung und Vortäuschung eines Befehls; ihr solltet nicht wissen, daß ihr im Stich gelassen wurdet, und dadurch vom Kampf abgelenkt werden, und die Feinde sollten glauben, sie würden im Rücken umzingelt, und einen solchen Schrecken bekommen, daß sie flohen. Aber die Schuld, die ich aufdecke, betrifft nicht alle Albaner. Sie sind nur ihrem Führer gefolgt; ihr hättet ebenso gehandelt, wenn ich das Heer von dort irgendwohin hätte dirigieren wollen. Jener Mettius hat sie dorthin geführt, derselbe Mettius hat auch diesen Krieg angestiftet, und Mettius hat den Vertrag zwischen Rom und Alba gebrochen. So etwas könnte später wieder einmal einer wagen, wenn ich jetzt nicht an diesem hier ein deutliches Exempel zur Warnung für die Menschen statuiere.« Bewaffnete Centurionen umstellten Mettius. Der König aber fuhr fort, wie er begonnen hatte: »Möge es gut, glücklich und segensreich sein für das römische Volk und für mich und auch für euch, ihr Albaner: Ich beabsichtige, die gesamte Bevölkerung von Alba nach Rom umzusiedeln, dem einfachen Volk das Bürgerrecht zu verleihen, die Vornehmen in den Senat aufzunehmen und so eine gemeinsame Stadt und ein gemeinsames Staatswesen zu schaffen. Der Staat von Alba hat sich einst aus einem in zwei Völker geteilt; jetzt soll er wieder zu einem zurückfinden.«

Bei diesen Worten wurden die Männer aus Alba, die keine Waffen hatten und von Bewaffneten umringt waren, bei mancherlei Wünschen alle von gleicher Furcht gepackt und sagten kein Wort. Tullus fuhr dann fort: »Mettius Fufetius, wenn du selbst es lernen könntest, ein gegebenes Wort und Verträge zu halten, würde ich dich leben lassen, und du hättest es bei mir gelernt. Nun aber, da du von unverbesserlicher Art bist, wirst du durch deine Bestrafung die Menschheit lehren, das heiligzuhalten, was du verletzt hast. Wie du dein Herz eben noch geteilt hast zwischen Fidenae und Rom, so wirst du jetzt deinen Leib hergeben, daß er nach allen Seiten auseinandergerissen wird.« Hierauf ließ er zwei Viergespanne heranbringen und Mettius ausgespannt auf die beiden Wagen binden. Dann wurden die Pferde in entgegengesetzte Richtungen getrieben und trugen auf den beiden Wagen den zerfetzten Körper davon, wie die Glieder in den Stricken hängengeblieben waren. Alles wandte sich ab, um dieses gräßliche Schauspiel nicht mit ansehen zu müssen. Es war das erste und das letzte Mal, daß bei den Römern diese Art der Hinrichtung stattfand, ein Verfahren, bei dem die Gebote der Menschlichkeit zu wenig beachtet wurden. Ansonsten dürfen die Römer sich rühmen, daß kein Volk mildere Strafen verhängt hat.

29. Unterdessen waren schon Reiter nach Alba vorausgeschickt worden, die die Bevölkerung nach Rom schaffen sollten. Dann rückten die Legionen an, um die Stadt zu zerstören. Als sie durch die Tore einzogen, kam es zwar nicht zu Panikszenen, wie sie sich bei der Eroberung von Städten gewöhnlich abspielen, wenn nach dem Aufbrechen der Tore, dem Zertrümmern der Stadtmauern durch den Sturmbock oder der gewaltsamen Einnahme der Burg das Geschrei der Feinde und die durch die Stadt stürmenden Bewaffneten mit Feuer und Schwert ein Chaos auslösen; aber beklommenes Schweigen und stille Trauer ließ allen das Herz erstarren, so daß sie vor lauter Angst ratlos waren, was sie zurücklassen und was sie mitnehmen sollten, und bald auf den Schwellen ihrer Häuser standen und einander fragten, bald planlos durch ihre Häuser irrten, um sie zum letztenmal zu sehen. Als aber jetzt die Reiter mit lautem Rufen zum Auszug drängten, als das Zusammenkrachen der Häuser zu hören war, die an den äußersten Enden der Stadt niedergerissen wurden, und der Staub, der an den verschiedensten Stellen aufwirbelte, sich wie eine Wolke auf alles gelegt hatte, da schaffte jeder hastig heraus, was er nur konnte, während er den Lar und die Penaten und das

Haus, in dem er geboren und erzogen worden war, zurücklassen
mußte. Schon hatte ein nicht abreißender Zug von Auswande-
rern die Straßen gefüllt; beim Anblick der anderen ließ das ge-
genseitige Mitleid erneut die Tränen fließen, und Klageschreie,
vor allem von Frauen, waren zu hören, als sie an den von Bewaffneten besetzten ehrwürdigen Tempeln vorbeikamen und die
Götter wie Gefangene zurücklassen mußten. Nachdem die Albaner die Stadt verlassen hatten, machten die Römer im ganzen
Stadtgebiet alle öffentlichen und privaten Gebäude dem Erdbo-
den gleich, und eine einzige Stunde gab das Werk von vierhun-
dert Jahren, in denen Alba bestanden hatte, völliger Vernichtung
preis. Die Tempel der Götter allerdings – denn so war es vom
König angeordnet worden – blieben verschont.

30. Rom wurde indes durch die Zerstörung Albas noch größer.
Die Zahl der Bürger verdoppelte sich, und der Caelius wurde in
das Stadtgebiet mit einbezogen; damit mehr Leute dorthin zogen, wählte Tullus ihn zum Platz für die Königsburg und wohnte
dann dort. Die angesehensten der Albaner nahm er in den Senat
auf, damit auch dieser Teil des Staatswesens sich vergrößerte; es
waren die Julier, Servilier, Quinctilier, Geganier, Curiatier und
Cloelier. Für den Senatorenstand, den er erweitert hatte, errichtete er als geweihten Tagungsort das Senatsgebäude *(curia)*, das
noch bis zur Zeit unserer Väter *Curia Hostilia* genannt wurde.
Und damit alle Stände durch die neuen Mitbürger verstärkt würden, stellte er aus den Reihen der Albaner zehn Reiterschwadronen auf, füllte auch aus derselben Reserve die alten Legionen auf
und hob neue aus.

Im Vertrauen auf diese Streitkräfte erklärte Tullus den Sabinern den Krieg. Diese waren in der damaligen Zeit nach den
Etruskern die stärksten an Männern und Waffen. Von beiden
Seiten war Unrecht geschehen, und die Wiedergutmachungsfor-
derungen waren vergeblich geblieben. Tullus führte darüber
Klage, daß die Sabiner auf einem vielbesuchten Markt beim Heiligtum der Feronia römische Kaufleute verhaftet hätten; die Sabiner dagegen machten geltend, vorher schon hätten Leute von ihnen im Hain Zuflucht gesucht und seien dann in Rom zurückgehalten worden. Das waren die Kriegsgründe, die man nannte.

Die Sabiner wußten sehr wohl, daß ein Teil ihrer Leute von Tatius in Rom angesiedelt und daß der römische Staat vor kurzem
erst durch die Eingliederung der Bürger von Alba verstärkt worden war; daher sahen auch sie sich nach Hilfe von außen um.
Etrurien lag in ihrer Nachbarschaft, die nächsten von den Etruskern waren die Bewohner von Veji. Dort, wo von den Kriegen
her Erbitterung zurückgeblieben und der Anreiz zum Vertrags-
bruch sehr groß war, konnten sie Freiwillige gewinnen, bei einigen unzuverlässigen Elementen aus dem armen Volk spielte auch
die Aussicht auf Sold eine Rolle. Von Staats wegen aber fanden
sie keine Unterstützung, und man hielt sich in Veji – denn bei den
übrigen war das weniger zu verwundern – an die Verpflichtung
aus dem mit Romulus geschlossenen Waffenstillstand.

Als nun beide Seiten mit aller Energie zum Kriege rüsteten und
es offensichtlich darauf ankam, wer zuerst angriff, war Tullus der
schnellere und fiel ins Sabinerland ein. Am Schurkenwald kam es
zu einer blutigen Schlacht. Dabei erwies sich das römische Heer
als überlegen, zum einen durch die Stärke seiner Fußtruppen, vor
allem aber, weil die Reiterei vor kurzem verstärkt worden war.
Eine überraschende Attacke der Reiter brachte die Reihen der
Sabiner durcheinander, und dann konnten sie weder ihre Stellung halten noch sich ohne schwere Verluste in Flucht auflösen.

31. Als sich durch den Sieg über die Sabiner König Tullus und
der ganze römische Staat großen Ruhmes und großer Macht er-
freuten, wurde dem König und dem Senat gemeldet, auf dem Albaner Berg habe es Steine geregnet. Weil man das kaum glauben
konnte, schickte man Leute hin, die das Zeichen vom Himmel
überprüfen sollten; vor ihren Augen fielen zahlreiche Steine vom
Himmel, nicht anders, als wenn die Winde geballten Hagel nie-
dergehen lassen. Sie glaubten auch, aus dem Hain oben auf dem
Gipfel des Berges eine mächtige Stimme zu vernehmen, die Albaner sollten nach dem Ritus ihrer Väter ihre Opfer vollziehen; sie
hatten diese schon ganz in Vergessenheit geraten lassen, als hätten sie mit ihrer Heimatstadt auch ihre Götter hinter sich gelassen, und hatten entweder römische Kulte übernommen oder, mit
ihrem Schicksal hadernd, was immer wieder vorkommt, die Verehrung der Götter ganz aufgegeben. Auch die Römer vollzogen

auf dieses Zeichen hin im Namen des Staates ein neuntägiges Opfer, entweder weil die himmlische Stimme auf dem Albaner Berg es gefordert hatte – auch das findet man nämlich überliefert – oder weil die Haruspices es so anordneten. Es hielt sich jedenfalls der Brauch, immer dann, wenn dieses Zeichen vom Himmel gemeldet wurde, neun Tage lang Feiern durchzuführen.

Schon ziemlich bald danach machte den Römern eine Seuche zu schaffen. Dadurch kam Unlust am Kriegsdienst auf; der kriegslustige König aber war der Ansicht, es sei für die jungen Männer gesünder, wenn sie Kriegsdienst leisteten, als wenn sie zu Hause blieben, und er ließ keine Befreiung vom Waffendienst zu, bis auch er von der langwierigen Krankheit befallen wurde. Da wurde zugleich mit dem Körper auch sein stolzer Sinn gebrochen, und er, der bisher nichts für unköniglicher gehalten hatte als die Beschäftigung mit religiösen Dingen, verfiel plötzlich jedem Aberglauben, im großen wie im kleinen, und steckte auch das Volk mit seinen religiösen Gefühlen an. Allgemein sehnten sich die Leute schon nach dem Zustand zurück, der unter König Numa geherrscht hatte, und die einzige noch mögliche Hilfe gegen ihre Krankheit sahen sie darin, wenn man Gnade und Erbarmen von den Göttern erlangte.

Der König selbst soll, als er in den Aufzeichnungen Numas nachschlug, dort auf gewisse feierliche Zauber- und Bannformeln für Jupiter Elicius gestoßen sein; mit diesen Zeremonien beschäftigt, ließ er sich nicht mehr blicken. Aber er muß diese Zeremonie nicht vorschriftsmäßig angefangen oder vollzogen haben: er hatte nicht nur keine Erscheinung vom Himmel, sondern Jupiter erschlug ihn im Zorn wegen eines Fehlers bei der Zeremonie, und er verbrannte mitsamt seinem Hause. Tullus hat mit großem Kriegsruhm zweiunddreißig Jahre regiert.

32. Nach dem Tode des Tullus war die Regierungsgewalt, wie es schon von Anfang an geregelt worden war, wieder an die Senatoren zurückgefallen, und diese hatten einen Interrex ernannt. Der hielt eine Volksversammlung ab, und das Volk wählte Ancus Marcius zum König; der Senat bestätigte die Wahl. Ancus Marcius war ein Enkel des Königs Numa Pompilius, ein Sohn von dessen Tochter. Bei seinem Regierungsantritt erinnerte er sich an

den Ruhm seines Großvaters; die Regierung seines Vorgängers, im übrigen hervorragend, war in einem Punkt nicht recht glücklich gewesen: die Verehrung der Götter war teils vernachlässigt, teils unvorschriftsmäßig gehandhabt worden. Daher sah Ancus Marcius die bei weitem vordringlichste Aufgabe darin, die Kulthandlungen im Namen des Staates nach den Anweisungen Numas durchzuführen, und er erteilte dem Pontifex den Auftrag, aus den Aufzeichnungen des Königs all diese Bestimmungen auf eine weiße Tafel zu schreiben und diese an einem allgemeine zugänglichen Ort aufzustellen. Dadurch wurde nicht nur bei den Bürgern, die sich nach Frieden sehnten, sondern auch bei den Nachbarstaaten die Hoffnung geweckt, der König werde in die Fußstapfen seines Großvaters treten und sich an dessen Anordnungen halten.

Infolgedessen hatten die Latiner, mit denen man unter König Tullus einen Vertrag geschlossen hatte, Mut gefaßt; sie waren in römisches Gebiet eingefallen, und als die Römer Wiedergutmachung forderten, gaben sie ihnen eine hochmütige Antwort, weil sie sich einbildeten, der König von Rom werde bei Kapellen und Altären seine Herrschaft ausüben und keinen Finger rühren. Aber Ancus war nicht einseitig, er hatte sowohl Numa als auch Romulus vor Augen. Und er glaubte, sein Großvater habe in seiner Regierung den Frieden sehr dringend gebraucht bei einem jungen und vor allem noch unbändigen Volk; was jenem zuteil geworden sei, ein Friede, ohne Unrecht erleiden zu müssen, das könne er nicht leicht haben. Man stelle seine Geduld auf die Probe, um sich dann darüber lustig zu machen, und die Zeiten paßten besser zu einem König Tullus als zu einem Numa. Er wollte jedoch, wie Numa die religiösen Gebräuche für Friedenszeiten geregelt habe, seinerseits feste Formen für den Kriegsfall aufstellen: Kriege sollten nicht nur geführt, sondern auch in einer bestimmten Form erklärt werden. Daher entlehnte er von dem alten Volk der Aequiculer das noch heute bei den Fetialen gültige Recht, nach dem Wiedergutmachung gefordert wird.

Wenn der Gesandte das Gebiet des Volkes erreicht hat, von dem man Wiedergutmachung verlangt, legte er eine Binde um sein Haupt – es ist ein Schal aus Wolle – und spricht: »Höre, Jupiter! Hört, ihr Grenzen... (hier nennt er den Namen des betreffenden Volkes)! Hören soll es das heilige Recht! Ich bin der offizielle Bote des römischen Volkes; nach menschlichem und göttlichem Recht komme ich als Gesandter, und meinen Worten soll man Glauben schenken.« Hierauf bringt er die Forderungen vor. Sodann ruft er Jupiter als Zeugen an: »Wenn ich wider menschliches und göttliches Recht fordere, daß diese Menschen und diese Sachen mir gründlich ausgeliefert werden, dann mach, daß ich nimmermehr mich meines Vaterlandes erfreue.« Dies sagt er, wenn er die Grenze überschreitet, dies bei dem erstbesten Mann, der ihm begegnet, dies, wenn er durch das Tor geht, dies, wenn er den Marktplatz betritt, wobei er nur wenige Worte in der Formel und dem Schwur ändert. Werden die Forderungen nicht erfüllt, sagt er nach Ablauf von 33 Tagen – das ist nämlich die übliche Frist – folgendermaßen den Krieg an: »Höre, Jupiter, und du, Janus Quirinus, und all ihr Götter des Himmels, der Erde und der Unterwelt, hört! Ich rufe euch zu Zeugen, daß dieses Volk... (hier nennt er den betreffenden Namen) ungerecht ist und sich nicht an das Recht hält. Doch wegen dieser Dinge werden wir in unserer Vaterstadt die Ältesten befragen, wie wir zu unserem Recht kommen können.« Dann kehrt der Bote zur Beratung nach Rom zurück.

Sogleich befragte der König die Senatoren mit etwa folgenden Worten: »Wegen der Sachen, Händel und Angelegenheiten, die der Pater Patratus des römischen Volkes der Quiriten bei dem Pater Patratus der Alten Latiner und bei den Alten Latinern selbst vorgebracht hat, die sie aber weder übergeben noch geleistet noch gezahlt haben, die sie aber hätten übergeben und leisten und zahlen müssen – sag«, sprach er zu dem, den er als ersten um seine Meinung befragte, »was beantragst du?« Darauf der Befragte: »Ich beantrage, daß wir sie uns in einem gerechten und frommen Krieg holen, und damit bin ich einverstanden und dafür entscheide ich mich.« Dann wurden der Reihe nach die anderen gefragt; sobald die Mehrheit der Anwesenden auch für diese Meinung stimmte, war der Krieg beschlossen.

Gewöhnlich kam es dann so, daß ein Fetiale eine Lanze mit einer Eisenspitze oder eine blutrote, an der Spitze im Feuer gehärtete an die Grenze brachte und in Anwesenheit von mindestens drei erwachsenen Männern sagte: »Da die Völker der Alten Latiner und die Alten Latiner selbst gegen das römische Volk der Quiriten gehandelt und sich vergangen haben und da das römische Volk der Quiriten einen Krieg mit den Alten Latinern angeordnet und der Senat des römischen Volkes der Quiriten sich dafür ausgesprochen, sich damit einverstanden erklärt und sich dafür entschieden hat, daß mit den Alten Latinern Krieg geführt werden soll, deshalb sage ich und das römische Volk den Völkern der Alten Latiner und den Alten Latinern selbst den Krieg an und eröffne ihn hiermit.« Nach diesen Worten warf er die Lanze in ihr Gebiet hinüber. Auf diese Weise wurde damals von den Latinern Wiedergutmachung gefordert und der Krieg angesagt, und dieses Verfahren haben die späteren Generationen übernommen.

33. Ancus übertrug die Sorge für das Sakralwesen den Flamines und den anderen Priestern, rückte mit einem frisch ausgehobenen Heer aus und nahm die Latinerstadt Politorium im Sturm. Dem Verfahren früherer Könige folgend, die Feinde in die Bürgerschaft aufgenommen und so den römischen Staat vergrößert hatten, siedelte er die gesamte Bevölkerung nach Rom um. Da im Umkreis des Palatiums, auf dem die Alt-Römer wohnten, die Sabiner das Kapitol und die Burg und die Albaner den Caelius besiedelt hatten, wurde der neuen Bevölkerung der Aventin überlassen. Nach gar nicht langer Zeit, als Tellenae und Ficana erobert wurden, kamen weitere Neubürger dorthin. Politorium mußte dann noch ein zweites Mal im Krieg erobert werden, da die menschenleere Stadt von Alten Latinern besetzt worden war; das war dann auch für die Römer ein Grund, diese Stadt zu zerstören, damit sie nicht immerzu den Feinden einen Schlupfwinkel böte. Zum Schluß konzentrierte sich der Krieg gegen die Latiner ganz auf Medullia; dort wurde eine Zeitlang mit schwankendem Kriegsglück und wechselndem Erfolg gekämpft; denn zum einen war die Stadt durch Befestigungsanlagen geschützt und wurde von einer starken Besatzung verteidigt, zum anderen hatte das Heer der Latiner sein Feldlager in offenem Gelände aufgeschlagen und war schon einige Male zum Kampf gegen die Römer angerückt. Zuletzt warf Ancus all seine Truppen in den

Kampf und gewann seinen ersten Sieg in einer offenen Schlacht.
Von dort kehrte er mit gewaltiger Beute nach Rom zurück. Auch
jetzt nahm er wieder viele tausend Latiner in die Bürgerschaft auf
und wies ihnen, um eine Verbindung zwischen dem Palatium
und dem Aventin herzustellen, an der Kapelle der Murcia Wohnsitze an. Auch das Janiculum wurde jetzt in die Stadt mit einbezogen, nicht aus Mangel an Raum, sondern weil verhindert werden sollte, daß es einmal Feinden als Stützpunkt diene. Man beschloß, es nicht nur mit einer Mauer zu befestigen, sondern es
auch, um einen bequemen Zugang zu schaffen, durch eine Pfahlbrücke, wie sie damals zum erstenmal über den Tiber geschlagen
wurde, mit der Stadt zu verbinden. Auch der Quiriten-Graben,
ein nicht unbedeutender Schutz für die Stadt auf der Seite, wo das
Vorfeld flacher ist, ist ein Werk des Königs Ancus. Als dieser
enorme Machtzuwachs eingetreten war, verschwamm in der so
großen Bevölkerung die Grenze zwischen Recht und Unrecht,
und es kam zu heimlichen Verbrechen; daher wurde zur Ab-
schreckung der immer größer werdenden Dreistigkeit mitten in
der Stadt oberhalb des Forums der Kerker gebaut.

Aber nicht nur die Stadt wuchs unter diesem König, sondern
auch der Landbesitz und das Gebiet. Dadurch daß man Veji den
Maesier-Wald wegnahm, wurde der Machtbereich Roms bis
zum Meer ausgedehnt, und an der Tibermündung wurde die
Stadt Ostia gegründet. Rundum wurden Bassins zur Salzgewin-
nung angelegt. Und wegen der außerordentlichen Erfolge im
Krieg wurde der Tempel des Jupiter Feretrius vergrößert.

34. Unter der Regierung des Ancus zog Lucumo, ein Mann mit
großem Tatendrang und ungeheurem Reichtum, nach Rom,
hauptsächlich weil er hoffte, hier zu der ersehnten hohen Ehren-
stellung zu kommen, die er in Tarquinii nicht hatte erreichen
können – denn er stammte auch dort nicht aus einer eingesesse-
nen Familie. Er war ein Sohn des Demaratos aus Korinth. Dieser
hatte wegen innerer Unruhen seine Heimat verlassen müssen
und sich zufällig in Tarquinii angesiedelt. Dort hatte er geheiratet
und zwei Söhne bekommen; sie hießen Lucumo und Arruns. Lucumo überlebte seinen Vater und erbte das gesamte Vermögen;
Arruns dagegen starb vor seinem Vater und ließ seine Frau

schwanger zurück. Aber der Vater überlebte diesen Sohn nur
kurze Zeit; er starb, ohne zu wissen, daß seine Schwiegertochter
ein Kind erwartete, und ohne seinen Enkel im Testament zu bedenken. Der Knabe, der dann nach dem Tode seines Großvaters
zur Welt kam und keine Aussicht auf einen Anteil an dem Vermögen hatte, erhielt wegen seiner Armut den Namen Egerius.
Lucumo dagegen, dem Erben des gesamten Vermögens, stärkte
der Reichtum das Selbstbewußtsein; dieses nahm noch zu, als er
Tanaquil, eine Frau aus den höchsten Kreisen, heiratete, die sich
nicht leicht damit abfinden konnte, daß die Familie, in die sie hin-
eingeheiratet hatte, unbedeutender war als die, aus der sie kam.
Da die Etrusker auf Lucumo als Sohn eines zugewanderten Mannes herabsahen, wurde diese Zurücksetzung für sie unerträglich;
sie vergaß die angestammte Liebe zu ihrer Vaterstadt, und nur
um ihren Mann geehrt zu sehen, beschloß sie, von Tarquinii weg-
zuziehen. Rom schien zu diesem Zweck am ehesten geeignet. In
diesem neuen Volk, wo der gesamte Adel schnell emporgekom-
men sei und auf Leistung beruhe, werde ein tapferer und tatkräftiger Mann seinen Platz finden. Dort sei schon der Sabiner Tatius
König gewesen; den Numa habe man von Cures auf den Thron
geholt; auch Ancus habe eine Sabinerin zur Mutter und sei ein
Adliger mit nur einem einzigen Ahnenbild, dem Numas. Sie
konnte ihren Mann leicht bereden, der voller Ehrgeiz und für den
Tarquinii ja nur Heimat mütterlicherseits war. Sie nahmen also
ihren Besitz und zogen weg nach Rom.

Man war gerade am Janiculum angekommen. Lucumo saß mit
seiner Gemahlin auf dem Wagen – da schwebte ein Adler mit ausgebreiteten Schwingen sanft herab und trug seine Filzkappe davon; dann flog er laut kreischend über dem Wagen und setzte
ihm die Kappe wieder richtig auf den Kopf, als sei er von den
Göttern zu diesem Dienst geschickt worden; darauf entschwand
er in den Lüften. Tanaquil soll dies hocherfreut als eine Prophezeiung aufgefaßt haben; war sie doch, wie die Etrusker allgemein, eine Frau, die mit himmlischen Zeichen vertraut war. Sie
fiel ihrem Mann um den Hals und forderte ihn auf, das Größte
und Schönste zu hoffen; gerade dieser Vogel sei gekommen, aus
dieser Himmelsrichtung und als Bote dieses Gottes, er habe oben

am Scheitel eines Menschen ein Zeichen gegeben und habe den
Kopfschmuck, der auf einem menschlichen Haupt saß, wegge-
hoben, um ihn auf göttliches Geheiß demselben Mann wieder
aufzusetzen.

Mit diesen hoffnungsvollen Gedanken fuhren sie in die Stadt
hinein; und nachdem sie dort Wohnung genommen hatten, gaben sie als Namen L. Tarquinius Priscus an. Daß er neu zugezo-
gen und so reich war, machte ihn für die Römer interessant. Er
half aber auch selbst dem Glück nach, indem er freundlich mit
den Leuten redete, leutselig Einladungen gab und durch Gefäl-
ligkeiten sich verpflichtete, wen er konnte. Schließlich drang sein
Ruf auch bis in das Haus des Königs. Von dieser bloßen Be-
kanntschaft hatte er es beim König durch Dienste, bei denen er
sich großzügig und geschickt zeigte, bald zu einer engen und ver-
trauten Freundschaft gebracht, so daß er in gleicher Weise bei
staatlichen wie bei privaten Beratungen im Krieg und Frieden
hinzugezogen wurde und daß ihn der König schließlich sogar als
einen allseits bewährten Mann testamentarisch zum Vormund
seiner Kinder bestellte.

35. Ancus regierte vierundzwanzig Jahre; er konnte sich jedem
der früheren Könige an die Seite stellen, was seine Fähigkeiten
und was seinen Ruhm im Krieg und im Frieden anging. Seine
Söhne waren schon fast erwachsen. Um so mehr drängte Tarquinius darauf, daß möglichst bald die Volksversammlung zur Wahl
des Königs stattfand. Als sie anberaumt war, schickte er die Jungen kurz vor dem Wahltermin auf die Jagd. Tarquinius soll der
erste gewesen sein, der sich aus Ehrgeiz um die Königsherrschaft
bewarb und der eine Rede hielt, die darauf angelegt war, die Herzen des einfachen Volkes zu gewinnen: Worum er sich bewerbe,
sei nichts Neues; denn er sei nicht der erste – darüber könnte man
sich noch entrüsten oder verwundern –, sondern bereits der
dritte, der als Fremder in Rom nach der Königsherrschaft strebe.
Tatius sei nicht nur ein Fremder, sondern sogar ein Feind gewesen, ehe er König wurde, und Numa, der die Stadt gar nicht
kannte, habe man, ohne daß er danach gestrebt hätte, von sich aus
auf den Thron gerufen. Er dagegen sei, sobald er sein eigener
Herr gewesen sei, mit seiner Frau und seinem gesamten Vermö-

gen nach Rom gezogen; von den Jahren, in denen man sich öffentlichen Aufgaben widme, habe er einen größeren Teil in Rom zugebracht als in seiner alten Heimatstadt; im Frieden und im Krieg habe er unter einem Lehrmeister, dessen er sich nicht zu schämen brauche, nämlich unter König Ancus persönlich, die politischen und die sakralen Einrichtungen Roms kennengelernt; an Gehorsam und an Ehrerbietung gegen den König habe er alle zu übertreffen gesucht, an Güte gegenüber anderen sogar den König selbst. Was er da vorbrachte, traf durchaus zu, und das römische Volk wählte ihn mit überwältigender Einmütigkeit zum König. Den im übrigen hervorragenden Mann verließ der Ehrgeiz, den er bei der Bewerbung gezeigt hatte, auch jetzt nicht, wo er König war. Vor allem um seine Herrschaft zu sichern, aber auch um den Staat zu stärken, berief er hundert Senatoren, die dann »Väter der jüngeren Familien« genannt wurden, eine absolut zuverlässige Gefolgschaft des Königs, dem sie den Einzug in die Curie zu verdanken hatten.

Zuerst führte er Krieg gegen die Latiner und nahm bei ihnen die Stadt Apiolae im Sturm. Von dort kehrte er mit reicherer Beute zurück, als man es nach dem Ruf des Krieges erwartet hatte, und veranstaltete dann Spiele, die aufwendiger und besser ausgestattet waren als die der früheren Könige. Damals wurde auch zum erstenmal für den Circus, der heute Circus Maximus heißt, der Platz abgesteckt. Den Senatoren und den Rittern wurden gesonderte Plätze angewiesen, wo sich jeder von ihnen Zuschauersitze errichten konnte; die nannte man *fori* (Sitzreihen); sie sahen von den Sitzen aus zu, die auf zweizinkigen Pfosten ruhten und zwölf Fuß über der Erde waren. Die Vorführung bestand aus Pferderennen und Faustkämpfen, deren Akteure man vor allem aus Etrurien herbeigeholt hatte. Die feierlichen Spiele wurden dann zu einer jährlichen Einrichtung und wurden entweder *ludi Romani* (Römische Spiele) oder *ludi magni* (Große Spiele) genannt. Derselbe König wies auch Privatleuten am Forum Baugelände zu; er errichtete Säulenhallen und Läden.

36. Er wollte die Stadt auch mit einer Mauer aus Steinen umgeben, aber da kam ein Krieg mit den Sabinern dazwischen. Das geschah so überraschend, daß die Feinde den Anio überschritten,

noch bevor das römische Heer ihnen entgegenziehen und sie daran hindern konnte. Daher geriet man in Rom in Unruhe, und die erste Schlacht brachte keine Entscheidung, nur schwere Verluste auf beiden Seiten.

Die feindlichen Truppen wurden dann in ihr Lager zurückgeführt, und die Römer bekamen Zeit, sich von neuem auf den Krieg vorzubereiten. Tarquinius glaubte, daß es seinen Streitkräften vor allem an Reitern fehle, und er beschloß daher, zu den Centurien der Ramner, der Titienser und der Lucerer, die Romulus aufgestellt hatte, weitere hinzuzufügen, die dann für alle Zeit seinen Namen tragen sollten. Weil aber Romulus zuvor das Augurium durchgeführt hatte, erklärte Attus Navius, damals eine Autorität als Augur, es könne nichts verändert und nichts neu eingerichtet werden, ohne daß die Vögel zustimmten. Da packte den König der Zorn, und um die Seherkunst lächerlich zu machen, soll er gesagt haben: »Also gut, du Kenner des göttlichen Willens, stelle deine Augurien an, ob das, woran ich jetzt denke, geschehen kann!« Als jener deswegen die Vögel befragt hatte und erklärte, es könne tatsächlich geschehen, antwortete der König: »Nun denn, ich habe mir vorgestellt, du würdest mit einem Schermesser einen Wetzstein zerschneiden. Nimm dies hier und führe aus, was nach Auskunft deiner Vögel geschehen kann!« Darauf soll Attus ohne Zögern den Wetzstein zerschnitten haben. An der Stelle, wo sich diese Szene abspielte, auf dem Comitium direkt an der Treppe links von der Curie, hat früher eine Statue des Attus mit verhülltem Haupt gestanden; man sagt, auch der Wetzstein habe dort gelegen, um die Nachwelt an dieses Wunder zu erinnern.

Die Augurien jedenfalls und das Priesteramt der Auguren gewannen solches Ansehen, daß künftig nichts mehr, weder im Krieg noch im Frieden, ohne vorherige Auspizien geschah und daß Volks- und Heeresversammlungen, also die wichtigsten Angelegenheiten, verschoben werden mußten, wenn die Vögel sie nicht zuließen. Auch Tarquinius hat damals an den Centurien der Reiter nichts geändert; er fügte lediglich noch einmal so viele hinzu, so daß jetzt in den drei Centurien 1800 Reiter waren – nur wurden die neu Hinzugekommenen neben dem alten Namen als

»die späteren« bezeichnet; heute spricht man infolge der Verdoppelung von den sechs Centurien.

37. Nachdem dieser Truppenteil vergrößert worden war, kam es zu einer zweiten Schlacht gegen die Sabiner. Aber jetzt war das römische Heer nicht nur stärker geworden, sondern man wandte auch, von den Feinden unbemerkt, eine List an, indem man Leute schickte, die eine große Menge Holz, das am Ufer des Anio lag, in Brand stecken und in den Fluß werfen sollten; der Wind half mit, daß das Holz richtig brannte, und als es – größtenteils auf Flößen – gegen die Brückenpfeiler trieb und dort hängenblieb, setzte es die Brücke in Brand. Auch das löste bei den Sabinern in der Schlacht Schrecken aus, und als sie geschlagen waren, hinderte es sie an der Flucht; viele, die den Feinden entkommen waren, kamen im Fluß um. Ihre Waffen trieben davon, wurden bei der Stadt im Tiber gesehen und gaben so von dem Sieg fast noch früher Kunde, als die Meldung eintreffen konnte. Besonderen Ruhm ernteten in dieser Schlacht die Reiter. Sie hatten an beiden Flügeln gestanden, und als die Mitte der Front, wo ihre Kameraden vom Fußvolk kämpften, bereits zurückgedrängt wurde, sollen sie von den Flanken her so scharf angegriffen haben, daß sie die sabinischen Legionen, die die zurückweichenden Römer hart bedrängten, nicht nur zum Stehen brachten, sondern im Nu in die Flucht schlugen. In wilder Hast suchten die Sabiner die Berge zu erreichen, was aber nur wenigen gelang; der größte Teil wurde, wie oben schon gesagt ist, von den Reitern in den Fluß gejagt.

Tarquinius glaubte, die kopflos gewordenen Feinde weiter bedrängen zu sollen; er schickte daher die Beute und die Gefangenen nach Rom, ließ, wie er es dem Volcanus gelobt hatte, die Rüstungen der Feinde in einem gewaltigen Haufen in Flammen aufgehen und führte sein Heer tiefer in das Sabinerland hinein. Die Sabiner hatten zwar die Schlacht verloren und konnten nicht darauf hoffen, daß es beim nächstenmal besser gehen werde; trotzdem traten sie den Römern – die Situation gab ja keine Zeit zum Überlegen – mit eilig zusammengerafften Truppen entgegen und wurden da noch einmal geschlagen, und weil ihre Lage jetzt so gut wie hoffnungslos war, baten sie um Frieden.

38. Collatia und alles Land diesseits von Collatia wurde den

Sabinern weggenommen; Egerius, der Neffe des Königs, blieb mit einer Besatzung in Collatia zurück. Ich höre, die Bewohner von Collatia hätten sich folgendermaßen ergeben und die Übergabeformel habe folgenden Wortlaut: Der König stellte die Frage: »Seid ihr als Gesandte und Sprecher vom Volk von Collatia geschickt worden, um euch und das Volk von Collatia zu übergeben?« – »Ja, das sind wir.« – »Ist das Volk von Collatia sein eigener Herr?« – »Ja, das ist es.« – »Gebt ihr euch und das Volk von Collatia, die Stadt, das Land, das Wasser, die Grenzsteine, die Heiligtümer, die Geräte und alles, was Göttern und Menschen gehört, in meine und des römischen Volkes Gewalt?« – »Ja, das tun wir.« – »Und ich nehme die Übergabe an.«

Nach Beendigung des Sabinerkrieges kehrte Tarquinius nach Rom zurück und feierte einen Triumph. Dann führte er einen Krieg gegen die Alten Latiner; dabei kam es nirgends zu einer entscheidenden Schlacht, vielmehr griff er ihre Städte eine nach der anderen an und bezwang so das ganze Volk der Latiner. Corniculum, Alt-Ficulea, Cameria, Crustumerium, Ameriola, Medullia und Nomentum, all diese Städte nahm er den Alten Latinern oder denen, die sich auf die Seite der Latiner geschlagen hatten, weg. Hierauf wurde Friede geschlossen.

Mit einem Eifer, der noch größer war als die Kraftanstrengung, mit denen er seine Kriege geführt hatte, nahm der König dann friedliche Unternehmungen in Angriff; so hatte die Bevölkerung im Frieden genausowenig Ruhe, wie sie sie im Krieg gehabt hatte. Denn er machte sich daran, die Stadt da, wo er sie noch nicht befestigt hatte, mit einer Steinmauer zu umgeben – der Baubeginn war durch den Sabinerkrieg gestört worden. Die am tiefsten gelegenen Gebiete der Stadt am Forum und die anderen Talsenken zwischen den Hügeln, aus deren flachem Gelände man das Wasser nicht leicht zum Abfließen brachte, ließ er durch Kanäle, die mit Gefälle zum Tiber führten, trockenlegen. Und den Platz für den Jupitertempel auf dem Kapitol, den er im Sabinerkrieg gelobt hatte, gewann er durch die Anlage von Stützmauern, als wenn ihm die künftige Bedeutung des Ortes schon vorgeschwebt hätte.

39. Zu dieser Zeit gab es im Königshaus ein Zeichen vom Him-

mel, wunderbar als Erscheinung und in seinem Ausgang. Einem
schlafenden Jungen namens Ser. Tullius, heißt es, habe das Haupt
in Flammen gestanden, und viele hätten dies gesehen. Auf das
laute Geschrei, das aufgrund der so seltsamen Begebenheit entstand, sei das Königspaar herbeigeeilt, und als einer aus der Die-
nerschaft Wasser zum Löschen brachte, sei er von der Königin
zurückgehalten worden. Als die Aufregung sich dann legte, habe
sie verboten, den Jungen zu bewegen, bis er von selbst aufwache;
und sogleich sei mit dem Schlaf auch die Flamme von ihm gewichen. Da nahm Tanaquil ihren Mann beiseite und sagte zu ihm:
»Siehst du diesen Jungen da, den wir in so niedrigen Verhältnissen aufziehen? Es ist augenscheinlich, daß er einmal, wenn es
zweifelhaft um uns steht, unser Licht, und wenn das Königshaus
in Not gerät, unser Schutz sein wird. Daher wollen wir ihn, der
dem Staat und uns ungeheure Ehre zu machen verspricht, mit all
unserer Liebe aufziehen.« Von da an hätten sie den Jungen wie
ihr eigenes Kind behandelt und ihn in den Fertigkeiten unterrich-
ten lassen, durch die der Geist sich zu einer Lebensform entfaltet,
wie sie einer hohen Stellung angemessen ist. Es gelang ohne weiteres, weil den Göttern daran lag. Servius entwickelte sich zu einem jungen Mann von wahrhaft königlicher Art, und als sich
Tarquinius nach einem Schwiegersohn umsah, konnte von den
jungen Männern Roms keiner auf irgendeinem Gebiet einem
Vergleich mit ihm standhalten, und der König verlobte seine
Tochter mit ihm.

Diese hohe Auszeichnung, die ihm – aus welchem Grund auch
immer – zuteil wurde, macht es unmöglich, zu glauben, daß er
der Sohn einer Sklavin und in seiner Kindheit selbst Sklave gewesen sei. Ich bin mehr der Meinung der Leute, die berichten, nach
der Einnahme von Corniculum sei die schwangere Gattin des
Ser. Tullius, der der erste Mann in dieser Stadt gewesen war und
der den Tod gefunden hatte, unter den übrigen gefangenen
Frauen erkannt worden, und die römische Königin habe wegen
ihres hohen Adels verhindert, daß sie zur Sklavin gemacht
wurde, und sie habe in Rom im Hause des Tarquinius Priscus ihr
Kind zur Welt gebracht. Infolge dieser großen Vergünstigung sei
dann zwischen den beiden Frauen eine enge Freundschaft ent-

standen, und auch der Junge, von klein auf im Hause aufgewachsen, sei geliebt und geachtet gewesen; lediglich das Schicksal seiner Mutter – weil sie nämlich nach dem Fall ihrer Heimatstadt in
die Hände der Feinde geraten sei – habe die Meinung aufkommen
lassen, er sei der Sohn einer Sklavin gewesen.

40. Es war etwa das achtunddreißigste Jahr nach dem Regierungsantritt des Tarquinius, und Ser. Tullius genoß nicht nur
beim König, sondern auch beim Senat und beim einfachen Volk
bei weitem das größte Ansehen. Die beiden Söhne des Ancus hatten es zwar vorher schon immer als äußerst empörend empfunden, daß sie durch die Tücke ihres Vormundes um die Königswürde, die ihr Vater gehabt hatte, betrogen worden waren und
daß in Rom ein Zugewanderter König war, der nicht nur keinem
Nachbarvolk angehörte, sondern nicht einmal aus Italien
stammte. Jetzt aber steigerte sich ihre Empörung über alle Maßen, wenn sie sich vorstellten, daß die Königswürde nicht einmal
von Tarquinius an sie zurückfallen, sondern im Handumdrehen
von ihm weiter an Sklavenvolk geraten werde, so daß in ein und
demselben Staat nach nur etwa hundert Jahren ein Sklave, der
Sohn einer Sklavin, die Königswürde besitzen werde, die Romulus, der Sohn eines Gottes und selbst ein Gott, während seines
Erdenlebens innegehabt habe. Für das römische Volk allgemein,
besonders aber für ihre Familie werde es eine Schande sein, wenn
die Königswürde in Rom nicht nur für Zugewanderte, sondern
sogar für Sklaven erreichbar sei, während männliche Nachkommen von König Ancus lebten. Sie beschlossen daher, eine solche
Schmach mit der Waffe zu verhindern. Aber der Schmerz über
das erlittene Unrecht lenkte ihren Zorn mehr auf Tarquinius
selbst als auf Servius; und weil der König, wenn er überlebte, ein
gefährlicherer Rächer des Mordanschlags sein würde als ein Privatmann und weil es außerdem klar war, daß er nach der Ermordung des Servius, ganz gleich, wen er dann zum Schwiegersohn
wählte, diesen zum Erben des Königsthrones machen werde,
darum trachteten sie dem König selbst nach dem Leben.

Unter den Hirten wurden die beiden verwegensten für die Untat ausgesucht. Sie inszenierten, beide mit ihrem gewohnten
ländlichen Werkzeug, im Vorhof des Königshauses einen Streit,

machten dabei soviel Lärm, wie sie nur konnten, und lenkten so die Aufmerksamkeit aller königlichen Diener auf sich. Dann riefen sie beide, der König solle entscheiden, und ihr Geschrei drang bis ins Innere des Königshauses; da wurden sie vor den König gerufen und gingen hinein. Erst schrien sie beide und brüllten miteinander um die Wette; von einem Liktor zurechtgewiesen und aufgefordert, nacheinander zu sprechen, hörten sie endlich auf, sich ins Wort zu fallen. Einer begann dann, wie es abgesprochen war, die Sache vorzutragen. Als der König seine ganze Aufmerksamkeit auf ihn richtete, zog der andere ein Beil hervor und ließ es auf den Kopf des Königs niedersausen, ließ die Waffe in der Wunde stecken, und beide stürzten nach draußen.

41. Während die Umstehenden den sterbenden Tarquinius auffingen, ergriffen die Liktoren die flüchtenden Attentäter; dabei kam es zu Geschrei, und die Leute liefen zusammen und fragten verwundert, was los sei. Bei dem Tumult befahl Tanaquil, das Königshaus zu schließen, und schickte alle Augenzeugen weg. Eifrig besorgte sie alles, was zur Behandlung einer Wunde nötig ist, als wenn noch Hoffnung bestände; gleichzeitig aber traf sie andere Vorkehrungen für den Fall, daß es keine Hoffnung mehr gebe. Sie ließ eilends den Servius rufen, führte ihn vor den schon fast verbluteten Mann, nahm dann seine Hand und flehte ihn an, nicht zuzulassen, daß der Tod seines Schwiegervaters ungerächt bleibe und daß seine Schwiegermutter zum Gespött ihrer Gegner werde. »Dir, Servius«, sagte sie, »gehört jetzt der Thron, wenn du ein Mann bist, nicht denen, die mit gedungenen Mördern die gemeine Untat begangen haben. Richte dich auf und laß dich von den Göttern führen, die einst diesem deinem Haupt Ruhm verheißen haben, als sie es mit göttlichem Feuer umgaben! Jetzt möge dich jene himmlische Flamme aufwecken; jetzt werde wirklich wach! Auch wir haben die Königswürde besessen, obwohl wir aus der Fremde kamen. Bedenke, wer du bist, nicht, woher du stammst! Wenn deine eigene Entschlußkraft gelähmt ist, weil alles so plötzlich kommt, so folge doch meinem Rat!«

Als der Lärm der herandrängenden Menge kaum mehr zu ertragen war, wandte sich Tanaquil vom oberen Stockwerk des Hauses aus durch die Fenster, die auf die Nova Via gingen – der

König wohnte ja am Heiligtum des Jupiter Stator –, an das Volk.
Sie forderte die Leute auf, guten Muts zu sein. Der König sei
durch den unvermuteten Hieb nur betäubt worden; die Waffe sei
nicht tief eingedrungen; er sei bereits wieder bei Bewußtsein.
Man habe das Blut abgewischt und die Wunde untersucht; alles
sehe gut aus. Sie sei sicher, daß sie ihn schon in den nächsten Tagen wieder persönlich zu Gesicht bekommen würden. Er fordere
das Volk auf, inzwischen auf das Wort des Ser. Tullius zu hören;
der werde Recht sprechen und die übrigen Aufgaben des Königs
wahrnehmen.

Servius zeigte sich im Königsmantel und von Liktoren begleitet, und auf dem Stuhl des Königs sitzend, entschied er manche
Fälle selbst, bei anderen tat er so, als wolle er erst den König kon-
sultieren. So spielte er einige Tage lang – Tarquinius war bereits
verschieden, sein Tod wurde aber geheimgehalten – die Rolle des
Stellvertreters und festigte seine Macht. Dann erst wurde das Ereignis bekanntgegeben, indem man im Königshaus die Toten-
klage erhob. Servius herrschte, von einer starken Leibwache be-
schützt, als erster, ohne vom Volk gewählt zu sein, aber mit Zustimmung des Senats. Die Söhne des Ancus waren bereits zu dem
Zeitpunkt, als nach der Ergreifung ihrer Handlanger gemeldet
wurde, der König lebe und Servius habe so viel Macht, nach
Suessa Pometia ins Exil gegangen.

42. Nunmehr suchte Servius durch politische, in gleicher
Weise aber auch durch private Maßnahmen seine Macht zu festigen. Damit nicht bei den Söhnen des Tarquinius die gleiche Ein-
stellung gegen ihn aufkam, wie sie die Söhne des Ancus gegen
Tarquinius gehabt hatten, vermählte er seine beiden Töchter mit
den Königssöhnen Lucius und Arruns Tarquinius. Doch konnte
er durch menschliches Planen die Unabänderlichkeit des Schicksals nicht brechen; sogar im eigenen Haus beneidete man ihn um
die Königswürde, und das erzeugte eine unsichere und feindse-
lige Atmosphäre.

Für die ungestörte Beibehaltung des bestehenden Zustandes
kam es ihm außerordentlich gelegen, daß er einen Krieg gegen die
Bewohner von Veji – denn der Waffenstillstand war jetzt abgelaufen – und gegen andere Etrusker unternehmen konnte. In die-

sem Krieg zeigte sich die Tapferkeit und das Glück des Tullius in
vollem Glanz. Nachdem er ein gewaltiges Heer der Feinde geschlagen hatte, kehrte er nach Rom zurück, in seiner Stellung als
König unangefochten, mochte er beim Senat oder beim Volk die
Probe darauf machen.

Hierauf nahm er sein weitaus bedeutendstes Friedenswerk in
Angriff. Wie Numa der Schöpfer des Sakralrechts gewesen war,
so sollte die Nachwelt Servius als den Mann rühmen, auf den alle
Abgrenzungen innerhalb der Bürgerschaft und die Stände zurückgingen, durch deren Einführung Abstufungen nach Rang
und Vermögen sichtbar werden. Denn er schuf den Census, eine
Einrichtung, die sich für das Reich, das einst so groß werden
sollte, als sehr segensreich erwiesen hat; aufgrund dieses Census
mußten die Leistungen im Krieg und im Frieden nicht mehr wie
zuvor von jedem Mann gleichmäßig, sondern entsprechend den
Vermögensverhältnissen erbracht werden. Dann richtete er
Klassen und Centurien ein und schuf auf der Grundlage des Census die folgende für Krieg und Frieden passende Ordnung.

43. Aus den Bürgern, die ein Vermögen von 100000 As oder
mehr hatten, bildete er achtzig Centurien, je vierzig von den Älteren und von den Jüngeren; in ihrer Gesamtheit wurden sie als
die erste Klasse bezeichnet. Die Älteren sollten für den Schutz
der Stadt zur Verfügung stehen, die Jüngeren draußen die Kriege
führen. Als Schutzwaffen wurden für sie ein Helm, ein Rundschild, Beinschienen und ein Brustpanzer vorgeschrieben, alles
aus Bronze – diese Waffen sollten zum Schutz des Körpers dienen; Angriffswaffen gegen den Feind waren Lanze und Schwert.
Dieser Klasse wurden zwei Centurien von Handwerkern beigegeben, die ohne Waffen Kriegsdienst leisten sollten; ihre Aufgabe war die Herstellung der Belagerungsmaschinen im Krieg.

Die zweite Klasse wurde eingerichtet für die Bürger mit einem
Vermögen von weniger als 100000, aber mindestens 75000 As.
Aus ihnen, den Älteren und den Jüngeren, wurden zwanzig Cen-
turien zusammengestellt. Als Waffen wurden für sie vorgeschrie-
ben ein Langschild statt des Rundschilds, sonst – abgesehen vom
Brustpanzer – alles wie bei der ersten Klasse.

Für die dritte Klasse setzte er ein Vermögen von 50000 As voraus; es wurden genauso viele Centurien gebildet, und wieder mit der gleichen Unterscheidung nach dem Alter. Auch an den Waffen änderte sich nichts, lediglich die Beinschienen fielen weg.

In der vierten Klasse betrug das Vermögen 25 000 As; es wurden genauso viele Centurien gebildet. Die Bewaffnung dagegen war anders: sie erhielten nur Lanze und Wurfspieß.

Die fünfte Klasse war größer; es wurden dreißig Centurien gebildet. Sie führten Schleudern und Schleudersteine mit sich. Als gleichrangig mit ihnen wurden die Hornisten und Trompeter eingestuft, die in zwei Centurien eingeteilt waren. Für diese Klasse war ein Vermögen von 11 000 As angesetzt.

Alle, die weniger besaßen, zählten zum Rest der Bevölkerung. Aus ihnen wurde eine einzige Centurie gebildet, die nicht zum Kriegsdienst verpflichtet war.

Nachdem Servius so Ausrüstung und Gliederung der Fußtruppen festgelegt hatte, stellte er aus den vornehmsten Bürgern zwölf Reitercenturien zusammen. Ebenso bildete er sechs andere Centurien, während Romulus drei eingerichtet hatte, mit denselben Namen, die sie nach dem Augurium erhalten hatten. Zum Ankauf eines Pferdes wurden jedem 10 000 As aus der Staatskasse gegeben; außerdem wurde jedem eine alleinstehende Frau benannt, die zum Unterhalt des Pferdes jedes Jahr 2000 As zu zahlen hatte. All diese Lasten wurden von den Armen auf die Reichen abgewälzt.

Diese erhielten dann Privilegien; denn das Stimmrecht wurde nicht mehr, wie es von Romulus her überliefert war und wie es die übrigen Könige beibehalten hatten, Mann für Mann mit gleichem Gewicht und gleichem Recht unterschiedslos allen gewährt, sondern es wurden Abstufungen eingeführt. Niemand sollte sich vom Stimmrecht ausgeschlossen vorkommen, aber die Entscheidung sollte doch bei den vornehmsten Bürgern liegen. Als erste wurden nämlich die Ritter zur Abstimmung gerufen, dann die achtzig Centurien der ersten Klasse; erst wenn dabei keine Entscheidung fiel – was selten vorkam –, die Centurien der zweiten Klasse; und fast nie ist es so weit gekommen, daß auch noch die untersten Klassen eingeschaltet wurden.

Man braucht sich aber nicht zu wundern, daß die jetzige Ord-

nung, nachdem die Zahl der Tribus fünfunddreißig beträgt und
deren Zahl für die Centurien der Jüngeren und der Älteren verdoppelt worden ist, mit der von Ser. Tullius eingeführten Ge-
samtzahl nicht mehr übereinstimmt. Er hat nämlich die Stadt
nach den Gegenden und den Hügeln, die bewohnt waren, in vier
Teile geteilt und hat diese Teile als Tribus bezeichnet – wie ich
glaube, nach dem *tributum* (der Sonderabgabe); denn er hat in
gleicher Weise auch für diese Sonderabgabe die Regelung eingeführt, daß sie nach dem Vermögen zu erbringen war. Diese Tribus aber hatten mit der Einteilung und der Zahl der Centurien
überhaupt nichts zu tun.

44. Nachdem der Census durchgeführt war – Servius hatte den
Vorgang durch die Angst vor einem Gesetz beschleunigt, das denen, die sich dem Census entzogen, mit Gefängnis oder der Todesstrafe drohte –, verfügte er, daß alle römischen Bürger, die
Reiter wie die Fußsoldaten, jeder in seiner Centurie, sich bei Tagesanbruch auf dem Marsfeld einzufinden hätten. Als das ganze
Heer dort aufgezogen war, entsühnte er es durch ein Schwein-
Schaf-Stier-Opfer; diese Zeremonie nannte man Abschluß-
Sühnopfer, weil damit der Census abgeschlossen wurde. Bei diesem Sühnopfer sollen 80000 Bürger vom Census erfaßt worden
sein; der älteste Geschichtsschreiber, Fabius Pictor, fügt hinzu,
das sei die Zahl der Wehrfähigen gewesen.

Angesichts dieser Menge schien auch eine Vergrößerung der
Stadt geboten. Servius fügte noch zwei Hügel hinzu, den Quirinal und den Viminal; anschließend erweiterte er dann auch noch
den Esquilin, und damit die Gegend Ansehen bekam, zog er
selbst dorthin. Rings um die Stadt ließ er einen Erdwall, Gräben
und eine Mauer anlegen; so schob er das Pomerium weiter vor.
Das Pomerium wird von denen, die nur die Etymologie im Auge
haben, als *postmoerium* (Raum hinter der Stadtmauer) gedeutet.
Es ist aber eher ein *circamoerium* (Raum zu beiden Seiten der
Stadtmauer), ein Streifen, den einst die Etrusker bei der Gründung ihrer Städte dort, wo sie die Stadtmauer ziehen wollten,
nach Einholung des Auguriums durch exakte Abgrenzung nach
beiden Seiten hin für heiligen Boden erklärten: auf der Innenseite
durfte nicht bis an die Mauer heran gebaut werden – heute verbin-

det man die Häuser allgemein sogar direkt mit der Stadtmauer –, und an der Außenseite mußte ein Stück Land von der Nutzung durch Menschen frei bleiben. Diesen Raum, der weder bewohnt noch gepflügt werden durfte, nannten die Römer Pomerium, ebensowohl weil es hinter der Mauer als auch weil die Mauer dahinter war. Und immer, wenn sich die Stadt ausdehnte, wurden die geheiligten Grenzen entsprechend der geplanten Ausdehnung der Stadtmauer vorverlegt.

45. Mit der Erweiterung der Stadt war auch die Bürgerschaft gewachsen, und im Inneren waren alle Verhältnisse sowohl für die Belange des Krieges als auch für die des Friedens geregelt. Damit aber die Macht nicht immer nur mit kriegerischen Mitteln vergrößert wurde, versuchte Servius durch einen klugen Plan den Einfluß Roms auszudehnen und gleichzeitig der Stadt zu mehr Glanz zu verhelfen. Bereits zu dieser Zeit war das Heiligtum der Diana von Ephesos allgemein bekannt. Es hieß, es sei von den Städten Kleinasiens gemeinsam errichtet worden. Diese Einmütigkeit und die gemeinsame Verehrung der Götter lobte Servius ungemein im Kreise der vornehmsten Latiner, mit denen er ganz bewußt von Staats wegen und als Privatmann gastrechtliche Beziehungen und Freundschaften angeknüpft hatte. Dadurch daß er den gleichen Gedanken immer wieder vorbrachte, erreichte er schließlich, daß die latinischen Völker gemeinsam mit dem römischen Volk in Rom ein Dianaheiligtum errichteten. Darin lag das Eingeständnis, daß Rom das Haupt von allem sei, worum man so oft schon mit den Waffen gekämpft hatte. An dieser Frage bestand zwar bei den Latinern offensichtlich kein allgemeines Interesse mehr, weil man zu oft schon erfolglos deswegen das Waffenglück versucht hatte; doch ein einzelner Mann aus dem Volk der Sabiner glaubte, vom Schicksal eine Möglichkeit bekommen zu haben, durch einen Plan, den er für sich allein faßte, die Herrschaft zurückzugewinnen. Im Sabinerland, sagt man, habe ein Familienvater ein Kuhkalb von wunderbarer Größe und Schönheit bekommen. Die Hörner, die viele Generationen lang im Vorhof des Dianaheiligtums hingen, haben an dieses Wundertier erinnert. Die Sache wurde als ein Zeichen vom Himmel angesehen, was sie auch war, und die Seher prophezeiten, die Herr-

schaft werde dem Volk gehören, aus dem ein Bürger diese Kuh
der Diana opfere. Diese Prophezeiung war auch dem Vorsteher
des Dianaheiligtums zu Ohren gekommen. Sobald ein Tag für
das Opfer geeignet schien, trieb der Sabiner die Kuh nach Rom,
führte sie zum Dianaheiligtum und stellte sie vor den Opferaltar.
Hier wurde der Vorsteher durch die vielgerühmte Größe des
Opfertieres aufmerksam, erinnerte sich an die Weissagung und
redete den Sabiner folgendermaßen an: »Was hast du vor, Fremder? Unrein der Diana ein Opfer darbringen? Warum übergießt
du dich nicht vorher mit fließendem Wasser? Unten im Tal fließt
der Tiber vorbei.« Da bekam der Fremde religiöse Bedenken; er
wollte alles genau nach Vorschrift machen, damit die Prophezeiung sich auch erfülle, und ging sofort zum Tiber hinunter. Inzwischen opferte der Römer die Kuh der Diana. König und Bürgerschaft freuten sich darüber ungemein.

46. Servius übte die königliche Macht nun schon lange aus und
besaß sie unangefochten; aber weil ihm zu Ohren kam, daß der
junge Tarquinius gelegentlich die Bemerkung fallen ließ, er re-
giere ohne Auftrag des Volkes, sicherte er sich zunächst einmal
die Gunst der Massen, indem er das den Feinden abgenommene
Ackerland Mann für Mann verteilte, und wagte dann dem Volk
die Frage vorzulegen, ob sie wünschten und dafür stimmten, daß
er König sei. Mit einer Einmütigkeit wie kein anderer vor ihm
wurde er zum König erklärt. Aber das minderte nicht die Hoffnung des Tarquinius, die Herrschaft an sich bringen zu können.
Im Gegenteil, er hatte bei der Verhandlung über die Landzuwei-
sung an die Plebejer gemerkt, daß der Senat dagegen war, und sah
darin eine Gelegenheit, den Servius bei den Senatoren noch eifriger schlechtzumachen und seinen eigenen Einfluß im Senat zu
vergrößern. Er war nicht nur selbst ein junger Mann, den brennender Tatendrang erfüllte, sondern er besaß daheim in Tullia
auch eine Frau, die seine Rastlosigkeit noch schürte.

Denn auch das Königshaus in Rom bot das Beispiel eines Fre-
vels wie in der Tragödie, so daß es aus Abscheu vor den Königen
rascher zur Republik kam und die durch ein Verbrechen errun-
gene Königsherrschaft die letzte war. Dieser L. Tarquinius – ob
er ein Sohn oder ein Enkel des Königs Tarquinius Priscus war, ist

nicht ganz klar; ich möchte ihn jedoch mit der Mehrzahl der
Quellen als seinen Sohn bezeichnen –, dieser L. Tarquinius also
hatte einen Bruder gehabt, Arruns Tarquinius, einen jungen
Mann von sanftem Wesen. Mit diesen beiden Brüdern waren, wie
oben erwähnt, die beiden Tullia, die Töchter des Königs, verheiratet, auch sie in ihrem Charakter ganz verschieden. Der Zufall
hatte es gewollt, daß nicht die beiden leidenschaftlichen Tempe-
ramente zusammenkamen, zum Glück, meine ich, für das römische Volk, damit die Herrschaft des Servius länger dauerte und
die Ordnung der Bürgerschaft sich festigte. Die wilde Tullia war
unglücklich darüber, daß ihr Mann so gar keine Anlage zum Ehrgeiz und zum Wagemut zeigte. Sie wandte sich von ihm ab und
dem anderen Tarquinius zu; ihn bewunderte sie, ihn nannte sie
einen Mann und einen echten Königssproß. Ihre Schwester dagegen verachtete sie: diese habe zwar einen Mann, lasse es aber an
weiblichem Unternehmungsgeist fehlen. Rasch brachte ihre
Ähnlichkeit die beiden zusammen, wie es eben so geht; das Böse
paßt ja am besten zum Bösen. Aber die Störung aller Ordnung
ging von der Frau aus. Sie gewöhnte sich an heimliche Unterredungen mit dem fremden Mann und sparte dabei keine Worte,
um ihren Mann bei seinem Bruder und ihre Schwester bei deren
Mann verächtlich zu machen. Sie versicherte, sie wäre besser
ohne Mann und er ohne Frau geblieben, als diese ungleiche Verbindung einzugehen, bei der man durch die Energielosigkeit des
Partners allen Schwung verliere. Hätten ihr die Götter den Mann
beschert, den sie verdiene, dann würde sie bald die Königswürde
in ihrem Hause sehen, die sie jetzt im Besitz ihres Vaters sehe.
Rasch steckte sie den jungen Mann mit ihrer Verwegenheit an.
Nachdem Arruns Tarquinius und die jüngere Tullia in ihren
Häusern durch fast unmittelbar aufeinander eintretende Todes-
fälle für eine neue Ehe Platz geschaffen hatten, heirateten sie, was
Servius zwar nicht billigte, aber doch nicht verhinderte.

47. Von jetzt an war der betagte Tullius und seine Stellung als
König von Tag zu Tag stärker bedroht; denn schon sann das
Weib nach der einen Untat auf eine neue. Tag und Nacht ließ sie
ihrem Mann keine Ruhe, damit die vorausgegangenen Morde
nicht umsonst gewesen seien: ihr habe nicht jemand gefehlt, des-

sen Frau sie hieß und mit dem zusammen sie stillschweigend in
Knechtschaft lebte. Ihr habe einer gefehlt, der glaubte, er sei der
Herrschaft würdig, der es nicht vergessen habe, daß er ein Sohn
des Tarquinius Priscus sei, und der die Herrschaft lieber besitzen
wollte als auf sie zu hoffen. »Wenn du der bist, den ich geheiratet
zu haben glaube, dann nenne ich dich Mann und König. Wenn
nicht, hat meine Lage sich jetzt verschlechtert, weil bei dir zu der
Feigheit noch das Verbrechen kommt. Warum schreitest du
nicht zur Tat? Du mußt ja nicht wie dein Vater von Korinth oder
von Tarquinii aus einen Thron in der Fremde erringen. Die
Schutzgötter deines Hauses und deiner Familie, das Bildnis deines Vaters, das Königshaus und im Haus der königliche Thron,
der Name Tarquinius, das alles bestimmt und beruft dich zum
König. Oder wenn du dazu nicht genug Mut hast, warum weckst
du dann in der Bürgerschaft eitle Hoffnungen? Warum trittst du
dann als Königssohn auf? Geh doch weg von hier nach Tarquinii
oder Korinth, sinke dahin zurück, wo ihr hergekommen seid, du,
deinem Bruder ähnlicher als deinem Vater!« Mit diesen und anderen Vorwürfen hetzte sie den jungen Mann auf und konnte
selbst keine Ruhe finden bei den Gedanken, daß sie, eine Frau aus
königlichem Blut, nicht den Einfluß haben solle, einem zur Herrschaft zu verhelfen oder sie einem zu nehmen, während Tanaquil,
eine Frau aus der Fremde, durch ihre Energie so viel geschafft
habe, daß sie zweimal hintereinander einem zur Herrschaft ver-
half, zunächst ihrem Mann und dann ihrem Schwiegersohn.

Durch diese rasende Leidenschaft der Frau getrieben, ging Tarquinius bei den Senatoren vor allem der jüngeren Familien reihum
und bat sie um ihre Unterstützung. Er rief ihnen in Erinnerung,
was sein Vater ihnen Gutes getan, und forderte dafür den Dank;
die jungen Männer suchte er durch Geschenke zu gewinnen.
Durch die gewaltigen Versprechungen, die er selbst machte, und
durch Vorwürfe gegen den König wuchs sein Einfluß überall.

Als dann schließlich der Zeitpunkt zum Handeln gekommen
schien, stürmte er, umgeben von einer Schar Bewaffneter, auf das
Forum. Alle waren daraufhin von lähmendem Entsetzen befallen; er aber saß vorne in der Curie auf dem Stuhl des Königs und
befahl, die Senatoren durch einen Herold in die Curie zum König

Tarquinius zu rufen. Sie fanden sich unverzüglich ein, die einen schon zuvor darauf vorbereitet, die anderen aus Angst, nicht zu erscheinen könne schlimme Folgen haben, von dem ungewöhnlichen und erstaunlichen Vorgang wie betäubt und in dem Glauben, um Servius sei es bereits geschehen. Hier hielt Tarquinius eine Schmährede auf Servius und begann mit seiner niedrigen Herkunft: Als Sklave und Sohn einer Sklavin habe er nach dem unwürdigen Tod seines Vaters ohne das früher übliche Interregnum, ohne Wahlakt, ohne Abstimmung durch das Volk, ohne Bestätigung durch den Senat, sondern nur aus der Hand einer Frau die Königsherrschaft in Besitz genommen. Von solcher Abkunft und auf solche Weise König geworden, habe er die unterste Schicht, aus der er ja selbst stamme, begünstigt und aus Haß gegen die hohe Stellung anderer den Ersten des Volkes Ackerland geraubt und es an den Abschaum des Volkes verteilt. Alle Lasten dagegen, die früher gemeinsam getragen worden seien, habe er auf die Ersten der Bürgerschaft abgewälzt. Den Census habe er eingeführt, um den Besitz der reicheren Leute kenntlich zu machen und dem Neide auszusetzen und um ihn zur Verfügung zu haben und davon den Bedürftigsten Geschenke machen zu können, sobald er es wolle.

48. Mitten in dieser Rede erschien Servius, durch die alarmierende Nachricht aufgeschreckt. Schon von der Vorhalle der Curie aus rief er mit lauter Stimme: »Was geht hier vor, Tarquinius? Mit welcher Dreistigkeit hast du es gewagt, während ich noch lebe, die Väter zusammenzurufen und meinen Platz einzunehmen?« Jener entgegnete darauf trotzig, er sitze auf dem Platz seines Vaters; mit viel größerem Recht als ein Sklave sei der Sohn des Königs Erbe des Throns; lange genug habe jener sein freches Spiel getrieben und seine Herren verhöhnt. Hier erhoben die Anhänger beider lautes Geschrei, und das Volk drang in die Curie ein; es war offensichtlich, daß die Herrschaft dem gehören würde, der jetzt Sieger blieb. Da packte Tarquinius, den jetzt auch die Situation selbst dazu zwang, das Äußerste zu wagen, als der weitaus Jüngere und Stärkere den Servius um den Leib, trug ihn aus der Curie hinaus und warf ihn die Stufen hinunter. Dann begab er sich in die Curie zurück, um den Senat beisammenzu-

halten. Die Diener des Königs und seine Begleiter ergriffen die
Flucht. Er selbst, der kaum noch Kraft hatte, wurde, als er den
Heimweg antrat, von den Schergen des Tarquinius auf der Flucht
eingeholt und umgebracht. Man glaubt, daß dies auf Anraten der
Tullia geschah; denn es paßt ja auch zu ihrer sonstigen Rolle bei
der Freveltat. Sie kam jedenfalls mit einer Kutsche – das steht
ziemlich fest – auf das Forum gefahren, rief ohne Scheu vor der
Versammlung der Männer ihren Mann aus der Curie heraus und
war die erste, die ihn als König begrüßte. Er gebot ihr, sich aus
diesem Getümmel zu entfernen. Als sie daraufhin nach Hause
zurückfuhr und den höchsten Punkt des Cyprius Vicus (Kupfer-
gasse) erreichte, wo vor kurzem noch die Dianakapelle stand,
und dann nach rechts in den Urbius Clivus (Urbiusstiege) abbie-
gen wollte, um auf den Esquilin zu fahren, weigerte sich der Wa-
genlenker zitternd und zog die Zügel an und zeigte seiner Herrin
die Leiche des Servius, der da lag. Es soll dann zu einem abscheulichen und unmenschlichen Frevel gekommen sein, und der Ort
bewahrt die Erinnerung daran – man nennt ihn Sceleratus Vicus
(Frevelgasse). Hier soll Tullia, ganz von Sinnen und getrieben
von den Rachegeistern ihrer Schwester und ihres Mannes, mit dem
Wagen über den Leichnam ihres Vaters gefahren sein und einen
Teil des bei dem Mord an ihrem Vater vergossenen Blutes mit ihrem blutverschmierten Fahrzeug, auch selbst besudelt und bespritzt, zu ihren und ihres Mannes Hausgöttern mit heimgebracht
haben; diese waren erzürnt, so daß demnächst ein dem bösen Anfang der Königsherrschaft ähnliches Ende folgen mußte.

Ser. Tullius regierte vierundvierzig Jahre lang so, daß es auch
für einen guten und besonnenen Nachfolger auf dem Thron
schwierig gewesen wäre, es ihm gleichzutun; im übrigen hat auch
die Tatsache, daß mit seinem Tod das recht- und gesetzmäßige
Königtum ein Ende fand, seinen Ruhm noch vergrößert. Einige
überliefern auch, er habe sich mit dem Gedanken getragen, selbst
diese so milde und so besonnene Herrschaft niederzulegen, da es
die eines einzelnen sei; aber dann sei ihm das Verbrechen in der
eigenen Familie bei seinen Absichten, der Vaterstadt die Freiheit
zu bescheren, dazwischen gekommen.

49. Damit begann die Herrschaft des L. Tarquinius, dem seine

Taten den Beinamen Superbus (der Selbstherrliche) eintrugen. Denn er, der Schwiegersohn, verhinderte die Bestattung seines Schwiegervaters und sagte dazu immer wieder, auch Romulus sei ohne Begräbnis dahingegangen; und die vornehmsten unter den Senatoren, die seiner Meinung nach Anhänger des Servius gewesen waren, ließ er umbringen. Sodann war er sich darüber im klaren, daß man sein eigenes Beispiel, auf unrechtmäßige Art die Herrschaft an sich zu bringen, gegen ihn anwenden konnte, und er umgab sich daher mit einer Leibgarde. Denn außer der Gewalt besaß er nichts, was ihm das Recht zum Herrschen gegeben hätte; regierte er doch, ohne vom Volk gewählt und ohne vom Senat bestätigt zu sein. Dazu kam, daß er sich keine Hoffnung auf die Liebe seiner Mitbürger machen konnte und seine Herrschaft durch Schrecken sichern mußte. Um diesen noch mehr Menschen einzujagen, führte er die Untersuchungen in den Kapitalprozessen ganz allein ohne Beisitzer und konnte unter diesem Vorwand Todesurteile, Verbannungen und Vermögensstrafen verhängen, nicht nur gegen die, die ihm verdächtig oder verhaßt waren, sondern auch da, wo er auf nichts anderes als auf persönliche Bereicherung hoffen konnte. Nachdem er auf diese Weise vornehmlich die Zahl der Senatoren verringert hatte, beschloß er, niemanden mehr in den Senat zu berufen, damit dieser Stand schon aufgrund seiner zahlenmäßigen Schwäche weniger Achtung genoß und die Senatoren sich nicht darüber entrüsten konnten, daß sie nichts mehr zu entscheiden hatten. Denn dieser König brach als erster mit der von seinen Vorgängern überlieferten Tradition, über alles den Senat zu befragen. Die politischen Entscheidungen fielen in seinem Haus: Krieg, Frieden, Verträge und Bündnisse beschloß und beendete er ganz allein, mit wem er wollte, ohne Auftrag des Volkes und des Senats.

Besonders suchte er das Volk der Latiner zu gewinnen, um auch mit Hilfe einer fremden Macht unter seinen Mitbürgern sicherer zu sein, und knüpfte mit den vornehmsten unter ihnen nicht nur gastfreundschaftliche, sondern auch verwandtschaftliche Bande. Dem Octavius Mamilius aus Tusculum – er war der weitaus angesehenste aller Latiner und stammte, wenn wir der Sage glauben wollen, von Odysseus und der Göttin Kirke ab –,

diesem Mamilius also gab er seine Tochter zur Frau, und durch
diese Heirat gewann er die vielen Verwandten und Freunde dieses Mannes für sich.

50. Schon besaß Tarquinius bei den latinischen Adligen bedeutenden Einfluß, als er sie auf einen bestimmten Tag zu einer Versammlung beim Hain der Ferentina bestellte: es gebe gemeinsame Angelegenheiten, die er mit ihnen besprechen wolle. Sie kamen beim Morgengrauen in großer Zahl zusammen; Tarquinius
selbst hielt sich zwar an den Tag, erschien jedoch erst kurz vor
Sonnenuntergang. Den ganzen Tag über war dort in der Versammlung viel über dies und das diskutiert worden. Turnus Herdonius aus Aricia hatte sich heftig über den abwesenden Tarquinius ereifert. Es sei kein Wunder, daß er in Rom den Beinamen
Superbus bekommen habe – man nannte ihn nämlich bereits so,
zwar insgeheim und leise, aber doch ganz allgemein. Könne man
sich eine größere Selbstherrlichkeit vorstellen, als die Gesamtheit
der Latiner so zum besten zu haben? Die führenden Männer habe
er von weit her aus ihrer Heimat kommen lassen, er selbst aber,
der die Versammlung angesetzt habe, sei nicht da. Bestimmt
stelle er nur ihre Geduld auf die Probe, um sie dann, wenn sie das
Joch auf sich genommen hätten, als Untertanen zu unterdrücken.
Wem sei es denn nicht klar, daß er nach der Herrschaft über die
Latiner strebe? Wenn seine eigenen Mitbürger wohl daran getan
hätten, ihm die Herrschaft anzuvertrauen, und wenn sie sie ihm
wirklich anvertraut hätten und er sie nicht durch Vatermord an
sich gebracht hätte, so brauchten die Latiner doch nicht einmal in
diesem Fall ihm, einem Mann aus einem fremden Volk, die Herrschaft anzuvertrauen. Wenn aber seine eigenen Leute schon genug von ihm hätten – würden sie doch einer nach dem anderen
hingerichtet, müßten in die Verbannung gehen, verlören ihr Hab
und Gut –, was hätten die Latiner dann Besseres zu erwarten?
Wenn sie auf ihn hören wollten, werde jetzt jeder von hier nach
Hause gehen und sich um den Versammlungstermin genausowenig kümmern wie der, der ihn angesetzt habe.

Als der aufrührerische und ruchlose Mensch, der diesen Eigenschaften seine Machtstellung daheim verdankte, gerade diese
und andere Äußerungen machte, die in die gleiche Richtung gin-

gen, erschien Tarquinius. Das bedeutete das Ende seiner Rede; alle wandten sich Tarquinius zu, um ihn zu begrüßen. Als dann Ruhe eingetreten war und die Nächststehenden Tarquinius aufforderten, sich zu entschuldigen, daß er erst zu diesem Zeitpunkt komme, sagte er, man habe ihn um einen Schiedsspruch zwischen einem Vater und einem Sohn gebeten; das Bemühen, das gute Einvernehmen zwischen ihnen wiederherzustellen, habe ihn aufgehalten. Da ihn die Angelegenheit diesen Tag gekostet habe, wolle er ihnen am nächsten Tag vortragen, was er sich vorgenommen habe. Es heißt, auch das habe Turnus nicht stillschweigend hingenommen; er habe nämlich gesagt, es gebe kein kürzeres Verfahren als zwischen Vater und Sohn, das könne man mit wenigen Worten abmachen: wenn er dem Vater nicht gehorche, werde es ihm schlecht ergehen.

51. Mit diesen Vorwürfen gegen den König von Rom verließ der Mann aus Aricia die Versammlung. Tarquinius nahm die Sache weitaus schwerer, als er sich anmerken ließ, und sann sogleich auf die Ermordung des Turnus, um denselben Schrecken, mit dem er seine Mitbürger zu Hause unter Druck gesetzt hatte, auch den Latinern einzujagen. Und da er ihn nicht kraft seiner Amtsgewalt offen hinrichten lassen konnte, brachte er den Unschuldigen durch eine falsche Anschuldigung zu Fall. Mit Hilfe einiger Männer aus Aricia, die zu den politischen Gegnern des Turnus gehörten, bestach er einen von dessen Sklaven mit Gold, daß er es ermöglichte, heimlich eine große Menge Schwerter in sein Quartier zu schaffen. Nachdem das in einer einzigen Nacht ausgeführt war, ließ Tarquinius kurz vor Tagesanbruch die Vornehmsten der Latiner zu sich rufen, als ob er durch eine neue Entdeckung in größte Unruhe versetzt wäre, und sagte, seine gestrige Verspätung, zu der es wie durch Fürsorge der Götter gekommen sei, habe ihn und sie alle gerettet. Es heiße, Turnus habe vor, ihn und die Vornehmsten aus ihren Völkern zu ermorden, um allein die Herrschaft über die Latiner auszuüben. Er hätte den Überfall schon am gestrigen Tag in der Versammlung ausgeführt; die Sache sei aber dann verschoben worden, weil der, der die Versammlung einberufen und auf den er es in erster Linie abgesehen hatte, noch nicht dagewesen sei. Daher sei es dann zu der

Verunglimpfung des Abwesenden gekommen; denn dieser habe ihm mit seiner Verspätung seinen Plan vereitelt. Falls ihm die Wahrheit berichtet werde, werde Turnus zweifellos bei Tagesanbruch, sobald man sich versammelt habe, wohlvorbereitet mit einer Schar von Verschwörern und in Waffen kommen. Es heiße, eine riesige Anzahl Schwerter sei zu ihm geschafft worden. Ob das bloßes Gerede sei oder nicht, könne man sofort feststellen. Er bitte sie, von hier mit ihm zu Turnus zu kommen. Den Verdacht bestärkte das wilde Wesen des Turnus, die gestrige Rede und die Verspätung des Tarquinius; denn es schien möglich, daß die Bluttat deswegen verschoben worden war. Als sie sich auf den Weg machten, waren sie zwar geneigt, die Sache zu glauben, wollten aber, wenn man die Schwerter nicht vorfand, auch alles übrige für eitles Gerede halten. Sobald man dort eingetroffen war, wurde Turnus aus dem Schlaf gerissen und von Wächtern umstellt. Die Sklaven, die aus Liebe zu ihrem Herrn Widerstand leisten wollten, wurden festgenommen. Als die versteckten Schwerter aus allen Winkeln des Quartiers hervorgezogen wurden, da schien die Sache tatsächlich erwiesen, und Turnus wurde in Ketten gelegt. Und sogleich wurde in großer Erregung eine Versammlung der Latiner einberufen. Hier kam so wilder Haß auf, als man die Schwerter in die Mitte legte, daß man Turnus ohne Verhör auf eine Art zu Tode brachte, die es bislang nicht gegeben hatte: man stürzte ihn in die Ferentinaquelle und ertränkte ihn, indem man Flechtwerk über ihn warf und es mit Steinen beschwerte.

52. Darauf berief Tarquinius die Latiner wieder zur Versammlung und lobte sie sehr, daß sie an Turnus, der einen Umsturz versucht habe, für seinen offenkundigen Hochverrat die verdiente Strafe vollzogen hätten. Dann fuhr er fort: Er könne zwar das alte Recht zur Anwendung bringen; denn da alle Latiner ursprünglich aus Alba stammten, seien sie alle durch den Vertrag gebunden, durch den unter Tullus das gesamte Staatswesen von Alba mitsamt seinen Tochterstädten unter die Oberhoheit Roms gekommen sei; er halte es aber um des allgemeinen Vorteils willen für besser, wenn dieser Vertrag erneuert werde; die Latiner sollten lieber das Glück des römischen Volkes mitgenießen, statt

dauernd die Zerstörung ihrer Städte und die Verwüstung ihrer Ländereien befürchten oder erleiden zu müssen, wie sie sie zunächst unter der Regierung des Ancus und dann unter der seines Vaters durchgemacht hätten. Die Latiner ließen sich leicht überzeugen, obwohl in diesem Vertrag der römische Staat eine Vormachtstellung besaß; aber man sah, daß die führenden Persönlichkeiten aller Latiner fest zum König hielten, und die Gefahr, die jedem drohte, wenn er sich dagegenstellte, hatte sich am Beispiel des Turnus gerade eben gezeigt. So wurde der Vertrag erneuert; alle jüngeren Latiner bekamen die Anweisung, sich aufgrund des Vertrages zu einem bestimmten Zeitpunkt beim Hain der Ferentina in Waffen vollzählig einzufinden. Als sie dort auf Anordnung des römischen Königs aus all ihren Gemeinden zusammenkamen, wollte er nicht, daß sie einen eigenen Feldherrn, einen besonderen Oberbefehl und eigene Feldzeichen hätten, und stellte daher aus Latinern und Römern gemischte Manipel auf, wobei er aus zweien zunächst einen machte und aus diesem einen dann wieder zwei; diese Doppelmanipel unterstellte er dem Kommando von Centurionen.

53. Tarquinius war zwar in Friedenszeiten ein ungerechter Herrscher, doch im Krieg kein schlechter Heerführer. Ja, er hätte es sogar in dieser Fertigkeit den früheren Königen gleichgetan, wenn nicht seine sonstige Entartung auch diesen Glanz beeinträchtigt hätte. Er begann den Krieg gegen die Volsker, der dann noch mehr als zweihundert Jahre nach seiner Zeit dauern sollte, und entriß ihnen Suessa Pometia im Sturm. Als er dort aus dem Verkauf der Beute einen Erlös von vierzig Talenten Silber erzielt hatte, faßte er den Plan, den Jupitertempel so groß zu bauen, daß er des Königs der Götter und Menschen, der Machtstellung Roms und auch der Erhabenheit seines Standortes würdig wäre; für den Bau dieses Tempels legte er das Geld aus der Beute beiseite.

Dann wurde er in einen Krieg verwickelt, der sich länger als erwartet hinzog. Er versuchte die Nachbarstadt Gabii im Sturm zu nehmen, hatte aber dabei keinen Erfolg; als sich dann auch die Hoffnung zerschlug, die Stadt durch eine Belagerung zu bezwingen, und er von den Mauern verjagt wurde, griff er zuletzt zu einem ganz unrömischen Mittel, zu List und Tücke. Denn wäh-

rend er so tat, als hätte er den Krieg aufgegeben und wäre mit dem
Bau der Fundamente des Jupitertempels und anderen Arbeiten in
der Stadt beschäftigt, floh sein Sohn Sextus, der jüngste von
dreien, nach Gabii – so war es abgesprochen – und beklagte sich
über die unerträgliche Härte seines Vaters gegen ihn. Seine
Selbstherrlichkeit habe sich jetzt von den Fremden weg und auf
die eigene Familie gekehrt, und er sei auch der großen Zahl seiner
Kinder überdrüssig; wie er das Senatsgebäude leer gemacht habe,
so wolle er es auch in seinem Hause tun, um keinen Nachkommen und keinen Erben seines Throns zu hinterlassen. Er sei auf
jeden Fall den Mordwaffen seines Vaters entwischt und habe die
Überzeugung gewonnen, daß er nur noch bei den Feinden des
L. Tarquinius sicher sei. Denn daß sie sich nicht täuschten: sie
hätten weiter Krieg, er sei nur zum Schein beigelegt, und bei pas-
sender Gelegenheit werde Tarquinius sie unversehens angreifen.
Wenn jedoch bei ihnen für Schutzsuchende kein Platz sei, werde
er ganz Latium durchziehen und werde dann die Volsker, die
Aequer und die Herniker aufsuchen, bis er zu Leuten käme, welche die Kinder gegen die grausamen und gottlosen Strafmaßnahmen ihrer Väter zu schützen wüßten. Vielleicht werde er auch
eine Spur von Begeisterung für einen Krieg und eine Streitmacht
gegen den selbstherrlichsten König und das wildeste Volk finden. Da es so aussah, als werde er, wenn sie ihn nicht festhielten,
zornentbrannt die Stadt verlassen und weiterziehen, nahmen ihn
die Bürger von Gabii freundlich bei sich auf. Sie sagten, er solle
sich nicht wundern, wenn Tarquinius sich am Ende auch gegen
seine Kinder so verhalte, wie er sich gegen seine Mitbürger und
wie er sich gegen seine Verbündeten verhalten habe; zuletzt,
wenn nichts anderes mehr da sei, werde er seine Wut noch an sich
selbst auslassen. Ihnen sei es jedenfalls lieb, daß er gekommen sei,
und sie hofften, es werde bald soweit sein, daß mit seiner Hilfe
der Krieg von den Toren von Gabii weg an die Mauern von Rom
verlegt werde.

54. Von da an wurde er zu den politischen Beratungen hinzugezogen. Während er hier bei allen anderen Fragen erklärte, er
stimme den alten Bürgern von Gabii zu, die davon mehr verstän-
den, drängte er selbst immer wieder auf den Krieg und pochte in

diesem Punkt auf seine besonderen Kenntnisse: er kenne ja die militärische Stärke beider Völker, und er wisse, daß der König wegen seiner Selbstherrlichkeit, die selbst seine Kinder nicht mehr hätten ertragen können, bei seinen Mitbürgern wirklich verhaßt sei. So trieb er die führenden Männer von Gabii nach und nach dazu, den Krieg wiederaufzunehmen; er selbst zog mit den Tatendurstigsten, die er unter der Jugend fand, zum Plündern und auf Streifzüge, und dadurch, daß alles, was er sagte und tat, auf Täuschung angelegt war, wuchs das unbegründete Vertrauen zu ihm, und schließlich wurde er zum Feldherrn für den Krieg gewählt. Als es dann, ohne daß das Volk merkte, was da gespielt wurde, zwischen Gabii und Rom zu kleineren Gefechten kam, die in der Regel für Gabii siegreich ausgingen, glaubte hoch und niedrig in Gabii, einer mehr als der andere, daß ihnen Sex. Tarquinius wie ein Geschenk der Götter als Feldherr geschickt worden sei. Bei den Soldaten aber war er dadurch, daß er genauso wie sie Gefahren und Strapazen auf sich nahm und freigebig Beute verschenkte, so beliebt, daß sein Vater Tarquinius in Rom nicht mächtiger war als der Sohn in Gabii.

Sobald er nun sah, daß er genug Macht gewonnen hatte, um alles wagen zu können, sandte er einen seiner Leute nach Rom zu seinem Vater, um sich zu erkundigen, was er tun solle; denn die Götter hätten es so gefügt, daß er allein in Gabii alle Möglichkeiten habe. Dieser Bote bekam – ich glaube, weil es nicht sicher war, ob man ihm trauen konnte – keine Silbe zur Antwort. Der König begab sich, als wenn er mit sich zu Rate gehen wolle, in den Garten seines Hauses, und der Bote seines Sohnes folgte ihm; dort, so heißt es, habe Tarquinius beim Umhergehen, ohne etwas zu sagen, den höchsten Mohnblumen mit einem Stock die Köpfe abgeschlagen. Des Fragens und des Wartens auf eine Antwort müde, kehrte der Bote nach Gabii zurück – anscheinend, ohne sein Ziel erreicht zu haben. Er berichtete, was er selbst vorgebracht und was er gesehen hatte: aus Zorn oder aus Haß oder aus seiner angeborenen Überheblichkeit habe Tarquinius kein Wort geäußert. Sobald dem Sextus klar war, was sein Vater wollte und was er ihm mit den wortlos gegebenen Andeutungen auftrug, ließ er die Vornehmsten aus der Bürgerschaft beseiti-

gen – teils verdächtigte er sie beim Volk, teils machte er sich ihre
selbstverschuldete Unbeliebtheit zunutze. Viele wurden öffentlich hingerichtet, einige, die anzuklagen kein gutes Bild gemacht
hätte, wurden heimlich ermordet. Manchen wurde es anheimge-
stellt, freiwillig zu fliehen, oder sie wurden in die Verbannung
geschickt, und wenn sie außer Landes waren, gelangte ihr Besitz
genauso zur Verteilung wie der der Getöteten. So kam es zu
Schenkungen und zu Bereicherung; in der Freude am persönlichen Vorteil verloren die Bürger jedes Gefühl für das allgemeine
Unglück, bis schließlich das Gemeinwesen von Gabii, rat- und
hilflos, dem König von Rom völlig kampflos in die Hände gespielt wurde.

55. Nachdem Tarquinius Gabii in seinen Besitz gebracht hatte,
schloß er Frieden mit dem Volk der Aequer und erneuerte er den
Vertrag mit den Etruskern. Dann wandte er sich den Aufgaben in
der Stadt zu. Die wichtigste davon war, den Jupitertempel auf
dem Tarpejischen Hügel als Denkmal seiner Herrschaft und seines Namens zu hinterlassen. Von den beiden Tarquinierkönigen
werde es einmal heißen, der Vater habe ihn gelobt, der Sohn fer-
tiggestellt. Und damit der Platz von anderen Kulten frei sei und
ganz dem Jupiter und seinem Tempel gehöre, der dort gebaut
werde, beschloß er, die wenigen Heiligtümer und Kapellen aufzuheben, die dort von König Tatius zunächst im entscheidenden
Augenblick der Schlacht gegen Romulus gelobt, später dann geweiht und durch ein Augurium bestätigt worden waren. Es ist
überliefert, die Götter hätten bei den ersten Vorarbeiten zu diesem Bau ihren Willen geoffenbart, um die ungeheure Größe dieses Reiches anzudeuten. Denn während die Vögel die Aufhebung
aller anderen Kapellen zuließen, untersagten sie sie beim Heiligtum des Terminus. Dieses bedeutungsvolle Zeichen der Vögel
verstand man so: Daß man den Sitz des Terminus nicht verlegen
dürfe und daß er als einziger von den Göttern sich nicht zum
Weggehen aus dem ihm geweihten Bezirk auffordern lasse, pro-
phezeie Sicherheit und Beständigkeit für das Ganze. Nachdem
man dieses Zeichen, das ewige Dauer verhieß, erhalten hatte,
folgte noch ein anderes Zeichen vom Himmel, das die Größe des
Reiches ankündigte: Beim Ausheben der Fundamente des Tem-

pels stieß man, wie es heißt, auf ein menschliches Haupt, dessen
Antlitz noch ganz unversehrt war. Diese Erscheinung war ein direkter Hinweis darauf, daß hier das Bollwerk der Herrschaft und
das Haupt der Welt sein werde. So verkündeten es die Seher, sowohl die, die in Rom lebten, als auch die, die man aus Etrurien
hatte kommen lassen, um diese Erscheinung zu deuten.

Der König wollte jetzt aufwendiger bauen. Daher reichte das
Beutegeld aus Pometia, das dazu bestimmt war, den Bau bis zum
First hochzuziehen, kaum für die Fundamente. Um so eher
möchte ich dem Fabius glauben – abgesehen davon, daß er der ältere ist –, daß es nur vierzig Talente waren, und nicht dem Piso,
der schreibt, es seien 40000 Pfund Silber hierfür beiseite gelegt
worden, ein Betrag, der aus der Beute einer einzigen Stadt der damaligen Zeit nicht zu erwarten war und der selbst die Kosten für
die Prachtbauten unserer Zeit übersteigen würde.

56. In seinem Bestreben, den Tempel fertigzustellen, ließ der
König Bauhandwerker aus allen Teilen Etruriens kommen. Er
bediente sich für diesen Bau nicht nur des Geldes aus der Staatskasse, sondern zog auch Leute aus der Plebs zur Fronarbeit
heran. Obwohl diese schon an sich nicht leichte Arbeit noch zum
Kriegsdienst hinzukam, fühlte sich die Plebs doch dadurch, daß
sie beim Bau der Göttertempel mit Hand anlegen mußte, weniger
beschwert als später, wo sie auch noch zu anderen Baumaßnahmen herangezogen wurde, die nach außen hin weniger Eindruck
machten, aber erheblich mehr Mühe kosteten: zum Errichten der
Sitze im Circus und zur unterirdischen Anlage der Cloaca Maxima, die die Abwässer der ganzen Stadt aufnehmen sollte; diesen beiden Baumaßnahmen hat selbst die Pracht unserer Zeit
kaum etwas Vergleichbares an die Seite stellen können. Mit diesen Arbeiten hatte das einfache Volk beschäftigt werden können;
weil der König aber glaubte, die Massen würden zu einer Belastung für die Stadt, sobald man keine Verwendung mehr für sie
habe, und weil er durch die Gründung von Pflanzstädten die
Grenzen seiner Herrschaft ausweiten wollte, schickte er Siedler
nach Signia und nach Circeji, die von der Land- wie von der See-
seite her eine Schutzwehr für die Stadt sein sollten.

Während er noch damit beschäftigt war, erschien ihm ein

schreckliches Zeichen: Eine Schlange, die aus einer hölzernen Säule herausglitt, ließ alles im Königshaus voller Schrecken davonstieben; beim König selbst aber löste sie nicht so sehr plötzliche Angst aus, sondern erfüllte ihn mit bangen Sorgen. Während bei Zeichen vom Himmel, die die Allgemeinheit betrafen, nur etruskische Seher hinzugezogen wurden, geriet er durch diese Erscheinung, als wenn sie nur sein Haus beträfe, außer Fassung und beschloß daher, nach Delphi, dem berühmtesten Orakel der Welt, zu schicken. Weil er aber die Auskünfte, die das Orakel erteilen würde, keinem anderen anzuvertrauen wagte, schickte er durch die damals noch unbekannten Länder und über die noch unbekannteren Meere zwei seiner Söhne nach Griechenland. Titus und Arruns machten sich auf die Reise. Als Begleiter wurde ihnen L. Junius Brutus mitgegeben, ein Sohn der Tarquinia, der Schwester des Königs, ein junger Mann, der seiner Natur nach ganz anders war, als er sich gab. Da er gehört hatte, daß die führenden Männer der Bürgerschaft, darunter sein eigener Bruder, von seinem Onkel ermordet worden waren, beschloß er, dem König weder in seiner Gesinnung Anlaß zur Furcht zu geben noch in seinen Vermögensumständen Anlaß zur Begehrlichkeit, um dadurch, daß man ihn verachtete, sicher zu sein, wo das Recht ja keinen ausreichenden Schutz biete. Er hatte also mit Absicht die Rolle des Dummen übernommen und überließ sich und seine Habe dem König als Beute. Auch den Beinamen Brutus (der Blöde) ließ er sich gefallen, damit unter dem Deckmantel dieses Beinamens der Geist, der dem römischen Volk die Freiheit bringen sollte, unerkannt auf seine Stunde warten konnte. Dieser Mann wurde damals von den Tarquiniern nach Delphi mitgenommen, mehr als Zielscheibe ihres Spottes denn als Begleiter; als Geschenk soll er dem Apollon einen goldenen Stab, eingeschlossen in einen zu diesem Zweck ausgehöhlten Stock aus dem Holz der Kornelkirsche, gebracht haben, ein verschlüsseltes Abbild seines Wesens. Nachdem man in Delphi angekommen war und die Aufträge des Vaters erledigt hatte, überkam die jungen Männer das Verlangen zu fragen, an welchen von ihnen die Herrschaft in Rom fallen werde. Es heißt, aus der Tiefe der Höhle sei eine Stimme erklungen: »Das höchste Amt in Rom wird haben,

wer von euch, ihr jungen Männer, als erster die Mutter küßt.«
Damit Sextus, der in Rom zurückgeblieben war, von dem Ora-
kelspruch nicht Kenntnis erhielt und von der Herrschaft ausgeschlossen blieb, befahlen die Tarquinier strengstes Stillschwei-
gen; sie selbst aber überließen es untereinander dem Los, wer,
wenn sie nach Rom zurückgekehrt seien, der Mutter den ersten
Kuß geben dürfe. Brutus glaubte, daß die Worte der Pythia etwas
anderes bedeuteten, tat so, als wenn er ausgerutscht und hingefal-
len wäre, und berührte die Erde mit einem Kuß, weil sie ja die gemeinsame Mutter aller Sterblichen sei. Dann kehrte man nach
Rom zurück, wo gerade die Vorbereitungen für einen Krieg gegen die Rutuler in vollem Gange waren.

57. Die Rutuler saßen in Ardea; sie waren ein für die dortige
Gegend und die damalige Zeit ungeheuer reiches Volk, und das
war auch der eigentliche Grund für den Krieg; denn der König
von Rom, dessen Mittel durch seine großartigen öffentlichen
Bauten erschöpft waren, wollte selbst zu Geld kommen, aber
durch die Beute auch seine Landsleute beschwichtigen, die der
Königsherrschaft gram waren, weil es sie abgesehen von der sonstigen Selbstherrlichkeit empörte, daß sie vom König so lange zu
Bauarbeiten und zu Sklavendiensten verwendet worden waren.

Es wurde versucht, Ardea im ersten Ansturm zu nehmen. Als
das nicht gelang, begann man den Feind mit Einschließung und
Belagerungswerken zu bedrängen. Im dortigen Standlager gab
es, wie dies ein eher langer als scharf geführter Krieg mit sich
bringt, recht viel Freiheit, zu kommen und zu gehen, jedoch
mehr für die Führer als für die einfachen Soldaten. Namentlich
die Königssöhne vertrieben sich gelegentlich untereinander die
Zeit mit Gelagen und Zechereien. Als sie einmal bei Sex. Tarquinius zechten, wo auch Tarquinius Collatinus, der Sohn des Egerius, mit bei Tisch war, kam die Rede auf ihre Frauen, und jeder
lobte die Seine in den höchsten Tönen. Daraus entbrannte Streit,
und Collatinus erklärte, es bedürfe keiner Worte; in wenigen
Stunden könne man wissen, wie sehr seine Lucretia die anderen
übertreffe. »Wenn das Feuer der Jugend in uns ist«, sagte er,
»warum schwingen wir uns dann nicht auf die Pferde und sehen
uns persönlich an, wie unsere Frauen sind? Als das sicherste Zei-

chen dürfte für jeden gelten, was es zu sehen gibt, wenn der Mann
unerwartet auftaucht.« Sie waren vom Wein erhitzt. »Nichts wie
los!« riefen alle, und im Galopp sprengten sie nach Rom. Als sie
dort eintrafen, brach bereits die Dunkelheit herein; sie ritten
dann noch weiter nach Collatia, wo sie Lucretia keineswegs so
vorfanden wie die Schwiegertöchter des Königs – diese hatten sie
angetroffen, wie sie sich bei Gelage und Spiel mit Gleichaltrigen
die Zeit vertrieben –, sondern sie saß noch spät in der Nacht, mit
der Wolle beschäftigt, im Inneren des Hauses unter ihren bei
Lampenlicht arbeitenden Mägden. Im Streit um die Frauen trug
Lucretia den Preis davon. Der heimkommende Mann und die
Tarquinier wurden freundlich empfangen; der Ehemann lud als
Sieger in aufgeräumter Stimmung die Königssöhne ein. Hier ergriff den Sex. Tarquinius das böse Verlangen, Lucretia Gewalt
anzutun. Ihn reizte ihre Schönheit, aber mehr noch ihre erwie-
sene Sittsamkeit. Vorerst jedoch kehrten sie von dem nächtlichen
Abenteuer einer jugendlichen Laune in das Lager zurück.

58. Wenige Tage danach kam Sex. Tarquinius ohne Wissen des
Collatinus mit nur einem Begleiter nach Collatia. Dort nahm
man ihn freundlich auf, da man von seiner Absicht nichts ahnte,
und führte ihn nach dem Mahl in das Gästezimmer. Als er den
Eindruck hatte, es sei ringsum hinreichend sicher und alles liege
in tiefem Schlaf, trat er, glühend vor Verlangen, mit blankem
Schwert zu der schlafenden Lucretia, drückte die Frau mit der
linken Hand aufs Bett und sagte: »Still, Lucretia! Ich bin es, Sex.
Tarquinius. Ich habe eine Waffe in der Hand. Du stirbst, wenn
du einen Laut von dir gibst.« Als die Frau, aus dem Schlaf aufgeschreckt, nirgends Hilfe, nur den drohenden Tod vor Augen sah,
da gestand ihr Tarquinius seine Liebe, bettelte, mischte Drohungen unter seine Bitten und suchte mit den verschiedensten Mitteln auf das Herz der Frau einzuwirken. Als er sah, daß sie fest
blieb und nicht einmal durch die Todesangst zu bewegen war,
brachte er zu der Angst auch noch die Schande ins Spiel; wenn sie
tot sei, erklärte er ihr, werde er einen Sklaven töten und nackt neben sie legen, damit es heiße, sie sei bei schmutzigem Ehebruch
getötet worden. Nachdem durch diese schreckliche Drohung die
wilde Begierde über die beharrliche Sittsamkeit triumphiert

hatte, als wenn sie wirklich den Sieg davongetragen hätte, und Tarquinius, außer sich vor Freude, die Ehre der Frau bezwungen zu haben, wieder weggeritten war, sandte Lucretia in ihrem Schmerz über diese so verruchte Tat ein und denselben Boten nach Rom zu ihrem Vater und nach Ardea zu ihrem Mann, sie sollten jeder mit einem treuen Freund kommen; es müsse sein, und Eile tue not; etwas Furchtbares sei geschehen.

Sp. Lucretius kam mit P. Valerius, einem Sohn des Volesus, Collatinus mit L. Junius Brutus, mit dem er gerade auf dem Rückweg nach Rom gewesen war, als der Bote seiner Frau ihn traf. Sie fanden Lucretia in tiefer Trauer in ihrem Schlafzimmer sitzen. Beim Eintreffen der Ihren kamen ihr die Tränen, und als ihr Mann sie fragte: »Ist alles gut?«, gab sie zur Antwort: »Keineswegs! Denn wie kann es gut bestellt sein um eine Frau, die ihre Ehre verloren hat. Du findest die Spuren eines fremden Mannes in deinem Bett, Collatinus. Aber nur mein Leib ist befleckt, mein Herz ist frei von Schuld; mein Tod wird es beweisen. Doch versprecht mir in die Hand, daß der Ehebrecher nicht ungestraft davonkommt. Es ist Sex. Tarquinius, der, aus einem Gastfreund zum Feind geworden, sich letzte Nacht bewaffnet mit Gewalt hier einen Genuß verschafft hat, der mir und – wenn ihr Männer seid – auch ihm Verderben bringen wird.« Der Reihe nach gaben alle ihr Wort. Sie trösteten die Tiefbekümmerte, indem sie die Schuld von ihr, die gezwungen worden war, auf den abwälzten, der das Verbrechen begangen hatte: Der Geist sündige, nicht der Leib, und wo es keine Absicht gegeben habe, da gebe es auch keine Schuld. »Seht ihr zu«, sagte sie, »was jener verdient. Ich kann mich zwar von der Sünde freisprechen, der Strafe aber will ich mich nicht entziehen; und es soll künftig keine Frau, die ihre Ehre verloren hat, unter Berufung auf Lucretia weiterleben.« Damit stieß sie sich ein Messer, das sie unter ihrem Kleid verborgen hatte, ins Herz, sank über der Wunde zusammen und fiel sterbend zu Boden. Ihr Mann und ihr Vater schrien auf.

59. Während jene von Trauer überwältigt waren, zog Brutus das Messer aus der Wunde der Lucretia, hielt es bluttriefend vor sich und rief: »Bei diesem Blut, das bis zu der Entehrung durch den Königssohn das reinste war, schwöre ich, und ich rufe euch,

ihr Götter, zu Zeugen, daß ich L. Tarquinius Superbus mitsamt
seinem verruchten Weib und seiner ganzen Nachkommenschaft
mit Schwert und Feuer und jeder möglichen Gewalt verfolgen
und nicht zulassen werde, daß diese oder jemand anders in Rom
als Könige herrschen.« Darauf reichte er das Messer dem Collatinus, dann dem Lucretius und dem Valerius; diese konnten sich
das Wunder nicht erklären, wie der neue Geist in die Brust des
Brutus gekommen war. Sie leisteten den Schwur, wie er ihnen
vorgesprochen worden war. Ihre Trauer schlug dann ganz und
gar in Zorn um, und als Brutus sie aufrief, jetzt gleich das Königtum zu stürzen, folgten sie ihm als ihrem Führer.

Sie trugen die Leiche der Lucretia aus dem Haus und brachten
sie auf den Marktplatz. Durch die Verwunderung über diese un-
erhörte Tat und die Empörung darüber zogen sie, wie es zu gehen pflegt, die Menschen herbei. Jeder fand eigene Worte der
Klage über das Verbrechen des Königssohnes und die Gewalttat.
Tiefen Eindruck machte der Schmerz des Vaters, aber auch Brutus, der ihre Tränen und ihre müßigen Klagen tadelte und sie aufrief, wie es sich für Männer und für Römer zieme, zu den Waffen
zu greifen gegen Leute, die es gewagt hätten, sich wie Feinde zu
benehmen. Die kampflustigsten der jungen Männer hatten sich
schon von sich aus bewaffnet eingefunden; auch die übrige Jugend schloß sich an. Sie ließen dann eine Besatzung in Collatia
und stellten Posten an die Tore, damit niemand diese Erhebung
dem Königshaus melden könne. Die übrigen zogen in Waffen
unter Führung von Brutus nach Rom.

Als man dort eintraf, löste die bewaffnete Menge überall, wo
sie vorbeizog, Schrecken und Unruhe aus; als die Leute dann
aber sahen, daß maßgebliche Männer aus der Bürgerschaft den
Zug anführten, sagten sie sich, das könne nicht ohne Bedeutung
sein, was auch immer es sei. Das schreckliche Geschehnis erregte
die Gemüter in Rom nicht weniger, als es das in Collatia getan
hatte. Also eilte man aus allen Teilen der Stadt auf das Forum. Sobald man dorthin gekommen war, berief ein Herold das Volk vor
den Tribunen der Celeres – dieses Amt hatte damals gerade Brutus inne. Er hielt dort eine Rede, aus der keineswegs mehr der
Charakter und der Geist sprach, den er bis zu diesem Tag vorge-

täuscht hatte; er sprach von der Gewalttat und der zügellosen Begierde des Sex. Tarquinius, von der abscheulichen Schändung der Lucretia und ihrem beklagenswerten blutigen Tod, von dem Verlust, den Tricipitinus erlitten hatte, für den empörender und beklagenswerter noch als der Tod der Tochter die Ursache dieses Todes sei. Dann kam er auf die Überheblichkeit des Königs selbst zu sprechen und auf das Elend und die Mühen des einfachen Volkes, das er zum Ausheben von Gräben und Entwässerungskanälen unter die Erde geschickt habe; römische Männer, Sieger über alle Völker ringsum, habe er aus Kriegern zu Bauarbeitern und Steinmetzen gemacht. Er rief den empörenden Mord an König Ser. Tullius in Erinnerung und wie dessen Tochter mit ihrem verruchten Wagen über den Leichnam ihres Vaters gefahren war, und rief die Götter an, die die Eltern rächen. Indem er diese und andere, ich glaube noch schrecklichere Dinge in Erinnerung rief, wie sie die Empörung des Augenblicks eingibt, wie sie aber für die Geschichtsschreiber keineswegs leicht wiederzugeben sind, brachte er die erregte Menge dazu, daß sie dem König die Herrschaft aberkannte und L. Tarquinius mit Frau und Kinder in die Verbannung schickte. Er selbst stellte aus den jungen Männern, die sich freiwillig meldeten, eine Truppe zusammen und bewaffnete sie und machte sich dann auf den Weg nach Ardea zum Lager, um das Heer gegen den König aufzuwiegeln. Die Befehlsgewalt in der Stadt überließ er Lucretius, der schon zuvor vom König als Stadtkommandant eingesetzt worden war. Während dieser Unruhen flüchtete Tullia aus ihrem Haus; wo sie auch auftauchte, wurde sie von Männern und Frauen verflucht, die die Rachegeister der Eltern auf sie herabriefen.

60. Als Berichte von diesen Ereignissen ins Lager gelangten und der König, voller Unruhe über die neue Lage, sich nach Rom aufmachte, um die Erhebung niederzuwerfen, schlug Brutus – er hatte nämlich sein Herankommen bemerkt – einen anderen Weg ein, um ihm nicht zu begegnen, und fast zur selben Zeit kamen auf verschiedenen Wegen Brutus nach Ardea und Tarquinius nach Rom. Für Tarquinius blieben die Tore verschlossen, und ihm wurde die Verbannung verkündet; den Befreier der Stadt dagegen nahm man im Lager jubelnd in Empfang, und die Königs-

söhne wurden von dort vertrieben. Zwei folgten ihrem Vater und gingen in die Verbannung nach Caere in Etrurien. Sex. Tarquinius begab sich nach Gabii, sozusagen in sein eigenes Königreich, wurde aber von alten Feinden, die er sich selbst durch Morde und Räubereien gemacht hatte und die sich jetzt rächten, umgebracht.

L. Tarquinius Superbus herrschte fünfundzwanzig Jahre. Die Königsherrschaft in Rom dauerte von der Gründung der Stadt bis zu ihrer Befreiung 244 Jahre. Hierauf wurden in den Centuriatcomitien unter Leitung des Stadtkommandanten entsprechend den Anweisungen des Ser. Tullius zwei Konsuln gewählt, L. Junius Brutus und L. Tarquinius Collatinus.

ZWEITES BUCH

1. Im folgenden will ich nun die Taten des freien römischen Volkes im Frieden und im Krieg behandeln, seine Jahr um Jahr wechselnden Beamten sowie die Herrschaft der Gesetze, die wirksamer war als die von Menschen. Daß diese Freiheit so beglückend empfunden wurde, dafür hatte die Selbstherrlichkeit des letzten Königs gesorgt. Denn die früheren Könige haben so regiert, daß sie mit vollem Recht alle der Reihe nach als Gründer jedenfalls der Stadtteile angeführt werden, die sie selbst als neue Wohnquartiere für die von ihnen vermehrte Bevölkerung hinzufügten. Auch unterliegt es keinem Zweifel, daß derselbe Brutus, der durch die Vertreibung des Königs Superbus so viel Ruhm verdient hat, den größten Schaden für den Staat damit angerichtet hätte, wenn er aus Verlangen nach einer Freiheit, für die die Zeit noch nicht reif war, einem der früheren Könige die Herrschaft entrissen hätte. Denn was wäre geschehen, wenn jener Haufen von Hirten und Hergelaufenen, der bei den eigenen Völkern davongelaufen war und unter dem Schutz eines unverletzlichen Heiligtums Freiheit oder jedenfalls Straflosigkeit erlangt hatte, ohne Furcht vor einem König durch wilde Reden von Tribunen aufgehetzt worden wäre und in der fremden Stadt mit den Patriziern zu kämpfen angefangen hätte, bevor noch die Bande, die Frauen und Kinder knüpfen, und die Liebe zum Boden, auf dem man erst in langer Zeit heimisch wird, sie in der Gemeinschaft hätten aufgehen lassen? Der Staat, der noch nicht herangereift war, wäre durch Zwietracht auseinandergebrochen. Doch hat ruhiges Maßhalten in der Herrschaft ihn umhegt und ihm Nahrung gegeben und es so dahin gebracht, daß er die Segnungen der Freiheit mit schon herangereiften Kräften ertragen konnte.

Den Ursprung der Freiheit aber sollte man mehr darin sehen, daß die Amtsgewalt der Konsuln immer auf ein Jahr beschränkt wurde, als daß die Macht, die die Könige gehabt hatten, irgendwie beschnitten worden wäre. Alle Rechte, alle Insignien behiel-

ten die ersten Konsuln bei. Man hütete sich nur davor, daß beide
die Rutenbündel führten und so der Schrecken verdoppelt
schien. Brutus führte die Rutenbündel als erster im Einvernehmen mit seinem Amtsgenossen. Genauso leidenschaftlich, wie er
früher für die Freiheit gekämpft hatte, suchte er sie jetzt zu schützen. Zuallererst nahm er dem Volk, das über die neue Freiheit ei-
fersüchtig wachte, den Eid ab, keinen König mehr in Rom zu
dulden – es sollte nicht später einmal durch Bitten oder Geschenke eines Königs umgestimmt werden können. Dann sollte
auch die zahlenmäßige Stärke des Senatorenstandes dem Senat
mehr Gewicht verleihen; er füllte daher die durch die Mordtaten
des Königs zusammengeschmolzene Zahl der Senatoren wieder
auf 300 auf, indem er die Angesehensten aus dem Ritterstand aus-
wählte. Von daher soll die Tradition kommen, daß die *patres* (die
Patrizier) und die *conscripti* (die in der Liste Aufgeführten) zu
den Senatssitzungen geladen wurden; *conscripti* nannten sie nämlich die für den Senat Ausgewählten. Diese Maßnahme hat erstaunlich viel zur Eintracht innerhalb der Bürgerschaft und zur
Annäherung der Plebs an die Patrizier beigetragen.

2. Darauf kümmerte man sich um die Angelegenheiten des
Kults. Weil bestimmte staatliche Opferhandlungen durch die
Könige selbst vollzogen worden waren, wählten sie einen Opferkönig, damit man nicht irgendwo die Könige vermißte. Dieses
Priesteramt unterstellten sie dem Pontifex, damit nicht die mit
dem Titel verbundene Ehre die Freiheit irgendwie beeinträchtigte, der damals die erste Sorge galt.

Vielleicht sind sie darin zu weit gegangen, daß sie die Freiheit
in jeder Beziehung und selbst in den kleinsten Dingen allzusehr
schützten. Denn der Name des zweiten Konsuls erregte bei der
Bürgerschaft Anstoß, obwohl sonst nichts gegen ihn sprach. Zu
sehr hätten sich die Tarquinier an die Königsherrschaft gewöhnt.
Mit Priscus habe es angefangen; dann habe Ser. Tullius geherrscht; aber nicht einmal durch diese Unterbrechung habe Tarquinius Superbus die Königswürde als etwas, das nun anderen
gehöre, aus dem Auge verloren, sondern sie wie ein Erbgut seiner
Familie durch Verbrechen und Gewalt wieder an sich gebracht;
nach der Vertreibung des Superbus habe jetzt Collatinus die

Macht in Händen. Die Tarquinier seien außerstande, als Privatleute zu leben. Der Name errege Mißfallen, sei eine Gefahr für
die Freiheit. Dieses Gerede von Leuten, die anfangs behutsam die
Stimmung zu erkunden suchten, verbreitete sich in der ganzen
Bürgerschaft, und Brutus berief das vom Argwohn beunruhigte
Volk zur Volksversammlung. Hier verlas er zuallererst den Eid
des Volkes, sie würden nicht dulden, daß einer als König herrsche und daß es in Rom etwas gebe, wodurch der Freiheit Gefahr
drohe. Daran müsse man unbedingt festhalten, und man dürfe
über nichts, was damit zusammenhänge, hinwegsehen. Nur ungern sage er das angesichts dieses Mannes, und er würde es nicht
sagen, wenn ihm nicht die Liebe zum Staat über alles ginge. Er
glaube nicht, daß das römische Volk die volle Freiheit wiedergewonnen habe. Ein Mann aus der Sippe des Königs, mit dem Namen des Königs sei nicht nur in der Bürgerschaft, sondern sogar
an der Macht; das beeinträchtige die Freiheit, das schade ihr.
»L. Tarquinius«, sagte er, »befreie du uns freiwillig von dieser
Furcht. Wir wissen, wir geben zu, du hast das Königshaus vertrieben. Vollende deine Wohltat, laß den Namen des Königshauses aus Rom verschwinden. Deine Mitbürger werden dir nicht
nur deinen Besitz herausgeben, sondern ihn, wenn dir etwas
fehlt, freigebig vergrößern; dafür werde ich sorgen. Geh als
Freund. Nimm der Bürgerschaft die vielleicht unbegründete
Furcht; denn man ist davon überzeugt, daß erst mit der Sippe der
Tarquinier das Königtum aus Rom verschwindet.«
    Dem Konsul hatte zuerst die Verwunderung über eine so neue
und plötzliche Wendung die Sprache verschlagen. Als er dann zu
sprechen begann, umringten ihn die Ersten der Bürgerschaft und
bestürmten ihn mit den gleichen Bitten. Die übrigen machten auf
ihn weniger Eindruck; nachdem aber Sp. Lucretius – er war älter
und angesehener, dazu sein Schwiegervater – auf verschiedene
Weise, bald mit Bitten, bald mit Ratschlägen ihn zu drängen begann, sich doch dem einhelligen Willen der Bürgerschaft zu beugen, da fürchtete der Konsul, ihm werde späterhin, wenn er nicht
mehr im Amt sei, genau dasselbe geschehen, er werde dann aber
auch noch seine Habe verlieren und man werde ihm obendrein
noch andere Schmach antun, und er legte daher das Konsulat nie-

der, ließ seine ganze Habe nach Lavinium schaffen und verließ
die Stadt.

Brutus stellte auf Senatsbeschluß vor dem Volk den Antrag,
daß alle aus der Sippe der Tarquinier verbannt sein sollten. Zu
seinem Amtsgenossen wählten die Centuriatcomitien unter seiner Leitung P. Valerius, mit dessen Hilfe er das Königshaus vertrieben hatte.

3. Obwohl niemand daran zweifelte, daß von seiten der Tarquinier ein Krieg drohte, kam dieser doch später, als man allgemein erwartete; aber man hätte – was man nicht befürchtete – die
Freiheit beinahe durch List und Verrat verloren. Es gab in der römischen Jugend einige junge Männer, und zwar aus den besten
Familien, die unter der Königsherrschaft mehr Freiheit für ihre
Ausschweifungen gehabt hatten, Altersgenossen und gute
Freunde der jungen Tarquinier, die gewohnt waren, nach Kö-
nigsart zu leben. Jetzt, wo das Recht für alle gleich war, vermißten sie diese Ungebundenheit und beklagten sich untereinander
darüber, daß die Freiheit der anderen ihnen Knechtschaft gebracht habe. Ein König sei ein Mensch; von ihm könne man bekommen, was man brauche, ob Recht oder Unrecht; bei ihm
könne man mit Huld und Gunsterweisen rechnen; er könne zürnen, aber auch verzeihen; er kenne den Unterschied zwischen
Freund und Feind. Gesetze dagegen hätten kein offenes Ohr,
seien unerbittlich, mehr zum Nutzen und Vorteil der Armen als
der Mächtigen; sie kennten keine Nachsicht und keine Gnade,
wenn man das Maß überschritten habe; es sei gefährlich, bei so
vielen menschlichen Schwächen allein auf strenge Gesetzlichkeit
gestützt leben zu wollen.

Während diese Leute also schon von sich aus mißvergnügt waren, trafen Abgesandte der Königsfamilie ein, die, ohne eine
Rückkehr zu erwähnen, nur die Herausgabe der Besitztümer
verlangten. Nachdem man ihre Forderungen im Senat angehört
hatte, dauerte die Beratung hierüber einige Tage; man wollte
nämlich nicht, daß die Verweigerung der Herausgabe einen Anlaß zum Krieg lieferte, andererseits aber auch nicht, daß die Herausgabe die materielle Grundlage und eine Hilfe für den Krieg
sei. In der Zwischenzeit verfolgten die Gesandten andere Ziele;

offen verlangten sie die Herausgabe des Besitzes, insgeheim aber
schmiedeten sie Pläne zur Rückgewinnung der Herrschaft, und
indem sie so taten, als wenn sie ihr angebliches Ziel verfolgten,
machten sie die Runde, um die Stimmung bei den jungen Adligen
zu erkunden. Denen, die an ihren Worten Gefallen fanden, über-
reichten sie ein Schreiben der Tarquinier und besprachen mit ihnen, wie man heimlich zur Nachtzeit die Königsfamilie wieder
nach Rom hineinlassen könne.

4. Den Brüdern Vitellius und den Brüdern Aquilius wurde das
Vorhaben zuerst anvertraut. Eine Schwester der Vitellier war mit
dem Konsul Brutus verheiratet, und aus dieser Ehe waren schon
erwachsene Söhne da, Titus und Tiberius; auch diese wurden von
ihren Onkeln an dem geplanten Vorhaben beteiligt. Außerdem
wurden noch einige junge Adlige eingeweiht, deren Namen
durch die Länge der Zeit in Vergessenheit geraten sind.

Als sich unterdessen im Senat die Meinung durchgesetzt hatte,
der Besitz sei herauszugeben, und die Gesandten eben dies zum
Anlaß für weiteres Verweilen in der Stadt nahmen – sie hätten
sich von den Konsuln eine Frist geben lassen, um die Fahrzeuge
für den Abtransport der königlichen Habe zu beschaffen –, verbrachten sie diese ganze Zeit in Beratungen mit den Verschwörern und erreichten durch hartnäckiges Drängen, daß man ihnen
ein Schreiben an die Tarquinier mitgab. Denn wie würden diese
sonst glauben, daß die Gesandten ihnen in einer so wichtigen Sache nicht bloß leere Zusagen mitbrächten? Das als Unterpfand
der Treue ausgehändigte Schreiben überführte dann die Verbrecher. Denn als man am Tage, bevor die Gesandten zu den Tarquiniern zurückkehrten, zufällig im Hause der Vitellier gespeist
hatte und die Verschwörer dort, wo sie ohne Zeugen waren, vieles zu dem Umsturzplan untereinander besprochen hatten, wie
man es so tut, fing einer von den Sklaven ihr Gespräch auf; er
hatte schon früher bemerkt, daß diese Sache im Gange war, wartete aber die Gelegenheit ab, wo den Gesandten das Schriftstück
übergeben wurde, das, wenn man es in die Hand bekam, als Beweis dienen konnte. Als er merkte, daß es ausgehändigt worden
war, machte er den Konsuln Mitteilung. Die Konsuln verließen
ihr Haus, um die Gesandten und die Verschwörer zu verhaften,

und sie konnten die ganze Sache, ohne Aufsehen zu erregen, niederschlagen; vor allem achteten sie darauf, daß das Schriftstück nicht abhanden kam. Die Verräter wurden unverzüglich ins Gefängnis geworfen. Wegen der Gesandten war man kurze Zeit unschlüssig; aber obwohl sie ganz offensichtlich verdient hatten, als Staatsfeinde betrachtet zu werden, gab doch das Völkerrecht den Ausschlag.

5. Die Frage der königlichen Besitztümer, deren Herausgabe man zuvor schon beschlossen hatte, wurde im Senat erneut auf die Tagesordnung gesetzt. Vom Zorn überwältigt, lehnte man es dort ab, den Besitz herauszugeben, lehnte es aber auch ab, ihn zu konfiszieren. Er wurde vielmehr der Plebs zur Plünderung überlassen, damit sie, durch räuberische Aneignung von Königsgut belastet, für alle Zeit die Hoffnung auf Frieden mit dem Königshaus verlor. Der Grundbesitz der Tarquinier, der zwischen der Stadt und dem Tiber lag, wurde dem Mars geweiht und bildete fortan das Marsfeld. Dort soll damals das Korn auf dem Halm gerade reif zur Ernte gewesen sein. Weil man Skrupel hatte, diese Feldfrucht zu verzehren, schickte man eine große Menge Leute auf einmal hin, die das Korn mitsamt den Halmen abmähten und es körbeweise in den Tiber schütteten, der nur ganz wenig Wasser führte, wie es mitten in einer Hitzeperiode die Regel ist. Daher hätten sich die Getreidehaufen an seichten Stellen verfangen und seien, mit Schlamm überzogen, liegengeblieben; dann sei auch anderes, was ein Fluß so mit sich führt, dort angeschwemmt worden, und so habe sich nach und nach die Insel gebildet; später, glaube ich, kamen Uferbefestigungen dazu, und man half durch Menschenhand nach, daß eine so hohe Fläche entstand, fest genug, auch Tempel und Säulenhallen zu tragen.

Nach der Plünderung des königlichen Besitzes wurden die Verräter verurteilt und die Hinrichtung vollzogen. Diese erregte um so mehr Aufsehen, als sein Amt als Konsul dem Vater die Pflicht auferlegte, an seinen Söhnen die Strafe zu vollziehen, und das Schicksal gerade ihn, den man als Zuschauer hätte ausschließen müssen, zum Vollstrecker der Hinrichtung bestimmte. Da standen die jungen Männer aus den vornehmsten Familien angebunden an den Pfahl. Doch als würde man die anderen nicht kennen, hatten alle den Blick auf die Söhne des Konsuls gerichtet, und ihre Strafe ging den Leuten nicht weniger zu Herzen als die Freveltat, durch die sie die Strafe verdient hatten: daß sie es über sich gebracht hatten, gerade in diesem Jahr die befreite Vaterstadt, ihren Vater, den Befreier, das Konsulat, das mit dem Haus der Junier begonnen hatte, die Patrizier, die Plebs und alles, was es an Göttern und Menschen in Rom gab, an den selbstherrlichen König von einst, den bedrohlichen Verbannten von heute zu verraten! Die Konsuln schritten zu ihrem Sitz, und die Liktoren wurden geschickt, die Hinrichtung zu vollziehen. Sie schlugen die Entblößten mit den Ruten und enthaupteten sie dann mit dem Beil, wobei die ganze Zeit über der Vater, seine Miene und sein Gesicht die Blicke auf sich zog; denn bei dem Akt des staatlichen Strafvollzugs wurden die Gefühle des Vaters sichtbar.

Um zur Verhütung von Verbrechen nach beiden Seiten hin ein deutliches Beispiel zu setzen, gab man nach der Bestrafung der Schuldigen dem, der die Anzeige gemacht hatte, als Belohnung einen Geldbetrag aus der Staatskasse, die Freiheit und das Bürgerrecht. Er soll der erste gewesen sein, der durch Berührung mit dem Stab (vindicta) die Freiheit erhielt. Manche glauben, daß auch das Wort vindicta von seinem Namen abgeleitet sei; denn er habe Vindicius geheißen. Seitdem hielt man es so, daß die in dieser Form Freigelassenen als in die Bürgerschaft aufgenommen galten.

6. Als diese Vorgänge Tarquinius berichtet wurden, packte ihn nicht nur der Schmerz darüber, daß diese große Hoffnung zunichte geworden war, sondern auch Haß und Zorn; und weil er sah, daß er mit List nicht weiterkam, glaubte er, nun offen zum Krieg schreiten zu sollen, und zog daher als Bittsteller in Etrurien von Stadt zu Stadt. Besonders nachdrücklich wandte er sich mit seinen Bitten an die Bewohner von Veji und Tarquinii: Sie sollten ihn, ihren Landsmann und Blutsverwandten, der eben noch ein so mächtiger König gewesen, jetzt aber ohne Land und Leute sei, doch nicht mit seinen erwachsenen Söhnen vor ihren Augen zugrunde gehen lassen. Andere habe man aus der Fremde auf den Königsthron nach Rom berufen; er dagegen sei als König, während er gerade einen Krieg zur Vergrößerung des römischen

Machtbereiches führte, von seinen nächsten Verwandten durch eine verbrecherische Verschwörung vertrieben worden. Diese hätten, da kein einzelner für den Thron würdig genug schien, Teile der Herrschaft einzeln an sich gerissen; seinen Besitz hätten sie dem Volk zur Plünderung überlassen, damit alle in dieses Verbrechen verstrickt würden. Er wolle nun sein Vaterland und seine Königswürde zurückgewinnen und seine undankbaren Mitbürger bestrafen. Sie sollten ihm Hilfe leisten, ihn unterstützen; sie sollten aber auch ausziehen, um altes, ihnen angetanes Unrecht zu rächen: ihre so oft niedergemetzelten Heere und die Wegnahme von Ländereien. Das machte auf die Leute von Veji Eindruck, und jeder einzelne stieß wilde Drohungen aus: Unter Führung eines Römers müsse man doch wenigstens die Schande tilgen und das im Krieg Verlorene zurückgewinnen. Auf die Bewohner von Tarquinii wirkte der Name und die Blutsverwandtschaft; es schien ihnen eine große Ehre, wenn Leute aus ihrer Mitte in Rom Könige waren.

So folgten zwei Heere aus zwei Städten dem Tarquinius, um ihm die Königsherrschaft zurückzugewinnen und einen Rachekrieg gegen Rom zu führen. Nachdem sie in römisches Gebiet gekommen waren, zogen die Konsuln dem Feind entgegen. Valerius rückte mit dem Fußvolk in gefechtsbereiter Formation vor, Brutus ritt zur Erkundung mit der Reiterei voraus. In gleicher Weise bildete auch beim Feind die Reiterei die Spitze des Zuges; das Kommando über sie hatte Arruns Tarquinius, ein Sohn des Königs; der König selbst folgte mit den Legionen. Als Arruns von weitem an den Liktoren erkannte, daß es ein Konsul war, und dann schon aus größerer Nähe und mit größerer Sicherheit auch an den Gesichtszügen Brutus erkannte, rief er zornentbrannt: »Das ist der Mann, der uns aus dem Vaterland vertrieben und zu Heimatlosen gemacht hat. Seht nur, wie er, mit unseren Insignien geschmückt, großartig daherkommt! Ihr Götter, die ihr die Könige rächt, steht mir bei!« Und er gab seinem Pferd die Sporen und sprengte zum Angriff gegen den Konsul heran. Brutus merkte, daß es ihm galt. Für Heerführer war es in der damaligen Zeit ehrenvoll, selbst mitzukämpfen; daher stürzte er sich begierig in den Kampf, und sie prallten mit solcher Kampfeswut aufeinander – keiner achtete auf den Schutz des eigenen Körpers, wenn nur der Feind verwundet wurde –, daß beide vom Stoß des Gegners durch den Schild hindurch getroffen wurden und, an den beiden Lanzen hängend, sterbend von den Pferden sanken. Zugleich entbrannte auch der Kampf der anderen Reiter, und nicht viel später kamen auch die Fußtruppen dazu. Man kämpfte dort mit wechselndem Erfolg und so gut wie unentschieden. Auf beiden Seiten siegte der rechte Flügel, der linke wurde besiegt. Die aus Veji, daran gewöhnt, von römischen Soldaten besiegt zu werden, stürzten in wilder Flucht davon; die aus Tarquinii dagegen, ein neuer Feind, hielten nicht nur stand, sondern schlugen sogar in ihrem Abschnitt die Römer.

7. Obwohl die Schlacht so ausgegangen war, überkam Tarquinius und die Etrusker ein solcher Schrecken, daß sie das Unternehmen als gescheitert aufgaben und daß in der Nacht beide Heere, das aus Veji und das aus Tarquinii, abzogen, jedes nach Hause. Man bringt auch wundersame Begebenheiten mit dieser Schlacht in Verbindung. In der Stille der folgenden Nacht sei aus dem Arsia-Wald eine gewaltige Stimme ertönt – man habe sie für die Stimme des Silvanus gehalten –: Von den Etruskern sei ein Mann mehr in der Schlacht gefallen, Sieger im Krieg sei der Römer. So jedenfalls zogen sie von dort ab, die Römer wie Sieger, die Etrusker wie Besiegte. Denn als es Tag geworden und kein Feind mehr zu erblicken war, ließ der Konsul P. Valerius die Rüstungen der Gefallenen sammeln und kehrte im Triumph von dort nach Rom zurück. Seinem Kollegen richtete er das Begräbnis mit aller damals möglichen Pracht aus. Doch noch weit größere Ehre brachte dem Toten die allgemeine Trauer, die vor allem dadurch beispiellos war, daß die Frauen um ihn wie um einen Vater ein Jahr lang trauerten, weil er die Verletzung der Frauenehre so entschlossen gerächt habe.

Gegen den überlebenden Konsul entwickelte sich dann – wankelmütig, wie die Menge nun einmal ist – aus seiner Beliebtheit heraus nicht nur Mißgunst, sondern sogar Argwohn und eine schreckliche Anschuldigung. Es ging das Gerede, er strebe nach der Königsherrschaft; denn er hatte noch keinen Amtskollegen an Brutus' Stelle nachwählen lassen, und er baute auf dem höch-

sten Punkt der Velia: Hier entstehe an einem hohen und geschützten Platz eine unbezwingbare Burg. Daß dies allgemein
geredet und geglaubt wurde, fand der Konsul empörend, und es
bedrückte ihn; er berief daher eine Volksversammlung ein und
trat mit gesenkten Rutenbündeln vor die Versammlung. Das war
für die Menge ein willkommenes Schauspiel; vor ihr waren die
Zeichen der Macht gesenkt worden und damit das Eingeständnis
abgelegt, daß die Hoheit und die Macht des Volkes über der des
Konsuls stehe. Nachdem er Ruhe geboten hatte, pries der Konsul
das Schicksal seines Amtskollegen: Nach der Befreiung seiner
Vaterstadt, in höchstem Ansehen, im Kampf für den Staat, auf
der Höhe seines Ruhmes, der sich noch nicht in Mißgunst verkehrt hatte, habe dieser den Tod gefunden. Er dagegen habe seinen Ruhm überlebt und sei nur noch da, um sich beschuldigen
und anfeinden zu lassen; eben noch der Befreier des Vaterlandes,
sei er jetzt auf die Stufe der Aquilier und der Vitellier gesunken.
»Wird es denn niemals«, rief er aus, »für euch eine so bewährte
Haltung geben, daß sie über jeden Verdacht erhaben ist? Hätte
ich, der erbittertste Feind der Könige, fürchten sollen, selbst be-
schuldigt zu werden, ich strebte nach der Alleinherrschaft?
Wenn ich direkt auf der Burg und dem Kapitol wohnte, hätte ich
dann glauben sollen, es könne so weit kommen, daß ich von meinen Mitbürgern gefürchtet würde? An einer solchen Kleinigkeit
hängt mein Ruf bei euch? Ist euer Vertrauen zu mir so schwach
begründet, daß es mehr darauf ankommt, wo ich bin, als wer ich
bin? Das Haus des P. Valerius wird eurer Freiheit nicht im Wege
stehen, Quiriten; die Velia wird keine Gefahr für euch sein. Ich
werde mein Haus nicht nur in flaches Gelände verlegen, sondern
es sogar am Fuß des Hügels errichten, damit ihr höher wohnt als
ich, euer verdächtiger Mitbürger. Auf der Velia mögen die bauen,
denen man die Freiheit besser anvertrauen kann als einem P. Valerius!« Das gesamte Baumaterial wurde unverzüglich an den
Fuß der Velia geschafft, und dort, wo jetzt der Tempel der Vica
Pota steht, am Anfang der Straße, die zur Velia hinaufführt,
wurde das Haus errichtet.

8. Dann wurden Gesetze eingebracht, die nicht nur den Konsul von dem Verdacht befreien, er strebe nach Alleinherrschaft,

sondern die die Stimmung so sehr ins Gegenteil umschlagen ließen, daß sie ihn sogar populär machten; infolgedessen erhielt er den Beinamen Publicola (Volksfreund). Vor allem die Gesetze über die Möglichkeit, gegen Entscheidungen eines Beamten Berufung an das Volk einzulegen, und über den Bannfluch gegen Person und Besitz desjenigen, der die Alleinherrschaft an sich zu bringen geplant hatte, waren nach dem Geschmack der Masse. Nachdem der Konsul diese Gesetze allein durchgebracht hatte, um allein den Dank dafür zu ernten, führte er dann die Versammlung zur Nachwahl eines Kollegen durch. Zum Konsul gewählt wurde Sp. Lucretius, der jedoch, hochbetagt und nicht mehr stark genug, die Aufgaben eines Konsuls wahrzunehmen, schon nach wenigen Tagen starb. Anstelle des Lucretius wurde M. Horatius Pulvillus nachgewählt. Bei einigen alten Schriftstellern finde ich Lucretius als Konsul nicht erwähnt; sie lassen auf Brutus gleich Horatius folgen. Ich glaube, er wurde vergessen, weil keine einzige Tat sein Konsulat bemerkenswert gemacht hat.

Der Jupitertempel auf dem Kapitol war noch nicht geweiht; die Konsuln Valerius und Horatius ließen das Los entscheiden, wer von ihnen beiden die Weihe vollziehen solle. Das Los fiel auf Horatius; Publicola brach zum Krieg gegen Veji auf. Die Freunde des Valerius ärgerten sich mehr, als angebracht war, darüber, daß die Weihe eines so berühmten Tempels dem Horatius übertragen wurde. Sie versuchten dies mit allen Mitteln zu verhindern. Nachdem andere Versuche gescheitert waren, ließen sie dem Konsul, der bereits die Hand an den Türpfosten gelegt hatte, mitten in der Anrufung der Götter die erschütternde Schreckensnachricht zurufen, sein Sohn sei gestorben und mit einem Toten in der Familie könne er den Tempel nicht weihen. Ob er die Sache nicht glaubte oder ob er so viel innere Stärke besaß, ist nicht sicher überliefert und nicht leicht zu entscheiden: Er ließ sich durch diese Nachricht nicht weiter von seinem Vorhaben abbringen und befahl nur, die Leiche hinauszuschaffen; aber er hielt die Hand am Pfosten, führte die Anrufung der Götter zu Ende und weihte den Tempel.

Dies waren nach der Vertreibung der Königsfamilie die Ereignisse des ersten Jahres daheim und im Felde.

9. Konsuln wurden dann P. Valerius zum zweitenmal und T. Lucretius. Die Tarquinier hatten bereits bei Lars Porsenna dem König von Clusium, Zuflucht gefunden. Dort verquickten sie ihre Bitten mit einer Mahnung; bald baten sie den König, doch nicht zuzulassen, daß sie, Abkömmlinge von Etruskern, gleichen Blutes und gleichen Namens, in Armut und Verbannung lebten, bald mahnten sie ihn auch, die aufkommende Unsitte, Könige zu vertreiben, nicht ungestraft hingehen zu lassen. In der Freiheit an sich liege schon genug Verlockung. Wenn die Könige ihre Throne nicht mit der gleichen Energie verteidigten, mit der die Bürgerschaften nach der Freiheit strebten, werde das Höchste dem Niedrigsten gleichgemacht. Nichts Erhabenes, nichts, was über alles andere hinausrage, werde es dann noch in den Bürgerschaften geben. Das sei das Ende für die Monarchie, die schönste Sache bei Göttern und Menschen. Porsenna glaubte, es sei für die Etrusker wichtig, daß in Rom ein König herrsche, und vor allem ein König von etruskischer Herkunft; daher rückte er mit seinem Heer vor Rom.

Niemals zuvor hatte bei anderer Gelegenheit ein solcher Schreck den Senat befallen; so groß war damals die Macht von Clusium und so angesehen der Name Porsennas. Sie fürchteten aber nicht nur die Feinde, sondern die eigenen Mitbürger, nämlich daß die Plebejer in Rom in ihrer Angst die Königsfamilie in die Stadt hineinlassen und den Frieden sogar um den Preis der Knechtschaft erkaufen könnten. Daher gewährte der Senat in jenen Tagen dem niederen Volk zahlreiche Vergünstigungen. Insbesondere kümmerte man sich um die Getreideversorgung, und um Getreide zu beschaffen, wurden Leute zu den Volskern geschickt, andere nach Cumae. Auch die Festlegung des Salzpreises wurde, weil das Salz zu einem hohen Preis verkauft wurde, den Privatunternehmern entzogen und ganz vom Staat übernommen. Desgleichen wurden die kleinen Leute von Zöllen und Steuern befreit. Nur die Reichen, denen die Belastung zuzumuten war, sollten sie erbringen; die Armen leisteten genug Abgaben, wenn sie ihre Kinder aufzögen. Daher hielt dieses Entgegenkommen des Senats auch nachher in der schweren Zeit der Belagerung und der Hungersnot die Bürgerschaft in solcher Ein-

tracht zusammen, daß die kleinsten Leute bei dem Wort »König«
genauso entsetzt waren wie die Vornehmsten und daß später kein
einzelner mit üblen Methoden beim Volk so beliebt wurde, wie
es damals der gesamte Senat dank seiner vernünftigen Anordnungen war.

10. Als die Feinde da waren, zogen alle vom Land in die Stadt,
die Stadt selbst sicherte man durch Verteidigungsposten. Einiges
schien durch die Mauern geschützt, anderes durch den Tiber, der
vor der Stadt floß. Aber die Pfahlbrücke hätte beinahe den Feinden einen Weg eröffnet, wäre nicht *ein* Mann gewesen, Horatius
Cocles; an ihm hatte das Glück der Stadt Rom an diesem Tag einen Beschützer. Er war zufällig dem Posten auf der Brücke zugeteilt. Als er sah, daß das Janiculum in einem Überraschungsangriff genommen war und die Feinde von dort in vollem Lauf her-
unterstürmten, die Schar seiner Kameraden aber voller Angst die
Waffen wegwerfen und davonlaufen wollte, packte er sie einzeln,
stellte sich ihnen in den Weg, beschwor sie bei Göttern und Menschen und versicherte ihnen, es sei sinnlos, den Posten zu verlassen und zu fliehen; denn wenn sie über die Brücke gingen und
diese hinter sich ließen, würden bald mehr Feinde auf dem Palatium und dem Kapitol sein als jetzt auf dem Janiculum. Daher
mahne er sie und fordere er sie auf, die Brücke mit Eisen und
Feuer und jedem möglichen Mittel zu zerstören; er werde den
Angriff der Feinde auffangen, soweit man als einzelner Mann
Widerstand leisten könne. Dann ging er ganz vorne an den Zugang zur Brücke. Unter den Männern, die man dem Kampf aus-
weichen und den Rücken kehren sah, fiel er auf, wie er seine Waffen zum Nahkampf gegen den Feind erhob, und er setzte die
Feinde durch diese bewundernswerte Kühnheit in Erstaunen.
Zwei Männer freilich hielt das Ehrgefühl an seiner Seite, Sp. Larcius und T. Herminius, beide berühmt durch ihre Herkunft und
ihre Taten. Zusammen mit diesen hielt er dem ersten gefährlichen
Ansturm und dem wildesten Kampfgetümmel kurze Zeit stand;
dann, als nur noch ein kleiner Teil der Brücke übrig war und die
Leute, die das Abreißen besorgten, sie zurückriefen, nötigte er
auch seine beiden Kameraden, sich in Sicherheit zu bringen.

Hierauf warf er drohend grimmige Blicke auf die etruskischen

Adligen und forderte sie bald einzeln zum Kampf heraus, bald
schrie er sie alle an: Als Sklaven von selbstherrlichen Königen,
die an ihre eigene Freiheit nicht dächten, kämen sie daher, die
Freiheit anderer zu unterdrücken. Sie verharrten kurz, während
einer dem anderen durch Blicke bedeutete, den Kampf zu beginnen.
Schließlich brachte die Scham Bewegung in ihre Reihen, und
mit Geschrei schleuderten sie von allen Seiten ihre Geschosse auf
den einen Feind. Als diese alle in dem vorgehaltenen Schild stekkenblieben
und er nicht weniger entschlossen breitbeinig dastand
und die Brücke behauptete, versuchten sie nun im Nahkampf
den Mann wegzudrängen; aber das Krachen der einstürzenden
Brücke und der laute Jubel der Römer über das Gelingen
ihres Zerstörungswerkes brachte die Feinde unversehens aus der
Fassung und hielt ihren Angriff auf. Da rief Cocles: »Vater Tiberinus,
ich bitte dich in heiliger Scheu, nimm diese Waffen und
diesen Mann gnädig in deine Fluten auf!« Und so, bewaffnet wie
er war, sprang er in den Tiber und konnte trotz der vielen Geschosse,
die von oben auf ihn flogen, unverletzt zu den Seinen
hinüberschwimmen, nachdem er eine Tat gewagt hatte, die bei
der Nachwelt mehr Ruhm finden sollte als Glauben. Für diese
große Heldentat erwies die Bürgerschaft sich dankbar; auf dem
Comitium wurde sein Standbild errichtet, und er erhielt so viel
Land, wie er an einem Tag mit dem Pflug umziehen konnte. Neben
den öffentlichen Ehrungen zeigte sich auch die persönliche
Dankbarkeit seiner Mitbürger; denn trotz der großen Not ließ
ihm jeder einzelne nach seinen Möglichkeiten etwas an Lebensmitteln
zukommen, was er sich selbst entzog.

11. Nachdem Porsenna beim ersten Versuch zurückgeschlagen
worden war, gab er seine Absicht, die Stadt zu erstürmen, auf
und ging zur Belagerung über. Er legte eine Besatzung auf das Janiculum
und schlug selbst in der Ebene, an den Ufern des Tiber,
sein Lager auf. Er hatte von überallher Schiffe kommen lassen,
um sicherzustellen, daß kein Getreide nach Rom geschafft werden
konnte, und um seine Soldaten bei Gelegenheit mal hier, mal
da zum Plündern über den Fluß setzen zu können. Damit machte
er in kurzer Zeit das gesamte Land um Rom so unsicher, daß man
neben dem anderen auch das gesamte Vieh vom Land in die Stadt

schaffte und daß kein Mensch mehr wagte, es vor die Tore zu
treiben. Dieses hohe Maß an Bewegungsfreiheit wurde den
Etruskern weniger aus Furcht als aus Berechnung gelassen. Denn
der Konsul Valerius suchte nach einer Gelegenheit, viele weit
verstreute Feinde zugleich überraschend anzugreifen; bei kleinen Vorfällen kümmerte er sich nicht um Vergeltung und hielt
sich zurück, um bei größeren Unternehmungen eine schwere
Strafe zu vollziehen.

Um Plünderer herauszulocken, befahl er daher seinen Leuten,
am folgenden Tag in großer Zahl aus der Porta Esquilina, die
vom Feind am weitesten abgewandt war, Vieh hinauszutreiben.
Er rechnete damit, daß die Feinde es erfahren würden, weil bei
der Belagerung und der Hungersnot treulose Sklaven zum Feind
überliefen. Die Feinde erfuhren es auch durch die Mitteilung eines Überläufers, und viel mehr als sonst kamen in der Hoffnung,
alles zu erbeuten, über den Fluß. P. Valerius befahl hierauf dem
T. Herminius, mit einer kleinen Truppe beim zweiten Meilenstein an der Straße nach Gabii in einem Versteck Stellung zu beziehen; Sp. Larcius sollte mit gefechtsbereiter Mannschaft an der
Porta Collina stehen, den Feind vorbeiziehen lassen und ihm
dann den Rückweg zum Fluß verlegen. Der zweite Konsul,
T. Lucretius, rückte mit einigen Manipeln durch die Porta Naevia aus. Valerius selbst kam mit ausgesuchten Kohorten vom
Caelius her, und diese waren die ersten, die der Feind zu Gesicht
bekam. Sobald Herminius den Kampflärm hörte, eilte er aus seinem Hinterhalt heran und fiel den Etruskern, die gegen Lucretius Front gemacht hatten, in den Rücken. Rechts und links, hier
von der Porta Collina, dort von der Porta Naevia her, erscholl
das Kampfgeschrei. So wurden die Plünderer, die von ihren Kräften her einem Kampf nicht gewachsen waren und denen jeder Weg
zur Flucht abgeschnitten war, in der Mitte zusammengehauen.
Damit hatten die weiten Streifzüge der Etrusker ein Ende.

12. Die Belagerung bestand aber nach wie vor, und das Getreide war knapp und sehr teuer; und Porsenna hatte Hoffnung,
die Stadt durch bloßes Abwarten in die Hand zu bekommen.
C. Mucius, einem jungen Adligen, schien es schmachvoll, daß
das römische Volk in der Zeit der Knechtschaft, als es unter Kö-

nigen lebte, in keinem Krieg und von keinem Feind je belagert
worden war, daß es jetzt aber, wo es frei war, von denselben
Etruskern belagert wurde, deren Heere es oftmals geschlagen
hatte; er glaubte daher, durch eine große, verwegene Tat diese
Schmach tilgen zu müssen, und beschloß zunächst, auf eigene
Faust ins Lager der Feinde einzudringen. Dann aber kamen ihm
Bedenken: Wenn er ohne Auftrag der Konsuln und ohne einen
Mitwisser gehe, könne er von den römischen Wachen zufällig ge-
faßt und als Überläufer zurückgeschleppt werden, und die au-
genblickliche Situation der Stadt werde den Verdacht bestärken.
Daher begab er sich zum Senat und sagte: »Senatoren, ich will über
den Tiber gehen und womöglich in das Lager der Feinde eindringen, doch nicht um zu rauben und um ihnen unsererseits ihre
Plünderungen heimzuzahlen; ich denke, wenn mir die Götter helfen, an eine größere Tat.« Der Senat gab seine Einwilligung. Den
Dolch im Gewande verborgen, zog er los. Als er ankam, stellte er
sich in der Nähe des königlichen Feldherrnsitzes in das dichteste
Gedränge. Dort wurde gerade den Soldaten der Sold ausgezahlt,
und ein Schreiber, der neben dem König saß und fast genauso
prächtig gekleidet war, hatte viel zu tun, und die Soldaten wandten
sich allgemein an ihn. Mucius scheute sich zu fragen, wer von den
beiden Porsenna sei, um sich nicht dadurch, daß er den König
nicht kannte, selbst zu verraten, und wie das blinde Schicksal es
wollte, stach er anstatt des Königs den Schreiber nieder.

Durch die aufgeschreckte Menge bahnte er sich mit dem blutigen Dolch den Weg und wollte entfliehen; doch auf das Geschrei
hin kam es zu einem Auflauf, die Leibwächter des Königs ergriffen ihn und schleppten ihn zurück, und er wurde vor den Richterstuhl des Königs gestellt. Auch jetzt, wo ihm ein so schreckliches Geschick drohte, war er mehr furchterregend als furchtsam.
»Ich bin ein römischer Bürger«, sagte er; »ich heiße C. Mucius.
Als Feind wollte ich den Feind töten; und ich habe zum Sterben
nicht weniger Mut, als ich zum Töten hatte. Tapfer handeln, aber
auch tapfer leiden, das ist Römerart. Und ich bin nicht der einzige, der diese Absichten dir gegenüber verfolgt; hinter mir steht
eine lange Reihe Männer, die nach der gleichen Ehre trachten.
Wenn du also Lust hast, dann mach dich bereit, Stunde um

Stunde um dein Leben zu kämpfen und einen Feind mit einem Dolch im Eingang zu deinem Königszelt zu haben. Das ist der Krieg, den wir, die Jugend Roms, dir erklären. Du brauchst kein aufmarschiertes Heer, keine Schlacht zu fürchten. Dir allein gilt's, und immer nur mit einem einzigen wirst du es zu tun haben.« Der König, zornentbrannt und durch die Gefahr erschreckt, befahl drohend, um ihn herum Feuer zu legen, wenn er nicht schleunigst erkläre, was für Anschläge er ihm da in Andeutungen androhe. Da sagte Mucius: »Schau her, damit du merkst, wie unwichtig der Körper für die ist, die großen Ruhm vor Augen haben!« und legte seine rechte Hand in das Feuer eines Opferbeckens. Als er sie verbrennen ließ, wie wenn er nichts dabei spürte, sprang der König, durch diese erstaunliche Tat wie vom Donner getroffen, von seinem Sitz, befahl, den jungen Mann vom Altar wegzureißen, und sagte: »Du, geh weg! Du hast es gewagt, dir selbst mehr anzutun als mir. Ich würde dir zu deiner Tapferkeit Glück wünschen, wenn diese Tapferkeit meinem Vaterland diente. Jetzt werde ich nicht nach Kriegsrecht mit dir verfahren, ich lasse dich unangetastet und unverletzt von hier weg.« Da sagte Mucius sozusagen in Erwiderung der Großmut: »Da die Tapferkeit bei dir geachtet wird, sollst du für deine Großzügigkeit von mir erfahren, was du mit Drohen nicht erreicht hast. Zu dreihundert jungen Männern aus dem römischen Adel haben wir uns verschworen, diesen Weg gegen dich zu beschreiten. Auf mich ist das Los zuerst gefallen; die übrigen werden, wie es auch den ersten ergehen mag, jeder zu seiner Zeit dasein, bis das Schicksal dich preisgibt.«

13. Nachdem Mucius entlassen worden war, der später wegen des Verlustes seiner rechten Hand den Beinamen Scaevola (Linkshänder) erhielt, folgten ihm Gesandte Porsennas nach Rom. Daß die erste Gefahr über ihn gekommen war, vor der ihn ja nur der Irrtum des Attentäters geschützt hatte, und daß er immer wieder diesen Kampf bestehen mußte, solange es noch Verschwörer gab, das hatte ihn so erschüttert, daß er von sich aus den Römern Friedensbedingungen anbot. Bei den Bedingungen wurde vergeblich über die Wiedereinsetzung der Tarquinier in die Herrschaft verhandelt. Porsenna hatte dies den Tarquiniern

nicht abschlagen können, wußte aber genau, daß die Römer es
ablehnen würden. Er erreichte, daß den Bewohnern von Veji ihr
Land zurückgegeben wurde, und die Römer wurden genötigt,
Geiseln zu stellen, wenn sie wollten, daß die Besatzung vom Janiculum abgezogen wurde. Unter diesen Bedingungen kam der
Friede zustande, und Porsenna zog sein Heer vom Janiculum ab
und räumte das römische Gebiet. Der Senat machte C. Mucius
für seine Tapferkeit ein Stück Land jenseits des Tiber zum Geschenk, das später die Mucius-Wiesen genannt wurde.

Nachdem die Mannhaftigkeit nun so geehrt worden war, fühlten sich auch die Frauen aufgerufen, Rühmliches für den Staat zu
leisten. Der Zufall wollte es, daß das Lager der Etrusker nicht
weit vom Tiberufer aufgeschlagen war. Die junge Cloelia, eine
von den Geiseln, täuschte die Wachen und schwamm als Anfüh-
rerin einer Gruppe junger Mädchen unter den Geschossen der
Feinde über den Tiber und brachte sie alle wohlbehalten nach
Rom zu ihren Angehörigen zurück. Als das dem König gemeldet
wurde, schickte er zuerst zornentbrannt Unterhändler nach
Rom, um die Auslieferung der Geisel Cloelia zu fordern; an den
übrigen Mädchen liege ihm nicht viel. Dann aber schlug seine Reaktion in Bewunderung um, er sagte, diese Tat übertreffe sogar
die Taten eines Cocles und eines Mucius, und erklärte, wenn man
ihm die Geisel nicht ausliefere, werde er den Vertrag als gebrochen ansehen; wenn man sie ihm aber ausliefere, werde er sie unangetastet und unversehrt zu den Ihren zurückschicken. Auf beiden Seiten hielt man Wort. Die Römer gaben Cloelia als Unterpfand des Friedens dem Vertrag gemäß zurück; und das tapfere
Mädchen war beim Etruskerkönig nicht nur sicher, sondern
wurde auch geehrt. Er lobte sie und sagte, er schenke ihr einen
Teil der Geiseln; sie solle selbst aussuchen, wen sie wolle. Man
führte ihr alle vor, und sie soll die im Knabenalter Stehenden ausgewählt haben. Das paßte zu ihrer Jungfräulichkeit, und es
wurde auch von den Geiseln einmütig gebilligt, daß sie gerade die
Altersstufe aus den Händen des Feindes befreite, die der Entehrung am ehesten ausgesetzt war. Nachdem der Friede wiederhergestellt war, zeichneten die Römer die neuartige Tapferkeit bei
einer Frau auch mit einer neuartigen Ehre, einem Reiterstand-

bild, aus; am höchsten Punkt der Via Sacra wurde es aufgestellt, ein Mädchen auf einem Pferd.

14. Mit diesem so friedlichen Abzug des Etruskerkönigs von Rom ist der Brauch schwer zu vereinbaren, (bei öffentlichen Versteigerungen) neben anderen Gepflogenheiten »Besitz Porsennas« zu veräußern, was sich als alte Überlieferung bis auf unsere Zeit erhalten hat. Dieser Brauch muß entweder ursprünglich während eines Krieges aufgekommen und dann auch im Frieden beibehalten worden sein, oder er ist aus einem friedlicheren Anlaß erwachsen, als es die Bezeichnung »Verkauf von Feindesgut« zum Ausdruck bringt. Unter den überlieferten Erklärungen ist die die wahrscheinlichste, daß Porsenna bei seinem Abzug vom Janiculum sein reichversorgtes Lager – die Verpflegung war aus den nahe gelegenen fruchtbaren Ländereien Etruriens herangeschafft worden – den Römern zum Geschenk machte, weil die Stadt damals infolge der langen Belagerung Mangel litt. Um zu verhindern, daß dies, wenn man das Volk darüberließ, wie Feindesgut geplündert wurde, sei es unter der Bezeichnung »Besitz Porsennas« verkauft worden. Der Name drückte eher den Dank für das Geschenk aus, als daß er »Versteigerung des königlichen Besitzes« gemeint hätte; denn über diesen konnte das römische Volk ja gar nicht verfügen.

Nach dem Abbruch des Krieges gegen Rom wollte Porsenna nicht den Eindruck hinterlassen, er habe sein Heer umsonst in dieses Gebiet geführt; daher schickte er seinen Sohn Arruns mit einem Teil seiner Truppen zum Angriff auf Aricia. Das kam für die Bewohner von Aricia völlig unerwartet und löste bei ihnen zunächst Bestürzung aus. Dann riefen sie Hilfstruppen aus den Gemeinden Latiums und aus Cumae herbei, die ihnen so viel Hoffnung gaben, daß sie eine Entscheidungsschlacht wagten. Gleich bei Beginn des Kampfes hatten die Etrusker mit solchem Schwung angegriffen, daß sie durch ihr bloßes Anstürmen die Ariciner in die Flucht schlugen. Doch die Kohorten aus Cumae begegneten der Wucht des Angriffs mit geschickter Taktik, wichen nur etwas aus, machten dann eine Schwenkung und fielen dem wild vorpreschenden Feind in den Rücken. So wurden die Etrusker, die beinahe schon den Sieg errungen hatten, von zwei

Seiten niedergemetzelt. Sie verloren ihren Führer, und nur ein
ganz kleiner Teil wurde waffenlos und in hilfsbedürftigem Zustand und Aufzug nach Rom verschlagen; denn es gab keinen näheren Zufluchtsort. Hier wurden sie freundlich aufgenommen
und auf verschiedene Quartiere verteilt. Nachdem ihre Wunden
behandelt waren, zog ein Teil nach Hause und rühmte die Wohltaten der Gastgeber. Viele aber hielt die Liebe zu ihren Gastge-
bern und zu der Stadt in Rom. Man wies ihnen zum Wohnen eine
Gegend an, die man dann später *Tuscus Vicus* (Etruskerstraße)
nannte.

15. Dann wurden P. Lucretius und P. Valerius Publicola Konsuln. In diesem Jahr kamen zum letztenmal Gesandte von Porsenna wegen der Rückführung des Tarquinius auf den Thron.
Man antwortete ihnen, der Senat werde Gesandte zum König
schicken, und unverzüglich wurden die Angesehensten aus den
Reihen der Senatoren geschickt. (Sie erklärten:) Nicht etwa, weil
man nicht kurz hätte antworten können, die Königsfamilie
werde nicht aufgenommen, habe man lieber ausgewählte Senatoren zu ihm geschickt, statt seinen Gesandten in Rom eine Antwort zu erteilen; vielmehr solle die Erwähnung dieses Themas
für immer aufhören und bei so großem Entgegenkommen auf beiden Seiten solle man sich nicht gegenseitig reizen, indem er etwas
fordere, was gegen die Freiheit des römischen Volkes sei, und die
Römer, wenn sie nicht zu ihrem eigenen Verderben nachgeben
wollten, es ihm abschlagen müßten, obwohl sie ihm doch eigentlich nichts abschlagen wollten. Das römische Volk lebe nicht in einer Monarchie, sondern in Freiheit. So sei es entschlossen, eher einem Feind als einem König die Tore zu öffnen; alle beteten darum,
daß dann, wenn die Freiheit in ihrer Stadt zu Ende gehe, es auch
das Ende der Stadt sei. Wenn er also wünsche, daß Rom weiterbe-
stehe, dann bäten sie ihn, es in Freiheit leben zu lassen.

Darauf antwortete der König, von Achtung erfüllt: »Da dies
fest beschlossen und entschieden ist, werde ich euch weiterhin
nicht mit vergeblichen Verhandlungen über diese Frage beläsch-
gen, noch werde ich die Tarquinier in ihrer Hoffnung auf eine
Hilfe täuschen, die ich ihnen nicht geben kann. Sie sollen sich von
hier aus einen anderen Ort als Exil aussuchen, ob sie nun Krieg

brauchen oder Frieden, damit dem Frieden zwischen mir und
euch nichts im Wege steht.« Auf diese Worte ließ er noch freund-
lichere Taten folgen. Er gab die restlichen Geiseln zurück und
sprach ihnen das Gebiet von Veji wieder zu, das ihnen im Vertrag
am Janiculum weggenommen worden war. Tarquinius, dem jeg-
liche Hoffnung auf Rückkehr genommen war, ging zu seinem
Schwiegersohn Mamilius Octavius nach Tusculum ins Exil. So
hatten die Römer sicheren Frieden mit Porsenna.

16. Konsuln waren dann M. Valerius und P. Postumius. In diesem Jahr kämpfte man erfolgreich mit den Sabinern; die Konsuln
feierten einen Triumph. Daraufhin rüsteten die Sabiner mit noch
mehr Energie zum Krieg. Gegen sie und um zu verhindern, daß
gleichzeitig von Tusculum her plötzlich eine Gefahr heraufzog,
mit dem man zwar keinen offenen Krieg hatte, mit dem man aber
einen Krieg erwartete, wurden P. Valerius zum viertenmal und
T. Lucretius zum zweitenmal zu Konsuln gewählt. Bei den Sabinern kam es zu einer Entzweiung zwischen der Kriegs- und der
Friedenspartei, und das führte einen beträchtlichen Teil ihrer
Kräfte den Römern zu. Denn Attius Clausus – später hieß er in
Rom App. Claudius –, der zur Friedenspartei gehörte, wurde
von den Kriegstreibern bedrängt und war dieser Partei nicht gewachsen; er wechselte daher, von einer großen Schar Klienten
begleitet, von Inregillum nach Rom über. Diesen Leuten gab
man das Bürgerrecht und Land jenseits des Anio; die aus dieser
Gegend kamen, wurden »Alte Tribus Claudia« genannt, auch
nachdem später neue Tribusmitglieder dazugekommen waren.
Appius wurde in den Senat gewählt und gehörte schon nach ganz
kurzer Zeit zu den führenden Männern. Die Konsuln fielen mit
dem Heer ins Land der Sabiner ein; nachdem sie durch die Verwüstungen, dann aber auch in einer Schlacht die Macht des Feindes so geschwächt hatten, daß von dieser Seite auf lange eine Wiederaufnahme des Krieges nicht zu befürchten war, kehrten sie im
Triumph nach Rom zurück.

P. Valerius, nach einhelligem Urteil aller ein ganz hervorra-
gender Heerführer und Staatsmann, starb im Jahr danach, als
Agrippa Menenius und P. Postumius Konsuln waren. Sein Ruhm
war ungeheuer, sein Vermögen aber so gering, daß die Mittel für

die Beisetzung nicht da waren; sie wurden aus der Staatskasse gezahlt. Die Frauen trauerten um ihn wie um Brutus.

Im selben Jahr fielen zwei Latinerkolonien, Pometia und
Cora, zu den Aurunkern ab. Gegen die Aurunker wurde der
Krieg eröffnet. Nachdem das gewaltige Heer geschlagen war, das
sich den Konsuln, die in ihr Gebiet einrückten, in wilder Wut
entgegengeworfen hatte, konzentrierte sich der Krieg gegen die
Aurunker ganz auf Pometia. Auch nach dem Kampf schonte man
den Gegner ebensowenig wie im Kampf; es waren weitaus mehr
gefallen als in Gefangenschaft geraten, und auch die Gefangenen
brachte man allenthalben um. Nicht einmal vor den Geiseln –
man hatte 300 entgegengenommen – machte die Wut des Krieges
halt. Auch in diesem Jahr gab es in Rom einen Triumph.

17. Die nachfolgenden Konsuln Opiter Verginius und Sp. Cassius versuchten Pometia zunächst im Sturm zu nehmen, dann mit
Schirmdächern und anderem Gerät. Die Aurunker machten gegen sie – mehr von ihrem bereits unversöhnlichen Haß getrieben,
als daß sie sich Hoffnung gemacht oder eine besondere Gelegenheit gehabt hätten – einen Ausfall, wobei eine größere Anzahl mit
Feuerbränden als mit Schwertern bewaffnet war, und verbreiteten überall Mord und Brand. Sie ließen die Schirmdächer in
Flammen aufgehen, verwundeten und töteten viele Feinde, und
auch einen der beiden Konsuln – wer es war, sagen die Quellen
nicht –, der mit einer schweren Wunde vom Pferd gestürzt war,
hätten sie beinahe getötet. Nach dieser Schlappe kehrte man nach
Rom zurück; unter den zahlreichen Verwundeten wurde auch
der Konsul zurückgeschafft, und es war ungewiß, ob er mit dem
Leben davonkommen würde. Man ließ nicht viel Zeit verstrei-
chen, nur so viel, wie man brauchte, um die Wunden zu behandeln und das Heer aufzufüllen, und griff dann Pometia mit größerer Erbitterung, vor allem aber mit verstärkten Kräften an.
Nachdem die Schirmdächer wiederhergestellt waren und ebenso
das andere Belagerungsgerät und es schon soweit war, daß die
Soldaten auf die Stadtmauer steigen konnten, kam es zur Übergabe. Die Aurunker mußten aber nach der Übergabe der Stadt
nicht weniger Schreckliches erleiden, als wenn die Stadt erobert
worden wäre. Die führenden Männer wurden mit dem Beil ent-

hauptet, die übrigen Bewohner in die Sklaverei verkauft, die
Stadt wurde zerstört, das Land verkauft. Die Konsuln feierten einen Triumph, mehr wegen der schrecklichen Rache, die sie in ihrem Zorn genommen hatten, als wegen der Bedeutung des zu
Ende gebrachten Krieges.

18. Das darauffolgende Jahr hatte Postumus Cominius und
T. Larcius als Konsuln. Als in diesem Jahr in Rom während der
Spiele junge Sabiner im Übermut einige leichte Mädchen weg-
schleppten, kam es zu einem Menschenauflauf, es gab Streit, und
es wäre beinahe zu einem Kampf gekommen, und es sah so aus,
als würde es aus einem geringfügigen Anlaß auf einen neuen
Krieg hinauslaufen. Zu der Furcht vor einem Sabinerkrieg war
noch hinzugekommen, daß es ziemlich feststand, daß sich bereits
dreißig Gemeinden auf Betreiben des Octavius Mamilius verschworen hatten. Die Aussicht auf so bedeutsame Ereignisse versetzte die Bürger in Unruhe, und zum erstenmal tauchte der Gedanke an die Einsetzung eines Diktators auf. Doch es steht nicht
richtig fest, in welchem Jahr das war noch welchen Konsuln man
nicht recht traute, weil sie zur Partei der Tarquinier gehörten –
auch das ist nämlich überliefert –, noch wer beim erstenmal als
Diktator eingesetzt wurde. Bei den ältesten Gewährsmännern
finde ich allerdings, T. Larcius sei der erste Diktator gewesen und
Sp. Cassius sein Magister equitum. Man wählte ehemalige Konsuln; so schrieb es das Gesetz über die Einsetzung eines Diktators vor. Um so mehr bin ich geneigt zu glauben, daß Larcius, der
ein ehemaliger Konsul war, den Konsuln als Bestimmender und
Ranghöherer beigegeben wurde und nicht M'. Valerius, der Sohn
des Marcus, der Enkel des Volesus, der noch nicht Konsul gewesen war; denn wenn man unbedingt aus dieser Familie einen Diktator wählen wollte, hätte man doch viel eher seinen Vater M. Valerius gewählt, einen anerkannt tüchtigen Mann und ehemaligen
Konsul.

Nachdem zum erstenmal in Rom ein Diktator ernannt worden
war und man sah, daß ihm die Beile vorangetragen wurden, geriet
das einfache Volk in große Angst, und die Leute waren um so
eher bereit, aufs Wort zu gehorchen. Denn es gab nicht mehr wie
bei den Konsuln, die gleiche Machtbefugnis hatten, die Hilfe des

anderen, und es gab keine Berufung; der einzige Ausweg war, sich um Gehorsam zu bemühen. Auch den Sabinern jagte der Umstand, daß in Rom ein Diktator ernannt worden war, Angst ein, um so mehr, als sie glaubten, er sei ihretwegen ernannt worden. Daher schickten sie Gesandte wegen eines Friedens. Als diese den Diktator und den Senat baten, den jungen Leuten ihre Verirrung zu vergeben, erhielten sie zur Antwort, den jungen Leuten könne man verzeihen, den alten aber nicht, die Krieg an Krieg reihten. Trotzdem verhandelte man über den Frieden, und man hätte ihn auch erlangt, hätten die Sabiner sich nur entschließen können, die Unkosten zu erstatten, die man für den Krieg gehabt hatte – denn das war gefordert worden. Der Krieg wurde erklärt; doch hielt man stillschweigend Waffenruhe, und so blieb das Jahr ruhig.

19. Konsuln waren dann Ser. Sulpicius und M'. Tullius; nennenswerte Ereignisse gab es nicht. Es folgten T. Aebutius und C. Vetusius. Unter diesen Konsuln wurde Fidenae belagert und Crustumeria eingenommen. Praeneste fiel von den Latinern ab und trat auf die Seite der Römer, und der Latinerkrieg – der Konflikt schwelte schon seit einer Reihe von Jahren – wurde nicht länger aufgeschoben. Der Diktator A. Postumius und der Magister equitum T. Aebutius rückten mit starken Kräften an Fußvolk und Reiterei aus und stießen am Regillus-See im Gebiet von Tusculum auf den Heereszug der Feinde. Weil man hörte, die Tarquinier befänden sich im Heer der Latiner, ließen sich die Römer in ihrem Zorn nicht halten und stürzten sich sogleich in den Kampf. Die Schlacht war dann auch erheblich härter und blutiger als andere. Denn die Heerführer waren nicht nur zur Stelle, um das Kampfgeschehen planvoll zu leiten, sondern sie kämpften auch selbst mit und gerieten aneinander; und fast keiner der Anführer auf der einen wie auf der anderen Seite kam unverwundet davon, der römische Diktator ausgenommen.

Gegen Postumius, der in vorderster Linie seine Leute anfeuerte und ordnete, sprengte Tarquinius Superbus mit eingelegter Lanze heran, obwohl das Alter schon schwer auf ihm lastete und seine Kräfte nachließen; er wurde an der Seite getroffen, konnte aber durch seine Leute, die herbeieilten, in Sicherheit gebracht

werden. Auf dem anderen Flügel hatte Aebutius, der Magister
equitum, zum Angriff auf Octavius Mamilius angesetzt; der tusculanische Heerführer sah ihn kommen, und auch er spornte sein
Roß gegen ihn. So groß war die Wucht, als sie mit gesenkten Lanzen aufeinandertrafen, daß Aebutius der Arm durchbohrt und
Mamilius in die Brust getroffen wurde. Diesen brachten die Latiner in die zweite Linie zurück; Aebutius aber mußte das
Schlachtfeld verlassen, weil er mit dem verwundeten Arm die
Waffe nicht mehr halten konnte. Der Latinerführer ließ sich
durch seine Verwundung nicht abhalten und trieb weiter zum
Kampf. Da er sah, daß seine eigenen Leute in Bestürzung geraten
waren, rief er die Kohorte der Verbannten aus Rom heran, die
vom Sohn des L. Tarquinius befehligt wurde; diese kämpfte mit
um so größerer Erbitterung, weil man ihnen ihren Besitz entrissen und das Vaterland genommen hatte, und stellte für eine Weile
das Gleichgewicht wieder her.

20. Als die Römer in diesem Abschnitt schon zurückgingen,
erblickte M. Valerius, der Bruder des Publicola, den jungen Tarquinius, der sich dreist in der vordersten Linie der Verbannten
zeigte; angespornt auch durch den Ruhm seines Hauses – die Familie, die sich rühmen konnte, das Königshaus vertrieben zu haben, sollte sich ebenso rühmen dürfen, Angehörige des Königshauses getötet zu haben –, gab er seinem Roß die Sporen und griff
Tarquinius mit gesenkter Lanze an. Tarquinius zog sich vor dem
aufgereizten Feind in die Schar der Seinen zurück. Den Valerius,
der unbesonnen in die Gruppe der Verbannten eindrang, griff einer von der Seite her an und durchbohrte ihn, und ohne daß das
Pferd sich durch die Verwundung seines Reiters hätte aufhalten
lassen, sank der Römer sterbend zu Boden, und seine Waffen fielen auf ihn.

Als der Diktator Postumius sah, daß ein so vorzüglicher Mann
gefallen war, daß die Verbannten im Sturmschritt wild vordran-
gen und seine Leute bestürzt zurückgingen, gab er seiner eigenen
Kohorte, die er als Eliteeinheit zu seinem Schutz um sich hatte,
den Befehl, jeden ihrer Landsleute, den sie fliehen sähen, wie einen Feind zu behandeln. So hörten die Römer, von zwei Seiten
her in Schrecken versetzt, mit der Flucht auf und wandten sich

wieder gegen den Feind, und der Kampf kam zum Stehen. Da
griff dann auch die Kohorte des Diktators in den Kampf ein. Mit
frischen Kräften und frischem Mut griffen sie die erschöpften
Verbannten an und machten sie nieder.

Hier kam es noch zu einem weiteren Kampf zwischen den An-
führern. Als der Feldherr der Latiner die Gruppe der Verbannten
von dem römischen Diktator fast umzingelt sah, riß er einige Manipel von der Reserve mit sich vor in das erste Treffen. Der Legat
T. Herminius sah sie in geschlossener Formation kommen und
erkannte unter ihnen Mamilius, der durch seine Kleidung und
durch seine Waffen auffiel; da stürzte er sich mit so viel größerer
Wucht als kurz zuvor der Magister equitum auf den Anführer
der Feinde, daß er dem Mamilius mit einem einzigen Stoß die
Seite durchbohrte und ihn tötete; aber auch er selbst wurde, als er
dem toten Gegner die Waffen nahm, von einem Wurfspieß getroffen, und nachdem er als Sieger ins Lager zurückgeschafft
worden war, starb er bei der ersten Versorgung seiner Wunde.

Da eilte der Diktator zu den Reitern und beschwor sie, weil
das Fußvolk schon ermattet sei, von den Pferden zu steigen und
den Kampf zu übernehmen. Sie gehorchten aufs Wort, sprangen
von ihren Pferden, stürmten nach vorn und deckten mit ihren
Rundschilden die Leute der ersten Reihe. Sofort faßte die Linie
des Fußvolks wieder Mut, als sie sah, daß die Jugend des Adels in
gleicher Kampfesart die Gefahr mit ihnen teilte. Jetzt endlich
wurden die Latiner zurückgedrängt, und bestürzt geriet ihre
Schlachtreihe ins Wanken. Den Reitern wurden ihre Pferde zu-
geführt, damit sie dem Feind nachsetzen konnten, ihnen folgte
auch das Fußvolk. Da soll der Diktator, der sich keine göttliche
und menschliche Hilfe entgehen lassen wollte, dem Castor einen
Tempel gelobt und dem Soldaten, der als erster und der als zweiter ins Lager der Feinde eindrang, Belohnungen versprochen haben. Und der Eifer war so groß, daß die Römer mit demselben
Anlauf, mit dem sie den Feind geworfen hatten, auch sein Lager
nahmen.

So wurde am Regillus-See gekämpft. Der Diktator und der
Magister equitum kehrten im Triumph in die Stadt zurück.

21. In den drei Jahren danach hatte man weder sicheren Frie-

den noch Krieg. Konsuln waren Q. Cloelius und T. Larcius, dann A. Sempronius und M. Minucius. Unter diesen Konsuln wurde dem Saturn ein Tempel geweiht und das Fest der Saturnalien eingerichtet. Danach wurden A. Postumius und T. Verginius Konsuln. Ich finde in einigen Quellen, daß die Schlacht am Regillus-See erst in diesem Jahr stattgefunden habe; weil sein Amtsgenosse nicht ganz zuverlässig gewesen sei, habe A. Postumius das Konsulat niedergelegt; er sei dann zum Diktator ernannt worden. So große Unsicherheiten in den Zeitangaben sind verwirrend, wenn die Beamten in den verschiedenen Quellen bald in dieser, bald in jener Reihenfolge erscheinen, und man kann dann bei diesen frühen Ereignissen und dem hohen Alter der Quellen weder sicher angeben, welche Konsuln aufeinander folgten noch was in jedem Jahr geschehen ist.

Dann wurden App. Claudius und P. Servilius Konsuln. Dieses Jahr ist bemerkenswert durch die Nachricht vom Tode des Tarquinius. Er starb in Cumae, wo er nach dem Zusammenbruch der Macht der Latiner bei dem Tyrannen Aristodemos Zuflucht gesucht hatte. Bei dieser Nachricht atmete der Senat auf und ebenso das Volk. Aber diese Freude war bei den Senatoren allzu maßlos. Der Adel fing jetzt an, das Volk, dem er bis zu diesem Tag aufs äußerste entgegengekommen war, ungerecht zu behandeln.

In diesem Jahr wurden die Siedler, die König Tarquinius nach Signia geschickt hatte, wieder dorthin geführt, und ihre Zahl wurde aufgefüllt. In Rom wurden 21 Tribus eingerichtet. Der Merkurtempel wurde am 15. Mai geweiht.

22. Mit der Völkerschaft der Volsker hatte man während des Latinerkrieges weder Frieden noch Krieg gehabt. Denn einerseits hatten die Volsker Hilfstruppen aufgestellt, um sie den Latinern zu schicken, wenn sich der römische Diktator nicht so beeilt hätte; andererseits beeilten sich die Römer, um nicht in einem Kampf gleichzeitig mit den Latinern und den Volskern kämpfen zu müssen. Voll Zorn hierüber führten die Konsuln die Legionen in das Gebiet der Volsker. Bei den Volskern, die für ihre Absichten nicht mit einer Strafe rechneten, löste das unvermutete Ereignis Bestürzung aus. Ohne an Widerstand zu denken, stellten sie 300 Kinder der angesehensten Familien aus Cora und Pometia als

Geiseln. So wurden die Legionen ohne Kampf von dort wieder
weggeführt.

Nachdem die Volsker ihre Furcht los waren, zeigte sich sehr
bald wieder ihr wahres Wesen. Sie rüsteten erneut heimlich zum
Krieg und schlossen mit den Hernikern ein Waffenbündnis.
Auch schickten sie überallhin Gesandte, um Latium aufzuwiegeln. Aber die jüngst erlittene Niederlage am Regillus-See ließ
die Latiner in ihrer Erbitterung und ihrer Wut auf jeden, der wieder zum Kriege riet, nicht einmal davor zurückschrecken, sich an
den Gesandten zu vergreifen. Sie nahmen die Volsker fest und
schafften sie nach Rom. Dort übergaben sie sie den Konsuln und
teilten mit, daß die Volsker und die Herniker einen Krieg mit
Rom vorbereiteten. Als das vor den Senat kam, fühlten sich die
Senatoren so sehr zum Dank verpflichtet, daß sie den Latinern
6000 Gefangene zurückschickten und die Frage eines Vertrages,
der ihnen fast für alle Zeiten abgeschlagen worden war, an die
neuen Beamten verwiesen. Darüber freuten sich die Latiner damals natürlich sehr; die für den Frieden gewesen waren, standen
in ungeheurem Ansehen. Sie schickten einen goldenen Kranz als
Geschenk für Jupiter auf das Kapitol. Mit den Gesandten und
dem Kranz kamen die Gefangenen, die zu ihren Angehörigen
entlassen worden waren, als Begleitung, eine große Menge. Sie
gingen in die Häuser der Leute, bei denen sie Sklaven gewesen
waren, und bedankten sich dafür, daß sie in ihrem Unglück
freundlich behandelt und versorgt worden waren. Dann knüpften sie Gastfreundschaft. Noch nie zuvor waren die Latiner offiziell und privat der römischen Herrschaft so eng verbunden.

23. Doch es drohte der Krieg mit den Volskern, dazu war die
Bürgerschaft in sich selbst uneins, und in ihr brannte der Haß zwischen den Patriziern und den Plebejern, vor allem wegen der Menschen, die ob ihrer Schulden in Schuldknechtschaft waren. Die
Leute murrten darüber, daß sie draußen für die Freiheit und die
Macht kämpften, zu Hause aber von ihren Mitbürgern zu Gefangenen gemacht und unterdrückt würden und daß die Freiheit der
Plebejer im Kriege sicherer sei als im Frieden und unter Feinden sicherer als unter Mitbürgern. Diesen Haß, der ohnehin schwelte,
brachte das beispiellose Unglück eines einzelnen zum Auflodern.

Ein alter Mann stürzte mit allen Zeichen seines Elends auf das Forum. Seine Kleidung war mit Schmutz bedeckt, aber schrecklicher noch war der Anblick seines blassen, bis auf die Knochen abgemagerten Körpers. Dazu gaben ihm sein herabhängender Bart und die Haare ein verwildertes Aussehen. Man erkannte ihn aber trotzdem, obwohl er so heruntergekommen war; die Leute sagten, er sei Centurio gewesen, bedauerten ihn allgemein und rühmten seine Waffentäten. Er selbst zeigte zum Beweis dafür, daß er an einer Reihe von Orten ehrenvoll gekämpft hatte, seine Narben vorne auf der Brust. Als man ihn fragte, warum er so aussehe und warum er so heruntergekommen sei, sagte er, während die Menge sich fast wie bei einer Volksversammlung um ihn drängte: Als er im Sabinerkrieg Soldat gewesen sei, habe er wegen der Verwüstung seiner Felder nicht nur keine Ernte gehabt, sondern sein Haus sei auch in Brand gesteckt, alles geplündert und das Vieh weggetrieben worden; da habe man ihm zur Unzeit die Kriegssteuer abverlangt, und er habe Schulden gemacht. Die seien durch die Zinsen hoch angewachsen und hätten ihn zuerst um das von seinem Vater und seinem Großvater ererbte Land gebracht, dann um sein sonstiges Hab und Gut und hätten zuletzt wie eine schleichende Krankheit seinen Körper ergriffen. Er sei von seinem Gläubiger nicht in Knechtschaft geführt worden, sondern ins Arbeitshaus und in die Folterkammer. Dann zeigte er seinen Rücken, der schrecklich anzusehen war wegen der frischen Striemen von Peitschenhieben.

Als die Leute das sahen und hörten, erhob sich ein gewaltiges Geschrei. Schon beschränkte sich der Tumult nicht mehr auf das Forum, sondern breitete sich überall in der ganzen Stadt aus. Männer in Schuldhaft mit und ohne Fesseln stürzten von allen Seiten auf die Straße und baten die Bürger um Schutz. Überall fanden sich Leute, die sich gern dem Aufruhr anschlossen. In vielen Gruppen eilte man allenthalben über alle Straßen mit Geschrei zum Forum. Die Patrizier, die gerade auf dem Forum waren und in diese Menge gerieten, kamen in große Gefahr. Und es wäre zu Handgreiflichkeiten gekommen, wenn nicht rasch die Konsuln P. Servilius und App. Claudius dazwischengetreten wären, um den Aufruhr niederzuhalten.

Doch die Menge wandte sich nun an sie und wies auf ihre Fesseln hin und auf ihr sonstiges Elend. Das sei der Lohn, riefen sie, und jeder erwähnte vorwurfsvoll seinen Kriegsdienst, den der eine hier, der andere dort geleistet hatte. Viel mehr mit Drohen als mit Bitten forderten sie, daß sie den Senat einberiefen, und stellten sich um das Senatsgebäude herum und wollten selbst über die Beschlüsse des Senates befinden und bestimmen. Die Konsuln bekamen nur ganz wenige Senatoren, die der Zufall hergebracht hatte, zusammen. Die übrigen hielten sich aus Furcht nicht nur vom Senatsgebäude, sondern auch vom Forum fern, und weil der Senat nicht beschlußfähig war, konnte nicht verhandelt werden. Da glaubte die Menge aber, man treibe sein Spiel mit ihr und halte sie hin; die Senatoren, die fehlten, fehlten nicht aus Zufall und nicht aus Angst, sondern um die Sache zu hintertreiben, die Konsuln selbst suchten nur Ausflüchte und ohne Zweifel mache man sich über ihr Elend lustig. Schon war es nahe daran, daß nicht einmal mehr der hohe Rang der Konsuln den Zorn der Menge in Schranken halten konnte. Da kamen endlich die Senatoren zum Senat, ungewiß, ob Zögern oder Kommen mehr Gefahr heraufbeschwöre. Als der Senat endlich beschlußfähig war, konnten sich nicht nur die Senatoren, sondern sogar die Konsuln selbst nicht hinreichend einigen. Appius, ein Mann von heftigem Temperament, meinte, man müsse von der Machtbefugnis der Konsuln Gebrauch machen; wenn man den einen oder anderen herausgreife, werde der Rest Ruhe halten. Servilius dagegen, der mehr zu milden Maßnahmen neigte, glaubte, die erregten Gemüter zu biegen sei sicherer und vor allem leichter, als sie zu brechen.

24. Unterdessen ein anderer, noch größerer Schrecken: Latinische Reiter sprengten heran mit der alarmierenden Nachricht, die Volsker kämen mit einem kampfbereiten Heer, um die Stadt anzugreifen. Was man da hörte, wirkte auf die Patrizier ganz anders als auf die Plebejer – so sehr hatte die Zwietracht aus einer Bürgerschaft zwei gemacht. Die Plebejer jubelten vor Freude und sagten, jetzt griffen die Götter ein, um den Hochmut der Patrizier zu bestrafen. Einer bestärkte den anderen darin, sich nicht zum Kriegsdienst zu melden. Sie würden lieber mit allen zusam-

men zugrunde gehen als allein. Die Patrizier sollten doch Soldaten werden, die Patrizier sollten zu den Waffen greifen, damit diejenigen, die den Lohn einheimsten, auch die Gefahren des Krieges trügen. Der Senat aber, bedrückt und in Unruhe durch die zwiefache Furcht vor dem Mitbürger und vor dem Feind, bat den Konsul Servilius, dessen Art beim Volk mehr Anklang fand, den Staat, der von so großen Schrecknissen bedrängt sei, davon zu befreien.

Da entließ der Konsul den Senat und trat vor die Volksversammlung. Hier erklärte er, den Patriziern liege daran, daß der Plebs geholfen werde. Aber bei der Beratung über den zwar größten Teil der Bürgerschaft, aber eben doch nur einen Teil, sei eine Gefahr für das Staatsganze dazwischengekommen. Wo die Feinde fast an den Toren ständen, könne man doch nicht etwas anderes früher behandeln als den Krieg, und selbst wenn es einige Erleichterungen gebe, sei es für die Plebs nicht ehrenhaft, erst dann für das Vaterland zu den Waffen gegriffen zu haben, nachdem sie den Lohn erhalten habe, und für die Patrizier sei es nicht ganz schicklich, mehr aus Furcht als späterhin aus freien Stücken den Mitbürgern in ihrer bedrängten Lage geholfen zu haben. Er machte seine Rede dann durch eine Verordnung glaubhaft, in der er anordnete, keiner dürfe einen römischen Bürger in Fesseln oder eingesperrt halten, ohne daß er die Möglichkeit habe, sich bei den Konsuln zum Kriegsdienst zu melden, und keiner dürfe das Hab und Gut eines Soldaten, solange dieser im Felde stehe, in Besitz nehmen oder verkaufen und seine Kinder oder Enkel behelligen. Nachdem dieser Erlaß verkündet worden war, meldeten sich alle Anwesenden, die eine Schuldverpflichtung eingegangen waren, auf der Stelle zum Kriegsdienst, und überall in der ganzen Stadt stürzten sie aus den Privathäusern, weil ein Gläubiger keine Macht mehr hatte, einen Schuldner zurückzuhalten, und eilten zum Forum, um den Fahneneid zu leisten. Es war eine große Schar, und im Krieg mit den Volskern stellten sie mit ihrer Tapferkeit und Einsatzbereitschaft alle anderen in den Schatten.

Der Konsul führte die Truppen gegen den Feind; in geringer Entfernung von ihm schlug er das Lager auf.

25. In der folgenden Nacht dann machten sich die Volsker im

Vertrauen auf die Zwietracht der Römer an das Lager heran und hofften, daß es in der Nacht zum Übertritt und zum Verrat komme. Die Wachen bemerkten es, das Heer wurde alarmiert, und auf das Zeichen eilte man zu den Waffen. So scheiterte dieser Versuch der Volsker. Den Rest der Nacht gab man sich auf beiden Seiten der Ruhe hin. Am nächsten Tag in aller Frühe füllten die Volsker die Gräben auf und griffen den Wall an. Schon wurden überall die Verschanzungen eingerissen. Obwohl alle, besonders die Leute mit einer Schuldverpflichtung, von allen Seiten laut riefen, der Konsul solle das Zeichen geben, wartete er noch eine kleine Weile, um die Haltung seiner Soldaten zu erproben; als dann aber ihr ungeheurer Kampfeswille klar zutage trat, gab er endlich das Zeichen zum Ausbrechen und ließ die Soldaten, die auf einen Kampf brannten, hinaus. Gleich im ersten Angriff wurden die Feinde geschlagen. Die Fußsoldaten folgten den Fliehenden, solange sie konnten, und hieben von hinten auf sie ein. Die Reiter trieben die in Panik Geratenen bis zum Lager. Bald war dann auch das Lager von den Legionen umstellt, und da die Panik die Volsker auch dort hinausgetrieben hatte, wurde es eingenommen und geplündert.

Am nächsten Tag wurden die Legionen nach Suessa Pometia geführt, wohin die Feinde sich geflüchtet hatten. Innerhalb weniger Tage wurde die Stadt eingenommen und nach der Einnahme zum Plündern freigegeben. Dadurch ging es den Soldaten, die Not litten, ein wenig besser. Der Konsul führte ruhmbedeckt das siegreiche Heer nach Rom zurück. Als er abzog, kamen Gesandte der Volsker aus Ecetra zu ihm, die nach der Einnahme von Pometia um ihr Schicksal bangten. Ihnen wurde auf Senatsbeschluß Friede gewährt, sie mußten aber Land abtreten.

26. Sogleich jagten auch die Sabiner den Römern einen großen Schrecken ein; es war allerdings eher ein Waffenlärm als ein Krieg. Bei Nacht wurde in der Stadt gemeldet, ein Heer der Sabiner sei plündernd zum Anio gelangt; dort würden überall die Landhäuser geplündert und in Brand gesteckt. Unverzüglich wurde A. Postumius, der im Latinerkrieg Diktator gewesen war, mit der ganzen Reiterei dorthin geschickt. Der Konsul Servilius folgte mit einer ausgesuchten Abteilung von Fußsoldaten. Die

Reiter überwältigten die meisten, die einzeln umherstreiften, und als der Zug der Fußsoldaten ankam, leistete die Legion der Sabiner keinen Widerstand mehr. Erschöpft vom Anmarsch und noch mehr vom nächtlichen Plündern lagen sie zum großen Teil in den Häusern, vollgegessen und betrunken, und hatten kaum Kraft genug zur Flucht.

In einer einzigen Nacht hatte man vom Sabinerkrieg gehört und war er auch schon zu Ende. Am nächsten Tag, als man sich schon ganz der Hoffnung hingab, auf allen Seiten Frieden erlangt zu haben, kamen Gesandte der Aurunker zum Senat und erklärten den Krieg, falls das Gebiet der Volsker nicht geräumt werde. Mit den Gesandten war zugleich ein Heer der Aurunker von Hause aufgebrochen. Das Gerücht, es sei nicht weit von Aricia bereits gesichtet worden, versetzte die Römer in solche Erregung, daß die Senatoren nicht der Reihe nach befragt werden und daß sie den Angreifern keine friedliche Antwort erteilen konnten, da sie selbst zu den Waffen griffen. Man zog mit einem kampfbereiten Heer nach Aricia, stieß nicht weit von dort mit den Aurunkern zusammen, und in einer einzigen Schlacht wurde der Krieg entschieden.

27. Nachdem die Aurunker geschlagen waren, erwarteten die Römer, die innerhalb weniger Tage so viele Kriege siegreich beendet hatten, daß die Versprechungen des Konsuls erfüllt würden und der Senat sein Wort halte; doch mit der ihm angeborenen Überheblichkeit und um seinen Kollegen unglaubwürdig zu machen, sprach Appius, so scharf er nur konnte, in Schuldsachen Recht. Der Reihe nach wurden die, die zuvor in Schuldhaft gewesen waren, ihren Gläubigern überantwortet, und andere wurden zur Schuldhaft verurteilt. Sobald das einem Soldaten geschah, appellierte er an den anderen Konsul. Man strömte zu Servilius, die Leute pochten auf seine Versprechungen, jeder hielt ihm seine Verdienste im Krieg vor und die Narben, die er davongetragen hatte. Sie forderten, er solle die Sache vor den Senat bringen oder aber als Konsul seinen Mitbürgern, als Feldherr seinen Soldaten Beistand leisten. Das machte Eindruck auf den Konsul, aber die Situation zwang ihn, nach Ausflüchten zu suchen; so entschieden hatte sich nicht nur sein Kollege der ande-

ren Seite verschrieben, sondern die ganze Partei des Adels. Indem er so zwischen den beiden Parteien stand, entging er weder
dem Haß der Plebs, noch gewann er die Sympathien der Patrizier. Die Patrizier hielten ihn für einen weichen und um die
Gunst der Massen buhlenden Konsul, die Plebejer für falsch.
Und in kurzem zeigte es sich, daß er genauso verhaßt war wie
Appius.

Zwischen den Konsuln war es zu einem Streit gekommen, wer
den Tempel des Merkur weihen solle. Der Senat verwies die Sache an das Volk. Der von ihnen, dem die Weihe durch Anordnung des Volkes übertragen wurde, sollte auch für die Getreideversorgung zuständig sein, ein Kollegium der Kaufleute einrich-
ten und die Zeremonien in Anwesenheit des Pontifex vollziehen.
Das Volk übertrug die Weihe des Tempels dem M. Laetorius, einem Centurio im höchsten Rang; man konnte leicht erkennen,
daß das weniger geschah, um den zu ehren, dem die Aufgabe
übertragen wurde, die über seine Kräfte ging, als um den Konsuln einen Schimpf anzutun. Daraufhin gerieten der eine der beiden Konsuln und die Patrizier nun vollends in Wut. Aber den
Plebejern war der Mut gewachsen, und sie gingen nun ganz anders vor, als sie es anfangs getan hatten. Sie hatten ja die Hoffnung auf Hilfe von den Konsuln und vom Senat aufgegeben, und
wenn sie sahen, daß ein Schuldner vor Gericht gezogen wurde,
eilten sie von allen Seiten herbei. Man konnte dann die Entscheidung des Konsuls vor Lärm und Geschrei nicht hören, und wenn
er die Entscheidung getroffen hatte, wurde sie von keinem beachtet. Man brauchte Gewalt, und da unter den Augen des Konsuls einzelne von der Menge mißhandelt wurden, war alle Furcht
und die Gefahr von den Schuldnern genommen und war auf die
Gläubiger übergegangen.

Dazu trat noch die Furcht vor einem Sabinerkrieg. Als die
Aushebung angeordnet war, meldete sich keiner zum Kriegsdienst; Appius tobte und prangerte die Liebedienerei seines Kollegen an: Durch sein volksfreundliches Schweigen verrate er den
Staat; nicht nur, daß er in Schuldsachen nicht Recht gesprochen,
er führe nicht einmal die Aushebungen durch, die der Senat angeordnet habe. Aber der Staat sei doch noch nicht ganz verlassen

und die konsularischen Machtbefugnisse nicht preisgegeben; er
werde allein seinen eigenen hohen Rang und den der Senatoren
zu wahren wissen. Als die Tag um Tag zusammenströmende
Menge ihn umdrängte, von ihrer Zügellosigkeit berauscht, ließ er
einen, der als Rädelsführer besonders auffiel, herausgreifen. Der
legte, als er von den Liktoren schon weggeschleppt wurde, Berufung ein. Der Konsul hätte der Berufung nicht stattgegeben, weil
die Entscheidung des Volkes nicht zweifelhaft war; aber sein
Starrsinn wurde schließlich doch mit Mühe gebrochen, allerdings weniger durch das Geschrei des Volkes als durch das Zureden und den Einfluß der führenden Männer: so stark war bei ihm
der Wille, dem Haß die Stirn zu bieten. Das Übel nahm von Tag
zu Tag mehr zu, nicht nur mit offenem Geschrei, sondern, was
noch verderblicher war, mit Gruppenbildung und geheimen Gesprächen. Endlich legten die bei der Plebs verhaßten Konsuln ihr
Amt nieder; Servilius war bei keiner der beiden Parteien beliebt,
Appius bei den Partriziern in erstaunlichem Maße.

28. A. Verginius und T. Vetusius traten dann ihr Konsulat an.
Da die Plebejer nicht wußten, wie die Konsuln sein würden, hielten sie bei Nacht Versammlungen ab, teils auf dem Esquilin, teils
auf dem Aventin, um nicht auf dem Forum in Verlegenheit zu geraten, wenn rasche Entscheidungen getroffen werden mußten,
und um nicht alles planlos und aufs Geratewohl zu tun. Die Konsuln hielten das für verderblich, was es auch war, und brachten
die Sache vor den Senat. Aber es war nicht möglich, darüber ordnungsgemäß zu verhandeln, so erregt wurde die Sache aufgenommen; es gab Geschrei von allen Seiten, und die Senatoren
waren darüber entrüstet, daß die Konsuln den Haß für das, was
sie kraft der konsularischen Amtsgewalt verfolgen mußten, auf
den Senat abwälzen wollten. Ja, wenn es im Staat noch Beamte
gäbe, gäbe es in Rom keine andere Versammlung als die vom
Staat bestellte. Jetzt sei der Staat in tausend Senate und Volksversammlungen aufgeteilt und gespalten. Beim Herkules, ein einziger Mann – denn das bedeute mehr als Konsul –, wie App. Claudius es gewesen sei, würde im Nu diese Versammlungen spren-
gen. Als man so über die Konsuln herfiel, fragten sie, was sie
denn tun sollten; sie würden nichts mit weniger Energie und we-

niger Härte ausführen, als der Senat es wolle. Und man beschloß, sie sollten die Aushebung so scharf wie möglich durchführen; in der Ruhe werde die Plebs ausgelassen.

Nachdem der Senat entlassen war, stiegen die Konsuln auf die Tribüne. Sie riefen die Wehrpflichtigen namentlich auf. Als keiner darauf reagierte, sagte die Menge, die sich wie bei einer Volksversammlung um sie drängte, die Plebs lasse sich nicht länger täuschen. Sie würden niemals mehr auch nur einen einzigen Soldaten haben, wenn nicht das im Namen des Staates gegebene Wort eingelöst werde. Man müsse zunächst jedem einzelnen die Freiheit zurückgeben, ehe man ihnen Waffen gebe, damit sie für ihr Vaterland und ihre Mitbürger und nicht für ihre Herren kämpften. Die Konsuln sahen, was ihnen da vom Senat aufgetragen worden war, daß aber von denen, die innerhalb der vier Wände des Senatsgebäudes wilde Reden führten, keiner da war, um sich mit ihnen dem Haß auszusetzen. Und ein harter Kampf mit der Plebs zeichnete sich ab. Bevor sie jedoch das Äußerste versuchten, wollten sie den Senat noch einmal befragen. Da stürzten jedoch die jüngsten der Senatoren zu den Sitzen der Konsuln und forderten sie auf, vom Konsulat zurückzutreten und ihre Amtsgewalt niederzulegen, die wahrzunehmen ihnen der Mut fehle.

29. Nachdem die Konsuln zur Genüge auf beiden Seiten nach einer Lösung gesucht hatten, sagten sie endlich: »Damit ihr nicht sagt, man hätte euch nicht gewarnt, Senatoren: ein ungeheurer Aufstand ist da. Wir verlangen, daß diejenigen, die uns am lautesten Mangel an Energie vorwerfen, uns zur Seite stehen, wenn wir die Aushebung durchführen. Wir werden nach dem Willen der Allerschärfsten vorgehen, wenn ihr es so wollt.«

Sie kehrten auf die Tribüne zurück und ließen einen von denen, die sie vor Augen hatten, mit Bedacht namentlich aufrufen. Als er schweigend stehenblieb und sich eine Anzahl Menschen um ihn scharte, damit er nicht mißhandelt wurde, schickten die Konsuln einen Liktor zu ihm. Der wurde aber zurückgestoßen. Da schrien die Senatoren, die den Konsuln zur Seite standen, das sei ein Verhalten, das man nicht hinnehmen könne, und sie stürzten von der Tribüne, um dem Liktor zu helfen. Jetzt ließ man den

Liktor in Ruhe, den man nur an der Verhaftung gehindert hatte, und ging gegen die Senatoren vor. Doch der Streit wurde durch das Eingreifen der Konsuln beigelegt; es war ohne Steine und ohne Waffen abgegangen und mehr mit zornigem Geschrei als mit Tätlichkeiten.

Der Senat wurde in erregter Atmosphäre einberufen, und bei der Beratung ging es noch erregter zu, da diejenigen, die zurückgestoßen worden waren, eine Untersuchung forderten und gerade die Wildesten sich dafür äußerten, weniger mit Argumenten als mit Schreien und Lärmen. Als der Zorn sich dann endlich gelegt hatte – die Konsuln hielten ihnen vor, es gebe im Senat nicht mehr Vernunft als auf dem Forum –, begann eine ordnungsgemäße Beratung. Es gab drei Anträge. P. Verginius wollte die Sache nicht auf alle ausdehnen; er meinte, man solle nur über die verhandeln, die sich auf das Wort des Konsuls P. Servilius verlassen und am Volsker-, Aurunker- und Sabinerkrieg teilgenommen hätten. T. Larcius sagte, es sei nicht die Zeit, nur Verdienste zu belohnen. Die ganze Plebs ersticke in ihren Schulden, und man könne nicht bestehen, wenn nicht allen geholfen werde. Wenn man den einen so, den andern so behandle, werde die Zwietracht sogar eher geschürt als gedämpft. App. Claudius, schon von Natur aus nicht sanft, dazu äußerst erregt einerseits durch den Haß der Plebs, andererseits durch die Lobeshymnen der Patrizier, sagte, nicht ihr Elend, sondern nur ihre Zügellosigkeit habe zu einem solchen Tumult geführt. Die Plebs sei eher ausgelassen als wütend. Gerade dieses Übel aber rühre von der Möglichkeit zur Berufung her. Denn es gebe nur Drohungen der Konsuln, keine bindenden Befehle, wenn es möglich sei, bei denen Berufung einzulegen, die sich mit vergangen hätten. »Auf«, sagte er, »ernennen wir einen Diktator, bei dem es keine Möglichkeit der Berufung gibt; dann wird diese Raserei sich legen, die jetzt alles in Flammen setzt. Dann soll mir einer einen Liktor stoßen, wenn er weiß, daß über seinen Leib und sein Leben der zu befinden hat, gegen dessen hohen Rang er sich vergeht.«

30. Vielen schien der Antrag des Appius schrecklich und entsetzlich, was er auch war. Die Anträge des Verginius und des Larcius wiederum schienen nicht unbedenklich des Beispiels we-

gen, besonders der des Larcius, weil dann niemand mehr Kredit geben würde. Der Vorschlag des Verginius schien am ehesten noch die Mitte zu halten und nach beiden Seiten hin maßvoll zu sein. Aber Parteiinteressen und Rücksichtnahme auf persönliche Vorteile, die immer Entscheidungen im Interesse der Allgemeinheit im Wege gestanden haben und im Wege stehen werden, ließen Appius den Sieg davontragen, und es wäre beinahe dahin gekommen, daß er selbst zum Diktator ernannt wurde. Das hätte die Plebs erst recht dem Staat entfremdet zu einem äußerst gefährlichen Zeitpunkt, wo die Volsker und Aequer und die Sabiner zufällig alle zugleich unter Waffen standen. Doch den Konsuln und den älteren Senatoren lag daran, daß eine Macht, die ihrem Wesen nach zu gewaltsamen Maßnahmen verleitet, einem umgänglichen Charakter anvertraut wurde. Sie ernannten M'. Valerius zum Diktator, den Sohn des Volesus. Die Plebejer sahen zwar, daß die Ernennung des Diktators sich gegen sie richtete, doch fürchteten sie aus dieser Familie keine harten und überheblichen Maßnahmen, da sie ja die Möglichkeit zur Berufung durch ein Gesetz seines Bruders hatten. Als der Diktator dann einen Erlaß verkündete, der mit dem Erlaß des Konsuls Servilius fast genau übereinstimmte, gab das den Leuten Mut; sie glaubten aber auch, zu diesem Mann und zu diesem Amt müsse man mehr Vertrauen haben, gaben den Widerstand auf und meldeten sich zum Kriegsdienst. Ein Heer, so groß wie nie zuvor, nämlich zehn Legionen, wurde aufgestellt; davon erhielt jeder Konsul drei, dem Diktator standen vier zur Verfügung.

Der Krieg konnte nun nicht mehr länger aufgeschoben werden. Die Aequer waren in das Gebiet der Latiner eingefallen. Gesandte der Latiner baten den Senat, ihnen entweder Hilfe zu schicken oder zuzulassen, daß sie selbst zu den Waffen griffen, um ihr Gebiet zu schützen. Es schien sicherer, die Latiner zu verteidigen, ohne daß sie Waffen trugen, als zuzulassen, daß sie wieder Waffen in die Hand bekamen. Der Konsul Vetusius wurde zu ihnen geschickt. Damit hörten die Verwüstungen auf. Die Aequer verließen das flache Land, wollten sich lieber auf das Gelände als auf ihre Waffen verlassen und suchten Schutz auf den Höhen der Berge.

Der andere Konsul zog gegen die Volsker. Um nicht ebenfalls die Zeit zu vertun, reizte er den Feind vor allem durch das Verwüsten seiner Felder, mit seinem Lager näher heranzukommen und in einer Schlacht die Entscheidung zu suchen. Auf dem freien Feld zwischen den beiden Lagern stellte sich jeder vor seinem Wall kampfbereit auf. An Zahl waren die Volsker weit überlegen. Daher begannen sie ohne jede Ordnung und voller Verachtung den Kampf. Der römische Konsul ließ seine Schlachtreihe nicht vorrücken, ließ auch nicht zu, daß das Kampfgeschrei erhoben wurde, und befahl seinen Leuten, die Pilen in die Erde zu stecken und stehenzubleiben. Sobald der Feind heran sei, sollten sie mit aller Kraft vorgehen und das Schwert gebrauchen. Als die Volsker, vom Laufen und Schreien erschöpft, sich auf die scheinbar vor Furcht erstarrten Römer geworfen hatten und dann merkten, daß man sie frontal angriff und daß die Schwerter vor ihren Augen funkelten, gerieten sie, nicht anders, als wenn sie in einen Hinterhalt gefallen wären, in Panik und machten kehrt. Aber nicht einmal zur Flucht hatten sie genug Kraft, weil sie im Laufschritt in den Kampf gestürmt waren. Die Römer dagegen, die zu Beginn des Kampfes ruhig dagestanden hatten, waren noch frisch bei Kräften, konnten leicht die Erschöpften einholen, nahmen das Lager im Sturm und verfolgten den Feind, der sein Lager verloren hatte, bis Velitrae, und die Sieger drangen gleichzeitig mit den Besiegten in die Stadt ein. Dort gab es ein größeres Blutvergießen als in der Schlacht selbst, weil alles ohne Unterschied niedergemacht wurde. Nur wenigen, die sich ohne Waffen ergaben, wurde Gnade gewährt.

31. Während dies bei den Volskern geschah, bereitete der Diktator den Sabinern auf dem bei weitem wichtigsten Kriegsschauplatz eine schwere Niederlage und nahm ihr Lager. Durch einen Angriff der Reiterei hatte er das Zentrum der feindlichen Schlachtreihe durcheinandergebracht; während sich die Flügel zu weit ausdehnten, hatten sie nach innen hin die Schlachtreihe in der Tiefe nicht stark genug gemacht. In dieses Durcheinander drangen die Fußsoldaten ein. Im selben Anlauf wurde auch das Lager eingenommen und der Krieg entschieden. Nach der Schlacht am Regillus-See war keine andere Schlacht in jenen Jah-

ren berühmter. Der Diktator zog im Triumph in die Stadt ein.
Neben den üblichen Ehren wurde ihm selbst und seinen Nachkommen im Circus ein Platz zum Zuschauen zur Verfügung gestellt und auf diesen Platz ein Amtsstuhl gesetzt.

Die Volsker mußten nach ihrer schweren Niederlage das Gebiet von Velitrae abtreten. Nach Velitrae wurden Siedler aus der
Stadt geschickt und dort eine Kolonie angelegt.

Mit den Aequern wurde erst erheblich später gekämpft. Der
Konsul war zwar dagegen, weil man auf ungünstigem Gelände
von unten her gegen den Feind anrücken mußte; doch die Soldaten warfen ihm vor, er ziehe die Sache hin, damit der Diktator,
bevor sie selbst in die Stadt zurückkehrten, sein Amt niederlegen
könne und dann seine Versprechungen wie zuvor die des Konsuls ungültig würden, und sie brachten ihn dazu, daß er sein Heer
auf gut Glück bergan führte. Dieses schlecht geplante Unternehmen ging durch die Feigheit der Feinde gut aus; noch bevor man
auf Wurfweite heran war, verließen sie, betroffen von der Kühnheit der Römer, ihr Lager, das sie an einer sehr geschützten Stelle
gehabt hatten, und stürzten in die Täler auf der anderen Seite
hinab. Hier gab es Beute genug und einen unblutigen Sieg.

So war der Krieg an drei Fronten glücklich geführt worden.
Aber die Sorge um die Entwicklung der Dinge im Inneren war
weder von den Patriziern noch von den Plebejern gewichen.
Aufgrund ihres großen Einflusses und mit ihren Kunstgriffen
hatten die Wucherer Vorkehrungen getroffen, nicht nur die
Plebs, sondern auch den Diktator selbst hinzuhalten. Denn Vale-
rius führte nach der Rückkehr des Konsuls Vetusius als erste aller
Verhandlungen im Senat eine zugunsten des siegreichen Volkes
durch und setzte die Frage auf die Tagesordnung, was mit den
Männern geschehen solle, die eine Schuldverpflichtung hätten.
Als eine Behandlung dieser Frage abgelehnt wurde, sagte er: »Ich
passe euch nicht, da ich mich für die Eintracht einsetze. Ihr werdet, bei Gott, bald wünschen, daß die römische Plebs ähnliche
Schutzherren hätte wie mich. Was mich angeht, so werde ich weder länger meine Mitbürger hinhalten noch vergeblich Diktator
sein. Zwistigkeiten im Inneren und ein Krieg von draußen haben
dazu geführt, daß der Staat dieses Amt nötig hatte. Draußen ist

der Friede errungen, daheim wird er verhindert. Wenn es zum
Aufruhr kommt, will ich lieber Privatmann sein als Diktator.« So
verließ er das Senatsgebäude und legte die Diktatur nieder. Der
Grund war der Plebs klar, daß er ihretwegen entrüstet aus dem
Amt geschieden war. Deshalb begleiteten sie ihn, als wenn er das
gegebene Wort eingelöst hätte, auf seinem Weg nach Haus mit
Beifall und Lobsprüchen; denn es hatte ja nicht an ihm gelegen,
daß nicht Wort gehalten wurde.

32. Die Senatoren befiel dann Angst, daß es nach der Entlassung des Heeres wieder zu geheimen Versammlungen und Ver-
schwörungen komme. Sie meinten, obwohl die Aushebung
durch den Diktator durchgeführt worden sei, seien die Soldaten
doch noch durch den Fahneneid gebunden, weil sie ihn auf die
Konsuln abgelegt hätten, und gaben unter dem Vorwand, die
Aequer hätten den Krieg wiederaufgenommen, den Legionen
den Befehl, aus der Stadt auszurücken. Dadurch wurde das Ausbrechen des Aufruhrs beschleunigt. Zuerst soll davon die Rede
gewesen sein, die Konsuln umzubringen, damit sie von ihrem
Fahneneid entbunden würden; als man ihnen dann klarmachte,
daß eine Bindung durch ein Verbrechen nicht aufgehoben werde,
sollen sie auf Veranlassung eines Mannes namens Sicinius ohne
Befehl der Konsuln zum Heiligen Berg abgezogen sein – er liegt
jenseits des Anio, drei Meilen von der Stadt entfernt; diese Überlieferung findet sich häufiger als die, die auf Piso zurückgeht, wonach sie zum Aventin gezogen sind. Hier blieben sie ohne einen
Führer eine Reihe von Tagen in einem mit Wall und Graben befestigten Lager, hielten Ruhe, nahmen nichts, als was sie zum Le-
bensunterhalt brauchten, und wurden weder herausgefordert
noch forderten sie ihrerseits heraus.

Ein ungeheurer Schrecken herrschte in der Stadt, und einer
hatte Angst vor dem andern. Die von ihren Leuten in der Stadt
zurückgelassenen Plebejer fürchteten eine Gewalttätigkeit der
Patrizier; die Patrizier fürchteten die in der Stadt gebliebenen
Plebejer und wußten nicht, ob sie lieber wollten, daß sie blieben
oder daß sie weggingen. Wie lange aber werde die Menge, die
weggezogen sei, ruhig bleiben? Was werde denn geschehen,
wenn in der Zwischenzeit ein Krieg von außen hereinbreche? Sie

glaubten, daß wirklich nur eine Hoffnung bleibe: die Eintracht
der Bürger; die müsse in der Bürgerschaft um jeden Preis wiederhergestellt werden. Daher beschlossen sie, Menenius Agrippa als
Unterhändler zu den Plebejern zu schicken, einen beredten Mann,
der auch den Plebejern lieb war, weil seine Ahnen Plebejer gewesen waren. Er wurde ins Lager geschickt und soll dort in der damaligen altertümlichen und schlichten Art zu reden nichts anderes
getan haben, als daß er folgende Geschichte erzählte: Zu der Zeit,
als im Menschen nicht wie jetzt alles im Einklang miteinander war,
sondern von den einzelnen Gliedern jedes für sich überlegte und
für sich redete, hätten sich die übrigen Körperteile darüber geär-
gert, daß durch ihre Fürsorge, durch ihre Mühe und Dienstleistung alles für den Bauch getan werde, daß der Bauch aber in der
Mitte ruhig bleibe und nichts anderes tue, als sich der dargebote-
nen Genüsse zu erfreuen. Sie hätten sich daher verschworen, die
Hände sollten keine Speise mehr zum Munde führen, der Mund
solle, was ihm dargeboten werde, nicht mehr aufnehmen und die
Zähne sollten nicht mehr kauen. Indem sie in diesem Zorn den
Bauch durch Hunger zähmen wollten, habe zugleich die Glieder
selbst und den ganzen Körper schlimmste Entkräftung befallen.
Da sei dann klargeworden, daß auch der Bauch eifrig seinen
Dienst tue und daß er nicht mehr ernährt werde als daß er ernähre,
indem er das Blut, von dem wir leben und stark sind, gleichmäßig
auf die Adern verteilt, in alle Teile des Körpers zurückströmen
lasse, nachdem es durch die Verdauung der Nahrung seine Kraft
erhalten habe. Indem Agrippa dann einen Vergleich anstellte, wie
ähnlich der innere Aufruhr des Körpers dem Zorn der Plebs gegen
die Patrizier sei, habe er die Menschen umgestimmt.

33. Dann begann man über eine Einigung zu verhandeln, und
man ging auf die Bedingungen ein, daß die Plebs eigene heilig-
unverletzliche Beamte haben solle, denen das Recht zur Hilfeleistung gegen die Konsuln zustehe, und daß es einem Patrizier
nicht erlaubt sein solle, dieses Amt zu bekleiden. So wurden zwei
Volkstribunen gewählt, C. Licinius und L. Albinius. Diese wählten sich noch drei weitere Kollegen dazu. Unter ihnen soll Sicinius gewesen sein, der zu dem Auszug geraten hatte; bei den beiden anderen ist man sich weniger einig, wer sie gewesen sind. Es

gibt auch Geschichtsschreiber, die sagen, auf dem Heiligen Berg seien nur zwei Tribunen gewählt und dort sei die heilige Satzung gegeben worden.

Während des Auszugs der Plebs traten Sp. Cassius und Postumus Cominius das Konsulat an. In ihrem Konsulat wurde der Vertrag mit den Latinergemeinden geschlossen. Um ihn abzuschließen, blieb der eine Konsul in Rom. Der andere wurde zum Krieg gegen die Volsker geschickt; er schlug die Volsker von Antium in die Flucht, trieb sie in der Stadt Longula zusammen, brachte sie auch dort in Bedrängnis und eroberte die Stadt. Weiter nahm er Polusca, ebenfalls eine Stadt der Volsker. Dann griff er mit aller Macht Corioli an. Damals befand sich unter den Vornehmen im Heer Cn. Marcius, ein junger Mann, der zum Rat und zum persönlichen Einsatz stets bereit war und der später den Beinamen Coriolanus hatte. Während das römische Heer Corioli belagerte und ohne jede Furcht vor einem Angriff, der von außen drohte, seine ganze Aufmerksamkeit auf die Bewohner konzentrierte, die es drinnen eingeschlossen hatte, wurde es plötzlich von volskischen Legionen angegriffen, die von Antium kamen, und gleichzeitig brachen die Feinde aus der Stadt hervor. Marcius stand damals gerade auf Posten. Er schlug mit einer ausgesuchten Schar Soldaten nicht nur den Angriff der Ausbrechenden zurück, sondern drang auch durch das offenstehende Tor ungestüm ein, richtete in dem angrenzenden Teil der Stadt ein Blutbad an, bekam dann zufällig Feuer in die Hand und warf es in die Häuser, die an die Mauer stießen. Das Geschrei der Bürger, vermischt mit dem Geheul der Frauen und Kinder, das sich wie üblich im ersten Schreck erhob, ließ bei den Römern den Mut wachsen und setzte die Volsker in Bestürzung, weil sie die Stadt eingenommen sahen, der sie hatten zu Hilfe kommen wollen. So wurden die Volsker von Antium geschlagen und die Stadt Corioli eingenommen. Und so sehr stellte Marcius durch sein Verdienst den Nachruhm des Konsuls in den Schatten, daß es völlig in Vergessenheit geraten wäre, daß Postumus Cominius mit den Volskern Krieg geführt hat, wenn nicht der Vertrag mit den Latinern daran erinnerte, der auf einer Bronzesäule eingraviert ist und der von Sp. Cassius allein abgeschlossen wurde, weil sein Kollege abwesend war.

In diesem Jahr starb Agrippa Menenius, ein Mann, der während seines ganzen Lebens bei Patriziern und Plebejern gleich beliebt gewesen, aber nach der Abwanderung bei der Plebs noch beliebter geworden war. Ihm, dem erfolgreichen Vermittler der Eintracht unter den Bürgern, der als Gesandter der Patrizier zu den Plebejern gegangen war und die römische Plebs in die Stadt zurückgeführt hatte, fehlten die Mittel für eine Bestattung. Die Plebs trug ihn zu Grabe, wobei Mann für Mann einen Sextans aufbrachte.

34. Konsuln wurden dann T. Geganius und P. Minucius. Während in diesem Jahr draußen völlige Waffenruhe herrschte und daheim die Zwietracht beigelegt war, befiel ein anderes, viel schwereres Unheil die Bürgerschaft: zunächst eine Teuerung, weil die Felder infolge des Auszugs der Plebs nicht bestellt worden waren, dann eine Hungersnot, wie sie in einer eingeschlossenen Stadt zu herrschen pflegt, und es wäre zum Untergang jedenfalls der Sklaven und der Plebs gekommen, wenn die Konsuln nicht Vorsorge getroffen und überallhin Leute geschickt hätten, um Getreide einzukaufen, nicht nur nach Etrurien an der Küste rechts von Ostia aus und über das Meer nach links ins Land der Volsker bis hin nach Cumae, sondern auch nach Sizilien. Der Haß der Nachbarn hatte sie gezwungen, auf Hilfe von so weit entfernten Gebieten angewiesen zu sein. Als man das Getreide in Cumae eingekauft hatte, wurden die Schiffe von dem Tyrannen Aristodemos festgehalten als Ersatz für das Vermögen der Tarquinier, deren Erbe er war. Bei den Volskern und im Pomptinischen Gebiet konte man nicht einmal kaufen; die Getreideaufkäufer selbst gerieten sogar durch einen Angriff der Leute in Gefahr. Aber aus Etrurien kam über den Tiber Getreide heran. Damit konnte man die Plebs versorgen.

Bei diesen Versorgungsschwierigkeiten wäre man von einem ungelegenen Krieg heimgesucht worden, wenn nicht eine schreckliche Seuche die Volsker befallen hätte, als sie schon die Waffen rührten. Die Feinde waren durch dieses Unglück zutiefst erschreckt. Damit sie auch, wenn die Seuche aufgehört hatte, noch durch etwas in Schrecken gehalten würden, vermehrten die Römer die Zahl der Siedler in Velitrae und schickten nach Norba

in die Berge eine neue Kolonie, die ein Bollwerk im Pomptinischen Gebiet sein sollte.

Als dann M. Minucius und A. Sempronius Konsuln waren,
kam eine große Menge Getreide aus Sizilien an, und im Senat
wurde darüber verhandelt, zu welchem Preis man es den Plebejern überlassen solle. Viele meinten, jetzt sei die Zeit gekommen,
die Plebs unter Druck zu setzen und die Rechte zurückzugewinnen, die den Patriziern durch den Auszug und durch Gewalt ent-
wunden worden waren. Unter ihnen tat sich Marcius Coriolanus
hervor, ein Feind der tribunizischen Gewalt; er sagte: »Wenn sie
den alten Getreidepreis wollen, sollen sie den Patriziern das alte
Recht zurückgeben. Warum muß ich plebejische Beamte, warum
einen Sicinius an der Macht sehen und bin ich unter das Joch geschickt, als wenn ich mich von Räubern hätte loskaufen müssen?
Soll ich diese empörenden Verhältnisse länger dulden, als es nötig
ist? Ich, der ich einen Tarquinius als König nicht ertragen habe,
soll einen Sicinius ertragen? Soll er doch jetzt abziehen! Soll er
die Plebs wegrufen! Der Weg zum Heiligen Berg und den anderen Hügeln steht ihm offen. Sollen sie doch das Getreide von unseren Feldern reißen, wie sie es vor drei Jahren getan haben! Sie
sollen den Getreidepreis haben, den sie durch ihre eigene Raserei
geschaffen haben. Ich wage zu sagen, daß sie, durch diese
schlimme Erfahrung zahm geworden, lieber selbst die Felder bestellen werden, als daß sie in Waffen durch eine Abwanderung
eine Bestellung der Felder verhindern.« Es ist zwar nicht leicht
zu sagen, ob das hätte geschehen dürfen; aber ich glaube, es hätte
dahin kommen können, daß die Patrizier für eine Senkung des
Getreidepreises das Tribunenamt und alle Rechte, die man ihnen
gegen ihren Willen aufgezwungen hatte, wieder losgeworden
wären.

35. Dem Senat schien der Vorschlag zu hart, die Plebs hätte der
Zorn beinahe unter Waffen gebracht: Man greife jetzt gegen sie
wie gegen Feinde schon zum Mittel der Aushungerung, um
Speise und Nahrung würden sie betrogen. Das Getreide aus der
Fremde, die einzige Nahrung, die das Schicksal ihnen unverhofft
gegeben habe, werde ihnen vom Munde weggerissen, wenn man
nicht die Tribunen gefesselt Cn. Marcius übergebe, wenn er nicht

durch Züchtigung römischer Plebejer Genugtuung erhalte. In
ihm sei ihnen ein neuer Henker erstanden, der ihnen befehle, zu
sterben oder in Knechtschaft zu leben. Als Cn. Marcius aus dem
Senatsgebäude kam, hätte man ihn angegriffen, wenn die Tribunen ihn nicht gerade im richtigen Augenblick vorgeladen hätten.
Da legte sich der Zorn; jeder sah, daß er zum Richter, daß er zum
Herrn über Leben und Tod des Feindes gemacht worden war.

Voller Verachtung hörte Marcius zunächst die Drohungen der
Tribunen an: Dieses Amt habe das Recht zur Hilfeleistung, nicht
zur Bestrafung erhalten, und sie seien Tribunen der Plebs, nicht
der Patrizier. Aber die Plebs war so aufgebracht, daß die Patrizier
den einen Mann der Strafe preisgeben mußten. Sie leisteten aber
trotz des Hasses, der ihnen entgegenschlug, Widerstand, und sie
setzten dazu teils jeder seine eigenen Mittel ein, teils die des ganzen Standes. Zuerst versuchten sie, ob sie durch planmäßigen
Einsatz ihrer Klienten die Leute einzeln vom Besuch der Zusammenkünfte und Versammlungen abschrecken und so die Sache
vereiteln könnten. Dann traten sie alle zusammen auf – alles, was
es an Patriziern gab, hätte man für Angeklagte halten können –
und baten die Plebejer, ihnen zuliebe den einen Mitbürger, den
einen Senator, wenn sie ihn schon nicht als unschuldig freisprechen wollten, doch zu begnadigen, auch wenn sie ihn für schuldig hielten.

Als er selbst zum angesetzten Termin nicht erschien, verharrte
man im Zorn. Er wurde in Abwesenheit verurteilt und ging zu
den Volskern in die Verbannung, wobei er seiner Vaterstadt
drohte und sich schon jetzt mit feindseligen Absichten trug. Als
er kam, nahmen ihn die Volsker freundlich auf, und sie behandelten ihn von Tag zu Tag freundlicher, je mehr sein Zorn gegen
seine Landsleute sichtbar wurde und je häufiger bald Klagen,
bald Drohungen von ihm zu hören waren. Er genoß die Gastfreundschaft des Attius Tullius. Der war damals bei weitem der
Erste unter den Volskern und war schon immer ein Feind der
Römer gewesen. Während so den einen sein alter Haß, den anderen sein frischer Zorn trieb, schmiedeten sie Pläne zu einem
Krieg gegen Rom. Sie glaubten, ihr eigenes Volk könne nicht
leicht dahin gebracht werden, die Waffen wiederaufzunehmen,

nachdem sie das Waffenglück so oft erfolglos versucht hatten. In vielen Kriegen und zuletzt durch die Seuche hätten sie ihre Mannschaft verloren und sei ihr Unternehmungsgeist gebrochen worden. Bei einem Haß, der schon vor Alter stumpf geworden sei, müsse man mit Methode vorgehen, um die Leute in frischem Zorn aufzubringen.

36. In Rom war man gerade bei den Vorbereitungen für eine Wiederholung der Großen Spiele. Der Anlaß für die Wiederholung war folgender gewesen: Am Morgen des Festes, als das Schauspiel noch nicht begonnen hatte, hatte ein Hausvater einen Sklaven unter dem Gabelholz mit der Peitsche mitten durch den Circus getrieben. Dann hatten die Spiele angefangen, als wenn es mit diesem Vorfall keine religiöse Bewandtnis gehabt hätte. Nicht sehr viel später hatte T. Latinius, ein Mann aus der Plebs, einen Traum. Jupiter erschien ihm und sagte, ihm habe bei den Spielen der Vorspringer nicht gefallen. Wenn diese Spiele nicht großartig wiederholt würden, drohe der Stadt eine Gefahr. Er solle gehen und das den Konsuln melden. Obwohl der Mann nicht ganz ohne Gottesfurcht war, trug doch die Scheu vor dem hohen Rang der Beamten den Sieg davon und die Befürchtung, er könne sich in den Augen der Menschen lächerlich machen. Dieses Zögern kam ihn teuer zu stehen; denn er verlor innerhalb weniger Tage seinen Sohn. Damit der Grund für diesen plötzlichen Verlust nicht zweifelhaft blieb, zeigte sich ihm in seinem Kummer während des Schlafes genau die gleiche Gestalt und schien ihn zu fragen, ob ihm der Lohn für die Nichtbeachtung des göttlichen Willens hoch genug sei; er habe einen noch höheren zu erwarten, wenn er nicht eilends hingehe und den Konsuln Mitteilung mache. Jetzt war die Sache dringender. Als er trotzdem noch zögerte und es hinausschob, befiel ihn eine ungeheuer schwere Krankheit mit plötzlicher Schwäche. Das war nun wirklich ein Wink des göttlichen Zorns. Völlig am Ende durch das vorangegangene und das noch drohende Unheil zog er daher seine Verwandten zu Rate und teilte ihnen mit, was er gesehen und gehört hatte, daß ihm Jupiter so oft im Schlaf erschienen sei und daß die zornigen Drohungen des Gottes sich an ihm in seinem Unglück erfüllt hätten. Da gab es keinen Zweifel an der ein-

helligen Meinung aller Anwesenden, und er wurde auf einer
Tragbahre auf das Forum zu den Konsuln gebracht. Von dort
trug man ihn auf Anordnung der Konsuln in das Senatsgebäude,
und als er dort den Senatoren zum höchsten Erstaunen aller genau dasselbe erzählt hatte, siehe, da geschah ein anderes Wunder.
Der an allen Gliedern gelähmt in den Senat getragen worden war,
der konnte – so ist es überliefert –, als er seine Pflicht erfüllt hatte,
auf eigenen Füßen nach Hause zurückkehren.

37. Der Senat beschloß, die Spiele sollten so prächtig wie möglich durchgeführt werden. Zu diesen Spielen kam auf Betreiben
des Attius Tullius eine große Menge Volsker. Bevor die Spiele
anfingen, begab sich Tullius, wie es zu Hause mit Marcius abgesprochen worden war, zu den Konsuln; er sagte, es gebe etwas,
was er im Interesse des Staates mit ihnen allein besprechen
möchte. Nachdem alle Zeugen entfernt waren, sagte er: »Nur
ungern sage ich von meinen Mitbürgern etwas, was weniger gut
ist. Ich komme jedoch nicht, um sie zu beschuldigen, daß sie etwas begangen hätten, sondern um zu verhüten, daß sie etwas begehen. Unsere Leute sind ganz erheblich wankelmütiger, als mir
lieb ist. Wir haben das in vielen Niederlagen zu spüren bekommen; denn daß es uns noch gibt, haben wir nicht unserem Verdienst, sondern eurer Langmut zu verdanken. Jetzt ist eine große
Menge Volsker hier; es sind Spiele; die Bürgerschaft wird ihre
ganze Aufmerksamkeit dem Schauspiel widmen. Ich erinnere
mich daran, was bei derselben Gelegenheit von jungen Sabinern
in dieser Stadt begangen worden ist. Ich zittere vor Angst, daß etwas Unüberlegtes und Unbesonnenes geschieht. Um unsret- und
um euretwillen glaubte ich, dies euch, ihr Konsuln, vorher sagen
zu müssen. Was mich angeht, so habe ich vor, gleich von hier
nach Hause wegzugehen, um nicht, wenn ich hier bleibe, von einer Tat oder einem Wort mitgerissen zu werden und davon Schaden zu haben.« Nachdem er das gesagt hatte, ging er weg.
    Als die Konsuln diese zweifelhafte Sache, die sie aus dem
Mund eines zuverlässigen Gewährsmannes hatten, den Senatoren vorgetragen hatten, bewog, wie es so kommt, mehr die Person des Gewährsmannes als die Sache zu einer Vorsichtsmaß-
nahme, selbst für den Fall, daß es überflüssig sein sollte. Es erging

ein Senatsbeschluß, die Volsker sollten die Stadt verlassen, und
Herolde wurden ausgeschickt, die sie alle auffordern sollten, vor
Einbruch der Dunkelheit aufzubrechen. Ein ungeheurer Schrek-
ken durchfuhr sie zuerst, als sie auseinanderliefen zu ihren Her-
bergen, um ihre Sachen zu holen. Als sie dann aufbrachen, kam
Empörung auf, daß sie wie Verbrecher und Frevler von den Spie-
len und dem Fest, das gewissermaßen eine Begegnung zwischen
Menschen und Göttern darstelle, vertrieben worden seien.

38. Während sie in einem fast ununterbrochenen Zug auf dem
Weg waren, war Tullius zur Ferentina-Quelle vorausgeeilt, und
von denen, die nach und nach eintrafen, empfing er die Angesehensten mit Worten der Klage und der Entrüstung. Sie nahmen
seine Worte, die ihren Zorn noch schürten, begierig auf, und er
führte sie und durch sie die übrige Menge auf das Feld, das unterhalb der Straße lag. Hier begann er eine Rede wie bei einer Volksversammlung und ging die alten Ungerechtigkeiten des römischen Volkes und die Niederlagen der Volsker durch. Dann fuhr
er fort: »Wenn ihr alles andere vergäßet, mit welchem Gefühl um
alles in der Welt tragt ihr dann diese Schmach von heute, mit der
sie zu unserer Schande die Spiele begonnen haben? Habt ihr etwa
nicht gemerkt, daß heute über euch triumphiert worden ist? Daß
ihr allen, Bürgern und Fremden, so vielen Nachbarvölkern, mit
eurem Weggehen ein Schauspiel geboten habt, daß eure Frauen,
eure Kinder an den gaffenden Menschen vorbeigehen mußten?
Was, meint ihr, haben die geglaubt, die die Stimme des Herolds
hörten, was die, die uns abziehen sahen, was die, die diesem
schmachvollen Zug begegneten? Doch daß bestimmt irgendein
Frevel vorliege, durch den wir, wenn wir bei dem Schauspiel dabei wären, die Spiele stören und ein Sühnopfer nötig machen
würden, und daß wir darum aus der Gesellschaft und der Versammlung der Frommen weggejagt würden! Was weiter? Kam
euch nicht der Gedanke, daß wir nur darum noch am Leben sind,
weil wir uns mit dem Aufbruch beeilt haben? Wenn das ein Aufbruch und nicht vielmehr eine Flucht ist! Und ihr haltet diese
Stadt nicht für feindlich, wo ihr alle hättet sterben müssen, wenn
ihr nur einen einzigen Tag länger geblieben wäret? Der Krieg ist
euch erklärt, zum großen Unheil für die, die ihn erklärt haben,

wenn ihr Männer seid.« So, schon von sich aus voller Zorn und
dazu noch aufgereizt, gingen sie von dort nach Hause, und indem
jeder seine Gemeinde aufwiegelte, erreichten sie, daß die ganze
Völkerschaft der Volsker abfiel.

39. Als Feldherren für diesen Krieg wurden nach dem Willen
aller Gemeinden Attius Tullius und Cn. Marcius, der Mann aus
Rom, gewählt, auf den man erheblich mehr Hoffnung setzte.
Diese Hoffnung enttäuschte er keineswegs, so daß leicht zu sehen war, daß Rom eher durch seine Feldherren stark war als
durch sein Heer. Er zog zuerst nach Circeji, vertrieb die römischen Siedler von dort und übergab die freie Stadt den Volskern.
Dann nahm er den Römern Satricum, Longula, Polusca, Corioli
und Mugilla weg; sodann brachte er Lavinium in seinen Besitz.
Darauf zog er auf Querwegen zur Via Latina und nahm der Reihe
nach Corbio, Vetelia, Tolerium, Labici und Pedum. Zuletzt zog
er von Pedum aus vor Rom, schlug an den Cluilius-Gräben fünf
Meilen vor Rom sein Lager auf und verwüstete von dort aus das
römische Gebiet; mit den Plünderern schickte er Leute, die auf-
passen sollten, daß die Ländereien der Patrizier nicht angetastet
wurden, entweder weil er gegen die Plebs mehr aufgebracht war
oder damit infolgedessen Zwietracht zwischen den Patriziern
und den Plebejern entstand. Die wäre auch wirklich entstanden –
so sehr hetzten die Tribunen die an sich schon aufsässigen Plebejer durch Vorwürfe gegen die ersten Männer der Bürgerschaft
auf –, aber die Furcht vor dem Feind von draußen, das stärkste
Band der Eintracht, band die Menschen aneinander, wenn sie
sich gegenseitig auch noch so verdächtig und verhaßt waren. Nur
darin bestand keine Einigkeit, daß der Senat und die Konsuln auf
nichts anderes als auf die Waffen ihre Hoffnung setzten, die Plebejer dagegen alles andere lieber wollten als den Krieg.

Schon waren Sp. Nautius und Sex. Furius Konsuln. Als sie die
Legionen musterten und Abteilungen auf die Mauern und die anderen Stellen verteilten, die man durch Posten und Wachen sichern wollte, setzte eine ungeheure Menge, die Frieden forderte,
sie zunächst durch ihr aufrührerisches Geschrei in Schrecken
und zwang sie dann, den Senat einzuberufen und zu beantragen,
daß Gesandte zu Cn. Marcius geschickt würden. Die Senatoren

genehmigten den Antrag, nachdem es sich gezeigt hatte, daß die Plebejer unberechenbar waren, und es wurden Unterhändler wegen des Friedens zu Marcius geschickt. Sie brachten die harte Antwort zurück, wenn den Volskern ihr Gebiet zurückgegeben werde, könne über Frieden verhandelt werden; wenn die Römer aber ihre Kriegsbeute in Ruhe genießen wollten, werde er an das Unrecht denken, das seine Mitbürger ihm angetan, und an die Freundlichkeit, mit der seine Gastfreunde ihn aufgenommen hätten, und er werde sich bemühen zu zeigen, daß sein Mut durch die Verbannung gereizt, nicht gebrochen sei. Als dieselben Leute dann ein zweites Mal geschickt wurden, wurden sie nicht mehr ins Lager gelassen. Der Überlieferung zufolge sind auch die Priester, in die Abzeichen ihres Amtes gehüllt, bittend zum Lager der Feinde gezogen; aber sie konnten seinen Sinn ebensowenig beugen wie die Gesandten.

40. Da kamen die Frauen in großer Zahl bei Veturia, der Mutter des Coriolanus, und bei Volumnia, seiner Frau, zusammen. Ob das auf einen Senatsbeschluß oder auf die Furcht der Frauen zurückging, darüber finde ich keine zuverlässigen Angaben. Sie erreichten auf jeden Fall, daß Veturia, eine schon betagte Frau, und Volumnia, ihre beiden kleinen Söhne von Marcius auf dem Arm, mit ihnen ins Lager der Feinde gingen und als Frauen die Stadt mit ihren Bitten und Tränen verteidigten, weil die Männer sie mit ihren Waffen nicht verteidigen konnten.

Als sie zum Lager gekommen waren und Coriolanus gemeldet wurde, eine ungeheure Schar Frauen sei da, war er, der sich weder durch die Hoheit des Staates in der Person der Gesandten hatte beeindrucken lassen noch durch den Nimbus der Religion, der ihm in der Person der Priester vor die Augen und die Seele getreten war, zunächst gegenüber den Tränen der Frauen noch viel unnachgiebiger. Da sagte einer seiner Freunde, der Veturia erkannt hatte, die zwischen ihrer Schwiegertochter und ihren Enkeln stand und unter den anderen Frauen durch ihre Betrübnis auffiel: »Wenn mich meine Augen nicht täuschen, sind deine Mutter und deine Frau und deine Kinder hier.« Als Coriolan fast wie von Sinnen von seinem Sitz hochfuhr und seiner herankommenden Mutter mit ausgebreiteten Armen entgegeneilte, vergaß

die Frau alle Bitten, wurde von Zorn erfüllt und sagte: »Laß
mich, bevor ich mich von dir umarmen lasse, erst wissen, ob ich
zu einem Feind oder zu meinem Sohn gekommen bin und ob ich
mich als Gefangene oder als deine Mutter in deinem Lager be-
finde. Dahin hat mich also ein langes Leben und ein unseliges Alter geführt, daß ich dich als Verbannten erblicken mußte und
dann als Feind? Du konntest dieses Land verheeren, das dich her-
vorgebracht und ernährt hat? Hat sich, wie aufgebracht und drohend du auch hergekommen bist, dein Zorn nicht gelegt, als du
dieses Gebiet betratest? Ist dir nicht, als du Rom vor Augen hat-
test, der Gedanke gekommen: ›Hinter diesen Mauern sind mein
Haus und meine Hausgötter, meine Mutter, meine Frau und
meine Kinder?‹ Wenn ich dich also nicht geboren hätte, dann
würde Rom nicht belagert. Wenn ich keinen Sohn hätte, wäre ich
als eine freie Frau in einem freien Vaterland gestorben. Aber mir
kann schon nichts mehr widerfahren, was für dich schimpflicher
und für mich schlimmer wäre, und wenn ich auch im höchsten
Grade unglücklich bin, so werde ich es doch nicht mehr lange
sein. Wegen dieser hier solltest du dir Gedanken machen, die,
wenn du so weitermachst, entweder ein vorzeitiger Tod oder
lange Sklaverei erwartet.« Dann umarmten ihn seine Frau und
seine Kinder, und die ganze Schar der Frauen fing an zu weinen
und über sich und das Vaterland zu klagen; das erschütterte endlich den Mann. Nachdem er die Seinen umarmt hatte, entließ er
sie und verlegte das Lager weiter weg von der Stadt. Als er dann
seine Legionen aus dem römischen Gebiet weggeführt hatte, soll
er wegen des Vorfalls vom Haß verfolgt worden und zu Tode gekommen sein, die einen sagen, auf diese, die anderen, auf jene
Art. Bei Fabius jedoch, dem bei weitem ältesten Gewährsmann,
finde ich, er habe bis ins hohe Alter gelebt; er berichtet jedenfalls,
Marcius habe im fortgeschrittenen Alter oft geäußert, für einen
alten Mann sei die Verbannung viel schlimmer.

Die römischen Männer neideten den Frauen ihren Ruhm nicht –
so wenig kannte man damals Mißgunst gegenüber fremdem
Ruhm –, und zur Erinnerung wurde der Tempel der Glücksgöt-
tin der Frauen errichtet und geweiht.

Die Volsker kehrten dann im Bunde mit den Aequern in das

römische Gebiet zurück, aber die Aequer wollten Attius Tullius
nicht länger als Führer hinnehmen. Aus dem Streit darüber, ob
die Volsker oder die Aequer den Feldherrn für das vereinigte
Heer stellen sollten, kam es zur Entzweiung und dann zu einem
schrecklichen Kampf. Da vernichtete das Glück des römischen
Volkes zwei feindliche Heere in einem ebenso blutigen wie uner-
bittlichen Kampf.

Konsuln waren dann T. Sicinius und C. Aquilius. Sicinius fielen die Volsker als Aufgabengebiet zu, Aquilius die Herniker –
denn auch die standen unter Waffen. In diesem Jahr erlitten die
Herniker eine schwere Niederlage; von den Volskern trennte
man sich, ohne daß der Krieg eine Entscheidung gebracht hätte.

41. Dann wurden Sp. Cassius und Proculus Verginius Konsuln. Mit den Hernikern wurde ein Vertrag geschlossen; zwei
Drittel ihres Landes wurden ihnen weggenommen. Davon
wollte der Konsul Cassius die eine Hälfte an die Latiner, die andere an die Plebejer verteilen. Er hatte vor, zu diesem Geschenk
noch eine erhebliche Menge Land hinzuzufügen, das zwar
Staatsland, aber im Besitz von Privatleuten war, was er anpran-
gerte. Das setzte viele von den Patriziern, die selbst solches Land
besaßen, wegen der Gefahr für ihren Besitz in Schrecken. Aber
auch um den Staat waren die Patrizier besorgt, daß der Konsul
sich durch die Schenkung eine Macht schaffe, die eine Gefahr für
die Freiheit sei. Damals wurde zum erstenmal ein Ackergesetz
angekündigt; niemals seither bis auf den heutigen Tag ist ein solches Gesetz ohne schwerste politische Erschütterungen behandelt worden. Der andere Konsul suchte auf Veranlassung der Patrizier die Schenkung zu verhindern; dabei hatte er auch manche
Plebejer auf seiner Seite, die zunächst einmal etwas daran auszusetzen fanden, daß die Schenkung von den Bürgern auf die Bundesgenossen ausgedehnt wurde; dann hörten sie auch oft den
Konsul Verginius in den Volksversammlungen prophezeien, das
Geschenk seines Kollegen sei unheilvoll, dieses Land werde denen, die es erhielten, Knechtschaft bringen; ein Weg zur Königsherrschaft werde gebahnt. Warum denn würden die Bundesgenossen und die Latiner mit einbezogen? Wozu sei es nötig gewesen, den Hernikern, die eben noch Feinde gewesen seien, ein

Drittel des eroberten Landes zurückzugeben? Doch nur, damit
diese Völkerschaften statt eines Coriolanus einen Cassius zum
Führer hätten!

Schon war der, der von dem Ackergesetz abriet und dagegen
Einspruch erhob, populär geworden, und nun begannen beide
Konsuln wie um die Wette, sich den Plebejern gefällig zu zeigen.
Verginius sagte, er werde die Landzuweisungen hinnehmen,
wenn das Land ausschließlich römischen Bürgern zugewiesen
werde. Weil Cassius beim Verschenken von Land um die Gunst
der Bundesgenossen gebuhlt und darum bei seinen Mitbürgern
verspielt hatte, wollte er durch ein anderes Geschenk die Herzen
seiner Mitbürger wieder für sich gewinnen und ordnete daher an,
daß das Geld, das man für das sizilische Getreide erhalten hatte,
dem Volk zurückgezahlt werden solle. Das wies die Plebs jedoch
von sich, nicht anders, als wenn ihr der Kaufpreis für den Königstitel direkt in die Hand gegeben würde. Denn weil sich bei
den Leuten der Verdacht, er strebe nach der Königsherrschaft, so
tief eingenistet hatte, wurden seine Geschenke verschmäht, als
wenn man an allem Überfluß hätte.

Es steht fest, daß Cassius, sobald er sein Amt niedergelegt
hatte, verurteilt und hingerichtet wurde. Es gibt Autoren, die sagen, sein Vater sei für die Hinrichtung verantwortlich gewesen.
Er habe zu Hause die Untersuchung durchgeführt und ihn aus-
peitschen und töten lassen und habe den Besitz seines Sohnes
der Ceres geweiht. Davon sei ein Standbild errichtet worden mit
der Inschrift: »Aus dem Besitz des Cassius.« Ich finde aber auch
bei manchen – und das verdient eher Glauben –, die Quästoren
K. Fabius und L. Valerius hätten einen Termin wegen Hochver-
rats anberaumt, und er sei durch einen Spruch des Volkes verurteilt und sein Haus auf öffentliche Anordnung hin zerstört worden. Das ist der Platz vor dem Tempel der Tellus. Aber ob es nun
ein im Haus gefälltes oder ein öffentliches Urteil war, verurteilt
wurde er während des Konsulats von Ser. Cornelius und Q. Fabius.

42. Der Zorn des Volkes gegen Cassius hielt nicht lange an.
Der dem Ackergesetz innewohnende Reiz sprach schon von sich
aus die Leute an, auch nachdem der Initiator dieses Gesetzes be-

seitigt worden war, und dieses Verlangen wurde noch geschürt durch die Gehässigkeit der Patrizier, die nach dem großen Sieg über die Volsker und Aequer in diesem Jahr die Soldaten um die Beute betrogen. Alles, was von den Feinden erbeutet wurde, verkaufte der Konsul Fabius und legte den Erlös in die Staatskasse. Alle Fabier waren bei der Plebs verhaßt wegen des letzten Konsuls; die Patrizier setzten trotzdem durch, daß zusammen mit L. Aemilius K. Fabius zum Konsul gewählt wurde. Um so mehr war die Plebs aufgebracht und lud durch Unruhen im Inneren zu einem Angriff von draußen ein. Infolge des Krieges wurde dann die innere Auseinandersetzung unterbrochen. In Eintracht besiegten die Patrizier und Plebejer die Volsker und Aequer, die den Krieg wiederaufgenommen hatten, unter Führung des Aemilius in einer glücklich verlaufenden Schlacht. Doch verloren mehr Feinde auf der Flucht ihr Leben als im Kampf; so hartnäckig setzten die Reiter den Geschlagenen nach.

Der Tempel des Castor wurde in diesem Jahr am 15. Quintilis geweiht; gelobt worden war er im Latinerkrieg von dem Diktator Postumius. Sein Sohn weihte ihn, der für diesen Zweck zum Duumvir gewählt worden war.

Auch in diesem Jahr versetzte der Reiz des Ackergesetzes die Plebejer in Unruhe. Die Volkstribunen übten ihr Amt, das sie vom Volk hatten, so aus, daß sie immer wieder das Gesetz für das Volk zur Sprache brachten. Die Patrizier meinten, auch ohne daß Gewinn zu erhoffen sei, gebe es in der Menge schon mehr als genug Raserei, und schreckten vor Schenkungen zurück, weil sie zur Unbesonnenheit verleiteten. Die leidenschaftlichsten Anführer der Patrizier beim Widerstand waren die Konsuln. Es siegte also diese Partei, und nicht nur für den Augenblick, sondern auch für das kommende Jahr machte sie M. Fabius, den Bruder des K. Fabius, und einen anderen, der bei der Plebs wegen der Anklage gegen Sp. Cassius noch verhaßter war, nämlich L. Valerius, zu Konsuln.

Es gab auch in diesem Jahr Auseinandersetzungen mit den Tribunen. Das Gesetz erschien als Phantasterei und die Verfechter des Gesetzes als Phantasten, weil sie mit einem Geschenk prahlten, das sich nicht realisieren ließ. Der Name der Fabier galt un-

geheuer viel nach drei Konsulaten hintereinander, in denen sich
alle gleichsam in einem fort in den Kämpfen mit den Tribunen
bewährt hatten; deshalb blieb das Amt, weil es so gut besetzt
war, noch eine Zeitlang in dieser Familie.

Dann fing ein Krieg mit Veji an, und auch die Volsker griffen
wieder zu den Waffen. Aber für Kriege mit auswärtigen Gegnern
waren Kräfte fast im Überfluß vorhanden; sie mißbrauchte sie
jedoch, indem sie sich selbst untereinander bekämpften.

Zu der allgemeinen Mißstimmung kamen auch noch Zeichen
vom Himmel, die fast jeden Tag in der Stadt und auf dem Lande
drohendes Unheil in Aussicht stellten. Die Seher, die offiziell
und privat befragt wurden, verkündeten bald aus den Eingewei-
den, bald mit Hilfe der Vögel, es gebe keinen anderen Grund für
den Unmut der Götter, als daß die Opfer nicht ordnungsgemäß
durchgeführt würden. Diese Schrecken liefen jedoch darauf hinaus, daß die Vestalin Oppia verurteilt und bestraft wurde, weil sie
das Keuschheitsgebot verletzt hatte.

43. Dann wurden Q. Fabius und C. Julius Konsuln. In diesem
Jahr war die Uneinigkeit im Inneren nicht weniger heftig und der
Krieg draußen noch härter. Die Aequer hatten zu den Waffen gegriffen; und auch die Leute von Veji fielen plündernd in das römische Gebiet ein.

Während die Sorge wegen dieser Kriege noch wuchs, wurden
K. Fabius und Sp. Furius Konsuln. Die Aequer griffen Ortona,
eine Stadt der Latiner, an. Die Leute von Veji, die schon reichlich
Beute gemacht hatten, drohten Rom selbst anzugreifen. Während diese Schreckensnachrichten den Trotz der Plebs hätten
dämpfen müssen, steigerten sie ihn noch obendrein; und es lebte
die Sitte der Plebs wieder auf, den Kriegsdienst zu verweigern, allerdings nicht von sich aus, sondern der Volkstribun Sp. Licinius
glaubte, jetzt sei die Zeit gekommen, in der äußersten Bedrängnis
den Patriziern das Ackergesetz aufzuzwingen, und er hatte sich
entschlossen, den Kriegsdienst zu verhindern. Aber der ganze
Haß gegen die Machtstellung der Tribunen kehrte sich gegen den
Anstifter, und seine eigenen Kollegen griffen ihn nicht weniger
scharf an als die Konsuln; mit ihrer Hilfe konnten die Konsuln
die Aushebung durchführen. Für zwei Kriege zugleich wurde ein

Heer ausgehoben. Fabius sollte das eine gegen Veji führen, Furius das andere gegen die Aequer.

Bei den Aequern wurde nichts Bemerkenswertes geleistet. Fabius hatte erheblich mehr Schwierigkeiten mit seinen Mitbürgern als mit den Feinden. Dieser eine Mann, er, der Konsul, stützte den Staat, den das Heer in seinem Haß gegen den Konsul verriet, soweit es das vermochte. Denn als der Konsul neben den andern zahlreichen Beweisen seines Feldherrntalents, die er bei der Vorbereitung und Durchführung des Krieges erbrachte, sein Heer so zur Schlacht aufgestellt hatte, daß er allein durch einen Angriff der Reiterei das Heer der Feinde schlug, wollten die Fußsoldaten den Geschlagenen nicht nachsetzen. Keine Aufforderung des verhaßten Feldherrn, nicht einmal ihre eigene Schande und die Schmach für den Staat in diesem Augenblick, später dann die Gefahr, wenn der Feind wieder Mut faßte, konnte sie dazu bringen, den Schritt zu beschleunigen oder, wenn auch weiter nichts, doch wenigstens in Reih und Glied stehenzubleiben. Ohne Befehl gingen sie zurück, und bedrückt – man hätte sie für besiegt halten können – kehrten sie ins Lager zurück, wobei sie bald den Feldherrn verwünschten, bald den Einsatz, den die Reiterei gezeigt hatte. Für dieses so verderbliche Beispiel wußte der Feldherr keinen Rat; so sehr kann hervorragenden Talenten eher die Fähigkeit abgehen, ihre Mitbürger zu lenken, als den Feind zu besiegen.

Der Konsul kehrte nach Rom zurück. Er hatte nicht so sehr seinen Kriegsruhm vermehrt als den Haß der Soldaten gegen sich geweckt und noch verschärft. Die Patrizier setzten trotzdem durch, daß das Konsulat in der Familie der Fabier blieb. Sie ließen M. Fabius zum Konsul wählen; Fabius erhielt als Kollegen Cn. Manlius.

44. Auch in diesem Jahr gab es einen Tribunen, der sich für das Ackergesetz einsetzte; es war Tib. Pontificius. Er beschritt denselben Weg wie Sp. Licinius, als wenn dieser Erfolg gehabt hätte, und verhinderte kurze Zeit die Aushebung. Die Patrizier verloren wieder die Fassung, aber App. Claudius sagte, die tribunizische Gewalt sei im Vorjahr besiegt worden, der Sache nach zwar nur für damals, in der Auswirkung aber für alle Zeit, da man dar-

auf gekommen sei, daß diese Gewalt sich durch ihre eigenen
Kräfte selbst aufhebe. Denn immer werde einer dasein, der einen
Sieg über einen Kollegen zu erringen und die Gunst der besseren
Seite zum Vorteil für den Staat zu gewinnen wünsche; und wenn
man mehr nötig habe, würden auch mehr Tribunen bereit sein,
den Konsuln beizustehen, und ein einziger sei sogar gegen alle
genug. Die Konsuln und die angesehensten unter den Patriziern
sollten sich nur Mühe geben, wenn nicht alle, so doch wenigstens
einige von den Tribunen für den Staat und den Senat zu gewinnen. Durch die Hinweise des Appius aufmerksam gemacht, redeten die Patrizier insgesamt freundlich und zuvorkommend mit
den Tribunen, und die ehemaligen Konsuln erreichten aufgrund
der Rechtsbeziehungen, in denen jeder von ihnen privat mit einem der Tribunen stand, teils durch ihren persönlichen Einfluß,
teils durch ihr Ansehen, daß diese die Machtmittel der tribunizischen Gewalt zum Wohl des Staates einsetzen wollten. Mit Hilfe
von vier Tribunen gegen den einen, der das, was zum allgemeinen
Wohl diente, zu verzögern suchte, führten die Konsuln die Aushebung durch.

Dann brachen sie zum Krieg gegen Veji auf, wo von überallher
aus Etrurien Hilfstruppen zusammengekommen waren, weniger
den Bewohnern von Veji zuliebe, als weil man sich Hoffnung
machte, der römische Staat könne durch seine innere Zwietracht
auseinanderbrechen. Und die führenden Männer äußerten sich
auf den Bundesversammlungen aller Völker Etruriens dahin, daß
die Macht Roms ewig sei, wenn die Römer nicht selbst in ihren
Zerwürfnissen gegeneinander wüteten. Dies habe sich als das
einzige Gift und als das Verderben für mächtige Staaten erwiesen, damit auch große Reiche vergänglich wären. Dieses Unheil,
das so lange aufgehalten worden sei, teils durch die klugen Maßnahmen der Patrizier, teils durch die Geduld der Plebs, sei jetzt
zum Äußersten gediehen. Aus einer Bürgerschaft seien zwei geworden, jede Seite habe ihre eigenen Beamten, ihre eigenen Gesetze. Zuerst hätten sie sich daran gewöhnt, sich den Aushebungen leidenschaftlich zu widersetzen, sie hätten aber doch im
Krieg ihren Feldherren gehorcht. Wie es auch immer um die
Stadt bestellt gewesen sei, solange die Kriegszucht anhielt, habe

man bestehen können. Jetzt aber erreiche die Sitte, den Beamten nicht zu gehorchen, auch den römischen Soldaten im Lager. Im letzten Krieg habe das Heer in der Schlacht, mitten im Kampf in einmütigem Vorgehen den Aequern, die schon besiegt gewesen seien, freiwillig den Sieg geschenkt, die Feldzeichen preisgegeben, seinen Feldherrn auf dem Schlachtfeld verlassen und sei ohne Befehl ins Lager zurückgekehrt. Gewiß könne Rom, wenn man es bedränge, durch seine eigenen Soldaten besiegt werden. Dazu sei nichts weiter nötig, als den Krieg zu erklären und sich im Felde zu zeigen. Das übrige würden das Schicksal und die Götter von sich aus besorgen. Diese Erwartungen hatten die Etrusker, die bei vielen Gelegenheiten abwechselnd Sieger und Besiegte gewesen waren, unter Waffen gebracht.

45. Auch den römischen Konsuln schien nichts anderes sonst bedenklich als ihre eigenen Streitkräfte und die Waffen ihrer eigenen Leute. Die Erinnerung an das schlechte Beispiel aus dem letzten Krieg hielt sie davon ab, es so weit kommen zu lassen, daß sie zwei Schlachtreihen zugleich fürchten mußten. Deshalb blieben sie im Lager und hielten sich wegen der von zwei Seiten drohenden Gefahr zurück. Zeit und Umstände würden vielleicht den Groll mildern und die Leute wieder zur Vernunft bringen. Der Feind aus Veji und die Etrusker hatten es um so eiliger. Sie reizten zum Kampf, zunächst indem sie am Lager vorbeiritten und herausforderten, schließlich, als sie nichts erreichten, indem sie die Konsuln persönlich und das Heer beschimpften. In dem Vorspiegeln innerer Uneinigkeit habe man ein Mittel gefunden, die Furcht zu vertuschen, und die Konsuln zweifelten weniger an der Zuverlässigkeit ihrer Soldaten als an ihrem Mut. Daß Bewaffnete den Mund hielten und nichts unternähmen, das sei eine neue Form von Aufruhr! Dazu brachten sie über das Ungewöhnliche ihrer Abstammung und Herkunft teils Falsches, teils Wahres vor. Als sie dicht vor dem Wall und den Toren so stichelten, nahmen es die Konsuln ganz gelassen hin. Die unerfahrene Menge dagegen empfand bald Empörung, bald Scham und wurde von den Übelständen im Staat abgelenkt. Sie wollten die Feinde nicht ungestraft lassen, wollten aber auch keinen Erfolg für die Patrizier und für die Konsuln. Die Haßgefühle gegen den äußeren und den

inneren Feind lagen bei ihnen miteinander im Streit. Endlich siegten die gegen den äußeren Feind; so hochmütig und maßlos spotteten die Feinde. In großer Zahl kamen die Soldaten auf den Platz vor dem Feldherrnzelt; sie forderten eine Schlacht, verlangten das Signal. Die Konsuln steckten die Köpfe zusammen, als wollten sie überlegen, und sprachen lange miteinander. Sie wünschten zu kämpfen, aber sie mußten ihren Wunsch zurückhalten und verbergen, um durch ihren Widerstand und ihr Hinauszögern die Leidenschaft der Soldaten, die nun einmal aufgebracht waren, noch größer werden zu lassen. Es kam also die Antwort, es sei noch zu früh, die Zeit für eine Schlacht sei noch nicht gekommen; sie sollten im Lager bleiben. Dann ordneten sie an, die Soldaten sollten sich von jedem Kampf fernhalten; wenn einer ohne Befehl kämpfe, würden sie gegen ihn wie gegen einen Feind vorgehen.

Als sie so entlassen wurden, wuchs ihr brennendes Verlangen zu kämpfen, je weniger sie glaubten, daß die Konsuln eine Schlacht wollten. Die Feinde schürten dieses Feuer obendrein, indem sie noch viel dreister auftraten, seitdem bekannt geworden war, die Konsuln hätten beschlossen, nicht zu kämpfen. Denn sie glaubten, sie könnten ungestraft spotten, man vertraue den Soldaten keine Waffen an, die Situation werde sich in einem schrecklichen Aufruhr entladen, für die römische Herrschaft sei das Ende gekommen. Im Vertrauen darauf kamen sie an die Tore, beschimpften die Römer und ließen sich kaum davon abhalten, das Lager anzugreifen.

Nunmehr konnten die Römer die Schmach nicht länger ertragen. Im ganzen Lager lief man von allen Seiten zu den Konsuln. Sie brachten jetzt nicht mehr in aller Form wie zuvor durch die ranghöchsten Centurionen ihre Forderung vor, sondern mit allgemeinem Geschrei von allen Seiten. Die Zeit war reif; trotzdem machten die Konsuln Ausflüchte. Dann ließ Fabius, als sein Kollege bei dem wachsenden Tumult aus Furcht vor einer Meuterei schon nachgeben wollte, durch ein Trompetensignal Ruhe gebieten und sagte: »Ich weiß, Cn. Manlius, daß diese Leute zu siegen verstehen; daß ich nicht weiß, ob sie es auch wollen, dafür haben sie selbst gesorgt. Deshalb ist es mein fester Entschluß, das Signal nicht zu geben, wenn sie nicht schwören, daß sie als Sieger aus

dem Kampf zurückkehren werden. Dem römischen Konsul hat
der Soldat einmal in der Schlacht das Wort gebrochen; den Göttern wird er es niemals brechen.« Da war ein Centurio, M. Flavo-
lejus, der mit am lautesten die Schlacht verlangte. Er rief: »Ich
werde als Sieger aus dem Kampf zurückkehren, M. Fabius.« Für
den Fall, daß er nicht Wort halte, rief er den Zorn des Vaters Jupiter, des Mars Gradivus und der anderen Götter auf sich herab.
Das ganze Heer schwor dann denselben Eid, jeder für sich. Als
sie geschworen hatten, wurde das Signal gegeben. Sie griffen zu
den Waffen und gingen voller Zorn und Hoffnung in den Kampf.
Jetzt, riefen sie den Etruskern zu, sollten sie mit ihren Schmähre-
den kommen, jetzt, wo sie Waffen hätten, rief jeder, solle der
Feind, der mit der Zunge so gewandt sei, ihnen entgegentreten.
Alle, sowohl Plebejer wie Patrizier, zeigten sich an diesem Tag
ungeheuer tapfer. Die Fabier taten sich am meisten hervor; sie
beschlossen, die durch die vielen inneren Kämpfe erbitterten Plebejer durch diese Schlacht wieder für sich zu gewinnen.

46. Die Schlachtreihe wurde gebildet, und auch der Feind aus
Veji und die etruskischen Legionen verweigerten die Schlacht
nicht. Sie waren sich fast ganz sicher, daß die Römer mit ihnen
genausowenig kämpfen würden wie mit den Aequern. Man dürfe
sogar auf eine größere Tat hoffen, da sie so gereizt seien und Gelegenheit hätten, sich so oder so zu verhalten. Es kam aber ganz
anders. Denn in keinem anderen Krieg zuvor waren die Römer
mit so feindseligen Gefühlen in den Kampf gegangen; so aufgebracht waren sie einerseits durch die Beschimpfungen der
Feinde, andererseits durch das Zögern der Konsuln. Die Etrusker hatten kaum Zeit, ihre Reihen zu entfalten, da waren schon
die Pilen in der ersten Erregung mehr aufs Geratewohl geworfen
als gezielt geschleudert worden, und es war schon zum Handgemenge, zum Kampf mit dem Schwert gekommen, wo der Kriegsgott am schlimmsten wütet.

In vorderster Linie tat sich das Fabische Geschlecht hervor
und bot seinen Mitbürgern ein Schauspiel und ein Vorbild. Unter
ihnen war Q. Fabius, der vor zwei Jahren Konsul gewesen war;
er drang als erster auf die dichtgedrängten Reihen der Leute von
Veji ein, und als er sich unvorsichtig inmitten vieler Feinde be-

wegte, stieß ihm ein Etrusker, der sich auf seine Kräfte und seine Waffenbeherrschung etwas einbildete, das Schwert durch die Brust. Als die Waffe herausgezogen wurde, brach Fabius über der Wunde zusammen. Beide Schlachtreihen bemerkten den Fall des einen Mannes, und die Römer begannen daraufhin zurückzugehen. Da sprang der Konsul M. Fabius über die Leiche des am Boden Liegenden hinweg, hielt seinen Reiterschild vor und rief: »Habt ihr das geschworen, Soldaten, daß ihr fliehend ins Lager zurückkehren würdet? Fürchtet ihr die feigsten Feinde so viel mehr als Jupiter und Mars, bei denen ihr geschworen habt? Aber ich, der ich nicht geschworen habe, werde entweder als Sieger zurückkehren oder hier bei dir, Q. Fabius, kämpfend fallen.« Dem Konsul erwiderte dann K. Fabius, der Konsul des Vorjahres: »Glaubst du, Bruder, daß du mit deinen Worten erreichen wirst, daß sie kämpfen? Die Götter werden es erreichen, bei denen sie geschworen haben. Wir aber wollen, wie es sich für den Adel ziemt, wie es des Namens der Fabier würdig ist, lieber durch Kämpfe als durch Ermahnen den Mut der Soldaten entfachen.« So stürmten die beiden Fabier mit gefällten Lanzen nach vorne und rissen die ganze Schlachtreihe mit.

47. Während das Gleichgewicht auf der einen Seite wiederhergestellt war, feuerte der Konsul Cn. Manlius auf dem anderen Flügel nicht weniger energisch zum Kampf an, wo sich die Dinge ganz ähnlich abspielten. Denn wie auf dem anderen Flügel dem Q. Fabius, so folgten auf diesem die Soldaten eifrig dem Konsul Manlius persönlich, der die Feinde vor sich hertrieb, als wenn sie schon geschlagen wären; als er aber schwer verwundet den Kampfplatz verlassen hatte, glaubten sie, er sei tot, und gingen zurück. Und sie hätten sogar ihre Stellung geräumt, wenn nicht der andere Konsul mit einigen Reiterschwadronen an diesen Abschnitt herangaloppiert wäre und gerufen hätte, sein Kollege sei am Leben, er sei als Sieger hier, der andere Flügel des Feindes sei geschlagen; so rettete er die Lage. Auch Manlius zeigte sich selbst wieder vor aller Augen, um die Schlachtreihe wiederherzustellen. Als die Soldaten beide Konsuln sahen, entfachte das ihren Mut. Zugleich war auch die Schlachtreihe der Feinde schon gelichtet, weil sie im Vertrauen auf ihre große Überzahl die Reser-

ven abzogen und zum Sturm auf das Lager schickten. Hier konnten sie ohne schweren Kampf eindringen; während sie mehr an
Beute als an Kampf dachten und die Zeit vergeudeten, schickten
die römischen Triarier, die den ersten Einbruch nicht hatten auffangen können, Boten zu den Konsuln, wie die Dinge ständen,
kehrten massiert zum Feldherrnzelt zurück und nahmen selbst
von sich aus den Kampf wieder auf. Auch der Konsul Manlius
war ins Lager zurückgekehrt, hatte Soldaten an alle Tore gestellt
und den Feinden den Weg versperrt. Die Verzweiflung darüber
weckte bei den Etruskern mehr Wut als Mut. Denn nachdem sie
mehrmals, wo auch immer die Hoffnung einen Ausweg zeigte, in
vergeblichem Angriff vorgestürmt waren, drang ein einzelner
Haufen von jungen Leuten auf den Konsul selbst ein, der durch
seine Waffen auffiel. Zuerst wurden die Geschosse von den Umstehenden aufgefangen; dann aber konnte man der Wucht des
Angriffs nicht mehr standhalten. Der Konsul stürzte, von einer
tödlichen Wunde getroffen, zu Boden, und alles ringsum floh.
Den Etruskern wuchs der Mut; die Römer trieb der Schrecken in
Panik durch das ganze Lager, und es wäre zum Äußersten gekommen, wenn nicht die Legaten die Leiche des Konsuls an sich
gebracht und an einem Tor den Feinden den Weg freigegeben
hätten. Hier stürzten sie hinaus, und als sie in Unordnung abzogen, stießen sie auf den siegreichen anderen Konsul. Da erlitten
sie wieder hohe Verluste und wurden nach allen Seiten gejagt.

Ein bedeutender Sieg war errungen, jedoch auch ein trauriger
wegen der beiden so bedeutenden Toten. Als der Senat einen Triumph beschloß, antwortete daher der Konsul, wenn das Heer
ohne seinen Feldherrn triumphieren könne, werde er das bei dem
außerordentlichen Einsatz in diesem Krieg gerne zulassen. Weil
aber seine Familie durch den Tod seines Bruders Q. Fabius in
Trauer und der Staat durch den Verlust des einen Konsuls zu einem Teil verwaist sei, werde er den Lorbeer, der durch öffentliche und private Trauer seinen Glanz verloren habe, nicht annehmen. Diese Ablehnung eines Triumphes machte mehr Eindruck
als jeder Triumph, der gefeiert worden ist. So kehrt Ruhm, den
man zur rechten Zeit verschmäht, zuweilen in reicherem Maß
wieder zu einem zurück.

Dann führte er hintereinander zwei Leichenzüge durch, den seines Kollegen und den seines Bruders, und hielt bei beiden die Lobrede; dadurch, daß er das Lob, das ihm zukam, ihnen zuerkannte, fiel ihm selbst der größte Teil davon zu.

Und getreu dem Grundsatz, den er zu Beginn seines Konsulats gefaßt hatte, die Gunst der Plebs zurückzugewinnen, verteilte er die verwundeten Soldaten zur Pflege auf die Patrizier. Die Fabier bekamen die meisten, und nirgendwo erhielten sie bessere Pflege. Infolgedessen waren die Fabier jetzt beim Volk beliebt, und dies durch nichts anderes als durch ein Verhalten, das zum Besten des Staates diente.

48. Daher wurde K. Fabius mit T. Verginius Konsul, was die Plebs nicht weniger gewünscht hatte als die Patrizier. Er kümmerte sich weder um Krieg noch um Aushebung noch um irgend etwas anderes eher als darum, daß die Plebs mit den Patriziern so bald wie möglich wieder eines Sinnes wurde; denn man hatte schon etwas Hoffnung auf Eintracht geschöpft. Deshalb stellte er zu Beginn des Jahres den Antrag, bevor ein Tribun da sei, der sich für das Ackergesetz einsetze, sollten die Senatoren dem zuvorkommen und es selbst zu ihrer eigenen Sache machen, und sie sollten das eroberte Land möglichst gleichmäßig an die Plebejer verteilen. Es sei recht und billig, wenn es die besäßen, die es mit ihrem Blut und ihrem Schweiß gewonnen hätten. Die Senatoren lehnten ab. Einige klagten auch darüber, daß der einst so gesunde Geist des K. Fabius durch allzu großen Ruhm das Gefühl für das rechte Maß verliere und dahinschwinde. Danach gab es in der Stadt keine Parteikämpfe.

Die Latiner wurden durch Einfälle der Aequer heimgesucht. Man schickte K. Fabius mit einem Heer dorthin, und er ging in das Gebiet der Aequer hinüber, um es zu verwüsten. Die Aequer zogen sich in ihre Städte zurück und blieben hinter den Mauern. So kam es zu keiner erwähnenswerten Schlacht.

Durch die Feinde aus Veji erlitt man dagegen infolge des Leichtsinns des anderen Konsuls eine Niederlage, und es wäre um das Heer geschehen gewesen, wenn nicht K. Fabius rechtzeitig zu Hilfe gekommen wäre. Seitdem hatte man mit Veji weder Frieden noch Krieg. Die Sache hatte nahezu die Form von Raubzügen angenommen: Vor den römischen Legionen zogen sie sich in ihre Stadt zurück; sobald sie merkten, daß die Legionen wieder abgezogen waren, fielen sie in das offene Land ein, und sie ließen es durch ihr Stillhalten nicht zum Krieg kommen und umgekehrt durch ihre Angriffe nicht zum Frieden. So konnte man die ganze Sache weder auf sich beruhen lassen noch eine Entscheidung herbeiführen. Auch andere Kriege drohten jeden Augenblick, wie mit den Aequern und den Volskern, die nicht länger Ruhe hielten, als bis die letzte Niederlage verschmerzt war, und es war auch klar, daß die Sabiner, ihre ewigen Feinde, und ganz Etrurien bald wieder zu den Waffen greifen würden. Aber der Feind in Veji, der mehr hartnäckig als bedeutend war, hielt die Menschen häufiger durch beschämende Vorfälle in Spannung als durch wirkliche Gefahr, weil er zu keiner Zeit vernachlässigt werden konnte, es aber auch nicht zuließ, daß man sich anderen Aufgaben zuwandte.

Da trat das Fabische Geschlecht vor den Senat. Der Konsul sagte im Namen seines Geschlechts: »Wie ihr wißt, Senatoren, macht der Krieg gegen Veji mehr einen beständigen als einen starken Grenzschutz nötig. Kümmert ihr euch um die anderen Kriege und gebt den Leuten von Veji die Fabier zu Feinden. Wir verbürgen uns dafür, daß dort die Größe des römischen Namens in sicheren Händen sein wird. Wir haben vor, diesen Krieg wie einen Krieg unserer Familie auf eigene Kosten zu führen. Der Staat braucht dafür keinen Soldaten zu stellen und kein Geld aufzuwenden.« Man dankte ihm überschwenglich. Der Konsul verließ das Senatsgebäude, begleitet von einem Zug von Fabiern, die in der Vorhalle des Senatsgebäudes gestanden und auf die Entscheidung des Senates gewartet hatten, und kehrte nach Hause zurück. Sie wurden aufgefordert, sich am nächsten Tag in Waffen an der Tür des Konsuls einzufinden; dann gingen sie nach Hause.

49. Die Kunde verbreitete sich in der ganzen Stadt. Man hob die Fabier mit Lobsprüchen in den Himmel. Eine einzige Familie habe die Last der Bürgerschaft auf sich genommen, der Krieg mit Veji sei zu einer Privatsache, zu einer Privatfehde geworden. Wenn es noch zwei ebenso starke Geschlechter in der Stadt gebe und das eine die Volsker für sich fordere, das andere die Aequer,

könnten alle Nachbarvölker unterworfen werden, während das
römische Volk die Ruhe des Friedens genieße.

Die Fabier griffen am nächsten Tag zu den Waffen. Wo es ihnen befohlen war, kamen sie zusammen. Der Konsul trat im
Kriegsmantel heraus und sah im Vorhof seines Hauses sein ganzes Geschlecht in Marschformation aufgestellt. Er wurde in die
Mitte genommen und befahl abzurücken. Niemals zog ein Heer,
kleiner an Zahl, aber bedeutender durch seinen Ruf und durch
die Bewunderung der Menschen, durch die Stadt: 306 Soldaten,
alle Patrizier, alle aus einem Geschlecht, von denen ein hervorra-
gendes Heer keinen jemals als Feldherrn zurückweisen würde,
zogen dahin und drohten mit den Kräften einer einzigen Familie
dem Volk von Veji den Untergang an. Eine große Schar gab ihnen das Geleit, teils Leute, die zu ihnen gehörten, Verwandte und
Freunde, die sich in ihren Hoffnungen und Sorgen nichts Mittel-
mäßiges vorstellten, sondern lauter Unermeßliches, teils auch
Leute, die von der Sorge um den Staat hergetrieben worden waren, vor Liebe und Bewunderung außer sich. Sie sollten mutig
dahinziehen, sollten glücklich dahinziehen, rief man ihnen zu,
und ihr Unternehmen mit dem verdienten Erfolg krönen. Dann
könnten sie von ihnen Konsulate und Triumphe, alle Belohnungen, alle Ehren erwarten. Während sie am Kapitol und der Burg
und den anderen Heiligtümern vorbeizogen, beteten die Menschen zu allen Göttern, die ihnen vor die Augen und vor die Seele
traten, sie sollten diesen Zug glücklich und wohlbehalten ziehen
und sie bald wieder unversehrt zur Vaterstadt, zu den Eltern zurückkehren lassen. Die Bitten waren ins Leere gesprochen. Auf
einem Unglücksweg, durch den rechten Torbogen der Porta
Carmentalis, zogen sie aus und gelangten an die Cremera. Das
schien ein geeigneter Platz, um eine Befestigung anzulegen.

L. Aemilius und C. Servilius wurden dann Konsuln. Und solange es bei Plünderungen blieb, waren die Fabier nicht nur genug,
um die Befestigung zu schützen, sondern indem sie auf beiden Seiten der Grenze umherstreiften, schufen sie in der ganzen Gegend,
wo das etruskische Gebiet an das römische grenzt, Sicherheit auf
der eigenen Seite und Unsicherheit auf der feindlichen.

Dann kam es zu einer kurzen Unterbrechung der Plünderun-

gen, während die Bewohner von Veji, die ein Heer aus Etrurien
herbeigerufen hatten, die Befestigung an der Cremera angriffen
und die römischen Legionen von L. Aemilius herangeführt wurden und mit den Etruskern in einer Schlacht Mann gegen Mann
kämpften. Doch blieb den Leuten von Veji dabei kaum Zeit, ihre
Schlachtreihe richtig aufzustellen; denn in der ersten Verwirrung, während die Abteilungen hinter ihren Feldzeichen einrückten und sie die Reserven postierten, sprengte plötzlich von
der Flanke her eine römische Reiterschwadron heran und nahm
ihnen nicht nur die Möglichkeit, den Kampf zu beginnen, sondern auch, in Stellung zu gehen. So wurden sie auf die Roten
Felsen zurückgeworfen – dort hatten sie ihr Lager – und baten
kleinlaut um Frieden. Sie erhielten ihn auch, aber bei ihrer angeborenen Unbeständigkeit tat es ihnen schon wieder leid, noch
bevor die römische Besatzung von der Cremera abgezogen worden war.

50. Das Volk von Veji kämpfte wieder mit den Fabiern, ohne
daß man irgendwelche Anstalten zu einem größeren Krieg gemacht hätte. Und es kam nicht nur zu Streifzügen in das offene
Land und zu plötzlichen Angriffen auf die Eindringlinge, sondern einigemal auch auf freiem Feld zu einem regelrechten
Kampf, und ein einziges Geschlecht des römischen Volkes trug
oft über die damals mächtigste Stadt der Etrusker den Sieg davon.
Die Leute von Veji empfanden das zunächst als bitter und unwürdig; dann kam aus der Situation heraus der Plan auf, den dreisten Feind in einem Hinterhalt zu fassen; sie waren auch froh,
daß die Fabier durch ihren häufigen Erfolg immer verwegener
wurden. Deshalb wurde ihnen, wenn sie auf ihren Beutezügen
waren, einigemal Vieh entgegengetrieben, als wenn es zufällig
dorthin gekommen wäre, das Land lag nach der Flucht der Landbevölkerung verödet da, und bewaffnete Hilfskräfte, die geschickt worden waren, um die Plünderungen zu verhindern, flohen häufiger in vorgetäuschter als in echter Panik davon.
Und schon verachteten die Fabier den Feind so sehr, daß sie
glaubten, man könne ihren unüberwindlichen Waffen an keinem
Platz und zu keiner Zeit standhalten. Diese Hoffnung riß sie fort,
daß sie, als sie weit weg von der Cremera fern in der Ebene Vieh

erblickten, hinabstürzten, obwohl hie und da Waffen der Feinde
zu sehen waren. Unvorsichtig stürmten sie in wildem Tempo an
dem Hinterhalt vorbei, der zu beiden Seiten des Weges gelegt
war, und suchten verstreut überall die Tiere einzufangen, die
wild umherliefen, wie es geschieht, wenn sie in Schreck geraten;
da erhob man sich plötzlich aus dem Hinterhalt, und vorne und
auf allen Seiten waren Feinde. Zuerst erschreckte sie das Geschrei, das ringsum ertönte, dann flogen von allen Seiten Geschosse heran. Als die Etrusker zusammenrückten und die Fabier schon von einer geschlossenen Front von Bewaffneten ein-
gekreist waren, sahen sie sich gezwungen, je mehr der Feind auf
sie eindrang, auf dem immer enger werdenden Raum auch selbst
ein Karree zu bilden. Das machte ihre geringe Zahl und die zahlenmäßige Überlegenheit der Etrusker sichtbar, deren Reihen auf
dem engen Raum tief gestaffelt waren. Da gaben sie den Kampf
auf, den sie nach allen Seiten gleichmäßig geführt hatten, und
drängten alle nach einer Stelle hin. Hier brachen sie sich mit ihren
Leibern und ihren Waffen in einem Keil einen Weg. Der Weg
führte auf einen sanft ansteigenden Hügel. Von da aus setzten sie
sich zunächst zur Wehr; da die höher gelegene Stellung ihnen
Gelegenheit gab, wieder zu Atem zu kommen und sich von dem
großen Schrecken zu erholen, trieben sie bald auch die nachdrän-
genden Feinde zurück. Und so hätte die kleine Truppe mit Hilfe
des Geländes gesiegt, wenn nicht die Leute von Veji den Berg
umgangen und auf die Spitze des Hügels gelangt wären. So bekam der Feind wieder die Oberhand. Die Fabier wurden alle bis
auf den letzten Mann niedergehauen und die Befestigung eingenommen. Es besteht hinreichend Übereinstimmung darin, daß
die 306 das Leben verloren haben und daß sie nur einen einzigen,
weil er noch minderjährig war, in der Stadt zurückgelassen hatten, den Stammhalter des Fabischen Geschlechts, der in schwierigen Situationen des römischen Volkes oft zu Hause und im
Kriege die allergrößte Hilfe werden sollte.

51. Als man diese Niederlage erlitt, waren schon C. Horatius
und T. Menenius Konsuln. Menenius wurde sogleich gegen die
siegestrunkenen Etrusker geschickt. Auch jetzt ging der Kampf
unglücklich aus, und so besetzten die Feinde das Janiculum. Und

die Stadt, der neben dem Krieg auch noch Getreidemangel zu
schaffen machte, wäre belagert worden – denn die Etrusker hatten den Tiber überschritten –, wenn nicht der Konsul Horatius
aus dem Gebiet der Volsker zurückgerufen worden wäre. Dieser
Krieg kam so nahe an die Mauern heran, daß zunächst beim Heiligtum der Spes gekämpft wurde, ohne daß es eine Entscheidung
gegeben hätte, dann an der Porta Collina. Obwohl hier die römische Seite nur leicht überlegen war, gab dieses Treffen den Soldaten doch das alte Selbstvertrauen zurück und machte sie tüchtiger
für kommende Schlachten.

A. Verginius und Sp. Servilius wurden dann Konsuln. Nach
ihrer Niederlage im letzten Treffen gingen die Leute von Veji einer Schlacht aus dem Wege; sie machten Streifzüge, und wie von
einer Burg richteten sie vom Janiculum aus nach allen Seiten ihre
Angriffe auf das römische Gebiet. Nirgendwo war das Vieh, nirgendwo die Landbevölkerung sicher. Sie wurden dann aber mit
derselben Taktik gefaßt, mit der sie die Fabier gefaßt hatten. Als
sie hinter dem Vieh her waren, das man absichtlich überall ausgetrieben hatte, um sie zu locken, fielen sie in einen Hinterhalt. Je
mehr es waren, desto schlimmer war das Gemetzel. Der grimmige Zorn über diese Niederlage wurde dann Ursache und Anfang einer noch schwereren Niederlage. Denn sie überschritten
bei Nacht den Tiber und machten sich daran, das Lager des Konsuls Servilius anzugreifen. Hier wurden sie zurückgeschlagen
und konnten sich nur unter hohen Verlusten mit Mühe zum Janiculum zurückziehen. Unverzüglich ging der Konsul auch selbst
über den Tiber und legte ein stark befestigtes Lager am Fuß des
Janiculum an. Als es am nächsten Tag hell wurde, führte er, einigermaßen ermutigt durch das gestrige Schlachtenglück, mehr
aber noch, weil der Mangel an Getreide auch zu sehr voreiligen
Entscheidungen drängte, wenn es nur möglichst schnell ging,
sein Heer leichtsinnig das Janiculum hinauf gegen das Lager der
Feinde und wurde von dort noch schimpflicher zurückgeschlagen, als er sie am Vortag geschlagen hatte, und er selbst und sein
Heer wurden nur durch das Eingreifen seines Kollegen gerettet.
Zwischen den beiden Heeren wurden die Etrusker, die abwechselnd vor diesen und vor jenen die Flucht ergriffen, sämtlich nie-

dergemacht. So wurde durch Leichtsinn, der ein glückliches
Ende nahm, der Krieg mit Veji beendet.

52. In der Stadt gab es mit dem Frieden auch wieder einen nor-
maleren Getreidepreis, da Korn aus Kampanien herangeschafft
wurde und auch die Vorräte, die man versteckt hatte, wieder hervorgeholt wurden, nachdem die Angst geschwunden war, die jeder vor dem ihm drohenden Mangel gehabt hatte. Weil jetzt alles
reichlich vorhanden war und Ruhe herrschte, wurden die Menschen wieder übermütig und verfielen daheim auf die alten Übel,
nachdem es draußen keine mehr gab. Die Tribunen versetzten
die Plebs mit ihrem Gift, dem Ackergesetz, in Unruhe; sie hetzten gegen die Patrizier, die dem Gesetz Widerstand leisteten, und
nicht nur gegen alle insgesamt, sondern gegen einzelne. Q. Con-
sidius und T. Genucius, die das Ackergesetz wieder zur Sprache
brachten, luden T. Menenius vor. Man legte ihm den Verlust der
Befestigung an der Cremera zur Last, weil er als Konsul nicht
weit von da sein Standlager gehabt hatte. Das führte zu seiner
Verurteilung, obwohl die Senatoren sich für ihn nicht weniger als
für Coriolanus eingesetzt hatten und auch die Liebe zu seinem
Vater Agrippa noch nicht erloschen war. Beim Strafmaß hielten
sich die Tribunen zurück; obschon es bei dem Prozeß um Tod
und Leben gegangen war, setzten sie nach dem Schuldspruch für
ihn nur eine Buße von 2000 As an. Das führte zu seinem Tod. Es
heißt, er habe die Schande und den Gram nicht ertragen; darüber
sei er krank geworden und gestorben.

Dann wurde ein anderer angeklagt, Sp. Servilius; sobald er sein
Konsulat niedergelegt hatte und C. Nautius und P. Valerius
Konsuln waren, wurde er gleich zu Beginn des Jahres von den
Tribunen L. Caedicius und T. Statius vorgeladen. Er reagierte auf
die Angriffe der Tribunen nicht wie Menenius mit eigenen Bitten
oder denen der Patrizier, sondern verließ sich ganz auf seine Unschuld und auf seinen Einfluß. Ihm machte man den Kampf mit
den Etruskern am Janiculum zum Vorwurf. Aber wie zuvor in
der Gefahr des Staates, so zeigte er sich auch jetzt, wo es um ihn
selbst ging, als ein Mann von feurigem Temperament; er wies
nicht nur die Tribunen, sondern auch die Plebs in einer mutigen
Rede in die Schranken und hielt ihnen die Verurteilung und den

Tod des T. Menenius vor, mit Hilfe von dessen Vater die Plebs doch einst zurückgeführt worden sei und diese Beamten habe, durch die sie jetzt ihre Wut austobe, und diese Gesetze. Durch seine Kühnheit wurde er der Gefahr Herr. Ihm stand auch sein Kollege Verginius bei, der, als Zeuge aufgerufen, ihn an seinem Ruhm teilhaben ließ; aber mehr noch nützte ihm – so hatte sich die Stimmung geändert – das Urteil gegen Menenius.

53. Die Auseinandersetzungen im Inneren waren zu Ende; der Krieg mit Veji hatte wieder begonnen, und die Sabiner hatten ihre Streitkräfte mit ihnen vereinigt. Der Konsul P. Valerius wurde mit einem Heer, das durch Hilfstruppen von den Latinern und den Hernikern verstärkt worden war, nach Veji geschickt und griff das Lager, das die Sabiner vor den Mauern ihrer Bundesgenossen aufgeschlagen hatten, sogleich an. Er löste bei ihnen solche Verwirrung aus, daß das Tor, auf das er zuerst den Angriff gerichtet hatte, schon eingenommen wurde, während die Sabiner noch zerstreut, die einen hier, die anderen da, manipelweise hinausstürzten, um die Streitmacht der Feinde abzuwehren. Hinter dem Wall war es dann mehr ein Gemetzel als ein Kampf. Der Kampflärm drang aus dem Lager auch in die Stadt. Als wäre Veji schon eingenommen, so verstört eilten die Bewohner der Stadt zu den Waffen. Ein Teil kam den Sabinern zu Hilfe, ein Teil warf sich auf die Römer, die ihre ganze Aufmerksamkeit auf das Lager gerichtet hatten. Sie wurden für kurze Zeit zum Weichen gebracht und gerieten in Verwirrung. Dann machten auch sie nach zwei Seiten Front und kamen zum Stehen, und die Reiter, die der Konsul angreifen ließ, schlugen die Etrusker und jagten sie in die Flucht. So wurden zu ein und derselben Stunde zwei Heere und die beiden mächtigsten und größten Nachbarvölker besiegt.

Während dies bei Veji geschah, hatten die Volsker und Aequer im latinischen Gebiet ihr Lager aufgeschlagen und das Land verwüstet. Die Latiner handelten auf eigene Faust und nahmen, verstärkt durch die Herniker, aber ohne einen Feldherrn aus Rom und ohne Hilfe von dort, den Feinden das Lager weg. Sie machten riesige Beute, abgesehen von ihrer eigenen Habe, die sie zurückgewannen. Trotzdem wurde von Rom aus der Konsul C. Nautius in das Gebiet der Volsker geschickt; ich glaube, die Sitte, daß die Bundesgenossen ohne einen römischen Feldherrn und ohne ein römisches Heer mit ihren eigenen Streitkräften und nach ihrem eigenen Plan Kriege führten, fand kein Gefallen. Keine Art von Schaden und Schmach blieb den Volskern erspart; doch konnten sie nicht dazu gebracht werden, eine Schlacht zu liefern.

54. L. Furius und C. Manlius waren dann Konsuln. Manlius fiel Veji als Aufgabengebiet zu. Doch es kam nicht zum Krieg. Auf ihre Bitte hin wurde den Leuten von Veji ein Waffenstillstand für 40 Jahre gewährt; sie mußten dafür Getreide liefern und eine Abgabe zahlen.

An den Frieden draußen schloß sich sogleich wieder Zwietracht daheim an. Die Plebs gebärdete sich wie rasend, von den Tribunen durch das Ackergesetz aufgestachelt. Die Konsuln leisteten mit aller Macht Widerstand, ohne sich durch die Verurteilung des Menenius und die Gefahr, in der Servilius geschwebt hatte, abschrecken zu lassen. Als sie aus dem Amt schieden, zog der Volkstribun Cn. Genucius sie vor Gericht.

L. Aemilius und Opiter Verginius traten ihr Amt an. In einigen Geschichtswerken finde ich Vopiscus Julius anstelle von Verginius als Konsul. In diesem Jahr – welche Konsuln es auch gehabt hat – gingen Furius und Manlius, die vor dem Volk angeklagt waren, in Trauerkleidung unter den Plebejern herum, aber auch bei den jüngeren Patriziern. Sie rieten und mahnten, sich von den Ämtern und der Leitung des Staates fernzuhalten; sie sollten vielmehr die Rutenbündel der Konsuln, die purpurverbrämte Toga und den Amtsstuhl für nichts anderes als für den Prunk eines Leichenzuges halten. Durch die berühmten Wahrzeichen würden sie, als wenn man ihnen die Wollbinden umgebunden hätte, für den Tod bestimmt. Wenn aber vom Konsulat so großer Reiz ausgehe, sollten sie sich schon jetzt klarmachen, daß die Tribunen das Konsulat in ihre Gewalt gebracht und unterdrückt hätten. Ein Konsul müsse wie ein Amtsdiener eines Tribunen alles auf den Wink und auf den Befehl des Tribunen tun. Wenn er sich rühre, wenn er Rücksicht auf den Senat nehme, wenn er meine, es gebe im Staat noch etwas anderes als die Plebs, dann solle er sich die Verbannung des Cn. Marcius und die Verurteilung und den

Tod des Menenius vor Augen halten. Durch diese Worte erregt, hielten die Senatoren dann keine öffentlichen Sitzungen mehr ab, sondern nur noch solche in Privathäusern, von denen die Menge nichts erfuhr. Hier stand nur das eine fest, daß man die Angeklagten da herausreißen müsse, mit Recht oder mit Unrecht; gerade die schrecklichsten Vorschläge fanden den meisten Beifall, und es fehlte auch nicht an einem Vollstrecker für die Tat, wie verwegen sie auch war.

Am Tag des Prozesses also, als die Plebs in gespannter Erwartung auf dem Forum stand, wunderten sich die Leute zuerst, daß der Tribun nicht herabkam; dann, als das Zögern schon verdächtiger wurde, glaubten sie, er sei von den führenden Männern eingeschüchtert worden, und klagten darüber, daß die Sache des Volkes verlassen und verraten worden sei. Endlich meldeten einige, die sich im Vorhof des Tribunen aufgehalten hatten, man habe ihn in seinem Haus tot aufgefunden. Sobald dieses Gerücht sich durch die ganze Volksversammlung verbreitete, liefen die Leute, so wie eine Schlachtreihe sich auflöst, wenn der Feldherr gefallen ist, nach allen Seiten auseinander, die einen hierhin, die anderen dorthin. In besonderem Maße waren die Tribunen von Furcht befallen, denen durch den Tod ihres Kollegen gezeigt wurde, wie wenig Schutz doch die heiligen Satzungen boten. Die Patrizier machten kaum ein Hehl aus ihrer Freude. Und keiner mißbilligte die verbrecherische Handlung, so daß auch Unschuldige als Täter gelten wollten und man ganz offen sagte, man müsse die tribunizische Gewalt mit den härtesten Mitteln zähmen.

55. Gleich nach diesem Sieg übelster Art wurde die Aushebung angesetzt, und da die Tribunen Angst hatten, konnten die Konsuln sie ohne jeden Einspruch durchführen. Da aber wurden die Plebejer zornig, mehr über das Schweigen der Tribunen als über den Befehl der Konsuln, und sie sagten, es sei um ihre Freiheit geschehen, die alten Verhältnisse seien wieder eingekehrt. Mit Genucius sei auch die tribuzinische Gewalt gestorben und begraben. Man müsse etwas anderes tun und sich etwas ausdenken, wie man den Patriziern Widerstand leisten könne. Es gebe aber nur den einen Rat, daß die Plebs sich selbst wehre, weil sie keine

andere Hilfe finde. Nur 24 Liktoren ständen den Konsuln zur
Verfügung, und das seien Leute aus der Plebs. Nichts sei verächt-
licher und schwächer, wenn es nur Leute gäbe, die so etwas verachteten; man stelle sich das nur als etwas Großes und Schreckliches vor.

Als sie sich mit solchen Worten gegenseitig aufgereizt hatten,
schickten die Konsuln einen Liktor zu Volero Publilius, einem
Mann aus der Plebs, der sagte, er brauche nicht als einfacher Soldat zu dienen, weil er schon Centurio gewesen sei. Volero appellierte an die Tribunen. Weil ihm keiner zu Hilfe kam, befahlen
die Konsuln, den Mann auszuziehen und die Ruten hervorzuho-
len. Da rief Volero: »Ich lege Berufung an das Volk ein, weil die
Tribunen lieber zusehen, wie ein römischer Bürger mit Ruten geschlagen wird, als daß sie sich in ihrem Bett von euch ermorden
lassen.« Je wilder er schrie, desto heftiger riß der Liktor ihm die
Kleider vom Leib und zog ihn aus. Da stieß Volero, der selbst ein
kräftiger Mann war und dem andere, die er anrief, zu Hilfe kamen, den Liktor weg und zog sich in das dichteste Getümmel zurück, dorthin, wo das Geschrei der Leute, die sich für ihn empör-
ten, am wildesten war, und schrie: »Ich lege Berufung ein und
bitte die Plebs um Schutz. Steht mir bei, Mitbürger! Steht mir bei,
Kameraden! Es hat keinen Sinn, auf die Tribunen zu warten, die
selbst eure Hilfe nötig haben.« Die erregten Menschen machten
sich fertig wie zu einem Kampf. Offensichtlich mußte man sich
auf alles gefaßt machen, würde keinem mehr etwas heilig sein,
kein öffentliches und kein privates Recht. Als die Konsuln sich
diesem gewaltigen Sturm entgegenstellten, erfuhren sie bald, daß
hoher Rang ohne Macht nicht genug Sicherheit bietet. Die Liktoren wurden mißhandelt, ihre Rutenbündel zerbrochen, die Konsuln selbst vom Forum in das Senatsgebäude getrieben, und sie
wußten nicht, wie weit Volero seinen Sieg ausnutzen werde. Als
der Tumult sich dann gelegt hatte und auf ihre Anordnung eine
Senatssitzung einberufen worden war, beklagten sie sich über das
Unrecht, das man ihnen angetan hatte, über die Gewalttätigkeit
der Plebs und die Frechheit Voleros. Nachdem viele maßlose
Vorschläge gemacht worden waren, setzten sich die Älteren
durch, denen es nicht gefiel, daß die Senatoren sich in ihrem

Kampf gegen die Unbesonnenheit der Plebs vom Zorn hinreißen
ließen.

56. Die Plebs, die Volero ins Herz geschlossen hatte, machte
ihn bei der nächsten Wahl zum Volkstribunen für das Jahr, in
dem L. Pinarius und P. Furius Konsuln waren. Wider Erwarten
aller, die geglaubt hatten, er werde jede Möglichkeit des Tribunats nutzen, um den Konsuln des Vorjahres zuzusetzen, ließ er
seinen persönlichen Unmut hinter den Interessen der Allgemeinheit zurücktreten, verletzte die Konsuln nicht einmal mit einem
Wort und brachte den Antrag vor das Volk, daß die plebejischen
Beamten in Tribuscomitien gewählt werden sollten. Eine nicht
unbedeutende Sache wurde hier unter einem auf den ersten Blick
harmlosen Titel eingebracht; sie nahm aber den Patriziern jede
Möglichkeit, mit Hilfe der Stimmen ihrer Klienten die zu Tribunen zu machen, die sie wollten. Diesem Antrag, der von der Plebs
begeistert aufgenommen wurde, leisteten die Patrizier mit aller
Macht Widerstand; aber keiner aus dem Kollegium der Tribunen
konnte durch den Einfluß der Konsuln oder der führenden Männer dazu gebracht werden, daß er Einspruch einlegte, was die
einzige Möglichkeit zu erfolgreichem Widerstand war. Trotzdem zog sich die Sache, eine schon an sich wegen ihrer großen
Bedeutung schwierige Materie, infolge der Streitigkeiten über
das ganze Jahr hin. Die Plebs machte Volero wieder zum Tribunen. Die Patrizier, die glaubten, es werde zu einer äußerst harten
Auseinandersetzung kommen, machten App. Claudius, den
Sohn des Appius, zum Konsul, der schon seit den Streitereien
seines Vaters bei der Plebs verhaßt war und ihr feindselig gegenüberstand. Als Kollege wurde ihm T. Quinctius beigegeben.
Gleich zu Beginn des Jahres wurde vor allem anderen über das
Gesetz verhandelt. Neben Volero, der das Gesetz vorgeschlagen
hatte, setzte sich aber jetzt auch sein Kollege C. Laetorius mit frischer Leidenschaft und größerer Schärfe dafür ein. Ihn machte
sein ungeheurer Kriegsruhm stolz, weil in dieser Zeit keiner ein
besserer Soldat war. Während Volero ausschließlich von dem
Gesetz sprach und sich jedes Angriffs auf die Konsuln enthielt,
fing Laetorius an, Appius und seine Familie anzuklagen, die äußerst hochmütig und gegen die römische Plebs höchst grausam

sei. Dabei behauptete er, die Patrizier hätten nicht einen Konsul, sondern einen Henker eingesetzt, um die Plebs zu quälen und zu zerfleischen. Seine ungeübte Zunge – er war ja nur ein einfacher Soldat – war nicht imstande, seinen Freimut und seine Gefühle auszudrücken. Als ihm daher die Worte ausgingen, sagte er: »Weil mir das Sprechen nicht so leichtfällt, Mitbürger, wie ich das halte, was ich gesagt habe, so findet euch am morgigen Tage ein. Dann werde ich entweder hier vor euren Augen sterben oder das Gesetz durchbringen.«

Die Tribunen bemächtigten sich am nächsten Tag der Rednertribüne. Die Konsuln und der Adel mischten sich unter das Volk, um das Gesetz zu verhindern. Laetorius befahl allen außer denen, die sich an der Abstimmung beteiligten, den Platz zu räumen. Die jungen Leute aus dem Adel blieben stehen und wichen nicht vor dem Amtsdiener des Tribunen. Da befahl Laetorius, einige von ihnen zu ergreifen. Der Konsul Appius sagte, ein Tribun habe gegen niemand ein Recht, es sei denn gegen einen Plebejer; denn er sei kein Beamter des Gesamtvolkes, sondern nur einer der Plebs. Nach der Sitte der Vorfahren könne nicht einmal jener kraft seiner Amtsgewalt jemanden entfernen, weil es so heiße: »Entfernt euch, Mitbürger, wenn es euch paßt!« Indem er verächtlich von seinem Recht sprach, konnte er Laetorius leicht verwirren. Außer sich vor Zorn schickte der Tribun daher einen Amtsdiener zum Konsul, der Konsul einen Liktor zum Tribunen, und er rief, er sei ein Privatmann, ohne Befehlsgewalt und ohne hoheitliche Befugnisse. Und gegen den Tribunen wäre Gewalt angewandt worden, wenn sich nicht die ganze Volksversammlung ergrimmt für den Tribunen gegen den Konsul erhoben hätte und eine aufgebrachte Menge aus der ganzen Stadt auf dem Forum zusammengeströmt wäre. Appius versuchte jedoch in seiner Halsstarrigkeit, diesem gewaltigen Sturm standzuhalten. Und es wäre zu einem nicht unblutigen Kampf gekommen, wenn nicht Quinctius, der andere Konsul, den ehemaligen Konsuln den Auftrag gegeben hätte, seinen Kollegen vom Forum zu entfernen, wenn sie es anders nicht könnten, auch mit Gewalt, und selbst bald die tobenden Plebejer durch seine Bitten beschwichtigt, bald die Tribunen gebeten hätte, die Versammlung aufzulösen: sie sollten den Zorn sich austoben lassen. Die Zeit werde ihnen ihre Macht nicht nehmen, sondern zu ihren Kräften noch ruhige Überlegung hinzufügen, und der Senat werde sich der Autorität des Volkes und der Konsul sich der Autorität des Senates unterwerfen.

57. Nur mit Mühe konnten die Plebejer von Quinctius beruhigt werden, mit noch viel größerer Mühe der andere Konsul von den Senatoren. Als die Versammlung der Plebs sich endlich aufgelöst hatte, hielten die Konsuln eine Senatssitzung ab. Hier führten zunächst Furcht und Zorn abwechselnd zu recht verschiedenen Vorschlägen; je mehr man dann aber, als etwas Zeit verstrichen war, von der leidenschaftlichen Erregung weg und zum ruhigen Beraten kam, desto mehr schreckte man vor einem Kampf zurück und dankte Quinctius dafür, daß durch seinen Einsatz die Zwietracht entschärft worden war. Appius wurde gebeten, sich damit zufriedenzugeben, wenn die Hoheit des Konsulats so groß sei, wie sie in einer einträchtigen Bürgerschaft sein könne. Wenn die Konsuln und die Tribunen jeder alles an sich zögen, bleibe nichts an Macht mehr in der Mitte zurück; der Staat sei dann zerrissen und zerstückelt; man frage dann mehr danach, in wessen Hand er sei, als daß er unversehrt sei. Appius rief dagegen die Götter und Menschen zu Zeugen an, daß der Staat aus Furcht verraten und im Stich gelassen werde, daß es dem Senat nicht an einem Konsul, sondern dem Konsul an einem Senat fehle. Man werde noch schlimmere Gesetze erhalten, als man sie auf dem Heiligen Berg erhalten habe. Bezwungen von der Einmütigkeit der Senatoren gab er dann jedoch Ruhe. Das Gesetz kam ohne Widerspruch durch.

58. Dann wurden zum erstenmal die Tribunen in den Tribuscomitien gewählt. Piso schreibt, es seien noch drei dazugekommen, als wenn es vorher nur zwei gewesen wären; er nennt auch die Namen der Tribunen: Cn. Siccius, L. Numitorius, M. Duilius, Sp. Icilius und L. Maecilius.

Während der inneren Unruhen in Rom brach ein Krieg mit den Volskern und Aequern aus. Sie hatten das Land verwüstet, damit die Plebs, wenn es wieder zu einem Auszug kommen sollte, bei ihnen eine Zuflucht finden könne. Als dann in Rom wieder Ruhe eingekehrt war, zogen sie sich zurück. App. Claudius wurde gegen die Volsker geschickt, Quinctius fielen die Aequer als Aufgabengebiet zu. Die grausame Strenge des Appius zeigte sich im Felde genauso wie daheim, sogar noch hemmungsloser, da ihm hier kein Tribun in den Weg trat. Er haßte die Plebs mit einem Haß, der den seines Vaters noch übertraf. Er war von ihr besiegt worden! Ihn hatte man zum Konsul gewählt, weil man ihn für besonders geeignet hielt, der Macht der Tribunen zu trotzen, und unter ihm war dann das Gesetz durchgekommen, das die Konsuln des Vorjahres, auf die die Senatoren keineswegs so große Hoffnung gesetzt hatten, mit weniger Mühe verhindert hatten! Die Wut und die Empörung darüber trieben den erregbaren Mann, sein Heer durch strenge Ausübung seiner Befehlsgewalt zu schikanieren. Es ließ sich aber durch keine Gewalt zähmen, so voller Aufsässigkeit war es. Lasch, gemächlich, nachlässig und störrisch führten sie alles aus; weder Scham noch Furcht hielten sie in Schranken. Wenn er wollte, daß sie schneller marschierten, gingen sie vorsätzlich langsamer; wenn er auftauchte, um sie zum Arbeiten anzuhalten, ließ der Fleiß, den sie von sich aus gezeigt hatten, bei allen nach; wenn er vor ihnen stand, senkten sie den Blick; wenn er vorüberging, verfluchten sie ihn im stillen, so daß es diesen Mann, der vor dem Haß der Plebejer nicht kapituliert hatte, zuweilen doch berührte. Als er mit aller Schärfe nichts erreichte, wollte er mit den Soldaten nichts mehr zu tun haben und sagte, das Heer sei von den Centurionen verdorben worden, und nannte diese zuweilen höhnisch Volkstribunen und Voleros.

59. Nichts davon war den Volskern verborgen geblieben; um so heftiger griffen sie an in der Hoffnung, das römische Heer werde sich gegenüber Appius genauso widerspenstig zeigen wie gegenüber dem Konsul Fabius. Aber es war gegen Appius noch viel aufsässiger als gegen Fabius. Denn es wollte nicht nur nicht siegen wie das Heer des Fabius, sondern es wollte sich besiegen lassen. Als es in die Schlacht geführt wurde, strebte es in schimpflicher Flucht wieder zum Lager und setzte sich nicht eher zur Wehr, als bis es sah, daß die Volsker die Lagerbefestigung angriffen und unter der Nachhut ein gräßliches Blutbad anrichteten.

Da sahen sie sich genötigt, ihre Kraft im Kampf einzusetzen, so
daß der schon siegreiche Feind vom Wall zurückgedrängt wurde;
es war aber ganz offensichtlich, daß der römische Soldat nur
nicht gewollt hatte, daß das Lager eingenommen wurde, daß er
sich sonst aber über seine Niederlage und über seine Schande
freute.

Die Arroganz des Appius war dadurch keineswegs gebrochen.
Als er aber obendrein noch seine Wut austoben wollte und eine
Heeresversammlung einberief, eilten die Legaten und Tribunen
zu ihm und mahnten ihn, auf keinen Fall seine Befehlsgewalt aufs
Spiel zu setzen, deren ganze Stärke auf der Zustimmung der Ge-
horchenden beruhe. Die Soldaten sagten allgemein, sie würden
nicht zur Heeresversammlung gehen, und überall konnte man
Stimmen hören mit der Forderung, man solle aus dem Gebiet der
Volsker abziehen. Der Feind sei eben erst als Sieger fast in den
Toren und auf dem Wall gewesen, und man habe eine ungeheure
Katastrophe nicht nur als eine Vorahnung, sondern in greifbarer
Gestalt vor Augen. Appius gab sich endlich geschlagen, da sie
nichts als einen Aufschub der Strafe gewönnen, verzichtete auf
die Heeresversammlung, gab Befehl, für den folgenden Tag den
Abmarsch anzukündigen, und ließ in der Frühe mit der Trom-
pete das Signal zum Aufbruch geben.

Gerade erst formierte sich der Zug aus dem Lager heraus, da
griffen die Volsker die Nachhut an, als wären sie mit demselben
Signal herbeigerufen worden. Von hier drang die Unruhe bis zur
Spitze und versetzte das ganze Heer in solche Panik, daß man
weder Kommandos hören noch eine Schlachtreihe bilden
konnte. Keiner dachte an etwas anderes als an Flucht. So löste
sich die Marschformation auf, und sie entkamen über einen Haufen Leichen und Waffen, und die Feinde hörten eher mit dem
Verfolgen auf als die Römer mit dem Fliehen. Als die Soldaten
sich nach der wilden Flucht endlich gesammelt hatten, schlug der
Konsul, der seinen Leuten nachgeeilt war und sie vergeblich zurückzurufen versucht hatte, in einer ruhigen Gegend das Lager
auf. Und er berief eine Heeresversammlung und zog mit vollem
Recht gegen das Heer los, das die Kriegszucht verraten und die
Feldzeichen im Stich gelassen hatte, und er fragte sie einzeln, wo

ihre Feldzeichen, wo ihre Waffen seien, und ließ die Soldaten, die keine Waffen mehr hatten, und die Feldzeichenträger, die ihre Feldzeichen verloren hatten, dazu die Centurionen und die Duplicarier, die ihre Centurien verlassen hatten, mit Ruten schlagen und mit dem Beil enthaupten. Von der übrigen Menge wurde jeder zehnte durch das Los zur Hinrichtung bestimmt.

60. Demgegenüber wetteiferten im Gebiet der Aequer der Konsul und die Soldaten miteinander in Freundlichkeit und Entgegenkommen. Schon von Natur aus war Quinctius sanfter, und die unselige Härte seines Kollegen hatte bewirkt, daß er sich um so lieber seiner angeborenen Art hingab. Dieser so großen Eintracht zwischen dem Feldherrn und dem Heer wagten sich die Aequer nicht entgegenzustellen, und sie ließen es geschehen, daß der Feind plündernd durch ihr Land zog. In keinem Krieg zuvor hatte man hier aus einem so ausgedehnten Gebiet Beute eingebracht. Sie wurde ganz den Soldaten überlassen. Dazu wurde ihnen auch Lob gespendet, worüber sich Soldaten nicht weniger freuen als über eine Belohnung. Gegenüber dem Feldherrn, wegen des Feldherrn aber auch gegenüber den Senatoren versöhnlicher gestimmt, kehrte das Heer zurück und sagte, ihm habe der Senat einen Vater, dem anderen Heer einen Tyrannen gegeben.

Dieses Jahr, das mit unterschiedlichem Kriegsglück und gräßlicher Zwietracht daheim und draußen vergangen war, machten vor allem die Tribuscomitien bemerkenswert, eine Sache, die durch den Sieg in dem darum entbrannten Kampf bedeutender war als durch den tatsächlichen Gewinn; denn den Comitien selbst wurde dadurch, daß die Patrizier aus der Versammlung verdrängt wurden, mehr an Würde genommen, als die Plebs an Macht dazugewann oder die Patrizier verloren.

61. Dann folgte unter den Konsuln L. Valerius und Tib. Aemilius ein Jahr, das noch stürmischer war durch die Auseinandersetzungen der Stände um das Ackergesetz, vor allem aber durch den Prozeß gegen App. Claudius. Ihn, der der schärfste Gegner des Gesetzes war und der die Interessen der Besitzer des Staatslandes wie ein dritter Konsul verfocht, luden M. Duilius und Cn. Siccius vor. Noch nie zuvor war ein Angeklagter vor das Gericht des Volkes gestellt worden, der bei der Plebs so verhaßt war, be-

lastet mit dem Groll gegen ihn und dazu noch mit dem gegen seinen Vater. Auch die Patrizier setzten sich so ein, wie sie es sonst
nicht leicht für jemand taten: Der Vorkämpfer des Senates und
der Verfechter ihres Vorrangs, der sich allen von den Tribunen
und der Plebs ausgehenden Unruhen entgegengestellt habe,
werde, nur weil er im Streit über das Ziel hinausgeschossen sei,
der Wut der Plebejer preisgegeben. Nur einer von den Patriziern,
App. Claudius selbst, erachtete die Tribunen und die Plebs und
seinen Prozeß für nichts. Ihn konnten weder die Drohungen der
Plebs noch die Bitten des Senats je dazu bringen, andere Kleidung anzulegen und die Menschen demütig zu bitten, nicht einmal dazu, jetzt, wo er sich vor dem Volk rechtfertigen mußte, die
gewohnte Schärfe seiner Rede wenigstens etwas zu mäßigen und
zu dämpfen. Sein Gesichtsausdruck war derselbe, ebenso der
Trotz in seiner Miene und das Feuer in seiner Rede, so daß ein
großer Teil der Plebejer den Appius als Angeklagten nicht weniger fürchtete, als sie ihn als Konsul gefürchtet hatten. Nur ein
einziges Mal verteidigte er sich, in dem gleichen hochfahrenden
Ton eines Anklägers, den er immer bei jeder Gelegenheit angeschlagen hatte. Und so sehr verblüffte seine Unerschütterlichkeit
die Tribunen und die Plebs, daß sie selbst von sich aus den Prozeß vertagten und dann zuließen, daß die Sache sich hinzog. Indessen verstrich gar nicht viel Zeit; doch bevor der nächste Termin kam, starb Appius an einer Krankheit. Als die Volkstribunen die Lobrede auf ihn zu verhindern suchten, wollte die Plebs
nicht, daß ein so großer Mann an seinem Begräbnistage um die
feierliche Ehre betrogen werden sollte, und sie hörten die Lobrede auf den Toten mit so offenen Ohren an, wie sie zu seinen
Lebzeiten die Anklage gegen ihn angehört hatten, und nahmen
zahlreich an seiner Bestattung teil.

62. Im selben Jahr zog der Konsul Valerius mit einem Heer gegen die Volsker. Weil er den Feind nicht zum Kampf hervorlok-
ken konnte, machte er sich daran, sein Lager anzugreifen. Dabei
hinderte ihn ein schreckliches Unwetter, das mit Hagel und
Donnerschlägen vom Himmel herunterkam. Die Verwunderung
wurde noch größer, als nach dem Signal zum Rückzug wieder ruhiges und heiteres Wetter einkehrte; infolgedessen hielt man es

für bedenklich, das Lager, das wie von Götterhand verteidigt
worden war, noch einmal anzugreifen. Alle Wut des Krieges
richtete sich nun auf die Verwüstung des offenen Landes.

Der andere Konsul Aemilius führte im Gebiet der Sabiner
Krieg. Auch dort wurde das offene Land verwüstet, weil der
Feind nicht hinter den Mauern hervorkam. Dadurch, daß man
nicht nur einzelne Höfe, sondern auch Dörfer, in denen viele
Menschen wohnten, in Brand setzte, ließen sich die Sabiner dann
hervorlocken und stießen mit den Plünderern zusammen; ohne
daß der Kampf eine Entscheidung gebracht hätte, zogen sie am
nächsten Tag wieder ab und verlegten ihr Lager in eine Gegend,
die sicherer war. Das schien dem Konsul genug, um den Feind zu
verlassen, als wenn dieser besiegt wäre, und von dort abzuziehen,
obwohl der Krieg noch gar nicht richtig angefangen hatte.

63. Während dieser Kriege bestand die Zwietracht daheim
fort, und T. Numicius Priscus und A. Verginius wurden Konsuln. Die Plebs schien nicht länger gewillt, das Hinauszögern des
Ackergesetzes hinzunehmen, und man traf Vorkehrungen, zur
äußersten Gewalt zu greifen. Da erkannte man durch den Rauch,
der von brennenden Gehöften aufstieg, und durch die Flucht der
Landbevölkerung, daß die Volsker da waren. Das unterdrückte
die brodelnde und unmittelbar vor dem Ausbruch stehende Empörung. Die Konsuln, alsbald vom Senat gedrängt, führten die
junge Mannschaft zum Kriege aus der Stadt; das machte die übrigen Plebejer ruhiger. Und die Feinde, die den Römern nur einen
leeren Schrecken eingejagt hatten, zogen rasch ab. Numicius
wandte sich nach Antium gegen die Volsker, Verginius gegen die
Aequer. Dort hätte man in einem Hinterhalt beinahe eine
schwere Niederlage erlitten; aber die Tapferkeit der Soldaten rettete die Situation, in die man durch die Nachlässigkeit des Konsuls geraten war. Die Operationen gegen die Volsker wurden
besser geleitet. Die Feinde wurden im ersten Kampf geschlagen
und auf der Flucht nach Antium getrieben, einer für damalige
Verhältnisse sehr mächtigen Stadt. Der Konsul wagte diese Stadt
nicht anzugreifen, nahm den Leuten von Antium aber Caeno
weg, eine andere Stadt, die keineswegs so mächtig war.

Während die Aequer und Volsker die römischen Heere festhielten, drangen die Sabiner plündernd bis zu den Toren der Stadt vor. Dann erlitten sie selbst wenige Tage später, als beide Konsuln voll Zorn in ihr Gebiet einfielen, durch die zwei Heere mehr Schaden, als sie angerichtet hatten.

64. Am Ende des Jahres hatte man für eine kurze Zeit Frieden, aber, wie auch sonst immer, einen Frieden, der durch den Streit zwischen den Patriziern und den Plebejern gestört war. Die Plebs war verärgert und wollte an den Konsulwahlen nicht teilnehmen. Durch die Patrizier und die Klienten der Patrizier wurden T. Quinctius und Q. Servilius zu Konsuln gewählt. Sie hatten ein Jahr, das dem vorausgehenden ähnlich war: von inneren Unruhen bestimmte Anfänge, dann Ruhe durch den Krieg mit den Feinden von außen. Nachdem die Sabiner rasch das Gebiet von Crustumeria durchquert und am Anio mit Feuer und Schwert gewütet hatten, wurden sie erst in der Nähe der Porta Collina und der Mauern geschlagen, trieben aber doch noch eine ungeheure Beute an Mensch und Vieh davon. Der Konsul Servilius folgte ihnen mit einem kampfbereiten Heer, konnte aber ihren Zug auf offenem Gelände nicht mehr einholen; er verwüstete dann ein weites Gebiet, in dem nichts vom Krieg verschont blieb, und kehrte mit einem Vielfachen an Beute zurück.

Auch im Gebiet der Volsker wurden die Interessen des Staates durch die Leistungen des Feldherrn und der Soldaten hervorragend vertreten. Zunächst kam es auf offenem Feld zu einer Schlacht mit ungeheuren Verlusten auf beiden Seiten und sehr vielen Verwundeten. Und weil die Römer bei ihrer geringen Zahl die Verluste deutlicher spürten, wären sie zurückgegangen, wenn der Konsul nicht eine rettende Lüge gebraucht und gerufen hätte, die Feinde hätten sich auf dem andern Flügel zur Flucht gewandt; dadurch riß er die Schlachtreihe mit sich fort. Sie griffen an, und während sie zu siegen glaubten, siegten sie wirklich. Der Konsul fürchtete, wenn er zu heftig nachdränge, werde der Kampf erneut entbrennen, und gab daher das Zeichen zum Rückzug. Es vergingen einige Tage, und als wenn man stillschweigend einen Waffenstillstand vereinbart hätte, gönnten sich beide Seiten Ruhe. Währenddessen kam eine ungeheure Menschenmenge aus allen Gemeinden der Volsker und der Aequer

ins Lager; es stand für sie außer Zweifel, daß die Römer, wenn sie
es merkten, bei Nacht abziehen würden. Daher kamen sie etwa
um die dritte Nachtwache, um das Lager anzugreifen. Quinctius
dämpfte die Unruhe, die der plötzliche Schreck ausgelöst hatte,
befahl den Soldaten, ruhig in den Zelten zu bleiben, führte dann
die Kohorte der Herniker auf Posten und gab Befehl, die Hornisten und Trompeter sollten sich auf Pferde setzen und vor dem
Wall blasen und den Feind bis zum Tagesbeginn in Unruhe halten. Den Rest der Nacht war im Lager alles so ruhig, daß die Römer sogar schlafen konnten. Die Volsker dagegen hielt der Anblick der bewaffneten Fußsoldaten, von denen sie glaubten, es
seien mehr und es seien Römer, sowie das Schnauben und Wie-
hern der Pferde, die sich ungebärdig zeigten, weil ein ungewohn-
ter Reiter auf ihnen saß und obendrein noch das Getön ihre Ohren quälte, in Spannung wie bei einem Angriff der Feinde.

65. Als der Tag anbrach, wurden die römischen Soldaten frisch
und ausgeruht in die Schlacht geführt, und sie brachten die vom
Stehen und vom Mangel an Schlaf ermatteten Volsker beim ersten Angriff zum Weichen. Doch war es mehr ein Zurückgehen,
als daß die Feinde geschlagen gewesen wären; denn in ihrem
Rücken lagen Hügel, auf die sie sich, durch die ersten Reihen gedeckt, in voller Ordnung sicher zurückziehen konnten. Sobald
man auf ungünstiges Gelände kam, befahl der Konsul Halt. Die
Soldaten ließen sich nur mit Mühe halten, sie lärmten und forderten, auf die zum Weichen gebrachten Feinde losgehen zu dürfen.
Noch wilder gebärdeten sich die Reiter. Sie schwärmten um den
Feldherrn herum und riefen, sie würden vor den Abteilungen des
Fußvolks angreifen. Während der Konsul noch zögerte, der zu
der Tapferkeit seiner Soldaten Vertrauen, wegen des Geländes
aber Bedenken hatte, schrien sie, sie würden angreifen, und dem
Geschrei folgte die Tat. Sie steckten die Pilen in die Erde, um es
bei dem steilen Aufstieg leichter zu haben, und stürmten bergan.
Die Volsker hatten beim ersten Angriff ihre Speere verschossen
und schleuderten jetzt Steine, die zu ihren Füßen lagen, auf die
Emporkletternden, brachten sie mit einem Hagel von Geschossen in Verwirrung und setzten ihnen von ihrer höheren Position
aus hart zu. So wäre der linke Flügel der Römer beinahe in Be-

drängnis geraten, wenn der Konsul ihnen nicht, als sie schon anfingen zurückzugehen, zugleich ihren Leichtsinn und ihre Feigheit vorgeworfen und ihnen die Furcht durch Scham ausgetrieben hätte. Zunächst setzten sie sich wieder verbissen zur Wehr; dann, als sie den Platz behaupten konnten und wieder zu Kräften kamen, wagten sie ihrerseits vorzugehen und setzten sich mit erneutem Kampfgeschrei in Bewegung. Jetzt nahmen sie noch einmal Anlauf, klommen empor und wurden der Ungunst des Geländes Herr. Es war schon fast soweit, daß sie auf den Kamm des Hügels gelangt waren, da ergriffen die Feinde die Flucht, und in wildem Lauf stürzten beinahe in einem Zug die Fliehenden und die Verfolger ins Lager. In dieser Panik wurde das Lager eingenommen. Wer von den Volskern entrinnen konnte, suchte Antium zu erreichen. Auch das römische Heer wurde nach Antium geführt. Die Stadt wurde einige Tage belagert und ergab sich dann ohne erneute Anstrengungen der Angreifer, vielmehr weil sie nach der unglücklich verlaufenen Schlacht und dem Verlust des Lagers jetzt den Mut verloren hatten.

DRITTES BUCH

1. Nach der Einnahme von Antium wurden Tib. Aemilius und Q. Fabius Konsuln. Es war der Fabius, der als einziger den Untergang seiner Sippe an der Cremera überlebt hatte. Aemilius war schon in seinem früheren Konsulat dafür eingetreten, der Plebs Land zu geben. Daher hatten sich auch bei seinem zweiten Konsulat die Anhänger einer Landverteilung neue Hoffnung auf ein Gesetz gemacht, und die Tribunen nahmen die Sache in Angriff und glaubten, was sie oft gegen die Konsuln versucht hatten, könne jetzt durchgesetzt werden, wo sie auf jeden Fall bei einem Konsul Unterstützung fänden. Auch der Konsul blieb bei seiner Haltung. Die Besitzer von Staatsland und ein großer Teil des Senats klagten darüber, daß der erste Mann im Staat sich für Tribunenvorschläge einsetze und daß er sich durch das Verschenken fremden Eigentums beim Volk beliebt mache, und sie hatten die Erbitterung über die ganze Sache von den Tribunen weg auf den Konsul gelenkt. Ein wilder Kampf war da, wenn nicht Fabius durch einen Vorschlag, der keiner Seite weh tat, die Sache gelöst hätte. Unter der Führung und dem Oberbefehl des T. Quinctius sei im Vorjahr den Volskern ein großes Stück Land weggenommen worden. Man könne Siedler nach Antium führen, einer Stadt in günstiger Lage und am Meer. So werde die Plebs zu Land kommen, ohne daß die Besitzer sich beschweren könnten, und in der Bürgerschaft werde Eintracht sein. Dieser Vorschlag wurde angenommen. Als Mitglieder der Dreierkommission für die Verteilung des Ackerlandes ernannte er T. Quinctius, A. Verginius und P. Furius. Wer Land haben wollte, sollte sich melden. Die gute Gelegenheit weckte sogleich, wie es so geschieht, Überdruß, und es meldeten sich so wenige, daß, um die Zahl vollzubekommen, volskische Siedler dazugenommen wurden. Die übrige Menge wollte lieber in Rom Land fordern als es anderswo bekommen.

Die Aequer baten Q. Fabius, der mit einem Heer dorthin gekommen war, um Frieden, brachen diesen aber selbst wieder durch einen plötzlichen Einfall in das latinische Gebiet.

2. Q. Servilius wurde im folgenden Jahr – er war nämlich mit Sp. Postumius Konsul – gegen die Aequer geschickt und hatte auf latinischem Gebiet sein Standlager. Das Heer war von einer Krankheit befallen und so zur Untätigkeit gezwungen.

Der Krieg zog sich in das dritte Jahr hin, in dem Q. Fabius und T. Quinctius Konsuln waren. Fabius erhielt diesen Aufgabenbereich entgegen der herkömmlichen Ordnung, weil er als Sieger den Aequern Frieden gewährt hatte. Er brach mit der unzweifelhaften Hoffnung auf, der Ruf seines Namens werde die Aequer zum Frieden veranlassen, schickte Gesandte zum Bundestag des Volkes und trug ihnen auf zu erklären, der Konsul Fabius lasse sagen, er habe von den Aequern den Frieden nach Rom gebracht, von Rom trage er den Aequern den Krieg heran mit derselben Rechten, aber jetzt bewaffnet, die er ihnen zuvor friedlich gereicht hatte. Durch wessen Treulosigkeit und Eidbruch es dahin gekommen sei, dafür seien die Götter jetzt Zeugen, bald würden sie Rächer sein. Er jedoch, wie es auch sei, wolle lieber, daß die Aequer jetzt von sich aus bereuten, als daß sie Feindseligkeiten erdulden müßten. Wenn sie bereuten, hätten sie sichere Zuflucht bei der bewährten Milde; wenn sie sich aber über ihren Eidbruch freuten, müßten sie Krieg führen, und die Götter würden ihnen dann mehr zürnen als die Feinde. Diese Worte machten so wenig Eindruck auf irgend jemanden, daß den Gesandten beinahe Gewalt angetan worden wäre, und das Heer wurde gegen die Römer an den Algidus geschickt.

Als das in Rom gemeldet wurde, trieb das Empörende an der Sache mehr noch als die Gefahr auch den zweiten Konsul aus der Stadt. So rückten zwei konsularische Heere in Schlachtordnung gegen den Feind, um auf der Stelle kämpfen zu können. Aber da gerade nicht mehr viel vom Tage übrig war, rief einer von den Vorposten der Feinde: »Das ist Angeberei, ihr Römer, kein Kriegführen. Für die kurze Zeit bis zum Einbruch der Nacht stellt ihr das Heer auf; wir brauchen länger Tageslicht für diesen Kampf, der bevorsteht. Kehrt morgen mit Sonnenaufgang zur Schlacht zurück; es wird Gelegenheit zum Kämpfen sein, keine

Bange.« Über diese Worte aufgebracht, wurden die Soldaten bis zum nächsten Tag ins Lager zurückgeführt; die Nacht kam ihnen lang vor, weil sie den Kampf hinausschob. Dann aber gönnten sie sich Nahrung und Schlaf. Sobald es am nächsten Tag hell wurde, stellte sich das römische Heer erheblich eher zur Schlacht auf; endlich kamen auch die Aequer hervor. Auf beiden Seiten wurde heftig gekämpft; denn die Römer kämpften voll Zorn und Haß, und die Aequer zwang das Bewußtsein einer schuldhaft heraufbeschworenen Gefahr und der verzweifelte Gedanke, daß man ihnen fortan nicht mehr glauben werde, das Äußerste zu wagen und zu versuchen. Die Aequer konnten jedoch der römischen Schlachtreihe nicht standhalten. Als sie sich geschlagen in ihr Gebiet zurückgezogen hatten, war die Menge kein bißchen mehr zum Frieden geneigt und machte aufgebracht den Führern Vorwürfe, daß sie es zur regelrechten Feldschlacht hätten kommen lassen, einer Kampfesart, in der sich die Römer hervortäten. Die Aequer seien besser im Verwüsten und in Streifzügen, und viele Scharen hie und da führten Krieg besser als die große Masse eines einzigen Heeres.

3. Sie ließen daher eine Besatzung für ihr Lager zurück, rückten aus und fielen so ungestüm in das römische Gebiet ein, daß der Schrecken sogar bis zur Stadt drang. Auch daß die Sache unerwartet kam, machte die Verwirrung noch größer; denn nichts war weniger zu befürchten, als daß der besiegte und fast in seinem Lager eingeschlossene Feind an einen Raubzug dachte, und die Leute vom Land, die voll Angst durch die Tore hineinstürzten, sprachen nicht von einem Raubzug und nicht von kleinen Räuberscharen, sondern bauschten alles in eitler Furcht auf und schrien, Heere und Legionen der Feinde seien da und stürmten zum Angriff auf die Stadt heran. Was sie von ihnen hörten, gaben die Nächsten unklar und darum noch weniger zuverlässig an andere weiter. Das Laufen und das Schreien der Menschen, die zu den Waffen riefen, war nicht mehr weit entfernt von der Panik bei der Einnahme einer Stadt.

Gerade war der Konsul Quinctius vom Algidus nach Rom zurückgekehrt. Das war ein Heilmittel gegen die Angst. Nachdem er die Unruhe gedämpft hatte, erhob er den Vorwurf, man habe

vor besiegten Feinden Angst, und legte Besatzungen an die Tore.
Danach berief er den Senat ein, und kraft der Vollmacht des Senats wurde ein Aussetzen der Rechtsprechung angeordnet. Er
brach dann auf, um die Grenzen zu schützen, und ließ Q. Servilius als Stadtpräfekten zurück; aber er fand den Feind nicht im
Land.

Der andere Konsul erfüllte seine Aufgabe hervorragend. Er
wußte, wo der Feind kommen würde, mit Beute schwer beladen
und daher in seiner Beweglichkeit ziemlich behindert, griff ihn
dort an und ließ den Raubzug tödlich enden. Nur wenige von
den Feinden entkamen dem Hinterhalt. Die ganze Beute wurde
zurückerobert. So machte die Rückkehr des Konsuls Quinctius
in die Stadt der Unterbrechung der Rechtsprechung, die vier
Tage gedauert hatte, ein Ende.

Die Schätzung wurde sodann durchgeführt und von Quinctius
das Reinigungsopfer dargebracht. Es sollen 104714 Bürger geschätzt worden sein, ohne die Witwen und Waisen.

Bei den Aequern geschah danach nichts Bemerkenswertes
mehr. Sie kehrten in ihre Städte zurück und ließen es geschehen,
daß ihr Land gebrandschatzt wurde. Nachdem der Konsul einige
Male verwüstend in Angriffskolonne durch das Land der Feinde
gezogen war, kehrte er mit gewaltigem Ruhm und ungeheurer
Beute nach Rom zurück.

4. Konsuln wurden dann A. Postumius Albus und Sp. Furius
Fusus. Manche haben statt Furius Fusius geschrieben; ich weise
darauf hin, damit niemand glaubt, es handle sich um andere Männer, während es nur eine Änderung des Namens ist. Es war unzweifelhaft, daß einer der beiden Konsuln mit den Aequern
Krieg führen würde. Deshalb baten die Aequer die Volsker von
Ecetra um Hilfe. Diese wurde freudig gewährt – so sehr suchten
sich diese Völkerschaften in ewigem Haß gegen die Römer zu
übertreffen –, und der Krieg wurde mit aller Macht vorbereitet.
Die Herniker merkten es und teilten den Römern mit, die Ecetraner seien zu den Aequern abgefallen. Verdächtig war auch die
Kolonie Antium, weil nach der Einnahme der Stadt eine große
Anzahl Menschen von dort zu den Aequern geflüchtet war; diese
waren im Aequerkrieg sogar die wildesten Soldaten. Als die

Aequer dann in ihren Städten zusammengetrieben wurden, hatte sich diese Menge aus dem Staube gemacht und war nach Antium zurückgekehrt und machte die Siedler, die schon von sich aus unzuverlässig waren, den Römern abspenstig. Noch bevor die Sache reif war, wurde dem Senat gemeldet, daß man einen Abfall plane; die Konsuln erhielten daraufhin den Auftrag, die führenden Männer der Kolonie nach Rom zu laden und sie zu fragen, was vorgehe. Diese kamen ohne weiteres; von den Konsuln vor den Senat geführt, antworteten sie auf die Fragen so, daß der Verdacht bei ihrer Entlassung größer war als bei ihrem Kommen.

Der Krieg wurde danach für unvermeidlich gehalten. Sp. Furius, der eine der beiden Konsuln, dem dieser Aufgabenbereich zugefallen war, brach zu den Aequern auf und stieß im Gebiet der Herniker auf den Feind, der das Land verheerte. Ohne richtige Vorstellung von seiner Stärke – weil niemals die ganze Menge gesichtet worden war – setzte er das Heer, das an Mannschaften schwächer war, leichtfertig einem Kampf aus. Beim ersten Zusammenstoß wurde er geschlagen und zog sich ins Lager zurück. Aber das bedeutete noch nicht das Ende der Gefahr. Denn auch in der nächsten Nacht und am nächsten Tag wurde das Lager mit so großer Gewalt umzingelt und angegriffen, daß nicht einmal ein Bote von dort nach Rom geschickt werden konnte. Die Herniker meldeten, es sei unglücklich gekämpft worden und der Konsul und das Heer würden belagert, und jagten den Senatoren einen so großen Schrecken ein, daß Postumius, der andere Konsul, den Auftrag erhielt, er solle zusehen, daß der Staat keinen Schaden nehme, die Formel des Senatsbeschlusses, die immer als Zeichen der äußersten Not gegolten hat. Es schien das beste, daß der Konsul selbst in Rom blieb, um alle Waffenfähigen auszuheben; anstelle des Konsuls sollte T. Quinctius mit einem Heer aus Bundesgenossen dem Lager zu Hilfe geschickt werden. Um die volle Zahl zu bekommen, wurden die Latiner und die Herniker und die Kolonie Antium aufgefordert, dem Quinctius Subitarier zu geben – so nannte man damals schnell aufgestellte Hilfstruppen.

5. Viele Unternehmungen wurden in diesen Tagen durchgeführt, und viele Angriffe erfolgten von hier und dort, weil die

Feinde bei ihrer zahlenmäßigen Überlegenheit sich daranmach-
ten, den römischen Streitkräften, die ja nicht für alles ausreichen
würden, an vielen Stellen zuzusetzen. Zur gleichen Zeit wurde
das Lager angegriffen, zur gleichen Zeit ein Teil des Heeres ausgeschickt, um das römische Gebiet zu verwüsten und die Stadt
selbst, wenn das Glück es wollte, anzugreifen.

L. Valerius wurde zum Schutz der Stadt zurückgelassen, der
Konsul Postumius ausgeschickt, um die Verwüstung des Landes
zu verhindern. In keinem Punkt ließ man es an Vorsorge oder
Anstrengung fehlen: nächtliche Wachen in der Stadt, Vorpostenstellungen vor den Toren, Besatzungen auf den Mauern verteilt
und, was bei so großer Unruhe nötig war, die Rechtsprechung
über eine Reihe von Tagen ausgesetzt.

Unterdessen machte der Konsul Furius, nachdem er im Lager
zunächst ruhig die Belagerung über sich hatte ergehen lassen, auf
den unvorsichtigen Feind aus dem Hintertor einen Ausfall; obwohl er den Feind hätte verfolgen können, hielt er inne in der Befürchtung, daß es an einer anderen Stelle zu einem Gewaltakt gegen das Lager komme. Den Legaten Furius – er war der Bruder
des Konsuls – riß der Schwung zu weit fort; im Eifer des Verfol-
gens sah er nicht, daß seine Leute zurückgingen, und auch nicht
das Andringen der Feinde in seinem Rücken. So abgeschnitten,
unternahm er vergeblich viele Versuche, sich einen Weg zum Lager zu bahnen, und fiel in heftigem Kampf. Der Konsul kehrte
auf die Nachricht von der Umzingelung seines Bruders in die
Schlacht zurück, und während er sich mehr leichtsinnig als mit
hinreichender Vorsicht mitten in das Kampfgetümmel warf,
wurde er verwundet und konnte nur mit Mühe von den Männern
um ihn herum gerettet werden; das löste bei seinen Leuten Bestürzung aus und machte die Feinde noch dreister. Durch den Tod des
Legaten und die Verwundung des Konsuls in einen Taumel versetzt, konnten sie nun durch nichts mehr aufgehalten werden. Die
Römer wurden im Lager zusammengetrieben und wieder eingeschlossen, weder an Hoffnung noch an Kräften gleich; und die Situation wäre höchst gefährlich geworden, wenn nicht T. Quinctius mit fremden Truppen, einem Heer aus Latinern und Hernikern, zu Hilfe gekommen wäre. Er griff die Aequer, die gegen

das römische Lager vorgingen und den Kopf des Legaten dreist zur Schau stellten, vom Rücken her an, und da auf das Signal hin, das er von weitem gegeben hatte, zugleich aus dem Lager ein Ausfall gemacht wurde, umzingelte er eine große Menge Feinde.

Im römischen Gebiet hatten die Aequer weniger blutige Verluste, aber es kam zu einer wilderen Flucht. Während sie in Gruppen Beute machten, griff Postumius sie an einigen Stellen an, wo er seine Schutztruppen günstig postiert hatte. Sie flohen ohne festes Ziel in weit zerstreutem Zug und liefen dem Quinctius in die Arme, der siegreich mit dem verwundeten Konsul zurückkehrte. Da rächte das konsularische Heer in einer glänzenden Schlacht die Wunde des Konsuls und das Ende des Legaten und der Kohorten.

In diesen Tagen gab es auf beiden Seiten große Verluste. Bei einer so alten Sache ist es schwierig, mit genauer Zahl anzugeben, wie viele gekämpft haben oder gefallen sind. Trotzdem wagt Valerius Antias die Zahlen zu bringen. Römer seien im Gebiet der Herniker 5800 gefallen, von den plündernden Aequern, die verwüstend im römischen Gebiet umherzogen, durch den Konsul A. Postumius 2400 erschlagen worden. Die übrige Menge der Plünderer, die dem Quinctius in die Arme lief, sei keineswegs mit gleich geringen Verlusten davongekommen; getötet worden seien, sagt er, 4000 und – um die Zahl genau anzugeben – 230.

Sobald man nach Rom zurückgekehrt war, wurde die Unterbrechung der Rechtsprechung wieder aufgehoben. Der Himmel schien in einem gewaltigen Feuer zu glühen, und andere Wunderzeichen standen vor Augen oder gaukelten den verstörten Menschen eitle Wahngebilde vor. Um diese Schrecken abzuwenden, wurden für drei Tage Feier- und Bettage angesetzt, an denen alle Heiligtümer von einer Schar von Männern und Frauen angefüllt waren, die die Götter um Gnade anriefen.

Die Kohorten der Latiner und Herniker wurden dann vom Senat nach Hause entlassen, nachdem man ihnen wegen ihres energischen Einsatzes gedankt hatte. Die 1000 Soldaten aus Antium, die – als Hilfe zu spät – erst nach der Schlacht gekommen waren, wurden beinahe mit Schande entlassen.

6. Dann fanden die Wahlen statt. Zu Konsuln gewählt wurden

L. Aebutius und P. Servilius. Am 1. Sextilis, dem damaligen Jahresanfang, traten sie das Konsulat an. Es war die schlimme Jahreszeit, und es war gerade ein Seuchenjahr für die Stadt und das Land, für die Menschen ebenso wie für das Vieh. Und die Krankheiten nahmen noch an Heftigkeit zu, nachdem wegen des Schreckens der Plünderung das Vieh und die Landbevölkerung in die Stadt aufgenommen worden war. Dieses Gemenge von Lebewesen aller Art nebeneinander setzte durch den ungewohnten Gestank den Städtern zu und dem Mann vom Land, der in engen Behausungen zusammengepfercht war, durch Hitze und Schlaflosigkeit, und die gegenseitigen Dienstleistungen und auch der bloße Kontakt verbreiteten die Krankheiten.

Während man schon die gegenwärtigen Leiden kaum ertragen konnte, meldeten plötzlich Gesandte der Herniker, daß in ihrem Gebiet die Aequer und Volsker mit ihren vereinigten Streitkräften ein Lager aufgeschlagen hätten; von dort aus verwüsteten sie mit einem gewaltigen Heer ihr Land. Abgesehen davon, daß der nur schwach besetzte Senat die Bundesgenossen erkennen ließ, daß die Bürgerschaft von der Seuche hart mitgenommen war, brachten sie auch noch den niederdrückenden Bescheid heim, die Herniker sollten selbst allein zusammen mit den Latinern ihren Besitz schützen. Die Stadt Rom werde durch einen plötzlichen Zorn der Götter von einer Krankheit heimgesucht; wenn sie einmal von diesem Übel Ruhe bekämen, würden sie wie im Jahr zuvor und wie auch sonst immer den Bundesgenossen Hilfe bringen. Die Bundesgenossen schieden, und wenn sie eine traurige Nachricht gebracht hatten, so mußten sie eine noch traurigere mit heimnehmen, nämlich daß sie allein den Krieg aushalten müßten, den sie, auf die militärischen Kräfte Roms gestützt, kaum hätten aushalten können.

Der Feind blieb nicht länger im Hernikerland. Er zog von dort zum Angriff in das römische Gebiet, das auch ohne die Unbill des Krieges verödet dalag. Da ihnen hier niemand begegnete, nicht einmal ein Unbewaffneter, und sie durch ein Land kamen, aus dem nicht nur alle Schutztruppen abgezogen waren, sondern in dem sogar die Bestellung der Felder unterblieben war, gelangten sie bis zum dritten Meilenstein an der Straße nach Gabii.

Der römische Konsul Aebutius war gestorben. Sein Kollege
Servilius hatte kaum noch Hoffnung, mit dem Leben davonzu-
kommen. Von der Krankheit befallen waren die meisten der führenden Männer, der größte Teil des Senats und fast alle im wehrfähigen Alter, so daß die Kräfte nicht nur für kriegerische Aktionen nicht ausreichten, wie sie die Situation bei so schlimmen
Wirren erforderte, sondern kaum für einen ruhigen Wachdienst.
Den nächtlichen Wachdienst versahen die Senatoren, die es aufgrund ihres Alters und ihres Kräftezustandes konnten, selbst von
sich aus. Die Kontrolle und die Organisation lag in der Hand der
plebejischen Ädilen; ihnen war die gesamte Verantwortung und
die Hoheit der konsularischen Befehlsgewalt zugefallen.

7. In der allgemeinen Verlassenheit, da man ohne Führung und
ohne Streitkräfte war, kam Hilfe von den Schutzgöttern und dem
Glück der Stadt, das den Volskern und Aequern mehr die Haltung von Räubern als von Feinden gab. Sie machten sich nämlich
überhaupt keine Hoffnung, die Stadt zu gewinnen oder auch nur
an die Mauern heranzukommen, und die aus der Ferne gesehe-
nen Dächer und die aufragenden Hügel ließen sie ihre Pläne ändern. Überall im ganzen Lager murrte man, wozu sie in dem
wüsten und verlassenen Land zwischen dahinsiechenden Tieren
und Menschen ohne Beute untätig ihre Zeit verschwendeten,
während sie eine unberührte Gegend, das reiche Gebiet von Tusculum, aufsuchen könnten, und plötzlich brachen sie auf und zogen quer durch das Gebiet von Labici in die Hügel von Tusculum. Dorthin verlagerte sich der Schwerpunkt des Krieges mit all
seinen Unbilden.

Inzwischen rückten die Herniker und Latiner mit ihrem ver-
einten Heer nach Rom, nicht nur aus Mitleid, sondern vor allem
weil sie sich schämten, wenn sie sich den gemeinsamen Feinden,
die zum Angriff gegen die Stadt Rom zogen, nicht entgegengestellt hätten und den belagerten Bundesgenossen keine Hilfe
brächten. Als sie die Feinde dort nicht fanden, folgten sie dem
Gerücht und den Spuren und trafen auf sie, während sie aus dem
Gebiet von Tusculum in das Tal von Alba hinabstiegen. Dort war
der Kampf keineswegs ausgeglichen, und ihre Treue brachte den
Bundesgenossen im Augenblick wenig Glück.

In Rom erlagen nicht weniger Menschen der Krankheit, als von den Bundesgenossen durch das Schwert umgekommen waren. Der Konsul, der allein noch übrig war, starb; es starben auch andere bedeutende Männer, die Auguren M'. Valerius und T. Verginius Rutilus und der Curio maximus Ser. Sulpicius. Auch unter den einfachen Leuten breitete sich die Krankheit mächtig aus. Der Senat, der bei Menschen keine Hilfe sah, verwies das Volk auf die Götter und auf Gelübde; die Leute wurden aufgefordert, mit Frauen und Kindern zu Bittgebeten zu gehen und die Götter um Gnade anzuflehen. Zu dem, wozu einen jeden die eigene Not zwang, auch durch die Obrigkeit aufgerufen, füllten sie alle Heiligtümer. Überall lagen die Mütter auf dem Boden, fegten mit ihren Haaren die Tempel und baten um Gnade vor dem himmlischen Zorn und um ein Ende der Krankheit.

8. Allmählich kamen dann – sei es daß man die Gnade der Götter erlangt hatte oder daß die schlimmere Jahreszeit nun herum war – die Menschen, die die Krankheiten überstanden hatten, wieder zu Kräften. Man interessierte sich schon wieder für die öffentlichen Angelegenheiten, und nachdem einige Interregna zu Ende gegangen waren, ließ P. Valerius Publicola am dritten Tage seines Interregnums L. Lucretius Tricipitinus und T. Veturius Geminus – vielleicht hieß er auch Vetusius – zu Konsuln wählen. Am 11. Sextilis traten sie ihr Konsulat an, während die Bürgerschaft schon wieder hinreichend bei Kräften war, so daß sie nicht nur einen Angriff abwehren, sondern auch ihrerseits offensiv werden konnte.

Als die Herniker meldeten, die Feinde seien in ihr Gebiet hinübergekommen, versprach man ihnen daher unverzüglich Hilfe. Zwei konsularische Heere wurden aufgestellt. Veturius wurde gegen die Volsker geschickt, um auch ihnen den Krieg ins Land zu tragen; Tricipitinus, der den Auftrag hatte, Verwüstungen im Gebiet der Bundesgenossen zu verhindern, rückte nicht weiter vor als bis zu den Hernikern. Veturius jagte die Feinde im ersten Kampf in die Flucht. Während Lucretius im Gebiet der Herniker lagerte, bemerkte er nicht, daß ein Zug von Plünderern über die Berge von Praeneste geführt und von dort in das flache Land geschickt worden war. Sie verwüsteten das Gebiet von Praeneste

und Gabii; aus dem Gebiet von Gabii wandten sie sich gegen die
Hügel von Tusculum. Auch die Stadt Rom wurde von einem gewaltigen Schrecken gepackt, mehr durch die Überraschung, als
daß man zu wenig Kräfte gehabt hätte, um einen Angriff abzu-
schlagen. Q. Fabius hatte das Kommando in der Stadt. Er bewaffnete die wehrfähige Mannschaft, stellte an den verschiedensten Punkten Posten auf und sorgte allgemein für Sicherheit und
Ruhe. Deshalb konnten die Feinde zwar Beute aus der nächsten
Umgebung erraffen, wagten es aber nicht, sich der Stadt zu nä-
hern; als sie kehrtmachten und zurückgingen, fühlten sie sich um
so sicherer, je weiter sie sich von der Stadt der Feinde entfernten,
und liefen so dem Konsul Lucretius in die Arme, der schon vorher die Wege erkundet hatte, in Stellung gegangen war und auf
den Kampf wartete. Innerlich vorbereitet griffen sie also an,
brachten die Feinde durch den plötzlichen Schrecken aus der
Fassung, und obwohl sie erheblich weniger waren, jagten sie die
ungeheure Menge in die Flucht, trieben sie in tief eingeschnittene
Täler, aus denen herauszukommen nicht leicht war, und schlossen sie ein. Dort wurde die Nation der Volsker fast ausgerottet.
Ich finde in einigen Geschichtswerken, es seien 13 470 in der
Schlacht und auf der Flucht gefallen, 1750 in Gefangenschaft geraten und 27 Feldzeichen erbeutet worden. Mag hier die Zahl
auch etwas übertrieben sein, eine schwere Niederlage war es bestimmt. Der siegreiche Konsul machte ungeheure Beute und
kehrte in sein Standlager zurück. Dann bezogen die Konsuln ein
gemeinsames Lager, und auch die Volsker und die Aequer zogen
ihre angeschlagenen Kräfte an einem Platz zusammen. Das gab
dann die dritte Schlacht in diesem Jahr. Dasselbe Glück verlieh
den Sieg; die Feinde wurden geschlagen und auch ihr Lager genommen.

9. So kehrte der alte Zustand in Rom wieder ein, und die Erfolge im Krieg lösten auf der Stelle Unruhen in der Stadt aus.
C. Terentilius Harsa war in diesem Jahr Volkstribun. Er glaubte,
mit der Abwesenheit der Konsuln sei die Stunde für Tribunenak-
tionen gekommen, und beschuldigte einige Tage lang vor der
Plebs die Patrizier des Hochmuts; vor allem griff er die Macht
der Konsuln an, als sei sie zu groß und für eine freie Bürgerschaft

nicht tragbar. Denn nur dem Namen nach sei sie weniger haßerregend als die Königsmacht, in Wirklichkeit sei sie fast schrecklicher. Sie hätten ja statt eines Herrn zwei bekommen mit maßloser und unbeschränkter Gewalt; selbst ungebunden und zügellos, kehrten sie alle Schrecken der Gesetze und alle Strafen gegen die Plebs. Damit diese ihre Willkür nicht ewig anhalte, werde er ein Gesetz vorschlagen, daß fünf Männer zu wählen seien, die Gesetze über die Macht der Konsuln niederschreiben sollten. Der Konsul werde so viel Recht über das Volk haben, wie dieses ihm gebe; sie würden nicht mehr ihr Belieben und ihre Willkür als Gesetz ansehen können.

Als dieses Gesetz vorgeschlagen war, fürchteten die Patrizier, daß ihnen in Abwesenheit der Konsuln ein Joch auferlegt würde, und der Senat wurde vom Stadtpräfekten Q. Fabius einberufen; der griff den Antrag und den Antragsteller selbst so scharf an, daß, wenn beide Konsuln den Tribunen feindselig bedrängt hätten, sie nichts an Drohungen und Einschüchterung hätten hinzufügen können: Er sei heimtückisch vorgegangen und habe unter Ausnutzung der Umstände den Staat angegriffen. Wenn die Götter in ihrem Zorn im vorigen Jahr bei der Krankheit und dem Krieg einen seinesgleichen als Tribunen beschert hätten, dann hätte man nicht bestehen können. Als beide Konsuln tot waren und die Bürgerschaft krank darniederlag, bei dem Durcheinander aller Dinge hätte er Gesetze eingebracht, die Macht der Konsuln im Staat aufzuheben, und er wäre den Volskern und Aequern zum Führer geworden beim Angriff auf die Stadt. Was nun? Stehe es ihm nicht frei, wenn die Konsuln irgendwie überheblich oder grausam gegen einen Mitbürger vorgegangen seien, sie vor Gericht zu laden und gegen sie Anklage zu erheben vor Richtern, gegen einen aus deren Kreis gewütet worden sei? Er mache nicht die Macht der Konsuln, sondern das Amt der Tribunen verhaßt und unerträglich; nachdem sie Ruhe gegeben und sich mit den Patriziern ausgesöhnt hätten, treibe er sie erneut in den schlimmen Zustand der Vergangenheit zurück. Er bitte nicht ihn, von dem, was er begonnen habe, abzulassen. »Euch andern Tribunen«, sagte Fabius, »bitten wir, zuallererst zu bedenken, daß dieses Amt zur Hilfe für einzelne, nicht zum Verderben für

alle geschaffen ist; daß ihr zu Tribunen der Plebs gewählt seid,
nicht zu Feinden der Patrizier. Für uns ist es schlimm, euch trägt
es Haß ein, wenn man über den führerlosen Staat herfällt. Ihr
werdet nicht euer Recht schmälern, aber den Haß gegen euch
mindern. Verhandelt mit eurem Kollegen, daß er die Sache voll
und ganz bis zur Ankunft der Konsuln aufschiebt! Nicht einmal
die Aequer und Volsker haben uns, als die Konsuln im vorigen
Jahr durch die Krankheit dahingerafft waren, mit einem grausamen und erbarmungslosen Krieg zugesetzt.« Die Tribunen verhandelten mit Terentilius, die Sache wurde zum Schein aufgeschoben, in Wirklichkeit aufgehoben, und die Konsuln wurden
unverzüglich herbeigerufen.

10. Lucretius kehrte mit ungeheurer Beute und noch viel größerem Ruhm zurück. Und er vergrößerte seinen Ruhm bei seiner
Ankunft noch dadurch, daß er die ganze Beute auf dem Marsfeld
ausstellte, damit jeder drei Tage lang Gelegenheit hatte, das, was
er als sein Eigentum erkannte, mitzunehmen. Der Rest, für den
keine Eigentümer auftauchten, wurde verkauft. Man war dem
Konsul nach einhelligem Urteil den Triumph schuldig, aber die
Sache verzögerte sich, weil der Tribun seinen Gesetzesantrag
verfolgte. Das war dem Konsul wichtiger. Die Sache wurde mehrere Tage im Senat diskutiert, vor allem aber auch vor dem Volk.
Der Tribun gab zuletzt dem höheren Ansehen des Konsuls nach
und verfolgte seinen Antrag nicht weiter.

Dann erwies man dem Feldherrn und dem Heer die ihnen zu-
kommende Ehre. Er triumphierte über die Volsker und Aequer,
und im Triumphzug folgten ihm seine Legionen. Dem anderen
Konsul wurde gestattet, im Kleinen Triumph ohne Soldaten in
die Stadt einzuziehen.

Im folgenden Jahr wurde dann der Gesetzesantrag des Terentilius von dem ganzen Kollegium erneut gestellt und machte den
neuen Konsuln zu schaffen. Konsuln waren P. Volumnius und
Ser. Sulpicius.

In diesem Jahr sah man den Himmel glühen, und die Erde
wurde von einem ungeheuren Beben erschüttert. Daß eine Kuh
geredet habe, was im Jahr zuvor keinen Glauben gefunden hatte,
wurde jetzt geglaubt. Neben anderen Zeichen vom Himmel reg-

nete es auch Fleisch, und diesen Regen soll eine gewaltige Menge
Vögel, die da hineinflog, aufgeschnappt haben. Was auf die Erde
fiel, habe hingestreut eine Reihe von Tagen dagelegen, ohne daß
der Geruch sich auch nur etwas änderte. Die Bücher wurden
durch das Zweierkollegium für die Riten befragt. Es wurden Gefahren angekündigt infolge eines Zusammenschlusses von Menschen aus der Fremde: Es könne zu Angriffen auf die höchsten
Punkte der Stadt kommen und dann zu Blutvergießen. Unter anderem ergehe die Mahnung, sich vor Zwietracht zu hüten. Die
Tribunen erhoben den Vorwurf, das sei geschehen, um das Gesetz zu hintertreiben, und ein ungeheurer Streit war da.

Siehe da, damit sich der Kreislauf Jahr um Jahr wiederholte,
meldeten die Herniker, die Volsker und Aequer stellten, obwohl
sie schwere Verluste erlitten hätten, neue Heere auf. In Antium
sei das Zentrum der Erhebung, in Ecetra hätten die Siedler von
Antium in aller Offenheit ihre Zusammenkünfte; sie seien das
Haupt, sie stellten die Streitmacht für den Krieg. Sobald der Senat hiervon Mitteilung erhielt, wurde eine Aushebung angeordnet. An die Konsuln erging die Aufforderung, die Führung des
Krieges so unter sich aufzuteilen, daß der eine gegen die Volsker,
der andere gegen die Aequer operierte. Die Tribunen schlugen
ganz offen auf dem Forum Lärm, die Geschichte mit dem Volskerkrieg sei ein abgekartetes Spiel, man habe die Herniker für
diese Rolle instruiert. Schon bedränge man die Freiheit des römischen Volkes nicht mehr in offenem Kampf, sondern mache sie
durch einen Kunstgriff zum Gespött. Weil es keinen Glauben
mehr gefunden habe, daß die fast völlig vernichteten Volsker und
Aequer von sich aus die Waffen erhöben, suche man nach neuen
Feinden. Eine treue, in der Nähe liegende Kolonie werde in
schlechten Ruf gebracht. Den unschuldigen Bewohnern von Antium werde der Krieg erklärt, geführt werde er mit der römischen
Plebs, die sie mit Waffen beladen in überstürzter Eile aus der
Stadt zu treiben gedächten, um sich mit Verbannung und Ausweisung der Mitbürger an den Tribunen zu rächen. Damit – sie
sollten nicht glauben, es sei etwas anderes beabsichtigt – sei es um
das Gesetz geschehen; es sei denn, sie wären, solange sie die Sache noch in der Hand hätten, solange sie noch daheim seien, so-

lange sie noch die Toga trügen, auf der Hut, daß sie nicht um den
Besitz der Stadt gebracht würden, daß man ihnen nicht ein Joch
auferlege. Wenn sie Mut hätten, werde es an Hilfe nicht fehlen.
Alle Tribunen seien einer Meinung. Es gebe keinen Schrecken
von draußen, keine Gefahr; die Götter hätten im vorigen Jahr dafür gesorgt, daß man die Freiheit ungefährdet verteidigen könne.
So die Tribunen.

11. Aber auf der anderen Seite ließen die Konsuln vor ihren
Augen die Sitze hinstellen und wollten die Aushebung durchführen. Die Tribunen stürmten dorthin und rissen die Volksversammlung mit sich. Wenige wurden aufgerufen, wie um eine
Probe zu machen, und sogleich kam es zu Gewalttätigkeiten. Jeden, den der Liktor auf Geheiß des Konsuls ergriff, befahl der
Tribun loszulassen. Keiner kümmerte sich darum, was Rechtens
war, sondern jeder ließ sich vom Vertrauen auf seine Kräfte bestimmen, und man mußte mit der Faust durchsetzen, was man
erreichen wollte.

Wie sich die Tribunen bei der Behinderung der Aushebung
verhalten hatten, so verhielten sich die Patrizier bei der Vereit-
lung des Gesetzes, das an allen Tagen vorgeschlagen wurde, an
denen eine Abstimmung möglich war. Das Gezänk fing damit
an, daß die Tribunen das Volk aufforderten, auseinanderzutreten, die Patrizier sich aber nicht von der Stelle bewegen ließen.
Die Älteren machten dabei aber kaum mit, weil die Angelegenheit nicht durch Einsicht zu entscheiden war, sondern alles der
Unbesonnenheit und Dreistigkeit überlassen wurde. Auch die
Konsuln hielten sich sehr zurück, um nicht bei dem Wirrwarr
ihre Würde einer Schmach auszusetzen.

Es gab einen jungen Mann namens K. Quinctius, der stolz war
zum einen auf den Rang seiner Familie, zum anderen auf seine
Körpergröße und seine Kräfte. Zu diesen Gaben, die ihm von
den Göttern verliehen worden waren, hatte er auch selbst viele
Ruhmestaten im Krieg hinzugefügt und Beredsamkeit auf dem
Forum gezeigt, so daß niemand in der Bürgerschaft als zungen-
fertiger und tatenfreudiger galt. Während er inmitten der Patrizier stand und die anderen überragte, als wenn alle Diktaturen
und Konsulate in seiner Stimme und seinen Kräften lägen, hielt er

allein den Angriffen der Tribunen und dem Ansturm des Volkes
stand. Unter seiner Führung wurden die Tribunen oft vom Forum vertrieben und die Plebs zersprengt und in die Flucht gejagt.
Wer ihm entgegentrat, ging übel zugerichtet und entblößt davon,
so daß völlig klar war, wenn man sich so verhalten dürfe, dann sei
es um das Gesetz geschehen. Da lud, während die anderen Tribunen fast schon den Mut verloren hatten, A. Verginius, einer aus
dem Kollegium, Caeso zu einem Kapitalprozeß vor Gericht. Sein
wildes Gemüt hatte er damit mehr aufgebracht als eingeschüchtert; um so heftiger kämpfte Caeso gegen das Gesetz, hetzte gegen die Plebs und verfolgte die Tribunen wie in einem gerechten
Krieg. Der Ankläger ließ zu, daß der Angeklagte blind in sein
Verderben stürzte, dem Haß Nahrung bot und ihm Material für
seine Anschuldigungen lieferte. Unterdessen brachte er das Gesetz in Vorschlag, nicht so sehr in der Hoffnung es durchzubringen, sondern um Caeso zu einer Unbesonnenheit zu reizen. Dabei wurde von den jungen Leuten viel unüberlegt gesagt und getan, was man einzig Caeso zur Last legte, der unter Verdacht
stand. Trotzdem kämpfte er weiter gegen das Gesetz. Und
A. Verginius schärfte der Plebs immer wieder ein: »Merkt ihr
jetzt wohl, Quiriten, daß ihr nicht zugleich Caeso als Mitbürger
haben könnt und das Gesetz, das ihr wünscht? Doch was spreche
ich vom Gesetz? Der Freiheit steht er im Weg; alle Tarquinier
übertrifft er an Hochmut. Wartet, bis er Konsul oder Diktator
wird, er, den ihr als Privatmann aufgrund seiner Kräfte und seiner Dreistigkeit den König spielen seht.« Viele pflichteten ihm
bei, beklagten sich, sie seien geschlagen worden, und stachelten
den Tribunen auch ihrerseits an, die Sache weiterzuverfolgen.

12. Schon stand der Tag für die Gerichtsverhandlung nahe bevor, und es zeigte sich, daß die Leute allgemein glaubten, bei der
Verurteilung Caesos gehe es um die Freiheit. Da endlich wandte
er sich notgedrungen mit großem Widerwillen bittend an einzelne. Seine Verwandten und Freunde, angesehene Männer aus
der Bürgerschaft, begleiteten ihn. T. Quinctius Capitolinus, der
dreimal Konsul gewesen war, erwähnte seine Ruhmestaten und
die seiner Familie und versicherte, weder in der Familie der
Quinctier noch in der römischen Bürgerschaft habe es je einen

Menschen mit einer solchen Anlage zu vollkommener Tüchtigkeit gegeben. Er sei sein bester Soldat gewesen und habe oft unter
seinen Augen gegen den Feind gekämpft. Sp. Furius berichtete:
Von Quinctius Capitolinus geschickt, sei Caeso ihm in einer bedenklichen Lage zu Hilfe gekommen; kein einzelner habe seiner
Meinung nach mehr dafür getan, daß die Lage wiederhergestellt
wurde. L. Lucretius, der Konsul des Vorjahres, im frischen
Glanz seines Ruhmes, gab Caeso Anteil an seinen Verdiensten,
nannte die Kämpfe, berichtete von seinen hervorragenden Taten
in Einzelunternehmungen wie in der Schlacht und riet und
mahnte, sie sollten den hervorragenden jungen Mann, der von
der Natur und dem Glück mit allen guten Gaben ausgestattet
worden sei und der von größter Bedeutung für das Geschick jeder Gemeinde sein werde, in die er komme, lieber als Mitbürger
haben wollen, als daß er Bürger einer fremden Gemeinde werde.
Was an ihm Anstoß errege, sein hitziges Temperament und seine
Dreistigkeit, bringe die Zeit mit jedem Tag mehr zum Schwin-
den; was man an ihm vermisse, die besonnene Klugheit, die
wachse von Tag zu Tag. Wenn seine Fehler zurückgingen, seine
Tüchtigkeit sich voll entfalte, sollten sie einen so bedeutenden
Mann in der Bürgerschaft alt werden lassen.

Neben diesen trat auch sein Vater L. Quinctius auf, der den
Beinamen Cincinnatus hatte; er wiederholte nicht die Lobeshymnen, um den Haß nicht noch zu vergrößern, sondern flehte
um Nachsicht mit den Verirrungen eines jungen Menschen und
bat darum, ihm zuliebe, der weder durch ein Wort noch durch
eine Tat jemand verletzt habe, seinem Sohn die Strafe zu erlassen.
Aber die einen verschlossen sich seinen Bitten aus Schüchtern-
heit oder aus Angst; die anderen beklagten sich, sie und ihre Angehörigen seien übel zugerichtet worden, und deuteten mit einer
barschen Antwort ihre Entscheidung im voraus an.

13. Dem Angeklagten machte neben dem allgemeinen Haß
eine einzelne Anschuldigung zu schaffen: M. Volscius Fictor, der
vor einigen Jahren Volkstribun gewesen war, hatte als Zeuge aus-
gesagt, er sei nicht lange, nachdem die Seuche in der Stadt geherrscht habe, in der Subura auf junge Leute gestoßen, die dort
herumschwärmten. Dabei sei es zu einem Streit gekommen und

sein älterer Bruder, der von der Krankheit noch nicht ganz gene-
sen war, sei von Caeso mit der Faust getroffen worden und hin-
gestürzt; halbtot hätten sie ihn auf den Händen nach Hause getragen und er sei daran gestorben, wie er glaube. Es sei ihm aber
bei den Konsuln der vergangenen Jahre nicht möglich gewesen,
eine derart schlimme Sache gerichtlich zu verfolgen. Als Volscius
das hinausschrie, wurden die Menschen so aufgebracht, daß
nicht viel daran fehlte, und Caeso wäre ein Opfer der Volkswut
geworden. Verginius befahl, den Mann zu ergreifen und ins Gefängnis zu führen. Die Patrizier setzten Gewalt gegen Gewalt.
T. Quinctius schrie, einem Mann, dem ein Kapitalprozeß gemacht und über den in den nächsten Tagen das Urteil gesprochen
werde, dem dürfe nicht ohne Urteil und ohne Verhör Gewalt angetan werden. Der Tribun versicherte, er werde an einem Mann,
der nicht verurteilt sei, die Strafe nicht vollziehen. Er werde ihn
aber bis zum Tag des Urteils in Gewahrsam halten, damit das römische Volk Gelegenheit bekomme, an einem, der einen Menschen getötet habe, die Strafe zu vollziehen.

Man appellierte an die Tribunen, und sie machten mit einem
Vermittlungsvorschlag von ihrem Recht zum Einschreiten Gebrauch und verboten, ihn ins Gefängnis zu werfen. Sie erklärten,
der Angeklagte solle sich stellen und dem Volk solle Geld zuge-
sagt werden für den Fall, daß er sich nicht stelle. Man war sich im
Zweifel darüber, eine wie große Geldsumme billigerweise zuge-
sagt werden sollte; die Frage wurde an den Senat verwiesen. Solange die Senatoren befragt wurden, wurde der Angeklagte auf
dem Forum festgehalten. Man beschloß, daß Bürgen gestellt
werden sollten. Den einzelnen Bürgen verpflichtete man zur
Zahlung von 3000 As. Wie viele Bürgen gestellt werden sollten,
wurde den Tribunen überlassen. Sie setzten zehn fest. Durch so
viele Bürgen verpflichtete der Ankläger den Angeklagten. Dieser
stellte als erster in einem Prozeß vor dem Volk Bürgen. Vom Forum entlassen, ging er in der nächsten Nacht zu den Etruskern in
die Verbannung.

Als er am Gerichtstag entschuldigt wurde, er habe das Land
verlassen und sich in die Verbannung begeben, wollte Verginius
nichtsdestoweniger die Verhandlung stattfinden lassen, aber

seine Kollegen lösten die Versammlung auf, als man an sie appellierte. Das Geld wurde bei seinem Vater gnadenlos eingetrieben, so daß er nach dem Verkauf all seiner Habe eine Zeitlang jenseits des Tiber wie ein Ausgewiesener in einer abgelegenen Hütte lebte.

14. Dieses Urteil und das vorgeschlagene Gesetz hielt die Bürgerschaft in Atem. Vor fremden Waffen hate man Ruhe. Die Tribunen kamen sich wie Sieger vor und glaubten, die Patrizier seien durch die Verbannung Caesos niedergeschlagen und das Gesetz sei schon so gut wie durchgebracht; was die älteren Patrizier anging, hatten sie ihre Führungsposition im Staat aufgegeben; aber die Jüngeren, vor allem der Freundeskreis Caesos, gerieten noch mehr in Zorn gegen die Plebs und ließen den Mut nicht sinken. Dabei wurde jedoch am meisten dadurch erreicht, daß sie ihre Angriffe auf eine gewisse Art mäßigten. Als man zum erstenmal nach der Verbannung Caesos wieder damit begann, das Gesetz einzubringen, griffen sie geordnet und wohlvorbereitet mit einem gewaltigen Gefolge von Klienten die Tribunen an, sobald diese Platz machen ließen und ihnen damit einen Anlaß boten; doch dabei erntete kein einzelner besonderen Ruhm oder Haß, und die Plebs klagte, für den einen Caeso seien tausend aufgestanden.

In der Zwischenzeit, wenn die Tribunen nicht über das Gesetz verhandelten, war niemand sanfter oder ruhiger als eben jene jungen Patrizier. Sie grüßten freundlich, sprachen die Leute aus der Plebs an, luden sie in ihre Häuser ein, standen ihnen vor Gericht bei, ließen die Tribunen selbst die übrigen Versammlungen ohne Widerspruch durchführen, traten niemals jemandem in öffentlichen Angelegenheiten oder privat schroff entgegen, es sei denn, daß man anfing, über das Gesetz zu verhandeln; sonst waren die jungen Leute volksfreundlich. Und die Tribunen konnten nicht nur alle anderen Dinge ruhig zu Ende bringen, sondern sie wurden auch für das folgende Jahr wiedergewählt, ohne daß ein unfreundliches Wort fiel, geschweige denn, daß irgendeine Gewalttat geschehen wäre. Allmählich hatten sie die Plebs zahm gemacht, indem sie ihr freundlich entgegentraten und sich mit ihr beschäftigten. Durch diese Kunstgriffe wurde das ganze Jahr hindurch das Gesetz vereitelt.

15. Die Konsuln C. Claudius, ein Sohn des Appius, und P. Valerius Publicola übernahmen eine ziemlich ruhige Bürgerschaft. Das neue Jahr hatte noch nichts Neues gebracht. Die Sorge um die Durchsetzung oder die Annahme des Gesetzes hielt die Bürgerschaft in Spannung. Je mehr die jüngeren Patrizier sich bei der Plebs einschmeichelten, desto heftiger bemühten sich umgekehrt die Tribunen, sie durch Anschuldigungen bei der Plebs verdächtig zu machen: Es sei zu einer Verschwörung gekommen; Caeso sei in Rom; man habe Pläne geschmiedet, die Tribunen zu töten und die Plebs niederzumetzeln. Die älteren Patrizier hätten es der Jugend zur Aufgabe gemacht, die tribunizische Gewalt im Staat zu beseitigen, und die Bürgerschaft sollte wieder dieselbe Verfassung haben, die sie vor der Besetzung des Heiligen Berges gehabt hatte.

Und von den Volskern und Aequern fürchtete man den schon zur Regel gewordenen und fast Jahr um Jahr wiederkehrenden Krieg, da tauchte in größerer Nähe ein anderes, neues Übel unversehens auf. Verbannte und Sklaven, an die 4500 Mann, besetzten unter Führung des Sabiners App. Herdonius bei Nacht das Kapitol und die Burg. Sogleich wurden auf der Burg die niedergemacht, die es ablehnten, sich der Verschwörung anzuschließen und mit zu den Waffen zu greifen. Andere stürmten bei dem Überfall, die Angst im Nacken, herunter auf das Forum. Abwechselnd hörte man die Rufe »Zu den Waffen!« und »Feinde in der Stadt!«

Die Konsuln hatten sowohl Angst davor, die Plebs zu bewaffnen, als auch, sie unbewaffnet zu lassen, da sie nicht genau wußten, was für ein Übel plötzlich über die Stadt gekommen war, ob von draußen oder von drinnen, vom Haß der Plebs oder von Sklaventücke. Sie suchten die Unruhe zu dämpfen; doch indem sie das taten, erregten sie hie und da neue Unruhe. Denn die verängstigte und bestürzte Menge ließ sich nicht durch einen Befehl lenken. Sie gaben ihr trotzdem Waffen, nicht allgemein, nur so viel, daß bei der Unklarheit über den Feind ein hinreichend zuverlässiger Schutz für alle Fälle da war. Aufgeregt und ungewiß, was für Leute das waren und wie groß die Zahl der Feinde war, verbrachten sie den Rest der Nacht damit, daß sie Posten auf die

am meisten gefährdeten Punkte der ganzen Stadt verteilten. Das
Tageslicht ließ dann den Krieg und den Anführer des Krieges
sichtbar werden. App. Herdonius rief vom Kapitol herab die
Sklaven zur Freiheit auf. Er habe die Sache gerade der Ärmsten
übernommen, um die zu Unrecht vertriebenen Verbannten in
ihre Heimat zurückzuführen und das schwere Joch von den Sklaven zu nehmen. Er wolle lieber, daß das im Namen des römischen Volkes geschehe. Wenn es da keine Hoffnung gebe, werde
er die Volsker und Aequer herbeirufen und das Äußerste wagen.

16. Die Situation wurde den Patriziern und den Konsuln klarer. Über das hinaus, was als Programm verkündet wurde, fürchteten sie jedoch, dies sei ein Plan der Leute von Veji oder der Sabiner, und da so viele Feinde in der Stadt seien, würden sich bald
die Legionen der Sabiner und der Etrusker verabredungsgemäß
einfinden; und dann würden auch ihre ewigen Feinde, die Volsker und Aequer, kommen, aber nicht, um wie zuvor das Land zu
verwüsten, sondern zur Stadt, die ja schon zu einem Teil genommen sei. Es gab viele Befürchtungen der verschiedensten Art. Vor
allem hatte man Angst vor den Sklaven, daß jeder seinen Feind im
Hause hatte; weder wenn man ihm traute, hatte man hinreichend
Sicherheit, noch wenn man ihm nicht traute und ihm das Vertrauen entzog – denn das konnte ihn noch aggressiver machen.

Selbst in Eintracht schien man sich kaum behaupten zu können. Da die anderen Übel so viel größer waren und alles übrige in
den Schatten stellten, fürchtete niemand die Tribunen oder die
Plebs. Dieses Übel schien gezähmt; während es immer aufkam,
wenn man vor anderen Übeln Ruhe hatte, schien es jetzt ruhig zu
bleiben, durch das Übel aus der Fremde betäubt. Doch es er-
schwerte dann die kritische Situation fast am allermeisten. Denn
eine solche Raserei hatte die Tribunen erfaßt, daß sie behaupteten, nicht ein Krieg habe sich auf dem Kapitol eingenistet, sondern die eitle Vorspiegelung eines Krieges, um die Plebs davon
abzubringen, sich um das Gesetz zu kümmern. Wenn das Gesetz
durchgekommen sei und die Gastfreunde und Klienten der Patrizier merkten, daß sie vergeblich den Kriegslärm ausgelöst hätten,
würden sie noch stiller, als sie gekommen seien, wieder abziehen.
Sie forderten dann das Volk auf, die Waffen abzulegen, und führ-

ten eine Versammlung durch, um das Gesetz durchzubringen.
Die Konsuln hielten unterdessen eine Senatssitzung ab, da sich
eine andere und größere Gefahr von den Tribunen her abzeich-
nete als die, die der nächtliche Feind gebracht hatte.

17. Nachdem gemeldet wurde, daß man die Waffen ablegte
und daß die Leute die Posten verließen, stürzte P. Valerius aus
dem Senatsgebäude, während sein Amtsgenosse die Senatssitzung fortführte, und kam von da auf den Versammlungsplatz zu
den Tribunen. »Was soll das, ihr Tribunen?« rief er. »Wollt ihr
unter der Führung und dem Oberbefehl des App. Herdonius den
Staat zugrunde richten? Ist er mit eurer Verführung so erfolgreich gewesen, er, der nicht einmal bei den Sklaven mit seinen
Ideen etwas ausgerichtet hat? Während der Feind uns im Nacken
sitzt, wollt ihr, daß man die Waffen ablegt und über Gesetze verhandelt?« Dann wandte er sich mit seinen Worten an die Menge:
»Wenn die Sorge um die Stadt und um euch selbst euch nicht berührt, Mitbürger, so fürchtet doch eure Götter, die in der Gewalt
der Feinde sind! Jupiter, der Beste und Größte, die Königin Juno
und Minerva sowie die anderen Götter und Göttinnen werden
belagert; ein Sklavenhaufen hat die Schutzgötter eures Staates in
der Hand! Erscheint euch das als das Bild einer gesunden Bürgerschaft? So viele Feinde sind nicht nur innerhalb der Mauern, sondern auf der Burg, über dem Forum und dem Senatsgebäude!
Unterdessen findet auf dem Forum eine Volksversammlung
statt, tagt der Senat im Senatsgebäude! Als wenn tiefste Ruhe
herrschte, stellt der Senator seinen Antrag, schreiten die Bürger
zur Abstimmung! Mußte nicht alles, was an Patriziern und Plebejern da ist, Konsuln und Tribunen, alle Götter und Menschen,
in Waffen Hilfe bringen, auf das Kapitol stürmen, jenes hochhei-
lige Haus Jupiters, des Besten und Größten, befreien und ihm
den Frieden bringen? Vater Romulus, gib du deinen Nachkommen deinen Geist, mit dem du einst die Burg zurückerobert hast,
die diese selben Sabiner mit Hilfe von Gold in ihre Gewalt gebracht hatten! Laß deine Nachkommen diesen Weg antreten, den
du als Führer, den dein Heer angetreten hat! Sieh, ich, der Konsul, werde als erster, soweit ich als Sterblicher einem Gott folgen
kann, dir folgen und in deine Spuren treten.« Das Ende seiner

Rede war: Er greife zu den Waffen, er rufe alle Mitbürger zu den Waffen. Wenn einer ihn hindere, dann werde er die Grenzen der konsularischen Macht, dann werde er die Amtsgewalt der Tribunen und die heiligen Satzungen vergessen und ihn, wer es auch sei und wo es auch sei, auf dem Kapitol oder auf dem Forum, als Feind behandeln. Die Tribunen sollten ruhig befehlen, gegen den Konsul P. Valerius zu den Waffen zu greifen, da sie es gegen App. Herdonius verböten. Er werde gegen die Tribunen wagen, was der Angesehenste seiner Familie gegen die Könige gewagt habe.

Es zeichnete sich ab, daß es zum Äußersten kommen und die Zwietracht der Römer den Feinden ein Schauspiel bieten werde. Weder konnte das Gesetz behandelt werden, noch konnte der Konsul auf das Kapitol anrücken. Die Nacht erstickte die schon auflodernden Streitigkeiten. Die Tribunen wichen vor der Nacht in Angst vor den Waffen der Konsuln. Als dann die Anstifter der Zwietracht sich entfernt hatten, gingen die Patrizier unter der Plebs umher, mischten sich in ihre Kreise, fanden die passenden Worte und ermahnten sie zu sehen, in welche Gefahr sie den Staat brächten. Das sei nicht ein Streit zwischen Patriziern und Plebs, sondern Patrizier und Plebs zugleich, die Burg der Stadt, die Tempel der Götter und die Schutzgötter des Staates und der einzelnen würden den Feinden ausgeliefert.

Während dies auf dem Forum verhandelt wurde, um die Zwietracht zu schlichten, waren die Konsuln weggegangen in der Befürchtung, die Sabiner oder der Feind aus Veji könnten sich rühren, und machten die Runde an den Toren und auf den Mauern.

18. In derselben Nacht kam auch nach Tusculum die Nachricht von der Einnahme der Burg und der Besetzung des Kapitols und von dem sonstigen Stand der Dinge in der verwirrten Stadt. L. Mamilius war damals in Tusculum Diktator. Er berief sogleich den Senat, führte die Boten herein und sprach sich nachdrücklich dafür aus, nicht zu warten, bis Gesandte von Rom kämen und um Hilfe bäten. Die Gefahr selbst und die kritische Zuspitzung wie auch die Götter, bei denen das Bündnis geschlossen sei, und die Vertragstreue forderten dies. Die Götter würden niemals wieder eine gleiche Gelegenheit geben, sich durch eine Wohltat um die so mächtige und so nahe Bürgerschaft verdient zu machen. Man

beschloß, Hilfe zu bringen. Die junge Mannschaft wurde aufge-
boten, die Waffen wurden ausgehändigt.

Sie kamen im Morgengrauen nach Rom und wirkten von weitem wie Feinde; es sah so aus, als kämen die Aequer oder die
Volsker. Dann, als der unbegründete Schrecken schwand, wurden sie in die Stadt aufgenommen und zogen geschlossen zum
Forum. Dort stellte P. Valerius soeben das Heer zum Kampf auf,
während sein Amtsgenosse bei den Besatzungen der Tore geblieben war. Das Ansehen des Mannes hatte seine Wirkung nicht
verfehlt, als er versicherte, wenn das Kapitol zurückerobert und
der Friede in der Stadt wiederhergestellt sei und man sich beleh-
ren lasse, welcher Betrug von den Tribunen insgeheim in dem
Gesetz geplant sei, dann werde er an seine Vorfahren und seinen
Beinamen denken, durch den ihm die Verpflichtung, sich um das
Volk zu kümmern, wie ein Erbe von seinen Vorfahren hinterlassen worden sei, und die Versammlung der Plebs nicht verhindern. Diesem Anführer folgten sie, während die Tribunen vergeblich ihr Protestgeschrei erhoben, und ließen das Heer in
Kampfformation den Weg zum Kapitol hinaufrücken. Die Legion aus Tusculum schloß sich ebenfalls an. Bundesgenossen und
Bürger wetteiferten, wer den Ruhm, die Burg zurückerobert zu
haben, für sich beanspruchen dürfe. Beide Feldherrn spornten
ihre Leute an. Da gerieten die Feinde in Angst, und nur der Vorteil ihrer Stellung gab ihnen noch etwas Zuversicht. Auf die Ver-
ängstigten drangen die Römer und ihre Bundesgenossen ein, und
sie waren schon bis zur Vorhalle des Tempels vorgestoßen, da fiel
P. Valerius, während er in vorderster Linie die Kämpfer mitriß.
Der ehemalige Konsul P. Volumnius sah ihn fallen. Er gab seinen
Leuten den Auftrag, den Leichnam zu decken, und stürmte
selbst an die Stelle und den Platz des Konsuls. In der Hitze des
Angriffs bemerkten die Soldaten den so wichtigen Vorfall nicht;
sie siegten, bevor sie gewahr wurden, daß sie ohne ihren Anfüh-
rer kämpften. Viele von den Verbannten befleckten mit ihrem
Blut das Heiligtum, viele gerieten in Gefangenschaft, Herdonius
kam ums Leben. So wurde das Kapitol zurückerobert. An den
Gefangenen wurde, je nachdem ob einer ein Freier oder ein
Sklave war, seinem Stand entsprechend bei jedem die Todesstrafe

vollstreckt. Den Leuten aus Tusculum sagte man Dank. Das Kapitol wurde gereinigt und entsühnt. In das Haus des Konsuls soll die Plebs Viertelasstücke geworfen haben, damit er in einem glanzvolleren Begräbnis zu Grabe getragen werden konnte.

19. Als der Friede errungen war, da drängten die Tribunen die Patrizier, das Wort des P. Valerius einzulösen, und sie drängten den C. Claudius, die Seele seines Amtsgenossen von dem Makel des Betrugs zu befreien und über das Gesetz verhandeln zu lassen. Der Konsul sagte, bevor er sich einen Amtsgenossen habe nachwählen lassen, werde er nicht zulassen, daß über das Gesetz verhandelt werde. Diese Reibereien hielten an bis zur Nachwahl des Konsuls. Im Dezember wurde unter stärkster Parteinahme der Patrizier L. Quinctius Cincinnatus, der Vater des Caeso, zum Konsul gewählt, der das Amt sofort antreten sollte. Die Plebs war bestürzt, daß sie einen Konsul haben sollte, der gegen sie aufgebracht war und der mächtig war durch die Gunst der Patrizier, durch seine Tüchtigkeit und durch seine drei Söhne, von denen keiner an Selbstbewußtsein hinter Caeso zurückstand, die ihm aber darin überlegen waren, daß sie sich von der Vernunft bestimmen ließen, wenn es die Situation erforderte.

Sobald er sein Amt angetreten hatte, wies er in beständigen Reden von der Tribüne herab nicht nur die Plebs in die Schranken, sondern ging ebenso scharf auch mit dem Senat ins Gericht: Infolge der Kraftlosigkeit dieses Standes hätten jetzt Volkstribunen mit ihrer Zungenfertigkeit und ihren Anschuldigungen das Regiment auf Lebenszeit, nicht wie im Staatswesen des römischen Volkes, sondern wie in einem heruntergekommenen Haus. Mit seinem Sohn Caeso seien die Tüchtigkeit, die Beständigkeit und alle Ruhmestaten der Jugend im Kriege und daheim aus der Stadt Rom vertrieben und verjagt worden. Schwätzer, Aufrührer, Stifter der Zwietracht würden durch die verwerflichsten Künste ein zweites und drittes Mal Tribunen und lebten mit der Willkür von Königen. »Hat jener A. Verginius«, sagte er, »weil er nicht auf dem Kapitol war, weniger die Todesstrafe verdient als App. Herdonius? Noch erheblich mehr, beim Herkules, wenn man die Sache richtig einschätzen will! Herdonius hat allein dadurch, daß er sich als Feind bekannte, euch fast aufgefordert, zu den Waffen zu greifen. Dieser dagegen hat, indem er leugnete, daß Kriegszustand herrschte, euch die Waffen weggenommen und euch wehrlos euren Sklaven und Verbannten preisgegeben. Und ihr – mögen C. Claudius und der tote P. Valerius mir meine Worte verzeihen –, seid ihr zum Angriff auf dem Weg zum Kapitol vorgerückt, bevor ihr diese Feinde vom Forum verschwinden ließet? Es ist eine Schande vor Göttern und Menschen. Als die Feinde in der Burg und auf dem Kapitol waren, der Anführer der Verbannten und Sklaven alles entweiht hatte und in der Cella Jupiters, des Besten und Größten, hauste, hat man in Tusculum eher als in Rom zu den Waffen gegriffen. Es war ungewiß, ob der tusculanische Anführer L. Mamilius oder ob die Konsuln P. Valerius und C. Claudius die Burg von Rom befreien würden. Und wir, die wir zuvor nicht einmal zuließen, daß die Latiner für sich selbst eine Waffe anrührten, als sie den Feind in ihrem Land hatten, wir waren jetzt gefangen und vernichtet, wenn nicht die Latiner von sich aus zu den Waffen gegriffen hätten. Heißt das der Plebs Hilfe bringen, Tribunen, daß ihr sie waffenlos dem Feind zum Hinschlachten überlaßt? Natürlich, wenn der niedrigste Mann aus eurer Plebs, die ihr wie einen vom übrigen Volk losgelösten Teil zu eurem Vaterland und zu einem Staat im Staat gemacht habt, wenn einer von diesen euch melden würde, sein Haus sei von bewaffneten Sklaven besetzt, dann würdet ihr glauben, man müsse Hilfe bringen. War Jupiter, der Beste und Größte, von den Waffen der Verbannten und Sklaven umringt, keine menschliche Hilfe wert? Und diese Leute, denen die Götter selbst nicht heilig und nicht unverletzlich sind, wollen als heilig-unverletzlich gelten? Aber ihr, von Verbrechen gegen Götter und Menschen schier erdrückt, sagt ja immer wieder, ihr würdet in diesem Jahr das Gesetz durchbringen. Wenn ihr es durchbrächtet, dann war es, beim Herkules, an dem Tag, an dem ich zum Konsul gewählt wurde, schlecht um den Staat bestellt, viel schlechter noch als an dem Tag, an dem der Konsul P. Valerius fiel. Zuallererst nun, Mitbürger«, sagte er, »haben ich und mein Amtsgenosse vor, die Legionen gegen die Volsker und die Aequer zu führen. Durch irgendeine unbegreifliche Fügung sind die Götter uns gnädiger, wenn wir Krieg führen als wenn wir im

Frieden leben. Wie große Gefahr von jenen Völkern gedroht hat, wenn sie gewußt hätten, daß das Kapitol von Verbannten besetzt war, ist besser aus dem Vergangenen zu mutmaßen als in der Wirklichkeit zu erproben.«

20. Die Rede des Konsuls hatte auf die Plebs Eindruck gemacht. Die Patrizier trugen den Kopf hoch und glaubten, die alten politischen Verhältnisse seien wiederhergestellt. Der andere Konsul, im Mitmachen beherzter als im Ergreifen einer Initiative, duldete es gerne, daß sein Amtsgenosse vor ihm so gewichtige Dinge angepackt hatte; bei der Durchführung beanspruchte er einen Teil der konsularischen Pflicht für sich. Da spotteten die Tribunen, als wenn alles eitles Gerede wäre, und setzten den Konsuln mit der Frage zu, wie sie denn das Heer hinausführen würden, wo doch keiner zulassen werde, daß sie eine Aushebung vornähmen. Quinctius entgegnete: »Wir haben gar keine Aushebung nötig; denn als P. Valerius der Plebs Waffen gab, um das Kapitol zurückzuerobern, haben alle geschworen, sie würden auf Geheiß des Konsuls kommen und nicht ohne seinen Befehl weggehen. Wir ordnen daher an, daß ihr alle, die ihr den Eid geleistet habt, euch am morgigen Tage in Waffen am Regillus-See einfindet.« Da suchten die Tribunen Ausflüchte und wollten das Volk von der Verpflichtung befreien: Quinctius sei zu dem Zeitpunkt, als sie vereidigt worden seien, Privatmann gewesen. Aber es war noch nicht jene Gleichgültigkeit gegenüber den Göttern aufgekommen, die jetzt die Zeit prägt, und man legte sich nicht durch Ausdeuteln Eid und Gesetze zurecht, sondern paßte lieber sein eigenes Verhalten diesen an. Da keine Aussicht bestand, die Sache zu verhindern, suchten die Tribunen also den Auszug des Heeres hinauszuzögern, um so mehr, weil das Gerücht aufgekommen war, auch die Auguren seien aufgefordert worden, sich am Regillus-See einzufinden, und es solle ein Platz geweiht werden, wo nach Durchführung der Auspizien mit dem Volk verhandelt werden könne, damit alles, was in Rom kraft tribunizischer Gewalt durchgekommen sei, dort durch die Volksversammlung wieder aufgehoben werde. Alle würden so entscheiden, wie die Konsuln wollten. Denn weiter als 1000 Schritt von der Stadt entfernt gebe es keine Berufung, und wenn die Tribu-

nen dorthin kämen, dann seien sie mit der übrigen Menge ihrer
Mitbürger der Befehlsgewalt der Konsuln unterworfen. Das löste Schrecken aus. Der größte Schrecken aber fuhr den Leuten in
die Glieder, weil Quinctius des öfteren sagte, er werde keine
Konsulwahlen durchführen; die Bürgerschaft sei so krank, daß
man mit den gewohnten Mitteln nicht Abhilfe schaffen könne.
Der Staat brauche einen Diktator; jeder, der sich daranmache, die
bestehende Ordnung zu stören, müsse merken, daß es in der
Diktatur keine Berufung gebe.

21. Der Senat tagte auf dem Kapitol. Dorthin kamen die Tribunen mit der erregten Plebs, und die Menge bat mit lautem Geschrei bald die Konsuln, bald die Patrizier um loyales Verhalten.
Sie brachten den Konsul aber nicht eher von seinem Vorsatz ab,
bis die Tribunen versprachen, sich den Beschlüssen des Senats zu
fügen. Da setzte der Konsul die Forderungen der Tribunen und
der Plebs auf die Tagesordnung, und der Senat beschloß, daß weder die Tribunen in diesem Jahr das Gesetz einbringen noch die
Konsuln das Heer aus der Stadt führen sollten; für die Zukunft
vertrete der Senat die Meinung, es sei gegen das Interesse des
Staates, wenn die hohen Ämter ohne Unterbrechung weitergeführt und wenn dieselben Leute wieder Tribunen würden.

Die Konsuln hielten sich an die Entscheidung des Senats; die
Tribunen jedoch wurden trotz des Protestes der Konsuln wiedergewählt. Auch die Senatoren wollten, um in keinem Punkt
hinter der Plebs zurückzustehen, nun ihrerseits den L. Quinctius
wieder zum Konsul machen. Im ganzen Jahr gab es keine leiden-
schaftlichere Rede des Konsuls. »Muß ich mich wundern«, sagte
er, »wenn euer Ansehen bei der Plebs nicht viel gilt, Senatoren?
Ihr selbst verspielt es. Denn weil die Plebs den Senatsbeschluß
bei der Weiterführung der Ämter nicht beachtet hat, wollt ihr ihn
selbst auch nicht beachten, um nicht an Unbedachtsamkeit hinter
der Menge zurückzustehen. Gilt man in einer Bürgerschaft
mehr, wenn man mehr Unzuverlässigkeit und Willkür zeigt? Es
ist ja in der Tat würdeloser und inkonsequenter, seine eigenen
Entschlüsse und Entscheidungen aufzuheben als die anderer.
Ahmt ruhig die unbesonnene Menge nach, Senatoren, und die ihr
anderen als Beispiel dienen müßt, handelt lieber nach dem Bei-

spiel anderer falsch, als daß andere nach eurem Beispiel recht
handeln – wenn ich es nur nicht den Tribunen nachtue und zu-
lasse, daß ich entgegen dem Senatsbeschluß als Konsul ausgeru-
fen werde. Dich aber, C. Claudius, mahne ich, persönlich das römische Volk an diesem Willkürakt zu hindern; was mich angeht,
kannst du davon überzeugt sein, ich werde es nicht so aufnehmen, als sei ich von dir um mein Amt gebracht worden, sondern
als sei mein Ruhm durch die Ablehnung des Amtes noch gewachsen und mir der Haß, der aus seiner Weiterführung drohen
würde, erspart geblieben.«

Gemeinsam ordneten sie dann an, keiner solle den L. Quinctius zum Konsul wählen. Wenn einer es tue, dann würden sie
diese Stimme nicht gelten lassen.

22. Zu Konsuln gewählt wurden Q. Fabius Vibulanus zum
drittenmal und L. Cornelius Maluginensis. In diesem Jahr fand
eine Schätzung statt; man hatte aber wegen der Einnahme des
Kapitols und wegen des Todes des Konsuls Bedenken, das Reinigungsopfer durchzuführen.

Im Konsulat von Q. Fabius und L. Cornelius war gleich zu Beginn des Jahres die Situation beunruhigend. Die Tribunen hetzten die Plebs auf. Die Latiner und die Herniker meldeten, daß ein
gewaltiger Krieg mit den Volskern und den Aequern bevorstehe;
die Legionen der Volsker seien schon im Gebiet von Antium.
Und es herrschte ungeheure Furcht, daß die Kolonie selbst abfal-
len werde. Mit Mühe erreichte man bei den Tribunen, daß man
sich zuerst dem Krieg zuwenden durfte.

Die Konsuln teilten dann die Aufgabenbereiche: Fabius wurde
aufgetragen, die Legionen nach Antium zu führen; Cornelius
sollte Rom schützen, damit nicht ein Teil der Feinde, wie es bei den
Aequern Sitte war, zum Plündern käme. Die Herniker und die Latiner wurden aufgefordert, aufgrund des Vertrages Soldaten zu
stellen. Zwei Drittel des Heeres waren Bundesgenossen, ein Drittel römische Bürger. Nachdem die Bundesgenossen am vorher
festgesetzten Tag gekommen waren, schlug der Konsul vor der
Porta Capena das Lager auf. Dort entsühnte er das Heer und brach
dann nach Antium auf und lagerte sich nicht weit von der Stadt
und dem Standlager der Feinde. Hier wagten die Volsker nicht zu

kämpfen, weil von den Aequern noch kein Heer gekommen war, und hatten vor, sich ruhig hinter dem Wall zu behaupten. Am nächsten Tag stellte Fabius nicht eine einzige, aus Bundesgenossen und römischen Bürgern gemischte Formation, sondern die drei Formationen der drei Völker getrennt um den Wall der Feinde herum auf. Selbst stand er mit den römischen Legionen in der Mitte. Er befahl, auf das Zeichen von dort zu achten, damit die Bundesgenossen gleichzeitig angriffen und zurückgingen, wenn er zum Rückzug blasen ließ. Die Reiter postierte er ebenso, jeden bei der betreffenden Abteilung hinter dem ersten Treffen. So griff er in drei Formationen das Lager an und umzingelte es, und da er von allen Seiten anstürmte, drängte er die Volsker, die dem Angriff nicht standhielten, vom Wall herab. Er stieg dann über die Befestigungsanlagen und trieb die Schar, die panikartig in eine Richtung strömte, aus dem Lager. Während sie von dort in wilder Flucht davonstoben, holte der Reiter, für den es nicht leicht gewesen wäre, über den Wall zu kommen, und der bis dahin als Zuschauer beim Kampf dagestanden hatte, sie in freiem Gelände ein und genoß seinen Anteil am Sieg, indem er die Verschreckten niedermachte. Es gab ein großes Blutbad im Lager wie auch unter den Fliehenden außerhalb der Befestigungsanlagen, aber die Beute war noch größer, weil der Feind kaum die Waffen mit sich herausbringen konnte. Und das Heer wäre vernichtet worden, wenn nicht Wälder den Fliehenden Schutz geboten hätten.

23. Während dies bei Antium geschah, nahmen die Aequer, die den Kern ihrer jungen Mannschaft vorausgeschickt hatten, unversehens bei Nacht die Burg von Tusculum. Mit dem übrigen Heer lagerten sie sich nicht weit vor den Mauern von Tusculum, um die Truppen der Feinde an mehreren Stellen zu binden. Diese Nachricht gelangte schnell nach Rom, von Rom ins Lager nach Antium, und sie erregte die Römer nicht weniger, als wenn gemeldet worden wäre, das Kapitol sei genommen. So frisch war das Verdienst der Tusculaner, und die Ähnlichkeit der Gefahr schien für die geleistete Hilfe eine Gegenleistung zu fordern. Fabius stellte alles zurück und schaffte die Beute aus dem Lager schnellstens nach Antium. Dort ließ er eine nicht allzu starke Besatzung zurück und führte das Heer im Eilmarsch nach Tuscu-

lum. Nichts außer seinen Waffen und was er an Brot zur Hand hatte, durfte der Soldat mitnehmen; Proviant schaffte der Konsul Cornelius von Rom heran.

Mehrere Monate wurde im Gebiet von Tusculum gekämpft. Mit einem Teil des Heeres griff der Konsul das Lager der Aequer an, einen Teil hatte er den Tusculanern gegeben für die Rücker-oberung der Burg. Mit Gewalt konnte man niemals dort hinauf-gelangen; der Hunger zwang zuletzt den Feind von dort herun-ter. Als es endlich soweit gekommen war, wurden sie alle waffen-los und bloß in der Tunica von den Tusculanern unter das Joch geschickt. Während sie sich in schmählicher Flucht davonmach-ten, holte der römische Konsul sie am Algidus ein und erschlug sie alle bis auf den letzten Mann. Der Sieger führte das Heer zu-rück und schlug bei Columen – so heißt der Platz – das Lager auf. Nachdem der Feind geschlagen war und für die Mauern von Rom keine Gefahr mehr bestand, brach auch der andere Konsul selbst von Rom auf. So fielen die Konsuln mit zwei Gruppen in das Gebiet der Feinde ein und verwüsteten um die Wette hier das Gebiet der Volsker, dort das der Aequer.

Bei nicht wenigen Gewährsleuten finde ich, in diesem Jahr seien die Bewohner von Antium abgefallen; der Konsul L. Cor-nelius habe diesen Krieg geführt und die Stadt eingenommen. Das als gesichert hinzustellen, möchte ich nicht wagen, weil die Sache bei den älteren Schriftstellern nicht erwähnt ist.

24. Als dieser Krieg zu Ende war, setzte die Patrizier zu Hause ein Kampf mit den Tribunen in Schrecken. Diese klagten laut, es geschehe aus Tücke, daß das Heer draußen festgehalten werde; es sei ein Trick, um das Gesetz zu vereiteln. Sie würden nichtsde-stoweniger die Sache, die sie in Angriff genommen hätten, zu Ende bringen. L. Lucretius, der Stadtpräfekt, erreichte jedoch, daß die Maßnahmen der Tribunen bis zur Ankunft der Konsuln aufgeschoben wurden.

Es hatte sich auch ein neuer Grund für Unruhen ergeben. Die Quästoren A. Cornelius und Q. Servilius hatten M. Volscius vor Gericht geladen, weil er zweifellos als falscher Zeuge gegen Caeso aufgetreten war. Aufgrund vieler Aussagen kam es näm-lich ans Licht, daß der Bruder des Volscius, nachdem er einmal erkrankt war, nicht nur nie mehr in der Öffentlichkeit gesehen worden war, sondern daß er sich überhaupt nicht mehr vom Krankenlager erhoben hatte und nach einem monatelangen Siechtum gestorben war und daß Caeso zu dem Zeitpunkt, den der Zeuge für das Verbrechen angegeben hatte, nicht in Rom gesehen worden war; denn die, die zusammen mit ihm gedient hatten, versicherten, er sei damals immer mit ihnen bei der Truppe gewesen, ohne jeden Urlaub. Wenn dem nicht so sei, schlugen viele dem Volscius vor, solle er doch privat einen Richter anrufen. Da er es nicht wagte, vor ein Gericht zu gehen, ließen alle diese Dinge, die auf eins hinausliefen, ebensowenig Zweifel an einer Verurteilung des Volscius aufkommen, wie es sie bei Caeso aufgrund der Zeugenaussage des Volscius gegeben hatte. Die Tribunen machten Schwierigkeiten, indem sie sagten, sie würden nicht dulden, daß die Quästoren über den Angeklagten abstimmen ließen, wenn nicht zuvor über das Gesetz abgestimmt worden sei. So zogen sich beide Dinge bis zur Ankunft der Konsuln hin.

Als die im Triumph mit dem siegreichen Heer in die Stadt eingezogen waren, glaubte ein großer Teil, weil es um das Gesetz still blieb, die Tribunen hätten den Mut verloren. Jene aber – denn das Jahr ging schon seinem Ende entgegen – trachteten nach einem vierten Tribunat und hatten den Kampf vom Gesetz auf die Diskussion um die Wahl gelenkt. Und obwohl die Konsuln nicht weniger gegen die Weiterführung des Tribunats kämpften, als wenn ein Gesetz eingebracht würde, das angekündigt war, um ihr Ansehen zu schmälern, war der Sieg in der Auseinandersetzung doch bei den Tribunen.

Im selben Jahr wurde den Aequern auf ihre Bitte hin der Friede gewährt. Die Schätzung, eine Angelegenheit, die im vorigen Jahr begonnen worden war, wurde abgeschlossen; man sagt, es sei das zehnte Reinigungsopfer seit Gründung der Stadt gewesen. Geschätzt wurden 117319 Bürger.

Der Ruhm der Konsuln daheim und im Krieg war in diesem Jahr groß, weil sie draußen den Frieden errungen hatten und weil daheim die Bürgerschaft wenn auch nicht einträchtig, so doch weniger feindselig war als sonst.

25. L. Minucius und C. Nautius, die dann Konsuln wurden,

übernahmen die beiden ungelösten Angelegenheiten vom Vorjahr. Auf dieselbe Weise suchten die Konsuln das Gesetz, die Tribunen das Urteil über Volscius zu verhindern. Aber die neuen
Quästoren hatten mehr Energie und mehr Ansehen. Mit M. Valerius, dem Sohn des Manius und Enkel des Volesus, war
T. Quinctius Capitolinus Quästor, der dreimal Konsul gewesen
war. Der verfolgte, weil man der Familie der Quinctier den
Caeso und dem Staat den besten der jungen Männer nicht zurückgeben könne, den falschen Zeugen, der einem Unschuldigen
die Möglichkeit, sich zu verteidigen, genommen hatte, in einem
gerechten und frommen Krieg. Von den Tribunen entfaltete Verginius am meisten Aktivität für das Gesetz. Den Konsuln wurde
zwei Monate Zeit gegeben, das Gesetz zu prüfen; wenn sie das
Volk unterrichtet hätten, was da an verstecktem Betrug eingebracht werde, dann sollten sie die Abstimmung stattfinden lassen.
Die Gewährung dieser Frist beruhigte die Situation in der Stadt.

Aber die Aequer gaben nicht lange Ruhe. Sie brachen den Vertrag, den sie im Vorjahr mit den Römern geschlossen hatten, und
übertrugen Gracchus Cloelius den Oberbefehl; der war damals
der weitaus Angesehenste bei den Aequern. Unter Führung des
Cloelius kamen sie mordend und plündernd in das Gebiet von
Labici, von dort in das von Tusculum, und vollbeladen mit Beute
schlugen sie am Algidus ihr Lager auf. In dieses Lager kamen
Q. Fabius, P. Volumnius und A. Postumius als Gesandte von
Rom, um sich über die Ungerechtigkeiten zu beklagen und um
aufgrund des Vertrages Wiedergutmachung zu verlangen. Der
Feldherr der Aequer forderte sie auf, die Aufträge, die sie vom
römischen Senat hätten, der Eiche mitzuteilen; er werde sich unterdessen mit anderen Dingen beschäftigen. Die Eiche, ein gewaltiger Baum, ragte über dem Feldherrnzelt auf; in ihrem Schatten war ein kühler Platz. Da sagte einer der Gesandten beim
Weggehen: »Diese geheiligte Eiche und alles, was es an Göttern
gibt, sollen hören, daß der Vertrag von euch gebrochen worden
ist, und sollen jetzt unseren Klagen ein offenes Ohr leihen und
bald unseren Waffen beistehen, wenn wir ahnden, daß die Rechte
von Göttern und Menschen zugleich verletzt worden sind.«
Sobald die Gesandten nach Rom zurückkehrten, forderte der

Senat den einen Konsul auf, ein Heer gegen Gracchus zum Algidus zu führen; dem anderen gab er die Aufgabe, das Gebiet der Aequer zu plündern. Die Tribunen suchten auf ihre Weise die Aushebung zu verhindern und hätten sie vielleicht zuletzt auch verhindert. Aber es kam plötzlich noch ein neuer Schrecken dazu.

26. Eine ungeheure Menge Sabiner kam mordend und plündernd fast bis an die Mauern der Stadt heran. Die Felder wurden scheußlich verwüstet, und Schrecken befiel die Stadt. Da griff die Plebs bereitwillig zu den Waffen. Unter dem vergeblichen Protest der Tribunen wurden zwei starke Heere aufgestellt. Das eine führte Nautius gegen die Sabiner; er schlug bei Eretum sein Lager auf und richtete in kleinen Unternehmungen, meist nächtlichen Überfällen, im Gebiet der Sabiner eine so große Verwüstung an, daß im Vergleich damit das römische Gebiet vom Krieg fast unberührt schien.

Minucius hatte weder gleiches Glück noch zeigte er bei der Erfüllung seiner Aufgabe die gleiche Haltung; denn nachdem er nicht weit vom Feind sein Lager aufgeschlagen hatte, blieb er nach einer unbedeutenden Schlappe ängstlich im Lager. Sobald die Feinde das merkten, wuchs aus der Furcht der Gegner – wie es zu geschehen pflegt – ihre Kühnheit. Sie griffen bei Nacht das Lager an, und nachdem offene Gewalt zu wenig ausgerichtet hatte, legten sie am nächsten Tag rundherum Befestigungsanlagen an. Bevor diese, die auf allen Seiten vor dem Wall aufgeführt wurden, die Ausgänge versperrten, wurden fünf Reiter durch die Posten der Feinde hinausgeschickt und brachten die Nachricht nach Rom, der Konsul und das Heer würden belagert. Es hätte nichts eintreten können, was man so wenig vermutet und so wenig erwartet hatte. Deshalb herrschte so große Angst und so große Unruhe, als wenn die Feinde die Stadt und nicht das Lager umschlossen hielten. Man rief den Konsul Nautius herbei. Er schien aber zu wenig Schutz zu bieten; so beschloß man, einen Diktator zu ernennen, der die gefährliche Situation retten solle, und L. Quinctius Cincinnatus wurde mit allgemeiner Zustimmung zum Diktator ernannt.

Es ist der Mühe wert, daß die aufmerksam zuhören, die alles Menschliche dem Reichtum gegenüber verachten und die glau-

ben, daß für große Ehre und für Tüchtigkeit nur da Platz sei, wo
die Mittel reichlich fließen. Die einzige Hoffnung für die Herrschaft des römischen Volkes, L. Quinctius, bestellte jenseits des
Tiber, genau gegenüber der Stelle, wo jetzt die Schiffswerften
sind, einen Acker von vier Morgen, der »Wiesen des Quinctius«
genannt wird. Dort trafen ihn die Gesandten – entweder beim
Ausheben eines Grabens, auf den Spaten gestützt, oder beim
Pflügen, auf jeden Fall, wie feststeht, mit einer Arbeit auf dem
Feld beschäftigt. Nachdem man sich gegenseitig begrüßt hatte,
baten sie ihn, er solle, was ihm selbst und dem Staat Glück bringen möge, in der Toga die Aufträge des Senats anhören. Er wunderte sich und fragte nachdrücklich: »Ist alles in Ordnung?«,
dann forderte er seine Frau Racilia auf, eilends die Toga aus der
Hütte zu bringen. Sobald er sich den Staub und den Schweiß abgewischt hatte und mit der Toga bekleidet vortrat, wünschten die
Gesandten ihm Glück und begrüßten ihn als Diktator, riefen ihn
in die Stadt und teilten ihm mit, was für ein Schrecken im Heer
herrsche. Ein Schiff war vom Staat für Quinctius bereitgestellt,
und als er hinübergefahren war, kamen ihm seine drei Söhne aus
der Stadt entgegen und nahmen ihn in die Mitte, darauf seine anderen Verwandten und seine Freunde, dann der größte Teil des
Senats. Von dieser Menge umgeben, wurde er nach Hause geleitet, wobei die Liktoren voranschritten. Auch aus der Plebs lief
eine gewaltige Menge zusammen; aber sie waren keineswegs so
erfreut, den Quinctius zu sehen; denn sie glaubten, das sei zu viel
Macht, und der Mann werde in der Ausübung der Macht zu rigo-
ros sein. In jener Nacht geschah in der Stadt nichts, nur daß man
Wache hielt.

27. Als der Diktator am nächsten Tag noch vor Sonnenaufgang
auf das Forum kam, ernannte er den L. Tarquinius zum Magister
equitum, einen Mann aus einer patrizischen Familie; er hatte allerdings den Kriegsdienst wegen seiner Armut als Fußsoldat geleistet, aber doch im Felde als der weitaus Erste unter der jungen
Mannschaft von Rom gegolten. Mit dem Magister equitum kam
er in die Volksversammlung, ordnete das Aussetzen der Rechtsprechung an, befahl, die Läden in der ganzen Stadt zu schließen,
und verbot, daß jemand irgendeine Privatangelegenheit betrieb.

Dann sollten alle, die im wehrfähigen Alter waren, sich vor Sonnenuntergang bewaffnet auf dem Marsfeld einfinden mit Brot für
fünf Tage und mit zwölf Schanzpfählen. Die für den Kriegsdienst
zu alt waren, sollten für einen Soldaten aus der Nachbarschaft
das Brot backen, während der seine Waffen in Ordnung brachte
und sich die Schanzpfähle beschaffte. So verteilte sich die junge
Mannschaft, um die Schanzpfähle zu beschaffen. Sie nahmen sie,
wo es für jeden am nächsten war; gehindert wurde niemand; und
voll Eifer stellten sich alle auf die Anordnung des Diktators zur
Verfügung.

Der Heereszug wurde dann so geordnet, daß er nicht nur für
den Marsch geeignet war, sondern ebenso auch für den Kampf,
wenn es dazu kommen sollte; der Diktator selbst führte die Legionen, der Magister equitum seine Reiter. In beiden Formationen kam es zu Ermahnungen, wie sie die Situation erforderte: Sie
sollten den Schritt beschleunigen; es sei Eile geboten, damit man
noch bei Nacht an den Feind gelangen könne; der Konsul und
das römische Heer würden belagert, sie seien schon den dritten
Tag eingeschlossen; was jede Nacht und jeder Tag bringe, sei ungewiß; in einem kurzen Augenblick fielen oft Entscheidungen
von größter Tragweite. »Voran, Feldzeichenträger!«, »Anschluß
halten, Mann!« schrien sie sich auch gegenseitig zu, um sich den
Feldherrn gefällig zu zeigen. Um Mitternacht gelangten sie an
den Algidus, und als sie merkten, daß sie schon dicht am Feind
waren, machten sie halt.

28. Dort ritt der Diktator ringsherum, und soweit man bei
Nacht sehen konnte, schaute er sich an, wie weit sich das Lager
ausdehnte und wie es angelegt war; darauf befahl er den Kriegs-
tribunen, das Marschgepäck an einer Stelle zusammenzulegen
und dann die Soldaten mit ihren Waffen und den Schanzpfählen
wieder in ihre Abteilungen zurücktreten zu lassen. Der Befehl
wurde ausgeführt. Dann postierte er das ganze Heer in der Ordnung, die es auf dem Marsch gehabt hatte, in langer Formation
um das Lager der Feinde herum und befahl, wenn das Zeichen
gegeben werde, sollten alle ein Geschrei erheben, und wenn sie
das Geschrei erhoben hätten, sollte jeder einen Graben vor sich
ziehen und einen Wall aufwerfen. Nachdem der Befehl ergangen

war, folgte das Zeichen. Die Soldaten führten den Befehl aus. Das Geschrei umtoste die Feinde; es drang von da über das Lager der Feinde bis in das Lager des Konsuls. Auf der einen Seite löste es Angst aus, auf der anderen ungeheure Freude. Die Römer beglückwünschten sich untereinander: es sei das Geschrei ihrer Mitbürger und es sei Hilfe da; und sie setzten ihrerseits von den Vorposten und den Wachtposten aus die Feinde in Schrecken. Der Konsul sagte, man dürfe keine Zeit verlieren; mit jenem Geschrei werde nicht nur angezeigt, daß ihre Kameraden angekommen seien, sondern daß sie die Sache in Angriff genommen hätten. Und es wäre ein Wunder, wenn das Lager der Feinde nicht schon von außen angegriffen würde. Deshalb befahl er seinen Leuten, zu den Waffen zu greifen und ihm zu folgen.

Der Kampf begann bei Nacht. Den Legionen des Diktators gaben sie durch ihr Geschrei zu erkennen, daß auch an dieser Seite die Sache zur Entscheidung stehe. Die Aequer trafen schon Vorkehrungen, um zu verhindern, daß die Anlagen rundherum errichtet wurden; da begann aber der Feind auf der Innenseite mit dem Kampf, und damit es nicht zu einem Durchbruch durch ihr Lager kam, wandten sie sich von den Schanzenden weg den Kämpfenden auf der Innenseite zu und gaben so die Nacht hindurch freie Hand zum Schanzen. Mit dem Konsul wurde bis zum Hellwerden gekämpft.

Als der Morgen graute, waren sie von dem Diktator schon mit einem Wall eingeschlossen und konnten sich kaum gegenüber dem einen Heer behaupten. Da ging das Heer des Quinctius, das sogleich nach Fertigstellung der Anlagen wieder zu den Waffen griff, gegen den Wall vor. Hier drohte eine neue Schlacht; dabei hatte jene erste an Heftigkeit noch nichts verloren. Weil das Übel sie jetzt von zwei Seiten bedrängte, verlegten sie sich vom Kämpfen aufs Bitten und baten auf der einen Seite den Diktator, auf der anderen den Konsul, den Sieg nicht im Niedermetzeln zu suchen und sie ohne Waffen von hier abziehen zu lassen. Der Konsul forderte sie auf, zum Diktator zu gehen. Der fügte aufgebracht noch eine Schmach hinzu: Sie sollten ihren Anführer Gracchus Cloelius und die anderen einflußreichen Männer in Fesseln vor ihn führen und die Stadt Corbio räumen. Das Blut der Aequer

habe er nicht nötig; sie dürften abziehen. Aber damit ihnen endlich das Eingeständnis abgenötigt werde, daß ihr Volk unterworfen und bezwungen sei, würden sie unter dem Joch abziehen.
Das Joch wird aus drei Lanzen gebildet; von denen werden zwei
in den Boden gesteckt, und die dritte wird quer darüber festge-
bunden. Unter dieses Joch schickte der Diktator die Aequer.

29. Nachdem er das Lager der Feinde in Besitz genommen
hatte, das voll war von allen Dingen – denn er hatte sie bloß in der
Tunica abziehen lassen –, überließ er die ganze Beute nur seinen
Soldaten. Das Heer des Konsuls und den Konsul selbst fuhr er
an: »Ihr werdet kein Stück von der Beute erhalten, Leute, von einem Feind, dem ihr beinahe zur Beute gefallen wäret. Und du,
L. Minucius, bis du anfängst, die Haltung eines Konsuls zu haben, wirst du als Legat an der Spitze dieser Legionen stehen.«

So legte Minucius das Konsulat nieder und blieb, wie es ihm
befohlen worden war, beim Heer. Aber so gelassen gehorchte
man damals dem Kommando eines Besseren, daß dieses Heer
mehr an die Wohltat als an die Schande dachte und dem Diktator
einen goldenen Kranz von einem Pfund Gewicht zu stiften beschloß und ihn beim Aufbruch als Schutzherrn begrüßte.

In Rom berief der Stadtpräfekt Q. Fabius den Senat ein, und
der ordnete an, Quinctius solle mit seinem Heer, wie er komme,
im Triumph in die Stadt einziehen. Vor dem Triumphwagen
schritten die Anführer der Feinde, die Feldzeichen wurden vor-
ausgetragen, es folgte das Heer, mit Beute beladen. Es wird überliefert, vor jedem Haus sei ein Mahl angerichtet gewesen und
vom Mahl weg seien die Leute mit einem Triumphlied und den
üblichen Scherzen nach Art von ausgelassenen Zechern dem Triumphwagen gefolgt.

An diesem Tag wurde L. Mamilius aus Tusculum mit Zustimmung aller das Bürgerrecht verliehen. Der Diktator hätte sein Amt
unverzüglich niedergelegt, wenn ihn nicht die Abstimmung über
M. Volscius, den falschen Zeugen, gehalten hätte. Die Furcht des
Diktators, die Tribunen würden die Abstimmung verhindern,
stand dem entgegen. Volscius wurde verurteilt und ging nach Lanuvium in die Verbannung. Quinctius legte am 16. Tag die Diktatur nieder, die er für sechs Monate erhalten hatte.

In diesen Tagen kämpfte der Konsul Nautius bei Eretum erfolgreich mit den Sabinern; zu der Verwüstung ihrer Felder kam für die Sabiner nun auch noch diese Niederlage. Als Nachfolger für Minucius wurde Fabius zum Algidus geschickt.

Am Ende des Jahres wurden die Tribunen wieder aktiv wegen des Gesetzes. Aber weil zwei Heere abwesend waren, hielt der Senat daran fest, daß kein Antrag vor das Volk gebracht werden dürfe. Die Plebs setzte durch, daß man zum fünftenmal dieselben Tribunen wählte.

Man sagt, es seien Wölfe auf dem Kapitol gesehen und von Hunden verjagt worden; wegen dieses Zeichens vom Himmel sei das Kapitol entsühnt worden. Das geschah in diesem Jahr.

30. Es folgten die Konsuln Q. Minucius und M. Horatius Pulvillus. Während zu Beginn dieses Jahres draußen Ruhe herrschte, sorgten im Innern dieselben Tribunen und dasselbe Gesetz für Unfrieden. Und die Lage hätte sich weiter zugespitzt – so sehr waren die Leidenschaften entfacht –, wenn nicht, als wenn ein Plan dahintersteckte, gemeldet worden wäre, daß bei einem nächtlichen Angriff der Aequer in Corbio die Besatzung vernichtet worden sei. Die Konsuln beriefen den Senat ein. Sie wurden aufgefordert, in Eile ein Heer auszuheben und es zum Algidus zu führen. Da hörte der Kampf um das Gesetz auf, und ein neuer Streit wegen der Aushebung hob an. Und es war nahe daran, daß die Befehlsgewalt der Konsuln dem Einspruch der Tribunen unterlag, da kam eine andere Schreckensnachricht dazu: Ein sabinisches Heer sei, um Beute zu machen, in das römische Gebiet hinabgestiegen und komme von dort zur Stadt. Die Furcht davor löste Bestürzung aus, so daß die Tribunen die Aushebung der Soldaten zuließen, allerdings nur gegen die Zusage, daß dann zehn Volkstribunen gewählt werden sollten; denn man habe sie selbst fünf Jahre lang zum besten gehabt, und das sei kein ausreichender Schutz für die Plebs. Die Notlage zwang die Patrizier zu diesem Zugeständnis; sie machten nur zur Bedingung, daß man in Zukunft nicht mehr dieselben Leute als Tribunen wiedersehen solle. Die Tribunenwahlen wurden auf der Stelle durchgeführt, damit nicht auch diese Zusage nach dem Krieg wie die anderen unerfüllt blieb. Im 36. Jahr nach der Ein-

setzung der ersten Volkstribunen wurden zehn gewählt, zwei aus jeder Klasse, und es wurde verfügt, daß sie auch in Zukunft so gewählt werden sollten.

Dann fand die Aushebung statt, und Minucius zog gegen die Sabiner, konnte den Feind aber nicht finden. Horatius kämpfte, nachdem die Aequer in Corbio die Besatzung getötet und auch Ortona schon genommen hatten, am Algidus, erschlug viele Menschen und verjagte den Feind nicht nur vom Algidus, sondern auch aus Corbio und Ortona. Corbio zerstörte er auch wegen des Verrats an der Besatzung.

31. Darauf wurden M. Valerius und Sp. Verginius Konsuln. Im Innern und draußen herrschte Ruhe. Infolge maßloser Regengüsse litt man Mangel an Getreide. Es wurde ein Gesetz eingebracht wegen der Freigabe des Aventins zur Bebauung. Volkstribunen wurden wieder dieselben.

Diese sprachen im folgenden Jahr, als T. Romilius und C. Veturius Konsuln waren, in all ihren Volksversammlungen immer wieder über das Gesetz: Sie müßten sich ihrer Anzahl schämen, die vergeblich vergrößert worden sei, wenn diese Angelegenheiten in ihren beiden Jahren genauso liegenbleibe, wie sie in den ganzen fünf Jahren davor liegengeblieben sei. Während sie sich mit allem Nachdruck dafür einsetzten, kamen aufgeregte Boten aus Tusculum, die Aequer seien im Gebiet von Tusculum. Da das Verdienst dieses Volkes noch in frischer Erinnerung war, schämte man sich, die Hilfe hinauszuzögern. Beide Konsuln wurden mit dem Heer ausgeschickt und fanden den Feind am gewohnten Platz, dem Algidus. Dort kam es zum Kampf. Über 7000 Feinde wurden erschlagen, die anderen in die Flucht gejagt und riesige Beute gemacht. Diese verkauften die Konsuln, weil die Staatskasse leer war. Die Sache erregte beim Heer jedoch Verdruß und bot den Tribunen Stoff, die Konsuln vor der Plebs anzuprangern.

Daher wurde ihnen also, sobald sie ihr Amt niedergelegt hatten, unter den Konsuln Sp. Tarpejus und A. Aternius der Prozeß gemacht, dem Romilius von dem Volkstribunen C. Calvius Cicero, dem Veturius von dem plebejischen Ädilen L. Alienus. Beide wurden zum großen Leidwesen der Patrizier verurteilt, Romilius zu 10000 As, Veturius zu 15000. Aber dieses Mißgeschick ihrer Vorgänger hatte den neuen Konsuln nichts von ihrer Energie genommen. Sie sagten, man könne sie zwar verurteilen, aber die Tribunen und die Plebs könnten das Gesetz nicht durchbringen. Da ließen die Tribunen den Gesetzesantrag fallen, der seit seiner Ankündigung alt und grau geworden war, und verkehrten weniger schroff mit den Senatoren; sie sollten endlich ein Ende mit den Streitereien machen. Wenn ihnen von Plebejern eingebrachte Gesetze mißfielen, sollten sie doch zulassen, daß man gemeinsam Gesetzgeber sowohl aus der Plebs als auch aus den Patriziern wähle, die Vorschläge machen sollten, die für beide Seiten nützlich seien und die ein Gleichmaß an Freiheit verbürgten. Die Patrizier standen dem Vorschlag nicht ablehnend gegenüber; sie sagten aber, durchbringen werde die Gesetze nur einer von den Patriziern. Da man sich wegen der Gesetze verständigte und nur wegen des Gesetzgebers die Meinungen auseinandergingen, wurde eine Kommission nach Athen geschickt, die aus Sp. Postumius Albus, A. Manlius und P. Sulpicius Camerinus bestand, und ihnen wurde aufgetragen, die berühmten Gesetze Solons abzuschreiben und sich über die Verfassungen der anderen Staaten Griechenlands, ihre Sitten und die bei ihnen bestehenden Rechte zu informieren.

32. Vor auswärtigen Kriegen hatte man in diesem Jahr Ruhe. Noch ruhiger war das folgende Jahr, in dem P. Curiatius und Sex. Quinctilius Konsuln waren, weil die Tribunen sich die ganze Zeit still verhielten. Das war zunächst darauf zurückzuführen, daß man auf die Rückkehr der Kommission, die nach Athen gegangen war, und auf die fremden Gesetze wartete; und dann waren zwei gewaltige Übel zugleich hereingebrochen, eine Hungersnot und eine Seuche, grauenhaft für Mensch und Vieh. Die Felder blieben unbestellt, die Stadt entvölkerte sich infolge der unaufhörlichen Begräbnisse. Viele berühmte Häuser hatten Tote zu beklagen. Es starb Ser. Cornelius, der Flamen des Quirinus, und der Augur C. Horatius Pulvillus; an seiner Stelle wählten die Auguren den C. Veturius, um so lieber, als er von der Plebs verurteilt worden war. Es starben der Konsul Quinctilius und vier Volkstribunen. Das Jahr war grauenhaft durch vielfältiges Unheil. Vor dem Feind hatte man Ruhe.

Darauf waren C. Menenius und P. Sestius Capitolinus Konsuln. Auch in diesem Jahr gab es keinen auswärtigen Krieg. Im Innern kam es zu Unruhen. Die Kommission mit den attischen Gesetzen war schon zurückgekehrt. Um so energischer drängten die Tribunen darauf, daß man endlich mit dem Abfassen der Gesetze anfange. Der Senat beschloß, daß zehn Männer mit unbeschränkter Vollmacht gewählt werden sollten; einen anderen Beamten sollte es in diesem Jahr nicht geben. Es war eine Zeitlang umstritten, ob auch Plebejer darunter sein sollten. Zuletzt gab man den Patriziern nach, wenn nur nicht das Gesetz des Icilius über den Aventin und die anderen feierlich beschworenen Gesetze aufgehoben würden.

33. Im Jahre 302 nach der Gründung Roms änderte sich abermals die Verfassung der Bürgerschaft, da die Gewalt von den Konsuln auf die Decemvirn überging, wie sie zuvor von den Königen an die Konsuln gekommen war. Die Änderung war aber weniger bedeutsam, weil sie nicht von Dauer war. Denn die vielversprechenden Ansätze dieses Amtes entarteten allzusehr; um so schneller kam die Sache zu Fall, und man verlangte wieder danach, daß zweien Titel und Macht der Konsuln anvertraut würden.

Als Decemvirn wurden gewählt App. Claudius, T. Genucius, P. Sestius, T. Veturius, C. Julius, A. Manlius, P. Sulpicius, P. Curiatius, T. Romilius und Sp. Postumius. Claudius und Genucius erhielten das Amt zum Ausgleich, weil sie für dieses Jahr zu Konsuln bestimmt gewesen waren, und Sestius, der zweite Konsul des Vorjahres, weil er diese Sache gegen den Willen seines Amtsgenossen vor den Senat gebracht hatte. Gleich nach ihnen, meinte man, müßten die drei Abgesandten kommen, die nach Athen gegangen waren. Das Amt sollte ein Lohn sein für die weite Reise; zugleich glaubte man, sie würden beim Abfassen neuer Rechtsbestimmungen nützlich sein, weil sie mit den fremden Gesetzen vertraut seien. Die übrigen machten bloß die Zahl voll. Man sagt, bei den letzten Wahlgängen seien auch Männer gewählt worden, die an ihrem Alter schwer zu tragen hatten, damit sie weniger scharf den Beschlüssen der anderen entgegenträten. Die Leitung der ganzen Körperschaft lag in den Händen des Appius wegen seiner Beliebtheit bei der Plebs. Er hatte so sehr ein neues Wesen angenommen, daß er von einem rücksichtslosen und wilden Verfolger der Plebs plötzlich zum Plebejerfreund wurde und zu einem Mann, der um die Gunst des Volkes buhlte.

Alle zehn Tage sprach einer von ihnen dem Volk Recht. An diesem Tag waren die zwölf Rutenbündel bei dem, der die Gerichtsbarkeit hatte; jedem seiner Kollegen stand ein Amtsdiener zur Verfügung. Unter ihnen selbst herrschte eine einmalige Eintracht, eine Übereinstimmung, wie Privatleute sie mitunter gar nicht brauchen könnten; gegenüber anderen zeigten sie ein ausgeprägtes Gefühl für Gerechtigkeit. Es wird genügen, den Beweis für ihre Zurückhaltung durch ein einzelnes Beispiel zu liefern. Sie waren zwar mit unbeschränkter Vollmacht gewählt; als aber im Hause des L. Sestius, eines Mannes aus einer Patrizierfamilie, eine Leiche, die dort vergraben war, aufgefunden und der Fall vor die Volksversammlung gebracht wurde, lud der Decemvir C. Julius in dieser ebenso klaren wie gräßlichen Angelegenheit Sestius vor Gericht und trat dann als Ankläger vor dem Volk auf, wo er doch kraft Gesetzes Richter in dieser Angelegenheit war, und verzichtete auf sein Recht, um mit dem, was er seinem Amt an Gewalt entzog, die Freiheit des Volkes zu vergrößern.

34. So erhielten in gleicher Weise hoch und niedrig bei ihnen rasch und unverfälscht wie von einem Orakel ihr Recht. Vor allem aber widmeten sie sich der Abfassung der Gesetze. Die Menschen waren ungeheuer gespannt, als sie zehn Tafeln öffentlich aufstellten. Sie beriefen das Volk zur Beratung, und mit dem Wunsch, es möge für den Staat, für sie selbst und für ihre Kinder gut, günstig und glücklich ausgehen, forderten sie es auf, hinzugehen und die Gesetzesvorschläge zu lesen. Sie hätten, soweit das von zehn Leuten mit ihren Fähigkeiten habe überschaut werden können, für alle, hoch wie niedrig, gleiche Rechtsbestimmungen geschaffen; aber die Fähigkeiten und die Ratschläge vieler vermöchten mehr. Sie sollten jeden einzelnen Punkt bei sich überdenken, dann mit anderen darüber sprechen und vorbringen, was ihnen bei jedem Punkt zu weit oder nicht weit genug gehe. Das römische Volk werde solche Gesetze haben, daß es scheinen könne, als hätten alle übereinstimmend nicht die in Vorschlag gebrachten Gesetze beschlossen, sondern sie selbst in Vorschlag

gebracht. Als die Gesetzesbestimmungen aufgrund der Äußerungen zu jedem einzelnen Abschnitt hinreichend verbessert
schienen, wurden die Gesetze der zehn Tafeln in den Centuriatcomitien durchgebracht; sie sind auch jetzt noch bei dem ungeheuren Wust an Gesetzen, die sich übereinandertürmen, die
Quelle alles öffentlichen und privaten Rechts.

Es verbreitete sich dann die Meinung, es fehlten noch zwei Tafeln. Wenn diese dazukämen, könne gleichsam eine Sammlung
des gesamten römischen Rechts erstellt werden. Als der Wahltag
herankam, weckte diese Erwartung das Verlangen, wiederum
Decemvirn zu wählen. Schon vermißte die Plebs – abgesehen davon, daß ihr der Name der Konsuln genauso verhaßt war wie der
der Könige – nicht einmal mehr das Einspruchsrecht der Tribunen, da die Decemvirn untereinander bei einem Einspruch nach-
gaben.

35. Nachdem aber die Versammlung für die Wahl der Decemvirn auf die Woche nach dem dritten Markttag angesetzt war,
entbrannte solcher Ehrgeiz, daß auch die ersten Männer des Staates den Leuten die Hand drückten und daß sie dieselben Plebejer,
mit denen sie gekämpft hatten, flehentlich um das Amt baten, gegen das sie sich mit aller Energie gewehrt hatten. Ich glaube, das
taten sie aus Furcht, daß der Besitz einer so großen Macht, wenn
sie den Platz freigäben, nicht ganz Würdigen offenstehe.

Daß seine Würde jetzt bei seinem Alter und wo er doch so
hohe Ämter bekleidet hatte, in Gefahr geriet, setzte dem App.
Claudius zu. Man wußte nicht, ob man ihn zu den Decemvirn
oder zu den Kandidaten zählen sollte. Zuweilen war er näher
daran, sich um das Amt zu bewerben als es auszuüben; er erhob
Vorwürfe gegen die Senatspartei, strich gerade die unzuverlässig-
sten unter den Bewerbern und die mit der niedrigsten Herkunft
heraus, eilte selbst unter ehemaligen Tribunen, Leuten wie Duilius und Icilius, auf dem Forum umher und suchte sich durch
diese den Plebejern anzupreisen, bis auch seine Amtsgenossen,
die ihm bis zu diesem Zeitpunkt einzigartig ergeben gewesen waren, ein Auge auf ihn hatten und sich verwundert fragten, was er
eigentlich vorhabe. Offensichtlich verfolge er keine lauteren Absichten. Es werde sich bestimmt zeigen, daß bei einem so über-

heblichen Menschen die Leutseligkeit nicht ohne Berechnung sei. Seinen Rang selbst zu sehr herunterzuspielen und mit Privatleuten wie mit seinesgleichen zu verkehren, passe weniger zu einem, der sich beeile, aus dem Amt zu scheiden, als zu einem, der nach einem Weg suche, sein Amt weiterzuführen. Aber sie wagten nicht recht, seiner Leidenschaft offen entgegenzutreten, versuchten vielmehr, durch Nachgeben seinem ungestümen Vorgehen die Kraft zu nehmen. Einmütig gaben sie ihm den Auftrag, die Wahlen durchzuführen, da er ja der Jüngste sei. Das war Taktik, damit er sich nicht selbst wählen lassen konnte, was außer den Volkstribunen – und gerade das war ein sehr schlimmes Beispiel – noch nie jemand getan hatte. Jener aber entgegnete, es möge gut ausgehen, er werde die Wahlen durchführen, und ergriff das, was ein Hindernis sein sollte, als eine Gelegenheit; durch eine Absprache verhinderte er, daß die beiden Quinctier, der Capitolinus und der Cincinnatus, sowie sein Onkel C. Claudius, ein unerschütterlicher Verfechter der Sache der Optimaten, und andere Bürger dieses Ranges gewählt wurden, und ließ Männer, die keineswegs so viel Format hatten, zu Decemvirn wählen, sich selbst vor allem – ein Vorgehen, daß die Gutgesinnten um so mehr mißbilligten, als niemand geglaubt hatte, daß er es wagen werde. Gewählt wurden mit ihm M. Cornelius Maluginensis, M. Sergius, L. Minucius, Q. Fabius Vibulanus, Q. Poetelius, T. Antonius Merenda, K. Duilius, Sp. Oppius Cornicen und M'. Rabulejus.

36. Appius hörte jetzt auf, die Maske der Verstellung zu tragen. Von nun an begann er seinem Wesen entsprechend zu leben und seine neuen Amtsgenossen, noch bevor sie ihr Amt antraten, seiner Art anzupassen. Täglich kamen sie ohne Zeugen zusammen. Voll von den maßlosen Plänen, die sie weitab von allen anderen ausheckten, machten sie jetzt kein Hehl mehr aus ihrer Überheblichkeit, ließen selten jemand vor, waren gegenüber Gesprächspartnern barsch und trieben es so fort bis zum 15. Mai.

Der 15. Mai war damals der normale Tag für den Amtsantritt. Als sie also ihr Amt antraten, machten sie gleich den ersten Tag ihres Amtes dadurch bemerkenswert, daß sie ein ungeheures Schreckensregiment in Aussicht stellten. Dann während die er-

sten Decemvirn es so gehalten hatten, daß nur einer die Rutenbündel führte und dieses Standeszeichen der Könige bei allen abwechselnd reihum ging, traten sie plötzlich jeder mit zwölf Rutenbündeln auf. 120 Liktoren hatten das Forum angefüllt und
trugen die Rutenbündel mit den Beilen vor ihnen her; sie gaben
damit zu verstehen, es habe nichts zu bedeuten gehabt, daß das
Beil weggenommen wurde, weil sie mit unbeschränkter Vollmacht gewählt worden seien. Sie machten den Eindruck von
zehn Königen, und der Schrecken war nicht nur für die einfachen
Leute vervielfacht, sondern auch für die Ersten der Patrizier, die
glaubten, man suche nach einem Anlaß und dem Beginn eines
Blutbades; wenn einer im Senat oder vor dem Volk eine Äußerung tue, die an die Freiheit erinnere, sollten Ruten und Beile sofort auch zur Einschüchterung der übrigen in Aktion treten. Denn
abgesehen davon, daß es beim Volk keinen Schutz gab, da die Berufung an das Volk abgeschafft worden war, hatte man auch das
Recht zum Einschreiten einhellig abgeschafft, während die ersten
Decemvirn es hingenommen hatten, daß Rechtsentscheidungen,
die sie getroffen hatten, durch den Einspruch eines ihrer Amtsgenossen korrigiert wurden, und einiges, was in ihre Kompetenz zu
fallen schien, wieder an das Volk verwiesen hatten.

Eine Zeitlang war der Schrecken auf alle gleichmäßig verteilt;
allmählich begann er sich aber ganz gegen die Plebejer zu kehren.
Die Patrizier ließ man in Ruhe; mit den einfachen Leuten verfuhr
man willkürlich und grausam. Die neuen Decemvirn schauten
nur auf die Person, nicht auf die Sache; denn bei ihnen war Gunst
an die Stelle der Gerechtigkeit getreten. Die Urteile brüteten sie
zu Hause aus und verkündeten sie auf dem Forum. Wenn jemand
an einen ihrer Amtsgenossen appellierte, ging er von dem, an den
er sich gewandt hatte, so weg, daß es ihn reute, sich nicht mit der
Entscheidung des ersten abgefunden zu haben. Es war auch das
Gerücht aufgekommen – ohne daß man die Quelle kannte –, sie
hätten sich nicht nur für den Augenblick zu unrechtem Handeln
verschworen, sondern untereinander einen heimlichen Vertrag
geschlossen und mit einem Eid besiegelt, keine Wahlen durchzuführen und die Macht, die sie einmal an sich gebracht hätten, in
einem Decemvirat für alle Zeiten zu behaupten.

37. Die Plebejer schauten jetzt auf die Mienen der Patrizier und suchten bei denen nach einem Schimmer der Freiheit, von denen sie Knechtschaft befürchtet und darum den Staat in diesen Zustand gebracht hatten. Die Führer der Patrizier haßten die Decemvirn und haßten die Plebejer. Sie billigten nicht, was geschah, glaubten aber, es treffe Leute, die es nicht anders verdient hätten. Denen, die bei der wilden Jagd nach der Freiheit in Knechtschaft gestürzt waren, wollten sie nicht helfen; auch wollten sie, daß das Unrecht sich mehre, damit aus Abscheu vor den herrschenden Zuständen endlich wieder die Sehnsucht nach zwei Konsuln und der alten Ordnung wach werde.

Schon war der größte Teil des Jahres verstrichen, und zwei Tafeln mit Gesetzen waren zu den zehn Tafeln des Vorjahres hinzugefügt worden; und wenn auch diese Gesetze durch die Centuriatcomitien beschlossen worden wären, gab es keinen Grund mehr, der dieses Amt für den Staat nötig machte. Man wartete ab, wie bald die Versammlung für die Wahl der Konsuln angesetzt wurde. Die Plebejer dachten nur daran, wie sie die tribunizische Macht, das Bollwerk der Freiheit, das es im Augenblick nicht mehr gab, wiederherstellen könnten. Von Wahlen war indessen überhaupt nicht die Rede. Und die Decemvirn, die sich den Plebejern zuerst in Gesellschaft von ehemaligen Tribunen präsentiert hatten, weil das als volkstümlich galt, hatten jetzt junge Patrizier an ihrer Seite. Scharen von ihnen hielten die Gerichtstribünen belagert. Sie plünderten die Plebejer und ihr Hab und Gut, da alles, was man wünschte, den Mächtigeren gehörte. Und man schreckte auch nicht mehr vor körperlicher Züchtigung zurück. Es wurde mit Ruten geschlagen, andere wurden dem Beil überantwortet. Und damit die Grausamkeit nicht ohne Lohn blieb, folgte die Schenkung des Besitzes auf die Hinrichtung des Herrn. Durch diesen Lohn wurden die jungen Adligen verführt und traten nicht nur dem Unrecht nicht entgegen, sondern wollten ganz offen lieber Zügellosigkeit für sich als Freiheit für alle.

38. Der 15. Mai kam. Es waren keine neuen Beamten gewählt worden. Obwohl sie Privatleute waren, traten sie mit dem Anspruch von Decemvirn auf; ihr Verlangen, die Macht auszuüben, war nicht geringer geworden, und sie verzichteten auch nicht auf

die Zeichen, die ein Symbol für das Amt waren. Darin sah man aber unverkennbar Gewaltherrschaft. Man beweinte die Freiheit, die für immer dahin war; es gab keinen Retter, und es schien auch in Zukunft keinen zu geben.

Und man hatte nicht nur selbst den Mut verloren, sondern die Nachbarvölker begannen, die Römer zu verachten und ärgerten sich darüber, daß die die Vormacht hatten, bei denen es keine Freiheit gab. Die Sabiner fielen mit einer großen Schar in das römische Gebiet ein, verwüsteten es weithin, und nachdem sie ungestraft Beute an Mensch und Vieh weggetrieben hatten, zog sich die Formation, die überall umhergestreift war, in das Gebiet von Eretum zurück, schlug dort ihr Lager auf und setzte ihre Hoffnung auf die Zwietracht der Römer: sie werde eine Aushebung verhindern. Nicht nur die Nachrichten, sondern die Flucht der Landbevölkerung lösten in der Stadt Unruhe aus. Die Decemvirn berieten, was zu tun sei, isoliert inmitten des Hasses der Patrizier und der Plebs.

Das Schicksal fügte obendrein noch einen weiteren Schrecken hinzu. Auf der anderen Seite schlugen die Aequer am Algidus ihr Lager auf und verwüsteten von dort aus in Plünderungszügen das Gebiet von Tusculum. Gesandte aus Tusculum meldeten das und baten um Schutz. Die Angst, die dadurch ausgelöst wurde, erschütterte die Decemvirn so, daß sie angesichts der beiden Kriege, die gleichzeitig die Stadt bedrohten, den Senat befragen wollten. Sie ließen die Senatoren in das Senatsgebäude rufen, wohl wissend, welch ein Ausbruch des Hasses ihnen drohte. Man werde sie allein für die Verwüstung des Landes und die drohenden Gefahren verantwortlich machen und es werde zu einem Versuch kommen, ihnen ihr Amt zu nehmen, wenn sie nicht einmütig Widerstand leisteten und dadurch, daß sie gegen wenige Hitzköpfe von ihrer Macht rücksichtslos Gebrauch machten, die Versuche der anderen unterdrückten.

Nachdem man die Stimme des Herolds auf dem Forum vernommen hatte, der die Senatoren zu den Decemvirn in das Senatsgebäude rief, wirkte das wie eine Neuigkeit, weil sie die Sitte, den Senat zu befragen, schon lange unterbrochen hatten, und weckte so die Aufmerksamkeit der Plebejer, die sich verwundert

fragten, was denn geschehen sei, daß die Decemvirn sich nach so
langer Zeit wieder einer Einrichtung bedienten, die außer Gebrauch gekommen sei. Den Feinden und dem Krieg müsse man
dankbar sein, daß etwas geschehe, was in einer freien Bürgerschaft üblich sei. Man hielt überall auf dem Forum nach einem
Senator Ausschau und konnte nur selten irgendwo einen bemerken. Man blickte dann auf das Senatsgebäude und die Leere um
die Decemvirn. Sie selbst erklärten es mit ihrer allgemein verhaßten Herrschaft; die Plebs meinte, weil Privatleute kein Recht hätten, den Senat einzuberufen, seien die Senatoren nicht gekommen. Schon zeigte sich eine Führungsmacht für die, die die Freiheit zurückverlangten, wenn die Plebs dem Senat anbiete, mit
ihm zusammenzugehen. Und wie die Väter, als man sie gerufen
habe, nicht in den Senat gegangen seien, so solle die Plebs sich der
Aushebung widersetzen. So murrte man.

Von den Patriziern war fast nie einer auf dem Forum und nur
wenige in der Stadt. Aus Ärger über die Entwicklung waren sie
aufs Land gegangen, kümmerten sich um ihre Angelegenheiten,
hatten die Politik aufgegeben und glaubten, sie seien so weit vom
Unrecht entfernt, wie sie sich von jedem Verkehr mit jenen des-
potischen Gewalthabern fernhielten. Nachdem sie trotz der Aufforderung nicht kamen, wurden Amtsdiener ringsum in ihre
Häuser geschickt, zugleich um Pfänder zu nehmen und um sich
zu erkundigen, ob sie sich absichtlich weigerten. Sie kamen mit
dem Bescheid zurück, der Senat sei auf dem Lande. Das kam den
Decemvirn gelegener, als wenn sie berichtet hätten, sie seien an-
wesend, kämen aber dem Befehl nicht nach. Sie ließen alle herbeiholen und setzten die Senatssitzung auf den folgenden Tag an.
Der Senat kam erheblich zahlreicher zusammen, als sie selbst gehofft hatten. Die Plebs glaubte, damit hätten die Patrizier die
Freiheit verraten; denn der Senat habe Leuten, die schon aus dem
Amt geschieden seien und die, wenn nicht Gewalt dahinter-
stände, nur Privatleute wären, gehorcht, als hätten sie ihn mit
Fug und Recht einberufen.

39. Wir haben jedoch in Erfahrung gebracht, man sei zwar füg-
sam in das Senatsgebäude gekommen, habe aber keineswegs un-
terwürfig seine Meinung vorgebracht. Nach dem einleitenden

Bericht des App. Claudius, bevor die Senatoren der Reihe nach
um ihre Meinung befragt wurden – so ist überliefert –, forderte
L. Valerius Potitus, über die politische Lage sprechen zu dürfen.
Die Decemvirn suchten das mit Drohungen zu verhindern; da
kündigte er an, er werde vor die Plebs gehen, und löste damit einen Tumult aus. Nicht weniger angriffsfreudig ging M. Horatius
Barbatus in den Kampf, der sie zehn Tarquinier nannte und
daran erinnerte, daß die Könige unter Führung von Valeriern
und Horatiern vertrieben worden seien. Die Menschen seien damals nicht den Königstitel leid gewesen, mit dem ja auch ganz zu
Recht Jupiter angeredet werde, ebenso Romulus, der Gründer
der Stadt, dann die Könige einer nach dem anderen, und der auch
im Kult als etwas Herkömmliches beibehalten worden sei. Die
Überheblichkeit und die Gewalttätigkeit des Königs hätten sie
damals gehaßt. Wenn diese bei einem König… und dem Sohn
des Königs nicht zu ertragen gewesen seien, wer werde sie dann
bei so vielen Privatleuten ertragen? Sie sollten zusehen, daß nicht
infolge des Verbots, sich im Senat frei zu äußern, auch außerhalb
des Senatsgebäudes Stimmen laut würden. Und er sehe nicht,
wieso es ihm als Privatmann weniger erlaubt sein solle, das Volk
zur Volksversammlung zu rufen, als ihnen, eine Senatssitzung
anzuberaumen. Wenn sie wollten, sollten sie erproben, wieviel
tapferer in ihrem Schmerz die Menschen seien, die auf ihre Freiheit pochten, als die, die leidenschaftlich eine ungerechte Herrschaft zu behaupten suchten. Sie setzten den Sabinerkrieg auf die
Tagesordnung, als wenn es für das römische Volk einen wichti-
geren Krieg gebe als mit denen, die gewählt worden seien, um
Gesetze zu geben, die aber jedes Recht im Staat beseitigt hätten,
die die Wahlen, die die jährlichen Beamten, die den Wechsel in
der Ausübung der Macht aufgehoben hätten, der allein ein gleiches Maß an Freiheit verbürge, und die als Privatleute die Rutenbündel und königliche Macht hätten. Nach der Vertreibung der
Könige habe es patrizische Beamte gegeben, später nach dem
Auszug der Plebs seien plebejische gewählt worden. Er frage, zu
welcher Partei sie gehörten. Zur Volkspartei? Was hätten sie
denn mit Hilfe des Volkes in Gang gebracht? Zur Senatspartei?
Wo sie schon fast ein Jahr lang keine Senatssitzung mehr durch-

geführt hätten und sie jetzt so durchführten, daß sie jede Äußerung zur politischen Lage zu verhindern suchten! Sie sollten
nicht zu viel Hoffnung auf die Furcht vor anderen setzen. Was
die Menschen erdulden müßten, scheine ihnen schon schwerer,
als was sie fürchteten.

40. Als Horatius das laut hinausschrie, waren die Decemvirn
unsicher, wieweit sie sich zornig oder nachsichtig zeigen sollten,
und sahen nicht, wie die Sache ausgehen werde. Die Rede des
C. Claudius, der der Onkel des Decemvirn Appius war, kam
dann einer Bitte näher als einem Vorwurf; er bat ihn bei der Seele
seines Bruders, des Vaters des Appius, lieber an die Gemeinschaft der Bürger zu denken, in der er geboren sei, als an das Abkommen, das er frevelhaft mit seinen Amtsgenossen getroffen
habe. Er bitte ihn darum viel mehr seinetwegen als wegen des
Staates. Denn der Staat werde auch gegen ihren Willen sein Recht
einfordern, wenn er es mit ihrem Willen nicht bekommen könne.
Doch ein heftiger Streit wecke fast immer heftige Leidenschaften; vor deren Folgen sei ihm angst und bange. Obwohl die Decemvirn verhindern wollten, daß man sich über etwas anderes
äußerte, als was sie auf die Tagesordnung gesetzt hatten, scheuten sie sich, Claudius zu unterbrechen. Er konnte also seinen Antrag formulieren, es solle kein Senatsbeschluß gefaßt werden.
Alle verstanden das so, daß Claudius in den Decemvirn Privatleute sah. Viele von den ehemaligen Konsuln stimmten ihm ausdrücklich zu.

Ein anderer Antrag, der schärfer schien, war viel weniger
wirksam: Die Patrizier sollten zusammentreten, um einen Interrex einzusetzen. Denn wenn man überhaupt einen Beschluß
faßte, bekundete man damit, daß die, die die Senatssitzung
durchführten, ein Amt hätten, während der Antrag, keinen Senatsbeschluß zu fassen, sie zu Privatleuten gemacht hatte.

Als so die Sache der Decemvirn schon ins Wanken kam, heu-
chelte L. Cornelius Maluginensis, der Bruder des Decemvirn
M. Cornelius, den man aus dem Kreis der ehemaligen Konsuln
wohlweislich für die letzte Rede aufgespart hatte, Besorgnis wegen des Krieges und nahm seinen Bruder und dessen Amtsgenossen in Schutz, indem er sagte, er frage sich verwundert, durch

welche Schicksalsfügung es dahin gekommen sei, daß Männer, die sich um das Decemvirat beworben hätten, – sie allein oder doch am heftigsten – die Decemvirn angriffen. Während so vieler Monate, in denen der Staat Ruhe gehabt habe, habe niemand eine Streitfrage daraus gemacht, ob rechtmäßige Beamte den Staat leiteten. Wieso sie jetzt erst, wo die Feinde fast an den Toren ständen, Zwietracht in der Bürgerschaft säten? Doch wohl nur, weil sie glaubten, in stürmischer Zeit werde man ihr Spiel weniger durchschauen. Im übrigen sei es ja nicht recht, wenn man wichtigere Dinge zu tun habe, eine Vorentscheidung in einer so bedeutenden Sache zu treffen; daher sei er dafür, daß über die Unterstellung des Valerius und des Horatius, die Decemvirn seien vor dem 15. Mai aus dem Amt geschieden, vor dem Senat verhandelt werde, wenn die drohenden Kriege überstanden seien und der Staat wieder Ruhe habe; und App. Claudius solle sich schon jetzt darauf einstellen, daß er wegen der Wahlversammlung Rechenschaft ablegen müsse, die er – selbst Decemvir – zur Wahl der Decemvirn durchgeführt habe, ob sie für ein Jahr gewählt worden seien oder bis zur Fertigstellung der noch ausstehenden Gesetze. Für den Augenblick, meine er, müsse alles gegenüber dem Krieg zurückgestellt werden. Wenn sie aber glaubten, die Kunde davon sei fälschlich verbreitet worden und nicht nur die Mitteilungen der Boten seien aus der Luft gegriffen, sondern auch die der Gesandten aus Tusculum, so müßten seiner Meinung nach Kundschafter ausgeschickt werden, die ihnen bessere Informationen verschafften. Wenn man aber den Boten und den Gesandten vertraue, müsse so bald wie möglich eine Aushebung stattfinden, die Decemvirn müßten die Heere dorthin führen, wohin es jedem von ihnen richtig scheine, und nichts anderes dürfe vorgehen.

41. Die jüngeren Patrizier suchten durchzusetzen, daß man für diesen Antrag stimmte. Und so begannen Valerius und Horatius wieder unbändig zu schreien, es solle erlaubt werden, über die politische Lage zu sprechen. Sie würden vor dem Volk sprechen, wenn es im Senat wegen einer Clique nicht möglich sei. Denn Privatleute könnten sie weder im Senat noch in der Volksversammlung hindern, und sie würden nicht vor ihren Schein-Rutenbündeln weichen. Da glaubte Appius, es sei schon nahe daran,

daß seine Macht zusammenbreche, wenn man ihrem ungestümen Vorgehen nicht mit gleicher Dreistigkeit Widerstand leiste, und sagte: »Es wird besser sein, sich nur zu dem zu äußern, wonach wir gefragt haben.« Und als Valerius sich weigerte, einem Privatmann gegenüber den Mund zu halten, befahl Appius einem Liktor, an Valerius heranzutreten. Schon rief Valerius von der Schwelle des Senatsgebäudes aus den Schutz der Mitbürger an, da umarmte L. Cornelius den Appius und schlichtete den Streit; dabei wollte er aber nicht dem helfen, dem er zu helfen vorgab. Durch Cornelius erhielt Valerius die Erlaubnis, zu sagen, was er wollte. Da sein Freimut aber nicht über Worte hinausging, blieben die Decemvirn bei ihrem Vorhaben.

Bei den ehemaligen Konsuln und den älteren Senatoren war der Haß gegen die tribunizische Gewalt zurückgeblieben, die die Plebs, wie sie glaubten, viel stärker wieder herbeisehnte als die Machtstellung der Konsuln; auch sie wollten daher fast lieber, daß die Decemvirn späterhin selbst freiwillig ihr Amt niederlegten, als daß die Plebs sich aus Haß gegen sie wieder erhöbe. Wenn man die Sache sanft angehe und die Macht, ohne daß das Volk eingeschaltet werde, wieder an die Konsuln falle, könne die Plebs durch eintretende Kriege oder durch Maßhalten der Konsuln in der Ausübung ihrer Macht dahin gebracht werden, daß sie nicht mehr an die Tribunen denke.

Ohne daß die Patrizier Einspruch erhoben hätten, wurde die Aushebung angesetzt. Da es ein Befehl ohne Möglichkeit der Berufung war, antworteten die Wehrpflichtigen beim Aufruf ihres Namens.

Nachdem die Legionen aufgestellt waren, einigten sich die Decemvirn untereinander, wer in den Krieg ziehen und wer an der Spitze der Heere stehen solle. Die angesehensten unter den Decemvirn waren Q. Fabius und App. Claudius. Der Krieg daheim schien wichtiger als der draußen. Sie glaubten, das ungestüme Wesen des Appius sei besser geeignet, Unruhen in der Stadt zu unterdrücken. Fabius war seinem Wesen nach eher zu wenig beständig im Guten als eifrig im Bösen; denn diesen Mann, der einst zu Hause und im Feld Vorzügliches geleistet hatte, hatten das Decemvirat und seine Amtsgenossen so verändert, daß er lieber

Appius gleichen wollte als sich selbst. Ihm übertrug man den
Krieg gegen die Sabiner und stellte ihm seine Amtsgenossen M'.
Rabulejus und Q. Poetelius zur Seite. M. Cornelius wurde zum
Algidus geschickt mit L. Minucius, T. Antonius, K. Duilius und
M. Sergius. Sp. Oppius sollte dem App. Claudius helfen, die Stadt
zu schützen; hierbei hatten alle Decemvirn gleiche Befugnisse.

42. Im Felde wurden die Interessen des Staates kein bißchen
besser wahrgenommen als daheim. Die Führer traf nur insoweit
Schuld, als sie sich bei den Bürgern verhaßt gemacht hatten; alle
andere Schuld lag bei den Soldaten, die sich zu ihrer eigenen
Schande und der der Decemvirn besiegen ließen, damit nur ja
nicht unter deren Führung und Oberbefehl etwas gut ausging.
Die Heere waren von den Sabinern bei Eretum und von den
Aequern am Algidus geschlagen worden. Von Eretum aus waren
sie in der Stille der Nacht geflohen und hatten näher bei der Stadt
zwischen Fidenae und Crustumeria auf einer Anhöhe ihr Lager
aufgeschlagen. Als die Feinde ihnen nachsetzten, stellten sie sich
ihnen nirgendwo zu einem offenen Kampf, sie verließen sich
vielmehr auf den natürlichen Vorteil des Platzes und den Wall,
nicht auf ihre Tapferkeit oder ihre Waffen. Eine größere Schande
erlitt man am Algidus, auch die schwerere Niederlage. Sogar das
Lager war verlorengegangen, und die Soldaten hatten sich nach
dem Verlust der gesamten Ausrüstung nach Tusculum gewandt,
um von der treuen Hilfe und dem Mitleid der Gastfreunde zu leben, die diese ihnen trotz allem nicht versagten.

Nach Rom waren so schlimme Nachrichten gedrungen, daß
die Senatoren ihren Haß auf die Decemvirn zurückstellten und
meinten, man müsse nächtliche Wachtposten in der Stadt haben;
und sie befahlen allen Wehrfähigen, auf den Mauern Wache zu
stehen und vor den Toren Vorpostenstellungen zu beziehen.
Weiter beschlossen sie, Waffen und Verstärkung nach Tusculum
zu schicken; und die Decemvirn sollten von der Burg von Tusculum herabsteigen und die Soldaten im Lager halten; das andere
Lager sollte aus dem Gebiet von Fidenae in das Sabinerland verlegt werden, und die Feinde sollten dadurch, daß man ihnen
selbst den Krieg ins Land trug, von dem Plan abgebracht werden,
die Stadt anzugreifen.

43. Zu den Niederlagen, die man von den Feinden erlitten hatte, fügten die Decemvirn im Felde und in der Stadt noch zwei ruchlose Untaten hinzu.

Im Sabinerland hatte L. Siccius aus Haß auf die Decemvirn in heimlichen Gesprächen mit den einfachen Soldaten Bemerkungen über die Wahl von Tribunen und eine Abwanderung gemacht. Die Decemvirn schickten ihn daraufhin auf Erkundung für die Wahl eines Lagerplatzes; den Soldaten, die sie ihm als Begleiter bei seinem Unternehmen mitgegeben hatten, gaben sie den Auftrag, ihn an einer geeigneten Stelle anzugreifen und zu töten. Sie töteten ihn aber nicht ungestraft; denn er setzte sich zur Wehr, und um ihn herum fielen etliche der Verräter, weil er bärenstark war und sich, als er umstellt war, mit einem Mut wehrte, der seinen Kräften entsprach. Die übrigen meldeten im Lager, man sei in einen Hinterhalt geraten und habe den Siccius, der sich hervorragend geschlagen habe, und einige Soldaten mit ihm verloren. Zuerst schenkte man der Nachricht Glauben. Dann rückte mit Erlaubnis der Decemvirn eine Kohorte aus, um die Gefallenen zu bestatten. Als sie sahen, daß keiner der Toten dort beraubt worden war und daß Siccius mit seinen Waffen in der Mitte lag und alle anderen Leichen ihm zugekehrt waren, daß von den Feinden aber keine Leiche und keine Spur eines Abzuges zu entdecken war, brachten sie seinen Leichnam zurück und berichteten, er sei wirklich von den eigenen Leuten erschlagen worden. Das Lager war voller Haß, und man wollte Siccius sogleich nach Rom schaffen, wenn sich die Decemvirn nicht beeilt hätten, ihm ein Begräbnis mit allen militärischen Ehren auf Staatskosten zu geben. Er wurde unter tiefer Trauer der Soldaten begraben, und die Decemvirn standen bei der breiten Masse im schlimmsten Ruf.

44. Es folgte eine andere Freveltat in der Stadt, zu der es durch wollüstiges Verlangen kam und die nicht weniger gräßlich ausging als jene, die durch die Schändung und den gewaltsamen Tod der Lucretia die Tarquinier aus der Stadt und der Herrschaft vertrieben hatte; so nahm es mit den Decemvirn nicht nur das gleiche Ende wie mit den Königen, sondern auch der Anlaß für den Verlust ihrer Herrschaft war der gleiche.

Den App. Claudius packte das Verlangen, eine junge Plebejerin zu verführen. Der Vater des Mädchens, L. Verginius, stand
als Centurio mit höherem Rang am Algidus, als Bürger wie als
Soldat ein vorbildlicher Mann. Seine Frau war ebenso erzogen
gewesen, und ebenso wurde das Kind erzogen. Er hatte seine
Tochter mit dem ehemaligen Tribunen L. Icilius verlobt, einem
tatkräftigen Mann, der seine Tüchtigkeit im Kampf für die Plebs
unter Beweis gestellt hatte. Dieses herangewachsene Mädchen,
das außergewöhnlich schön war, suchte Appius, vor Liebe wie
von Sinnen, mit Geld und mit Versprechungen zu verlocken. Als
er aber merkte, daß ihm alle Wege durch ihr Schamgefühl versperrt waren, verfiel er auf grausame und tyrannische Gewalt. Er
gab seinem Klienten M. Claudius den Auftrag, das Mädchen als
seine Sklavin zu beanspruchen und nicht nachzugeben, wenn
welche eine einstweilige Entscheidung zugunsten der Freiheit
forderten; er glaubte nämlich, weil der Vater des Mädchens nicht
da sei, habe das Unrecht freie Bahn.

Als das Mädchen auf das Forum kam – denn dort waren in Zelten die Grundschulen –, berührte der Mann, der sich zum Werkzeug der Wollust des Decemvirn hergab, sie mit der Hand und
redete sie als Tochter seiner Sklavin und als seine Sklavin an. Er
forderte sie auf, ihm zu folgen; wenn sie zaudere, werde er sie mit
Gewalt wegschleppen. Während das Mädchen vor Angst er-
starrte, kam es auf das Geschrei der Amme, die den Schutz der
Mitbürger anrief, zu einem Auflauf. Der bekannte Name ihres
Vaters Verginius und ihres Bräutigams Icilius wurden immer
wieder genannt. Deren Beliebtheit nahm die Bekannten für das
Mädchen ein, das Empörende der Situation die Menge. Schon
war sie vor Gewalt sicher. Da sagte der, der sie als seine Sklavin
beanspruchte, es sei nicht nötig, die Menge aufzuhetzen; er
werde den Weg des Rechts beschreiten, nicht den der Gewalt. Er
rief das Mädchen vor Gericht. Die Umstehenden rieten ihr mit-
zugehen, und man gelangte vor den Richterstuhl des Appius. Der
Antragsteller spielte seine dem Richter bekannte Rolle – vor dem
Erfinder der Geschichte: Das Mädchen sei in seinem Hause geboren, durch einen Diebstahl von dort in das Haus des Verginius
gekommen und diesem untergeschoben worden. Das habe er

durch eine Anzeige erfahren und bringe es vor, und er werde es beweisen, sogar wenn Verginius selbst Richter sein sollte, dem man in dieser Affäre noch übler mitgespielt habe. Für jetzt sei es recht und billig, wenn die Magd ihrem Herrn folge. Die Freunde des Mädchens wiesen darauf hin, daß Verginius im Dienste des Staates abwesend sei. Er werde innerhalb von zwei Tagen dasein, wenn es ihm gemeldet werde. Es sei unbillig, daß einer in Abwesenheit in Gefahr gerate, sein Kind zu verlieren. Und sie forderten, die Sache offenzulassen und bis zur Ankunft des Vaters zu vertagen. Nach dem von ihm selbst eingebrachten Gesetz solle Appius eine einstweilige Entscheidung zugunsten der Freiheit treffen und nicht zulassen, daß ein herangewachsenes Mädchen Gefahr laufe, seinen Ruf noch eher zu verlieren als seine Freiheit.

45. Appius schickte seinem Bescheid die Bemerkung voraus, wie sehr er die Freiheit gefördert habe, zeige gerade das Gesetz, auf das die Freunde des Verginius sich bei ihrer Forderung beriefen. Aber nur dann, wenn dieses Gesetz weder in der Sache noch in der Person einen Unterschied mache, werde die Freiheit in ihm einen sicheren Schutz haben. Denn bei denen, deren Freiheitsanspruch verfochten werden solle, sei das Rechtens, weil jeder beliebige dieses Recht geltend machen könne. Bei einem Mädchen aber, das noch in der Hand des Vaters sei, gebe es keinen anderen, gegenüber dem der Herr mit seinem Besitzanspruch zurückstehe. Der Vater solle also herbeigeholt werden. In der Zwischenzeit solle der Mann, der Anspruch auf das Mädchen erhebe, keine Einbuße seines Rechtsanspruchs erfahren; er könne das Mädchen mitnehmen; nur müsse er versprechen, es bei der Ankunft des angeblichen Vaters wieder vorzuführen.

Während viele gegen die Ungerechtigkeit dieser Entscheidung murrten, aber kein einziger sie zurückzuweisen wagte, kamen P. Numitorius, der Großvater des Mädchens, und ihr Verlobter Icilius hinzu. Man machte ihnen in dem Gedränge Platz, weil die Masse glaubte, vor allem durch das Dazukommen des Icilius könne man dem Appius Widerstand leisten; aber ein Liktor sagte, die Entscheidung sei gefallen, und suchte den laut protestierenden Icilius zurückzudrängen. Auch einen sanften Charakter hätte ein so abscheuliches Unrecht in flammende Empörung

versetzt. »Du mußt mich von hier schon mit dem Schwert zu-
rückdrängen, Appius«, rief er, »wenn du erreichen willst, was du
verheimlicht wissen möchtest, und ich dazu schweigen soll. Ich
will dieses Mädchen heiraten, und ich will eine keusche Braut haben. Rufe daher alle Liktoren zusammen, auch die deiner Amtsgenossen; laß die Ruten und Beile bereithalten. Die Verlobte des
Icilius wird nicht außerhalb des väterlichen Hauses bleiben.
Wenn ihr auch der römischen Plebs die Hilfe der Tribunen und
das Recht zur Berufung genommen habt, diese beiden Bollwerke
für den Schutz der Freiheit, so ist damit eurem wollüstigen Begehren doch noch nicht unumschränkte Gewalt auch über unsere
Kinder und Frauen gegeben. Wütet nur gegen unseren Rücken
und gegen unsere Nacken. Die Keuschheit wenigstens soll sicher
sein! Wenn gegen dieses Mädchen Gewalt angewandt wird,
werde ich den Schutz der anwesenden Mitbürger für meine Verlobte, wird Verginius den der Soldaten für seine einzige Tochter,
werden wir alle den Schutz der Götter und Menschen anflehen,
und du wirst diese Entscheidung nur über unsere Leichen durchsetzen. Ich fordere dich auf, Appius, dir noch und noch zu überlegen, wie weit du gehst. Sobald Verginius gekommen ist, mag er
sehen, was er für seine Tochter zu tun hat. Dies soll er aber wissen: Wenn er dem Anspruch dieses Menschen nachgibt, muß er
für seine Tochter einen anderen Mann suchen. Ich werde den
Freiheitsanspruch für meine Verlobte verfechten und werde eher
mein Leben lassen als ihr meinen Schutz versagen.«

46. Die Menge war aufgebracht, und es schien zu Gewalttätigkeiten zu kommen. Die Liktoren hatten Icilius umstellt. Es ging
jedoch nicht über Drohungen hinaus, weil Appius sagte, es gehe
dem Icilius gar nicht um die Verteidigung der Verginia, sondern
als ein unruhiger Mensch, der sich auch jetzt noch wie ein Tribun
fühle, suche er eine Gelegenheit zum Aufruhr. Er werde ihm aber
an diesem Tag keinen Anlaß bieten. Doch damit er wisse, daß das
nicht seiner Frechheit, sondern der Abwesenheit des Verginius
und seiner Achtung vor der Vaterschaft und der Freiheit zu verdanken sei, werde er den Fall heute nicht entscheiden und auch
keinen Zwischenentscheid treffen. Den M. Claudius bitte er,
nicht auf sein Recht zu pochen und zuzulassen, daß das Mädchen

bis zum nächsten Tag von jemand in Obhut genommen werde. Wenn aber der Vater am nächsten Tag nicht da sei, dann – das kündige er dem Icilius und seinesgleichen an – werde der Gesetzgeber für sein Gesetz eintreten, und der Decemvir werde es an Festigkeit nicht fehlen lassen. Er werde jedenfalls nicht die Liktoren seiner Amtsgenossen zusammenrufen, um die Anstifter des Aufruhrs in die Schranken zu weisen; er werde sich mit seinen Liktoren begnügen.

Als das Unrecht nun hinausgeschoben worden war und die Freunde des Mädchens beiseite gegangen waren, beschloß man zuallererst, daß der Bruder des Icilius und der Sohn des Numitorius, zwei tatkräftige junge Männer, sich von dort geradewegs zum Tor aufmachen und den Verginius, so schnell es nur gehe, aus dem Lager herbeirufen sollten. Das Wohl des Mädchens hänge davon ab, daß er am nächsten Tag als Beschützer vor dem Unrecht rechtzeitig zur Stelle sei. Sobald man es ihnen aufgetragen hatte, machten sie sich auf und brachten die Nachricht in wildem Galopp zum Vater.

Der Kläger drängte den Icilius, das Mädchen in Obhut zu nehmen und Bürgen zu stellen, und dieser entgegnete, gerade darüber spreche man im Augenblick, und suchte mit Bedacht die Zeit hinzuziehen, damit unterdessen die Boten, die ins Lager geschickt worden waren, einen Vorsprung bekommen konnten. Die Menge hob überall die Hände, und jeder gab zu erkennen, daß er bereit sei, für Icilius zu bürgen. Und jener sagte unter Tränen: »Ich danke euch; morgen werde ich eure Hilfe in Anspruch nehmen, jetzt habe ich genug Bürgen.« So wurde Verginia in Obhut genommen aufgrund der Bürgschaft ihrer Verwandten.

Appius wartete noch ein bißchen, damit es nicht so aussah, als habe er nur wegen dieser Sache den Richtersitz eingenommen, und nachdem aus Interesse an dem einen Fall alles andere in den Hintergrund getreten war und keiner sich an ihn wandte, ging er wieder nach Hause und schrieb seinen Amtsgenossen ins Lager, sie sollten Verginius keinen Urlaub geben und ihn sogar unter Bewachung stellen. Der schurkische Plan kam zu spät, wie es sein mußte; Verginius hatte schon Urlaub bekommen und war in der ersten Nachtwache aufgebrochen, als am nächsten Tag in der Frühe der Brief, ihn festzuhalten, vergeblich abgeliefert wurde.

47. Aber in der Stadt stand beim Morgengrauen die Bürgerschaft in gespannter Erwartung auf dem Forum. Verginius hatte ein Trauergewand angelegt und führte seine Tochter in abgetragener Kleidung auf das Forum, begleitet von einigen Frauen und einer ungeheuren Menge von Freunden. Er begann dort herumzugehen, die Menschen bei der Hand zu fassen und ihre Hilfe nicht nur als eine Gefälligkeit zu erbitten, sondern sie als eine Schuldigkeit zu fordern. Er stehe für ihre Kinder und Frauen Tag um Tag im Kampf, und es gebe keinen Mann, von dem sich mehr kühne und tapfere Taten anführen ließen. Was nütze das aber, wenn sein Kind, obwohl die Stadt unversehrt sei, über sich ergehen lassen müsse, was man bei einer Eroberung als das Äußerste befürchte. Dies brachte er fast wie ein Redner in einer Volksversammlung vor, während er von Mann zu Mann ging. Ganz ähnlich äußerte sich Icilius. Die Frauen der Begleitung bewegten durch ihr stilles Weinen mehr, als irgendein Wort vermocht hätte.

Von alledem ungerührt – es war eher Tollheit als Liebe, was ihn so sehr verwirrt hatte –, stieg Appius auf die Richtertribüne. Und als sich der Kläger auch noch kurz beschwerte, daß er am Vortag aus Parteilichkeit sein Recht nicht erhalten habe, fuhr Appius ihm ins Wort, noch bevor er seine Forderung zu Ende bringen konnte oder Verginius Gelegenheit zu einer Entgegnung erhielt. Welche Ausführungen er seiner Entscheidung vorausschickte, mögen vielleicht alte Quellen korrekt überliefert haben. Weil ich aber nichts finde, was bei einer so abscheulichen Entscheidung Wahrscheinlichkeit für sich beanspruchen könnte, scheint es mir richtig, das, was feststeht, als nackte Tatsache hinzustellen: Er traf eine einstweilige Entscheidung zugunsten der Sklaverei.

Alle waren erstaunt über dieses gräßliche Verfahren und erstarrten zunächst vor Entsetzen; eine Zeitlang herrschte sodann Schweigen. Als dann aber M. Claudius Anstalten machte, das Mädchen zu ergreifen, um das herum die Frauen standen, und ihm jämmerliches Wehklagen der Frauen entgegenschlug, streckte Verginius seine Hände zu Appius und rief: »Dem Icilius habe ich meine Tochter verlobt, Appius, nicht dir, und zur

Hochzeit habe ich sie erzogen, nicht zur Schändung. Hältst du es für recht, daß man sich nach Art des Viehs und der wilden Tiere zur Paarung bald auf die eine, bald auf die andere stürzt? Ich weiß nicht, ob diese hier das dulden werden; aber ich hoffe, daß die es nicht dulden werden, die Waffen haben.«

Als der Mann, der das Mädchen für sich beanspruchte, von der Schar der Frauen und der um das Mädchen herumstehenden Freunde zurückgedrängt wurde, gebot der Herold Schweigen.

48. Der Decemvir, außer sich vor Begierde, sagte, er habe nicht nur aus der gestrigen Scheltrede des Icilius und der Heftigkeit des Verginius, wofür er das römische Volk zum Zeugen habe, sondern auch durch zuverlässige Aussagen erfahren, daß während der ganzen Nacht in der Stadt Zusammenkünfte stattgefunden hätten, um einen Aufruhr zu entfachen. Deshalb sei er im Wissen um diesen zu erwartenden Kampf mit Bewaffneten hergekommen, nicht um einen ruhigen Bürger zu verletzen, sondern um die, die die Ruhe der Bürgerschaft störten, kraft der Hoheit seines Amtes in die Schranken zu weisen. »Daher wird es besser sein, sich ruhig zu verhalten. Geh, Liktor«, sagte er, »dränge die Schar zurück und bahne dem Herrn den Weg, seine Sklavin zu ergreifen.« Als er das voll Zorn mit donnernder Stimme gerufen hatte, ging die Menge von selbst auseinander, und verlassen, eine Beute des Unrechts, stand das Mädchen da.

Da sagte Verginius, als er nirgendwo mehr Hilfe sah: »Ich bitte dich, Appius, verzeihe zunächst dem Schmerz eines Vaters, wenn ich dich etwas zu hart angefahren habe. Dann laß mich hier im Angesicht des Mädchens die Amme befragen, wie die Sache sich verhält, damit ich, wenn ich zu Unrecht als Vater bezeichnet worden bin, mit größerer Gelassenheit von hier weggehe.« Als er die Erlaubnis erhielt, führte er seine Tochter und die Amme beiseite in die Nähe des Heiligtums der Cloacina zu den Läden, die jetzt »die Neuen« heißen. Hier entriß er einem Metzger das Messer und sagte: »Auf diese einzige Art, die mir möglich ist, Tochter, bewahre ich dir die Freiheit.« Dann durchbohrte er die Brust des Mädchens und rief, zur Gerichtstribüne zurückgewandt: »Dich, Appius, und dein Haupt verfluche ich mit diesem Blut.«

Bei dieser grausigen Tat erhob sich ein Schrei. Aufgeschreckt befahl Appius, den Verginius zu ergreifen. Der aber bahnte sich mit dem Messer, wo er ging, einen Weg, bis er, auch durch die Menge der ihm folgenden Menschen geschützt, zum Tor gelangte.

Icilius und Numitorius hoben den leblosen Körper auf und zeigten ihn dem Volk. Sie beklagten das Verbrechen des Appius, die unselige Schönheit des Mädchens, die Zwangslage des Vaters. Die Frauen, die ihnen folgten, schrien laut: Setze man dazu Kinder in die Welt, sei das der Lohn der Sittsamkeit? Und sie riefen noch anderes, was in einer solchen Situation der weibliche Schmerz den Klagenden eingibt und was um so rührender ist, je tiefer der Schmerz bei dem schwachen Geschlecht ist. Die Männer und besonders Icilius sprachen nur davon, daß ihnen die tribunizische Gewalt und die Berufung an das Volk entrissen sei, und machten ihrer Empörung über die politischen Zustände Luft.

49. Die Menge wurde teils durch das gräßliche Verbrechen erregt, teils durch die Hoffnung, bei der Gelegenheit die Freiheit zurückzuerlangen. Appius befahl jetzt, den Icilius vor seinen Richterstuhl zu rufen, dann, da er sich nicht fügte, ihn gewaltsam vorzuführen; zuletzt, als seine Amtsdiener keine Gelegenheit erhielten, an ihn heranzukommen, ging er selbst mit einer Schar junger Patrizier durch das Gedränge hindurch und befahl, ihn in den Kerker zu schaffen. Schon standen um Icilius nicht nur die Menge, sondern auch die Führer der Menge, L. Valerius und M. Horatius, die den Liktor zurückdrängten und sagten, wenn er den Rechtsweg beschreite, nähmen sie den Icilius vor dem Privatmann in ihren Schutz. Wenn er Gewalt anzuwenden versuche, würden sie sich ihm auch darin gewachsen zeigen. Darauf kam es zu einem wilden Handgemenge. Ein Liktor des Decemvirn ging gegen Valerius und Horatius vor. Die Menge zerbrach sein Rutenbündel. Appius stieg auf eine Erhöhung, um zum Volk zu sprechen; Valerius und Horatius taten es ihm nach. Die Volksversammlung hörte diese an, Appius wurde niedergeschrien. Schon befahl Valerius den Liktoren, als wenn er dazu befugt wäre, den Privatmann da zu verlassen. Da schwand Appius der Mut, er fürchtete um sein Leben und zog sich mit verhülltem Haupt, ohne daß seine Gegner es merkten, in ein Haus in der Nähe des Forums zurück.

Um seinem Amtsgenossen zu Hilfe zu kommen, stürmte Sp. Oppius von der anderen Seite her auf das Forum. Er sah, daß ihre Machtstellung der Gewalt erlegen war. Hin- und hergerissen von Ratschlägen, bei denen er seinen vielen Ratgebern immer voll und ganz zustimmte und so in Verwirrung geriet, ließ er zuletzt den Senat einberufen. Das beruhigte die Menge, weil sie hoffte, der Senat werde diese Gewaltherrschaft beenden; denn einem großen Teil der Senatoren schien die Amtsführung der Decemvirn zu mißfallen.

Der Senat meinte, man dürfe die Plebs nicht reizen, müsse aber noch viel mehr dafür sorgen, daß die Ankunft des Verginius im Heer nicht zu Unruhen führe.

50. Deshalb wurden jüngere Patrizier ins Lager geschickt, das damals auf dem Vecilius war, und bestellten den Decemvirn, sie sollten die Soldaten mit allen Mitteln von einem Aufstand abhalten. Hier entfesselte Verginius einen größeren Aufruhr, als er ihn in der Stadt hinter sich gelassen hatte. Denn nicht nur, daß man ihn mit einer Gruppe von fast 400 Mann kommen sah, die sich ihm von der Stadt her aus Empörung über den Vorfall als Begleiter angeschlossen hatten, auch das offen getragene Messer und daß er selbst von Blut bespritzt war, zog die Aufmerksamkeit des ganzen Lagers auf sich. Und daß man an vielen Stellen im Lager die Toga sah, hatte den Eindruck erweckt, als sei die Menge aus der Stadt erheblich größer, als sie war. Man fragte Verginius, was es gebe, aber er konnte vor Tränen lange kein Wort hervorbringen. Endlich, als nach dem unruhigen Hin und Her beim Zusammenlaufen das Getümmel sich legte und Ruhe eintrat, berichtete er der Reihe nach alles, wie es geschehen war. Dann streckte er die Hände empor, rief seine Kameraden beim Namen und bat sie, nicht ihm anzurechnen, was ein Verbrechen des Appius sei, und sich nicht von ihm als dem Mörder seines Kindes abzuwenden. Ihm sei das Leben seiner Tochter lieber gewesen als sein eigenes, wenn es ihr erlaubt gewesen wäre, frei und sittsam zu leben. Als er aber gesehen habe, daß sie wie eine Sklavin zur Schändung weggerissen wurde, habe er geglaubt, es sei besser, sein Kind durch den Tod zu verlieren als durch die Schande, und sei aus Mitleid scheinbar in Grausamkeit verfallen. Und er hätte seine

Tochter nicht überlebt, wenn er nicht die Hoffnung gehabt hätte, ihren Tod mit Hilfe seiner Kameraden zu rächen. Denn auch sie hätten Töchter, Schwestern und Frauen, und mit dem Tod seiner Tochter sei die Begehrlichkeit des Appius nicht erloschen, sondern je weniger sie bestraft worden sei, desto hemmungsloser werde sie sein. In dem fremden Unglück sei ihnen ein warnendes Beispiel gegeben, sich vor einem ähnlichen Unrecht zu bewahren. Was ihn angehe, so sei ihm die Frau durch das Schicksal entrissen worden, die Tochter habe, weil sie nicht länger hätte sittsam leben können, einen beklagenswerten, aber ehrenvollen Tod gefunden. Für die Begehrlichkeit des Appius gebe es in seinem Haus kein Objekt mehr. Vor weiteren Übergriffen von seiner Seite werde er sich in gleicher Weise schützen, wie er seine Tochter geschützt habe. Die anderen sollten für sich und ihre Kinder sorgen.

Während Verginius das laut hinausschrie, rief ihm die Menge zu, sie würden ihn in seinem Schmerz nicht allein lassen und ihre Freiheit zu schützen wissen. Und die Bürger in der Toga, die sich in der Menge der Soldaten befanden, brachten genau dieselben Klagen vor und wiesen darauf hin, wieviel empörender das anzusehen gewesen sei als zu hören, und sie berichteten zugleich, in Rom sei die Sache schon so ziemlich entschieden; die etwas später dazukamen, sagten, Appius sei mit knapper Not dem Tode entgangen und habe sich ins Exil begeben. So brachten sie es dahin, daß man »Zu den Waffen!« rief, die Feldzeichen aus dem Boden riß und sich auf den Weg nach Rom machte.

Die Decemvirn gerieten gleichermaßen durch das, was sie sahen, wie durch das, was sie aus Rom hörten, in Unruhe und liefen hin und her, um den Aufruhr zu beschwichtigen, der eine in diesen, der andere in jenen Teil des Lagers. Wo sie sanft auftraten, würdigte man sie keiner Antwort. Wenn einer seine Amtsgewalt zu gebrauchen suchte, wurde geantwortet, sei seien Männer und hätten Waffen.

Sie zogen in geschlossener Formation zur Stadt und besetzten den Aventin. Alle Plebejer, die ihnen begegneten, riefen sie auf, sich die Freiheit zurückzuholen und Volkstribunen zu wählen. Sonst hörte man kein heftiges Wort.

Sp. Oppius hielt eine Senatssitzung. Man beschloß, nicht hart durchzugreifen; denn sie hätten ja selbst Anlaß zum Aufruhr gegeben. Drei ehemalige Konsuln wurden als Unterhändler geschickt. Sp. Tarpejus, C. Julius und P. Sulpicius; sie sollten im Auftrag des Senates fragen, auf wessen Befehl sie das Lager verlassen hätten und was sie überhaupt wollten, daß sie bewaffnet den Aventin besetzt und daß sie vom Krieg mit den Feinden abgelassen und ihre Vaterstadt besetzt hätten. Es gab genug zu antworten; aber es fehlte einer, der die Antwort gab, da sie noch keinen festen Führer hatten und da kein einzelner Mut genug hatte, sich dem Haß auszusetzen. Die Menge schrie nur, sie sollten den L. Valerius und den M. Horatius zu ihnen schicken; denen würden sie eine Antwort geben.

51. Als die Unterhändler entlassen waren, erinnerte Verginius die Soldaten daran, daß man gerade eben erst bei einer nicht sehr bedeutenden Sache in Verlegenheit geraten sei, weil die Menge keinen Führer gehabt habe; man habe zwar nicht ungeschickt geantwortet, aber doch mehr in zufälliger Übereinstimmung als nach einem gemeinsam gefaßten Plan. Er meine, man solle zehn Männer wählen, die das Ganze leiten sollten, und sie mit einem militärischen Ehrentitel Militärtribunen nennen. Als ihm selbst diese Ehre als erstem angeboten wurde, sagte er: »Bewahrt diese gute Meinung über mich für eine Zeit, wo es um meine und eure Dinge besser steht. Meine Tochter ist noch nicht gerächt, und das läßt es nicht zu, daß ich mich irgendeiner Ehre erfreue. Auch ist es bei der verworrenen Lage des Staates nicht gut, wenn an eurer Spitze Männer stehen, auf die sich der Haß zuerst richtet. Wenn ihr mich braucht, werde ich euch genauso auch als Privatmann zur Verfügung stehen.« So wählten sie zehn Militärtribunen.

Auch im Sabinerland blieb das Heer nicht ruhig. Dort kam es auf Betreiben des Icilius und des Numitorius ebenfalls zum Abfall von den Decemvirn. Sie riefen sich die Ermordung des Siccius wieder ins Gedächtnis, und die Erregung hierüber war nicht geringer als die, welche die neue Kunde von dem Mädchen entfachte, das Appius auf so abstoßende Weise in seine Gewalt zu bringen gesucht hatte, um seine Lust zu befriedigen. Sobald Icilius hörte, daß auf dem Aventin Militärtribunen gewählt worden

waren, fürchtete er, daß auf die Vorentscheidung der Wahlen im
Heer Wahlen in der Stadt folgen würden, bei denen man dieselben Männer zu Volkstribunen machen werde; denn er wußte,
wie es beim Volk zu gehen pflegt. Und da er auch selbst nach diesem Amt trachtete, sorgte er dafür, daß seine Leute, bevor man
zur Stadt zog, dieselbe Anzahl mit gleicher Machtbefugnis wählten. Durch die Porta Collina betraten sie die Stadt unter ihren
Feldzeichen und zogen in geschlossener Formation mitten durch
die Stadt zum Aventin. Dort vereinigten sie sich mit dem anderen
Heer und gaben den zwanzig Militärtribunen den Auftrag, aus
ihrer Mitte zwei zu wählen, die die Leitung haben sollten. Sie
wählten M. Oppius und Sex. Manilius.

Die Senatoren waren besorgt um den Staat, vertaten aber, während täglich Sitzungen waren, die Zeit mehr mit Gezänk als mit
Beratungen. Sie warfen den Decemvirn die Ermordung des Siccius, die zügellose Begehrlichkeit des Appius sowie die schmähli-
chen Ereignisse im Felde vor. Man beschloß, daß Valerius und
Horatius zum Aventin gehen sollten. Diese sagten, sie würden
nur gehen, wenn die Decemvirn die Zeichen eines Amtes ableg-
ten, das sie schon seit dem Ende des Vorjahres nicht mehr inne-
hätten. Die Decemvirn beklagten sich darüber, daß sie zum
Rücktritt genötigt würden, und sagten, sie würden ihr Amt nicht
niederlegen, bevor sie die Gesetze durchgebracht hätten, um de-
rentwillen sie gewählt worden seien.

52. M. Duilius, der Volkstribun gewesen war, machte den Plebejern klar, daß bei den ständigen Streitereien nichts heraus-
komme, und sie zogen vom Aventin zum Heiligen Berg; denn
Duilius versicherte, erst wenn die Patrizier sähen, daß sie die
Stadt verließen, werde sie Sorge befallen. Der Heilige Berg werde
sie an die Festigkeit der Plebs erinnern; sie würden merken, daß
man, ohne das Tribunenamt wiederherzustellen, die Eintracht
im Staat nicht zurückgewinnen könne.

Sie zogen über die Via Nomentana, die damals noch Via Ficu-
lensis hieß, und schlugen ihr Lager auf dem Heiligen Berg auf;
dabei nahmen sie sich das Maßhalten ihrer Väter zum Vorbild
und richteten nirgendwo Schaden an. Dem Heer folgte die Plebs,
und keiner, der von seinem Alter her gehen konnte, blieb zurück.

Auch die Frauen und Kinder gaben ihnen das Geleit und fragten immer wieder jammernd, für wen sie sie denn in einer Stadt zurückließen, in der weder die Sittsamkeit noch die Freiheit heilig sei.

Da die ungewohnte Menschenleere alles in Rom öde erscheinen ließ, auf dem Forum außer wenigen alten Leuten niemand zu sehen war und das Forum sich den Senatoren, die trotz allem zur Sitzung gerufen wurden, verlassen darbot, erhoben jetzt auch andere als nur Horatius und Valerius laut ihre Stimme: »Worauf wollt ihr noch warten, Senatoren? Wenn die Decemvirn mit ihrer Halsstarrigkeit nicht aufhören, werdet ihr dann dulden, daß alles zusammenstürzt und in Flammen untergeht? Was für eine Herrschaft ist das noch, ihr Decemvirn, an die ihr euch klammert? Wollt ihr Dächern und Wänden Recht sprechen? Schämt ihr euch nicht, daß man auf dem Forum von euren Liktoren fast eine größere Anzahl sieht als von anderen Bürgern in der Toga? Was wollt ihr tun, wenn die Feinde zur Stadt kommen? Was, wenn die Plebs bald in Waffen heranzieht, falls ihr Abzug auf uns noch nicht genug wirkt? Wollt ihr eure Herrschaft mit dem Untergang der Stadt beenden? Denn allerdings: entweder muß man auf die Plebs verzichten oder man muß Volkstribunen haben. Wir können eher die patrizischen Ämter entbehren als jene die plebejischen. Dieses Amt war noch neu und unerprobt, als sie es unseren Vätern abgerungen haben. Jetzt, wo sie einmal den Reiz erfahren haben, sollen sie da verzichten, zumal wir in der Ausübung unserer Macht nicht maßhalten, so daß sie Hilfe brauchen?« Als dies von allen Seiten vorgebracht wurde, gaben die Decemvirn der einhelligen Meinung nach und erklärten, da man es so für das beste halte, würden sie sich der Meinung der Senatoren unterwerfen. Sie hatten nur die eine Bitte – zugleich eine Warnung –, sie gegen den Haß zu sichern und die Plebs nicht durch ihr Blut an die Hinrichtung von Patriziern zu gewöhnen.

53. Dann wurden Valerius und Horatius geschickt, um die Plebs zu Bedingungen, die ihnen gut schienen, zurückzurufen und alles in Ordnung zu bringen, und sie wurden auch aufgefordert, die Decemvirn gegen den Zorn und gegen Übergriffe der Menge zu sichern. Sie brachen auf und wurden unter ungeheurer

Freude der Plebs im Lager aufgenommen – sie waren ja zweifellos Kämpfer für die Freiheit, sowohl am Anfang der Erhebung
wie auch jetzt beim Ausgang der Sache. Deshalb sagte man ihnen
Dank, als sie ankamen. Icilius machte sich zum Sprecher der
Menge. Als über die Bedingungen verhandelt wurde und die Abgesandten fragten, was die Forderungen der Plebs seien, forderte
er, was man schon vor der Ankunft der Abgesandten beschlossen
hatte, und es zeigte sich, daß man seine Hoffnung mehr auf eine
gerechte Lösung setzte als auf die Waffen. Sie verlangten nämlich
das Tribunenamt und das Recht auf Berufung zurück, die Dinge,
an denen die Plebs vor der Wahl der Decemvirn Hilfe gehabt
hatte, und daß keinem ein Nachteil daraus erwachsen dürfe,
wenn er die Soldaten oder die Plebs aufgewiegelt habe, durch
eine Abwanderung die Freiheit wiederzugewinnen. Nur ihre
Forderung nach der Bestrafung der Decemvirn war hart; denn sie
meinten, es sei recht, wenn diese ihnen ausgeliefert würden, und
sie drohten, sie lebendigen Leibes zu verbrennen.

Darauf die Abgesandten: »Was ihr euch in Ruhe überlegt habt,
das sind so billige Forderungen, daß man es euch schon von
selbst hätte anbieten müssen; denn ihr fordert es als Schutz für
die Freiheit, nicht aus Willkür, um andere zu behelligen. Eurem
Zorn aber muß man eher verzeihen als ihm nachgeben; denn aus
Abscheu vor der Grausamkeit verfallt ihr selbst in Grausamkeit,
und noch fast bevor ihr selbst frei seid, wollt ihr schon gegen eure
Gegner den Herrn herauskehren. Soll unsere Bürgerschaft denn
niemals Ruhe finden vor Todesurteilen der Patrizier gegen die
römische Plebs und vor solchen der Plebs gegen die Patrizier? Ihr
habt den Schild mehr nötig als das Schwert. Für einen einfachen
Mann ist es genug und mehr als genug, wenn er gleiches Recht in
der Bürgerschaft genießt und weder Unrecht zufügt noch erleiden muß. Auch wenn ihr einmal zeigen wollt, daß man euch
fürchten muß, – wenn ihr eure Ämter und eure Gesetze zurück-
bekommen habt und die Entscheidung über unser Leben und unser Hab und Gut in euren Händen liegt, dann werdet ihr jeden
einzelnen Fall aufgrund der Sachlage entscheiden. Jetzt ist es genug, die Freiheit zurückzufordern.«

54. Da ihnen alle gestatteten zu tun, was sie wollten, versicher-

ten die Abgesandten, sie würden bald zurückkehren, wenn sie
die Dinge zum Abschluß gebracht hätten. Sie brachen dann auf,
und nachdem sie dem Senat die Aufträge der Plebs mitgeteilt hatten, hatten die anderen Decemvirn keineswegs etwas einzuwenden, da ganz gegen ihre Erwartung von ihrer Bestrafung nicht die
Rede war. Appius aber, verstockt und am meisten angefeindet,
maß den Haß der anderen gegen sich mit dem Maß seines eigenen
Hasses gegen sie und sagte: »Welches Schicksal mir droht, weiß
ich genau. Ich sehe, daß der Kampf gegen uns nur hinausgeschoben wird, bis den Gegnern die Waffen ausgeliefert werden. Man
muß dem Haß ein Opfer bringen. Auch ich will nicht zögern, aus
dem Decemvirat zu scheiden.« Es erging ein Senatsbeschluß, die
Decemvirn sollten so bald wie möglich ihr Amt niederlegen, der
Pontifex maximus Q. Furius solle Volkstribunen wählen lassen,
und die Abwanderung der Soldaten und der Plebs dürfe keinem
einen Nachteil bringen.

Nachdem diese Senatsbeschlüsse zustande gekommen waren
und der Senat entlassen worden war, traten die Decemvirn vor
die Volksversammlung und legten zur ungeheuren Freude der
Menschen ihr Amt nieder. Dies wurde der Plebs gemeldet. Alles,
was noch an Menschen in der Stadt war, gab den Abgesandten
das Geleit. Dieser Menge kam eine andere fröhliche Gruppe aus
dem Lager entgegen; sie beglückwünschten sich gegenseitig, daß
die Bürgerschaft die Freiheit und die Eintracht zurückgewonnen
habe. Die Abgesandten sagten: »Es möge für euch und den Staat
gut, günstig und glücklich ausgehen, kehrt zurück in eure Vaterstadt zu euren Hausgöttern, euren Frauen und Kindern. Aber
wie ihr hier Maßhalten geübt habt, wo kein einziges Stück Land
angetastet worden ist, obwohl eine so große Menge so viele
Dinge nötig hatte, so übt auch Maßhalten in der Stadt. Geht auf
den Aventin, wo ihr hergekommen seid. Dort werdet ihr an
glückbringender Stelle, wo ihr die ersten Schritte auf dem Weg zu
eurer Freiheit getan habt, die Volkstribunen wählen; und der
Pontifex maximus wird zugegen sein, um die Wahlen durchzufüh-
führen.«

Ungeheuer war der Beifall und der Jubel, mit dem sie allem zustimmten. Sie rissen dann die Feldzeichen aus dem Boden, mach-

ten sich auf den Weg nach Rom und suchten die Entgegenkommenden an Freude zu übertrumpfen. In ihren Waffen zogen sie still durch die Stadt bis zum Aventin. Dort führte der Pontifex maximus sogleich die Wahlen durch, und sie wählten die Volkstribunen, zuallererst L. Verginius, darauf L. Icilius und P. Numitorius, den Onkel des Verginius, die die Abwanderung veranlaßt hatten, dann C. Sicinius, einen Nachkommen des ersten Volkstribunen, der nach der Überlieferung auf dem Heiligen Berg gewählt worden war, und M. Duilius, der ein bedeutsames Tribunat vor der Wahl der Decemvirn ausgeübt und auch bei den Auseinandersetzungen mit den Decemvirn die Plebs nicht im Stich gelassen hatte. Mehr aufgrund von Erwartungen als von Verdiensten wurden dann M. Titinius, M. Pomponius, C. Apronius, App. Villius und C. Oppius gewählt. Nachdem sie das Tribunat angetreten hatten, stellte L. Icilius sogleich den Antrag an die Plebs, und die Plebs entschied, daß die Erhebung gegen die Decemvirn keinem einen Nachteil bringen solle. Unmittelbar danach brachte M. Duilius den Antrag durch, daß Konsuln gewählt werden sollten mit der Möglichkeit der Berufung gegen ihre Entscheidungen. Dieses alles wurde auf der Versammlung der Plebs auf den Flaminischen Wiesen behandelt, die jetzt »Bezirk des Circus Flaminius« heißen.

55. Unter der Leitung eines Interrex wurden dann L. Valerius und M. Horatius zu Konsuln gewählt; sie traten sogleich ihr Amt an. Ihr Konsulat war volksfreundlich ohne jedes Unrecht gegen die Patrizier, erregte aber doch bei ihnen Anstoß. Denn in allem, wodurch die Freiheit der Plebs sichergestellt wurde, sahen sie eine Minderung ihrer Macht. Da es sozusagen eine Streitfrage war, ob die Patrizier durch die Beschlüsse der Plebs gebunden seien, brachten die Konsuln zuallererst vor den Centuriatcomitien ein Gesetz ein, was die Plebs tribusweise entschieden habe, solle das ganze Volk binden. Durch dieses Gesetz wurden die Anträge der Tribunen zu einer sehr scharfen Waffe.

Ein anderes konsularisches Gesetz über das Recht zur Berufung, diesen einzigartigen Schutz der Freiheit, der unter den Decemvirn abgeschafft worden war, riefen sie dann nicht nur wieder ins Leben, sondern sicherten es auch für die Zukunft durch die Anordnung eines neuen Gesetzes, niemand dürfe einen Beamten ohne die Möglichkeit zur Berufung gegen seine Entscheidungen wählen lassen. Wer einen solchen wählen lasse, den solle man mit Fug und Recht töten dürfen, und diese Tötung solle nicht als eine strafbare Handlung gelten, durch die man das Leben verwirkt habe.

Und nachdem sie die Plebs einerseits durch die Möglichkeit der Berufung, andererseits durch die Hilfe der Tribunen hinreichend gesichert hatten, erneuerten sie auch für die Tribunen selbst das Prinzip der Unverletzlichkeit, das schon fast in Vergessenheit geraten war, indem sie gewisse Zeremonien nach langer Zeit wieder einführten, und machten sie durch fromme Scheu unverletzlich, vor allem aber, indem sie durch ein Gesetz festlegten, wer einem Volkstribunen, einem Ädilen oder einem von den zehn Richtern etwas angetan habe, dessen Haupt solle dem Jupiter verfallen sein und sein Besitz solle beim Tempel der Ceres, des Liber und der Libera verkauft werden.

Aufgrund dieses Gesetzes, sagen die Ausleger des Rechts, sei niemand heilig-unverletzlich, sondern damit werde nur festgelegt, daß der, der einem der Genannten etwas angetan habe, dem Jupiter verfallen sei. Wenn daher ein Ädil von einem höheren Beamten ergriffen und abgeführt werde, sei das zwar nicht Rechtens – denn es werde ihm etwas angetan, was ihm nach diesem Gesetz nicht angetan werden dürfe –, aber es sei doch ein Beweis dafür, daß ein Ädil nicht als heilig-unverletzlich angesehen werde. Die Volkstribunen dagegen seien nach dem alten Eid, den die Plebs bei der Einrichtung dieses Amtes geschworen habe, heilig-unverletzlich. Es hat welche gegeben, die erklärten, durch dieses Gesetz des Horatius werde auch den Konsuln sowie den Prätoren, die ja unter denselben Auspizien wie die Konsuln gewählt würden, Sicherheit verschafft; denn der Konsul werde »Richter« genannt. Diese Auslegung wird zurückgewiesen, weil man damals noch nicht den Konsul, sondern den Prätor »Richter« zu nennen pflegte.

Das waren die konsularischen Gesetze. Von denselben Konsuln wurde auch die Einrichtung geschaffen, daß die Senatsbeschlüsse im Tempel der Ceres bei den plebejischen Ädilen hinterlegt werden sollten; bisher wurden sie nach dem Gutdünken der Konsuln unterdrückt und verfälscht.

Der Volkstribun M. Duilius brachte sodann bei der Plebs den Antrag ein, und die Plebs entschied, wer die Plebs ohne Tribunen lasse und wer die Wahl eines Beamten durchführe, gegen den eine Berufung nicht möglich sei, solle an Leib und Leben gestraft werden. Dies alles wurde gegen den Willen der Patrizier durchgebracht, aber ohne daß sie Widerstand leisteten, weil man noch nicht gegen einzelne scharf vorging.

56. Als nun die tribunizische Amtsgewalt und die Freiheit der Plebs fest begründet war, da glaubten die Tribunen, es sei ungefährlich, einzelne anzugreifen, und die Zeit sei dazu reif, und sie wählten als ersten Ankläger den Verginius aus und als Angeklagten den Appius. Nachdem Verginius den Appius vorgeladen hatte und Appius, dicht umringt von jungen Patriziern, auf das Forum hinabgekommen war, wurde sogleich bei allen die Erinnerung an seine entsetzliche Herrschaft wieder wach, als sie ihn selbst und sein Gefolge sahen. Da sagte Verginius: »Die Rede ist für strittige Fälle erfunden. Deshalb werde ich die Zeit nicht damit vertun, daß ich den Mann vor euch anklage, von dessen Grausamkeit ihr euch selbst mit den Waffen befreit habt, und ich werde auch nicht dulden, daß er zu seinen anderen Verbrechen sich noch die Dreistigkeit herausnimmt, sich zu verteidigen. Ich sehe dir also alles nach, App. Claudius, was du gewissenlos und ruchlos in zwei Jahren eins über das andere gewagt hast. Nur wegen eines einzigen Verbrechens werde ich dich einkerkern lassen, wenn du nicht einen Richter benennst, daß du nicht entgegen den Gesetzen einen freien Menschen in einer einstweiligen Entscheidung zum Sklaven erklärt hast.«

Appius machte sich keine Hoffnung auf Hilfe von seiten der Tribunen und auch keine auf das Urteil des Volkes. Dennoch rief er die Tribunen an, und als keiner einschritt und er von einem Amtsgehilfen ergriffen wurde, sagte er: »Ich lege Berufung ein.« Als man das Wort, das den einzigen Schutz der Freiheit bildete, aus diesem Mund hörte, aus dem vor kurzem erst eine einstweilige Entscheidung gegen die Freiheit gekommen war, trat Stille ein. Und jeder sagte beifällig vor sich hin, es gebe doch noch Göt-

ter und sie kümmerten sich um die menschlichen Dinge; und für
den Hochmut und die Grausamkeit komme die Strafe zwar spät,
aber sie sei doch nicht leicht: der die Berufung abgeschafft habe,
lege Berufung ein; der alle Rechte des Volkes mit Füßen getreten
habe, rufe den Schutz des Volkes an; und der einen freien Menschen zum Sklaven erklärt habe, werde in den Kerker geschleppt
und stehe im Begriff, seine eigene Freiheit zu verlieren. Zugleich
hörte man in dem Gemurmel des Volkes die Stimme des Appius,
der den Beistand des römischen Volkes anrief. Er wies auf die
Verdienste seiner Vorfahren um den Staat daheim und im Felde
hin, auf sein eigenes unseliges Interesse für die römische Plebs,
aus dem er, um für alle gleiche Gesetze zu schaffen, zum größten
Ärger der Senatoren auf sein Konsulat verzichtet habe, und auf
seine Gesetze, die weiterhin in Kraft seien, während er, der sie
eingebracht habe, ins Gefängnis geführt werde. Im übrigen
werde er seine eigenen guten und schlechten Taten dann zur
Sprache bringen, wenn ihm Gelegenheit gegeben sei, sich zu verteidigen. Für den Augenblick fordere er als römischer Bürger für
sich nach dem allgemeinen Recht der Bürgerschaft, daß es ihm,
nachdem er vorgeladen worden sei, auch erlaubt werde, sich zu
verteidigen und es auf die Entscheidung des römischen Volkes
ankommen zu lassen. Er habe den Haß nicht so sehr gefürchtet,
daß er auf das Gerechtigkeitsgefühl und das Mitgefühl seiner
Mitbürger keine Hoffnung mehr habe. Wenn er aber, ohne sich
verteidigen zu können, eingekerkert werde, rufe er wiederum die
Volkstribunen an und ermahne sie, nicht die nachzuahmen, die
sie haßten. Wenn die Tribunen aber zu erkennen gäben, daß sie
sich genauso durch eine Absprache gebunden hätten, die Anrufung aufzuheben, wie sie es den Decemvirn zum Vorwurf machten, dann lege er doch Berufung an das Volk ein und flehe die
konsularischen und die tribunizischen Berufungsgesetze an, die
gerade erst in diesem Jahr erlassen worden seien. Denn wer
werde noch Berufung einlegen, wenn das einem Nichtverurteil-
ten, der sich nicht habe verteidigen können, nicht gestattet sei?
Welcher Plebejer und welcher einfache Mann werde bei den Gesetzen Schutz finden, wenn App. Claudius ihn nicht finde? Er
werde als Beweis dienen, ob durch die neuen Gesetze die Ge-

waltherrschaft oder die Freiheit gefestigt und ob die Anrufung
der Tribunen und die Berufung an das Volk gegen das Unrecht
von Beamten nur mit leeren Worten vorgegaukelt oder wirklich
gegeben sei.

57. Darauf entgegnete Verginius, App. Claudius stehe als einziger außerhalb der Gesetze und außerhalb der bürgerlichen und
der menschlichen Gemeinschaft. Die Leute sollten nur auf den
Richterstuhl schauen, dieses Bollwerk aller Verbrechen, wo jener
Decemvir auf Lebenszeit, für Hab und Gut, für Leib und Leben
der Bürger gefährlich, allen mit Ruten und Beilen drohend, ein
Verächter der Götter und Menschen, von Henkern, nicht von
Liktoren umgeben, seinen Geist schon vom Rauben und Morden
auf wollüstiges Begehren gerichtet und ein freigeborenes Mädchen vor den Augen des römischen Volkes wie eine Kriegsbeute
aus den Armen des Vaters gerissen und seinem Klienten, der ihm
Kuppeldienste leistete, zum Geschenk gemacht habe; wo er
durch eine grausame Entscheidung und eine ruchlose einstweilige Verfügung die Hand des Vaters gegen die Tochter bewaffnet
habe; wo er befohlen habe, den Bräutigam und den Großvater
des Mädchens, die die Halbtote aufhoben, in den Kerker zu führen, über die vereitelte Schändung mehr entrüstet als über die
blutige Tat. Auch für ihn sei der Kerker gebaut, den er als
»Wohnstatt der römischen Plebs« zu bezeichnen pflegte. Wenn
jener daher wieder und immer wieder Berufung einlege, so
schlage er ihm wieder und immer wieder einen Richter vor, ob er
nicht einen freien Menschen durch eine einstweilige Verfügung
zum Sklaven erklärt habe. Wenn er keinen Richter wolle, lasse er
ihn wie einen Verurteilten in den Kerker führen. Ohne daß jemand es mißbilligte, wurde er in den Kerker geworfen; die Menschen waren aber aufgewühlt, weil angesichts der Bestrafung eines so bedeutenden Mannes der Plebs ihre eigene Freiheit schon
übergroß vorkam. Der Tribun setzte für Appius einen neuen
Termin an.

Unterdessen kamen von den Latinern und den Hernikern Gesandte nach Rom, um zu der Eintracht unter den Patriziern und
den Plebejern zu gratulieren, und sie brachten deswegen Jupiter,
dem Besten und Größten, als Geschenk einen goldenen Kranz

auf das Kapitol. Der war von geringem Gewicht, denn sie waren nicht reich, und man erwies den Göttern seine Verehrung mehr fromm als prunkvoll.

Durch dieselben Gewährsleute erfuhr man auch, daß die Aequer und Volsker sich mit aller Gewalt auf einen Krieg vorbereiteten. Deshalb wurden die Konsuln aufgefordert, ihre Amtsbereiche aufzuteilen. Das Gebiet der Sabiner kam an Horatius, das der Aequer an Valerius. Als sie eine Aushebung für diesen Krieg anordneten, waren bei dem guten Willen der Plebs nicht nur die Wehrpflichtigen zur Stelle, um sich einschreiben zu lassen, sondern auch ein großer Teil von Freiwilligen, die ihre Wehrpflicht schon erfüllt hatten, und dadurch war das Heer nicht nur der Zahl nach stärker, sondern auch durch die Art der Soldaten, da Altgediente dazwischen waren.

Bevor sie aus der Stadt ausrückten, wurden die Gesetze der Decemvirn, die die »Zwölf Tafeln« heißen, in Bronze geschnitten und öffentlich aufgestellt. Es gibt Schriftsteller, bei denen steht, auf Anordnung der Tribunen hätten die Ädilen diese Aufgabe übernommen.

58. C. Claudius, der die Verbrechen der Decemvirn zutiefst verabscheut und den vor allem der Hochmut seines Neffen angewidert hatte, war nach Regillum, seiner alten Heimat, gezogen. Er war jetzt trotz seines hohen Alters zurückgekehrt, um durch seine Bitten die Gefahren von dem abzuwenden, vor dessen Lastern er geflohen war; in Trauerkleidung, mit Angehörigen seines Geschlechts und mit Klienten packte er auf dem Forum die Menschen einzeln bei der Hand und bat sie, doch nicht dem Geschlecht der Claudier den Makel einbrennen zu wollen, daß sie Kerker und Fesseln zu verdienen schienen. Ein Mann, dessen Bildnis einmal bei der Nachwelt in höchsten Ehren stehen werde, der Gesetzgeber und der Begründer des römischen Rechts, liege in Fesseln zwischen nächtlichen Dieben und Räubern! Sie sollten auf einen Augenblick von ihrem Zorn lassen und statt dessen prüfen und überlegen, und sie sollten lieber so vielen Claudiern zuliebe, die für ihn bäten, mit dem einen Nachsicht haben als wegen ihres Hasses auf den einen die Bitten vieler zurückweisen. Auch er tue dies hier für sein Geschlecht und für seinen Namen,

und er habe mit ihm nicht wieder ein gutes Einvernehmen hergestellt, dem man, wie er meine, in seinem Unglück helfen solle. Durch Tapferkeit sei die Freiheit wiedergewonnen worden; durch Milde könne die Eintracht der Stände gefestigt werden.

Es gab welche, auf die er Eindruck machte, mehr durch seinen Familiensinn als durch die Sache dessen, für den er eintrat. Aber Verginius bat, sie sollten lieber mit ihm Mitleid haben und mit seiner Tochter und sollten nicht die Bitten der Familie der Claudier hören, die die Alleinherrschaft über die Plebs erlost habe, sondern die der Angehörigen der Verginia, dreier Volkstribunen, die – gewählt, um der Plebs zu helfen – jetzt selbst den Schutz und die Hilfe der Plebs anriefen. Diese Tränen schienen besser begründet. Daher war Appius alle Hoffnung genommen, und bevor der angesetzte Termin da war, nahm er sich das Leben.

Gleich darauf wurde Sp. Oppius von P. Numitorius belangt, nach Appius der Meistgehaßte, weil er in der Stadt gewesen war, als die ungerechte einstweilige Entscheidung von seinem Amtsgenossen ausgesprochen wurde. Ein Unrecht, das Oppius verübt hatte, erregte jedoch mehr Haß gegen ihn als das andere, das er nicht verhindert hatte. Ein Zeuge wurde vorgeführt, der 27 Dienstjahre anführen konnte und achtmal persönlich ausgezeichnet worden war und diese Auszeichnungen vor den Augen des Volkes trug. Der zerriß sein Gewand, zeigte seinen von Ruten zerfleischten Rücken und bat um nichts weiter, als daß der Angeklagte, wenn er irgendeine Schuld bei ihm nennen könne, als Privatmann noch einmal gegen ihn wüten solle. Auch Oppius wurde in den Kerker geführt, und vor dem Gerichtstag machte er dort seinem Leben ein Ende. Den Besitz des Claudius und des Oppius zogen die Tribunen für die Staatskasse ein. Ihre Amtsgenossen verließen das Land und gingen in die Verbannung; ihr Besitz wurde eingezogen. Auch M. Claudius, der Verginia für sich beansprucht hatte, wurde vor Gericht geladen und verurteilt. Aber da Verginius selbst ihm die äußerste Strafe erließ, kam er davon und ging nach Tibur in die Verbannung. Und die Seele der Verginia, im Tode glücklicher als im Leben, fand endlich Ruhe, nachdem sie durch so viele Häuser geschweift war, um die Strafe zu vollziehen, und kein Schuldiger mehr übrig war.

59. Eine ungeheure Furcht hatte die Patrizier befallen, und die Tribunen trugen schon dieselbe Miene zur Schau, die die Decemvirn gezeigt hatten; da schränkte der Volkstribun M. Duilius ihre allzu große Macht heilsam ein und sagte: »Wir haben jetzt genug Freiheit, und unsere Gegner sind genug bestraft. Deshalb werde ich nicht zulassen, daß in diesem Jahr noch einer vor Gericht gestellt oder in den Kerker geführt wird. Denn es gefällt mir nicht, daß die alten Sünden, die schon in Vergessenheit geraten sind, wieder hervorgeholt werden, da die neuen durch die Bestrafung der Decemvirn gesühnt sind; andererseits garantiert die beständige Sorge der beiden Konsuln um den Schutz eurer Freiheit, daß nichts zugelassen wird, was nach der tribunizischen Macht ruft.«

Diese Mäßigung eines Tribunen nahm den Patriziern zunächst die Furcht, vergrößerte dann aber noch ihren Haß auf die Konsuln: Sie hätten sich ja so ganz auf die Seite der Plebs geschlagen, daß sich ein plebejischer Beamter eher um das Wohl und die Freiheit der Patrizier gekümmert habe als ein patrizischer; und ihre Feinde seien der Strafmaßnahmen gegen sie schon überdrüssig geworden, bevor die Konsuln zu erkennen gegeben hätten, daß sie ihrer Willkür entgegentreten würden. Es gab viele, die sagten, die Senatoren seien zu nachgiebig verfahren, als sie die von den Konsuln eingebrachten Gesetze bestätigt hätten; es bestand aber kein Zweifel daran, daß sie sich bei der verworrenen Lage des Staates nur den Verhältnissen gefügt hatten.

60. Als die Konsuln die Dinge in der Stadt geordnet und die Situation der Plebs gesichert hatten, gingen sie getrennt in ihre Aufgabengebiete. Valerius zog den Krieg gegen die Heere der Aequer und Volsker, die sich am Algidus schon vereinigt hatten, mit Absicht in die Länge; denn wenn er sofort sein Glück versucht hätte, hätte der Kampf womöglich zu einer schweren Niederlage geführt, wie damals infolge der unglücklichen Führung der Decemvirn die Stimmung bei den Römern und den Feinden war. Er schlug 1000 Schritt vom Feind entfernt sein Lager auf und hielt die Truppen hier zusammen. Die Feinde füllten den Raum mitten zwischen den beiden Lagern mit ihrem zur Schlacht aufgestellten Heer, und wenn sie zum Kampf herausforderten, gab ihnen auf römischer Seite keiner eine Antwort. End-

lich wurden die Aequer und Volsker das Stehen und das vergebli-
che Warten auf einen Kampf leid; sie glaubten, man habe ihnen
schon fast den Sieg zugestanden, und ein Teil zog, um Beute zu
machen, fort in das Gebiet der Herniker, ein anderer in das der
Latiner. Zurückgelassen wurde mehr eine Schutzmannschaft für
das Lager als ausreichend Streitkräfte für einen Kampf.

Als der Konsul das merkte, zahlte er ihnen den Schrecken
heim, den sie ihm vorher eingejagt hatten, und reizte seinerseits
mit seinem zum Kampf aufgestellten Heer den Feind. Als jene in
dem Wissen, was an Truppen weggezogen war, die Schlacht verweigerten, wuchs den Römern sogleich der Mut, und sie hielten
die, die hinter dem Wall vor Angst zitterten, schon für besiegt.
Nachdem sie den ganzen Tag dagestanden hatten, bereit zum
Kampf, zogen sie sich vor der Nacht zurück. Und die Römer
stärkten sich voller Zuversicht; in keineswegs gleicher Stimmung
schickten die Feinde voll Angst nach allen Seiten Boten, um die
Plünderer zurückzurufen. Aus den nächstgelegenen Gebieten
kam man eilends zurück; die weiter weg waren, konnte man
nicht finden.

Sobald es hell wurde, rückten die Römer aus dem Lager, um
den Wall anzugreifen, wenn sie keine Gelegenheit zur Schlacht
erhielten. Und nachdem der Tag schon weit fortgeschritten war
und sich beim Feind nichts rührte, ließ der Konsul angreifen. Als
die Schlachtreihe sich in Bewegung setzte, befiel Unwille die
Aequer und Volsker, daß ein Wall ihre siegreichen Heere eher
schützen solle als Tapferkeit und Waffen. Also erhielten auch sie
das Signal zum Kampf, das sie von ihren Führern forderten.
Schon war ein Teil aus den Toren ausgerückt, und nacheinander
zogen die anderen in Reih und Glied hinab jeder an seinen Platz,
als der römische Konsul angriff, bevor die Schlachtreihe der
Feinde auf all ihre Kräfte gestützt dastand. Er ging auf sie los, als
sie noch nicht alle herausgeführt waren und die, die es waren, ihre
Reihen noch nicht richtig entfaltet hatten, ein hin und her wo-
gendes Getümmel von Menschen, die nach hier und nach da rannten und deren Blicke rundum gingen auf sich und ihre Kameraden,
erschreckte sie in ihrer Verwirrung obendrein noch durch Kampfgeschrei und den Schwung seines Angriffs und drang auf sie ein.

Die Feinde gingen zunächst zurück. Dann, als sie sich gefaßt hatten und die Führer sie von allen Seiten anfuhren, ob sie vor Besiegten weichen wollten, begann der Kampf von neuem.

61. Auf der anderen Seite forderte der Konsul die Römer auf, daran zu denken, daß sie an diesem Tag zum erstenmal als Freie für Rom als eine freie Stadt kämpften. Für sich selbst würden sie siegen, nicht um als Sieger eine Beute der Decemvirn zu sein. Nicht unter Führung eines Appius kämpfe man, sondern unter dem Konsul Valerius, der von den Befreiern des römischen Volkes abstamme, der selbst ein Befreier sei. Sie sollten zeigen, daß es bei den früheren Kämpfen an den Führern, nicht an den Soldaten gelegen habe, wenn sie nicht siegten. Es sei schimpflich, gegen seine Mitbürger mehr Mut gehabt zu haben als gegen die Feinde und zu Hause die Knechtschaft mehr gefürchtet zu haben als draußen. Nur die eine Verginia sei es gewesen, für deren Ehre im Frieden Gefahr bestanden habe, nur der eine Appius sei ein Bürger mit gefährlicher Wollust gewesen. Aber wenn das Schicksal des Krieges sich zum Schlimmen wende, werde den Kindern aller von so vielen tausend Feinden Gefahr drohen; doch er wolle nichts durch sein Wort heraufbeschwören, was weder Jupiter noch der Vater Mars der Stadt würden zustoßen lassen, die unter so glücklichen Zeichen gegründet worden sei. Er erinnerte sie an den Aventin und den Heiligen Berg; wo man die Freiheit vor wenigen Monaten errungen habe, dorthin sollten sie die Macht unvermindert zurückbringen und zeigen, daß die römischen Soldaten nach der Vertreibung der Decemvirn dieselben seien wie vor ihrer Wahl und daß die Tapferkeit des römischen Volkes dadurch, daß für alle in gleicher Weise geltende Gesetze geschaffen seien, nicht geringer geworden sei. Sobald er dies unter den Abteilungen der Fußsoldaten gesagt hatte, eilte er zu den Reitern und sagte: »Auf, ihr jungen Männer, übertrefft die Fußsoldaten an Tapferkeit, wie ihr sie an Ehre und Rang übertrefft. Beim ersten Zusammenstoß haben die Fußsoldaten die Feinde zum Weichen gebracht. Laßt ihr euren Pferden die Zügel schießen und treibt die Geschlagenen aus dem Feld. Sie werden dem Angriff nicht standhalten, schon jetzt zögern sie mehr, als daß sie Widerstand leisten.« Sie trieben ihre Pferde an und sprengten gegen den

Feind, der schon durch den Fußkampf in Verwirrung geraten
war, durchbrachen seine Reihen und wurden fortgerissen bis
zum letzten Treffen; ein Teil ritt in dem freien Raum umher, sie
drängten die meisten von denen, die schon überall die Flucht ergriffen, vom Lager ab und scheuchten sie fort, indem sie hin- und
herritten. Die Schlachtreihe der Fußsoldaten und der Konsul
selbst und die ganze Wucht der Schlacht brandete gegen das Lager. Bei seiner Einnahme kam es zu gewaltigem Blutvergießen;
noch größer aber war die Beute, die sie machten.

Die Nachricht von dieser Schlacht gelangte nicht nur in die
Stadt, sondern auch ins Gebiet der Sabiner zu dem anderen Heer.
In der Stadt wurde sie mit Freude begrüßt, im Lager weckte sie
das Verlangen der Soldaten, die glänzende Waffentat nachzuahmen. Horatius hatte sie schon in Streifzügen und leichten Gefechten erprobt und sie daran gewöhnt, lieber Selbstvertrauen zu
haben als an die Schmach zu denken, die man unter der Führung
der Decemvirn erlitten habe; und die kleinen Kämpfe hatten alle
Hoffnungen wachsen lassen. Aber die Sabiner, übermütig durch
den Erfolg des Vorjahres, ließen nicht davon ab, sie zu reizen und
ihnen immer wieder mit der Frage zuzusetzen, wozu wie bei einem Raubzug nur wenige vorstießen und sich dann wieder rasch
zurückzögen und damit die Zeit vertäten und warum sie den einen Krieg in viele kleine Kämpfe zerstückelten. Warum sie sich
nicht auf eine offene Schlacht einließen und dem Glück ein für al-
lemal die Entscheidung nach der einen oder anderen Seite überließen?

62. Abgesehen davon, daß sie auch von sich aus schon genug
Mut gefaßt hatten, wurden die Römer auch von Entrüstung ergriffen: Jetzt werde das andere Heer siegreich in die Stadt zurückkehren, sie aber würden vom Feind obendrein noch mit Beschimpfungen verhöhnt. Wann aber würden sie den Feinden gewachsen sein, wenn nicht jetzt? Als der Konsul merkte, daß die
Soldaten im Lager so murrten, berief er eine Heeresversammlung
und sagte: »Wie die Sache am Algidus ausgegangen ist, das habt
ihr, glaube ich, gehört, Soldaten. Wie das Heer eines freien Volkes sein mußte, so ist dieses Heer gewesen. Durch die Umsicht
meines Amtsgenossen und die Tapferkeit der Soldaten ist der

Sieg errungen worden. Was mich angeht, so liegt es in eurer
Hand, Soldaten, welchen Entschluß ich fasse und wieviel Mut ich
habe. Der Krieg kann vorteilhaft in die Länge gezogen, aber auch
rasch beendet werden. Wenn er in die Länge gezogen werden
soll, werde ich mit derselben Methode, mit der ich angefangen
habe, dafür sorgen, daß eure Zuversicht und eure Tapferkeit von
Tag zu Tag zunimmt. Wenn ihr aber schon genug Mut habt und
den Entscheidungskampf wagen wollt, wohlan, erhebt dann hier
ein Geschrei, wie ihr es in der Schlachtreihe erheben wollt, als
Zeichen eures Willens und eurer Tapferkeit!« Nachdem sie mit
ungeheurer Begeisterung das Geschrei erhoben hatten, versicherte er, er werde – es möge gut ausgehen – ihnen den Willen tun
und sie am nächsten Tag in die Schlacht führen. Der Rest des Tages verging dann damit, daß man die Waffen in Ordnung brachte.

Als die Sabiner am nächsten Tag sahen, daß das römische Heer
sich zum Kampf formierte, rückten sie auch selbst aus, schon
längst voll Verlangen nach einem Kampf. Es war eine Schlacht,
wie sie unter Heeren stattfindet, die beide Vertrauen zu sich
selbst haben, das eine stolz auf seinen alten und anhaltenden
Ruhm, das andere auf seinen vor kurzem errungenen neuen Sieg.
Die Sabiner unterstützten ihre Schlagkraft noch durch eine besondere Maßnahme; denn nachdem sie ihre Schlachtreihe gleich
weit ausgedehnt hatten, hielten sie 2000 Mann in Reserve, die
während des Kampfes auf den linken Flügel der Römer eindringen sollten. Als diese durch einen Angriff von der Seite her den
fast umzingelten Flügel hart bedrängten, sprangen die etwa 600
Reiter der beiden Legionen von den Pferden, und während ihre
Kameraden schon wichen, stürmten sie vor in die vorderste Linie, warfen sich dem Feind entgegen und weckten einmal dadurch, daß sie sich der gleichen Gefahr aussetzten, dann durch
das Gefühl der Scham in den Fußsoldaten wieder Mut. Es war
beschämend, daß die Reiter auf ihre eigene und auf eine ihnen
fremde Kampfesart kämpften, die Fußsoldaten es aber nicht einmal den abgesessenen Reitern gleichtaten.

63. Sie gingen also wieder in den Kampf, den sie in ihrem Abschnitt aufgegeben hatten, und suchten die Stellung zurückzugewinnen, aus der sie gewichen waren. Und im Nu wurde nicht nur

das Gleichgewicht wiederhergestellt, sondern auch der Flügel der Sabiner zum Wanken gebracht. Die Reiter zogen sich, zwischen den Reihen des Fußvolks gedeckt, zu ihren Pferden zurück. Sie sprengten dann hinüber zur anderen Seite, um ihren Kameraden den Sieg anzuzeigen. Zugleich machten sie auch einen Angriff auf die Feinde, die schon in Angst waren, weil ihr stärkerer Flügel geschlagen worden war. Ihre Tapferkeit stellte in diesem Kampf alles andere in den Schatten. Der Konsul hatte seine Augen überall, lobte die Tapferen und schalt, wenn der Kampf irgendwo lässiger wurde. Die getadelt wurden, vollbrachten sogleich die Taten tapferer Männer. Wie die anderen das Lob anstachelte, so diese die Scham. Überall erhob man wieder das Kampfgeschrei, alle nahmen ihre Kräfte zusammen und brachten den Feind zum Weichen, und der Stoß der Römer war nicht mehr aufzuhalten. Die Sabiner stoben überall über die Felder davon und ließen ihr Lager dem Feind zur Beute. Dort gewann der Römer nicht die Habe der Bundesgenossen zurück wie am Algidus, sondern die eigene, die er bei der Plünderung seines Landes verloren hatte.

Nachdem ein Doppelsieg in zwei Schlachten auf zwei Kriegsschauplätzen errungen war, beschloß der Senat böswillig nur für einen Tag ein Dankfest im Namen der Konsuln. Das Volk ging jedoch ohne Geheiß auch an einem zweiten Tag zahlreich zur Danksagung. Und diese planlose, vom Volk ausgehende Dankfeier war durch die Begeisterung fast noch festlicher.

Die Konsuln kamen verabredungsgemäß an zwei aufeinanderfolgenden Tagen zur Stadt und beriefen den Senat hinaus auf das Marsfeld. Als sie dort über ihre Taten berichteten, beklagten sich die Angesehensten der Senatoren darüber, daß die Senatssitzung absichtlich inmitten von Soldaten gehalten werde, um sie einzuschüchtern. Daher verlegten die Konsuln, damit man ihnen keinen Vorwurf machen konnte, die Sitzung von dort weg auf die Flaminischen Wiesen, wo jetzt der Apollo-Tempel steht – schon damals nannte man die Stelle Apollinare (Platz des Apollo). Als dort in größter Einmütigkeit von den Senatoren der Triumph verweigert wurde, brachte der Volkstribun L. Icilius einen Antrag auf einen Triumph der Konsuln vor das Volk. Dabei traten

viele auf, um abzuraten; vor allem erhob C. Claudius seine
Stimme: Die Konsuln wollten über den Senat, nicht über die
Feinde triumphieren, und man fordere eine Gegenleistung für
ein persönliches Verdienst um den Tribunen, nicht eine Ehrung
für die Tapferkeit. Niemals zuvor sei über einen Triumph vor
dem Volk verhandelt worden, immer habe das Ermessen und die
Entscheidung über diese Ehre beim Senat gelegen. Nicht einmal
die Könige hätten das Vorrecht des höchsten Standes geschmä-
lert. Die Tribunen sollten ihren Einfluß nicht so auf alles ausdehnen, daß sie keinen Senatsbeschluß mehr zuließen. Nur dann
werde die Bürgerschaft frei sein, nur dann die Gesetze für alle
gleich, wenn jeder Stand seine Rechte und seine hoheitliche Stellung behalte. Obwohl in diesem Sinne vieles auch von den übrigen älteren Senatoren vorgebracht worden war, nahmen alle Tribus den Antrag an. Damals ist zum erstenmal ohne einen Senatsbeschluß auf das Befinden des Volkes hin triumphiert worden.

64. Dieser Sieg der Tribunen und der Plebs hätte beinahe zu einem verhängnisvollen Machtmißbrauch geführt; denn es kam zu
einer Absprache zwischen den Tribunen, daß dieselben Tribunen wiedergewählt werden sollten; und damit ihre eigene Machtgier weniger ins Auge fiel, sollten auch die Konsuln ihr Amt weiterführen. Als Grund gaben sie die Einmütigkeit der Senatoren
an, mit der diese bei der schimpflichen Behandlung der Konsuln
die Rechte der Plebs in Frage gestellt hätten. Was werde geschehen, wenn sie, wo die Gesetze noch nicht sicherer Besitz seien,
die neuen Tribunen durch Konsuln von ihrer Partei angriffen? Es
würden ja nicht immer ein Valerius und ein Horatius Konsuln
sein, die die Freiheit der Plebs höherstellten als ihre Macht.

Zufällig fiel im rechten Augenblick das Los, die Wahlen zu leiten, ausgerechnet auf M. Duilius, einen klugen Mann, der den
Haß voraussah, der aus einer Weiterführung des Amtes drohte.
Er sagte, er werde von den alten Tribunen keinen berücksichti-
gen. Als seine Amtsgenossen darauf drangen, er solle die Tribus
ohne Vorbehalt wählen lassen oder das Geschäft der Wahl seinen
Amtsgenossen überlassen, die die Wahl mehr nach dem Gesetz
als nach dem Willen der Patrizier durchführen würden, und es
darüber zum Streit kam, ließ Duilius die Konsuln vor seinen Sitz

kommen und fragte sie, was sie bezüglich der Konsulwahl vor-
hätten. Sie gaben zur Antwort, sie würden neue Konsuln wählen
lassen. Damit hatte er populäre Vertreter für seine unpopuläre
Meinung gewonnen und ging mit ihnen in die Volksversammlung. Als die Konsuln dort vor das Volk geführt und gefragt wurden, wenn das römische Volk, eingedenk der Freiheit, die es
durch sie daheim zurückerlangt habe, und eingedenk ihrer Leistungen im Felde sie wieder zu Konsuln mache, was sie dann tun
würden, und sie ihre Meinung um nichts geändert hatten, da
lobte Duilius die Konsuln, weil sie bis zuletzt dabei blieben, den
Decemvirn unähnlich zu sein, und hielt die Wahlen ab. Und als
fünf Volkstribunen gewählt waren und bei dem Eifer der neuen
Tribunen, die sich ganz offen bewarben, die anderen Kandidaten
nicht die nötigen Stimmen erhielten, entließ er die Versammlung
und führte danach keine Wahl mehr durch. Er sagte, dem Gesetz
sei Genüge geschehen; denn ohne die Zahl irgendwo vorzu-
schreiben, lege es nur fest, daß am Ende Tribunen dasein müßten,
und es ordne an, daß von denen, die gewählt worden seien, die
Amtsgenossen ernannt werden sollten. Er las dann die Formel
der Aufforderung zur Wahl vor, in der es heißt: »Ich werde die
Wahl von zehn Volkstribunen vorschlagen. Wenn ihr heute irgendwie weniger als zehn Volkstribunen wählt, dann sollen die,
die diese als ihre Amtsgenossen ernennen, nach demselben Gesetz rechtmäßige Volkstribunen sein wie jene, die ihr heute zu
Volkstribunen macht.« Da Duilius bis zuletzt dabei blieb, daß
der Staat nicht fünfzehn Volkstribunen haben könne, siegte er
über die Machtgier seiner Amtsgenossen; und bei den Patriziern
und der Plebs gleichermaßen beliebt, legte er sein Amt nieder.

65. Die neuen Volkstribunen kamen bei der Ernennung ihrer
Amtsgenossen dem Wunsch der Patrizier entgegen und ernann-
ten auch zwei Patrizier, die schon Konsuln gewesen waren, Sp.
Tarpejus und A. Aternius.

Die gewählten Konsuln Sp. Herminius und T. Verginius Cae-
limontanus, die weder für die Patrizier noch für die Plebejer deutlich Partei ergriffen, hatten daheim und im Felde Ruhe. Der
Volkstribun L. Trebonius, der gegen die Patrizier aufgebracht
war, weil er, wie er sagte, von ihnen bei der Ernennung der Tribu-

nen überlistet und von seinen Amtsgenossen verraten worden sei,
brachte einen Gesetzesantrag ein, wer der römischen Plebs Volkstribunen zur Wahl vorschlage, der solle so lange Vorschläge machen, bis er zehn Volkstribunen habe wählen lassen. Er verbrachte
sein Tribunat damit, daß er den Patriziern immer wieder zusetzte,
und erhielt danach auch den Beinamen Asper (der Rauhe).

Dann wurden M. Geganius Macerinus und C. Julius Konsuln.
Sie schlichteten die Streitigkeiten der Tribunen mit den jungen
Patriziern, ohne der Stellung der Tribunen zu nahe zu treten, und
unter Wahrung des Ansehens der Patrizier. Die Plebs hielten sie
dadurch von Unruhen ab, daß sie eine Aushebung für den Krieg
gegen die Volsker und Aequer ansetzten, die Sache dann aber
hinzogen und versicherten, bei Ruhe in der Stadt sei auch draußen alles ruhig, bei Zwietracht unter den Bürgern aber bekämen
auch die auswärtigen Völker Mut. Die Sorge um den Frieden war
auch der Grund für die Eintracht im Inneren. Aber der eine Stand
machte immer dem anderen das Maßhalten schwer. Während die
Plebs Ruhe hielt, kam es zu Übergriffen seitens der jungen Patrizier. Als die Tribunen den Schwächeren beistanden, nützte es anfangs nicht recht, dann blieben nicht einmal mehr sie selbst unangetastet, jedenfalls in den letzten Monaten, teils weil es durch
Komplotte der Mächtigeren zu Übergriffen kam, teils weil die
Kraft jedes Amtes gegen Ende des Jahres im allgemeinen erheblich erlahmte. Und schon setzte die Plebs nur dann noch etwas
Hoffnung auf das Tribunat, wenn sie Tribunen hätte, die Icilius
ähnlich wären; in den letzten zwei Jahren habe sie nur dem Namen nach welche gehabt. Die älteren Patrizier dagegen glaubten
zwar, daß ihre jungen Männer allzu dreist seien, aber sie wollten
lieber, wenn man schon das Maß überschreiten müsse, daß dann
ihre Leute zu viel Mut hätten als die der Gegenseite. So schwierig
ist das Maßhalten beim Schutz der Freiheit: Indem jeder vorgibt,
er wolle nur gleichgestellt werden, strebt er so hoch empor, daß
er andere niederdrücken kann; und indem man dafür sorgt, daß
man sich nicht zu fürchten braucht, macht man sich selbst zu einem Menschen, der zu fürchten ist; und das Unrecht, das wir von
uns selbst abgewehrt haben, fügen wir andern zu, als wäre es unvermeidlich, Unrecht entweder zu tun oder zu erleiden.

66. Konsuln wurden dann T. Quinctius Capitolinus zum viertenmal und Agrippa Furius. Sie fanden weder daheim Unruhen vor noch draußen Krieg; aber es drohte beides. Schon ließ sich die Zwietracht unter den Bürgern nicht mehr unterdrücken; denn die Tribunen wie auch die Plebs waren aufgebracht gegen die Patrizier, weil jeder Prozeß, der einem der Adligen gemacht werden sollte, mit immer neuen Kämpfen Unruhe in die Volksversammlungen brachte.

Bei dem ersten Lärm dort griffen die Aequer und Volsker wie auf ein gegebenes Zeichen hin zu den Waffen, auch weil ihre Führer, die auf Beute aus waren, sie davon überzeugt hatten, daß vor zwei Jahren eine Aushebung, die angesetzt worden war, nicht hatte stattfinden können, weil die Plebs den Gehorsam verweigerte. Daher seien auch keine Heere gegen sie geschickt worden. Aus Zügellosigkeit komme man von der Sitte ab, als Soldat zu dienen, und Rom gelte nicht mehr als gemeinsames Vaterland. Alles, was es an Ausbrüchen von Zorn und Streit mit auswärtigen Völkern gegeben habe, richteten sie jetzt gegen sich selbst. Das sei eine Gelegenheit, die in ihrer Raserei gegeneinander verblendeten Wölfe zu überwältigen.

Mit ihren vereinigten Heeren verwüsteten sie zunächst das Land der Latiner. Dann, nachdem ihnen dort kein Verteidiger entgegentrat, kamen sie unter dem Jubel der Anstifter des Krieges plündernd auf der Seite der Porta Esquilina bis an die Mauern Roms und ließen die Stadt zu ihrer Schande die Verwüstung der Felder sehen. Nachdem sie von dort, ungestraft ihre Beute vor sich hertreibend, geschlossen zurück in die Gegend von Corbio zogen, berief der Konsul Quinctius das Volk zur Volksversammlung.

67. Ich finde in der Überlieferung, daß er dort folgendermaßen gesprochen hat: »Obwohl ich mir keiner Schuld bewußt bin, Mitbürger, trete ich doch in tiefster Scham vor euch. Dies wißt ihr, dies wird man der Nachwelt überliefern: daß die Aequer und Volsker, eben noch den Hernikern kaum gewachsen, im vierten Konsulat des T. Quinctius ungestraft mit ihren Waffen bis an die Mauern der Stadt Rom gelangt sind! Man lebt zwar schon lange so, daß man nichts Gutes ahnt; wenn ich aber gewußt hätte, daß diese Schande gerade in diesem Jahr drohte, hätte ich sie mir ent-

weder durch Auswandern oder durch den Tod erspart, wenn ich
anders dem Amt nicht hätte entgehen können. Wenn es also
Männer gewesen wären, die jene Waffen führten, die man an unseren Toren gesehen hat, dann hätte Rom in meinem Konsulat
eingenommen werden können! Ich hatte genug Ämter, ich hatte
lange genug und schon zu lange gelebt; ich hätte sterben sollen,
als ich zum drittenmal Konsul war.

Wen haben denn die feigsten der Feinde verachtet? Uns, die
Konsuln, oder euch Bürger? Wenn die Schuld bei uns liegt,
nehmt uns Unwürdigen die Amtsgewalt; und wenn das noch zu
wenig ist, bestraft uns noch obendrein. Wenn aber bei euch:
möge es keinen Gott und keinen Menschen geben, der eure Verfehlungen bestraft, Bürger! Ihr solltet sie nur bereuen. Es war
nicht eure Feigheit, was jene verachtet, und nicht ihre Tapferkeit,
worauf sie sich verlassen haben; denn so oft geschlagen und in die
Flucht gejagt, ihres Lagers beraubt, mit Gebietsverlust bestraft
und unter das Joch geschickt, haben sie sich und euch kennengelernt. Die Zwietracht der Stände und das Gift für diese Stadt, die
Kämpfe zwischen den Patriziern und der Plebs, wo wir mit dem
Befehlen nicht maßhalten und ihr nicht mit dem Drang nach
Freiheit, wo ihr euch über die patrizischen Beamten ärgert und
wir uns über die plebejischen, das hat ihnen Mut gemacht.

Bei den Göttern, was wollt ihr eigentlich? Ihr habt Volkstribunen gewünscht; der Eintracht zuliebe haben wir sie euch zugestanden. Ihr habt nach Decemvirn verlangt; wir haben zugelassen, daß sie gewählt wurden. Ihr wart die Decemvirn leid; wir haben sie gezwungen, ihr Amt niederzulegen. Als euer Zorn gegen
sie persönlich anhielt, haben wir den Tod und die Verbannung
von Männern hingenommen, die aus höchstem Adel waren und
die höchsten Ämter bekleidet hatten. Ihr habt wieder Volkstribunen wählen wollen; ihr habt sie gewählt. Männer von eurer
Partei zu Konsuln machen; obwohl wir sahen, daß das für die Patrizier ungünstig war, haben wir zugesehen, wie auch ein patrizi-
sches Amt der Plebs zum Geschenk gemacht wurde. Den Einspruch der Tribunen, die Berufung an das Volk, die Beschlüsse
der Plebs, die der Senat hinnehmen mußte, die Beschneidung unserer Rechte unter der Parole für alle gleich geltender Gesetze,

das haben wir getragen und das tragen wir. Wie wird diese Uneinigkeit einmal enden? Wird es uns wohl je vergönnt sein, daß wir
eine Stadt haben und daß sie unsere gemeinsame Vaterstadt ist?
Wir, die wir unterlegen sind, halten mit größerer Gelassenheit
Ruhe als ihr, die Sieger. Ist es noch nicht genug, daß wir euch
fürchten müssen? Uns zum Trotz wird der Aventin eingenommen, uns zum Trotz der Heilige Berg besetzt. Wir haben gesehen, daß der Esquilin vom Feind schon fast eingenommen war,
und niemand hat den volskischen Feind zurückgedrängt, der
schon auf den Wall stieg. Gegen uns aber seid ihr Männer, gegen
uns greift ihr zu den Waffen.

68. Auf! Wo ihr hier das Senatsgebäude umlagert, das Forum
unsicher gemacht und den Kerker mit führenden Männern gefüllt habt, geht mit demselben trotzigen Mut hinaus vor die Porta
Esquilina, oder wenn ihr nicht einmal das wagt, schaut euch von
den Mauern herab an, wie euer Land mit Feuer und Schwert verwüstet, wie Beute weggetrieben wird, wie überall in Brand ge-
steckte Häuser rauchen!

Aber freilich, *das gebt ihr zu,* die Allgemeinheit ist dadurch in
einer ziemlich schlimmen Lage: das Land wird durch Feuer ver-
heert, die Stadt belagert, der Kriegsruhm ist beim Feind. Was
denkt ihr denn eigentlich? Euer Privateigentum, wie steht es
darum? Bald werden einem jeden vom Land die Schäden gemeldet werden, die ihn betroffen haben. Was habt ihr denn zu
Hause, um sie zu ersetzen? Werden euch die Tribunen das Verlorene zurückgeben oder erstatten? Mit Reden und Worten, soviel
ihr wollt, werden sie euch bedenken, mit Anschuldigungen gegen die führenden Männer, mit Gesetzen, einem nach dem anderen, und mit Volksversammlungen. Aber aus diesen Volksversammlungen ist noch niemals einer von euch reicher an Hab und
Gut nach Hause gegangen. Hat je einer seiner Frau und seinen
Kindern etwas anderes mit heimgebracht als Haß, Aggressionen
und allgemeine und persönliche Feindschaften? Davor solltet ihr
dann immer nicht durch eure Tapferkeit und durch eure Recht-
schaffenheit, sondern durch fremde Hilfe sicher sein.

Aber beim Herkules, als ihr, geführt von uns, den Konsuln,
nicht von den Tribunen, und im Lager, nicht auf dem Forum

Kriegsdienst leistetet und in der Schlachtreihe die Feinde vor eurem Geschrei zitterten, nicht in der Volksversammlung die römischen Patrizier, da wurde Beute gemacht, dem Feind Land weggenommen, da kehrtet ihr beladen mit Schätzen und mit Ruhm – für den Staat wie auch für euch persönlich – im Triumph nach Hause zu euren Schutzgöttern zurück. Jetzt laßt ihr den Feind beladen mit eurem Hab und Gut abziehen. Bleibt nur immerzu in den Volksversammlungen und verbringt euer Leben auf dem Forum; die Notwendigkeit, Soldat zu werden, der ihr euch entzieht, wird euch schon einholen. Es war euch zu beschwerlich, gegen die Volsker und Aequer zu ziehen; jetzt habt ihr den Krieg vor den Toren. Wenn er von dort nicht vertrieben wird, dann wird er bald in den Mauern sein, auf die Burg und das Kapitol steigen und euch bis in eure Häuser verfolgen. Vor zwei Jahren hat der Senat angeordnet, daß eine Aushebung stattfinden und das Heer zum Algidus hinausgeführt werden sollte. Wir sitzen müßig zu Hause, zanken uns nach Weiberart, sind glücklich über den augenblicklichen Frieden und sehen nicht, daß uns diese Ruhe in Kürze einen sehr viel schwereren Krieg bringen wird.

Ich weiß, daß anderes angenehmer zu sagen ist als dieses. Aber die Wahrheit zu sagen statt des Angenehmen, dazu zwingt mich die Not, selbst wenn meine Natur mich nicht dazu treiben würde. Ich möchte euch gerne gefallen, Mitbürger. Aber noch viel mehr möchte ich, daß es euch gutgeht, ganz gleich, was ihr von mir denkt. Es liegt in der Natur der Dinge, daß der, der vor der Menge in eigennütziger Absicht spricht, beliebter ist als der, der nichts als das allgemeine Wohl im Auge hat. Oder meint ihr etwa, die Leute, die dem Volk nach dem Munde reden, diese ›Volksfreunde‹, die euch weder in Waffen stehen noch in Ruhe leben lassen, würden euch um euretwillen aufwiegeln und aufhetzen? Aufgewiegelt bringt ihr ihnen Ehre oder Gewinn; und weil sie sehen, daß sie bei Eintracht unter den Ständen nirgendwo eine Rolle spielen würden, wollen sie lieber in einer schlechten Sache Führer sein als in gar keiner. Wenn es möglich ist, daß ihr diese Dinge endlich einmal leid werdet, und ihr die Sitten der Väter und eure eigenen alten wieder annehmen wollt statt dieser neuen, dann lasse ich mir jede Strafe gefallen, wenn ich nicht innerhalb weniger Tage diese Plünderer unseres Landes schlage und in die Flucht jage, ihr Lager nehme und diesen Schrecken des Krieges, durch den ihr jetzt wie betäubt seid, von unseren Toren und Mauern zu ihren Städten trage.«

69. Nur selten sonst ist die Rede eines um die Volksgunst buhlenden Tribunen von der Plebs besser aufgenommen worden als jetzt die des sehr strengen Konsuls. Auch die wehrpflichtige Mannschaft, die gewohnt war, in solch gefährlichen Situationen die Verweigerung des Kriegsdienstes als schärfste Waffe gegen die Patrizier einzusetzen, trachtete jetzt nach Waffen und nach Krieg. Die Flucht der Landbevölkerung und die Ausgeplünderten und Verletzten vom Land, die noch Schrecklicheres meldeten als das, was vor Augen lag, erfüllten die ganze Stadt mit Zorn.

Sobald man in den Senat gekommen war, schauten dort alle auf Quinctius und sahen in ihm den einzigen Verteidiger der römischen Größe; und die ersten Männer des Senates sagten, seine Rede sei der Machtfülle eines Konsuls würdig gewesen, würdig so vieler Konsulate, die er zuvor gehabt habe, würdig auch seines ganzen Lebens, das voll gewesen sei von Ämtern, die er so oft ausgeübt und noch öfter verdient habe. Andere Konsuln hätten entweder die Würde des Senates preisgegeben und der Plebs geschmeichelt oder, indem sie scharf die Rechte des Standes schützten, die Menge, die sie zu zähmen suchten, noch mehr aufgebracht. T. Quinctius habe eine Rede gehalten, die den hohen Rang des Senates und die Eintracht der Stände und vor allem die Situation berücksichtigt habe. Sie baten ihn und seinen Amtsgenossen, sich des Staates anzunehmen. Sie baten die Tribunen, eines Sinnes mit den Konsuln den Krieg von der Stadt und den Mauern abwenden zu wollen und auf die Plebs einzuwirken, daß sie in einer so bedenklichen Lage auf die Senatoren höre. Die gemeinsame Vaterstadt rufe die Tribunen an und bitte sie um ihre Hilfe, da das Land verwüstet und die Stadt beinahe berannt worden sei. Mit allgemeiner Zustimmung wurde eine Aushebung beschlossen und durchgeführt.

Die Konsuln verkündeten in der Volksversammlung, es sei keine Zeit, Entschuldigungsgründe zu prüfen; alle Wehrpflichtigen sollten sich am nächsten Tag im Morgengrauen auf dem

Marsfeld einfinden; für die Prüfung der Entschuldigungsgründe derjenigen, die sich nicht stellten, würden sie sich nach dem Krieg Zeit nehmen; jeder, dessen Entschuldigungsgrund sie nicht anerkennen würden, werde als Fahnenflüchtiger gelten. Die gesamte wehrpflichtige Mannschaft war am folgenden Tag zur Stelle. Alle Kohorten wählten ihre Centurionen; jede Kohorte erhielt zwei Patrizier als Kommandanten. Wie wir in der Überlieferung gefunden haben, wurde alles so rasch durchgeführt, daß noch am selben Tag die Feldzeichen von den Quästoren aus der Schatzkammer hervorgeholt und zum Marsfeld gebracht wurden, daß man in der vierten Stunde des Tages vom Marsfeld aufbrach und daß das neue Heer, dem auch einige wenige Kohorten mit alten Soldaten freiwillig folgten, am 10. Meilenstein die Nacht verbrachte.

Der folgende Tag brachte den Feind in Sicht, und das Lager wurde bei Corbio in unmittelbarer Nähe des feindlichen Lagers aufgeschlagen. Am dritten Tag gab es keinen Aufschub des Kampfes mehr; denn die Römer trieb der Zorn, jene, da sie so oft wieder losgeschlagen hatten, das schlechte Gewissen und die Verzweiflung.

70. Im römischen Heer waren zwar zwei Konsuln mit gleicher Amtsgewalt, was bei der Durchführung großer Aufgaben sehr vorteilhaft ist; aber der Oberbefehl lag mit der Einwilligung des Agrippa bei seinem Kollegen. Und dieser, der vorgezogen worden war, vergalt die Bereitwilligkeit des anderen, sich unterzuordnen, zuvorkommend damit, daß er seine Pläne mit ihm besprach, das Lob mit ihm teilte und ihn als Gleichgestellten behandelte, obwohl er es nicht war.

In der Schlachtreihe hatte Quinctius den rechten Flügel inne, Agrippa den linken. Dem Legaten Sp. Postumius Albus wurde die Verantwortung für das Zentrum übertragen, dem zweiten Legaten P. Sulpicius gaben sie das Kommando über die Reiterei. Das Fußvolk auf dem rechten Flügel schlug sich hervorragend, die Volsker leisteten aber energisch Widerstand. P. Sulpicius durchbrach mit den Reitern das Zentrum der feindlichen Schlachtreihe. Er hätte von dort auf demselben Weg zu den Seinen zurückkehren können, bevor der Feinden die in Verwirrung

geratenen Reihen wieder schloß; aber es schien ihm besser, den
Feinden in den Rücken zu fallen. Und im Nu hätte er durch einen
Angriff von hinten die Feinde durch den doppelten Schrecken
zersprengt, wenn nicht die Reiter der Volsker und Aequer ihn
selbst in einen Kampf verwickelt und eine Zeitlang aufgehalten
hätten. Da sagte Sulpicius, es sei keine Zeit zu verlieren, und rief,
sie seien umzingelt und von ihren Kameraden abgeschnitten,
wenn sie nicht all ihre Kräfte zusammennähmen und den Reiterkampf zu Ende brächten. Es sei nicht genug, wenn sie die Reiter
unverletzt in die Flucht schlügen. Sie sollten Roß und Reiter nie-
derstoßen, daß keiner von dort in die Schlacht zurückkehren und
den Kampf wiederaufnehmen könne. Unmöglich könnten jene
ihnen standhalten, wo vor ihnen sogar die dichtgedrängte
Schlachtreihe des Fußvolks habe weichen müssen. Das ließen sie
sich nicht zweimal sagen. In einer einzigen Attacke schlugen sie
die ganze Reiterei, stießen eine große Menge von den Pferden
und durchbohrten sie selbst und ihre Pferde mit den Lanzen. Das
war das Ende des Reiterkampfes.

Dann griffen sie die Reihen des Fußvolks an und machten den
Konsuln, bei denen die Schlachtordnung der Feinde schon zu
wanken begann, Mitteilung von dem bestandenen Kampf. Die
Nachricht ließ dann bei den siegenden Römern den Mut noch
wachsen und nahm den schon zurückgehenden Aequern alle
Hoffnung. Ihre Niederlage begann zunächst im Zentrum, wo die
durchstoßende Reiterei die Reihen in Verwirrung gebracht hatte.
Dann begann auch der linke Flügel vor dem Konsul Quinctius zu
weichen. Mit dem rechten hatte man am meisten Mühe. Hier sah
Agrippa, strotzend vor Jugend und Kraft, daß der Kampf überall
besser stand als bei ihm. Da entriß er den Feldzeichenträgern die
Feldzeichen und trug sie selber vor; er fing sogar an, einige in die
dichte Masse der Feinde zu werfen. Aus Furcht vor dieser
Schande drangen die Soldaten auf den Feind ein. So hatten alle
Anteil am Sieg.

Darauf kam ein Bote von Quinctius, er stehe schon als Sieger
vor dem feindlichen Lager; er wolle aber nicht eindringen, bevor
er wisse, daß auch auf dem linken Flügel der Kampf entschieden
sei. Wenn Agrippa die Feinde schon geschlagen habe, solle er zu

ihm stoßen, damit das ganze Heer sich zugleich der Beute be-
mächtige. Unter gegenseitigen Glückwünschen trafen der siegreiche Agrippa und sein siegreicher Amtsgenosse vor dem Lager
der Feinde zusammen. Dort waren nur wenige Verteidiger, die
im Nu vertrieben waren, und sie drangen ohne Kampf in die Befestigungsanlagen ein und führten das Heer zurück, das reiche
Beute gemacht und auch die eigene Habe zurückgewonnen hatte,
die bei der Plünderung ihres Landes verlorengegangen war.

Ich finde überliefert, sie hätten weder selbst einen Triumph gefordert noch sei er ihnen vom Senat angeboten worden, und es
wird auch kein Grund dafür mitgeteilt, daß sie diese Ehre verschmäht oder nicht erhofft haben. Ich vermute folgendes, soweit
man das bei einem so großen zeitlichen Abstand überhaupt kann:
Weil der Senat den Konsuln Valerius und Horatius den Triumph
verweigert hatte, die nicht nur bei den Volskern und Aequern,
sondern auch durch die Beendigung des Sabinerkrieges Ruhm errungen hatten, scheuten sich die Konsuln, für die Hälfte der Taten um einen Triumph zu bitten, damit es, selbst wenn sie ihn er-
langten, nicht so aussah, als habe man mehr auf die Person gesehen als auf die Verdienste.

71. Den ehrenvollen Sieg über die Feinde beeinträchtigte daheim ein beschämender Schiedsspruch des Volkes in einer
Grenzstreitigkeit der Bundesgenossen. Nachdem die Bewohner
von Aricia und Ardea um ein umstrittenes Stück Land oft Krieg
geführt hatten, waren sie durch die vielen Verluste, die sie sich gegenseitig zugefügt hatten, erschöpft und baten das römische Volk
um einen Schiedsspruch. Als sie gekommen waren, um ihre Sache
darzulegen, wurde von den Beamten eine Versammlung des Volkes einberufen und dort mit großer Erbitterung verhandelt.

Nachdem schon die Zeugen gestellt worden waren und es an
der Zeit war, daß die Tribus aufgerufen wurden und das Volk zur
Abstimmung schritt, erhob sich P. Scaptius, ein alter Mann aus
der Plebs und sagte: »Wenn es gestattet ist, ihr Konsuln, über
eine Sache, die alle angeht, zu sprechen, werde ich nicht zulassen,
daß das Volk in dieser Frage im Irrtum ist.« Als die Konsuln sagten, er sei ein eitler Schwätzer, man solle daher nicht auf ihn hören, er aber schrie, die Sache der Allgemeinheit werde verraten,

und sie befahlen, ihn wegzuschaffen, da rief er die Tribunen an.
Die Tribunen, die ja fast immer von der Menge mehr gelenkt
werden als daß sie sie lenken, bewilligten der neugierigen Plebs,
daß Scaptius sagen durfte, was er wollte. Da fing er an, er stehe im
83. Lebensjahr und habe in dem Gebiet, um das es gehe, Kriegsdienst geleistet, nicht als junger Mensch, sondern während er
schon im zwanzigsten Dienstjahr stand, als man bei Corioli gekämpft habe. Darum bringe er die Sache vor, die schon durch die
lange Zeit in Vergessenheit geraten sei, die sich aber seinem Gedächtnis eingeprägt habe: Das Land, um das es gehe, habe zum
Gebiet von Corioli gehört; nach der Einnahme von Corioli sei es
nach Kriegsrecht Eigentum des römischen Volkes geworden. Er
wundere sich, mit welcher Stirn die Bewohner von Ardea und
Aricia ein Gebiet, auf das sie niemals Anspruch erhoben hätten,
solange Corioli als selbständige Gemeinde bestanden habe, dem
römischen Volk wegzunehmen hofften, das sie zum Schiedsrichter gemacht hätten, während es doch der Eigentümer sei. Er habe
nicht mehr lange zu leben. Er habe es aber nicht übers Herz bringen können, auf ein Stück Land, das er als Soldat für sein Teil mit
eigener Hand erobert habe, nicht auch als alter Mann wenigstens
mit Worten Anspruch zu erheben, dem einzigen, wozu er noch
imstande sei. Er rate dem Volk sehr, nicht in unvernünftiger
Scham selbst seine Sache aufzugeben.

72. Da die Konsuln bemerkten, daß Scaptius nicht nur in
Ruhe, sondern auch mit Beifall angehört wurde, riefen sie Götter
und Menschen zu Zeugen an, daß eine ungeheure Schandtat geschehe, und ließen die angesehensten Patrizier herbeiholen. Mit
ihnen gingen sie von Tribus zu Tribus und baten die Leute, doch
nicht die schlimmste Untat zuzulassen und so ein noch schlim-
meres Beispiel zu geben, indem sie als Richter das Streitobjekt
sich selber zusprächen; denn selbst wenn es recht sein sollte, daß
ein Richter an seinen eigenen Vorteil denke, werde doch durch
die Aneignung des Gebietes keineswegs so viel gewonnen, wie
man verliere, wenn man sich die Herzen der Bundesgenossen
durch ein Unrecht entfremde. Denn der Verlust des guten Rufes
und des Vertrauens seien schlimmer, als man ermessen könne.
Das würden die Gesandten zu Hause berichten, das komme un-

ter das Volk, das hörten die Bundesgenossen, das die Feinde. Mit
welchem Schmerz diese, mit welcher Freude jene! Glaubten sie
etwa, daß die Nachbarvölker dafür den Scaptius, einen alten
Wichtigtuer, verantwortlich machen würden? Scaptius werde
berühmt werden durch eine Ahnenmaske mit dieser Inschrift.
Aber das römische Volk werde in den Ruf eines Profitmachers
und eines Räubers am umstrittenen Besitz anderer kommen.
Welcher Richter in einer Privatsache habe denn je so gehandelt,
daß er sich das Streitobjekt zusprach? Selbst Scaptius werde das
nicht tun, wenn auch sein Schamgefühl schon ganz abgestorben
sei. So redeten die Konsuln auf sie ein, so die Patrizier. Aber die
Habgier und Scaptius, der die Habgier geweckt hatte, erwiesen
sich als stärker. Als die Tribus aufgerufen wurden, entschieden
sie, das Land sei Eigentum des römischen Volkes.

Es wird nicht abgestritten, daß ebenso entschieden worden
wäre, wenn man vor andere Schiedsrichter gegangen wäre; so
aber wird durch das Recht in der Sache die Schande des Schiedsspruchs um nichts verringert. Und es schien den Leuten von Aricia und von Ardea nicht schimpflicher und schmerzlicher als den
römischen Patriziern.

Der Rest des Jahres blieb frei von Unruhen in der Stadt und
von draußen.

1. Auf sie folgten die Konsuln M. Genucius und C. Curiatius. Es war ein schlimmes Jahr, daheim und draußen. Denn zu Beginn des Jahres veröffentlichte der Volkstribun C. Canulejus einen Gesetzesvorschlag über die Möglichkeit einer Ehe zwischen Patriziern und Plebejern, wodurch nach Meinung der Patrizier ihr Blut befleckt und die Vorrechte ihrer Familien verwischt wurden. Auch wurde – zuerst nur beiläufig – von den Tribunen der Gedanke geäußert, es solle gestattet sein, einen der beiden Konsuln aus der Plebs zu nehmen; das führte dann dazu, daß neun Tribunen einen Gesetzesvorschlag veröffentlichten, dem Volk solle das Recht zustehen, Konsuln zu wählen, wie es wolle, aus der Plebs oder aus den Patriziern. Wenn das aber geschehe, glaubten die Patrizier, erhielten die untersten Schichten nicht nur Anteil an der höchsten Gewalt, sondern sie werde dem Adel vollends genommen und der Plebs übertragen.

Die Patrizier waren darum froh, als sie hörten, daß die Bevölkerung von Ardea wegen des ihnen widerrechtlich aberkannten Landes abgefallen sei, daß Leute von Veji das römische Grenzgebiet verwüstet hätten und daß die Volsker und die Aequer wegen der Befestigung von Verrugo aufgebracht seien; so sehr zogen sie selbst einen unglücklichen Krieg einer schmachvollen Friedenszeit vor. Sie machten daher von allem noch mehr Aufhebens, damit bei dem Lärm so vieler Kriege die Reden der Volkstribunen verstummten, und ordneten an, daß Aushebungen stattfinden sollten und daß man sich mit aller Macht zum Krieg wappne, wo möglich noch eifriger, als man sich unter dem Konsul T. Quinctius gewappnet habe. Da erklärte C. Canulejus im Senat kurz und mit erhobener Stimme: Vergeblich suchten die Konsuln die Plebs durch Einschüchterung von der Sorge um die neuen Gesetze abzubringen; solange er lebe, würden sie niemals eine Aushebung durchführen, bevor die Plebs über die Vorschläge abgestimmt habe, die er und seine Amtsgenossen gemacht hätten. Und er berief sogleich eine Volksversammlung ein.

2. Gleichzeitig wiegelten die Konsuln den Senat gegen die Tribunen auf und der Tribun das Volk gegen die Konsuln. Die Konsuln sagten, man könne die Tollheiten der Tribunen nicht länger
ertragen; jetzt sei eine Grenze erreicht. Daheim werde mehr
Krieg aufgerührt als draußen. Daran sei die Plebs im Grunde
nicht mehr schuld als die Patrizier und die Tribunen nicht mehr
als die Konsuln. Wofür es nämlich in einer Bürgerschaft eine Belohnung gebe, das wachse immer am stärksten. So entwickle sich
Tüchtigkeit im Frieden, so im Kriege. In Rom gebe es den höchsten Lohn für Aufruhr; den einzelnen wie der Gesamtheit habe
Aufruhr immer Ehre gebracht. Sie sollten bedenken, in welch
hohem Ansehen sie selbst den Senat von ihren Vätern übernommen hätten und in welchem sie ihn ihren Kindern hinterlassen
würden und wie die Plebs sich rühmen könne, sie sei jetzt größer
und stärker. Es gebe also kein Ende und werde keines geben, solange die Anstifter zum Aufruhr in demselben Maße geehrt würden, wie der Aufruhr erfolgreich sei. Welch schlimme Dinge
habe Canulejus in Angriff genommen! Er führe einen Misch-
masch der Familien herbei und Verwirrung in den staatlichen
und privaten Auspizien; nichts Reines, nichts Unbeflecktes solle
es mehr geben, jeder Unterschied solle aufgehoben sein und keiner solle mehr sich selbst und die Seinen kennen. Denn welche
andere Wirkung hätten die Mischehen, als daß Paarungen von
Plebejern und Patriziern fast nach Art wilder Tiere zu einer All-
täglichkeit würden? Wer geboren sei, wisse dann nicht mehr,
welchen Blutes er sei und welche Opfer er darzubringen habe;
halb gehöre er zu den Patriziern, halb zur Plebs, nicht einmal mit
sich selbst im Einklang.

Es scheine noch zu wenig, daß alle göttlichen und menschlichen Ordnungen gestört würden; schon strebten die Volksauf-
wiegler nach dem Konsulat. Zuerst hätten sie in Gesprächen ver-
suchsweise die Forderung erhoben, daß einer der beiden Konsuln aus der Plebs kommen solle. Jetzt werde der Antrag gestellt,
das Volk solle die Konsuln wählen wie es wolle, aus den Patriziern oder aus der Plebs. Und sie würden zweifellos aus der Plebs
gerade die Aufrührerischsten wählen. Leute wie Canulejus und
Icilius würden also Konsuln sein! Jupiter, der Beste und Größte,

möge es nicht zulassen, daß ein Amt von königlicher Hoheit so tief herabsinke. Auch sie würden lieber tausend Tode sterben als es hinnehmen, daß es zu einer solchen Schmach komme. Wenn ihre Vorfahren geahnt hätten, daß durch ihr ständiges Nachgeben die Plebs ihnen gegenüber nicht umgänglicher, sondern frecher werden und immer unbilligere Forderungen stellen würde, nachdem sie mit den ersten Erfolg gehabt habe, dann hätten sie – dessen seien sie sich sicher – zu Anfang lieber jeden Kampf auf sich genommen, als hinzunehmen, daß ihnen diese Gesetze aufgebürdet würden. Weil man damals, bei der Einrichtung des Tribunats, ein Zugeständnis gemacht habe, habe man dann ein weiteres Zugeständnis machen müssen; das nehme kein Ende. Es könne nicht in ein und derselben Bürgerschaft Volkstribunen und Patrizier geben. Entweder müsse man diesen Stand oder jenes Amt beseitigen; und es sei besser, der Frechheit und der Verantwortungslosigkeit spät entgegenzutreten als überhaupt nicht. Dürften jene ungestraft zuerst Zwietracht säen und dadurch Kriege mit den Nachbarn heraufbeschwören, dann aber die Bürgerschaft daran hindern, sich für die Kriege, die sie heraufbeschworen hätten, zu wappnen und sich zu verteidigen? Und weil nur noch fehlte, daß sie die Feinde ausdrücklich herbeigerufen hätten, dürften sie darum verwehren, daß Heere gegen die Feinde ausgehoben würden? Ein Canulejus dürfe es sogar wagen, im Senat zu verkünden, er werde verhindern, daß eine Aushebung durchgeführt werde, wenn die Patrizier nicht zuließen, daß seine Gesetze wie die eines Siegers angenommen würden! Was sei das anders als die Drohung, er werde die Vaterstadt verraten, werde zulassen, daß sie bestürmt und eingenommen werde? Wieviel Mut werde diese Äußerung weniger der römischen Plebs als den Volskern, den Aequern und den Vejentern machen! Würden sie nicht hoffen, unter Führung des Canulejus das Kapitol und die Burg ersteigen zu können? Wenn nicht die Tribunen den Patriziern ihr Recht und ihr Ansehen und damit auch den Mut genommen hätten, ständen die Konsuln als Führer eher gegen den Frevel ihrer Mitbürger bereit als gegen die Waffen der Feinde.

3. Gerade als dies im Senat vorgebracht wurde, führte Canulejus für seine Gesetzesvorschläge und gegen die Konsuln folgen-

des aus: »Wie sehr die Patrizier euch verachten, Mitbürger, für
wie unwürdig sie euch halten, zusammen mit ihnen in einer Stadt
innerhalb derselben Mauern zu leben, glaube ich früher schon oft
bemerkt zu haben, vor allem aber jetzt, weil sie sich so heftig gegen diese unsere Anträge erhoben haben, in denen wir doch nur
daran erinnern, daß wir ihre Mitbürger sind und, wenn wir auch
nicht dieselben Reichtümer haben, so doch ein und dieselbe Vaterstadt bewohnen. In dem einen Antrag verlangen wir das Recht
zum Eingehen einer Ehe, wie man es Nachbarvölkern und Aus-
ländern zu gewähren pflegt – wir haben sogar besiegten Feinden
das Bürgerrecht verliehen, das mehr ist als das Recht zum Eingehen einer Ehe. In dem anderen schlagen wir nichts Neues vor,
sondern fordern nur das zurück, was dem Volke zusteht, und erheben den Anspruch, daß das römische Volk die Ämter übertragen kann, wem es will. Was ist denn der Grund dafür, daß sie
Himmel und Erde in Bewegung setzen, daß es gerade eben erst
im Senat beinahe zu Tätlichkeiten gegen mich gekommen wäre,
daß sie sagen, sie würden vor Handgreiflichkeiten nicht zurückschrecken, und verkünden, sie würden sich an dem heilig-unverletzlichen Amt vergreifen? Wenn dem römischen Volk die freie
Entscheidung zugestanden wird, das Konsulat anzuvertrauen,
wem es will, und auch einem Plebejer die Hoffnung nicht genommen wird, er könne, wenn er des höchsten Amtes würdig ist,
dieses höchste Amt auch erlangen, vermag dann diese Stadt nicht
mehr zu bestehen? Ist es dann um ihre Macht geschehen? Und
bedeutet die Frage, ob ein Plebejer Konsul werden soll, dasselbe,
als wenn einer sagte, ein Sklave oder ein Freigelassener solle Konsul werden? Merkt ihr wohl, in wie tiefer Verachtung ihr lebt? Sie
würden euch euren Anteil an diesem Tageslicht nehmen, wenn
sie es könnten. Daß ihr atmet, daß ihr sprechen könnt, daß ihr das
Aussehen von Menschen habt, das ärgert sie. Sie sagen sogar –
kaum zu glauben! –, es sei ein Frevel, wenn ein Plebejer Konsul
werde. Ich beschwöre euch, wenn wir auch keinen Zugang zum
Kalender und zu den Aufzeichnungen der Pontifices haben, wissen wir denn nicht einmal das, was sogar alle Fremden wissen:
daß die Konsuln an die Stelle der Könige getreten sind und daß
sie an Recht und Ansehen nichts besitzen, was nicht zuvor die

Könige besessen haben? Glaubt ihr etwa, man habe nie erzählen hören, daß Numa Pompilius, nicht nur kein Patrizier, sondern nicht einmal ein römischer Bürger, aus dem Sabinerland geholt worden ist und auf Geheiß des Volkes und mit Zustimmung des Senats in Rom geherrscht hat? Daß dann L. Tarquinius, der nicht nur von nichtrömischer, sondern sogar von nichtitalischer Herkunft war, ein Sohn des Korinthers Demaratos, ein Zugewanderter aus Tarquinii, zum König gemacht wurde, obwohl Söhne des Ancus am Leben waren? Daß nach ihm Ser. Tullius, der Sohn einer Kriegsgefangenen aus Corniculum, ein Mann ohne Vater, mit einer Sklavin als Mutter, aufgrund seiner Begabung und seiner Tüchtigkeit die Königsherrschaft innegehabt hat? Was soll ich von dem Sabiner T. Tatius sprechen, den Romulus selbst, der Vater der Stadt, als Mitherrscher angenommen hat? Solange man sich also an der Herkunft eines Mannes nicht stieß, bei dem Tüchtigkeit aufstrahlte, wuchs die Macht Roms. Soll euch jetzt ein plebejischer Konsul zuwider sein, wo doch unsere Vorfahren selbst Zuwanderer als Könige nicht abgelehnt haben und die Stadt nicht einmal nach der Vertreibung der Könige fremder Tüchtigkeit verschlossen gewesen ist? Wir haben nach der Vertreibung der Könige zum mindesten die Familie der Claudier aus dem Sabinerland nicht nur in unsere Bürgerschaft aufgenommen, sondern auch in die Zahl der Patrizier. Aus einem Fremden soll also ein Patrizier und dann ein Konsul werden können! Wenn aber ein römischer Bürger aus der Plebs stammt, dann soll ihm die Hoffnung auf das Konsulat genommen sein? Halten wir es denn wirklich für unmöglich, daß ein tapferer und tüchtiger Mann, im Frieden und im Krieg bewährt, aus der Plebs hervorgehen kann, einem Numa, einem L. Tarquinius, einem Ser. Tullius vergleichbar? Oder werden wir ihn nicht einmal, wenn er so ist, an das Steuer des Staates treten lassen und lieber Konsuln haben, die den Decemvirn ähnlich sind, den Verwerflichsten unter den Sterblichen, die doch alle Patrizier waren, statt solcher, die den Besten der Könige gleichen, die keine Ahnen aufzuweisen hatten?

4. Aber es hat doch nach der Vertreibung der Könige keinen Konsul aus der Plebs gegeben. Was folgt daraus? Darf man keine

Neuerung einführen, darf das, was noch nicht vorgekommen ist –
und bei einem jungen Volk ist vieles noch nicht vorgekommen –,
nicht einmal dann geschehen, wenn es nützlich ist? Es gab keine
Pontifices und keine Auguren, solange Romulus König war; von
Numa sind sie eingesetzt worden. Es gab keinen Census in der
Bürgerschaft und keine Aufteilung nach Centurien und Klassen;
das ist erst durch Ser. Tullius eingeführt worden. Konsuln hatte
es noch nie gegeben; erst nach der Vertreibung der Könige wurden sie eingesetzt. Weder die Befehlsgewalt noch den Titel des
Diktators hatte es gegeben; erst zur Zeit unserer Väter gab es das
zum erstenmal. Volkstribunen, Ädilen, Quästoren gab es nicht;
man entschloß sich erst später, diese Ämter einzurichten. Die
Decemvirn zum Aufzeichnen der Gesetze haben wir im Lauf der
letzten zehn Jahre eingesetzt und als politische Institution wieder
abgeschafft. Wer wollte daran zweifeln, daß in einer für die
Ewigkeit gegründeten und ins Unermeßliche wachsenden Stadt
neue Gewalten, Priestertümer und Rechte für die Familien wie
für die Einzelnen geschaffen werden? Die Bestimmung, daß es
eine eheliche Verbindung zwischen Patriziern und Plebejern
nicht geben soll, haben die nicht die Decemvirn vor wenigen Jahren erst aufgebracht zum größten Schaden für die Allgemeinheit
und als größtes Unrecht gegen die Plebs? Kann es eine größere
und unerhörtere Beschimpfung geben, als daß ein Teil der Bürgerschaft, als wäre er mit einem Makel behaftet, einer ehelichen
Verbindung nicht für würdig erachtet wird? Was ist das anders,
als eine Verbannung innerhalb ein und derselben Mauern, als
eine Ausweisung hinnehmen zu müssen? Sie sind auf der Hut,
daß es zu keiner Verschwägerung und Verwandtschaft mit uns
kommt, damit das Blut nicht vereinigt wird. Was? Wenn dies euren Adel befleckt, den ihr, die ihr zum größten Teil von Albanern
und Sabinern abstammt, nicht durch Herkunft und Blut habt,
sondern durch Zuwahl zu den Patriziern, entweder von den Königen erwählt oder nach der Vertreibung der Könige auf Geheiß
des Volkes, konntet ihr ihn nicht rein erhalten durch persönliche
Entscheidungen, indem ihr keine Frau aus der Plebs heiratetet
und eure Töchter und Schwestern nicht aus dem Patrizierstand
herausheiraten ließet? Kein Plebejer hätte einem patrizischen

Mädchen Gewalt angetan. Solch schnöde Lust ist den Patriziern
zu eigen. Kein Mensch hätte jemanden gezwungen, gegen seinen
Willen einen Ehevertrag abzuschließen. Daß nun aber ein Gesetz
daran hindert und die Möglichkeit einer ehelichen Verbindung
zwischen Patriziern und Plebejern beseitigt, das ist für die Plebs
eine Beschimpfung. Warum bringt ihr denn nicht den Antrag ein,
daß es eine Ehe zwischen reich und arm nicht geben darf? Was
immer und überall eine Sache persönlicher Entscheidungen gewesen ist, daß jede Frau in das Haus heiratete, mit dem es vereinbart war, und daß ein Mann eine Frau aus dem Haus heiratete,
mit dem er einen Vertrag geschlossen hatte, dem legt ihr die Fesseln eines äußerst anmaßenden Gesetzes an, durch das ihr die
bürgerliche Gemeinschaft zerreißt und aus einer Bürgerschaft
zwei macht. Warum setzt ihr nicht fest, daß ein Plebejer nicht
Nachbar eines Patriziers sein, nicht auf derselben Straße gehen,
nicht dasselbe Gastmahl besuchen, nicht auf demselben Markt
stehen darf? Was ist denn am Ende anderes daran, wenn ein Patrizier eine Plebejerin oder ein Plebejer eine Patrizierin heiratet?
Welches Recht wird denn da verändert? Die Kinder haben doch
den Rechtsstatus ihres Vaters. Es ist nur dies, was wir mit der
Möglichkeit zum Eingehen einer Ehe mit euch anstreben: daß
wir zu den Menschen und den Bürgern gerechnet werden wollen; und ihr habt keinen Grund zu widerstreben, es sei denn, daß
es euch Freude macht, zu unserer Beschimpfung und Schande zu
streiten.

5. Schließlich, liegt die höchste Gewalt beim römischen Volk
oder bei euch? Ist euch nach der Vertreibung der Könige die
Herrschaft zugefallen oder allen ein gleiches Maß an Freiheit?
Dem römischen Volk muß es freistehen, wenn es will, ein Gesetz
zu erlassen. Oder werdet ihr jedesmal, wenn ein Gesetzesantrag
publiziert wird, zur Strafe eine Aushebung ansetzen, und wirst
du als Konsul, sobald ich als Tribun die Tribus zur Abstimmung
zu rufen beginne, sofort die junge Mannschaft den Fahneneid ablegen lassen, sie ins Lager führen und der Plebs wie den Tribunen
drohen? Was würde erst geschehen, wenn ihr nicht schon zweimal die Erfahrung gemacht hättet, wie wenig solche Drohungen
gegen die einhellige Meinung der Plebs ausrichten? Natürlich,

weil ihr unser Bestes wolltet, habt ihr von einem Entscheidungskampf Abstand genommen. Oder ist es vielleicht darum nicht
zum Kampf gekommen, weil die Seite, die die stärkere war, auch
die maßvollere war? Und auch jetzt wird es keinen Entscheidungskampf geben, Mitbürger. Jene werden zwar immer eure
Entschlossenheit auf die Probe stellen, zum Kräftemessen aber
werden sie es nicht kommen lassen. Daher, ihr Konsuln, steht die
Plebs euch zu diesen Kriegen zur Verfügung, ob sie nun vorgetäuscht oder echt sind, wenn ihr die Möglichkeit zum Eingehen
einer Ehe wiederherstellt und so aus dieser Bürgerschaft endlich
wieder eine Einheit macht; wenn die Plebejer durch persönliche
Verwandtschaft mit euch zusammenwachsen, sich verbinden
und vereinigen können; wenn tüchtigen und tapferen Männern
die Aussicht auf die hohen Ämter und der Zugang zu ihnen gegeben wird; wenn sie Chancengleichheit erhalten, als Partner im
politischen Leben behandelt werden und wenn sie, was Zeichen
eines gleichen Maßes an Freiheit ist, abwechselnd den Jahresbe-
amten gehorchen und die Befehlsgewalt selbst ausüben dürfen.
Wenn einer das verhindert, dann führt ruhig die Kriege im
Munde und bauscht sie durch Gerüchte auf: niemand wird sich
melden, niemand zu den Waffen greifen, niemand für die überheblichen Herren kämpfen, mit denen ihn weder im öffentlichen
Leben ein gemeinsames Ausüben der Ämter verbindet noch im
privaten Bereich die Möglichkeit zum Eingehen einer Ehe.«

6. Als die Konsuln vor die Versammlung traten und sich aus
den zusammenhängenden Reden ein Wortwechsel entwickelte
und der Tribun fragte, warum ein Plebejer nicht Konsul werden
dürfe, gab ihm ... vielleicht richtig, für den augenblicklichen
Streit aber wenig zweckmäßig zur Antwort, weil kein Plebejer
das Recht zu den Auspizien habe, und darum hätten die Decemvirn auch das Recht zum Eingehen einer Ehe aufgehoben, damit
nicht durch eine zweifelhafte Nachkommenschaft die Auspizien
gestört würden. Gerade diese Bemerkung ließ die Plebs in Entrüstung ausbrechen, weil behauptet wurde, sie könnten, als wenn
sie den unsterblichen Göttern verhaßt wären, keine Auspizien
durchführen. Und weil die Plebs in dem Tribunen einen sehr
scharfen Verfechter ihrer Sache hatte und sie selbst ihm an Hart-

näckigkeit nicht nachstand, kam es erst zu einem Ende der Auseinandersetzungen, als die Patrizier sich endlich geschlagen gaben und zuließen, daß der Antrag wegen des Rechtes zum Eingehen einer Ehe eingebracht wurde; so, glaubten sie, würden die
Tribunen den Streit um die plebejischen Konsuln am ehesten aufgeben oder auf die Zeit nach dem Krieg verschieben und die Plebs
sich bis dahin mit dem Recht zum Eingehen einer Ehe zufrieden-
geben und zur Aushebung bereit sein.

Weil Canulejus infolge seines Sieges über die Patrizier und infolge seiner Beliebtheit bei der Plebs als großer Mann dastand,
bekamen auch die anderen Tribunen Lust zum Streit, kämpften
mit äußerster Energie für ihren Antrag und verhinderten, während das Kriegsgerücht von Tag zu Tag wuchs, die Aushebung.
Durch den Senat ließ sich nichts machen, da die Tribunen Einspruch einlegten; die Konsuln hielten daher zu Hause Beratungen mit den führenden Männern ab. Es war offensichtlich, daß
man den Sieg entweder den Feinden oder den Mitbürgern überlassen mußte. Als einzige der ehemaligen Konsuln nahmen Valerius und Horatius an den Beratungen nicht teil. C. Claudius
schlug vor, die Konsuln sollten gegen die Tribunen zur Waffe
greifen. Die Quinctier, Cincinnatus und Capitolinus, schreckten
vor einem Mord zurück und vor Gewalttätigkeit gegen Männer,
die sie doch durch einen Vertrag mit der Plebs als heilig-unverletzlich anerkannt hätten. Diese Beratungen führten dazu, daß
sie gestatteten, daß Militärtribunen mit konsularischer Vollmacht ohne Unterschied aus Patriziern und Plebejern gewählt
wurden; bei der Wahl der Konsuln dagegen sollte sich nichts ändern. Und mit diesem Ergebnis waren die Tribunen zufrieden,
ebenso die Plebs.

Eine Volksversammlung für die Wahl von drei Tribunen mit
konsularischer Vollmacht wurde angesetzt. Daraufhin begannen
sogleich alle, die jemals etwas Aufrührerisches gesagt oder getan
hatten, insbesondere die ehemaligen Tribunen, den Leuten die
Hände zu drücken und in glänzendweißer Toga auf dem ganzen
Forum herumzulaufen, so daß die Patrizier zunächst die Aus-
sichtslosigkeit, bei der Erregung der Plebs das Amt zu erhalten,
abschreckte, dann auch die Entrüstung, das Amt mit diesen Men-

schen zusammen ausüben zu sollen. Schließlich bewarben sie
sich, von ihren führenden Männern gedrängt, aber doch; es sollte
nicht so aussehen, als hätten sie auf die Leitung des Staates verzichtet. Der Ausgang dieser Wahlen zeigte, daß die Ansichten
beim Kampf um Freiheit und Würde anders sind als nach Beendigung der Streitigkeiten, wenn man wieder ein unbefangenes Urteil hat. Das Volk wählte nämlich lauter Patrizier zu Tribunen,
zufrieden damit, daß man Plebejer in Erwägung gezogen hatte.
Wo könnte man in unseren Tagen auch nur bei einem einzigen
solches Maßhalten, solches Gerechtigkeitsgefühl und solche See-
lengröße finden, wie sie damals dem ganzen Volk eignete!

7. Im Jahre 310 nach der Gründung Roms traten zum erstenmal
mal Militärtribunen anstelle der Konsuln ihr Amt an; es waren
A. Sempronius Atratinus, L. Atilius und T. Cluilius. Ihre Eintracht daheim im Amt verschaffte auch draußen Frieden.

Einige Quellen erwähnen den Gesetzesvorschlag über die
Wahl von Konsuln aus der Plebs nicht und sagen, weil zu dem
Krieg mit den Aequern und Volskern und dem Abfall von Ardea
auch noch der Krieg mit Veji gekommen sei und weil zwei Konsuln so viele Kriege zugleich nicht hätten übernehmen können,
seien drei Militärtribunen mit der Befehlsgewalt und den Insignien der Konsuln gewählt worden.

Doch das Recht dieses Amtes stand noch nicht auf sicheren
Füßen; denn im dritten Monat nach Aufnahme der Geschäfte
traten sie aufgrund eines Bescheids der Auguren, als wären sie
fehlerhaft gewählt worden, von ihrem Amt zurück, weil C. Curiatius, der ihre Wahl geleitet hatte, den Platz für das Zelt nicht
ganz richtig gewählt hatte.

Von Ardea kamen Gesandte nach Rom und beklagten sich
über die ungerechte Entscheidung, aber auf eine Art, die erkennen ließ, daß sie Verbündete und Freunde bleiben würden, wenn
man die Entscheidung aufhob und ihnen das Land wieder zusprach. Der Senat gab ihnen zur Antwort, der Schiedsspruch des
Volkes könne vom Senat nicht umgestoßen werden, nicht nur
weil es dafür keinen Präzedenzfall und keine Rechtsgrundlage
gebe, sondern auch im Hinblick auf die Eintracht unter den Ständen. Wenn die Ardeaten den passenden Zeitpunkt abwarten

wollten und dem Senat die Entscheidung überließen, das ihnen
angetane Unrecht zu mildern, würden sie sich später einmal
freuen, ihren Zorn beherrscht zu haben, und merken, daß den Senatoren ebensoviel daran gelegen habe, daß ihnen kein Unrecht
geschehe, wie daran, daß das geschehene Unrecht nicht von
Dauer sei. Die Gesandten erklärten, sie würden zu Hause berichten, die Sache sei noch nicht entschieden, und wurden daraufhin
freundlich entlassen.

Weil der Staat ohne einen kurulischen Beamten war, traten die
Patrizier zusammen und wählten einen Interrex. Der Streit, ob
Konsuln oder Militärtribunen gewählt werden sollten, ließ das
Interregnum eine Reihe von Tagen andauern. Der Interrex und
der Senat wollten Konsulwahlen, die Volkstribunen und die
Plebs die Wahl von Militärtribunen. Die Patrizier setzten sich
durch, weil die Plebs, die ja doch das eine Amt so gut wie das andere den Patriziern übertragen wollte, den sinnlosen Streit leid
war und die Führer der Plebs lieber Wahlen wollten, bei denen
sie nicht in Frage kamen, als solche, bei denen sie als unwürdig
übergangen wurden. Auch die Volkstribunen gaben den erfolg-
losen Kampf auf, um den Führern der Patrizier eine Gefälligkeit
zu erweisen.

Der Interrex T. Quinctius Barbatus erklärte aufgrund der
Wahlen L. Papirius Mugillanus und L. Sempronius Atratinus zu
Konsuln. Unter diesen Konsuln wurde der Vertrag mit den Bewohnern von Ardea erneuert. Das ist ein Beweis dafür, daß sie,
die weder in den alten Geschichtswerken noch in den Beamten-
verzeichnissen vorkommen, in diesem Jahr Konsuln gewesen
sind. Meiner Meinung nach erklärt sich das so: Weil es zu Anfang
des Jahres Militärtribunen gegeben hat, darum sind, als wenn
diese das ganze Jahr im Amt gewesen wären, die Konsuln, die an
ihrer Stelle nachgewählt wurden, übergangen worden. Licinius
Macer teilt mit, man habe die Namen dieser Konsuln sowohl in
dem Vertrag mit Ardea wie auch in den Leinenbüchern im Heiligtum der Moneta gefunden.

Obwohl die Nachbarvölker viele Schrecknisse angedroht hatten, herrschte draußen wie daheim Ruhe.

8. Auf dieses Jahr – mag es nun nur Tribunen oder auch an-

stelle der Tribunen nachgewählte Konsuln gehabt haben – folgte
ein Jahr, in dem es zweifellos Konsuln gab, nämlich M. Geganius
Macerinus zum zweitenmal und T. Quinctius Capitolinus zum
fünftenmal. Dieses Jahr brachte auch die Einführung der Zensur,
einer Einrichtung, die zunächst klein anfing, mit der Zeit aber
solche Bedeutung gewann, daß die Lenkung der Sitten und der
Zucht in Rom, für den Senat und die Centurien der Ritter die
Entscheidung über Ehre und Schande mit diesem Amt verbunden war, daß in dessen Macht die Kontrolle über den öffentlichen
und privaten Grundbesitz lag und daß die Staatseinkünfte des römischen Volkes dem Willen und Ermessen der Zensoren anheimgegeben waren. Die Sache nahm aber damit ihren Anfang,
daß in dem Volk, das viele Jahre lang nicht mehr geschätzt worden war, die Schätzung nicht länger aufgeschoben werden
konnte, die Konsuln aber, weil Kriege mit so vielen Völkern
drohten, keine Zeit hatten, dieser Aufgabe nachzukommen. Es
kam daher im Senat zur Sprache, daß die mühsame und keineswegs einen Konsul erfordernde Aufgabe ein eigenes Amt nötig
mache, dem das diensttuende Schreiberpersonal unterstellt und
dem die Sorge für die Aufbewahrung der Listen und die Entscheidung über die Richtlinien bei der Schätzung übertragen
werden solle. Obwohl es sich um eine unbedeutende Sache handelte, gingen die Senatoren doch mit Freude darauf ein, damit es
so mehr patrizische Ämter im Staat gebe. Ich denke mir, sie
glaubten auch, es werde dahin kommen – was dann auch wirklich
geschah –, daß bald der Einfluß der Amtsinhaber dem Amt selbst
Recht und Würde verleihen werde. Die Tribunen sahen darin,
was es ja damals auch war, die Ausübung eines mehr notwendigen als glanzvollen Dienstes und machten, um nicht selbst in
Kleinigkeiten lästigen Widerstand zu leisten, keine Schwierigkeiten. Da die führenden Männer der Bürgerschaft das Amt verschmähten, übertrug das Volk durch Wahl dem Papirius und
dem Sempronius, deren Konsulat umstritten ist, die Durchführung des Census, damit sie durch dieses Amt ihr nicht ganz voll-
ständiges Konsulat ergänzten. Sie wurden nach ihrer Aufgabe
Zensoren (Schätzer) genannt.

9. Während dies in Rom geschah, kamen Gesandte aus Ardea

und baten aufgrund des uralten Bündnisses und des jüngst erneuerten Vertrages um Hilfe für ihre dem Untergang nahe Stadt.
Denn sie konnten den Frieden mit dem römischen Volk, den sie
aus gutem Grund gewahrt hatten, wegen innerer Auseinandersetzungen nicht genießen. Diese hatten, wie es heißt, ihre Ursache und ihren Anfang in einem Streit von Parteigruppen; die haben vielen Völkern mehr Verderben gebracht und werden es ihnen bringen als auswärtige Kriege, als Hunger oder Krankheiten
und was man sonst noch als größte Übel für die Allgemeinheit
auf den Zorn der Götter zurückführt.

Um ein Mädchen von plebejischer Herkunft, das wegen seiner
Schönheit allgemein bekannt war, warben zwei junge Männer,
der eine an Herkunft dem Mädchen gleich, unterstützt von ihren
Vormunden, die auch selbst demselben Stand angehörten, der
andere ein Adliger, durch nichts als ihre Schönheit angezogen.
Ihn unterstützte der Eifer der Optimaten, wodurch der Streit der
Parteien auch in das Haus des Mädchens eindrang. Nach der
Meinung der Mutter, die für das Mädchen eine möglichst glänzende Partie wollte, verdiente der Adlige den Vorzug. Die Vormunde, die auch in dieser Sache an ihre Partei dachten, setzten
sich für ihren Mann ein. Da sich die Angelegenheit nicht innerhalb der vier Wände entscheiden ließ, kam es zum Prozeß. Nachdem die Beamten die Forderung der Mutter und die der Vormunde gehört hatten, sprachen sie der Mutter das Recht zu, die
Tochter nach ihrem Willen zu verheiraten.

Aber die Gewalt erwies sich als stärker. Denn die Vormunde
sprachen vor Leuten ihrer Partei in aller Offenheit auf dem Forum über die Ungerechtigkeit der Entscheidung, man rottete sich
zusammen und raubte das Mädchen aus dem Haus der Mutter.
Dagegen bildete sich noch drohender eine Formation von Optimaten, an ihrer Spitze der über das Unrecht aufgebrachte junge
Mann. Es kam zu einem blutigen Kampf. Die Plebejer wurden
geschlagen. Der römischen Plebs ganz unähnlich, zogen sie bewaffnet aus der Stadt aus, besetzten einen Hügel und fielen mit
Feuer und Schwert über die Ländereien der Optimaten her. Sie
schickten sich auch an, die Stadt zu belagern, nachdem sie die
ganze Masse der Handwerker, auch die bisher an dem Kampf

nicht beteiligten, durch die Aussicht auf Beute herausgerufen
hatten. In jeglicher Gestalt und mit all seinem Unheil zeigte sich
der Krieg, als wenn die Bürgerschaft von der Raserei der beiden
jungen Männer angesteckt worden wäre, die auf den Trümmern
ihrer Vaterstadt eine Bluthochzeit feiern wollten. Beiden Seiten
schienen die Waffen und der Krieg zu Hause noch nicht genug.
Die Optimaten riefen die Römer herbei, der belagerten Stadt zu
helfen, die Plebs die Volsker, Ardea mit ihnen zu erobern. Als erste kamen die Volsker unter Führung des Aequers Cluilius nach
Ardea und zogen einen Wall um die Mauern der Feinde. Als die
Nachricht hiervon in Rom eintraf, rückte der Konsul M. Geganius sogleich mit dem Heer aus, wählte den Platz für das Lager
3000 Schritt vom Feind entfernt und ordnete Ruhe an, weil der
Tag sich schon neigte.

In der vierten Nachtwache rückte er dann aus. Man machte
sich an die Schanzarbeit und führte sie so rasch zu Ende, daß sich
die Volsker bei Sonnenaufgang von den Römern mit einer stärke-
ren Befestigungsanlage eingeschlossen sahen, als es ihre eigene
um die Stadt war. Und auf der anderen Seite hatte der Konsul einen Verbindungsdamm bis an die Mauern von Ardea herangeführt, über den seine Freunde aus der Stadt kommen und gehen
konnten.

10. Der Feldherr der Volsker hatte sich bis zu diesem Tag um die
Versorgung nicht gekümmert, sondern die Soldaten von einem
Tag auf den anderen mit dem Getreide ernährt, das er beim Plündern der Felder geraubt hatte. Als er nun durch einen Wall eingeschlossen war und sich plötzlich in allen Dingen dem Mangel ausgesetzt sah, bat er den Konsul zu einer Unterredung heraus und
sagte, wenn der Römer gekommen sei, um die Belagerung zu beenden, werde er seine Volsker von hier wegführen. Darauf entgegnete der Konsul, Besiegte hätten Bedingungen entgegenzuneh-
men, nicht zu stellen, und wenn die Volsker aus freier Entscheidung gekommen seien, um Bundesgenossen des römischen Volkes anzugreifen, dann würden sie nicht ebenso wieder abziehen.
Er befahl, den Feldherrn auszuliefern und die Waffen niederzulegen. Sie müßten ihre Niederlage eingestehen und seinem Befehl
Folge leisten. Sonst werde er, ob sie nun abzögen oder blieben,

als ein erbitterter Feind lieber einen Sieg über die Volsker als einen unsicheren Frieden nach Rom heimbringen. Die Volsker setzten ihre letzte Hoffnung auf die Waffen, nachdem ihnen jede andere Hoffnung genommen war. Zu allem anderen Unglück kam es auch noch auf ungünstigem, zur Flucht wenig geeignetem Gelände zum Kampf. Als sie von allen Seiten niedergehauen wurden, verlegten sie sich vom Kämpfen aufs Bitten, lieferten ihren Feldherrn aus und übergaben ihre Waffen; sie wurden unter das Joch geschickt und – ein jeder mit einem einzigen Kleidungsstück – mit Schimpf und Unheil überhäuft, entlassen. Als sie nicht weit von der Stadt Tusculum lagerten, wurden sie in ihrer Wehrlosigkeit von den Tusculanern aus altem Haß überfallen und fanden ihre Strafe, so daß kaum Boten des Gemetzels übrigblieben.

Der Römer stellte in Ardea die durch den Aufruhr gestörte Ordnung wieder her, ließ die Anstifter dieser Unruhe mit dem Beil hinrichten und ihr Vermögen für die Staatskasse von Ardea konfiszieren. Die Leute von Ardea glaubten, das Unrecht des Schiedsspruchs sei durch einen derart großen Freundschaftsdienst des römischen Volkes beseitigt; der Senat aber meinte, es bleibe noch etwas zu tun, um die Erinnerung an die Habgier des Volkes auszulöschen.

Der Konsul kehrte im Triumph in die Stadt zurück, wobei Cluilius, der Anführer der Volsker, vor seinem Wagen schreiten mußte; auch ließ er die erbeuteten Rüstungen voraustragen, die er dem Heer der Feinde genommen hatte, bevor er es unter das Joch schickte.

Der Konsul Quinctius gewann, was kein leichtes ist, in der Toga gleichen Ruhm wie sein Kollege in Waffen; denn indem er hoch und niedrig sein Recht zukommen ließ, sorgte er so gut für die Eintracht und den Frieden im Inneren, daß ihn die Patrizier für einen strengen Konsul hielten und die Plebejer für einen ziemlich freundlichen. Auch gegenüber den Tribunen erreichte er mehr durch sein Ansehen als im Streit. Fünf Konsulate, in demselben Geist geführt, und sein ganzes Leben, das er eines Konsuls würdig verbracht hatte, machten ihn selbst fast noch ehrwürdiger als sein Amt. Daher sprach unter diesen Konsuln niemand von Militärtribunen.

11. Zu Konsuln gewählt wurden M. Fabius Vibulanus und
Postumus Aebutius Cornicen. Die Konsuln Fabius und Aebutius sahen, welch großen Ruhm ihre Vorgänger durch ihre Taten
daheim und draußen erlangt hatten, daß aber das Jahr vor allem
dadurch bei den benachbarten Bundesgenossen und Feinden
denkwürdig war, daß man den Ardeaten in ihrer bedrohlichen
Lage mit solchem Eifer zu Hilfe gekommen war; mit um so größerem Nachdruck suchten sie daher die Schande des Schiedsspruchs aus dem Gedächtnis der Menschen zu tilgen und führten
einen Senatsbeschluß herbei, daß sich Siedler für Ardea zum
Schutz gegen die Volsker einschreiben lassen sollten, weil die
dortige Bürgerschaft durch die inneren Wirren auf wenige Menschen zusammengeschmolzen sei. So wurde es im amtlichen Pro-
tokoll veröffentlicht, damit der Plan, den Schiedsspruch umzu-
stoßen, der Plebs und den Tribunen verborgen blieb. Man war
aber übereingekommen, weit mehr Rutuler als Römer in die Liste der Ansiedler aufzunehmen, nur das Land aufzuteilen, das
man den Ardeaten durch den schändlichen Schiedsspruch weggenommen hatte, und keinem Römer auch nur eine Scholle
Ackerland zuzuweisen, bevor alle Rutuler ihren Anteil hätten.
So kam das Gebiet wieder an die Ardeaten zurück.

In die Dreierkommission zur Durchführung der Ansiedlung
in Ardea wurden Agrippa Menenius, T. Cluilius Siculus und
M. Aebutius Helva gewählt. Diese hatten durch ihre dem Volk
alles andere als genehme Amtsführung, vor allem aber dadurch,
daß sie das Land, das das römische Volk sich selbst zugesprochen
hatte, den Bundesgenosssen zuteilten, die Plebs verärgert; auch
bei den Führern der Patrizier waren sie nicht sonderlich beliebt,
weil sie keinem etwas aus Gefälligkeit zugewiesen hatten. Nachdem die Tribunen sie bereits vor das Gericht des Volkes geladen
hatten, gingen sie den Verdrießlichkeiten dadurch aus dem Weg,
daß sie in der Ansiedlung blieben, die Zeugin ihrer Unbestech-
lichkeit und ihres Gerechtigkeitssinns war.

12. Daheim und draußen herrschte Friede sowohl in diesem
wie auch im folgenden Jahr, in dem C. Furius Pacilus und M. Papirius Crassus Konsul waren. Die Spiele, die die Decemvirn auf
Senatsbeschluß gelobt hatten, als die Plebs von den Patriziern

wegzog, wurden in diesem Jahr durchgeführt, Poetelius suchte vergeblich nach einem Anlaß zu Unruhen; er war zum zweiten-mal Volkstribun geworden, weil er gerade dies in Aussicht stellte. Er konnte aber nicht durchsetzen, daß die Konsuln die Verteilung von Land an die Plebejer auf die Tagesordnung des Senats setzten; und als er nach heftigem Streit erreicht hatte, daß der Senat befragt wurde, ob Konsul- oder Tribunenwahlen statt-finden sollten, wurde angeordnet, es sollten Konsuln gewählt werden. Auch die Drohungen des Tribunen wurden zum Ge-spött, als er ankündigte, er werde eine Aushebung verhindern; denn die Nachbarn verhielten sich ruhig, und man hatte weder Krieg noch Kriegsvorbereitungen nötig.

Auf diese Ruhe folgte unter den Konsuln Proculus Geganius Macerinus und L. Menenius Lanatus ein Jahr, das durch vielerlei Unheil und Gefahr bemerkenswert war, durch innere Unruhen, durch Hungersnot und dadurch, daß die Leute, durch eine Schenkung geködert, beinahe die Königsherrschaft wieder auf den Nacken genommen hätten. Als einziges fehlte noch ein Krieg mit auswärtigen Feinden; wenn sich die Lage dadurch verschlim-mert hätte, hätte man auch mit Hilfe aller Götter kaum Wider-stand leisten können. Die Übel begannen mit einer Hungersnot, sei es daß das Jahr für die Feldfrüchte ungünstig war, sei es daß man durch den Anreiz der Volksversammlungen und der Stadt die Bestellung der Felder vernachlässigt hatte – beides wird näm-lich überliefert. Die Patrizier schoben die Schuld auf die Trägheit der Plebs, die Volkstribunen bald auf die Falschheit, bald auf die Gleichgültigkeit der Konsuln. Zuletzt brachten sie, ohne daß der Senat etwas dagegen unternahm, die Plebs dazu, daß L. Minucius zum Kommissar für die Getreideversorgung gewählt wurde; er sollte in diesem Amt bei der Wahrung der Freiheit mehr Glück haben als bei der Durchführung seiner eigentlichen Aufgabe, ob-wohl er zuletzt nicht unverdient auch den Dank und den Ruhm erntete, den Getreidepreis gesenkt zu haben. Vergeblich schickte er viele Gesandtschaften zu den Nachbarvölkern ringsum – nur daß aus Etrurien eine nicht gerade große Menge Getreide heran-geschafft wurde –, konnte aber bei der Getreideversorgung keine Änderung bewirken. Da nahm er seine Zuflucht zur Verteilung des Mangels und zwang die Leute, ihren Getreidevorrat anzugeben und alles, was über den Bedarf für einen Monat hinausging, zu verkaufen; den Sklaven entzog er einen Teil der täglichen Nahrung, und dann beschuldigte er noch die Getreidehändler und gab sie dem Zorn des Volkes preis. Durch seine strengen Untersuchungen legte er mehr den Mangel offen, als daß er ihn gemildert hätte. Viele aus der Plebs verloren daher alle Hoffnung, und statt ihr Leben qualvoll hinzuschleppen, stürzten sie sich lieber mit verhülltem Haupt in den Tiber.

13. Da nahm Sp. Maelius, ein Mann aus dem Ritterstand, der für jene Zeiten ungeheuer reich war, eine an sich nützliche Sache in Angriff, gab aber dabei ein sehr schlechtes Beispiel, und seine Absicht war noch schlechter. Er kaufte nämlich in Etrurien aus eigenen Mitteln mit Hilfe seiner Gastfreunde und Klienten Getreide auf – gerade dies, glaube ich, hatte eine Senkung des Getreidepreises durch staatliche Maßnahmen verhindert – und begann Getreidespenden auszuteilen. Wo er auch ging, hatte er, Aufsehen erregend und großtuerisch über das Maß eines Privatmanns hinaus, Plebejer um sich, die er durch dieses Geschenk geködert hatte und die ihm durch ihre Gunst und ihre Erwartungen ein sicheres Konsulat garantierten. Da der Mensch nie mit dem zufrieden ist, was das Glück ihm verheißt, begann er selbst nach Höherem und Unerlaubtem zu trachten und, weil er auch das Konsulat den Patriziern gegen deren Willen hätte entreißen müssen, an die Königsherrschaft zu denken. Das sei der einzige Lohn, der einen solchen Aufwand an Planungen wert sei und den ungeheuren Kampf, der noch viel Schweiß kosten werde.

Schon standen die Konsulwahlen bevor; das kam ihm ungelegen, weil seine Pläne noch keine feste Form angenommen hatten und noch nicht ausgereift waren. Als Konsul wurde zum sechstenmal T. Quinctius Capitolinus gewählt, ein keineswegs bequemer Mann für einen, der an einen Umsturz dachte; als Kollege wurde ihm Agrippa Menenius beigegeben, der den Beinamen Lanatus hatte. Auch L. Minucius, der Kommissar für die Getreideversorgung, wurde entweder wiedergewählt, oder er war auf unbestimmte Zeit eingesetzt, solange es die Lage erforderte; es steht nämlich nur fest, daß in den Leinenbüchern der Name des Kom-

missars in beiden Jahren unter den Beamten erscheint. Dieser
Minucius, der im Auftrag des Staates dasselbe Geschäft besorgte,
das Maelius auf eigene Faust auf sich genommen hatte, erfuhr
von der Sache, da in beiden Häusern dieselbe Art Menschen ver-
kehrte, und machte dem Senat Mitteilung: Es würden Waffen in
das Haus des Maelius geschafft, er halte in seinem Haus Versammlungen ab und es sei nicht zu bezweifeln, daß seine Machenschaften auf die Königsherrschaft abzielten. Nur der Zeitpunkt für die Ausführung des Planes stehe noch nicht fest, alles
übrige sei schon abgesprochen. Auch die Tribunen seien mit
Geld gekauft worden, die Freiheit zu verraten, und die Aufgaben
seien unter die Führer der Menge verteilt. Fast zu spät für die Sicherheit mache er davon Mitteilung, aber er habe nichts Unge-
wisses und Unbewiesenes vorbringen wollen. Auf diese Kunde
hin schimpften die angesehensten Patrizier von allen Seiten auf
die Konsuln des Vorjahres, weil sie es zugelassen hätten, daß es
zu diesen Schenkungen und den Zusammenkünften der Plebs in
einem Privathaus, aber auch auf die neuen Konsuln, weil sie
gewartet hätten, bis der Kommissar für die Getreideversorgung
eine so wichtige Sache dem Senat mitteilte, die es verlange, daß
ein Konsul sie nicht nur aufdecke, sondern auch ahnde. Da sagte
Quinctius, man schimpfe zu Unrecht auf die Konsuln; durch die
Gesetze über die Berufung, die erlassen worden seien, um ihre
Befugnisse aufzuheben, seien ihnen die Hände gebunden, und sie
hätten in ihrem Amt keineswegs genug Macht, diese Sache ihrer
Abscheulichkeit entsprechend zu ahnden, den Mut hätten sie
schon. Es sei nicht nur ein tapferer Mann nötig, sondern auch einer, der freie Hand habe und dem die Gesetze keine Fesseln anlegten. Daher werde er den L. Quinctius zum Diktator ernennen; der habe die Sinnesart, die zu einem so hohen Amt gehöre.
Während alle zustimmten, lehnte Quinctius zunächst ab und
fragte, was sie von ihm wollten, wenn sie ihn, der am Ende seines
Lebens stehe, in einen so schweren Kampf schickten. Als man
dann aber von allen Seiten rief, in seinem Greisenherzen sei nicht
nur mehr Klugheit, sondern auch mehr Tapferkeit als in allen anderen, und ihn mit nicht unverdientem Lob überhäufte und der
Konsul nicht nachgab, betete Cincinnatus schließlich zu den un-

sterblichen Göttern, sein hohes Alter möge in einer so schwierigen Lage dem Staat nicht Schaden und Schande bringen, und
wurde vom Konsul zum Diktator ernannt. Er selbst berief darauf
den C. Servilius Ahala zum Magister equitum.

14. Am nächsten Tag stellte er an bestimmten Punkten Posten
auf und stieg auf das Forum hinab. Das Überraschende und Auffallende des Vorgangs lenkte die Blicke der Plebs auf ihn, die Anhänger des Maelius und der Führer selbst sahen die Machtfülle
des so hohen Amtes gegen sie gerichtet, und die, die von seinen
Absichten auf die Königsherrschaft nichts wußten, fragten, welche Wirren, welch plötzlicher Krieg das hohe Amt eines Diktators und Quinctius mit seinen mehr als achtzig Jahren als Lenker
des Staates erforderlich gemacht hätten. Unterdessen wurde Servilius, der Magister equitum, vom Diktator zu Maelius geschickt
und sagte: »Der Diktator läßt dich rufen!« Als jener voll Angst
fragte, was er wolle, und Servilius ihm erklärte, er müsse sich verantworten und sich von dem Vorwurf reinwaschen, den Minucius vor dem Senat erhoben habe, da zog Maelius sich in die Schar
seiner Anhänger zurück und sah sich zunächst unschlüssig nach
allen Seiten um. Als schließlich der Amtsdiener ihn dem Befehl
des Magister equitum gemäß abführen wollte, wurde er von den
Umstehenden befreit und suchte zu fliehen; dabei rief er den
Schutz der römischen Plebs an und sagte, er werde aufgrund einer Absprache unter den Patriziern überfallen, weil er der Plebs
Gutes getan habe. Er bitte sie, ihm in seiner äußersten Not Hilfe
zu leisten und nicht zuzulassen, daß er vor ihren Augen hingeschlachtet werde. Während er dies hinausschrie, erreichte Ahala
Servilius ihn und erschlug ihn. Blutbespritzt, umgeben von einer
Schar junger Patrizier, meldete er dem Diktator, Maelius sei zu
ihm vorgeladen worden, aber er habe den Amtsdiener zurückgestoßen, die Menge aufgewiegelt und daraufhin die verdiente
Strafe gefunden. Da sagte der Diktator: »Heil deiner Tapferkeit,
C. Servilius! Du hast den Staat gerettet.«

15. Dann ließ er die lärmende Menge, die nicht wußte, wie sie
die Tat beurteilen sollte, zur Volksversammlung rufen und erklärte, Maelius sei zu Recht getötet worden, selbst wenn er des
Verbrechens, nach der Königsherrschaft zu trachten, nicht

schuldig gewesen sei; denn als er vom Magister equitum vor den
Diktator gerufen wurde, sei er nicht gekommen. Er selbst habe
Platz genommen, um die Sache zu untersuchen; nach der Untersuchung hätte Maelius ein Schicksal gehabt, wie es der Sachlage
entsprach. Da er aber Gewalt gebraucht habe, um sich dem Gericht nicht stellen zu müssen, sei man mit Gewalt gegen ihn vorgegangen. Man habe mit ihm nicht wie mit einem Bürger verfahren müssen. Er sei in einem freien Volk geboren worden, bei dem
es Rechtsnormen und Gesetze gebe, in einer Stadt, aus der, wie er
wußte, die Königsfamilie vertrieben worden war und in der im
selben Jahr die Söhne der Schwester des Königs, die Kinder des
Konsuls, des Befreiers des Vaterlandes, auf Anordnung ihres Vaters mit dem Beil hingerichtet worden waren, weil ihr Komplott,
durch das die Königsfamilie wieder in die Stadt aufgenommen
werden sollte, angezeigt wurde; in der der Konsul Collatinus
Tarquinius wegen der Verhaßtheit seines Namens aufgefordert
wurde, sein Amt niederzulegen und in die Verbannung zu gehen;
in der nach einer Reihe von Jahren an Sp. Cassius wegen seiner
Absichten auf den Thron die Todesstrafe vollstreckt wurde; in
der vor kurzem die Decemvirn mit Einzug ihres Vermögens, mit
Verbannung und dem Tode bestraft wurden, weil sie mit der
Überheblichkeit von Königen auftraten. Und in dieser Stadt
habe ein Sp. Maelius sich Hoffnung auf den Thron gemacht! Was
für ein Mensch sei das gewesen? Zwar öffneten kein Adel, keine
Ämter und keine Verdienste jemandem den Weg zur Alleinherrschaft, doch immerhin hätten Leute wie Claudius und Cassius
aufgrund ihrer Konsulate und Decemvirate, der Ämter ihrer
Vorfahren und des Ruhmes ihrer Familien ihren Ehrgeiz auf ein
frevelhaftes Ziel gerichtet. Sp. Maelius, der sich das Volkstribunat zwar wünschen, aber kaum ernstlich darauf hoffen konnte,
ein reicher Kornhändler, habe gehofft, für zwei Pfund Spelzweizen seinen Mitbürgern die Freiheit abgekauft zu haben, und geglaubt, ein Volk, das all seine Nachbarn besiegt habe, lasse sich
mit einem vorgeworfenen Bissen für die Knechtschaft einnehmen, so daß die Bürgerschaft ihn, den sie kaum als Senator hätte
verdauen können, als König ertrüge, der die Insignien und die
Macht eines Romulus habe, des Gründers, der von den Göttern

abstammte und zu den Göttern aufgenommen sei. Das müsse man eher für eine Verirrung der Natur als für ein Verbrechen halten, und es sei mit seinem Blut nicht hinreichend gesühnt; auch das Dach und die Wände, worin er diesen wahnwitzigen Plan gefaßt habe, müßten zertrümmert und das Vermögen, das durch den Kaufpreis für den Thron befleckt sei, konfisziert werden. Er befehle daher den Quästoren, diesen Besitz zu verkaufen und den Erlös in die Staatskasse zu legen.

16. Dann befahl er, das Haus sogleich zu zerstören, damit der freie Platz ein Denkmal für die Vereitelung einer frevelhaften Hoffnung sei. Die Stelle wurde Aequimaelium genannt. L. Minucius wurde mit einem vergoldeten Rind vor der Porta Trigemina geehrt, wogegen auch die Plebs nichts einzuwenden hatte, weil er das Getreide des Maelius, den Scheffel zu einem As, an die Plebs verteilte. In einigen Quellen finde ich, dieser Minucius sei von den Patriziern zu den Plebejern übergetreten und habe, von den anderen Volkstribunen als elfter hinzugewählt, eine Erhebung beschwichtigt, zu der es wegen der Ermordung des Maelius gekommen war. Aber es ist kaum glaubhaft, daß die Patrizier eine Vergrößerung der Zahl der Tribunen hingenommen hätten und daß ein Mann aus den Reihen der Patrizier gerade dieses Beispiel als erster gegeben und daß die Plebs das, was man ihr einmal zugestanden hatte, dann nicht behauptet oder wenigstens zu behaupten versucht hätte. Vor allem aber wird die falsche Angabe bei seinem Bildnis dadurch widerlegt, daß wenige Jahre zuvor durch ein Gesetz verboten worden war, daß die Tribunen einen Kollegen dazuwählten.

Q. Caecilius, Q. Junius und Sex. Titinius hatten als einzige aus dem Tribunenkollegium die Ehrung des Minucius nicht mitbeantragt und nicht aufgehört, bald gegen Minucius, bald gegen Servilius bei der Plebs Vorwürfe zu erheben und über die schmähliche Ermordung des Maelius zu klagen. Sie setzten dann auch durch, daß man sich für die Wahl von Militärtribunen statt der von Konsuln entschied; dabei gab es für sie keinen Zweifel, daß bei sechs Stellen – denn so viele durften jetzt gewählt werden – auch einige Plebejer gewählt würden, wenn sie erklärten, sie würden den Mord an Maelius rächen. Obwohl die Plebs durch

die vielen mannigfachen Aufregungen dieses Jahres in Unruhe
versetzt war, wählte sie nicht mehr als drei Tribunen mit konsularischer Vollmacht, darunter L. Quinctius, den Sohn des Cincinnatus, dessen Diktatur so verhaßt war, daß man an einen Aufruhr dachte. Bei der Wahl erhielt Mam. Aemilius, ein Mann von
höchstem Ansehen, mehr Stimmen als Quinctius; L. Julius wählten sie als dritten.

17. In ihrer Amtszeit fiel Fidenae, eine römische Kolonie, zu
Lars Tolumnius, dem König von Veji, ab. Zu dem Abfall kam
noch ein größeres Verbrechen hinzu: Auf Geheiß des Tolumnius
töteten sie die römischen Gesandten Q. Fulcinius, Cloelius Tullus, Sp. Nautius und L. Roscius, als diese nach dem Grund für ihren Sinneswandel fragten. Manche mildern die Untat des Königs:
Bei einem glücklichen Wurf im Würfelspiel sei ein mißverständliches Wort von ihm, durch das er angeordnet zu haben schien,
sie sollten getötet werden, von den Fidenaten aufgefangen worden und der Anlaß für den Tod der Gesandten gewesen. Es ist
aber unglaubhaft, daß er beim Dazukommen der Fidenaten, seiner neuen Bundesgenossen, die ihn wegen eines Mordes befrag-
ten, der das Völkerrecht verletzen würde, seine ganze Aufmerksamkeit weiter auf das Spiel gerichtet und auch nachher die Untat
nicht als ein Mißverständnis hingestellt hätte. Wahrscheinlicher
ist es, daß das Volk von Fidenae mit dem Bewußtsein eines so
schweren Verbrechens belastet werden sollte, damit es von den
Römern nichts mehr zu erhoffen hatte.

Von den Gesandten, die in Fidenae getötet worden waren,
wurden im Namen des Staates an der Rednertribüne Standbilder
aufgestellt. Mit den Leuten von Veji und Fidenae, die nicht nur
Nachbarvölker waren, sondern den Krieg auch mit einer so ruchlosen Tat begonnen hatten, war ein mörderischer Kampf zu erwarten.

Aus Sorge um das Staatsganze verhielten sich daher die Plebs
und die Tribunen dieses Jahres ruhig, und es gab keinen Streit
darüber, daß Konsuln gewählt wurden, und zwar M. Geganius
Macerinus zum drittenmal und L. Sergius Fidenas; seinen Beinamen hat er, wie ich glaube, erst von dem Krieg erhalten, den er
dann führte; denn er kämpfte als erster diesseits des Anio mit

dem König von Veji in einem günstig ausgehenden Kampf und trug einen nicht unblutigen Sieg davon. Daher war der Schmerz über den Verlust der Mitbürger größer als die Freude über die Niederlage der Feinde, und der Senat ordnete angesichts der bedrohlichen Situation die Ernennung des Mam. Aemilius zum Diktator an. Der ernannte zum Magister equitum einen aus dem Kollegium des Vorjahres, in dem sie zusammen Militärtribunen mit konsularischer Vollmacht gewesen waren, den L. Quinctius Cincinnatus, einen jungen Mann, der seines Vaters würdig war. Den Soldaten, die die Konsuln ausgehoben hatten, wurden alte, kriegserfahrene Centurionen beigegeben, und die Verluste aus der letzten Schlacht wurden voll ersetzt. Der Diktator forderte T. Quinctius Capitolinus und M. Furius Vibulanus auf, ihm als Legaten zu folgen.

Die größere Machtbefugnis, noch mehr aber der Mann, der dieser Machtbefugnis voll entsprach, trieben die Feinde aus dem römischen Gebiet über den Anio zurück. Sie verlegten ihr Lager nach rückwärts, besetzten die Hügel zwischen Fidenae und dem Anio und stiegen erst in die Ebene hinab, als die Legionen der Falisker ihnen zu Hilfe kamen. Dann endlich wurde das Lager der Etrusker vor den Mauern von Fidenae aufgeschlagen. Der römische Diktator lagerte sich nicht weit davon, an der Mündung des Anio in den Tiber, an den Ufern beider Flüsse und zog von einem Ufer zum andern, wo er ... konnte, einen Wall. Am nächsten Tag rückte er zur Schlacht aus.

18. Bei den Feinden waren die Meinungen geteilt. Die Falisker, die den Kriegsdienst weit weg von ihrer Heimat nur ungern ertrugen und genug Selbstvertrauen hatten, forderten die Schlacht; die Leute von Veji und Fidenae setzten ihre Hoffnung mehr auf ein Hinziehen des Krieges. Tolumnius gefielen zwar die Pläne seiner eigenen Leute mehr, aber damit die Falisker den Kriegsdienst in der Ferne nicht leid wurden, verkündete er, er werde am nächsten Tag kämpfen. Dem Diktator und den Römern wuchs der Mut, weil der Feind den Kampf verweigert hatte. Am nächsten Tag, als die Soldaten schon murrten, sie würden das Lager und die Stadt angreifen, wenn ihnen nicht Gelegenheit zur Schlacht gegeben werde, rückten von beiden Seiten die Heere in

die Mitte der Ebene zwischen den beiden Lagern vor. Die Vejenter, die Leute im Überfluß hatten, schickten eine Formation, die während des Kampfes das römische Lager angreifen sollte, im Bogen hinter den Bergen herum. Das Heer der drei Völker stand so aufgestellt, daß die Vejenter den rechten, die Falisker den linken Flügel und die Fidenaten das Zentrum bildeten. Der Diktator griff mit dem rechten Flügel die Falisker an, Capitolinus Quinctius mit dem linken die Vejenter, gegen das Zentrum ging der Magister equitum mit der Reiterei vor. Kurze Zeit herrschte tiefste Stille; die Etrusker wollten den Kampf nur eröffnen, wenn sie dazu gezwungen wurden, und der Diktator schaute zurück zur Burg von Rom und wartete darauf, daß die Auguren von dort, sobald es die Vögel auf die herkömmliche Art zuließen, das Signal gaben, wie es vereinbart war. Sobald er es erblickte, ließ er als erste die Reiter mit Geschrei gegen den Feind losstürmen; die Schlachtreihe der Fußsoldaten folgte und stürzte sich mit aller Gewalt in den Kampf. An keiner Stelle konnten die etruskischen Legionen dem Angriff der Römer standhalten. Die Reiterei leistete am meisten Widerstand. Bei weitem der tapferste unter den Reitern war der König selbst; er warf sich den Römern entgegen, die sich überall in aufgelöster Ordnung an die Verfolgung machten, und suchte den Kampf hinzuziehen.

19. Damals befand sich unter den Reitern der Militärtribun A. Cornelius Cossus, ein außerordentlich schöner Mann, ebenso mutig wie stark. Er war stolz auf seine Familie, deren Name schon in höchstem Ansehen stand, als er ihn bekam, und den er seinen Nachkommen noch größer und herrlicher hinterließ. Als er sah, daß die römischen Schwadronen beim Angriff des Tolumnius, wohin er sich auch wandte, in Verwirrung gerieten, und ihn erkannte, wie er, durch seine Königstracht auffallend, die ganze Schlachtreihe auf und ab galoppierte, rief er: »Ist das der Mann, der die menschlichen Bande zerrissen und das Völkerrecht verletzt hat? Jetzt werde ich ihn als Sühnopfer schlachten, wenn denn die Götter wollen, daß noch etwas auf Erden heilig ist, und den Manen der Gesandten darbringen!« Er gab seinem Pferd die Sporen und stürzte sich mit eingelegter Lanze auf diesen einen Feind. Durch seinen Stoß warf er ihn vom Pferd und schwang

sich sogleich, auf seine Lanze gestützt, auch selbst hinab. Als der
König sich da wieder aufrichten wollte, stieß er ihn mit dem
Schildbuckel zurück, traf ihn mit wiederholten Stößen seiner
Lanze und heftete ihn an die Erde. Dann zog er dem Verbluten-
den die Rüstung ab, steckte als Sieger das abgeschlagene Haupt
auf die Spitze seiner Lanze und jagte damit die Feinde, die der
Tod ihres Königs in Panik versetzte, in alle Winde. So wurde
auch die Reiterei geschlagen, die allein den Ausgang des Kampfes
in der Schwebe gehalten hatte.

Der Diktator setzte den geschlagenen Legionen nach, drängte
sie am Lager zusammen und machte sie dort nieder. Von den Fidenaten entkamen sehr viele aufgrund ihrer Vertrautheit mit dem
Gelände in die Berge. Cossus ging mit der Reiterei über den Tiber und brachte aus dem Gebiet von Veji ungeheure Beute nach
Rom. Während der Schlacht wurde auch beim römischen Lager
gekämpft gegen den Teil der Truppen, die Tolumnius, wie vor-
hin gesagt, zum Lager geschickt hatte. Fabius Vibulanus verteidigte den Wall zuerst mit einer dichten Kette von Leuten. Während die Feinde sich auf den Wall konzentrierten, rückte er dann
durch das rechte Seitentor aus und griff sie plötzlich mit den
Triariern an. Da wurden sie von Entsetzen gepackt; die Verluste
waren geringer, weil sie weniger zahlreich waren, die Flucht aber
nicht weniger überstürzt als die in der Schlacht.

20. Nachdem die Sache überall zu einem guten Ende gebracht
war, kehrte der Diktator auf Senatsbeschluß und auf Geheiß des
Volkes im Triumph in die Stadt zurück. Bei weitem am meisten
Aufsehen bei dem Triumphzug erregte Cossus, der die erbeutete
Feldherrnrüstung des getöteten Königs mit sich führte. Auf ihn
sangen die Soldaten kunstlose Lieder, in denen sie ihn mit Romulus verglichen. Er brachte die erbeutete Rüstung in feierlicher
Weihe als Geschenk im Tempel des Jupiter Feretrius in der Nähe
der von Romulus erbeuteten Rüstung an, die als erste die Bezeichnung »Feldherrnbeute« erhalten hatte und bis zu diesem
Zeitpunkt die einzige geblieben war. Er hatte die Blicke seiner
Mitbürger vom Triumphwagen des Diktators weg auf sich gelenkt und den Ruhm dieses Tages fast allein geerntet. Der Diktator legte einen goldenen Kranz von einem Pfund Gewicht aus öf-

fentlichen Mitteln als Geschenk für Jupiter auf dem Kapitol nieder.

Im Anschluß an alle Geschichtsschreiber vor mir habe ich angegeben, daß A. Cornelius Cossus als Militärtribun die zweite erbeutete Feldherrnrüstung in das Heiligtum des Jupiter Feretrius gebracht hat. Aber abgesehen davon, daß zu Recht als erbeutete Feldherrnrüstung nur gilt, was ein Feldherr einem Feldherrn genommen hat, und wir als Feldherrn nur den anerkennen, unter dessen Auspizien der Krieg geführt wird, bezeugt die Aufschrift, die auf der Rüstung angebracht ist, gegen jene und gegen mich, daß Cossus sie als Konsul genommen hat. Als ich hörte, Augustus Caesar, der Gründer und Erneuerer aller Heiligtümer, habe, als er den Tempel des Jupiter Feretrius besuchte, der infolge seines hohen Alters verfallen war und den er wiederherstellen ließ, selbst gelesen, daß es so auf dem Leinenpanzer stand, hielt ich es fast für ein Sakrileg, dem Cossus für die von ihm erbeutete Rüstung einen Zeugen wie Caesar, den Schirmherrn dieses Tempels, vorzuenthalten. Wo hier der Irrtum liegt, wenn so alte Geschichtswerke und wenn das auf Leinen geschriebene Beamtenverzeichnis, das im Tempel der Moneta aufbewahrt wird und das Macer Licinius immer wieder als Quelle anführt, A. Cornelius erst neun Jahre danach mit T. Quinctius Poenus als Konsul bringen, darüber mag sich jeder sein eigenes Urteil bilden. Denn es kommt noch folgender Punkt hinzu, der es verbietet, die so berühmte Schlacht auf dieses Jahr zu verlegen: Über einen Zeitraum von fast drei Jahren um das Konsulat des A. Cornelius herum gab es infolge von Seuche und Mißernte keinen Krieg, so daß einige Geschichtswerke, als wenn nur von Begräbnissen zu berichten wäre, nichts als die Namen der Konsuln anführen. Zwei Jahre nach seinem Konsulat war Cossus Militärtribun mit konsularischer Vollmacht, im selben Jahr Magister equitum. In diesem Amt lieferte er eine andere bedeutende Reiterschlacht. Eine Folgerung daraus steht frei, aber sie ist, wie ich glaube, gegenstandslos; man kann alle Meinungen zurückweisen; immerhin hat der, der den Kampf geführt hat, sich, als er die frisch erbeutete Rüstung an heiliger Stätte niederlegte, mit dem Blick sozusagen auf Jupiter selbst, den Empfänger der Weihegabe, und auf

Romulus – furchtbare Zeugen, hätte er die Aufschrift gefälscht –
als den Konsul A. Cornelius Cossus bezeichnet.

21. Als M. Cornelius Maluginensis und L. Papirius Crassus
Konsuln waren, wurden Heere in das Gebiet von Veji und von
Falerii geführt; Beute an Mensch und Vieh wurde weggetrieben.
Den Feind bekam man im Felde nirgendwo zu Gesicht, und es
gab keine Gelegenheit zum Kämpfen. Die Städte wurden jedoch
nicht angegriffen, weil eine Seuche das Volk befiel. Daheim arbeitete der Volkstribun Sp. Maelius auf Unruhen hin, aber es
kam nicht dazu. In der Meinung, er könne bei der Popularität seines Namens etwas in die Wege leiten, hatte er Minucius vor Gericht geladen und den Antrag gestellt, das Vermögen des Servilius
Ahala einzuziehen. Dabei behauptete er, Maelius sei von Minucius mit falschen Beschuldigungen in die Enge getrieben worden;
dem Servilius warf er die Ermordung eines nicht verurteilten
Bürgers vor. Das wurde beim Volk noch weniger ernst genommen als der Mann, der es vorbrachte.

Im übrigen bereitete die wachsende Heftigkeit der Seuche
ziemliche Sorge wie auch die schreckenerregenden Erscheinungen und die Zeichen vom Himmel, vor allem die Meldung, auf
dem Lande stürzten infolge häufiger Erdstöße die Häuser ein.
Ein feierliches Gebet wurde deshalb vom Volk gesprochen, wobei das Zweierkollegium die Worte vorsprach.

Im Jahr danach, in dem C. Julius zum zweitenmal und L. Verginius Konsuln waren, wütete die Seuche noch schlimmer und
schuf in der Stadt und auf dem Lande eine so große Verödung,
daß niemand das römische Gebiet verließ, um Beute zu machen,
und weder den Patriziern noch den Plebejern der Gedanke an einen Angriffskrieg kam, andererseits aber die Leute von Fidenae,
die sich zuerst in den Bergen oder hinter ihren Mauern gehalten
hatten, plündernd in das römische Gebiet hinabstiegen. Als dann
auch noch das Heer von Veji herbeigerufen wurde – denn die Falisker ließen sich weder durch das Unglück der Römer noch
durch die Bitten ihrer Bundesgenossen dazu bringen, den Krieg
wiederaufzunehmen –, überschritten die beiden Völker den
Anio und standen mit ihren Heeren nicht weit von der Porta
Collina. Man war daher in der Stadt nicht weniger bestürzt als

auf dem Lande. Der Konsul Julius verteilte die Truppen auf dem
Erdwall und der Mauer, Verginius beriet sich im Tempel des
Quirinus mit dem Senat. Man beschloß, A. Servilius, als dessen
Beinamen die einen Priscus, die anderen Structus überliefern,
solle zum Diktator ernannt werden. Verginius wartete, bis er sich
mit seinem Kollegen besprochen hatte, und ernannte mit dessen
Einwilligung in der Nacht den Diktator. Der ernannte Postumus
Aebutius Helva zu seinem Magister equitum.

22. Der Diktator befahl, alle sollten sich bei Tagesanbruch vor
der Porta Collina einfinden. Wer noch die Kraft hatte, Waffen zu
tragen, war zur Stelle. Die Feldzeichen wurden aus der Schatzkammer geholt und zum Diktator gebracht. Währenddessen gingen die Feinde in höher gelegenes Gelände zurück. Der Diktator
rückte in Angriffsformation dorthin nach und schlug in einer
Schlacht nicht weit von Nomentum die etruskischen Legionen;
er trieb sie dann in die Stadt Fidenae und schloß sie mit einem
Wall ein. Aber die hochgelegene und befestigte Stadt konnte
nicht mit Sturmleitern genommen werden, und auch die Belagerung hatte keine Wirkung, weil das Getreide nicht nur für den
nötigen Bedarf ausreichte, sondern auch Vorräte im Überfluß
von dem, was man zuvor herangeschafft hatte, zur Verfügung
standen. So mußte der Diktator ebenso die Hoffnung aufgeben,
die Stadt erobern wie sie zur Übergabe zwingen zu können; er
machte sich deshalb daran, in dem Gelände, das ihm wegen seiner
Nähe zu Rom bekannt war, auf der Frontseite der Stadt, um die
man sich am wenigsten kümmerte, weil sie durch ihre natürliche
Beschaffenheit sehr sicher war, einen Stollen zur Burg vorzutrei-
ben. Er selbst teilte sein Heer in vier Teile, die einander im Kampf
ablösen sollten, und rückte an den verschiedensten Stellen an die
Mauern heran. Durch ununterbrochene Gefechte bei Tag und
Nacht lenkte er die Feinde davon ab, die Arbeiten zu bemerken,
bis der Berg vom Lager aus durchstoßen und ein Weg zur Burg
hinaufgeführt war. Und während die Etrusker ihr Augenmerk
nicht auf die wirkliche Gefahr, sondern auf die leeren Drohungen richteten, zeigte das Geschrei der Feinde von der Höhe herab
an, daß die Stadt erobert war.

In diesem Jahr nahmen die Zensoren C. Furius Pacilus und

M. Geganius Macerinus das Amtsgebäude auf dem Marsfeld ab,
und zum erstenmal wurde der Census des Volkes dort durchgeführt.

23. Bei Macer Licinius finde ich, dieselben Konsuln seien im
folgenden Jahr wiedergewählt worden, Julius zum drittenmal,
Verginius zum zweitenmal. Valerius Antias und Tubero nennen
M. Manlius und Q. Sulpicius als Konsuln für dieses Jahr. Übri-
gens berufen sich sowohl Tubero als auch Macer bei ihren so wi-
dersprüchlichen Angaben auf die Leinenchronik als Quelle; keiner von beiden macht aber ein Hehl daraus, daß bei den alten Geschichtsschreibern überliefert ist, es habe in diesem Jahr Militärtribunen gegeben. Licinius will sich ohne jeden Zweifel an die
Leinenchronik halten; Tubero ist sich über den wahren Sachver-
halt unsicher. Mag neben all dem anderen, das durch sein Alter
im Dunkel liegt, auch dies ungeklärt bleiben.

In Etrurien war man nach der Einnahme von Fidenae in Unruhe; nicht nur die Bevölkerung von Veji war in der Furcht vor
einem ähnlichen Ende aufgeschreckt, sondern auch die Falisker
bei dem Gedanken, daß sie den Krieg zunächst zusammen mit
den Fidenaten angefangen hatten, wenn sie ihnen auch, als sie den
Krieg wiederaufnahmen, nicht beigestanden hatten. Beide Gemeinden schickten reihum zu den zwölf Völkern Gesandte und
erreichten, daß beim Voltumna-Heiligtum eine Bundesversammlung für ganz Etrurien angesetzt wurde. Als wenn von dort
plötzlich ein schwerer Krieg drohte, befahl der Senat daraufhin,
Mam. Aemilius zum zweitenmal zum Diktator zu ernennen.
Von ihm wurde A. Postumius Tubertus zum Magister equitum
ernannt. Der Krieg wurde mit um so größerer Energie als beim
letztenmal vorbereitet, je mehr Gefahr von ganz Etrurien drohte
als zuvor von nur zwei Völkern.

24. In dieser Sache blieb es jedoch erheblich ruhiger, als man
allgemein erwartet hatte. Von Kaufleuten wurde gemeldet, man
habe den Leuten von Veji Hilfstruppen verweigert und sie aufgefordert, den auf eigene Faust begonnenen Krieg auch mit eigenen
Kräften zu Ende zu bringen und sich nicht in ihrem Unglück
nach Gefährten umzusehen, mit denen sie die ungetrübte Hoffnung nicht hätten teilen wollen. Weil dem Diktator so die Gele-

genheit, im Krieg Ruhm zu gewinnen, genommen war, wünschte er nun, um nicht vergebens ernannt zu sein, im Frieden eine Tat zu vollbringen, die ein Denkmal seiner Diktatur bilden sollte, und machte sich daran, die Zensur einzuschränken, sei es daß er die Machtbefugnis für zu groß hielt, sei es daß ihm weniger die Größe des Amtes als seine lange Dauer ein Dorn im Auge war. Er berief daher eine Volksversammlung ein und sagte, die unsterblichen Götter hätten es übernommen, die Interessen des Staates draußen wahrzunehmen und für volle Sicherheit zu sorgen. Er werde tun, was innerhalb der Mauern zu tun sei, und sich um die Freiheit des römischen Volkes kümmern. Der beste Schutz für sie sei aber, wenn die hohen Ämter, deren Befugnisse nicht eingeschränkt werden könnten, nicht lange dauerten und sie zeitlich eingeschränkt würden. Die anderen Ämter gingen über ein Jahr, die Zensur aber über fünf. Es sei hart, denselben Männern so viele Jahre, einen großen Teil des Lebens, ausgeliefert zu sein. Er werde ein Gesetz einbringen, daß die Zensur nicht länger als ein Jahr und sechs Monate dauern solle. Unter ungeheurer Zustimmung des Volkes brachte er das Gesetz am nächsten Tag durch und sagte: »Damit ihr durch die Tat erkennt, wie wenig mir eine lange Amtsdauer gefällt, trete ich von der Diktatur zurück.« Nachdem er sein eigenes Amt niedergelegt und dem anderen eine zeitliche Grenze gesetzt hatte, wurde er unter ungeheurem Jubel und Beifall des Volkes nach Hause geleitet.

Die Zensoren nahmen es Mamercus übel, daß er ein Amt des römischen Volkes eingeschränkt hatte, stießen ihn aus seiner Tribus aus, erhöhten seinen Steuersatz auf das Achtfache und machten ihn zum Ärarier. Es heißt, er habe das mit ungeheurer Haltung getragen und mehr auf die Ursache seiner Schande geblickt als auf die Schande. Die führenden Männer unter den Patriziern hatten zwar nicht gewollt, daß die Befugnisse der Zensur eingeschränkt wurden, nahmen aber Anstoß an dem Beispiel zensorischer Härte, weil jeder sah, daß er öfter und länger den Zensoren untergeordnet als selbst Zensor sein werde. Beim Volk jedenfalls soll so große Empörung aufgekommen sein, daß Gewalttätigkeiten gegenüber den Zensoren nur durch das Ansehen des Mamercus selbst verhindert werden konnten.

25. Die Volkstribunen verhinderten durch anhaltende Quertreibereien die Wahl von Konsuln. Als es fast schon zu einem Interregnum gekommen war, setzten sie endlich durch, daß Militärtribunen mit konsularischer Vollmacht gewählt wurden. Der erhoffte Siegespreis, daß ein Plebejer gewählt wurde, blieb aber aus; es wurden lauter Patrizier gewählt, M. Fabius Vibulanus, M. Folius und L. Sergius Fidenas.

Die Seuche führte in diesem Jahr dazu, daß die anderen Dinge ruhten. Dem Apollo wurde für die Genesung des Volkes ein Tempel gelobt. Das Zweierkollegium unternahm aufgrund der Bücher vieles, um den Zorn der Götter zu besänftigen und die Seuche vom Volk abzuwenden. Doch gab es große Verluste in der Stadt und auf dem Lande, da Mensch und Vieh ohne Unterschied dahinterstarben. Infolge der Seuche befürchtete man auch eine Hungersnot, weil die Leute, die die Felder bestellen sollten, von der Krankheit befallen waren, und schickte wegen Getreide nach Etrurien und in das Pomptinische Gebiet sowie nach Cumae, zuletzt auch nach Sizilien.

Von einer Konsulwahl war keine Rede. Als Militärtribunen mit konsularischer Vollmacht wurden lauter Patrizier gewählt, L. Pinarius Mamercus, L. Furius Medullinus und Sp. Postumius Albus.

In diesem Jahr ließ die Gewalt der Krankheit nach, und es drohte auch keine Gefahr durch Mangel an Getreide, da man Vorsorge getroffen hatte.

In den Versammlungen der Volsker und der Aequer und in Etrurien beim Voltumna-Heiligtum wurden Pläne zu neuen Kriegen erörtert. Hier verschob man die Sache um ein Jahr, und ein Beschluß sorgte dafür, daß vor der nächsten Bundesversammlung nichts unternommen wurde. Vergeblich beklagte sich das Volk von Veji, seiner Stadt drohe dasselbe Schicksal, das Fidenae erlitten habe.

Unterdessen luden in Rom die führenden Männer der Plebs, die schon lange vergeblich auf ein höheres Amt hofften, solange draußen Ruhe herrschte, zu Zusammenkünften in den Häusern der Volkstribunen ein. Dort besprachen sie insgeheim ihre Pläne. Sie beklagten sich darüber, wie sehr sie von der Plebs verachtet

würden: Schon so viele Jahre lang würden Militärtribunen mit
konsularischer Vollmacht gewählt, aber noch kein Plebejer habe
jemals Zugang zu diesem Amt erhalten. Ihre Vorfahren hätten
viel Weitblick gezeigt, als sie anordneten, daß keinem Patrizier
die plebejischen Ämter offenstehen sollten; sonst hätte man gar
noch Patrizier als Volkstribunen hinnehmen müssen. So minder-
wertig erschienen sie sogar ihren eigenen Leuten, und sie würden
von den Plebejern nicht weniger verachtet als von den Patriziern.
Andere rechtfertigten die Plebs und schoben die Schuld auf die
Patrizier. Durch deren Ehrgeiz und Machenschaften sei den Plebejern der Weg zum höchsten Amt versperrt. Wenn die Plebs
sich von deren mit Drohungen vermischten Bitten frei machen
könne, werde sie an ihre Leute denken, wenn sie zur Wahl
schreite, und nachdem sie das Recht zur Hilfeleistung erlangt
habe, auch die Befehlsgewalt an sich bringen. Man beschloß, die
Tribunen sollten, um das Buhlen um die Gunst der Wähler aus-
zuschalten, ein Gesetz vorschlagen, keiner dürfe wegen der Bewerbung Weiß auf sein Gewand auftragen. Die Sache könnte
jetzt unbedeutend und keiner ernsthaften Behandlung wert erscheinen; damals aber führte sie zu einem gewaltigen Streit zwischen Patriziern und Plebejern. Den Sieg trugen jedoch die Tribunen davon, sie brachten das Gesetz durch. Es war klar, daß die
Plebejer, aufgebracht wie sie waren, sich für ihre Leute entscheiden würden. Um ihnen keine freie Wahl zu lassen, erging ein Senatsbeschluß, daß Konsulwahlen stattfinden sollten.

26. Als Vorwand dienten plötzliche Feindseligkeiten der
Aequer und Volsker, die die Latiner und Herniker gemeldet hatten. T. Quinctius Cincinnatus, der Sohn des Lucius – man gibt
ihm auch den Beinamen Poenus –, und Cn. Julius Mento wurden
Konsuln. Und der Schrecken des Krieges ließ nicht länger auf
sich warten. Die Feinde hatten bei der Aushebung eine Verwünschungsformel angewandt, die bei ihnen das stärkste Mittel war,
die Soldaten zu binden, und von beiden Völkern waren starke
Heere herangezogen; sie trafen am Algidus zusammen. Hier legten die Aequer für sich und ebenso die Volsker befestigte Lager
an, und eifriger als je zuvor kümmerten sich ihre Anführer um
die Schanzarbeit und um das Üben der Soldaten. Um so mehr

Schrecken lösten die Nachrichten in Rom aus. Der Senat beschloß, es solle ein Diktator ernannt werden, weil diese Völker,
wiewohl schon oft besiegt, dennoch mit größerem Einsatz als jemals zuvor den Krieg wiederaufgenommen hatten und ein erheb-
licher Teil der Wehrfähigen in Rom von der Krankheit dahingerafft war. Vor allem schreckte die Verbohrtheit der Konsuln, ihre
Zwietracht und ihr Gezänk bei allen Beratungen. Es gibt Quellen, nach denen diese Konsuln am Algidus unglücklich gekämpft
haben sollen, und das sei der Grund für die Einsetzung eines
Diktators gewesen. Es steht aber hinreichend fest, daß sie, in allem anderen uneins, sich doch in dem einen Punkt, keinen Diktator zu ernennen, gegen den Willen der Väter einig waren. Endlich, als eine Nachricht schrecklicher als die andere eintraf, die
Konsuln aber sich dem Willen des Senats nicht fügten, sagte
Q. Servilius Priscus, der die höchsten Ämter hervorragend ausgeübt hatte: »Da es zum Äußersten gekommen ist, wendet sich
der Senat an euch, ihr Volkstribunen, daß ihr in dieser so großen
Not des Staates die Konsuln kraft eures Amtes zwingt, einen
Diktator zu ernennen.« Als sie diese Worte hörten, glaubten die
Tribunen, es biete sich ihnen eine Gelegenheit, ihre Macht zu
vergrößern; sie zogen sich zurück und verkündeten dann im Namen ihres Kollegiums, sie seien der Meinung, die Konsuln müßten dem Senat aufs Wort gehorchen. Wenn sie sich weiter der ein-
stimmigen Meinung des höchsten Standes widersetzten, würden
sie sie in den Kerker abführen lassen. Die Konsuln wollten sich
lieber von den Tribunen als vom Senat zwingen lassen, wobei sie
erklärten, das Recht des höchsten Amtes sei von den Senatoren
verraten und das Konsulat unter das Joch der tribunizischen Gewalt gebeugt worden, wenn die Konsuln von einem Tribunen
kraft seiner Vollmacht zu etwas gezwungen und – was habe ein
Privatmann darüber hinaus noch zu fürchten? – sogar in den
Kerker geführt werden könnten.

Das Los, den Diktator zu ernennen – denn nicht einmal in diesem Punkt hatten sich die Kollegen einigen können –, fiel auf
T. Quinctius. Der ernannte A. Postumius Tubertus, seinen
Schwiegervater, einen Mann, der sehr streng auf die Ausführung
seiner Befehle achtete, zum Diktator. Von ihm wurde L. Julius

zum Magister equitum ernannt. Zugleich wurde die Aushebung angesetzt und ein Aussetzen der Rechtsprechung angeordnet, und in der ganzen Stadt beschäftigte man sich mit nichts anderem als mit Vorbereitungen für den Krieg. Die Untersuchungen über die Befreiung vom Kriegsdienst wurden bis nach dem Krieg aufgeschoben. So waren auch die, die sich ihrer Sache nicht ganz sicher waren, geneigt, sich einschreiben zu lassen. Auch von den Hernikern und Latinern wurden Soldaten angefordert. Beide Völkerschaften gehorchten dem Diktator voll Eifer.

27. Dies alles wurde mit ungeheurer Schnelligkeit ausgeführt. Der Konsul Cn. Julius wurde zum Schutz der Stadt zurückgelassen und der Magister equitum L. Julius für unvorhergesehene Aufgaben im Krieg, damit es keine Verzögerung gab, wenn man im Lager etwas brauchte. Der Diktator gelobte des plötzlichen Krieges wegen Große Spiele, wobei der Pontifex maximus A. Cornelius die Formel vorsprach, teilte sein Heer mit dem Konsul Quinctius, brach von der Stadt auf und gelangte an den Feind. Wie sie zwei Lager der Feinde in geringem Abstand voneinander aufgeschlagen sahen, so wählten auch sie selbst ungefähr 1000 Schritt vom Feind entfernt den Platz für ihre Lager, der Diktator näher bei Tusculum, der Konsul näher bei Lanuvium. So hatten vier Heere und ebenso viele Verschanzungen eine Ebene in der Mitte, die nicht nur für kleine Vorstöße zu Gefechten, sondern sogar für das Entfalten der Schlachtreihen auf beiden Seiten Raum genug bot. Seitdem die Lager dicht beieinander lagen, kam es immer wieder zu kleinen Gefechten, weil der Diktator es gern geschehen ließ, daß seine Leute ihre Kräfte maßen und sich durch die Erfahrung des Ausgangs dieser Kämpfe allmählich Hoffnung auf einen umfassenden Sieg machten.

Daher griffen die Feinde, die in einer regelrechten Schlacht nichts mehr zu hoffen hatten, bei Nacht das Lager des Konsuls an und ließen es auf den Zufall eines ungewissen Ausgangs ankommen. Das Geschrei, das sich plötzlich erhob, alarmierte nicht nur die Posten des Konsuls, dann sein ganzes Heer, sondern riß auch den Diktator aus dem Schlaf. Jetzt, wo Einsatz auf der Stelle nötig war, ließ es der Konsul weder an Mut fehlen noch an Umsicht. Ein Teil der Soldaten verstärkte die Posten an den Toren, ein Teil bildete ringsum auf dem Wall eine Kette. Je weniger Durcheinander in dem anderen Lager beim Diktator war, desto klarer sah man dort, was zu tun war. Unverzüglich schickte man zum Lager Verstärkung, über die der Legat Sp. Postumius Albus das Kommando erhielt. Der Diktator selbst zog mit einem Teil seiner Truppen auf einem kleinen Umweg zu einer Stelle weit weg vom Lärm des Kampfes, um von dort aus dem Feind überraschend in den Rücken zu fallen. Dem Legaten Q. Sulpicius gab er das Kommando über das Lager, dem Legaten M. Fabius wies er die Reiter zu und befahl ihm, seine Formation nicht vor Tagesanbruch in Bewegung zu setzen, da sie im nächtlichen Kampfgetümmel schwer zu lenken sei. Alles, was auch ein anderer umsichtiger und tatkräftiger Feldherr in einer solchen Situation anordnen und ausführen würde, ordnete er der Reihe nach an und führte es aus. Ein herausragender Beweis für seine Umsicht und seinen Mut, der mehr als das übliche Lob verdient, ist es, daß er darüber hinaus M. Geganius mit ausgesuchten Kohorten zum Angriff auf das Lager der Feinde schickte, aus dem diese, wie man erkundet hatte, mit dem größeren Teil ihres Heeres ausgerückt waren. Als der die Leute angriff, die auf den Ausgang des gefährlichen Unternehmens der anderen gespannt und für sich selbst nicht auf der Hut waren und ihre Wachen und Posten vernachlässigten, nahm er das Lager, fast ehe die Feinde überhaupt merkten, daß es angegriffen wurde. Sobald der Diktator das von dort verabredungsgemäß gegebene Rauchsignal erblickte, rief er, das Lager der Feinde sei genommen, und ließ die Kunde überall verbreiten.

28. Schon wurde es hell, und alles lag vor Augen. Fabius hatte mit der Reiterei angegriffen, und der Konsul hatte gegen die schon unsicher werdenden Feinde aus seinem Lager einen Ausfall gemacht. Der Diktator aber hatte von der anderen Seite her die Reserven und das zweite Treffen angegriffen und dem Feind, der sich gegen das wirre Geschrei und den plötzlichen Kampflärm bald hierhin, bald dorthin wandte, von allen Seiten seine siegreichen Reiter und Fußsoldaten entgegengeworfen. Umzingelt hätten sie also jetzt in der Mitte alle bis auf den letzten Mann für die Wiederaufnahme des Krieges gebüßt, wenn nicht Vettius

Messius von den Volskern, ein Mann, durch seine Taten berühmter als durch seine Herkunft, seine Kameraden, die sich schon zu einem Kreis zusammendrängten, mit lauter Stimme angefahren hätte. »Hier«, rief er, »wollt ihr euch den Geschossen der Feinde aussetzen, ungeschützt und ungerächt? Wozu habt ihr denn eure Waffen, und wieso habt ihr den Krieg angefangen, wenn ihr im Frieden den Mund vollnehmt, im Krieg aber keine Energie zeigt? Was bleibt euch an Hoffnung, wenn ihr hier steht? Glaubt ihr etwa, daß einer der Götter euch schützen oder von hier wegschaffen wird? Mit dem Schwert muß der Weg gebahnt werden! Hier, wo ihr mich vorausschreiten seht, los, wenn ihr eure Häuser und Eltern, eure Frauen und Kinder noch einmal sehen wollt, geht mit mir! Nicht Mauer noch Wall, sondern Bewaffnete stehen Bewaffneten im Weg. An Tapferkeit seid ihr ihnen ebenbürtig, durch eure Notlage, die die letzte und stärkste Waffe ist, überlegen!« Als er das gesagt hatte und seinen Worten auch die Tat folgen ließ, erhoben sie erneut das Kampfgeschrei und folgten ihm, drangen vor, wo Postumius Albus ihnen seine Kohorten entgegengeworfen hatte, und drängten den Sieger zurück, bis der Diktator zu seinen Leuten stieß, die schon zurückgingen, und der ganze Kampf sich auf diesen Punkt konzentrierte. An einem einzigen Mann, an Messius, hing das Geschick der Feinde. Auf beiden Seiten gab es viele Wunden, überall viele Gefallene. Schon kämpften nicht einmal mehr die römischen Heerführer, ohne zu bluten. Aber nur einer, Postumius, der von einem Stein getroffen worden war, mußte mit einem Schädelbruch das Schlachtfeld verlassen; den Diktator brachte nicht seine Verwundung an der Schulter, den Fabius nicht sein fast ans Pferd gespießter Oberschenkel, den Konsul nicht der Verlust eines Armes dazu, sich aus dem noch völlig offenen Kampf zu entfernen.

29. Messius schlug sich über die im Tode hingestreckten Feinde mit einer Schar der tapfersten jungen Männer zum Lager der Volsker durch, das noch nicht genommen war. Dorthin strebte das ganze Heer. Der Konsul verfolgte die in wilder Flucht Davonjagenden bis zum Wall und griff das Lager selbst und den Wall an. Dorthin führte auch der Diktator von der anderen Seite her seine Truppen. Der Angriff auf das Lager war nicht weniger

stürmisch, als es die Schlacht gewesen war. Es heißt, der Konsul
habe auch das Feldzeichen über den Wall geschleudert, damit die
Soldaten schärfer vorgingen, und bei der Rückgewinnung der
Feldzeichen sei der erste Einbruch gelungen. Auch der Diktator
hatte die Schutzwehr eingerissen und den Kampf schon in das
Lager getragen. Da begannen die Feinde überall die Waffen weg-
zuwerfen und sich zu ergeben. Nachdem auch dieses Lager genommen war, wurden die Feinde bis auf die Senatoren allesamt
verkauft. Der Teil der Beute, den die Latiner und Herniker als ihr
Eigentum erkannten, wurde ihnen zurückgegeben, das übrige
versteigerte der Diktator öffentlich. Dann gab er dem Konsul das
Kommando über das Lager, zog selbst im Triumph in die Stadt
ein und legte die Diktatur nieder.

Das Andenken an diese vorzügliche Diktatur wird bei einigen
durch die Überlieferung getrübt, A. Postumius habe seinen
Sohn, weil er, von der Gelegenheit zu einem erfolgreichen
Kampf verführt, ohne Befehl seinen Posten verlassen habe, trotz
seines Sieges mit dem Beil hinrichten lassen. Ich möchte das nicht
glauben und habe angesichts der Verschiedenheit der Meinungen
auch das Recht dazu. Zum Beweis kann dienen, daß man von
»Befehlen wie von Manlius«, nicht »wie von Postumius« spricht;
denn wer zuerst ein so grausiges Beispiel gegeben hat, der dürfte
auch den kennzeichnenden Hinweis auf seine Grausamkeit erhalten haben. Manlius wurde auch der Beiname Imperiosus (der
Herrische) gegeben; Postumius aber ist durch keine schlimme
Kennzeichnung gebrandmarkt.

Der Konsul Cn. Julius weihte den Tempel des Apollo während
der Abwesenheit seines Kollegen, ohne zu losen. Quinctius
nahm das übel auf, als er nach der Entlassung des Heeres in die
Stadt zurückkehrte, doch blieb seine Beschwerde beim Senat
ohne Erfolg.

Für dieses durch bedeutsame Ereignisse bemerkenswerte Jahr
wird noch etwas angeführt, was damals den römischen Staat
nichts anzugehen schien: daß die Karthager, die einmal so mächtige Feinde sein sollten, damals zum erstenmal wegen der Streitigkeiten der Sizilier zur Unterstützung der einen Partei ein Heer
nach Sizilien hinüberschickten.

30. In der Stadt suchten die Volkstribunen zu erreichen, daß Militärtribunen mit konsularischer Vollmacht gewählt wurden, konnten dies jedoch nicht durchsetzen. Konsuln wurden L. Papirius Crassus und L. Julius. Gesandte der Aequer, die den Senat um einen Vertrag gebeten hatten, denen man aber statt eines Vertrages Unterwerfung zumutete, erreichten einen Waffenstillstand von acht Jahren. Im Land der Volsker kam es zusätzlich zu der Niederlage am Algidus infolge einer hartnäckigen Auseinandersetzung zwischen der Friedens- und der Kriegspartei zu Zank und Entzweiung. Auf allen Seiten hatten die Römer Ruhe. Die Tribunen bereiteten ein Gesetz über das Ansetzen der Bußgelder vor, das dem Volk sehr willkommen war; als die Konsuln durch Verrat von einem aus dem Kollegium davon erfuhren, kamen sie ihnen zuvor und brachten das Gesetz selber ein.

Konsuln wurden dann L. Sergius Fidenas zum zweitenmal und Hostus Lucretius Tricipitinus. Unter diesen Konsuln geschah nichts, was erwähnenswert wäre.

Auf sie folgten die Konsuln A. Cornelius Cossus und T. Quinctius Poenus zum zweitenmal. Die Vejenter machten Einfälle in das römische Gebiet. Es hieß, einige junge Leute aus Fidenae hätten an diesem Plünderungszug teilgenommen, und die Untersuchung dieser Angelegenheit wurde L. Sergius, Q. Servilius und Mam. Aemilius übertragen. Einige wurden nach Ostia verbannt, weil sich nicht hinreichend klären ließ, warum sie in diesen Tagen nicht in Fidenae gewesen waren. Die Zahl der Siedler wurde vergrößert und ihnen das Land der im Krieg Umgekommenen zugewiesen.

In diesem Jahr hatte man sehr unter einer Trockenheit zu leiden; nicht nur die Wassergüsse vom Himmel blieben aus, sondern der Erde fehlte auch ihre natürliche Feuchtigkeit, und es war kaum genug für die Flüsse da, die das ganze Jahr über Wasser führen. Stellenweise ließ der Mangel an Wasser an den ausgetrockneten Quellen und Bächen das Vieh massenhaft verdursten, andere Tiere raffte die Räude dahin. Die Krankheiten wurden durch Ansteckung auch auf die Menschen übertragen. Zuerst hatten sie die Landbevölkerung und die Sklaven befallen, dann wurde auch die Stadt davon voll. Und nicht nur die Körper wur-

den von der Seuche erfaßt, sondern auch in die Gemüter drang
mannigfacher Aberglaube ein, meist von außerhalb, indem
Leute, die von religiösem Wahn Befallene ausnutzen, sich als Seher ausgaben und neue Opferbräuche in die Häuser einführten,
bis endlich Beschämung für die Allgemeinheit die führenden
Männer der Bürgerschaft ergriff; denn sie bemerkten in jedem
Häuserblock und in jedem kleinen Heiligtum fremde und ungewohnte Sühnopfer, mit denen die Gnade der Götter erfleht werden sollte. Daher erhielten die Ädilen den Auftrag, dafür zu sorgen, daß nur die römischen Götter verehrt würden und dies auf
keine andere Art als die von den Vätern überkommene.

Die Rache an den Bewohnern von Veji wurde auf das kommende Jahr, das Konsulat von C. Servilius Ahala und L. Papirius
Mugillanus verschoben. Auch jetzt verhinderte ein religiöses Bedenken, daß der Krieg sogleich erklärt wurde: Man glaubte, es
müßten zuerst die Fetialen geschickt werden, um Wiedergutmachung zu fordern. Mit den Bewohnern von Veji war es unlängst
bei Nomentum und Fidenae zu einer Schlacht gekommen, dann
war ein Waffenstillstand geschlossen worden, kein Friede; der
war jetzt abgelaufen, aber sie hatten schon vor dem Termin den
Krieg wiederaufgenommen. Trotzdem wurden die Fetialen geschickt. Aber man hörte sie gar nicht an, als sie nach der Sitte der
Väter die Formel sprachen und Wiedergutmachung forderten. Es
gab dann eine Auseinandersetzung, ob der Krieg auf Geheiß des
Volkes erklärt werden sollte oder ob ein Senatsbeschluß genüge.
Die Tribunen erreichten durch die Erklärung, sie würden die
Aushebung verhindern, daß der Konsul Quinctius die Entscheidung über den Krieg vor das Volk brachte; alle Centurien stimmten dafür. Die Plebs erwies sich auch darin als stärker, daß sie es
durchsetzte, daß für das nächste Jahr keine Konsuln gewählt
wurden.

31. Es wurden vier Militärtribunen mit konsularischer Vollmacht gewählt, T. Quinctius Poenus im Anschluß an sein Konsulat, C. Furius, M. Postumius und A. Cornelius Cossus. Von
diesen erhielt Cossus das Kommando in der Stadt. Die anderen
drei führten die Aushebung durch und brachen dann nach Veji
auf; hier erbrachten sie den Beweis, wie wenig nützlich die Be-

fehlsgewalt von mehreren im Kriege ist. Da nämlich jeder seine Pläne auszuführen suchte und dem einen dies, dem anderen jenes gut schien, boten sie dem Feind eine Blöße; denn als die Schlachtreihe unsicher wurde, weil die einen das Angriffssignal geben, die anderen zum Rückzug blasen ließen, drangen die Vejenter im günstigsten Augenblick auf sie ein. Das nahe Lager nahm die ins Wanken Gebrachten und Fliehenden auf; daher war die Schande, die sie erlitten, größer als die Verluste. Die Bürgerschaft, die es nicht gewohnt war, besiegt zu werden, war bedrückt. Sie empfand Haß gegen die Tribunen und forderte einen Diktator; auf den richtete sich die Hoffnung der Bürgerschaft. Da auch hier ein Bedenken entgegenstand, daß nämlich ein Diktator nur von einem Konsul ernannt werden könne, befragte man die Auguren, und diese beseitigten das Bedenken. A. Cornelius ernannte Mam. Aemilius zum Diktator und wurde selbst von ihm zum Magister equitum ernannt. Als so unwirksam erwies sich die Maßnahme der Zensoren, daß man, sobald das Geschick der Bürgerschaft wahre Tüchtigkeit brauchte, den Lenker des Staates aus einem Hause holte, das zu Unrecht eine Rüge erhalten hatte.

Die Vejenter schickten, stolz auf ihren Erfolg, zu den Völkern Etruriens Gesandte und rühmten sich, sie hätte drei römische Feldherren in einer einzigen Schlacht geschlagen. Da sie jedoch kein Volk zu einem Bündnis bewegen konnten, zogen sie mit der Aussicht auf Beute von überallher Freiwillige an sich. Nur das Volk von Fidenae beschloß, den Krieg wiederaufzunehmen. Und als wenn es ein Frevel wäre, den Krieg anders als mit einem Verbrechen zu beginnen, schlossen sie sich den Vejentern erst an, nachdem sie ihre Waffen wie vorher mit dem Blut der Gesandten, so jetzt mit dem der neuen Siedler befleckt hatten. Darauf berieten die Führer der beiden Völker, ob sie Veji oder Fidenae zum Schauplatz des Krieges machen sollten. Fidenae schien günstiger zu liegen; daher überschritten die Vejenter den Tiber und verlegten den Krieg nach Fidenae.

In Rom war der Schrecken ungeheuer. Man rief das Heer von Veji herbei, das durch den Mißerfolg noch entmutigt war, schlug das Lager vor der Porta Collina auf und verteilte Bewaffnete auf den Mauern, die Rechtsprechung auf dem Forum wurde ausge-

setzt, die Läden geschlossen, und das Ganze wurde einem Lager
ähnlicher als einer Stadt. 32. Da schickte der Diktator seine Herolde durch die Straßen, rief die verängstigte Bürgerschaft zu einer Versammlung und fuhr sie hart an, daß sie sich von so unbedeutenden Schwankungen des Schicksals abhängig machten, daß
sie sich nach einer kleinen Schlappe, die sie nicht durch die Tapferkeit der Feinde, auch nicht durch die Feigheit des römischen
Heeres, sondern durch die Uneinigkeit der Feldherrn erlitten
hätten, vor dem Feind aus Veji fürchteten, den sie sechsmal besiegt hätten, und vor Fidenae, das sie fast öfter eingenommen als
bestürmt hätten. Die Römer und die Feinde seien noch dieselben,
die sie so viele Menschenalter lang gewesen seien, hätten denselben Mut, dieselben Körperkräfte, dieselben Waffen. Auch er sei
noch derselbe Diktator Mam. Aemilius, der früher schon die
Heere von Veji und Fidenae, denen sich auch noch die Falisker
angeschlossen hatten, bei Nomentum geschlagen habe; und der
Magister equitum A. Cornelius werde im Kampf derselbe sein,
der im vorigen Krieg als Militärtribun Lars Tolumnius, den König von Veji, vor den Augen zweier Heere erschlagen und die erbeutete Feldherrnrüstung in den Tempel des Jupiter Feretrius gebracht habe. Daher sollten sie in dem Bewußtsein zu den Waffen
greifen, daß auf ihrer Seite die Triumphe, auf ihrer Seite die erbeuteten Rüstungen, auf ihrer Seite der Sieg sei, auf der Seite der
Feinde aber das Verbrechen an den Gesandten, die sie unter Miß-
achtung des Völkerrechts getötet hätten, und die Ermordung der
Siedler von Fidenae mitten im Frieden, der Bruch des Waffenstillstandes, der siebte unglückliche Abfall. Sobald ein Lager
dicht beim anderen aufgeschlagen sei, würden die Feinde, dessen
sei er sich ganz sicher, mit ihren schweren Verbrechen an der
Schmach des römischen Heeres nicht mehr lange Freude haben
und das römische Volk werde sehen, wieviel größer das Verdienst um den Staat bei denen sei, die ihn zum drittenmal zum
Diktator ernannt, als bei denen, die seiner zweiten Diktatur ein
Schandmal aufgedrückt hätten, weil er der Zensur ihre königliche Stellung genommen habe.

Er sprach dann die Gelübde, brach auf und schlug etwa 1500
Schritt vor Fidenae sein Lager auf, das rechts an die Berge, links

an den Tiber stieß. Dem Legaten T. Quinctius Poenus befahl er, die Berge zu besetzen und das versteckte Joch einzunehmen, das im Rücken der Feinde liege. Als die Etrusker am nächsten Tag zum Kampf ausrückten, voll Zuversicht von dem Erfolg des früheren Tages her, zu dem ihnen aber eher die günstige Gelegenheit als der Kampf verholfen hatte, zögerte der Diktator eine kleine Weile, bis die Kundschafter meldeten, Quinctius sei auf das Joch in der Nähe der Burg von Fidenae gelangt, rückte dann vor und führte die Schlachtreihe der Fußsoldaten geordnet im Sturmschritt gegen den Feind. Dem Magister equitum befahl er, nicht ohne ausdrücklichen Befehl in den Kampf einzugreifen; er werde ihm ein Zeichen geben, wenn er die Hilfe der Reiter nötig habe; dann solle er, eingedenk seines Kampfes mit dem König, eingedenk auch der herrlichen Weihegabe sowie des Romulus und des Jupiter Feretrius, zur Tat schreiten. Die Legionen prallten mit ungeheurer Wucht aufeinander. Haßerfüllt schimpfte der Römer den Fidenaten gewissenlos, den Vejenter einen Räuber, nannte sie Verletzer des Waffenstillstandes, blutbefleckt von dem ruchlosen Mord an den Gesandten, bespritzt mit dem Blut seiner Siedler, treulose Bundesgenossen, unkriegerische Feinde und stillte mit Taten zugleich und mit Worten seinen Haß.

33. Er hatte gleich beim ersten Zusammenprall den Feind zum Wanken gebracht, da öffneten sich plötzlich die Tore von Fidenae, und eine neue Streitmacht brach hervor, wie man sie zuvor noch nie gesehen noch davon gehört hatte: Eine gewaltige Menge, mit Feuerbränden bewaffnet und ganz von brennenden Fackeln leuchtend, stürzte sich wie in Ekstase im Laufschritt auf den Feind, und die ungewohnte Art des Kampfes setzte die Römer für kurze Zeit in Schrecken. Da rief der Diktator den Magister equitum und die Reiter herbei, auch den Quinctius aus den Bergen, feuerte zum Kampf an, eilte selbst zum linken Flügel, der, eher einem Flammenmeer ähnlich als einer Truppe im Gefecht, erschrocken vor dem Feuer zurückgewichen war, und rief mit lauter Stimme: »Wollt ihr euch, vom Rauch besiegt, wie ein Bienenschwarm von eurem Platz vertreiben lassen und vor einem waffenlosen Feind weichen? Könnt ihr nicht mit dem Schwert die Feuerbrände löschen? Wenn denn mit Feuer, nicht mit Waf-

fen gekämpft werden muß, könnt ihr ihnen dann nicht jeder für
sich die Fackeln entreißen und selbst damit auf sie eindringen?
Los, denkt an den römischen Namen, an die Tapferkeit eurer
Vorfahren und eure eigene und richtet dieses Flammenmeer ge-
gen die Stadt der Feinde und zerstört Fidenae, das ihr durch eure
Wohltaten nicht habt versöhnen können, durch seine eigenen
Flammen! Dazu ermahnen euch das Blut eurer Gesandten und
Siedler und die Verwüstung eures Landes!« Auf den Befehl des
Diktators setzte sich die ganze Schlachtlinie in Bewegung. Teils
wurden die abgeschleuderten Fackeln aufgefangen, teils wurden
sie den Feinden mit Gewalt entrissen. Beide Seiten waren nun mit
Feuerbränden bewaffnet.

Der Magister equitum führte seinerseits eine neue Art des Reiterkampfes ein. Er gab Befehl, den Pferden die Zügel abzuneh-
men, gab seinem Pferd die Sporen, sprengte selbst als erster los
und ließ sich von dem ungezügelten Pferd mitten in die Feuerbrände tragen; auch die anderen Pferde bekamen die Sporen und
trugen ihre Reiter in freiem Galopp gegen den Feind. Der aufge-
wirbelte Staub vermischte sich mit dem Rauch und nahm Männern und Pferden die Sicht. So schreckte der Anblick, der die Soldaten in Schrecken versetzt hatte, die Pferde kein bißchen. Daher
warfen die Reiter, wo sie durchstießen, alles nieder und hinterlie-
ßen einen Trümmerhaufen.

Dann erschallte neues Kampfgeschrei. Als beide Schlachtreihen verwundert ihre Aufmerksamkeit darauf richteten, rief der
Diktator, der Legat Quinctius und seine Leute hätten den Feind
im Rücken angegriffen. Er selbst ließ erneut das Kampfgeschrei
erheben und schärfer vorgehen. Zwei Schlachtlinien und zwei
von verschiedenen Seiten vorgetragene Angriffe bedrängten die
umzingelten Etrusker von vorn wie auch von hinten; weder zurück ins Lager tat sich ihnen ein Fluchtweg auf noch in die Berge,
aus denen sich ihnen ein neuer Feind entgegengeworfen hatte;
auch hatten die Pferde, der Zügel ledig, die Reiter überallhin getragen. Da strebte der größte Teil der Vejenter in voller Auflö-
sung zum Tiber hin, was von den Fidenaten noch übrig war, in
die Stadt Fidenae.

Die Flucht trug sie in ihrer Panik mitten in das Gemetzel. Sie

wurden an den Ufern niedergemacht; andere, ins Wasser gedrängt, versanken in den Strudeln; auch die schwimmen konnten, wurden durch ihre Erschöpfung, ihre Wunden und die Panik
in die Tiefe gezogen; nur wenige von den vielen vermochten
schwimmend das gegenüberliegende Ufer zu erreichen. Ein anderer Fluchtstrom stürzte durch das Lager in die Stadt. Dorthin
riß auch die verfolgenden Römer der Angriffsschwung, vor allem
den Quinctius und die, die gerade mit ihm von den Bergen herab-
gestiegen waren, eine noch ganz frische Truppe, die ja erst gegen
Ende der Schlacht dazugekommen war.

34. Nachdem diese, unter die Feinde gemischt, durch das Tor
eingedrungen waren, stiegen sie auf die Mauern und gaben ihren
Kameraden von dort herab das Zeichen, daß die Stadt genommen
war. Als der Diktator das sah – denn auch er selbst war schon in
das verlassene Lager der Feinde eingedrungen –, machte er den
Soldaten, die sich schon zum Beutemachen zerstreuen wollten,
Hoffnung auf größere Beute in der Stadt und führte sie zum Tor,
und als die Mauern ihn aufgenommen hatten, drang er weiter vor
zur Burg, wohin er die Masse der Flüchtenden stürzen sah. Das
Gemetzel in der Stadt war nicht geringer als auf dem Schlachtfeld, bis die Feinde die Waffen wegwarfen, nur noch um ihr Leben baten und sich dem Diktator ergaben. Die Stadt und das Lager wurden geplündert.

Am nächsten Tag erhielt jeder Reiter und jeder Centurio durch
das Los einen Gefangenen, und wer sich durch Tapferkeit ausgezeichnet hatte, deren zwei; die übrigen wurden in die Sklaverei
verkauft. Der Diktator führte das siegreiche Heer, reich mit
Beute beladen, im Triumph nach Rom zurück, befahl dem Magister equitum, sein Amt niederzulegen, legte dann auch selbst sein
Amt nieder und gab am sechzehnten Tag im Frieden den Oberbefehl zurück, den er im Krieg und in einer schwierigen Lage
übernommen hatte.

Einige Geschichtsschreiber berichten in ihren Werken, bei Fidenae habe auch eine Flotte gegen die Leute von Veji gekämpft,
eine ebenso schwierige wie unglaubhafte Sache; denn selbst jetzt
ist der Fluß dazu nicht breit genug, und damals war er noch erheblich schmaler, wie wir von den Alten gehört haben; womög-

lich haben diese Geschichtsschreiber aber auch, wie es ihre Ge-
pflogenheit ist, das Aufeinandertreffen von ein paar Schiffen bei
der Verhinderung des Flußübergangs aufgebauscht und nach
dem eitlen Ruhmestitel eines Flottensieges getrachtet.

35. Das folgende Jahr hatte als Militärtribunen mit konsularischer Vollmacht A. Sempronius Atratinus, L. Quinctius Cincinnatus, L. Furius Medullinus und L. Horatius Barbatus. Die Vejenter erhielten einen Waffenstillstand auf zwanzig Jahre und die
Aequer einen auf drei Jahre, obwohl sie um einen auf mehr Jahre
gebeten hatten. Auch vor Streitigkeiten in der Stadt hatte man
Ruhe.

Das folgende Jahr, das weder durch einen großen Krieg draußen noch durch einen Streit daheim bemerkenswert war, machten die Spiele, die im Krieg gelobt worden waren, berühmt wegen
der glänzenden Ausstattung durch die Militärtribunen wie auch
wegen des Herbeiströmens der Nachbarn. Tribunen mit konsularischer Vollmacht waren App. Claudius Crassus, Sp. Nautius
Rutilus, L. Sergius Fidenas und Sex. Julius Julus. Die Darbietun-
gen waren auch wegen der Freundlichkeit der Gastgeber, auf die
man sich allgemein geeinigt hatte, für die Besucher recht ange-
nehm.

Nach den Spielen kam es zu aufrührerischen Reden der Volkstribunen, die der Menge Vorwürfe machten, weil sie, in Bewunderung vor denen, die sie doch hasse, dumpf ergeben sich selbst
in ewiger Knechtschaft erhalte und nicht nur nicht wage, sich zu
der Hoffnung zu erheben, daß man sie am Konsulat teilhaben
lasse, sondern nicht einmal bei der Wahl der Militärtribunen, bei
der Patrizier und Plebejer in gleicher Weise wählbar seien, an sich
oder ihre Leute denke. Sie solle sich also nicht länger wundern,
warum niemand für die Belange der Plebs eintrete. Man nehme
gern Mühe und Gefahr auf sich, wenn man sich davon Vorteil
und Ehre erhoffe; die Menschen nähmen ja alles in Angriff, wenn
denen, die Großes wagten, auch große Belohnungen winkten.
Daß jedoch ein Volkstribun sich blindlings unter ungeheurer
Gefahr und ohne jeden Gewinn in Kämpfe stürze, bei denen er
nur die Gewißheit habe, daß die Patrizier, gegen die er sich
wende, ihn mit unversöhnlicher Feindschaft verfolgen würden,

während er bei der Plebs, für die er kämpfe, kein bißchen mehr in Ehre stehe – das könne man weder hoffen noch fordern. Große Selbstsicherheit gewinne man durch hohe Ämter. Keiner werde als Plebejer künftig gering von sich denken, wenn erst einmal Schluß damit sei, daß man gering von ihnen denke. Man müsse endlich mit dem einen oder anderen versuchen, ob nicht auch ein Plebejer geeignet sei, ein hohes Amt zu erlangen, oder ob es fast etwas Unerhörtes und ein Wunderding sei, wenn es einen tapferen und tüchtigen Mann gebe, der aus der Plebs komme. Unter Einsatz aller Kräfte habe man erkämpft, daß Militärtribunen mit konsularischer Vollmacht auch aus der Plebs gewählt werden könnten. Männer, daheim und im Felde bewährt, hätten sich beworben. In den ersten Jahren seien sie beschimpft und zurückgewiesen und von den Senatoren ausgelacht worden. Schließlich hätten sie aufgehört, sich der entwürdigenden Behandlung auszusetzen. Sie sähen aber keinen Grund, warum man nicht auch das Gesetz abschaffe, das etwas erlaube, was es niemals geben werde; denn Ungleichheit vor dem Recht sei weniger beschämend, als wenn man sich als unwürdig übergangen sehe.

36. Reden dieser Art wurden beifällig aufgenommen und veranlaßten einige, sich um das Militärtribunat zu bewerben, wobei der eine in seinem Amt diese, der andere jene Maßnahme im Interesse der Plebs zu ergreifen versprach. Es wurden Hoffnungen auf die Verteilung von Staatsland und die Gründung von Kolonien geweckt, auch auf die Einführung einer Abgabe für die Besitzer der Ländereien und die Verwendung dieser Gelder für die Zahlung eines Soldes an die Soldaten.

Die Militärtribunen warteten dann eine Zeit ab, wo die Bevölkerung die Stadt verlassen hatte, ließen die Senatoren durch heimliche Benachrichtigung zu einem bestimmten Termin zurückrufen, und es kam in Abwesenheit der Volkstribunen zu dem Senatsbeschluß, weil man Kunde habe, daß die Volsker zum Plündern in das Gebiet der Herniker ausgerückt seien, sollten die Militärtribunen sich aufmachen, die Sache zu überprüfen, und es sollten Konsulwahlen stattfinden. Als sie aufbrachen, ließen sie App. Claudius, den Sohn des Decemvirn, als Stadtkommandanten zurück, einen energischen jungen Mann, der schon von Ge-

burt an im Haß gegen die Tribunen und die Plebs erzogen worden war. Für die Volkstribunen gab es keinen Grund, sich mit
denen, die den Senatsbeschluß herbeigeführt hatten und jetzt abwesend waren, oder mit Appius herumzustreiten, weil die Sache
entschieden war. 37. Zu Konsuln gewählt wurden C. Sempronius Atratinus und Q. Fabius Vibulanus.

Eine Angelegenheit in der Fremde, die aber Erwähnung verdient, ist für dieses Jahr überliefert: Volturnum, eine Stadt der
Etrusker, das heutige Capua, wurde von den Samniten eingenommen und nach ihrem Anführer Capys oder, was wahrscheinlicher ist, nach dem ebenen (campestris) Charakter des Landes
benannt. Die Einnahme erfolgte aber durch Leute, die die Etrusker, vom Krieg erschöpft, zuvor als Mitbewohner in die Stadt
aufgenommen und denen sie einen Teil ihres Landes überlassen
hatten; die neuen Ansiedler fielen dann an einem Festtag in der
Nacht über die alten Einwohner her, die nach dem Festmahl in
tiefem Schlaf lagen, und richteten ein Blutbad an.

Nach diesen Ereignissen übernahmen die genannten Konsuln
am 13. Dezember ihr Amt. Schon hatten nicht nur die, die dazu
ausgeschickt worden waren, berichtet, es drohe ein Krieg mit den
Volskern, sondern auch Gesandte von den Latinern und den
Hernikern meldeten, niemals zuvor hätten sich die Volsker mehr
um die Auswahl ihrer Führer und die Aushebung des Heeres bemüht. Allgemein äußere man sich dahin, man müsse entweder
auf ewig von Waffen und Krieg lassen und das Joch auf sich nehmen oder man dürfe denen, mit denen man um die Herrschaft
kämpfe, an Tapferkeit, Ausdauer und Kriegszucht nicht nachste-
hen. Diese Mitteilungen waren nicht aus der Luft gegriffen. Aber
die Senatoren ließen sich dadurch nicht sonderlich beeindrucken,
und C. Sempronius, dem dieser Aufgabenbereich durch das Los
zugefallen war, vertraute auf das Glück, als wenn es die bestän-
digste Sache der Welt wäre, weil er ja der Führer eines siegreichen
Volkes gegen Besiegte war, und betrieb alles leichtfertig und
nachlässig, so daß sich mehr an römischer Disziplin im Heer der
Volsker fand als in dem der Römer. Also war das Glück – wie
auch sonst oft – dem Tüchtigen hold.

Schon gleich im ersten Treffen, auf das Sempronius sich un-

vorsichtig und unüberlegt einließ, stieß man zusammen, ohne
daß die Kampflinie durch Reserven gesichert und ohne daß der
Reiter zweckmäßig postiert gewesen wäre. Das Kampfgeschrei
war das erste Anzeichen, wie die Sache ausgehen würde: Es
wurde lebhafter und häufiger vom Feind erhoben; bei den Römern verriet es, wirr durcheinandertönend, ungleichmäßig und
ziemlich matt oft wiederholt, die Angst der Leute. Um so stürmischer griff der Feind an, drängte mit den Schilden, ließ die
Schwerter blitzen. Auf der anderen Seite schwankten die Helme
beim Umherschauen, unsicher liefen die Leute hin und her und
schlossen sich irgendeiner Gruppe an. Schon wurden die Feldzeichen, die noch standhielten, von der vordersten Linie im Stich
gelassen, schon wurden sie in ihre Manipel zurückgenommen.
Noch gab es keine regelrechte Flucht, noch keinen Sieg. Der Römer suchte sich mehr zu schützen als zu kämpfen; der Volsker
drang vor, setzte der Schlachtreihe hart zu und sah mehr Feinde
fallen als fliehen.

38. Schon ging man überall zurück, vergeblich schimpfte und
mahnte der Konsul Sempronius. Weder seine Befehlsgewalt
noch seine hohe Stellung wirkten. Und sie hätten sich auch bald
zur Flucht gewandt, wenn nicht Sex. Tempanius, ein Decurio der
Reiter, als schon alles zusammenzubrechen drohte, geistesgegen-
wärtig Hilfe gebracht hätte. Er rief mit lauter Stimme, die Reiter,
die den Staat retten wollten, sollten absitzen, und nachdem die
Reiter aller Schwadronen wie auf einen Befehl des Konsuls rea-
giert hatten, rief er: »Wenn diese mit dem Reiterschild bewaffnete Kohorte den Angriff der Feinde nicht zum Stehen bringt, ist
es um die Herrschaft geschehen. Folgt statt einer Fahne meiner
Lanzenspitze! Zeigt den Römern und den Volskern, daß euch zu
Pferd kein Reiter und zu Fuß kein Fußsoldat gewachsen ist!« Sein
Zuruf wurde mit Kampfgeschrei erwidert, und er schritt voran,
die Lanze hoch erhoben. Wohin sie sich auch wandten, brachen sie
sich mit Gewalt Bahn. Die Schilde vor sich haltend, stürmten sie
dorthin, wo sie die Ihren in der größten Not sahen. Überall, wohin
ihr Schwung sie trug, wurde der Kampf wiederhergestellt; und es
gab keinen Zweifel, daß die Feinde die Flucht ergriffen hätten,
wenn so wenige überall zugleich hätten sein können.

39. Und als man schon an keiner Stelle mehr standhielt, gab der Feldherr der Volsker das Zeichen, man solle denen mit dem Reiterschild, der neuen Kohorte der Feinde, Platz machen, bis sie, durch ihren Schwung fortgerissen, von den Ihren getrennt würden. Sobald das geschehen war, konnten die Reiter, von den Ihren abgeschnitten, nicht mehr dort, wo sie vorgestoßen waren, durchbrechen, weil die Feinde sich auf der Stelle, wo sie sich den Weg gebahnt hatten, am dichtesten zusammendrängten. Als der Konsul und die römischen Legionen die, die eben noch der Schutz des ganzen Heeres gewesen waren, nirgendwo mehr sahen, setzten sie sich jeder Gefahr aus, damit der Feind nicht so viele tapfere Männer, die abgeschnitten waren, überwältigen könne. Nach verschiedenen Richtungen hielten die Volsker hier dem Konsul und den Legionen stand, auf der anderen Seite drangen sie auf Tempanius und die Reiter ein. Da diese trotz mehrfacher Versuche nicht zu den Ihren hatten durchbrechen können, besetzten sie eine Anhöhe und verteidigten sich, zu einem Kreis formiert, keineswegs ohne sich zu rächen. Der Kampf endete erst mit Einbruch der Nacht.

Auch der Konsul ließ nirgendwo im Kampf nach und hielt den Feind fest, solange noch etwas Tageslicht da war. Die Nacht trennte sie ohne Entscheidung. Und infolge der Ungewißheit über den Ausgang herrschte in beiden Lagern solche Panik, daß beide Heere, als wären sie besiegt, die Verwundeten und einen großen Teil des Trosses zurückließen und sich auf die nächsten Berge zurückzogen. Die Anhöhe jedoch blieb bis nach Mitternacht umzingelt. Als hier den Belagerern gemeldet wurde, ihr Lager sei aufgegeben, glaubten sie, ihre Leute seien besiegt, und flohen selbst, wohin einen jeden in der Dunkelheit die Angst trug. Tempanius hielt seine Leute aus Furcht vor einem Hinterhalt bis zum Tagesanbruch zusammen. Dann stieg er selbst mit einigen wenigen hinab, um die Lage zu erkunden, und als er von verwundeten Feinden durch Befragen erfuhr, daß die Volsker ihr Lager aufgegeben hatten, rief er freudig seine Leute von der Anhöhe herab und drang bis ins römische Lager durch. Als er hier alles wüst und verlassen und in einem ebenso scheußlichen Zustand wie beim Feind vorfand, nahm er, bevor die Volsker ihren

Irrtum bemerkten und zurückkehrten, so viele Verwundete, wie er konnte, mit und zog, da er nicht wußte, welche Richtung der Konsul eingeschlagen hatte, auf dem nächsten Weg zur Stadt.

40. Dorthin war schon die Kunde von der unglücklichen Schlacht und der Preisgabe des Lagers gelangt, und man hatte vor allem die Reiter beweint; dabei war die persönliche Trauer nicht größer gewesen als die allgemeine. Weil sich nun auch in der Stadt Furcht breitmachte, hatte der Konsul Fabius vor den Toren Stellung bezogen. Da sichtete man in der Ferne Reiter, nicht ohne Schrecken, weil man nicht wußte, wer sie waren. Sie wurden aber bald erkannt, und das löste nach der Furcht so große Freude aus, daß ein Jubelschrei durch die Stadt ging, die Reiter seien wohlbehalten und als Sieger zurückgekehrt, und man aus den Häusern, in denen eben noch Trauer geherrscht und man Angehörige beklagt hatte, auf die Straße stürzte und daß Mütter und Frauen vor Freude alle Schicklichkeit vergaßen, dem Zug entgegenliefen und jede auf ihre Angehörigen zuflog, vor Freude ihrer Glieder und Sinne kaum noch mächtig.

Den Volkstribunen, die M. Postumius und T. Quinctius vorgeladen hatten, weil der Kampf bei Veji durch ihre Schuld unglücklich ausgegangen sei, schien eine Gelegenheit gekommen, mittels des frischen Hasses gegen den Konsul Sempronius die Mißstimmung gegen die beiden wieder zu entfachen. Deshalb beriefen sie eine Volksversammlung ein und zeterten, bei Veji sei der Staat von den Heerführern verraten worden; weil man es ihnen ungestraft habe hingehen lassen, sei dann auch im Gebiet der Volsker das Heer vom Konsul verraten, seien die tapfersten Reiter dem Tode preisgegeben, sei das Lager schimpflich aufgegeben worden. Da ließ C. Junius, einer der Tribunen, den Reiter Tempanius rufen, und als er da war, sagte er zu ihm: »Sex. Tempanius, ich frage dich, glaubst du, daß der Konsul C. Sempronius die Schlacht im rechten Zeitpunkt begonnen, die Schlachtreihe durch Reserven gesichert oder sonst irgendeine Pflicht eines guten Konsuls erfüllt hat? Und du selbst, hast du, als die römischen Legionen besiegt waren, aus deinem eigenen Entschluß die Reiter absitzen lassen und die Schlacht wiederhergestellt? Als du und die Reiter dann von unserem Heer abgeschnitten waren, ist

euch da der Konsul selbst zu Hilfe gekommen, oder hat er Ersatz
geschickt? Am nächsten Tag sodann, hast du da etwa irgendwo
einen Schutz gehabt, oder seid ihr, du und die Kohorte, durch
eure eigne Tapferkeit zum Lager durchgestoßen? Habt ihr im
Lager etwa einen Konsul, etwa ein Heer vorgefunden oder das
Lager aufgegeben, die Verwundeten verlassen? Dies mußt du
heute sagen bei deiner Tapferkeit und Treue, durch die allein in
diesem Krieg der Staat erhalten blieb. Schließlich, wo ist C. Sempronius, wo sind unsere Legionen? Bist du im Stich gelassen
worden, oder hast du den Konsul und das Heer im Stich gelassen? Und sind wir nun besiegt, oder haben wir gesiegt?«

41. Demgegenüber soll die Rede des Tempanius schmucklos
gewesen sein, aber ernst nach Soldatenart, nicht eitel durch Ei-
genlob, nicht hämisch in der Kritik an anderen. Über wieviel militärischen Sachverstand C. Sempronius verfüge, darüber stehe
einem Soldaten gegenüber seinem Feldherrn kein Urteil zu; das
sei Sache des römischen Volkes gewesen, als es ihn bei der Abstimmung zum Konsul wählte. Daher sollten sie ihn nicht über
die Pläne des Feldherrn und die Fähigkeiten des Konsuls befragen, die nur große Geister und Talente auch richtig beurteilen
könnten. Doch was er gesehen habe, könne er berichten. Er habe
aber, bevor er vom Heere abgeschnitten wurde, gesehen, daß der
Konsul in vorderster Linie kämpfte, die Leute anfeuerte und sich
zwischen den römischen Feldzeichen und den Waffen der Feinde
bewegte. Später, als er außer Sicht der Seinen war, habe er gleichwohl am Lärm und Geschrei gemerkt, daß der Kampf sich bis zur
Nacht hingezogen habe, und er glaube, daß man wegen der
Menge der Feinde nicht zu dem Hügel, den er selbst gehalten
hatte, habe durchbrechen können. Wo das Heer stehe, wisse er
nicht; er glaube, wie er selbst in seiner schwierigen Lage sich und
die Seinen mit Hilfe des Geländes geschützt habe, so habe auch
der Konsul, um das Heer zu retten, sicheres Gelände für das Lager gewählt. Und er glaube, daß es auch um die Volsker nicht
besser bestellt sei als um das römische Volk. Das Schicksal und
die Nacht hätten alles mit gegenseitigem Irrtum erfüllt. Als er
dann bat, sie sollten ihn, der von den Strapazen und seinen Wunden erschöpft sei, nicht festhalten, entließen sie ihn unter unge-

heurem Lob für seine Tapferkeit, nicht minder aber für seine Bescheidenheit.

Währenddessen befand sich der Konsul schon auf der Via Labicana beim Heiligtum der Quies. Dorthin wurden von Rom aus Lastwagen und auch Lasttiere geschickt, die das vom Kampf und dem Nachtmarsch mitgenommene Heer aufnahmen. Wenig später zog der Konsul in die Stadt ein; er wies nachdrücklich jede Schuld von sich, spendete aber nicht weniger nachdrücklich Tempanius das verdiente Lob.

Der Bürgerschaft, die durch den Mißerfolg bedrückt war und ihren Feldherren zürnte, wurde M. Postumius als Angeklagter preisgegeben, der bei Veji Militärtribun mit konsularischer Vollmacht gewesen war; er wurde zur Zahlung von 10000 Schweren As verurteilt. T. Quinctius, seinen Kollegen, sprachen alle Tribus frei, weil er im Land der Volsker als Konsul unter dem Oberbefehl des Diktators Postumus Tubertus und bei Fidenae als Legat eines anderen Diktators, des Mam. Aemilius, Erfolge errungen hatte, auch weil er die ganze Schuld für die fragliche Zeit auf seinen zuvor verurteilten Kollegen schob. Ihm soll die Erinnerung an seinen Vater Cincinnatus genützt haben, einen verehrungswürdigen Mann, sowie der schon im höchsten Alter stehende Quinctius Capitolinus, der demütig bat, sie sollten nicht zulassen, daß er, der nur noch kurze Zeit zu leben habe, dem Cincinnatus eine so traurige Nachricht überbringen müsse.

42. Die Plebs wählte Sex. Tempanius, M. Asellius, Tib. Antistius und Tib. Spurillius in Abwesenheit zu Volkstribunen, dieselben, die auch die Reiter auf Veranlassung des Tempanius als Centurionen an ihre Spitze gestellt hatten. Weil der Senat aus Haß auf Sempronius am Konsulnamen Anstoß nahm, ließ er Militärtribunen mit konsularischer Vollmacht wählen. Gewählt wurden L. Manlius Capitolinus, Q. Antonius Merenda und L. Papirius Mugillanus.

Gleich zu Anfang des Jahres lud der Volkstribun L. Hortensius den Konsul des Vorjahres, C. Sempronius, vor Gericht. Als ihn vier seiner Kollegen vor den Augen des römischen Volkes baten, ihren unschuldigen Feldherrn in Ruhe zu lassen, an dem es nichts als sein Mißgeschick auszusetzen gebe, nahm Hortensius das übel auf und glaubte, man wolle sein Durchhaltevermögen auf die Probe stellen und der Angeklagte verlasse sich nicht auf die Bitten der Tribunen, die nur zum Schein vorgebracht würden, sondern auf ihren tätigen Beistand. Deshalb wandte er sich bald an ihn mit der Frage, wo sein Patrizierstolz sei, wo die Haltung, die auf die eigene Unschuld baue und vertraue – ein Mann, der Konsul gewesen sei, habe sich im Schatten von Tribunen versteckt! –, bald an seine Kollegen: »Ihr aber, was werdet ihr tun, wenn ich die Anklage weiterverfolge? Werdet ihr etwa dem Volk sein Recht entreißen und die tribunizische Gewalt umstoßen?« Als jene entgegneten, über Sempronius ebenso wie über alle anderen habe das römische Volk die letzte Entscheidung und sie wollten und könnten das Urteil des Volkes nicht aufheben; aber wenn sie mit ihren Bitten für ihren Feldherrn, der für sie wie ein Vater sei, nichts erreichten, würden sie mit ihm das Gewand wechseln, – da sagte Hortensius: »Die römische Plebs wird ihre Tribunen nicht im Trauergewand sehen! Ich ziehe die Anklage gegen C. Sempronius zurück, weil er in seinem Feldherrnamt erreicht hat, daß er seinen Soldaten so lieb ist.« Die Haltung des Hortensius, der sich auf gerechte Bitten hin so versöhnlich zeigte, gefiel der Plebs gleichwie den Patriziern nicht weniger als die treue Ergebenheit der vier Tribunen.

Das Schicksal hatte nicht länger Nachsicht mit den Aequern, die den zweifelhaften Sieg der Volsker als ihren eigenen betrachtet hatten.

43. Im nächsten Jahr, als Cn. Fabius Vibulanus und T. Quinctius Capitolinus, der Sohn des Capitolinus, Konsuln waren, wurde unter dem Kommando des Fabius, dem diese Aufgabe durch das Los zugefallen war, nichts Erwähnenswertes geleistet. Nachdem die Aequer ihre unruhige Schlachtreihe nur eben hatten sehen lassen, stürzten sie in schimpflicher Flucht davon, ohne daß der Konsul große Ehre davon gehabt hätte. Daher wurde ihm der Triumph verweigert; weil aber die Schmach der Niederlage des Sempronius gemildert war, wurde ihm gestattet, im Kleinen Triumph in die Stadt einzuziehen.

Wie der Krieg mit einem leichteren Kampf, als man befürchtet hatte, zu Ende gegangen war, so entstand in der Stadt aus der

Ruhe heraus unerwartet eine Masse von Streitigkeiten zwischen
der Plebs und den Patriziern; es fing an mit der Verdoppelung
der Zahl der Quästoren. Nachdem dieser Antrag – neben den
beiden Stadtquästoren sollten den Konsuln zwei weitere für Aufgaben im Krieg zur Verfügung stehen – von den Konsuln eingebracht worden war und die Patrizier ihn mit allem Nachdruck
gebilligt hatten, führten die Volkstribunen den Streit herbei: Ein
Teil der Quästoren – denn bisher waren nur Patrizier gewählt
worden – solle aus der Plebs genommen werden. Gegen diesen
Vorschlag setzten sich die Konsuln und die Patrizier zunächst
mit aller Macht zur Wehr. Dann machten sie das Zugeständnis,
wie bei der Wahl der Tribunen mit konsularischer Vollmacht
solle das Volk auch bei den Quästoren freie Entscheidung haben.
Als sie damit nicht weiterkamen, ließen sie den ganzen Plan, die
Zahl der Quästoren zu vergrößern, wieder fallen. Nun griffen die
Tribunen den zurückgezogenen Vorschlag auf, und gleich darauf
gab es noch andere aufrührerische Vorschläge, darunter auch für
ein Ackergesetz. Da der Senat wegen dieser Unruhen lieber Konsuln als Tribunen wählen lassen wollte, aber bei den Einsprüchen
der Tribunen kein Senatsbeschluß gefaßt werden konnte, kam es
nach Ablauf des Konsulats zu einem Interregnum, und auch das
nicht ohne heftigen Streit, denn die Tribunen verhinderten die
Zusammenkünfte der Patrizier. Nachdem der größte Teil des
folgenden Jahres durch die neuen Volkstribunen und eine Anzahl von Interreges im Streit vertan worden war, indem die Tribunen bald die Zusammenkünfte der Patrizier zur Ernennung eines Interrex verhinderten, bald dem Interrex durch ihren Einspruch untersagten, einen Senatsbeschluß über Konsulwahlen
herbeizuführen, wurde zuletzt L. Papirius Mugillanus zum Interrex ernannt. Der machte abwechselnd den Patriziern und den
Tribunen Vorwürfe und sagte, von den Menschen verlassen und
aufgegeben, existiere der Staat unter der Fürsorge und Obhut der
Götter nur noch dank des Waffenstillstands mit Veji und des
Zauderns der Aequer. Wenn von dort eine Schreckensnachricht
komme, wollten sie dann den Staat ohne patrizische Obrigkeit
überfallen lassen? Solle es kein Heer, keine Feldherrn zum Ausheben eines Heeres geben? Oder würden sie durch Krieg im In-

nern den Krieg draußen abwehren? Wenn dies alles zusammentreffe, könne man sich kaum mit Hilfe der Götter dagegen wehren, daß der römische Staat vernichtet werde. Warum gäben denn nicht beide Seiten etwas von ihren extremen Rechtspositionen auf und träfen sich einträchtig in der Mitte, die Patrizier, indem sie zuließen, daß anstelle der Konsuln Militärtribunen gewählt würden, die Volkstribunen, indem sie keinen Einspruch dagegen einlegten, daß vier Quästoren ohne Unterschied aus der Plebs und den Patriziern nach freier Entscheidung des Volkes gewählt würden?

44. Zuerst fanden die Tribunenwahlen statt. Als Tribunen mit konsularischer Vollmacht wurden lauter Patrizier gewählt, L. Quinctius Cincinnatus zum drittenmal, Sex. Furius Medullinus zum zweitenmal, M. Manlius und A. Sempronius Atratinus. Dieser führte als Tribun die Quästorenwahlen durch. Dabei bewarben sich unter mehreren Plebejern auch ein Sohn des Volkstribunen A. Antistius und ein Bruder eines anderen Volkstribunen, des Sex. Pompilius; aber weder deren Amt noch deren Empfehlung hielt die Leute davon ab, Männer, deren Väter und Großväter sie als Konsuln gesehen hatten, aufgrund ihres bekannten Namens vorzuziehen. Die Volkstribunen gerieten allesamt in Wut, besonders Pompilius und Antistius, die über die Ablehnung ihrer Angehörigen empört waren. Was solle das denn heißen? Trotz ihrer Verdienste, trotz der Ungerechtigkeiten der Patrizier, trotz des Vergnügens schließlich, sein Recht geltend zu machen, wo jetzt erlaubt sei, was zuvor nicht erlaubt gewesen sei, sei keiner aus der Plebs wenn schon nicht zum Militärtribunen, so doch wenigstens zum Quästor gewählt worden. Nichts hätten die Bitten des Vaters für seinen Sohn bewirkt, nichts die des Bruders für seinen Bruder; dabei seien sie Volkstribunen, Inhaber des heilig-unverletzlichen Amtes, das zum Schutz der Freiheit eingerichtet worden sei. Gewiß sei da Betrug im Spiel und A. Sempronius habe bei der Wahlhandlung mehr sein Geschick als seine Zuverlässigkeit bewiesen. Durch sein rechtswidriges Verhalten, so beklagten sie sich, seien ihre Angehörigen um das Amt gebracht worden. Da sie ihn selbst nicht belangen konnten, der wegen seiner Unschuld und des Amtes, das er damals inne-

hatte, unangreifbar war, richteten sie ihren Zorn auf C. Sempronius, den Vetter des Atratinus, und luden ihn wegen der Schande
im Volskerkrieg mit Unterstützung ihres Kollegen M. Canulejus
vor Gericht. Gleich darauf brachten dieselben Tribunen im Senat
die Landverteilung zur Sprache, einen Antrag, den C. Sempronius immer aufs heftigste bekämpft hatte; sie glaubten nämlich,
was auch richtig war, er werde als Angeklagter entweder die Sache aufgeben und dann bei den Patriziern weniger gelten oder er
werde dabeibleiben und unmittelbar vor dem Urteil die Plebs gegen sich aufbringen. Der aber wollte sich lieber dem ihm entgegenschlagenden Haß aussetzen und seiner eigenen Sache schaden
als sich seiner Verpflichtung gegen den Staat entziehen; er blieb
bei seiner Meinung, man solle keine Schenkung machen, welche
doch nur zum Vorteil der drei Tribunen ausschlagen werde. Jetzt
gehe es nicht um Land für die Plebs, sondern darum, gegen ihn
Stimmung zu machen. Er werde auch dieses Unwetter tapferen
Mutes über sich ergehen lassen. Dem Senat aber dürfe weder er
noch ein anderer Bürger so viel wert sein, daß aus Rücksicht auf
einen einzelnen ein Schaden für die Allgemeinheit erwachse. Mit
ebenso ungebrochenem Mut verteidigte er sich, als sein Termin
kam, selbst vor Gericht. Vergeblich hatten die Patrizier alles versucht, um die Plebs milde zu stimmen; er wurde zu 15000
Schweren As verurteilt.

Im selben Jahr mußte sich die Vestalin Postumia wegen Unkeuschheit verantworten; sie war des Vergehens nicht schuldig,
hatte sich aber zu wenig davor gehütet, in Verdacht zu geraten,
weil sie sich hübsch machte und ihr Wesen freier war, als es sich
für eine Vestalin gehört. Ihr Fall wurde vertagt, dann wurde sie
im Namen des Kollegiums freigesprochen, aber der Pontifex maximus forderte sie auf, Späße zu unterlassen und sich lieber ehrwürdig als kokett zu kleiden.

Im selben Jahr wurde Cumae, eine Stadt, die die Griechen in
Besitz hatten, von den Kampanern eingenommen.

Das folgende Jahr hatte als Militärtribunen mit konsularischer
Vollmacht Agrippa Menenius Lanatus, P. Lucretius Tricipitinus
und Sp. Nautius Rutilus. 45. Das Jahr war dank dem Glück des
römischen Volkes mehr durch eine ungeheure Gefahr bemer-

kenswert als durch ein Unheil. Sklavengesindel verschwor sich,
die Stadt an verschiedenen Enden in Brand zu stecken und, wenn
das Volk überall mit der Rettung der Häuser beschäftigt sei, in
Waffen die Burg und das Kapitol zu besetzen. Jupiter vereitelte
die ruchlosen Pläne; durch die Anzeige von zwei Männern wurden die Schuldigen ergriffen und bestraft. Denen, die die Anzeige
erstattet hatten, wurden 10000 Schwere As aus der Staatskasse
gezahlt, was damals als ein Vermögen galt, und sie wurden zur
Belohnung freigelassen.

Dann begann man sich bei den Aequern wieder auf einen Krieg
vorzubereiten. In Rom wurde durch zuverlässige Gewährsleute
gemeldet, daß auch die Bewohner von Labici als neue Feinde mit
den alten gemeinsame Sache machten. Die Bürgerschaft hatte
sich an die Kämpfe mit den Aequern fast schon wie an ein alljährlich wiederkehrendes Ereignis gewöhnt. Nach Labici wurden
Gesandte geschickt, und als sie von dort einen zweideutigen Bescheid heimbrachten, aus dem hervorging, daß zwar jetzt noch
kein Krieg vorbereitet wurde, daß aber auf Dauer kein Friede
sein werde, erhielten die Tusculaner den Auftrag, aufzupassen,
daß nicht plötzlich neue Wirren von Labici ihren Ausgang nähmen.

Die Tribunen mit konsularischer Vollmacht, die im folgenden
Jahr amtierten, L. Sergius Fidenas, M. Papirius Mugillanus und
C. Servilius, ein Sohn des Priscus, unter dessen Diktatur Fidenae
genommen worden war, hatten gerade ihr Amt angetreten, da
kamen Gesandte aus Tusculum zu ihnen. Sie berichteten, die Bewohner von Labici hätten zu den Waffen gegriffen, zusammen
mit dem Heer der Aequer das Gebiet von Tusculum geplündert
und am Algidus ihr Lager aufgeschlagen. Da wurde den Labica-
nern der Krieg erklärt. Als ein Senatsbeschluß erging, zwei von
den Tribunen sollten in den Krieg ziehen, einer die Angelegenheiten in Rom besorgen, brach plötzlich ein Streit unter den Tribunen aus. Jeder bezeichnete sich als den besseren Feldherrn für
den Krieg, die Sorge für die Stadt verschmähten sie als eine un-
dankbare und unrühmliche Aufgabe. Während die Patrizier dem
wenig ehrenvollen Streit unter den Kollegen befremdet zusahen,
sagte Q. Servilius: »Da es vor diesem Stand wie vor dem Staat

keine Achtung mehr gibt, soll die väterliche Gewalt dieses Gezänk beenden. Mein Sohn wird, ohne zu losen, das Kommando
in der Stadt ausüben. Mögen die, die den Krieg für sich beanspruchen, ihn mit mehr Besonnenheit und Eintracht führen, als sie
beim Vorbringen ihres Wunsches zeigen.«

46. Man beschloß, keine allgemeine Aushebung im gesamten
Volk durchzuführen; zehn Tribus wurden durch das Los bestimmt. Die junge Mannschaft, die aus ihnen ausgehoben wurde,
führten die beiden Tribunen in den Krieg. Die Streitigkeiten unter ihnen, die in der Stadt begonnen hatten, entbrannten mit
demselben leidenschaftlichen Verlangen nach dem Kommando
noch viel heftiger im Lager. Nie war man sich einig, man kämpfte
für seine Überzeugung; jeder wollte, daß seine Pläne, seine Anordnungen allein gelten sollten. Jeder verachtete den anderen
und wurde von diesem wieder verachtet, bis die Legaten ihnen
Vorhaltungen machten und sie sich schließlich dahin verständig-
ten, daß sie sich Tag um Tag im Oberbefehl abwechseln wollten.
Als das in Rom berichtet wurde, soll Q. Servilius, den seine Le-
benserfahrung klug gemacht hatte, die unsterblichen Götter gebeten haben, die Uneinigkeit unter den Tribunen möge für den
Staat nicht schädlicher sein, als es die bei Veji gewesen sei; und er
soll, als wenn eine sichere Niederlage drohte, seinen Sohn gedrängt haben, Soldaten auszuheben und für Waffen zu sorgen.
Und er behielt mit seiner Prophezeiung recht. Denn unter der
Führung des L. Sergius, der an diesem Tag das Kommando hatte,
waren die Römer, weil der Feind Furcht vorgetäuscht und sich
bis zum Wall zurückgezogen hatte, von der wahnwitzigen Hoffnung, das Lager einnehmen zu können, auf das ungünstige Gelände dicht vor dem Lager der Feinde gelockt worden; sie wurden hier durch einen plötzlichen Angriff der Aequer in das in ihrem Rücken liegende Tal gejagt und dabei viele, während sie
mehr hinabstürzten als flohen, zerschmettert und niedergehauen. Das Lager konnte man an diesem Tag mit knapper Not
behaupten; am nächsten Tag, als der Feind es schon zum großen
Teil umstellt hatte, wurde es in schimpflicher Flucht durch das
rückwärtige Tor verlassen. Die Feldherrn und die Legaten und
was sich vom Kern des Heeres noch um die Feldzeichen scharte,

suchte Tusculum zu erreichen. Versprengte eilten überall durch
das Land auf vielen Wegen nach Rom und stellten die Niederlage
in ihren Berichten noch schlimmer hin, als sie gewesen war. Man
war weniger bestürzt, weil der Ausgang den Befürchtungen der
Leute entsprochen hatte und weil der Militärtribun schon die Reserven gebildet hatte, auf die man in der Stunde der Gefahr voll
Vertrauen blicken konnte. Auf seinen Befehl wurde durch die
niederen Beamten die Unruhe in der Stadt beschwichtigt, und es
wurden eilends Kundschafter ausgeschickt; diese meldeten, die
Feldherrn und das Heer seien in Tusculum, der Feind jedoch
habe sich nicht von der Stelle gerührt. Was aber am meisten Mut
machte, war, daß auf Senatsbeschluß ein Diktator ernannt
wurde, Q. Servilius Priscus, ein Mann, dessen Scharfblick in politischen Dingen die Bürgerschaft schon zuvor in vielen anderen
stürmischen Zeiten erfahren hatte, vor allem aber beim Ausgang
dieses Feldzuges, da ihn allein der Streit unter den Tribunen
schon vor dem Eintreten des Unglücks mißtrauisch gemacht
hatte. Zum Magister equitum wählte er seinen Sohn, den Militärtribunen, von dem er selbst zum Diktator ernannt worden war –
so überliefern einige; denn andere schreiben, Ahala Servilius sei
in diesem Jahr Magister equitum gewesen –, brach dann mit dem
neuen Heer zum Krieg auf, zog die, die in Tusculum waren, an
sich, und wählte zwei Meilen vom Feind entfernt den Platz für
sein Lager.

47. Wegen des Erfolges war der Übermut und die Nachlässigkeit, die die römischen Feldherrn beherrscht hatte, auf die
Aequer übergegangen. Als daher der Diktator gleich beim ersten
Zusammenstoß durch eine Reiterattacke die vorderste Linie der
Feinde in Verwirrung gebracht hatte, ließ er dann die Legionen
eilends angreifen und erschlug einen seiner Feldzeichenträger,
der dabei zögerte. Das brennende Verlangen zu kämpfen war so
groß, daß die Aequer dem Angriff nicht standhielten; und als sie
dann, in der Feldschlacht besiegt, in wilder Flucht ihr Lager zu
erreichen suchten, erforderte der Sturm auf das Lager noch weniger Zeit und Kampf als die Schlacht. Das Lager wurde genommen und geplündert, die Beute überließ der Diktator den Soldaten. Weil die Reiter, die den aus dem Lager fliehenden Feind ver-

folgten, meldeten, alle besiegten Labicaner und ein großer Teil der Aequer hätten sich nach Labici geflüchtet, wurde das Heer am nächsten Tag vor Labici geführt, und die Stadt wurde mit einer Angriffskette umstellt, mit Sturmleitern genommen und geplündert. Der Diktator kehrte mit dem siegreichen Heer nach Rom zurück und legte am achten Tag nach seiner Ernennung sein Amt nieder. Und zum rechten Zeitpunkt, nämlich bevor die Volkstribunen die Aufteilung des Gebietes von Labici zur Sprache bringen und dadurch Auseinandersetzungen wegen der Landanweisungen heraufbeschwören konnten, beschloß der Senat in einer gut besuchten Sitzung, eine Kolonie nach Labici zu führen. Es wurden 1500o Siedler von Rom aus geschickt, und sie erhielten jeder zwei Morgen.

Nach der Einnahme von Labici und der Zeit danach, als Agrippa Menenius Lanatus, C. Servilius Structus und P. Lucretius Tricipitinus, diese alle zum zweitenmal, sowie Sp. Rutilius Crassus Militärtribunen mit konsularischer Vollmacht waren, und im folgenden Jahr, als A. Sempronius Atratinus zum drittenmal und zwei zum zweitenmal dieses Amt innehatten, nämlich M. Papirius Mugillanus und Sp. Nautius Rutilus, war es zwei Jahre lang draußen ruhig; im Innern aber herrschte Zwietracht wegen der Ackergesetze.

48. Die Unruhestifter in der breiten Masse waren Sp. Maecilius, der zum viertenmal, und M. Metilius, der zum drittenmal Volkstribun war, beide in Abwesenheit gewählt. Als sie mit ihrem Gesetzesvorschlag an die Öffentlichkeit traten, das Land, das man den Feinden genommen, solle Mann für Mann verteilt werden, und also durch diesen Volksentscheid der Besitz eines großen Teils der Adligen konfisziert werden sollte, schien sich ein schrecklicher Kampf zwischen der Plebs und den Patriziern anzukündigen – denn da die Stadt auf fremdem Grund und Boden angelegt war, war fast kein Stück Land anders als mit Waffen gewonnen, und die Plebs besaß nichts als das, was ihr verkauft oder im Namen des Staates zugewiesen worden war. Die Militärtribunen fanden weder im Senat noch in eigens einberufenen privaten Zusammenkünften der führenden Männer einen Ausweg; da soll App. Claudius, der Enkel des Mannes, der Decemvir für

die Aufzeichnung der Gesetze gewesen war, der jüngste bei der
Zusammenkunft der Patrizier, gesagt haben, er bringe von daheim einen alten, aus seiner Familie kommenden Rat mit; denn
sein Urgroßvater App. Claudius habe den Patriziern den einzigen Weg gezeigt, die Tribunenmacht aufzuheben: durch den
Einspruch von Kollegen. Leicht ließen sich Leute, die neu im
Amt seien, durch das Ansehen der führenden Männer von ihrer
Meinung abbringen, wenn man zuweilen eine Sprache spreche,
die mehr den Zeitverhältnissen als der eigenen hohen Stellung an-
gepaßt sei. Ihr Verhalten hänge von den Umständen ab. Wenn ihnen die Augen dafür aufgingen, daß ihre Kollegen, die bei der Behandlung der Sache das Wort führten, den ganzen Dank bei der
Plebs im voraus geerntet hätten und daß ihnen hier keine Chance
geblieben sei, würden sie sich ohne weiteres auf die Seite des Senats schlagen, um sich so bei dem ganzen Stand, besonders aber
bei den Führern der Patrizier beliebt zu machen. Als alle zustimmten und vor allem Q. Servilius Priscus den jungen Mann
lobte, weil er nicht aus der Art der Claudier geschlagen sei,
wurde die Weisung gegeben, jeder solle, wen er könne, aus dem
Kollegium der Tribunen zum Einspruch verleiten. Nachdem der
Senat entlassen worden war, bearbeiteten die führenden Männer
die Tribunen. Durch Zureden, Ermahnungen und die Versiche-
rung, es werde einzelnen persönlich, ja es werde dem ganzen Senat lieb sein, gewannen sie sechs für den Einspruch.

Als am nächsten Tag verabredungsgemäß im Senat die Unruhen im Innern auf die Tagesordnung gesetzt wurden, die Maecilius und Metilius durch ihre Schenkung, die von bedenklichster
Art war, auslösten, äußerten sich die Führer der Patrizier in ihren
Reden dahin, daß jeder für sich sagte, er wisse sich keinen Rat
mehr und sehe nirgendwo anders mehr eine Hilfe als im Eingreifen der Volkstribunen. In den Schutz dieses Amtes flüchte sich
der Staat in seiner Not wie ein hilfloser Privatmann. Für die Tribunen und ihr Amt sei es etwas Herrliches, daß im Tribunat
ebenso die Macht liege, dem Senat zuzusetzen und Zwietracht
unter den Ständen zu stiften wie böswilligen Kollegen entgegenzutreten. Da erhob sich im ganzen Senat Geschrei, weil man von
überallher im Senatsgebäude die Tribunen anrief. Als dann Stille

eintrat, erklärten die, die durch den Einfluß der führenden Männer schon darauf vorbereitet waren, sie würden Einspruch einlegen gegen den Antrag, mit dem ihre Kollegen an die Öffentlichkeit getreten seien und von dem der Senat meine, er sei geeignet,
dem Staat den Untergang zu bereiten. Der Senat sprach ihnen
für ihren Einspruch seinen Dank aus. Die den Antrag eingebracht hatten, beriefen eine Volksversammlung ein, nannten jene
Verräter an den Interessen der Plebs und Sklaven ehemaliger
Konsuln und wetterten auch noch mit anderen harten Worten
gegen ihre Kollegen, gaben dann aber die Sache auf.

49. Das folgende Jahr, in dem P. Cornelius Cossus, C. Valerius
Potitus, Q. Quinctius Cincinnatus und Cn. Fabius Vibulanus
Militärtribunen mit konsularischer Vollmacht waren, hätte zwei
Kriege gebracht, wenn nicht der Krieg mit Veji wegen religiöser
Bedenken der führenden Männer dieser Stadt hinausgeschoben
worden wäre, deren Ländereien der über die Ufer getretene Tiber verwüstete, vor allem durch Zerstörung der Landhäuser. Zugleich hielt die Aequer die drei Jahre zuvor erlittene Niederlage
davon ab, den Bewohnern von Bolae, einer Gemeinde ihrer Völkerschaft, Hilfe zu bringen. Von dort aus hatte man Plünderungszüge in das angrenzende Gebiet von Labici unternommen
und die neuen Siedler angegriffen. Die Bewohner von Bolae hatten gehofft, sich gegen eine Bestrafung durch ein Bündnis mit allen Aequern schützen zu können; aber sie wurden von ihren
Stammesverwandten im Stich gelassen und verloren in einem
Krieg, der nicht der Rede wert war, nach einer Belagerung und
einem einzigen leichten Gefecht ihre Stadt und ihr Gebiet.

Der Volkstribun L. Decius versuchte, einen Gesetzesantrag
einzubringen, durch den auch nach Bolae – wie nach Labici –
Siedler geschickt werden sollten. Die Sache zerschlug sich aber
wegen des Einspruchs seiner Kollegen, die erklärten, sie würden
nicht zulassen, daß es zu einem Volksbeschluß komme, mit dem
der Senat sich nicht einverstanden erklärt habe.

Im folgenden Jahr, als in Rom Cn. Cornelius Cossus, L. Valerius Potitus, Q. Fabius Vibulanus zum zweitenmal und M. Postumius Regillensis Militärtribunen mit konsularischer Vollmacht waren, brachten die Aequer Bolae wieder in ihre Gewalt, führten Siedler dorthin und sicherten die Stadt mit neuen Kräften. Der Krieg gegen die Aequer wurde M. Postumius übertragen, einem Menschen mit einem schlimmen Charakter, den jedoch mehr der Sieg als der Krieg ans Licht brachte. Denn das Heer wurde zügig ausgehoben, vor Bolae geführt, und nachdem Postumius in kleinen Gefechten den Mut der Aequer gebrochen hatte, drang er schließlich in die Stadt ein. Dann aber wandte sich seine Streitlust von den Feinden weg gegen seine Mitbürger; während des Angriffs hatte er verkündet, die Beute werde den Soldaten gehören, nun aber, nach der Einnahme der Stadt, brach er sein Wort. Ich neige eher dazu zu glauben, daß dies der Grund für die Erbitterung im Heer gewesen ist und nicht die Tatsache, daß in der gerade eroberten Stadt und der neuen Siedlung sich weniger Beute fand, als der Tribun in Aussicht gestellt hatte. Diese Erbitterung vergrößerte er noch, als er, von seinen Kollegen wegen der durch die Volkstribunen angezettelten Unruhen herbeigerufen, in die Stadt zurückgekehrt war und in der Volksversammlung eine törichte und fast wahnwitzige Äußerung tat; denn als der Volkstribun M. Sextius ein Ackergesetz einbrachte und zugleich erklärte, er werde auch noch beantragen, daß Siedler nach Bolae geschickt würden – denn es sei doch recht, daß die Stadt und das Gebiet von Bolae denen gehöre, die es mit den Waffen genommen hätten –, rief er ihm zu: »Es wird meinen Soldaten schlecht bekommen, wenn sie nicht Ruhe halten.« Diese Äußerung erregte nicht nur in der Volksversammlung Anstoß, sondern in gleichem Maße bald darauf auch im Senat. Und der Volkstribun, ein Hitzkopf, der auch zu reden wußte, nahm sich keinen aus dem Kollegium der Militärtribunen häufiger vor als Postumius; hatte er doch hier unter seinen Gegnern einen hochmütigen Charakter und eine unbeherrschte Zunge gefunden, die man provozieren und erregen und dadurch zu Äußerungen verleiten konnte, die nicht nur ihm selbst Haß eintrugen, sondern auch seiner Sache und seinem ganzen Stand. Jetzt, auf dieses harte und unmenschliche Wort hin, rief er: »Mitbürger, hört ihr, daß er seinen Soldaten wie Sklaven Schlimmes androht? Werdet ihr trotzdem glauben, dieses Ungeheuer verdiene sein hohes Amt eher als die, die euch mit einer Stadt und mit Land beschenken, euch in neue Ansiedlungen schicken, euch mit einem Wohnsitz für euer Alter versorgen, für eure Interessen gegen so grausame und überhebliche Gegner einen Kampf auf Tod und Leben führen? Dann fangt an, euch zu wundern, warum nur noch wenige sich eurer Sache annehmen! Was sollen sie denn von euch erhoffen? Etwa Ämter? Aber die gebt ihr doch lieber euren Gegnern als den Vorkämpfern des römischen Volkes! Ihr habt eben aufgeseufzt, als ihr die Worte dieses Menschen hörtet. Was nützt das? Wenn es jetzt zur Abstimmung kommen sollte, dann würdet ihr doch diesen Menschen, der euch Schlimmes androht, denen vorziehen, die euch Felder und Wohnsitze und Eigentum sichern wollen.«

50. Als die Äußerung des Postumius den Soldaten zu Ohren kam, löste sie im Lager einen noch viel größeren Sturm der Entrüstung aus. Der Mann, der seinen Soldaten die Beute weggenommen und sie betrogen habe, drohe ihnen auch noch Schlimmes an! Als sich so ganz offen Murren erhob, glaubte der Quästor P. Sestius, die Meuterei lasse sich durch dieselbe Härte bändigen, durch die sie ausgelöst worden war, und schickte einen Liktor zu einem Soldaten, der lauthals schimpfte. Darüber entstand Geschrei und Zank, und von einem Stein getroffen, zog Sestius sich aus dem Getümmel zurück, wobei der, der ihn verwundet hatte, ihm obendrein noch nachrief, nun habe der Quästor, was der Feldherr den Soldaten angedroht habe. Wegen dieses Zwischenfalls herbeigerufen, machte Postumius durch strenge Untersuchungen und grausame Strafen alles noch schlimmer. Zuletzt, als er in seinem Zorn jedes Maß verlor, kam es auf das Geschrei derer hin, die – seinem Befehl gemäß – unter Flechtwerk getötet werden sollten, zu einem Auflauf, und er selbst stürzte wie von Sinnen von seinem Richtersitz hinab zu denen, die die Bestrafung verhindern wollten. Als nun die Liktoren und die Centurionen die Menge zurückzudrängen suchten und auf sie einschlugen, kam es zu einem solchen Ausbruch der Entrüstung, daß der Militärtribun von seinem eigenen Heer gesteinigt wurde.

Als die Nachricht von dieser grausigen Tat in Rom eintraf, wollten die Militärtribunen den Tod ihres Kollegen durch den

Senat untersuchen lassen, aber die Volkstribunen erhoben Einspruch. Dieser Streit stand in engem Zusammenhang mit einer anderen Auseinandersetzung; denn die Patrizier hatte die Sorge befallen, die Plebs werde aus Furcht vor Untersuchungen und im Zorn Militärtribunen aus der Plebs wählen; daher arbeiteten sie mit aller Macht darauf hin, daß Konsuln gewählt wurden. Da die Volkstribunen den Senatsbeschluß aber nicht zustande kommen ließen und gegen Konsulwahlen Einspruch erhoben, kam es zu einem Interregnum. Der Sieg blieb dann bei den Patriziern.

51. Der Interrex Q. Fabius Vibulanus führte die Wahlen durch; zu Konsuln gewählt wurden dabei A. Cornelius Cossus und L. Furius Medullinus. Unter diesen Konsuln beschloß der Senat zu Beginn des Jahres, die Tribunen sollten so bald wie möglich bei der Plebs eine Untersuchung des Lynchmordes an Postumius beantragen und die Plebs solle, wen sie wolle, zum Vorsitzenden bei der Untersuchung machen. Die Plebs übertrug die Aufgabe einmütig den Konsuln. Diese brachten die Sache mit größter Mäßigung und Milde durch Todesurteile gegen einige wenige zu Ende, die sich selbst das Leben nahmen, wie man mit ziemlicher Gewißheit annimmt; sie konnten jedoch nicht verhindern, daß die Plebs das sehr übel aufnahm. Anträge, die um ihrer Interessen willen eingebracht würden, blieben schon so lange ohne Ergebnis, während ein Gesetz, das ergangen sei, um sie blutig zu bestrafen, sogleich angewandt werde und so große Auswirkungen habe.

Es wäre der geeignetste Zeitpunkt gewesen, nach der Bestrafung der Meuterei den Leuten zur Beschwichtigung die Aufteilung des Gebietes von Bolae anzubieten. Wenn das geschehen wäre, hätte man das Verlangen nach einem Ackergesetz verringert, das die Patrizier von dem Staatsland vertreiben sollte, das sie zu Unrecht in ihrem Besitz hätten. Jetzt aber quälte die Leute die Empörung darüber, daß der Adel hartnäckig an dem Staatsland festhielt, das er durch Gewaltanwendung in seinem Besitz hatte, ja nicht einmal das herrenlose Land, das man vor kurzem dem Feind weggenommen hatte, an die Plebs verteilte; das werde bald, wie alles andere, wenigen als Beute zufallen.

Im selben Jahr wurden die Legionen von dem Konsul Furius

gegen die Volsker geführt, die das Gebiet der Herniker plünderten. Als sie den Feind dort nicht fanden, nahmen sie Ferentinum,
wohin sich eine große Menge Volsker zurückgezogen hatte. Die
Beute war geringer, als erhofft; denn nachdem nur noch wenig
Aussicht bestand, daß sich die Stadt behaupten lasse, schafften
die Volsker bei Nacht alles weg und räumten die Stadt. Am nächsten Tag wurde sie genommen, fast menschenleer. Die Stadt
selbst und ihr Gebiet erhielten die Herniker als Geschenk.

52. Auf dieses durch die Besonnenheit der Tribunen ruhige
Jahr folgte unter dem Konsulat von Q. Fabius Ambustus und
C. Furius Pacilus der Volkstribun L. Icilius. Als er gleich zu Beginn des Jahres, als wenn ihn sein Name und seine Familie dazu
verpflichteten, durch die Ankündigung von Ackergesetzen Unruhen auslöste, lenkte der Ausbruch einer Seuche, die jedoch be-
drohlicher schien, als sie war, die Gedanken der Leute vom Forum und von den politischen Streitereien ab auf ihr Haus und auf
die Pflege der Kranken, und man glaubt, diese Seuche sei weniger
schädlich gewesen, als es der Streit geworden wäre.

Nachdem die Bürgerschaft mit der Erkrankung sehr vieler,
aber mit nur ganz wenigen Todesfällen davongekommen war,
folgte auf das Seuchenjahr, weil man, wie es in solchen Fällen
meist geschieht, die Bestellung der Felder vernachlässigt hatte,
unter den Konsuln M. Papirius Atratinus und C. Nautius Rutilus
Mangel an Getreide. Der Hunger wäre sogar trauriger geworden
als die Seuche, hätte man nicht zu allen Völkern ringsum, die am
Tyrrhenischen Meer und die am Tiber wohnen, Gesandte geschickt, um Getreide zu kaufen, und so die Versorgungsschwierigkeiten behoben. Von den Samniten, die Capua und Cumae in
Besitz hatten, wurden die Gesandten hochmütig am Kauf gehindert, dagegen wurden sie von den Tyrannen in Sizilien freundlich
unterstützt; die bedeutendste Sendung kam jedoch infolge der
großen Bereitwilligkeit Etruriens den Tiber hinab. Den Men-
schenmangel in der erkrankten Bürgerschaft bekamen die Konsuln zu spüren, als sie für jede Gesandtschaft nicht mehr als einen
Senator fanden und sich gezwungen sahen, jedem zwei Ritter als
Begleiter mitzugeben.

Abgesehen von der Krankheit und den Versorgungsschwierig-

keiten gab es in diesen zwei Jahren nichts an inneren oder äußeren Unannehmlichkeiten. Als aber diese Sorgen schwanden, fing
alles wieder an, was sonst die Bürgerschaft aus der Ruhe zu bringen pflegte, daheim Zwietracht, draußen Krieg.

53. Unter dem Konsulat des M'. Aemilius und des C. Valerius
Potitus rüsteten die Aequer zum Krieg; die Volsker griffen zwar
nicht auf allgemeinen Beschluß hin zu den Waffen, doch zogen
von ihnen Freiwillige gegen Sold mit in den Krieg. Als man von
diesen Feinden hörte – sie waren nämlich schon in das Gebiet der
Latiner und der Herniker hinübergekommen –, wollte der Konsul Valerius eine Aushebung durchführen, doch der Volkstribun
M. Menenius, der ein Ackergesetz eingebracht hatte, hinderte
ihn daran, und durch den Tribunen gedeckt, leistete niemand gegen seinen Willen den Fahneneid. Da wurde plötzlich gemeldet,
die Burg von Carventum sei von den Feinden besetzt. Daß man
diesen Schimpf erlitt, trug Menenius bei den Patriziern Haß ein,
bot aber vor allem den übrigen Tribunen, die man schon vorher
für einen Einspruch gegen das Ackergesetz gewonnen hatte, einen besseren Grund, sich gegen ihren Kollegen zu stellen. Die
Sache zog sich dann durch einen Wortwechsel in die Länge. Die
Konsuln riefen Götter und Menschen zu Zeugen an, daß für alles, was man von den Feinden an Schaden und Schimpf schon erlitten habe und was noch drohe, die Schuld bei Menenius liege,
der die Aushebung verhindere; Menenius dagegen schrie, wenn
die unrechtmäßigen Herren auf ihren Besitz an Staatsland verzichteten, werde er die Aushebung nicht aufhalten. Da schalteten
sich die neun anderen Tribunen mit einem Beschluß ein und
machten dem Streit ein Ende, indem sie im Namen ihres Kollegiums verkündeten, sie würden dem Konsul C. Valerius beistehen,
wenn er bei der Aushebung gegen die, die den Wehrdienst verweigerten, ungeachtet des Einspruchs ihres Kollegen eine Ver-
mögensstrafe oder eine andere Disziplinarmaßnahme verhänge.
Als der Konsul, gestützt auf diesen Beschluß, einige wenige, die
den Tribunen anriefen, am Hals packen ließ, leisteten die übrigen
aus Furcht den Fahneneid.

Das Heer wurde zur Burg von Carventum geführt. Obwohl es
dem Konsul verhaßt und seinerseits gegen ihn aufgebracht war,

vertrieb es doch voller Energie gleich bei seiner Ankunft die Besatzung und eroberte die Burg zurück. Weil Leute aus der Besatzung unbesorgt ihren Posten verlassen hatten und zum Plündern ausgezogen waren, bot sich Gelegenheit zum Eindringen. Die Beute aus den fortgesetzten Raubzügen war beträchtlich, weil man alles an diesen sicheren Platz geschafft hatte. Sie wurde öffentlich versteigert, der Konsul befahl den Quästoren, den Erlös in die Staatskasse zu legen, und erklärte, ein Heer habe nur dann Anteil an der Beute zu erwarten, wenn es sich nicht gegen den Kriegsdienst gesträubt habe. Infolgedessen wurde die Erbitterung der Plebs und der Soldaten über den Konsul noch gesteigert. Als er auf Senatsbeschluß im Kleinen Triumph in die Stadt einzog, sangen die Soldaten daher in ihrer Ungebundenheit kunstlose Verse, in denen abwechselnd der Konsul beschimpft und der Name des Menenius gefeiert wurde. Bei jeder Erwähnung des Tribunen wetteiferte die Begeisterung des umstehenden Volkes durch Klatschen und Beipflichten mit den Rufen der Soldaten. Das machte den Patriziern mehr Sorge als die fast zur Regel gewordene Ausgelassenheit der Soldaten gegenüber dem Konsul. Und als wenn dem Menenius im Falle seiner Bewerbung ein Platz unter den Militärtribunen sicher wäre, schloß man ihn aus, indem man Konsulwahlen ansetzte.

54. Zu Konsuln gewählt wurden Cn. Cornelius Cossus und L. Furius Medullinus zum zweitenmal. Niemals zuvor hatte die Plebs so schwer daran getragen, daß man ihr keine Tribunenwahlen zugestanden hatte. Diesen Schmerz zeigte sie bei den Quästorenwahlen und rächte sich dadurch, daß sie jetzt zum erstenmal Plebejer zu Quästoren wählte, so daß bei vier zu Wählenden nur einem einzigen Patrizier, dem K. Fabius Ambustus, eine Stelle übrigblieb und drei Plebejer, Q. Silius, P. Aelius und C. Papius, jungen Männern aus den berühmtesten Familien vorgezogen wurden. Ich finde in meinen Quellen, diese so freie Entscheidung des Volkes hätten die Icilier herbeigeführt; aus dieser Familie, die den Patriziern ausgesprochen feindselig gegenüberstand, seien für dieses Jahr drei zu Volkstribunen gewählt worden, und sie hätten dem Volk eine Reihe vieler großer Dinge, auf die es sehr erpicht war, in Aussicht gestellt, zugleich aber versichert, sie

würden nichts in die Wege leiten, wenn das Volk nicht einmal bei
den Quästorenwahlen, den einzigen, bei denen der Senat der
Plebs und den Patriziern gleiche Chancen gelassen habe, Mut genug zeige zu dem, was sie schon so lange wollten und was von
den Gesetzen her auch gestattet sei. Daher sah die Plebs darin einen ungeheuren Sieg, und man bewertete diese Quästur nicht
nach den beschränkten Möglichkeiten des Amtes, sondern
glaubte, daß jetzt für Leute ohne Ahnen der Weg zum Konsulat
und zu Triumphen frei sei. Die Patrizier dagegen machten ihrem
Ärger Luft, als wenn sie die Ämter nicht mit anderen teilen müßten, sondern als wenn sie sie ganz verloren hätten. Wenn es so
stehe, sagten sie, brauche man keine Kinder mehr aufzuziehen,
die, aus der Stellung ihrer Vorfahren verdrängt, andere im Besitz
ihrer Würde sehen müßten und denen nur noch übrig bleibe, als
Salier und Flamines für das Volk Opfer zu vollziehen, ohne jede
Befehls- und Amtsgewalt. Beide Seiten waren gereizt. Während
die Plebs Mut gefaßt hatte und drei Führer mit einem sehr bekannten Namen als Vertreter der Volksinteressen besaß, stellten
die Patrizier sich vor, daß alles den Quästorenwahlen ähnlich
sein werde, wenn die Plebs beide Möglichkeiten habe, und arbeiteten deshalb auf Konsulwahlen hin, bei denen es noch keine
Chancengleichheit gab. Die Icilier dagegen sagten, es müßten
Militärtribunen gewählt werden und die Plebs müsse endlich einmal Anteil an den Ämtern erhalten.

55. Aber die Konsuln ergriffen keine Maßnahme, durch deren
Verhinderung die Tribunen ihr Ziel hätten erzwingen können;
da wurde – seltsamerweise im rechten Augenblick – gemeldet,
die Volsker und die Aequer seien zum Plündern aus ihrem Gebiet in das der Latiner und der Herniker eingefallen. Als die Konsuln für diesen Krieg auf Senatsbeschluß eine Aushebung durchführen wollten, da traten ihnen die Tribunen energisch entgegen,
wobei sie sagten, hier biete sich ihnen und der Plebs eine Gelegenheit. Sie waren drei, alle sehr forsche Männer und schon von
Adel, soweit es das bei der Plebs gab. Zwei nahmen es auf sich, in
ständigem Bemühen die Konsuln im Auge zu behalten, jeder einen; der dritte sollte die Plebs in den Volksversammlungen bald
zurückhalten, bald aufreizen.

Die Konsuln konnten die Aushebung nicht zustande bringen, ebensowenig aber auch die Tribunen die Wahlen, die sie wollten. Dann neigte sich das Glück auf die Seite der Plebs: Es kam die Meldung, die Soldaten, die die Besatzung der Burg von Carventum bildeten, hätten sich davongestohlen, um Beute zu machen, und die Aequer hätten die wenigen Wachen getötet und seien in die Burg eingedrungen; die anderen seien teils niedergemacht worden, als sie zur Burg zurückkehren wollten, teils, als sie in der Gegend umherstreiften. Dieses Unglück der Bürgerschaft gab dem Antrag der Tribunen neue Kraft. Vergeblich wurden sie bestürmt, wenigstens jetzt mit dem Verhindern des Krieges aufzuhören. Nachdem sie sich weder durch die Bedrängnis des Staates noch durch den Haß, der ihnen entgegenschlug, zum Nachgeben hatten bestimmen lassen, setzten sie durch, daß ein Senatsbeschluß über die Wahl von Militärtribunen gefaßt wurde, jedoch mit der ausdrücklichen Bedingung, daß keiner berücksichtigt werden dürfe, der in diesem Jahr Volkstribun sei, und daß kein Volkstribun für das kommende Jahr wiedergewählt werden dürfe, womit der Senat zweifellos auf die Icilier zielte, die man beschuldigte, als Belohnung für ihr aufrührerisches Tribunat das Konsulat anzustreben.

Dann begann man mit Billigung aller Stände die Aushebung durchzuführen und sich auf den Krieg vorzubereiten. Ob beide Konsuln zur Burg von Carventum aufbrachen oder ob einer zur Durchführung der Wahlen zurückblieb, lassen die voneinander abweichenden Quellen im ungewissen. Man kann aber das als sicher annehmen, worin sie sich nicht widersprechen, daß man nämlich von der Burg von Carventum abzog, nachdem man sie lange vergeblich bestürmt hatte, und daß dasselbe Heer Verrugo im Volskerland zurückeroberte und im Gebiet der Aequer und Volsker ungeheure Verwüstungen anrichtete und riesige Beute machte.

56. In Rom trug die Plebs zwar insofern den Sieg davon, als sie die Wahlen bekam, die sie lieber wollte, aber am Ende siegten bei den Wahlen doch die Patrizier. Denn als Militärtribunen mit konsularischer Vollmacht wurden wider aller Erwarten drei Patrizier gewählt, C. Julius Julus, P. Cornelius Cossus und C. Ser-

vilius Ahala. Es heißt, die Patrizier hätten einen Kunstgriff angewandt, den ihnen die Icilier schon damals zum Vorwurf machten: sie hätten eine Menge unwürdiger Kandidaten unter die
würdigen gemischt und durch den Ekel vor dem Schmutz, der
bei einigen auffiel, das Volk dazu gebracht, sich von den Plebejern ganz abzuwenden.

Dann kam die Kunde, die Volsker und die Aequer hätten sich
mit aller Macht zum Krieg erhoben, entweder weil die Behauptung der Burg von Carventum in ihnen Hoffnung geweckt oder
weil der Verlust der Besatzung von Verrugo sie in Zorn versetzt
hatte. Die führende Rolle dabei spielten die Bewohner von
Antium; ihre Gesandten seien unter den Gemeinden beider Völkerschaften umhergezogen und hätten deren Lässigkeit ange-
prangert, daß sie im vorigen Jahr, hinter ihren Mauern versteckt,
zugelassen hätten, daß die Römer plündernd in ihrem Land umherstreiften und die Besatzung von Verrugo überrumpelten.
Schon würden nicht nur Heere, sondern auch Siedler in ihr Gebiet geschickt; nicht nur die Römer selbst hätten ihr Eigentum
aufgeteilt und säßen darauf, sondern sie hätten das ihnen wegge-
nommene Ferentinum gar den Hernikern geschenkt. Solche
Worte erregten die Gemüter, und überall wurde, sowie die Gesandten gekommen waren, eine Anzahl junger Männer ausgehoben. So wurde die junge Mannschaft aller Gemeinden in Antium
zusammengezogen. Hier schlugen sie ein Lager auf und warteten
auf den Feind.

Als dies in Rom bekannt wurde und eine noch größere Unruhe
auslöste, als die Sache wert war, befahl der Senat sogleich, einen
Diktator zu ernennen, was in der Stunde der Gefahr der letzte
Ausweg war. Es heißt, Julius und Cornelius seien darüber verärgert gewesen und die Sache sei in einem heftigen Meinungsstreit
verhandelt worden, wobei sich die Führer der Patrizier vergeblich darüber beklagten, daß die Militärtribunen sich der Autorität des Senats nicht fügten, und zuletzt sogar an die Volkstribunen appellierten und darauf hinwiesen, daß Träger dieses Amtes
in einem solchen Fall auch gegen Konsuln Gewalt angewandt
hätten. Die Volkstribunen, die sich über die Zwietracht unter
den Patriziern freuten, sagten, Leute, für die sie nicht zu den Bür-

gern, ja nicht einmal zu den Menschen zählten, hätten von ihnen
keine Hilfe zu erwarten. Wenn einmal die Ämter für alle ohne
Unterschied zugänglich seien und sie gemeinsam die politische
Verantwortung hätten, dann würden sie darauf achten, daß Senatsbeschlüsse nicht durch die Überheblichkeit von Beamten unwirksam würden. Bis dahin sollten die Patrizier, die vor den Gesetzen und den Beamten keine Achtung mehr hätten, auch die
tribunizische Gewalt selbst wahrnehmen.

57. Dieser Streit hatte zum ungeeignetsten Zeitpunkt, da man
es mit einem so großen Krieg zu tun hatte, die Aufmerksamkeit
der Menschen auf sich gezogen. Julius und Cornelius ließen sich
abwechselnd lange darüber aus, daß es nicht recht sei, ihnen das
Amt, das ihnen vom Volk verliehen worden sei, zu entreißen, da
sie selbst als Führer für diesen Krieg hinreichend geeignet seien.
Schließlich erklärte der Militärtribun Ahala Servilius, er habe so
lange geschwiegen, nicht weil er sich seiner Meinung nicht sicher
gewesen sei – welcher gute Bürger trenne denn seine eigenen Interessen von denen der Allgemeinheit? –, sondern weil er es lieber gesehen hätte, wenn seine Kollegen sich aus eigenem Entschluß der Autorität des Senates gebeugt und nicht zugelassen
hätten, daß die Macht der Tribunen gegen sie angerufen wurde.
Auch jetzt würde er ihnen, wenn die Umstände es zuließen,
gerne noch Zeit lassen, von ihrer allzu starren Meinung loszu-
kommen. Aber da die Unvermeidlichkeiten des Krieges nicht
warteten, bis die Menschen sich entschieden hätten, seien ihm die
Interessen der Allgemeinheit wichtiger als ein gutes Verhältnis
zu seinen Kollegen, und wenn der Senat bei seiner Meinung
bleibe, werde er in der nächsten Nacht einen Diktator ernennen;
wenn jemand gegen den Senatsbeschluß Einspruch einlegen
sollte, werde ihm der Wunsch des Senats genügen. Dafür erntete
er nicht unverdientes Lob und Dank bei allen. Zum Diktator ernannte er den P. Cornelius und wurde selbst von ihm zum Magister equitum gemacht. So hatte man, wenn man auf seine Kollegen und auf ihn sah, ein Beispiel dafür, wie Beliebtheit und Ehre
manchmal für die leichter zu erreichen sind, die nicht danach
trachten.

Der Krieg war keineswegs bedeutend. In einem einzigen, noch

dazu leichten Treffen wurden die Feinde bei Antium geschlagen. Das siegreiche Heer verwüstete das Gebiet der Volsker. Ein fester Platz am Fuciner See wurde im Sturm erobert und hier 3000 Mann gefangengenommen. Die übrigen Volsker wurden hinter ihre Mauern getrieben und verteidigten ihr Land nicht. Der Diktator führte den Krieg so, daß man den Eindruck hatte, er habe sich lediglich keine Gelegenheit entgehen lassen, kehrte reicher an Glück als an Ruhm in die Stadt zurück und legte sein Amt nieder.

Die Militärtribunen brachten Konsulwahlen überhaupt nicht zur Sprache – ich glaube, aus Zorn wegen der Einsetzung eines Diktators – und ordneten die Wahl von Militärtribunen an. Da befiel die Patrizier schwere Sorge, weil sie sahen, daß ihre Sache von den eigenen Leuten verraten wurde. Wie sie daher im Vorjahr durch die unwürdigsten Mitbewerber aus der Plebs gegen alle, auch die würdigen, Widerwillen erweckt hatten, so gewannen sie jetzt die angesehensten und einflußreichsten Patrizier für eine Kandidatur, damit kein Plebejer eine Chance hatte, und erhielten dadurch alle Stellen. Es wurden vier gewählt, die alle dieses Amt schon ausgeübt hatten, L. Furius Medullinus, C. Valerius Potitus, Cn. Fabius Vibulanus und C. Servilius Ahala. Dieser wurde wiedergewählt und sollte sein Amt schon wegen seiner sonstigen Verdienste weiterführen, vor allem aber wegen der Beliebtheit, die er durch seine einzigartige Bescheidenheit unlängst gewonnen hatte.

58. Weil in diesem Jahr die Zeit des Waffenstillstands mit dem Volk von Veji abgelaufen war, machte man sich daran, durch Gesandte und die Fetialen Wiedergutmachung zu fordern. Bei ihrer Ankunft an der Grenze kam ihnen eine Gesandtschaft aus Veji entgegen und bat sie, nicht nach Veji zu gehen, bevor sie selbst sich an den Senat von Rom gewandt hätten. Beim Senat erreichten sie durch ihre Bitten, daß von ihnen keine Wiedergutmachung gefordert wurde, weil die Leute in Veji an innerer Zwietracht litten. So wenig dachte man daran, aus fremden Schwierigkeiten für sich einen Vorteil zu ziehen.

Aber im Gebiet der Volsker erlitt man eine Schlappe; die Besatzung von Verrugo ging verloren. Hier spielte die Zeit eine

große Rolle; denn man hätte die Soldaten, die dort von den Volskern belagert wurden und um Hilfe baten, noch retten können,
wenn man sich beeilt hätte; doch das Heer, das zum Einsatz geschickt wurde, kam nur noch dazu, über die Feinde herzufallen,
die sich nach dem soeben erfolgten Gemetzel zerstreut hatten,
um Beute zu machen. Der Grund für die Saumseligkeit lag weniger beim Senat als bei den Tribunen; denn weil gemeldet wurde,
man leiste mit aller Macht Widerstand, hatten sie zu wenig bedacht, daß keine Tapferkeit über das Maß der menschlichen
Kräfte hinausgeht. Die tapferen Soldaten blieben jedoch nicht
ungerächt, weder im Leben noch im Tode.

   Im folgenden Jahr, in dem P. und Cn. Cornelius Cossus,
Cn. Fabius Ambustus und L. Valerius Potitus Militärtribunen
mit konsularischer Vollmacht waren, brach der Krieg mit Veji
aus infolge einer hochmütigen Antwort des Senats von Veji; der
ließ den Gesandten auf ihre Wiedergutmachungsforderung antworten, wenn sie sich nicht schleunigst aus ihrer Stadt und ihrem
Gebiet entfernten, werde man ihnen geben, was Lars Tolumnius
gegeben habe. Hierüber aufgebracht beschlossen die Senatoren,
die Militärtribunen sollten die Kriegserklärung an Veji zum
nächstmöglichen Termin beim Volk beantragen. Kaum war das
bekanntgemacht, da murrten die Wehrpflichtigen, der Krieg mit
den Volskern sei noch nicht zu Ende; gerade erst seien zwei Besatzungen niedergemetzelt worden, die übrigen Plätze würden
nur unter Gefahr gehalten. Es gebe kein Jahr, in dem es nicht zu
einer Schlacht komme. Und als hätte man noch nicht genug zu
tun, plane man jetzt noch einen neuen Krieg mit einem so mächtigen Nachbarvolk, das dabei sei, ganz Etrurien aufzuwiegeln.

   Dies brachten sie aus sich heraus vor; darüber hinaus schürten
die Volkstribunen die Glut. Den Hauptkrieg, betonten sie, führten die Patrizier gegen die Plebs. Mit Bedacht drangsaliere man
sie durch den Kriegsdienst und gebe sie den Feinden zum Hinschlachten preis. Man halte sie von der Stadt fern und schicke sie
weg, damit sie nicht zu Hause in Ruhe an ihre Freiheit und die
Ansiedlungen denken und sich mit Plänen für das Staatsland und
für freie Wahlen beschäftigen könne. Sie faßten die Veteranen bei
der Hand, zählten die Dienstjahre eines jeden und seine Wunden

und Narben auf und fragten ihn, welche Stelle an seinem Körper
noch heil sei, um neue Wunden zu empfangen, und was er noch
an Blut habe, das er für den Staat hergeben könne. Nachdem sie
durch solche Agitation in Gesprächen und einigemal auch in
Volksversammlungen die Plebs davon abgebracht hatten, den
Krieg auf sich zu nehmen, wurde der Zeitpunkt für die Beantra-
gung des Gesetzes verschoben; denn es war klar, daß es nicht
durchzubringen war, wenn man es der gereizten Stimmung aus-
setzte.

59. Unterdessen beschloß man, die Militärtribunen sollten das
Heer in das Gebiet der Volsker führen; Cn. Cornelius wurde allein in Rom zurückgelassen.

Als sich zeigte, daß nirgendwo ein Lager der Volsker war und
sie sich nicht zur Schlacht stellen würden, trennten sich die drei
Tribunen, um das Land in drei Abteilungen zu verwüsten. Valerius rückte in Richtung auf Antium vor, Cornelius in Richtung
auf Ecetra; überall wo sie zogen, verheerten sie weit und breit
Häuser und Felder, um die Volsker an einer Konzentration ihrer
Streitkräfte zu hindern. Fabius rückte ohne Verheerungen zum
Angriff auf Anxur heran, das Hauptziel dieses Feldzuges. Die
Stadt Anxur, das heutige Tarracinae, fiel zu Sümpfen hin ab. Auf
dieser Seite machte Fabius einen Scheinangriff. Vier Kohorten
unter C. Servilius Ahala sollten unterdessen die Stadt umgehen.
Als sie die Höhe, die die Stadt beherrscht, genommen hatten,
griffen sie von oben her, wo keine Besatzung war, mit ungeheu-
rem Geschrei und Lärm die Mauer an. Bei diesem Lärm vor
Schreck erstarrt, gaben die, welche die Unterstadt gegen Fabius
verteidigten, Gelegenheit, die Sturmleitern anzulegen. Und alles
war voll von Feinden. Erbarmungslos wurde lange Zeit, wer floh
und wer Widerstand leistete, in gleicher Weise niedergemacht,
Bewaffnete wie Unbewaffnete. So sahen sie sich denn, auch wenn
sie besiegt waren, zum Kampf gezwungen, weil es auch für die
Zurückweichenden keine Hoffnung gab. Da wurde plötzlich der
Befehl erteilt, keiner außer den Bewaffneten solle angetastet werden, woraufhin die ganze noch übrige Menge freiwillig die Waffen wegwarf; von ihnen wurden etwa 2500 gefangengenommen.
Bei der übrigen Beute hielt Fabius die Soldaten zurück, bis auch

seine Kollegen kämen. Auch von diesen Heeren, sagte er, sei Anxur genommen worden; denn sie hätten die übrigen Volsker davon abgehalten, diesen Ort zu schützen. Als sie eintrafen, plünderten die drei Heere die Stadt, die durch lange Jahre des Glücks
reich geworden war. Diese freundliche Geste der Feldherrn
brachte zum erstenmal die Plebs den Patriziern wieder näher.

Dazu kam dann noch zum allergünstigsten Zeitpunkt ein Geschenk des führenden Standes an die Menge, indem der Senat,
noch ehe die Plebs oder die Tribunen es zur Sprache gebracht
hätten, beschloß, die Soldaten sollten Sold aus der Staatskasse erhalten; bis zu diesem Zeitpunkt hatte jeder auf eigene Kosten diesen Dienst tun müssen.

60. Es heißt, noch nie habe die Plebs etwas mit so großer
Freude aufgenommen. Man sei daher beim Senatsgebäude zu-
sammengelaufen, habe die Herauskommenden bei den Händen
gefaßt und gesagt, sie seien wirklich Väter; und sie hätten erklärt,
jetzt sei erreicht, daß niemand, solange er bei Kräften sei, für ein
so freigebiges Vaterland Leib und Leben schonen werde. Sie
freuten sich über den Vorteil, daß in der Zeit, in der sie mit ihrer
Person dem Staat gehörten und ihm dienten, wenigstens ihr Vermögen Ruhe habe; daß man ihnen das von selbst angeboten
hatte, ohne daß die Volkstribunen sich je dafür eingesetzt oder
sie selbst es in ihren Gesprächen gefordert hätten, das machte
ihre Freude noch viel größer und steigerte ihre Dankbarkeit dafür.

Die Volkstribunen standen als einzige abseits bei der Freude
und Eintracht der Stände und sagten, es werde für alle nicht so erfreulich und so vorteilhaft sein, wie sie selbst glaubten. Der Plan
sei auf den ersten Blick besser gewesen, als es sich bei der Durchführung erweisen werde. Denn wie könne man dieses Geld beschaffen, wenn man dem Volk nicht eine Abgabe auferlege? Auf
Kosten anderer also hätten die Patrizier ihr Geschenk gemacht.
Wenn die übrigen es auch hinnähmen, die, die schon ihren
Kriegsdienst geleistet hätten, würden nicht dulden, daß andere
unter besseren Bedingungen Soldat seien, als sie selbst es gewesen
seien, und daß sie, die selbst die Kosten für ihren Kriegsdienst
hätten aufbringen müssen, sie jetzt auch noch für andere aufbrin-

gen sollten. Mit solchen Äußerungen machten sie Eindruck auf einen Teil der Plebs. Zuletzt, als die Abgabe schon angeordnet war, verkündeten die Tribunen noch, sie würden jedem Beistand leisten, der die Abgabe für den Sold der Soldaten nicht entrichte. Die Patrizier verfolgten die Sache, die so gut angefangen hatte, beharrlich weiter. Sie leisteten selbst als erste die Abgabe, und weil es noch kein gemünztes Silber gab, schafften einige ihre Schweren Kupferasse auf Lastwagen zur Staatskasse und machten auch die Ablieferung zu einem Schauspiel. Nachdem der Senat mit peinlichster Genauigkeit dem Census entsprechend die Abgabe entrichtet hatte, begannen auch die vornehmsten Plebejer, die Freunde der Adligen, wie vereinbart, mit der Ablieferung. Als die Masse der Leute sah, daß diese von den Patriziern gelobt und von den wehrpflichtigen Jahrgängen als gute Bürger angesehen wurden, wollten sie plötzlich vom Beistand der Tribunen nichts mehr wissen, und es kam zu einem Wettstreit beim Abliefern.

Auch das Gesetz über die Kriegserklärung an Veji kam durch, und die neuen Militärtribunen mit konsularischer Vollmacht führten ein Heer, das zu einem großen Teil aus Freiwilligen bestand, nach Veji.

61. Tribunen aber waren T. Quinctius Capitolinus, Q. Quinctius Cincinnatus, C. Julius Julus zum zweitenmal, A. Manlius, L. Furius Medullinus zum drittenmal und M'. Aemilius Mamercus. Von ihnen wurde Veji zum erstenmal eingeschlossen. Als zu Beginn dieser Belagerung eine gut besuchte Bundesversammlung der Etrusker beim Voltumna-Heiligtum stattfand, konnte man sich nicht recht einigen, ob man Veji in einem gemeinsamen Krieg der ganzen Völkerschaft verteidigen solle.

Die Belagerung wurde im folgenden Jahr weniger energisch betrieben, weil ein Teil der Tribunen und des Heeres für den Krieg gegen die Volsker abgezogen wurde. Dieses Jahr hatte als Militärtribunen mit konsularischer Vollmacht C. Valerius Potitus zum drittenmal, M'. Sergius Fidenas, P. Cornelius Maluginensis, Cn. Cornelius Cossus, K. Fabius Ambustus und Sp. Nautius Rutilus zum zweitenmal. Mit den Volskern wurde zwischen Ferentinum und Ecetra in offener Feldschlacht ge-

kämpft, wobei das Schlachtenglück den Römern günstig war.
Dann machten sich die Tribunen daran, die Volskerstadt Artena
zu belagern. Als der Feind hier einen Ausbruch versuchte, aber
dabei wieder in die Stadt zurückgetrieben wurde, bot sich den
Römern eine Gelegenheit zum Eindringen, und alles bis auf die
Burg wurde genommen. Ein Haufen Bewaffneter wich auf die
Burg zurück, die schon durch ihre Lage geschützt war. Unterhalb der Burg wurden viele erschlagen oder gefangengenommen.
Dann wurde die Burg belagert. Sie konnte aber nicht erstürmt
werden, weil sie für ihre Ausdehnung genug Verteidiger hatte;
ebensowenig konnte man auf eine Übergabe hoffen, da alles Getreide im öffentlichen Besitz vor der Einnahme der Stadt auf die
Burg geschafft worden war. Man wäre es endlich leid geworden
und von dort abgezogen, hätte nicht ein Sklave die Burg an die
Römer verraten. Soldaten, die von ihm über eine steile Stelle eingelassen wurden, nahmen die Burg. Als sie die Wachen nieder-
machten, ergab sich die übrige Menge, von plötzlicher Panik befallen. Stadt und Burg Artena wurden zerstört, die Legionen aus
dem Gebiet der Volsker zurückgeführt, und die ganze Kraft
Roms wandte sich wieder Veji zu.

Dem Verräter gab man außer der Freiheit die Habe zweier Familien als Belohnung; er erhielt den Namen Servius Romanus.
Einige glauben, Artena habe den Vejentern, und nicht den Volskern gehört. Der Irrtum kommt daher, daß es auch zwischen
Caere und Veji eine Stadt dieses Namens gegeben hat; diese haben aber schon die Könige von Rom zerstört, und sie hatte zu
Caere, nicht zu Veji gehört. Die andere Stadt dieses Namens, von
deren Zerstörung hier die Rede war, lag im Gebiet der Volsker.

FÜNFTES BUCH

1. Während anderswo Friede herrschte, standen die Römer und Veji in so großem Zorn und Haß unter Waffen, daß es für die Besiegten offensichtlich das Ende bedeutete. Die Wahlen bei beiden Völkern gingen ganz verschieden aus. Die Römer erhöhten die Zahl der Militärtribunen mit konsularischer Vollmacht; es wurden acht gewählt, so viele wie noch nie zuvor: M'. Aemilius Mamercus zum zweitenmal, L. Valerius Potitus zum drittenmal, App. Claudius Crassus, M. Quinctilius Varus, L. Julius Julus, M. Postumius, M. Furius Camillus und M. Postumius Albinus. Die Vejenter dagegen waren den sich jedes Jahr wiederholenden Wahlkampf leid, der zuweilen Anlaß zu inneren Auseinandersetzungen gab, und wählten einen König. Das verärgerte die Völker Etruriens, die den König selbst nicht weniger haßten als das Königtum. Schon vorher war er für die Völkerschaft unerträglich gewesen mit seinem Reichtum und seiner Überheblichkeit, da er die feierlichen Spiele, die zu unterbrechen ein Frevel ist, gewaltsam abgebrochen hatte; denn weil bei der Abstimmung der zwölf Völker ein anderer ihm als Priester vorgezogen worden war, zog er aus Zorn über diese Zurücksetzung die Künstler, die zum großen Teil seine Sklaven waren, mitten aus dem Spiel plötzlich ab. Die Völkerschaft, die vor allen anderen auf religiöse Zeremonien großen Wert legte, weil sie durch die Kunst, diese zu begehen, hervorstach, beschloß daher, den Vejentern jede Hilfe zu versagen, solange sie unter einem König lebten. Die Kunde von dieser Entscheidung wurde in Veji unterdrückt aus Furcht vor dem König, der jeden, von dem man eine solche Äußerung berichtete, als Anstifter eines Aufruhrs, nicht als Verbreiter eines bedeutungslosen Geredes betrachtete.

Den Römern wurde zwar gemeldet, in Etrurien herrsche Ruhe; doch weil es hieß, in allen Versammlungen werde diese Frage behandelt, legten sie ihre Befestigungen so an, daß sie nach zwei Seiten gingen, die eine zur Stadt hin und gegen Ausbruchs-

versuche der Bewohner gerichtet, eine andere mit der Front nach
Etrurien gegen Hilfstruppen, die vielleicht von dort kamen.

2. Weil die römischen Feldherrn mehr Hoffnung auf eine Belagerung als auf eine Bestürmung setzten, begann man auch Unterkünfte für den Winter zu bauen, eine Neuerung für die römischen Soldaten, und es bestand die Absicht, den Krieg auch im
Winter ohne Unterbrechung weiterzuführen. Als das den Volkstribunen in Rom zugetragen wurde, die schon lange keinen Anlaß mehr fanden, Unruhe zu stiften, stürzten sie in die Volksversammlung und wiegelten die Plebs auf, indem sie riefen, gerade
das sei es, warum man die Zahlung an die Soldaten beschlossen
habe; es sei ihnen aber nicht entgangen, daß dieses Geschenk ihrer Feinde mit Gift bestrichen sein werde. Man habe die Freiheit
der Plebs verkauft; die junge Mannschaft sei auf immer fort und
aus der Stadt und aus dem politischen Geschehen verbannt, nicht
einmal dem Winter oder überhaupt einer Jahreszeit dürfe sie
noch nachgeben und nach Haus und Habe sehen. Was, glaubten
sie, sei der Grund für den ununterbrochenen Kriegsdienst? Sie
würden wirklich keinen anderen finden als den, daß nicht mit
Hilfe einer großen Zahl dieser jungen Männer, auf denen die
ganze Stärke der Plebs beruhe, ein Antrag in ihrem Interesse gestellt werden könne. Dazu hätten sie viel mehr zu leiden und aus-
zustehen als die Vejenter. Denn jene verbrächten den Winter in
ihren Häusern und schützten ihre Stadt durch vortreffliche Mauern und die natürliche Lage, der römische Soldat aber müsse bei
mühsamer Schanzarbeit, dem Schnee und Reif ausgesetzt, in Lederzelten ausharren und könne nicht einmal zur Winterszeit, in
der alle Kriege zu Lande und zu Wasser ruhten, die Waffen ablegen. Weder die Könige noch jene überheblichen Konsuln vor der
Schaffung der tribunizischen Gewalt noch die traurige Befehls-
fülle eines Diktators noch die rücksichtslosen Decemvirn hätten
ihnen ein solches Maß an Knechtschaft auferlegt, daß sie das
ganze Jahr über Kriegsdienst leisten mußten. Damit übten die
Militärtribunen ihr Tyrannenregiment gegen die römische Plebs
aus! Was würden sie, die das Schattenbild konsularischer Macht
so schrecklich und entsetzlich gemacht hätten, erst als Konsul
oder Diktatoren tun? Doch das treffe sie nicht unverdient. Nicht

einmal unter acht Militärtribunen habe es für einen Plebejer einen Platz gegeben. Bisher seien die Patrizier gewohnt gewesen,
nach heftigstem Kampf drei Stellen einzunehmen; jetzt machten
sie sich schon achtspännig daran, von der Herrschaft Besitz zu
ergreifen, und nicht einmal bei diesem Haufen sei ein Plebejer dabei, der, wenn schon nichts anderes, so doch wenigstens seine
Kollegen daran erinnern könnte, daß es freie Männer seien, die
den Kriegsdienst leisteten, ihre Mitbürger, und nicht ihre Sklaven. Sie müßten wenigstens im Winter in ihre Häuser, unter ihre
Dächer zurückgeführt werden und zu irgendeinem Zeitpunkt des
Jahres ihre Eltern und ihre Kinder und Frauen wiedersehen, von
ihrer Freiheit Gebrauch machen und die Beamten wählen dürfen.

Während sie dies und ähnliches laut vorbrachten, erhielten sie
in App. Claudius einen gleichwertigen Gegner; er war von seinen
Kollegen zurückgelassen worden, um von den Tribunen ausge-
löste Unruhen zu unterdrücken, ein Mann, der schon von Jugend
auf an Kämpfe mit der Plebs gewohnt war und der, wie erwähnt,
einige Jahre zuvor dazu geraten hatte, die Macht der Tribunen
durch den Einspruch ihrer Kollegen zu brechen.

3. Dieser Mann, der nicht nur über eine natürliche Begabung
verfügte, sondern auch schon durch die Praxis geübt war, hielt
jetzt folgende Rede: »Wenn es je einen Zweifel gegeben hat, Mitbürger, ob die Volkstribunen um euret- oder um ihrer selbst willen immer wieder Unruhen ausgelöst haben, so hat dieser Zweifel
in diesem Jahr aufgehört, dessen bin ich mir sicher. Und ich freue
mich darüber, daß endlich der lange Irrtum für euch ein Ende gefunden hat, vor allem aber gratuliere ich euch und euretwegen
dem Staat dazu, daß dieser Irrtum gerade in einem für euch gün-
stigen Augenblick beseitigt worden ist. Oder gibt es jemanden,
der daran zweifelt, daß keine Ungerechtigkeiten gegen euch,
wenn es vielleicht irgendwann einmal solche gegeben hat, die
Volkstribunen jemals so aufgebracht und gereizt haben wie das
Geschenk der Patrizier an die Plebs, als sie eine Zahlung an die im
Felde Stehenden beschlossen? Was anderes, glaubt ihr, haben
jene damals gefürchtet, was anderes wollen sie heute stören als
die Eintracht der Stände, die, wie sie glauben, am meisten dazu
beiträgt, die tribunizische Macht zunichte zu machen. So suchen

sie, beim Herkules, wie Quacksalber nach Arbeit; denn sie wollen, daß der Staat immer an etwas krankt, damit es etwas gibt, zu dessen Behandlung sie von euch hinzugezogen werden. Verteidigt ihr eigentlich die Plebs oder bekämpft ihr sie? Seid ihr Feinde der im Felde Stehenden oder führt ihr ihre Sache? Vielleicht sagt ihr ja geradezu: ›Alles, was die Patrizier tun, mißfällt uns, mag es nun für die Plebs oder gegen die Plebs sein.‹ Und wie Herren ihren Sklaven jeden Umgang mit fremden Menschen verbieten und es für richtig halten, daß ihnen ebensowenig Gutes wie Böses widerfährt, so untersagt ihr den Patriziern den Verkehr mit der Plebs, damit wir nicht durch unsere Freundlichkeit und Freigebigkeit die Plebs für uns gewinnen und sie uns aufs Wort gehorcht und folgt. Um wieviel mehr hättet ihr doch, wenn auch nur eine Spur, ich will nicht sagen von Bürgergeist, aber doch von Menschlichkeit in euch steckte, die Freundlichkeit der Patrizier und die Willfährigkeit der Plebs begünstigen, um wieviel eher sie, soviel an euch liegt, willkommen heißen müssen! Wenn diese Eintracht von Dauer wäre, wer wagte dann wohl nicht, sich dafür zu verbürgen, daß dieses Reich in Kürze das größte unter den Nachbarn sein wird?

4. Wie nützlich nicht nur, sondern wie notwendig auch der Entschluß meiner Kollegen gewesen ist, daß sie das Heer nicht unverrichteterdinge von Veji wegführen wollten, werde ich nachher ausführen. Jetzt möchte ich von der Situation der Soldaten im Felde sprechen. Ich glaube, daß diese Rede nicht nur vor euch, sondern auch wenn sie im Lager gehalten würde, wo das Heer selbst darüber befindet, als richtig angesehen werden könnte. Wenn mir selbst dafür nichts einfiele, was ich sagen könnte, wäre ich schon zufrieden mit den Worten meiner Widersacher. Denn sie pflegten vor kurzem noch zu erklären, man dürfe den Soldaten kein Geld geben, weil man es niemals getan habe. Wie können sie sich dann jetzt darüber entrüsten, daß denen, die einen neuen Vorteil erfahren, dementsprechend auch eine Leistung abverlangt wird! Nirgendwo gibt es eine Dienstleistung ohne Gewinn und in der Regel auch keinen Gewinn ohne erbrachte Dienstleistung. Arbeit und Vergnügen, an sich ganz unähnlich, sind durch einen natürlichen Zusammenhang mitein-

ander verbunden. Als eine Last empfand es früher der Soldat,
wenn er auf eigene Kosten für den Staat Dienst tun mußte; zugleich freute er sich, daß er einen Teil des Jahres sein Feld bestellen und etwas erwerben konnte, um damit für sich und die Seinen
zu Hause und im Felde zu sorgen. Jetzt freut er sich darüber, daß
der Dienst für den Staat ihm etwas einbringt, und nimmt froh seinen Sold entgegen. Er soll dann auch gelassen hinnehmen, wenn
er, der keine drückenden Auslagen hat, ein bißchen länger seinem Haus und seinem Besitz fern ist. Wenn der Staat mit ihm ab-
rechnen wollte, könnte er dann nicht mit Recht sagen: ›Du hast
das Geld für ein Jahr, tu auch für ein Jahr deinen Dienst! Oder
hältst du es für recht, für sechs Monate Kriegsdienst den vollen
Sold zu erhalten?‹

   Nur ungern verweile ich bei diesem Teil meiner Rede, Mitbürger; denn so müssen die reden, die Söldner halten. Wir wollen
wie mit Mitbürgern reden, und wir halten es für recht, wenn mit
uns wie mit dem Vaterland geredet wird. Man hätte den Krieg
entweder nicht anfangen dürfen, oder man muß ihn führen, wie
es die Würde des römischen Volkes verlangt, und ihn so bald wie
möglich zu Ende bringen. Er wird aber zu Ende gehen, wenn wir
die Belagerten unter Druck halten, wenn wir nicht eher abziehen,
als bis sich unsere Hoffnung erfüllt und wir Veji eingenommen
haben. Beim Herkules, wenn es keinen anderen Grund gäbe, so
müßte uns schon die unwürdige Situation an sich zum Durchhalten veranlassen. Einstmals ist eine Stadt wegen einer einzigen
Frau zehn Jahre lang von ganz Griechenland belagert worden,
wie weit weg von daheim! Wie viele Länder, wie viele Meere lagen dazwischen! Uns ist es dagegen zu viel, keine zwanzig Meilen entfernt, fast im Angesicht unserer eigenen Stadt, die Belagerung über ein Jahr hin durchzustehen. Natürlich, wir haben ja
auch nur einen geringfügigen Anlaß zum Krieg, haben nicht genug
gerechten Schmerz, daß er uns zum Durchhalten drängte! Siebenmal haben sie den Krieg wieder angefangen; niemals haben sie
den Frieden redlich gehalten; tausendmal haben sie unsere Felder
verwüstet. Sie haben die Fidenaten gezwungen, von uns abzufal-
len; unsere Siedler dort haben sie umgebracht. Sie haben den Anstoß gegeben zu der gewissenlosen Ermordung unserer Gesand-

ten wider alles Recht. Ganz Etrurien haben sie gegen uns aufwiegeln wollen und arbeiten auch heute noch darauf hin. Und es hat
nicht viel daran gefehlt, so hätten sie sich auch an unseren Gesandten vergriffen, die Wiedergutmachung forderten.

5. Gegen solche Leute soll man auf schonende Art und mit Unterbrechungen Krieg führen? Wenn so gerechter Haß schon kein
Beweggrund für euch ist, sind es dann, ich bitte euch, auch die
folgenden Dinge nicht? Die Stadt ist mit gewaltigen Belagerungswerken umgeben, durch die der Feind hinter seinen Mauern eingeschlossen ist. Er hat das Land nicht bestellen können, und was
bestellt war, ist durch den Krieg verwüstet. Wenn wir das Heer
zurückführen, wer zweifelt dann daran, daß jene nicht nur aus
Rachsucht, sondern auch wegen der Notwendigkeit, sich anderswo Beute zu holen, weil sie das Ihre verloren haben, in unser
Gebiet einfallen? Mit diesem Plan unterbrechen wir also den
Krieg gar nicht, sondern verlagern ihn nur in unser Gebiet.

Und weiter? Was speziell die Soldaten angeht, denen die guten
Volkstribunen damals den Sold wieder entziehen wollten, während sie jetzt plötzlich wollen, daß etwas für sie getan wird, wie
steht es damit? Wall und Graben, beides eine ungeheuer mühsame Sache, haben sie über eine gewaltige Strecke geführt. Bastionen haben sie zunächst einige wenige angelegt, nachher, als
das Heer größer wurde, sehr viele. Nicht nur zur Stadt, sondern
auch nach Etrurien hin haben sie Befestigungsanlagen errichtet,
falls von dort irgendwelche Hilfstruppen kommen sollten. Was
soll ich von den Türmen, was von den Schutzdächern und den
Schildkröten und dem anderen Gerät zum Angriff auf Städte
sprechen? Da so viel Mühe durchgestanden und man jetzt endlich ans Ende der Arbeit gekommen ist, meint ihr, man solle dies
alles im Stich lassen, um zum Sommer wieder ganz von vorne im
Schweiße seines Angesichts die abermalige Mühe der Errichtung
auf sich zu nehmen? Wieviel weniger Mühe macht es, was schon
fertig ist, zu schützen und dabeizubleiben und auszuharren und
so die Sorge loszuwerden! Denn es ist wirklich eine kurze Angelegenheit, wenn sie in einem Zug erledigt wird und wir nicht
selbst durch diese Unterbrechungen und Pausen die Erfüllung
unserer Hoffnung hinauszögern.

Ich spreche von dem Verlust an Mühe und Zeit. Und weiter? Erlauben uns diese so häufigen Zusammenkünfte Etruriens, in denen es um die Entsendung von Hilfstruppen nach Veji geht, die Gefahr zu vergessen, in die wir uns durch die Unterbrechung des Krieges begeben? Wie die Dinge jetzt stehen, sind die Etrusker voll Zorn und Haß und weigern sich, Hilfe zu schicken. Was an ihnen liegt, dürfen wir Veji einnehmen. Wer aber bürgt dafür, daß sie, wenn der Krieg unterbrochen wird, später noch genauso denken? Denn wenn man Veji Erholung gönnt, könnte sich eine größere und zahlreichere Gesandtschaft auf den Weg machen, und das, was die Etrusker jetzt verärgert, nämlich daß in Veji ein König ist, könnte sich im Laufe der Zeit ändern, sei es durch die einhellige Meinung der Bürgerschaft, die so Etrurien wieder für sich gewinnen möchte, oder durch einen freiwilligen Entschluß des Königs selbst, wenn er nicht will, daß seine Herrschaft dem Wohl seiner Mitbürger schadet.

Seht, wie viele, wie heillose Folgen jener Plan nach sich zieht, den Verlust der Belagerungswerke, die mit so großer Mühe errichtet worden sind, die drohende Verwüstung unseres Landes und einen Krieg mit den Etruskern anstelle des Kriegs mit Veji. Das sind, ihr Tribunen, eure Vorschläge, beim Herkules keine anderen, als wenn man einem Kranken, der alsbald gesund werden könnte, wenn er sich tapfer der Behandlung unterzöge, für den Augenblick mit Essen oder Trinken einen Gefallen täte und die Krankheit dadurch langwierig und vielleicht unheilbar machte.

6. Wenn es, bei Gott, für diesen Krieg nichts zu bedeuten hätte, für die Kriegszucht wäre es immer noch sehr wichtig, daß unsere Soldaten sich nicht nur daran gewöhnen, sich eines errungenen Sieges zu freuen, sondern auch, wenn sich die Sache einmal länger hinziehen sollte, mit dem Überdruß fertigzuwerden und an eine wenn auch noch so späte Erfüllung ihrer Hoffnung zu glauben, und wenn der Krieg nicht in einem Sommer zu Ende gehen sollte, auf den Winter zu warten und nicht wie die Zugvögel gleich im Herbst nach einem Dach und einem Unterschlupf Ausschau zu halten. Ich bitte euch: Freude und Lust am Jagen zieht die Menschen bei Schnee und Frost in die Berge und die Wälder –

sollten wir da diese Ausdauer, die eine bloße Spielerei und ein
Vergnügen uns zu entlocken pflegen, für die Notwendigkeiten
des Krieges nicht aufbringen? Halten wir unsere Soldaten körperlich für so verweichlicht, psychisch für so verzärtelt, daß sie
nicht einen Winter im Lager ausharren, von daheim wegsein
können? Daß sie, als wenn sie einen Seekrieg führten, in dem man
auf Ausnutzung des Wetters und Beachtung der Jahreszeit angewiesen ist, weder Hitze noch Kälte ertragen können? Sie würden
bestimmt erröten, wenn ihnen jemand dies vorwerfen sollte, und
versichern, in ihren Seelen und ihren Körpern stecke männliche
Ausdauer, sie könnten ebensogut im Winter wie im Sommer
Kriege führen, sie hätten den Tribunen nicht aufgetragen, sich
zum Anwalt der Weichlichkeit und Trägheit zu machen, und sie
erinnerten sich, daß ihre Vorfahren dieses Amt nicht im Schatten
und in ihren Häusern geschaffen hätten.

Es ist der Tapferkeit eurer Soldaten, ist des römischen Namens
würdig, nicht nur auf Veji und diesen Krieg zu schauen, in dem
ihr euch jetzt befindet, sondern an euren Ruf in der Zukunft
sowohl für andere Kriege als auch bei den übrigen Völkern zu
denken. Oder haltet ihr den Unterschied in eurem Ansehen für
unerheblich, der sich daraus ergibt, ob die Nachbarn am Ende
glauben, die Römer seien ein Volk, von dem eine Stadt, die einem
ersten, schnell vorübergehenden Angriff standgehalten hat,
künftig nichts mehr zu fürchten habe, oder ob von unserem Namen der Schrecken ausgeht, daß weder der Überdruß an einer
langwierigen Belagerung noch die Strenge des Winters das Heer
des römischen Volkes von einer einmal eingeschlossenen Stadt
wegbringen kann, daß es kein anderes Ende eines Krieges kennt
als den Sieg und daß es seine Kriege nicht nur in raschem Angriff,
sondern ebenso mit Beharrlichkeit führt. Diese ist bei jeder Art
von Kriegsführung, am meisten jedoch bei der Belagerung von
Städten notwendig; von denen sind ja die meisten durch ihre Befestigung und ihre natürliche Lage uneinnehmbar, und nur die
Zeit selbst bezwingt und erobert sie durch Hunger und Durst. So
wird es auch Veji ergehen, wenn nicht die Volkstribunen den
Feinden zu Hilfe kommen und die Leute von Veji in Rom die
Unterstützung finden, die sie in Etrurien vergeblich suchen.

Oder gibt es etwas, was für die Leute von Veji ebenso erwünscht kommen könnte, wie daß zunächst die Stadt Rom von Zwietracht erfüllt wird und dann wie durch Ansteckung auch das Lager? Die Feinde dagegen zeigen, beim Herkules, so große Selbstbeherrschung, daß bei ihnen weder der Verdruß über die Belagerung noch der über das Königtum etwas geändert und daß auch die Verweigerung der Hilfe von seiten der Etrusker sie nicht aus der Ruhe gebracht hat; denn wer dort Zwietracht stiftete, müßte auf der Stelle sterben, und keiner dürfte das vorbringen, was man bei euch straflos sagen kann.

Wer die Feldzeichen im Stich läßt oder sich von seinem Posten entfernt, verdient die Knüppelstrafe; doch die, die nicht den einen oder anderen Soldaten, sondern ganze Heere dazu auffordern, die Feldzeichen im Stich zu lassen und sich aus dem Lager davonzumachen, werden in aller Öffentlichkeit in der Volksversammlung angehört. So sehr habt ihr euch daran gewöhnt, Mitbürger, alles anzuhören, was ein Volkstribun sagt, auch wenn es auf Verrat am Vaterland und auf Ruinierung des Staates abzielt. Vom Zauber dieses Amtes betört, laßt ihr zu, daß sich alle möglichen Verbrechen dahinter verstecken. Es fehlt nur noch, daß sie das, was sie hier lauthals verkünden, auch im Lager und bei den Soldaten vorbringen und die Heere verderben und nicht zulassen, daß sie ihren Führern gehorchen; denn das erst bedeutet ja in Rom Freiheit: Weder den Senat noch die Beamten noch die Gesetze, weder die Sitten der Vorfahren noch die Satzungen der Väter noch die Kriegszucht zu achten.«

7. Schon zeigte sich Appius auch in den Volksversammlungen den Volkstribunen gewachsen; da ließ plötzlich ein Anlaß, von dem man es am wenigsten erwartet hätte, nämlich eine Schlappe, die man bei Veji erlitt, Appius in der Sache die Oberhand gewinnen, führte zu größerer Eintracht unter den Ständen und weckte das brennende Verlangen, Veji hartnäckiger zu belagern. Denn als der Damm bis zur Stadt vorgetrieben worden war und die Schutzdächer fast schon die Mauer berührten, wobei man tagsüber energisch an den Anlagen arbeitete, ohne sie bei Nacht ebenso energisch zu bewachen, öffnete sich plötzlich ein Tor, und eine gewaltige Menge, größtenteils mit Fackeln bewaffnet,

schleuderte Brände, und im Verlauf einer Stunde verzehrte das
Feuer zugleich den Damm und die Schutzdächer, das Werk einer
so langen Zeit; dabei wurden viele Menschen, die vergeblich
Hilfe zu bringen suchten, durch Feuer und Schwert dahingerafft.
Als das in Rom bekannt wurde, löste es bei allen Trauer aus, beim
Senat aber die bange Sorge, man könne gerade jetzt weder in der
Stadt noch im Lager eine Entzweiung eindämmen und die Volkstribunen würden frohlocken, als wenn sie über den Staat gesiegt
hätten. Da wandten sich plötzlich die, die zur Steuerklasse der
Reiter gehörten, denen aber kein Staatspferd zugeteilt worden
war, an den Senat, nachdem sie sich zuvor untereinander besprochen hatten; als man ihnen das Wort erteilte, versprachen sie, mit
ihren eigenen Pferden Kriegsdienst zu leisten. Als der Senat ihnen mit den ehrenvollsten Worten gedankt hatte und die Kunde
davon sich über das Forum und die Stadt verbreitete, strömte
plötzlich die Plebs zum Senatsgebäude. Jetzt, erklärten sie, habe
die Klasse der Fußsoldaten die Pflicht, dem Staat einen Dienst
außer der Reihe zu versprechen, ob man sie nun nach Veji oder
anderswohin führen wolle. Wenn man sie nach Veji führe, sagten
sie, würden sie von dort nicht zurückkehren, ehe man die Stadt
der Feinde eingenommen habe. Da ließ sich die überschäumende
Freude kaum noch bändigen; denn man gab nicht wie bei den
Reitern den Beamten den Auftrag, sie zu loben, auch wurde nicht
eine Gruppe ins Senatsgebäude gerufen, um eine Antwort entge-
genzunehmen, sondern jeder für sich gab von dem erhöhten
Platz aus der Menge gegenüber, die auf dem Comitium stand, mit
Worten und Gesten der allgemeinen Freude Ausdruck. Glücklich sei die Stadt Rom, sagten sie, und unbesiegbar und ewig aufgrund dieser Eintracht; sie lobten die Reiter, lobten die Plebs,
priesen den Tag selbst und gestanden, daß die Freundlichkeit und
Güte des Senats übertroffen worden sei. Um die Wette flossen
bei den Vätern und der Plebs die Freudentränen, bis die Senatoren in das Senatsgebäude zurückgerufen wurden und der Senat
beschloß, die Militärtribunen sollten eine Volksversammlung
einberufen, den Fußsoldaten und Reitern danken und erklären,
der Senat werde ihre Treue gegenüber dem Vaterland nicht vergessen; all denen, die sich zu einem freiwilligen Dienst außer der

Reihe verpflichteten, solle Sold gezahlt und die Zeit angerechnet werden. Auch für die Reiter wurde ein bestimmter Sold festgesetzt. Damals zuerst kam der Brauch auf, daß Reiter mit ihren eigenen Pferden dienten. Das Freiwilligenheer wurde nach Veji geführt und stellte nicht nur die verlorenen Werke wieder her, sondern errichtete auch neue. Aus Rom wurde der Nachschub mit größerer Sorgfalt als vorher herangeschafft, damit dem Heer, das sich so verdient gemacht hatte, nichts fehlte, was es brauchte.

8. Das folgende Jahr hatte als Militärtribunen mit konsularischer Vollmacht C. Servilius Ahala zum drittenmal, Q. Servilius, L. Verginius, Q. Sulpicius, A. Manlius zum zweitenmal und M'. Sergius zum zweitenmal. Während unter diesen Tribunen die Aufmerksamkeit aller auf den Krieg mit Veji gerichtet war, wurde die Bewachung von Anxur vernachlässigt; die Soldaten erhielten Urlaub, man ließ allgemein volskische Kaufleute in die Stadt, und dann wurden plötzlich die Wächter an den Toren verraten und die Besatzung überwältigt. Es kamen nur ganz wenige Soldaten um, weil abgesehen von den Kranken alle nach Art von Marketendern auf dem Lande und in den Nachbarstädten Handel trieben.

Auch vor Veji ging es nicht besser, was damals dem Staat am meisten Sorge machte; denn die römischen Heerführer zeigten mehr Haß gegeneinander als Mut gegen den Feind, und der Krieg weitete sich auch noch aus durch die plötzliche Ankunft von Kontingenten aus Capena und von den Faliskern. Diese beiden Völker Etruriens lagen mit ihrem Territorium am nächsten und glaubten daher, wenn Veji bezwungen sei, würden sie auch die nächsten sein, mit denen die Römer Krieg führten; die Falisker fühlten sich noch aus einem besonderen Grund bedroht, weil sie sich schon früher in den Kampf um Fidenae eingemischt hatten. Nachdem sie Gesandte hin- und hergeschickt und sich gegenseitig durch einen Eid verpflichtet hatten, rückten sie mit ihren Heeren unvermutet vor Veji. Zufällig griffen sie an einer Stelle das Lager an, wo der Militärtribun M'. Sergius das Kommando hatte. Dieser Angriff löste gewaltigen Schrecken aus, weil die Römer glaubten, ganz Etrurien habe sich erhoben und sei jetzt in großer Masse da. Dieselbe Annahme beflügelte die Vejenter in der Stadt. So wurde das römische Lager von zwei Seiten angegriffen. Die Römer rannten hin und her und wandten sich bald hierhin, bald dorthin, konnten aber weder die Vejenter einigermaßen innerhalb ihrer Befestigungsanlagen halten noch von ihren eigenen Befestigungsanlagen den Sturm abwehren noch sich vor dem Feind von außen schützen. Die einzige Hoffnung lag darin, wenn aus dem größeren Lager Hilfe kam, so daß die Legionen nach verschiedenen Seiten, die einen gegen die Capenaten und die Falisker, die anderen gegen die Ausbruchsversuche der Städter kämpften. Aber im Lager hatte Verginius das Kommando, der aus persönlichen Gründen dem Sergius verhaßt war und ihn haßte. Als es hieß, die meisten Bastionen seien angegriffen und die Befestigungslinien überwunden worden und von beiden Seiten dringe der Feind ein, hielt er seine Soldaten unter Waffen und sagte, wenn Hilfe nötig sei, werde sein Kollege schon zu ihm schicken. Seinem Dünkel kam die Verbohrtheit des anderen gleich; damit es nicht so aussah, als habe er seinen Gegner um Hilfe gebeten, wollte er sich lieber vom Feinde besiegen lassen als mit Hilfe seines Mitbürgers siegen. Lange wurden die Soldaten, in die Mitte genommen, zusammengehauen. Zuletzt gaben sie ihre Stellungen auf; nur ganz wenige strebten in das größere Lager, der größte Teil und auch Sergius selbst nach Rom. Als er dort alle Schuld auf seinen Kollegen schob, beschloß man, Verginius aus dem Lager herbeizuholen; unterdessen sollten Legaten das Kommando haben.

Die Sache wurde dann vor dem Senat verhandelt, und die Kollegen wetteiferten miteinander in Gehässigkeiten. Nur wenige vertraten die Interessen der Allgemeinheit, die meisten die des einen oder des anderen, wie einen jeden seine persönliche Vorliebe oder eine Verpflichtung voreingenommen gemacht hatte.

9. Die Führer der Patrizier meinten, gleichgültig ob man die so schimpfliche Niederlage nun durch Verschulden oder durch Unglück der Feldherrn erlitten habe, man dürfe nicht den üblichen Zeitpunkt der Wahlen abwarten, sondern es müßten unverzüglich neue Militärtribunen gewählt werden, die am 1. Oktober ihr Amt antreten sollten. Als man für diesen Antrag stimmte, hatten die übrigen Militärtribunen nichts einzuwenden; Sergius und

Verginius freilich, deretwegen der Senat doch offensichtlich die Beamten dieses Jahres leid war, suchten zunächst durch Bitten die Schmach abzuwenden, dann erhoben sie Einspruch gegen die Entscheidung des Senats und sagten, sie würden ihr Amt nicht vor dem 13. Dezember niederlegen, dem Tag, an dem die Beamten üblicherweise ihr Amt anträten.

Solange allgemein Eintracht herrschte und es der Bürgerschaft gut ging, hatten die Volkstribunen widerwillig Schweigen bewahrt; jetzt aber wurden sie plötzlich wieder aggressiv und drohten den Militärtribunen, wenn sie sich nicht dem Willen des Senats fügten, dann würden sie sie in den Kerker führen lassen. Da sagte der Militärtribun C. Servilius Ahala: »Was euch angeht, ihr Volkstribunen, und eure Drohungen, so möchte ich wahrhaftig gern erproben, ob ihr dazu nicht ebensowenig berechtigt wie mutig genug seid. Aber es ist unrecht, gegen den Willen des Senats anzugehen. Hört ihr daher damit auf, unsere Streitereien zu einer Rechtsverletzung auszunutzen, und unsere Kollegen werden entweder tun, was der Senat für richtig hält, oder ich werde, wenn sie ihr Ziel allzu hartnäckig verfolgen, auf der Stelle einen Diktator ernennen, der sie zwingen soll, von ihrem Amt zurückzutreten.« Da diese Worte allgemein Beifall fanden und die Patrizier sich freuten, daß man ohne die Schreckmittel der tribunizischen Gewalt eine andere, höhere Macht gefunden hatte, die Beamten in die Schranken zu weisen, gaben diese der einhelligen Meinung aller nach, führten die Wahl der Militärtribunen durch, die am 1. Oktober ihr Amt antreten sollten, und legten vor diesem Tag ihr Amt nieder.

10. Als L. Valerius Potitus zum viertenmal, M. Furius Camillus zum zweitenmal, M'. Aemilius Mamercus zum drittenmal, Cn. Cornelius Cossus zum zweitenmal, K. Fabius Ambustus und L. Julius Julus Militärtribunen mit konsularischer Vollmacht waren, ereignete sich vieles daheim und im Felde. Denn es war gleichzeitig Krieg an mehreren Stellen, bei Veji, bei Capena, bei Falerii und im Gebiet der Volsker, um Anxur den Feinden wieder zu entreißen. In Rom hatte man zugleich mit der Aushebung und dem Eintreiben der Kriegssteuer seine Not; dazu kam ein Streit um die nachträgliche Ernennung von Volkstribunen,

und nicht geringe Unruhe lösten auch die Prozesse gegen die beiden aus, die vor kurzem noch konsularische Vollmacht besessen hatten.

Die allererste Aufgabe der Militärtribunen war die Durchführung der Aushebung, und es wurden nicht nur die jüngeren Jahrgänge erfaßt, sondern auch die älteren gezwungen, sich einschreiben zu lassen, um den Schutz der Stadt zu übernehmen. Je mehr aber die Zahl der Soldaten wuchs, um so mehr Geld war für den Sold nötig, und dies wurde durch die Kriegssteuer aufgebracht, die diejenigen, die zu Hause zurückblieben, nur widerwillig zahlten, weil sie, indem sie die Stadt schützten, auch Wehrdienst leisten und dem Staat dienen mußten. War dies an sich schon schwer, die Volkstribunen ließen es durch aufrührerische Reden noch schlimmer erscheinen. Sie erhoben den Vorwurf, die Soldzahlung sei darum beschlossen worden, um einen Teil der Plebs durch den Kriegsdienst, einen anderen durch die Kriegssteuer zugrunde zu richten. Ein einziger Krieg ziehe sich jetzt schon in das dritte Jahr hin und werde mit Absicht schlecht geführt, damit man ihn länger führen könne. Für vier Kriege habe man sodann in einer Aushebung Heere aufgestellt und dabei auch Kinder und Greise herangezogen. Schon mache man keinen Unterschied mehr zwischen Sommer und Winter, damit die beklagenswerte Plebs niemals Ruhe finde. Jetzt habe man sie zu guter Letzt auch noch steuerpflichtig gemacht; wenn sie sich, erschöpft von Strapazen und Wunden und schließlich vom Alter, heimschleppten und zu Hause infolge der langen Abwesenheit des Herrn alles unbestellt vorfänden, dann sollten sie von ihrem hart mitgenommenen Vermögen auch noch Kriegssteuer entrichten und, als hätten sie ihren Sold auf Zins erhalten, ein Vielfaches davon dem Staat zurückzahlen.

Über der Aushebung und der Kriegssteuer und weil die Leute ihr Augenmerk auf wichtigere Dinge richteten, konnte bei der Wahl der Volkstribunen nicht die volle Zahl erreicht werden. Dann kämpfte man darum, daß für die leeren Plätze Patrizier ernannt würden. Nachdem man das nicht hatte durchsetzen können, erreichte man immerhin, um das Gesetz des Trebonius ins Wanken zu bringen, daß C. Lacerius und M. Acutius – zweifellos unter dem Einfluß der Patrizier – zu Volkstribunen ernannt wurden.

11. Der Zufall wollte es, daß in diesem Jahr Cn. Trebonius Volkstribun war, der es seinem Namen und seinem Geschlecht schuldig zu sein glaubte, daß er sich für das Gesetz des Trebonius einsetze. Er sagte mit erhobener Stimme, was die Patrizier ehedem angestrebt hätten, womit sie aber beim ersten Versuch gescheitert seien, das hätten die Militärtribunen endlich erreicht: daß das Gesetz des Trebonius aufgehoben sei und daß die Volkstribunen nicht durch die Wahl des Volkes, sondern auf Geheiß der Patrizier an ihr Amt gelangt seien. Es komme dahin, daß man entweder Patrizier oder Parteigänger der Patrizier als Volkstribunen hinnehmen müsse. Man entreiße ihnen die heiligen Satzungen, entwinde ihnen die tribunizische Gewalt. Durch die Ränke der Patrizier, legte er dar, und durch den verbrecherischen Verrat seiner Kollegen sei das bewirkt worden.

Da der Haß nicht nur den Patriziern, sondern auch den Volkstribunen entgegenschlug, den nachträglich ernannten ebenso wie denen, die sie ernannt hatten, gingen jetzt drei aus dem Kollegium, P. Curiatius, M. Metilius und M. Minucius, um ihre eigene Position besorgt, gegen Sergius und Verginius, die Militärtribunen des letzten Jahres, vor. Dadurch, daß sie sie vor Gericht luden, lenkten sie den Zorn und den Haß der Plebs von sich auf diese ab. Wer sich durch die Aushebungen, durch die Kriegssteuer, durch den langen Kriegsdienst und die Dauer des Krieges bedrückt fühle, wer unter der Niederlage bei Veji leide, wer durch den Verlust von Söhnen und Brüdern, Verwandten und Verschwägerten Trauer im Haus habe, dem sei, sagten sie, durch sie das Recht und die Macht gegeben, den allgemeinen und den persönlichen Schmerz an den schuldigen Häuptern zu rächen. Denn an allen Übeln seien Sergius und Verginius schuld; und das behaupteten nicht nur die Ankläger, die Angeklagten gäben es ebenso zu, die, beide schuldig, sich gegenseitig die Schuld zuschöben, indem Verginius dem Sergius seine Flucht vorwerfe, Sergius dem Verginius seinen Verrat. Die Sinnlosigkeit ihres Verhaltens sei so unglaublich gewesen, daß die ganze Sache viel wahrscheinlicher durch eine Absprache und ein gemeinsames

Täuschungsmanöver der Patrizier ermöglicht worden sei. Sie
hätten zuvor den Vejentern Gelegenheit gegeben, die Belagerungswerke in Brand zu setzen, um den Krieg hinzuziehen, und
hätten auch jetzt das Heer verraten und das römische Lager den
Faliskern in die Hände gespielt. Das alles geschehe, damit die Jugend bei Veji alt und grau werde und die Tribunen keine Möglichkeit hätten, Landzuweisungen oder anderes, was im Interesse
der Plebs liege, beim Volk zu beantragen, ihre Vorschläge vor einer großen Anzahl von Bürgern aus der Stadt vorzubringen und
dem Komplott der Patrizier Widerstand zu leisten. Eine Vorentscheidung über die Angeklagten hätten der Senat und das römische Volk und ihre eigenen Kollegen bereits getroffen; denn sie
seien durch einen Senatsbeschluß aus dem politischen Leben entfernt worden, und als sie sich geweigert hätten, ihr Amt niederzulegen, seien sie von ihren Kollegen durch die Furcht vor einem
Diktator in die Schranken gewiesen worden, und das römische
Volk habe Tribunen gewählt, die nicht am 13. Dezember, dem
üblichen Termin, sondern sogleich am 1. Oktober ihr Amt antreten sollten, weil der Staat nicht länger hätte bestehen können,
wenn sie im Amt blieben. Und doch erschienen sie, die durch so
viele Entscheidungen jede Aussicht verloren hätten und im voraus verurteilt seien, vor dem Richterstuhl des Volkes, glaubten,
sie hätten die Sache bereits hinter sich und seien genug damit gestraft, daß sie zwei Monate früher wieder ins Privatleben hätten
zurückkehren müssen; und sie begriffen nicht, daß ihnen damals
nur die Gelegenheit, weiteren Schaden anzurichten, genommen,
nicht aber eine Strafe auferlegt worden sei. Denn auch ihren Kollegen, die sich überhaupt nichts hätten zuschulden kommen lassen, sei ja das Amt abgesprochen worden. Die Mitbürger sollten
sich in die Stimmung zurückversetzen, in der sie sich gleich nach
der Niederlage befunden hätten, als sie das Heer auf der Flucht,
von Angst gejagt und von Wunden bedeckt, in die Tore herein-
stürzen sahen, ein Heer, das nicht das Schicksal oder einen der
Götter, sondern diese Feldherren anklagte. Sie seien sich sicher,
daß niemand in der Versammlung sei, der an diesem Tag nicht
das Haupt, das Haus und den Besitz des L. Verginius und des
M'. Sergius verflucht und verwünscht habe. Es sei aber keines-

wegs folgerichtig, gegenüber denen, auf die jeder den Zorn der
Götter herabgefleht habe, von der eigenen Machtbefugnis keinen
Gebrauch zu machen, wenn es erlaubt und angebracht sei. Niemals legten die Götter selbst Hand an einen Schuldigen; es sei genug, wenn sie die Geschädigten mit der Gelegenheit zur Rache
wappneten.

12. Durch solche Reden aufgestachelt, verurteilte die Plebs jeden der Angeklagten zu 10000 Schweren As; vergeblich klagte
Sergius das wechselnde Kriegsglück und das Schicksal an, bat
Verginius darum, ihn nicht zu Hause unglücklicher werden zu
lassen als im Felde. Der Zorn des Volkes gegen sie ließ die Erinnerung an die Ernennung der Tribunen und den Verstoß gegen
das Gesetz des Trebonius verblassen.

Die Plebs sollte auf der Stelle den Lohn für den Urteilsspruch
erhalten; darum kündigten die siegreichen Volkstribunen ein
Ackergesetz an und verhinderten die Entrichtung der Kriegssteuer, obwohl man für so viele Heere Sold brauchte und die militärischen Operationen nur insofern glücklich verliefen, als man
in keinem Krieg gänzlich zu hoffen aufhörte. Denn in Veji wurde
das Lager, das verlorengegangen war, zurückerobert und mit Bastionen und Posten gesichert; das Kommando hatten hier die Militärtribunen M'. Aemilius und K. Fabius. M. Furius im Falisker-
land und Cn. Cornelius im Gebiet von Capena fanden keinen
Feind außerhalb der Mauern; sie brachten Beute ein und verwüsteten das Land, indem sie Höfe und Feldfrüchte in Brand setzten; die Städte wurden weder bestürmt noch belagert. Im Gebiet
der Volsker dagegen wurde nach der Verheerung des flachen
Landes das hochgelegene Anxur bestürmt, allerdings erfolglos,
und nachdem Gewalt zu nichts geführt hatte, begann man, die
Stadt mit Wall und Graben zu belagern; das Volskerland war Valerius Potitus als Operationsgebiet zugefallen.

Bei diesem Stand der Dinge im Feld entzündete sich im Inneren eine Auseinandersetzung, die mit mehr Energie geführt
wurde, als man auf die Kriege verwandte. Weil auf Betreiben der
Tribunen die Kriegssteuer nicht entrichtet und den Feldherren
der Sold nicht geschickt werden konnte, der Soldat aber das Geld
für den Kriegsdienst forderte, fehlte nicht viel daran, daß auch

das Lager von der Auseinandersetzung in der Stadt angesteckt
und in Unruhe versetzt wurde. Bei dieser Wut der Plebs auf die
Patrizier erklärten die Volkstribunen, jetzt sei die Zeit gekommen, die Freiheit zu festigen und das höchste Amt von Leuten
wie Sergius und Verginius auf tapfere und tüchtige Männer aus
der Plebs zu übertragen. Aber man ging doch nicht weiter, als
daß, um das Recht wahrzunehmen, einer aus der Plebs, P. Licinius Calvus, als Militärtribun mit konsularischer Vollmacht gewählt wurde; die übrigen, die gewählt wurden, waren Patrizier,
P. Manlius, L. Titinius, P. Maelius, L. Furius Medullinus und
L. Publilius Volscus. Die Plebs selbst wunderte sich, etwas so
Großes erreicht zu haben, nicht nur der, der gewählt worden
war, ein Mann, der vorher noch kein Amt bekleidet hatte, nur
seit langem Senator war und schon in hohem Alter stand. Doch
es steht nicht ganz fest, warum er als erster und vor allen anderen
die neue Ehre kosten durfte. Die einen glauben, seinem Bruder
Cn. Cornelius zuliebe, der im Jahr zuvor Militärtribun gewesen
war und den Reitern den dreifachen Sold verschafft hatte, sei er
zu einer so hohen Ehre hervorgeholt worden; andere, er habe
selbst eine den Umständen angemessene Rede über die Eintracht
der Stände gehalten, die von den Patriziern und der Plebs gut aufgenommen wurde. In der Freude über diesen Erfolg bei den
Wahlen gaben die Volkstribunen in dem Punkt nach, der die
Staatsgeschäfte am meisten behinderte, bei der Kriegssteuer. Sie
wurde willig entrichtet und zum Heer geschickt.

13. Anxur im Gebiet der Volsker wurde dann bald zurückerobert, weil man an einem Festtag die Bewachung der Stadt vernachlässigt hatte. Das Jahr war bemerkenswert durch einen kal-
ten Winter mit viel Schnee, so daß die Straßen unbenutzbar und
der Tiber unbefahrbar wurde. Der Getreidepreis änderte sich
aber nicht, weil man zuvor Vorräte angelegt hatte.

Wie P. Licinius sein Amt ohne Aufregung, mehr zur Freude
der Plebs als zur Verärgerung der Patrizier angetreten hatte, so
führte er es auch; daher überkam die Menschen die Lust, bei der
nächsten Wahl der Militärtribunen Plebejer zu wählen. Als einziger von den patrizischen Kandidaten gewann M. Veturius einen
Platz. Für die anderen Stellen benannten fast alle Centurien Ple-

bejer: M. Pomponius, Cn. Duilius, Volero Publilius, Cn. Genucius und L. Atilius.

Auf den harten Winter folgte, entweder weil die Witterung vom einen Extrem rasch ins Gegenteil umschlug oder aus einem anderen Grund, ein drückender und für alle Lebewesen ungesunder Sommer. Weil sich für dieses heillose Verderben weder ein Grund noch ein Ende erkennen ließ, wandte man sich auf Senatsbeschluß an die Sibyllinischen Bücher. Das Zweierkollegium für die Riten versöhnte durch ein feierliches Göttermahl *(lectisternium)*, das damals zum erstenmal in der Stadt durchgeführt wurde, acht Tage hindurch Apollo und Latona, Herkules und Diana, Merkur und Neptun auf mit Decken und Kissen zurechtgemachten Liegen, so prächtig man sie damals herrichten konnte. Auch privat wurde diese Zeremonie durchgeführt. Es heißt, in der ganzen Stadt seien die Türen offen gewesen, alles mögliche habe zum allgemeinen Gebrauch im Vorraum gestanden, Bekannte und Unbekannte seien, wie sie kamen, überall zu Gast geladen worden, auch mit seinen Feinden habe man sich freundlich und höflich unterhalten und Zank und Streit hätten geruht. Auch den Gefangenen seien für diese Tage die Fesseln abgenommen worden; man habe es dann für einen Frevel gehalten, ihnen, denen die Götter diese Gnade erwiesen hätten, wieder Fesseln anzulegen.

Unterdessen gab es bei Veji vielfachen Schrecken, da hier drei Kriege zugleich stattfanden. Denn weil plötzlich die Capenaten und die Falisker zu Hilfe gekommen waren, wurde auf dieselbe Art wie vorher an den Befestigungsanlagen gegen drei Heere mit wechselndem Erfolg gekämpft. Vor allem war dabei die Erinnerung an die Verurteilung des Sergius und des Verginius eine Hilfe. So wurden aus dem größeren Lager, von wo aus man beim letztenmal nichts unternommen hatte, Truppen auf einem kleinen Umweg herangeführt, die den Capenaten, als sie den römischen Wall angriffen, in den Rücken fielen. Der Kampf, der nun entbrannte, jagte auch den Faliskern Schrecken ein, und als sie in Unruhe gerieten, brachte ein zur rechten Zeit unternommener Ausfall aus dem Lager sie zum Weichen. Die Sieger drangen dann auf die Zurückgeschlagenen ein und richteten ein ungeheures

Blutbad an. Nicht viel später, als sie schon wieder umherstreiften, stieß wie durch Zufall eine Gruppe, die im Gebiet von Capena geplündert hatte, auf sie und vernichtete die Überlebenden
der Schlacht vollends. Auch von den Vejentern wurden viele, die
zur Stadt zurückflohen, vor den Toren erschlagen, weil man aus
Furcht, daß zugleich die Römer mit eindrängen, die Tore zuwarf
und die zuletzt kommenden eigenen Leute aussperrte.

14. Das geschah in diesem Jahr. Und schon stand die Wahl der
Militärtribunen bevor, die den Patriziern fast mehr Sorge machte
als der Krieg; denn sie sahen, daß sie die höchste Gewalt nicht
nur mit der Plebs hatten teilen müssen, sondern daß sie sie schon
fast verloren hatten. Deshalb richteten sie es einer Verabredung
gemäß so ein, daß sich die angesehensten Männer bewarben, die
zu übergehen man sich ihrer Meinung nach scheuen würde.
Nichtsdestoweniger versuchten sie selbst, als wenn sie samt und
sonders kandidierten, alles mögliche und setzten nicht nur die
Menschen in Bewegung, sondern auch die Götter, indem sie die
Wahl, die vor zwei Jahren stattgefunden hatte, als religiös bedenklich hinstellten. Im ersten Jahr danach habe es einen uner-
träglichen Winter gegeben, göttlichen Warnzeichen ähnlich, und
im letzten Jahr nicht nur Warnzeichen, sondern schon die Auswirkungen: Eine Seuche sei über Land und Stadt gekommen,
zweifellos infolge des Zornes der Götter, die, wie man in den
Schicksalsbüchern gefunden habe, versöhnt werden mußten, um
diese Seuche abzuwehren. Es sei den Göttern unwürdig erschienen, daß durch eine Wahl, die nach einem Auspizium stattfand,
die Ämter jedermann zugänglich gemacht und die Unterschiede
der Geburt verwischt wurden. Neben der Würde der Bewerber
wurden die Menschen auch durch die religiösen Bedenken eingeschüchtert, und sie wählten lauter Patrizier zu Militärtribunen
mit konsularischer Vollmacht, zum großen Teil gerade die, die
das höchste Ansehen genossen, L. Valerius Potitus zum fünftenmal, M. Valerius Maximus, M. Furius Camillus zum zweitenmal,
L. Furius Medullinus zum drittenmal, Q. Servilius Fidenas zum
zweitenmal und Q. Sulpicius Camerinus zum zweitenmal. Unter
diesen Tribunen geschah vor Veji nichts besonders Bemerkenswertes. Man verlegte sich ganz aufs Plündern. Die beiden bedeu-

tendsten Feldherrn, Potitus im Gebiet von Falerii und Camillus im Gebiet von Capena, brachten ungeheure Beute ein und ließen nichts heil, was man mit Schwert oder Feuer zerstören konnte.

15. Unterdessen wurden viele Vorzeichen gemeldet, von denen jedoch die meisten keinen rechten Glauben fanden und nicht beachtet wurden, weil sie immer nur von einem bezeugt wurden und weil man infolge der Feindschaft mit den Etruskern keine Haruspices hatte, um die Vorzeichen zu sühnen. Die Sorgen aller richteten sich nur auf das eine, daß der See im Albaner Wald ohne Wassergüsse vom Himmel und ohne einen anderen Grund, der der Sache das Übernatürliche genommen hätte, zu ungeheurer Höhe anschwoll. Um zu erfahren, was die Götter mit diesem Wunderzeichen ankündigten, schickte man Gesandte zum Orakel von Delphi. Aber das Schicksal bot ganz in der Nähe einen Deuter an, einen alten Mann aus Veji, der zwischen den römischen und etruskischen Soldaten, die von ihren Stellungen und Vorposten aus gegeneinander stichelten, nach Art eines Sehers verkündete, bevor das Wasser aus dem Albaner See abgeleitet sei, würden die Römer sich Vejis niemals bemächtigen. Das blieb zunächst, wie zufällig hingeworfen, unbeachtet; dann fing man an, darüber zu reden, bis einer aus der römischen Stellung den nächsten aus der Stadt fragte – wegen der Länge des Krieges gab es schon Gesprächskontakte –, wer das denn sei, der sich in rätselhaften Worten über den Albaner See äußere. Nachdem er gehört hatte, es sei ein Haruspex, gab der Mann, der für religiöse Empfindungen aufgeschlossen war, an, er wolle ihn wegen eines Wunderzeichens, das er persönlich erhalten habe, befragen, wenn er Zeit habe, und lockte so den Seher zu einer Unterredung heraus. Als sie beide waffenlos und ohne jedes Mißtrauen sich ein ziemliches Stück von ihren Leuten entfernt hatten, ergriff der junge Römer, der körperlich überlegen war, den schwachen alten Mann vor aller Augen und trug ihn, während die Etrusker vergeblich Lärm schlugen, zu den Seinen. Er wurde zum Feldherrn geführt, dann nach Rom zum Senat geschickt. Als man ihn hier befragte, was das, was er vom Albaner See verkündet hatte, zu bedeuten habe, antwortete er, die Götter seien bestimmt an jenem Tage, an dem sie ihm eingegeben hätten, den vom Schicksal

verhängten Untergang seiner Vaterstadt zu verraten, auf das Volk von Veji zornig gewesen. Daher könne er das, was er damals auf göttliche Eingebung hin verkündet habe, nicht ungesagt machen, indem er es widerrufe, und wenn man etwas verschweige, was nach dem Willen der unsterblichen Götter allgemein bekannt werden solle, begehe man vielleicht nicht weniger einen Frevel, als wenn man Dinge ausplaudere, die geheim bleiben sollten. So jedenfalls sei es in den Schicksalsbüchern, so in der etruskischen Lehre überliefert: Wenn das Wasser des Albaner Sees überlaufe, dann werde, wenn der Römer es auf rechte Weise ableite, ihm der Sieg über die Leute von Veji gegeben. Bevor das geschehe, würden die Götter die Mauern von Veji nicht verlassen. Er beschrieb dann, wie man das Wasser vorschriftsmäßig ableite. Aber die Senatoren hielten den Gewährsmann für unzulänglich und für zu wenig zuverlässig angesichts einer so wichtigen Sache und beschlossen, die Gesandten und die Sprüche des Pythischen Orakels abzuwarten.

16. Bevor die Gesandten aus Delphi zurückkehrten oder ein Sühnemittel für das Albaner Wunderzeichen gefunden wurde, traten die neuen Militärtribunen mit konsularischer Vollmacht, L. Julius Julus, L. Furius Medullinus zum viertenmal, L. Sergius Fidenas, A. Postumius Regillensis, P. Cornelius Maluginensis und A. Manlius, ihr Amt an.

In diesem Jahr erwuchsen in den Bewohnern von Tarquinii neue Feinde. Sie sahen, daß die Römer mit vielen Kriegen zugleich beschäftigt waren, gegen die Volsker bei Anxur, wo die Besatzung belagert wurde, bei Labici gegen die Aequer, die die römische Siedlung dort angriffen, dazu mit dem Krieg gegen Veji, Falerii und Capena, und daß es auch innerhalb der Mauern nicht ruhiger war infolge der Streitereien zwischen den Patriziern und der Plebs. Unter diesen Umständen, glaubten sie, hätten sie Gelegenheit zu einem Übergriff und schickten Kohorten ohne Gepäck zum Plündern in das römische Gebiet: denn entweder würden die Römer diesen Übergriff ungeahndet hinnehmen, oder sie würden mit einem kleinen und daher zu schwachen Heer dagegen vorgehen. Bei den Römern war die Entrüstung über den Raubzug der Leute von Tarquinii größer als die Besorg-

nis. Daher nahm man die Sache ohne großen Aufwand in die
Hand und schob sie nicht auf die lange Bank. A. Postumius und
L. Julius zogen mit einer Schar, die sie nicht in einer regelrechten
Aushebung zusammengebracht hatten – denn sie wurden von
den Volkstribunen daran gehindert –, sondern die fast ganz aus
Freiwilligen bestand, die sie durch Zureden gewonnen hatten,
auf Nebenwegen durch das Gebiet von Caere und überfielen die
Leute aus Tarquinii, als sie mit Beute beladen von den Plünderungen zurückkehrten. Viele Menschen machten sie nieder, nahmen allen ihr Gepäck und kehrten mit der wiedergewonnenen
Beute, die aus ihrem eigenen Land stammte, nach Rom zurück.
Zwei Tage wurde den Eigentümern Gelegenheit gegeben, was ihnen gehörte, zu identifizieren; am dritten Tag wurde das, was
nicht identifiziert war – es gehörte größtenteils den Feinden –,
öffentlich versteigert und der Erlös an die Soldaten verteilt.

Die übrigen Kriege, vor allem der von Veji, waren in ihrem
Ausgang noch ungewiß. Die Römer hatten schon alle Hoffnungen auf menschliche Möglichkeiten begraben und richteten ihre
Blicke auf die Schicksalssprüche und die Götter; da kamen die
Gesandten aus Delphi zurück und brachten den Spruch des Orakels mit, der mit der Antwort des gefangenen Sehers übereinstimmte: »Römer, hüte dich, das Albaner Wasser im See festzuhalten, hüte dich, es in eigenem Lauf in das Meer fließen zu lassen. Du sollst es ableiten und durch die Felder führen und auf Bä-
che verteilt sich verlieren lassen. Dann nimm du dir kühn die
Mauern der Feinde vor und denke daran, daß dir durch diese
Schicksalssprüche, die dir jetzt kundgetan werden, der Sieg über
die Stadt gegeben ist, die du schon so viele Jahre belagerst. Wenn
der Krieg zu Ende ist, sollst du als Sieger ein ansehnliches Geschenk zu meinem Heiligtum bringen und dafür sorgen, daß die
heimischen Kulte, die man aufgegeben hat, dem Herkommen
entsprechend wieder eingerichtet werden.«

17. Man fing jetzt an, den gefangenen Seher für einen bedeutenden Mann zu halten, und die Militärtribunen Cornelius und
Postumius zogen ihn bei der Sühnung des Albaner Wunderzeichens und bei der ordnungsgemäßen Versöhnung der Götter
hinzu. Man fand schließlich auch heraus, was die Götter mit dem

Vorwurf meinten, man habe die Zeremonien vernachlässigt und
eine herkömmliche Feier unterlassen: daß es gewiß nichts anderes war, als daß fehlerhaft gewählte Beamte das Latinerfest und
das Opfer auf dem Albaner Berg nicht ordnungsgemäß angesagt
hatten. Das einzige Sühnemittel dafür sei, daß die Militärtribunen ihr Amt niederlegten, die Auspizien von neuem angestellt
würden und man ein Interregnum eintreten lasse. Das geschah
auf Senatsbeschluß. Drei Interreges gab es nacheinander, L. Valerius, Q. Servilius Fidenas und M. Furius Camillus. Unterdessen hörten die Unruhen keinen Augenblick auf, da die Volkstribunen die Wahlen hintertrieben, bis man sich im voraus darauf
einigte, daß die Mehrzahl der Militärtribunen aus der Plebs gewählt werden solle.

Währenddessen fand beim Voltumna-Heiligtum eine Bundesversammlung Etruriens statt. Als die Capenaten und die Falisker
forderten, daß alle Völker Etruriens einmütig auf gemeinsamen
Beschluß Veji von der Belagerung befreien sollten, wurde geantwortet, sie hätten das den Vejentern schon früher verweigert,
weil sie von dort, wo sie sich in einer so wichtigen Sache nicht Rat
geholt hätten, auch keine Hilfe erwarten dürften. Jetzt verbiete es
ihnen ihre Lage vor allem schon im eigenen Interesse. Hier in diesem Teil Etruriens habe man eine bisher noch unbekannte Völkerschaft als neue Nachbarn, die Gallier, bei denen man sich auf
den Frieden nicht ganz verlassen könne, aber auch nicht sicher
sei, ob es zum Krieg kommen werde. Trotzdem mache man dem
Blut und dem Namen und den gegenwärtigen Gefahren ihrer
Blutsverwandten das Zugeständnis, junge Leute, wenn sie freiwillig in diesen Krieg zögen, nicht daran zu hindern. In Rom ging
das Gerücht, daß eine große Zahl dieser Feinde eingetroffen sei;
daher begannen die inneren Auseinandersetzungen wegen der
gemeinsamen Furcht, wie üblich, an Schärfe zu verlieren.

18. Es war den Patriziern nicht unlieb, daß die Centurien, die
als erste ihre Stimme abgaben, P. Licinius Calvus, der sich gar
nicht beworben hatte, zum Militärtribunen wählten, einen
Mann, der in seiner früheren Amtszeit eine Probe seiner Mäßigung gegeben hatte, jetzt aber im höchsten Alter stand. Es war
offensichtlich, daß alle aus dem Kollegium dieses Jahres einer

nach dem anderen wiedergewählt würden, L. Titinius, P. Maelius, Q. Manlius, Cn. Genucius und L. Atilius. Bevor jedoch ihre
Namen den versammelten Tribus offiziell mitgeteilt wurden,
brachte P. Licinius Calvus mit Erlaubnis des Interrex folgendes
vor: »Ich sehe, Mitbürger, daß ihr in Erinnerung an unsere
Amtsführung bei dieser Wahl für das folgende Jahr ein günstiges Vorzeichen für die Eintracht sucht, die vor allem jetzt vonnö-
ten ist; doch ihr wählt zwar in meinen Kollegen dieselben Leute
wieder – sie sind durch ihre Erfahrung sogar noch besser geworden –, in mir aber nicht mehr denselben; ihr seht vielmehr nur
noch den Schatten und den Namen des P. Licinius übriggeblieben. Die Körperkräfte sind erschöpft, die Sinne, Augen und Ohren stumpf, das Gedächtnis läßt nach, die geistige Spannkraft er-
lahmt. Seht hier den jungen Mann«, sagte er und nahm seinen
Sohn bei der Hand, »ein treues Abbild dessen, den ihr ehedem als
ersten aus der Plebs zum Militärtribunen gemacht habt. Ich habe
ihn in meinem Geist erzogen und gebe und weihe ihn dem Staat,
und ich bitte euch, Mitbürger, das Amt, das ihr mir ohne mein
Zutun übertragen habt, ihm anzuvertrauen, der sich darum be-
wirbt, dem auch noch meine Bitten für ihn zustatten kommen.«
Man erfüllte dem Vater diese Bitte, und P. Licinius wurde zusammen mit denen, die wir oben angeführt haben, zum Militärtribunen mit konsularischer Vollmacht erklärt.

Die Militärtribunen Titinius und Genucius brachen gegen die
Falisker und Capenaten auf. Während sie den Krieg mehr mutig
als überlegt führten, gerieten sie in einen Hinterhalt. Genucius
büßte durch einen ehrenvollen Tod seine Unbesonnenheit und
fiel vor den Feldzeichen in vorderster Linie. Titinius sammelte
die Soldaten, die voller Angst hin und her liefen, auf einer kleinen
Anhöhe und stellte die Ordnung wieder her, trat indes dem
Feind nicht auf ebenem Gelände entgegen. Der Schimpf, den
man erlitten hatte, war schlimmer als die Verluste. Und es wäre
fast zu einer ungeheuren Katastrophe gekommen, so groß war
der Schrecken nicht nur in Rom, wohin maßlos übertreibende
Kunde gelangt war, sondern auch im Lager bei Veji. Nur mit
Mühe konnte man dort die Soldaten an der Flucht hindern, als
das Gerücht das Lager durchflog, die Führer und das Heer seien

umgekommen und der siegreiche Capenate und Falisker und die ganze Jugend Etruriens stehe nicht mehr weit von ihnen entfernt. Noch beunruhigendere Meldungen hatten in Rom Glauben gefunden: Das Lager bei Veji werde schon bestürmt und ein Teil der Feinde rücke schon zum Angriff auf die Stadt heran. Man eilte auf die Mauern, die Frauen, die die allgemeine Panik aus ihren Häusern getrieben hatte, verrichteten in den Tempeln ihre Gebete, und man flehte die Götter an, den Untergang von den Häusern der Stadt und den Tempeln und Mauern Roms abzuwehren und diesen Schrecken auf Veji zu wenden, wenn man die Kulthandlungen ordnungsgemäß erneuert und wenn man die Vorzeichen gesühnt habe.

19. Schon waren die Spiele und das Latinerfest wiederholt, schon das Wasser aus dem Albaner See auf die Felder abgeleitet worden, und Veji ging seinem Schicksal entgegen. So wurde also M. Furius Camillus zum Diktator ernannt, der Feldherr, der vom Schicksal dazu ausersehen war, diese Stadt zu zerstören und seine Vaterstadt zu retten; er ernannte P. Cornelius Scipio zum Magister equitum. Der Wechsel im Oberbefehl hatte plötzlich alles verändert; man schöpfte neue Hoffnung, die Leute faßten neuen Mut, auch um die Zukunft der Stadt schien es besser bestellt.

Zuallererst ging er gegen diejenigen, die bei jener Panik von Veji geflohen waren, nach Kriegsrecht vor und erreichte, daß die Soldaten nicht vor dem Feind am meisten Angst haben mußten. Darauf setzte er auf einen bestimmten Tag die Aushebung an und eilte selbst unterdessen nach Veji, um den Soldaten Mut zu machen. Dann kehrte er wieder nach Rom zurück, um ein neues Heer auszuheben, und keiner suchte sich dem Kriegsdienst zu entziehen. Auch junge Mannschaft von auswärts, Latiner und Herniker, kamen und versprachen, an diesem Krieg teilzunehmen. Nachdem der Diktator ihnen im Senat gedankt hatte und als schon alles für den Krieg in ausreichendem Maße vorbereitet war, gelobte er auf Beschluß des Senats, nach der Einnahme von Veji Große Spiele durchzuführen und den Tempel der Mater Matuta wiederherzustellen und zu weihen, der schon früher einmal von König Ser. Tullius geweiht worden war.

Dann brach er mit dem Heer von Rom auf, wobei die Spannung der Leute größer war als die Zuversicht, und stieß im Gebiet von Nepete zuerst mit den Faliskern und Capenaten zusammen. Alles geschah dort mit größter Umsicht und Überlegung, und das Glück blieb, wie es zu gehen pflegt, nicht aus. Camillus schlug die Feinde nicht nur im Kampf, sondern nahm auch ihr Lager und gewann riesige Beute. Der größte Teil davon wurde zum Quästor geschafft, nicht gerade viel den Soldaten überlassen.

Dann führte er das Heer nach Veji; er ließ die Bastionen dichter aneinanderlegen, unterband die Plänkeleien, zu denen es immer wieder ohne jeden Plan zwischen der Mauer und dem Wall kam, indem er anordnete, keiner dürfe ohne Befehl kämpfen, und setzte die Soldaten statt dessen zu Schanzarbeiten ein. Von allen Werken war das weitaus größte und mühsamste ein unterirdischer Gang, den man zur Burg der Feinde zu führen begonnen hatte. Damit diese Arbeit nicht unterbrochen würde und die beständige Arbeit unter der Erde nicht immer wieder dieselben erschöpfte, teilte er die Schanzarbeiter in sechs Gruppen ein. Jedesmal sechs Stunden mußten sie reihum arbeiten; Tag und Nacht gab es nie eine Unterbrechung, bis man den Weg zur Burg gebahnt hatte.

20. Als der Diktator sah, daß er den Sieg in Händen habe, die Einnahme der ungeheuer reichen Stadt bevorstehe und die Beute so groß sein werde, wie sie in allen früheren Kriegen zusammen nicht gewesen war, wollte er sich weder wegen Knauserei bei der Verteilung der Beute den Zorn der Soldaten noch wegen verschwenderischer Freigebigkeit den Haß der Patrizier zuziehen und schickte daher einen Brief an den Senat: Durch die Güte der unsterblichen Götter, durch seine eigenen Maßnahmen und durch die Geduld der Soldaten werde Veji bald in der Gewalt des römischen Volkes sein. Was solle ihrer Meinung nach mit der Beute geschehen? Zwei Meinungen spalteten den Senat, die des alten P. Licinius, der, wie es heißt, als erster von seinem Sohn befragt wurde und sagte, er sei dafür, dem Volk öffentlich bekanntzugeben, wer etwas von der Beute haben wolle, solle ins Lager nach Veji gehen, – und die andere des App. Claudius, der eine

Schenkung als etwas Neuartiges, Verschwenderisches, Unange-
messenes und Unüberlegtes bezeichnete, wenn sie es denn schon
für einen Frevel hielten, Geld, das man von den Feinden erbeutet
habe, in die von Kriegen erschöpfte Staatskasse zu legen; er bean-
tragte, von diesem Geld den Soldaten den Sold zu zahlen, damit
die Plebs um so weniger Kriegssteuer aufzubringen habe. Den
gemeinsamen Vorteil dieses Geschenks würden nämlich die
Häuser aller in gleicher Weise spüren, und die aufs Plündern ver-
sessenen Hände müßiger Städter würden nicht tapferen Kriegern
die Belohnungen wegschnappen – es gehe ja fast immer so, daß
einer beim Plündern um so gleichgültiger sei, je mehr er in Mühe
und Gefahr einen besonderen Anteil auf sich zu nehmen pflege.
Licinius sagte dagegen, dann werde das Geld immer Argwohn
und Haß wecken und Anlaß geben zu Anklagen vor der Plebs
und dann zu Streitereien und neuen Gesetzen. Es sei daher besser, mit diesem Geschenk die Sympathie der Plebs zurückzugewinnen, den durch die Kriegssteuer so vieler Jahre Ausgeplünderten und Verarmten zu helfen und sie den Vorteil der Beute aus
diesem Krieg, in dem sie fast zu alten Leuten geworden seien,
spüren zu lassen. Was jeder mit eigener Hand dem Feind genommen habe und nach Hause bringe, das werde willkommener sein
und mehr Freude machen, als wenn man ein Vielfaches davon nach
dem Ermessen eines anderen entgegennähme. Der Diktator selbst
suche dem Haß und den Vorwürfen, die sich aus dieser Angelegenheit ergeben könnten, zu entgehen; daher habe er sie an den Senat verwiesen. Auch der Senat müsse die Sache, die ihm zugeschoben worden sei, der Plebs überlassen und es hinnehmen, daß jeder
das besitze, was ihm das Kriegsglück gegeben habe. Dieser Vorschlag erschien als der sichere Weg, den Senat beim Volk beliebt zu
machen. Es wurde daher bekanntgegeben, wer in Veji Beute machen wolle, solle sich zum Diktator ins Lager begeben.

21. Eine riesige Menge machte sich auf den Weg und füllte das
Lager. Da rückte der Diktator aus, nachdem er das Auspizium
durchgeführt und den Soldaten befohlen hatte, zu den Waffen zu
greifen, und rief: »Unter deiner Führung, Pythischer Apollon,
und von deinem Willen getrieben, schreite ich zur Zerstörung
der Stadt Veji, und ich gelobe dir den zehnten Teil der Beute von

hier. Zugleich bitte ich dich, Königin Juno, die du jetzt Veji be-
wohnst, uns, den Siegern, in unsere Stadt zu folgen, die bald auch
die deine sein wird und wo dich ein deiner Größe würdiges Heiligtum aufnehmen soll.« Nach diesem Gebet griff er mit seinen
überlegenen Kräften die Stadt von allen Seiten an, damit sie um so
weniger die Gefahr bemerkten, die von dem unterirdischen Gang
aus heraufzog. Die Bewohner von Veji wußten nicht, daß sie
schon von ihren eigenen Sehern und den auswärtigen Orakeln
preisgegeben worden waren, daß man die Götter schon zu einem
Anteil an der bei ihnen zu machenden Beute herbeigerufen hatte,
daß andere, durch Gelübde aus ihrer Stadt herausgerufen, nach
Heiligtümern bei den Feinden und neuen Wohnsitzen Ausschau
hielten und daß dieser Tag ihr letzter sei; nichts fürchteten sie
weniger, als daß die Mauer durch einen unterirdischen Gang un-
terwühlt und die Burg schon voll von Feinden sei; so eilten sie jeder für sich bewaffnet auf die Mauern und fragten sich verwundert, was es zu bedeuten habe, daß die Römer jetzt, wie von
plötzlicher Raserei ergriffen, tollkühn gegen die Mauern anrann-
ten, nachdem so viele Tage lang keiner von ihnen aus den Stellungen herausgekommen sei.

An diesem Punkt pflegt man eine Geschichte einzuflechten:
Während der König von Veji opferte, habe der Haruspex gesagt,
wer die Eingeweide dieses Opfertieres zerlege, dem gehöre der
Sieg; diese Worte seien in dem unterirdischen Gang gehört worden und hätten die römischen Soldaten veranlaßt, den unterirdischen Gang zu öffnen, die Eingeweide an sich zu reißen und sie
zum Diktator zu bringen. Aber bei so alten Dingen bin ich schon
damit zufrieden, wenn man das, was wahrscheinlich ist, als
Wahrheit gelten läßt; diese Geschichte eignet sich mehr zur Darstellung auf der Bühne, wo man an wunderbaren Begebenheiten
seine Freude hat, als daß sie glaubhaft wäre, und es ist nicht der
Mühe wert, sie zu bestätigen oder zu widerlegen.

Der unterirdische Gang war zu diesem Zeitpunkt mit ausge-
suchten Soldaten angefüllt und spie plötzlich im Tempel der
Juno, der auf dem Burghügel von Veji lag, Bewaffnete aus. Ein
Teil von ihnen griff die Feinde auf den Mauern von hinten an, ein
Teil riß die Riegel der Stadttore auf, ein Teil warf Feuer in die

Häuser, während Frauen und Sklaven von den Dächern herab Steine und Ziegel schleuderten. Von Geschrei war alles erfüllt mit den unterschiedlichen Stimmen derer, die Schrecken verbreiten, und derer, die von Panik erfaßt waren, worunter sich noch das Gejammer der Frauen und Kinder mischte. Im Nu waren die Bewaffneten überall von der Mauer hinabgeworfen und die Tore geöffnet, und während die einen in geschlossener Formation eindrangen, andere auf die verlassenen Mauern stiegen, füllte sich die Stadt mit Feinden. Überall wurde gekämpft; dann, als schon viel Blut geflossen war, flaute der Kampf ab, und der Diktator ließ durch Herolde verkünden, man solle die Unbewaffneten schonen; das war das Ende des Blutvergießens. Die Unbewaffneten begannen sich dann zu ergeben, und die Soldaten verteilten sich mit Erlaubnis des Diktators zum Plündern. Als die Beute vor seinen Augen weggeschafft wurde, erheblich mehr und von höherem Wert, als er gehofft und erwartet hatte, soll er, die Hände zum Himmel erhoben, gebetet haben, wenn einem der Götter und Menschen sein eigenes Glück und das des römischen Volkes zu groß scheine, dann möge es gestattet sein, diesen Neid mit einem möglichst kleinen Schaden für ihn selbst und für das römische Volk zu beschwichtigen. Als er sich bei diesem Gebet umdrehte, soll er ausgerutscht und gefallen sein, und dieses Vorzeichen schien sich für die, die diesen Vorfall später mit dem weiteren Ablauf der Ereignisse in Zusammenhang brachten, auf die Verurteilung des Camillus bezogen zu haben, dann auf die Einnahme der Stadt Rom, ein Unglück, zu dem es wenige Jahre danach kam. Und so verging dieser Tag mit dem Niedermachen der Feinde und der Plünderung der außerordentlich reichen Stadt.

22. Am nächsten Tag verkaufte der Diktator die Freien in die Sklaverei. Dieses Geld allein wurde an die Staatskasse abgeliefert, nicht ohne daß die Plebs in Zorn geriet. Und was sie an Beute mitbrachten, rechneten sie weder dem Feldherrn an, der Verantwortliche für seine Knausrigkeit gesucht und die Entscheidung, die er selbst treffen konnte, dem Senat zugeschoben hatte, noch dem Senat, sondern der Familie der Licinier, aus der der Sohn die Sache vor den Senat gebracht, der Vater den Antrag zugunsten des Volkes gestellt hatte.

Als schon aller menschliche Besitz aus Veji herausgeschafft war, begann man auch die Weihgeschenke für die Götter und die Götter selbst wegzuschaffen, aber mehr nach der Art von frommen Verehrern als von Räubern. Denn aus dem ganzen Heer ausgesuchte junge Männer, sauber gewaschen, in weißem Gewand, denen aufgetragen worden war, die Königin Juno nach Rom zu schaffen, betraten ehrfurchtsvoll das Heiligtum, legten zunächst voll Scheu Hand an, weil nach etruskischer Sitte nur ein Priester aus einer bestimmten Familie dieses Götterbild zu berühren pflegte. Als dann einer, ob nun auf göttliche Eingebung oder aus jugendlichem Übermut, fragte: »Willst du nach Rom gehen, Juno?«, riefen die übrigen, die Göttin habe zustimmend genickt. Die Legende wurde später noch ausgeschmückt: Man habe auch eine Stimme gehört, die »Ja« sagte. Jedenfalls haben wir gefunden, sie habe sich, als wenn sie gerne folgte, mit ganz einfachen Werkzeugen von ihrem Platz entfernen und leicht und bequem transportieren lassen und sei unversehrt zum Aventin gelangt, ihrem ewigen Wohnsitz, wohin die Gelübde des römischen Diktators sie gerufen hatten und wo derselbe Camillus, der die Gelübde getan hatte, ihr später den Tempel weihte.

Das war der Untergang Vejis, der mächtigsten Stadt der Etrusker, die ihre Größe noch in ihrer letzten Niederlage zu erkennen gab; denn sie wurde zehn Sommer und Winter ununterbrochen belagert, und nachdem sie erheblich mehr Niederlagen beigebracht als erlitten hatte, wurde sie zuletzt, als auch das Schicksal sich gegen sie stellte, doch nur durch Mittel der Technik, nicht im Sturm eingenommen.

23. Die Nachricht, daß Veji genommen war, löste in Rom, als wenn sie unverhofft gekommen wäre, unermeßliche Freude aus; denn man hatte zwar die Vorzeichen gesühnt, kannte die Auskünfte der Seher und die Sprüche des Pythischen Orakels und hatte, soweit sich die Sache durch menschliche Maßnahmen fördern ließ, in M. Furius den besten aller Feldherrn zum Heerführer gewählt, doch hatte man dort auch viele Jahre lang mit wechselndem Erfolg gekämpft und viele Niederlagen erlitten. Bevor der Senat einen Beschluß fassen konnte, waren alle Heiligtümer schon voll von den Müttern Roms, die den Göttern dankten. Der

Senat ordnete ein Dankfest von vier Tagen an, was es noch bei keinem früheren Krieg gegeben hatte.

Auch die Ankunft des Diktators, dem alle Stände entgegenströmten, war festlicher als die von irgendeinem jemals zuvor, und sein Triumph überstieg jedes gewohnte Maß, einen solchen Tag zu feiern. Am meisten Aufsehen erregte er selbst, der auf einem von weißen Pferden gezogenen Wagen in die Stadt einfuhr. Das schien nicht nur unpassend für einen Bürger, sondern überhaupt für einen Menschen. Daß der Diktator sich mit seinen Pferden Jupiter und Sol gleichstellte, fand man bedenklich, und der Triumph war hauptsächlich wegen dieses einen Umstandes mehr glänzend als willkommen.

Dann vergab er den Bau des Tempels für die Königin Juno auf dem Aventin und weihte den der Mater Matuta. Nachdem er diese Verpflichtungen gegenüber Göttern und Menschen erfüllt hatte, legte er die Diktatur nieder.

Sodann begannen die Verhandlungen über das Weihgeschenk für Apollon. Obwohl Camillus sagte, er habe den zehnten Teil der Beute gelobt, und die Pontifices der Meinung waren, das Volk müsse die Verpflichtung einlösen, fand man nicht leicht einen Weg, dem Volk zu befehlen, die Beute zurückzubringen, damit aus ihr der für den heiligen Zweck fällige Teil abgesondert werden könne. Endlich kam man auf einen Ausweg, der als der mildeste erschien: Wer für sich und sein Haus die Verpflichtung einlösen wolle, solle selbst seinen Beuteanteil abschätzen und den Wert des zehnten Teils an die Staatskasse abliefern, damit daraus ein goldenes Geschenk angefertigt werde, das der Größe des Heiligtums und der Macht des Gottes würdig sei und dem Ansehen des römischen Volkes entspreche. Auch diese Abgabe führte zur Entfremdung zwischen der Plebs und Camillus.

Unterdessen kamen Gesandte von den Volskern und den Aequern, um Frieden zu schließen, und sie erhielten den Frieden, mehr damit die von dem langen Krieg erschöpfte Bürgerschaft Ruhe bekam, als weil die Bittsteller es verdient hätten.

24. Das auf die Einnahme von Veji folgende Jahr hatte sechs Militärtribunen mit konsularischer Vollmacht, die beiden P. Cornelius, Cossus und Scipio, M. Valerius Maximus zum

zweitenmal, K. Fabius Ambustus zum zweitenmal, L. Furius Medullinus zum fünftenmal und Q. Servilius zum drittenmal. Den Corneliern wurde durch das Los der Krieg gegen Falerii übertragen, Valerius und Servilius der gegen Capena. Sie griffen nicht die Städte im Sturm oder mit Belagerungswerken an, sondern verwüsteten das offene Land und brachten, was es auf dem Lande gab, als Beute ein. Kein fruchtbarer Baum, nichts, was auf den Feldern Frucht trug, blieb stehen. Diese Einbußen machten das Volk von Capena mürbe; auf ihre Bitte wurde ihnen Friede gewährt. Im Gebiet von Falerii dauerte der Krieg an.

In Rom gab es unterdessen vielfache Unruhe. Um sie zu beschwichtigen, hatte man beschlossen, eine Kolonie ins Gebiet der Volsker zu entsenden, für die 3000 römische Bürger eingeschrieben werden sollten, und die Dreierkommission, die zu diesem Zweck gebildet worden war, hatte jedem Mann 37/12 Joch zugewiesen. Die Leute fingen an, diese Schenkung zurückzuweisen, weil sie meinten, man habe ihnen etwas zum Trost für die Zerstörung einer größeren Hoffnung angeboten. Denn warum verbanne man die Plebs ins Volskerland, wo doch die wunderschöne Stadt Veji und das Gebiet von Veji in Sichtweite lägen, fruchtbarer und größer als das Gebiet von Rom? Auch die Stadt zogen sie der Stadt Rom vor, was ihre Lage und die Großartigkeit ihrer öffentlichen und privaten Gebäude und Plätze anging. Ja, man dachte auch daran, jenen Antrag zu stellen, der jedenfalls nach der Einnahme Roms durch die Gallier an Aktualität gewann: nach Veji überzusiedeln. Ferner wollten sie für einen Teil der Plebs und einen Teil des Senats Veji als Wohnsitz bestimmen, beide Städte könnten gemeinsam einen Staat bilden und vom römischen Volk bewohnt werden.

Dem widersetzten sich die Optimaten derart, daß sie sagten, sie würden eher vor den Augen des römischen Volkes sterben, als daß etwas dieser Art beantragt würde. Denn jetzt gebe es in der einen Stadt schon so viele Meinungsverschiedenheiten. Was werde sich erst bei zwei Städten ereignen! Wie könne jemand die besiegte Stadt der siegreichen Vaterstadt vorziehen und zulassen, daß es Veji nach der Einnahme besser gehe als in den Tagen seiner ungebrochenen Macht! Sie könnten schließlich von ihren Mit-

bürgern in der Vaterstadt zurückgelassen werden; keine Macht
der Welt könne sie aber jemals dazu bringen, ihre Vaterstadt und
ihre Mitbürger zu verlassen, dem T. Sicinius – denn von den
Volkstribunen war er es, der diesen Antrag stellte – als Gründer
nach Veji zu folgen und den Gott Romulus, den Sohn eines Gottes, den Vater und Stifter der Stadt Rom, preiszugeben.

25. Während diese Dinge in häßlichen Streitereien verhandelt
wurden – denn die Patrizier hatten einen Teil der Volkstribunen
auf ihre Seite gezogen –, hielt nichts anderes die Plebs von Tätlichkeiten ab, als daß überall, wo sich das Geschrei einer beginnenden Schlägerei erhob, die führenden Männer des Senats sich
als erste der Menge entgegenwarfen und sie aufforderten, auf sie
loszugehen, sie zu schlagen und zu töten. Indem man davor zu-
rückschreckte, ihnen bei ihrem Alter, ihrer Würde und ihrer hohen Stellung Gewalt anzutun, setzte das Schamgefühl auch bei
anderen, ähnlichen Versuchen dem Zorn Schranken.

Camillus redete immer wieder und allerorten auf die Leute ein:
Man brauche sich nicht zu wundern, wenn die Bürgerschaft in
Raserei gerate, wo sie doch zur Einlösung eines Gelübdes verpflichtet sei und sich gleichwohl um alle anderen Dinge mehr
kümmere als darum, ihrer Verpflichtung nachzukommen. Er
wolle nichts von ihrem Beitrag sagen, der eher ein Almosen sei als
der Zehnte; denn in diesem Punkt sei jeder für sich eine Verbind-
lichkeit eingegangen und das Volk habe damit nichts mehr zu
tun. Aber sein Gewissen lasse ihn nicht dazu schweigen, daß der
Zehnte nur von dem Teil der Beute gelten solle, der aus bewegli-
cher Habe bestehe; von der Stadt und dem eroberten Land, die
ebenfalls in das Gelübde einbezogen seien, rede man nicht.

Nachdem die Entscheidung darüber, die dem Senat problema-
tisch schien, an die Pontifices verwiesen worden war, kam das
Kollegium unter Hinzuziehung des Camillus zu dem Ergebnis,
was vor dem Gelübde den Vejentern gehört habe und nach dem
Gelübde in die Macht des römischen Volkes gekommen sei, davon sei der zehnte Teil dem Apollon verfallen. So kam es zur Ta-
xierung der Stadt und des Landes. Das Geld wurde aus der
Staatskasse genommen und den Konsulartribunen der Auftrag
gegeben, dafür Gold zu kaufen. Weil davon nicht genug vorhan-

den war, kamen die Frauen zusammen, um über die Angelegenheit zu beraten; sie versprachen nach einem gemeinsamen Beschluß den Militärtribunen Gold und brachten all ihren Schmuck zur Staatskasse. Das war dem Senat lieb wie nichts je zuvor. Die Frauen sollen wegen dieser Freigebigkeit das Vorrecht erhalten haben, bei Opferhandlungen und Spielen einen vierrädrigen, an Fest- und Werktagen einen zweirädrigen Wagen zu benutzen. Nachdem man von jeder einzelnen das Gold erhalten und nach dem Gewicht taxiert hatte, um es zu bezahlen, beschloß man, einen goldenen Mischkrug herzustellen, der als Weihgeschenk für Apollon nach Delphi gebracht werden sollte.

Sobald die Leute sich in ihrem Gewissen erleichtert fühlten, ließen die Volkstribunen den Streit wieder aufleben. Sie hetzten die Menge gegen alle führenden Männer auf, vor allem gegen Camillus. Er habe die Beute von Veji konfisziert und dem Gott geweiht und sie so in nichts verwandelt. Die Nichtanwesenden griffen sie scharf an; vor den Anwesenden hatten sie Respekt, weil die sich freiwillig den Erzürnten entgegenstellten.

Sobald sie sahen, daß die Sache sich ins nächste Jahr hinzog, wählten sie die Volkstribunen, die den Antrag eingebracht hatten, für das kommende Jahr wieder. Auch die Patrizier bemühten sich bei denen, die gegen das Gesetz Einspruch eingelegt hatten, um dasselbe. So wurden die Volkstribunen zum großen Teil wiedergewählt.

26. Bei der Wahl der Militärtribunen erreichten die Patrizier mit größter Mühe, daß M. Furius Camillus gewählt wurde. Sie taten so, als brauche man wegen der Kriege einen Heerführer; es ging aber um einen Gegner gegen die Schenkungsabsichten der Tribunen. Mit Camillus wurden L. Furius Medullinus zum sechstenmal, C. Aemilius, L. Valerius Publicola, Sp. Postumius und P. Cornelius zum zweitenmal zu Militärtribunen mit konsularischer Vollmacht gewählt.

Zu Anfang des Jahres hielten sich die Volkstribunen zurück, bis M. Furius Camillus in das Gebiet der Falisker aufbrach – denn dieser Krieg war ihm übertragen worden. Durch das Hinausschieben erlahmte die Sache dann, und Camillus, den sie als Gegner am meisten fürchteten, gewann im Gebiet der Falisker weiteren Ruhm. Denn während die Feinde zunächst hinter den Mauern blieben, weil sie das für das sicherste hielten, zwang er sie durch das Verwüsten der Felder und das Niederbrennen der Höfe, aus ihrer Stadt herauszukommen. Aber die Furcht hinderte sie daran, weiter vorzurücken. Etwa 1000 Schritt vor der Stadt schlugen sie ihr Lager auf und verließen sich darauf, daß es allein dadurch, daß schwer heranzukommen war, hinreichend geschützt sei; denn die Umgebung war rauh und steinig und die Wege teils eng, teils steil. Doch Camillus nahm einen Gefangenen, der aus ebendieser Gegend stammte, als Wegführer, brach in tiefer Nacht auf und zeigte sich bei Tagesanbruch auf einem erheblich höheren Terrain. An drei Stellen schanzten die Römer, das übrige Heer stand in Kampfbereitschaft. Als die Feinde hier die Schanzarbeiten zu stören suchten, schlug er sie in die Flucht und jagte damit den Faliskern einen so großen Schrecken ein, daß sie in wilder Flucht an ihrem Lager vorbei, das doch näher lag, die Stadt zu erreichen suchten. Viele wurden erschlagen und verwundet, ehe sie, von Panik erfüllt, in die Tore stürzten. Das Lager wurde eingenommen, die Beute den Quästoren übergeben, was bei den Soldaten große Empörung hervorrief. Aber der Strenge seiner Befehlsgewalt unterworfen, haßten und bewunderten sie zugleich seine Haltung.

Es folgte die Einschließung der Stadt und die Befestigung der Stellungen. Mitunter kam es, wenn sich Gelegenheit bot, zu Angriffen der Städter auf die römischen Posten und zu kleineren Gefechten, und so verging die Zeit, ohne daß eine der beiden Seiten sich Hoffnung machen konnte; denn die Belagerten verfügten, weil sie vorgesorgt hatten, über mehr Korn und andere Vorräte als die Belagerer. Und es schien, als würde die Mühe ebensolange dauern wie bei Veji, hätte nicht das Schicksal dem römischen Feldherrn Gelegenheit gegeben, seine Vorzüge auf militärischem Gebiet, die man schon kannte, unter Beweis zu stellen, und ihm zugleich einen raschen Sieg beschert.

27. Die Falisker hatten die Gewohnheit, ein und denselben Mann als Lehrer und Begleiter ihrer Kinder zu verwenden, und mehrere Jungen wurden gleichzeitig, wie heute noch in Griechenland, der Obhut eines einzigen anvertraut. Die Kinder der

angesehensten Familien unterrichtete, wie es fast immer der Fall ist, ein Mann, der sich durch sein Wissen auszuzeichnen schien. Er hatte im Frieden damit begonnen, die Jungen zum Spielen und Trainieren vor die Stadt zu führen, hatte diese Gewohnheit auch während der Kriegszeit nicht unterbrochen und führte die Jungen dabei bald kürzere, bald weitere Strecken vom Stadttor weg. Als sich die Gelegenheit ergab, ging er unter mancherlei Spielen und Gesprächen weiter fort als gewöhnlich und brachte die Kinder zwischen die Posten der Feinde und dann in das römische Lager ins Feldherrnzelt zu Camillus. Dort fügte er seiner schändlichen Tat noch schändlichere Worte hinzu: Er habe Falerii den Römern in die Hände gespielt, da er diese Jungen, deren Väter dort die wichtigsten Leute im Staat seien, in ihre Gewalt gegeben habe. Als Camillus das hörte, fuhr er ihn an: »Du bist nicht zu einem dir ähnlichen Volk und Feldherrn gekommen, du Schurke mit deinem schändlichen Geschenk. Wir haben mit den Faliskern keine Gemeinschaft, wie sie durch ein Abkommen zwischen Menschen zustande kommt; aber die Gemeinschaft, die die Natur beiden Völkern mitgegeben hat, besteht und wird bestehen. Auch der Krieg hat seine Rechte wie der Friede, und wir haben gelernt, danach nicht weniger gerecht als tapfer zu verfahren. Wir führen die Waffen nicht gegen das Alter, das man auch bei der Einnahme von Städten schont, sondern gegen Leute, die ebenfalls bewaffnet sind und die, ohne von uns verletzt oder herausgefordert worden zu sein, das römische Lager bei Veji angegriffen haben. Die hast du, soviel an dir lag, durch einen neuen Frevel noch übertroffen; ich werde sie mit römischen Mitteln, mit Tapferkeit, mit Schanzen, mit Waffen, besiegen, wie Veji.« Völlig entblößt, die Hände auf den Rücken gebunden, übergab er ihn dann den Jungen, damit sie ihn nach Falerii zurückführten, und gab ihnen Ruten, mit denen sie den Verräter unter Hieben in die Stadt treiben sollten.

Bei diesem Schauspiel kam es zunächst zu einem Volksauflauf, dann wurde von den Beamten wegen des ungewöhnlichen Vorfalls der Senat einberufen, und es trat ein solcher Umschwung der Stimmung ein, daß bei ihnen, die eben noch, von Haß und Zorn wie von Sinnen, fast lieber wie Veji untergehen als wie Capena

Frieden schließen wollten, die ganze Bürgerschaft Frieden forderte. Die Redlichkeit der Römer, die Gerechtigkeit ihres Feldherrn wurde auf dem Forum und im Senatsgebäude gepriesen,
und mit Zustimmung aller brachen Gesandte, die Falerii übergeben sollten, zu Camillus ins Lager auf und von dort mit Erlaubnis
des Camillus zum Senat nach Rom. Sie wurden in den Senat geführt und sagten dort, wie es heißt, folgendes: »Senatoren, von
euch und eurem Feldherrn durch einen Sieg bezwungen, den weder ein Gott noch ein Mensch euch neiden möge, ergeben wir uns
euch, weil wir glauben, – das Schönste, was es für einen Sieger
gibt – daß wir unter eurer Herrschaft besser leben werden als
nach unseren Gesetzen. Der Ausgang dieses Krieges liefert dem
Menschengeschlecht zwei heilsame Beispiele: Ihr habt Redlichkeit im Kriege einem sofortigen Sieg vorgezogen; wir, durch eure
Redlichkeit herausgefordert, haben euch den Sieg freiwillig zuerkannt. Wir sind euch untertan. Schickt Leute, die die Waffen, die
Geiseln, die Stadt mit offenen Toren übernehmen sollen. Ihr
werdet mit unserer Treue so wenig unzufrieden sein wie wir mit
eurer Herrschaft.«

Sowohl die Feinde als auch die Mitbürger sprachen Camillus
ihren Dank aus. Die Falisker mußten den Soldaten den Sold für
dieses Jahr bezahlen, damit das römische Volk keine Kriegssteuer zu entrichten brauchte. Nachdem der Friede gewährt war,
wurde das Heer nach Rom zurückgeführt.

28. Camillus erntete bei seiner Rückkehr in die Stadt, nachdem
er die Feinde durch seine Gerechtigkeit und Redlichkeit bezwungen hatte, weit größeres Lob als damals, da ihn weiße
Pferde im Triumphzug in die Stadt gezogen hatten. Das Taktgefühl, mit dem er schwieg, konnte der Senat nicht ertragen, und so
löste er unverzüglich das Gelübde ein. Die Gesandten L. Valerius, L. Sergius und A. Manlius, die den goldenen Mischkrug als
Geschenk für Apollon nach Delphi bringen sollten, wurden auf
einem Kriegsschiff ausgeschickt, aber nicht weit von der Meerenge von Sizilien von liparischen Seeräubern aufgebracht und
nach Liparae verschleppt. Die Bürgerschaft hatte die Gewohnheit, Beute aufzuteilen, als sei sie auf einer Piratenfahrt im Dienst
des Staates gewonnen worden. Doch zufällig hatte in diesem Jahr

ein gewisser Timasitheos das höchste Amt inne, ein Mann, der
den Römern ähnlicher war als seinen Landsleuten. Er hatte Achtung vor dem Gesandtentitel, dem Geschenk und dem Gott, dem
es überbracht werden sollte, sowie vor dem Anlaß des Geschenks
und erfüllte auch die Menge, die fast immer dem leitenden Mann
ähnlich ist, mit der geziemenden Scheu, behandelte die Gesandten als Staatsgäste, geleitete sie unter dem Schutz seiner Schiffe
nach Delphi und brachte sie dann wohlbehalten nach Rom zurück. Auf Senatsbeschluß wurde mit ihm Gastfreundschaft geschlossen, und er erhielt im Namen des Staates Geschenke.

Im selben Jahr wurde im Gebiet der Aequer mit wechselndem
Glück gekämpft, so daß es sowohl bei den Heeren selbst wie
auch in Rom ungewiß war, ob sie gesiegt hatten oder besiegt
worden waren. Die römischen Feldherrn waren die Militärtribunen C. Aemilius und Sp. Postumius. Anfangs führten sie den
Krieg gemeinsam; als sie dann aber die Feinde in einer Schlacht
geschlagen hatten, hielten sie es für richtig, daß Aemilius mit einer Besatzung Verrugo hielt und Postumius das Land verwüstete. Wie er dort aufgrund seines Erfolges ziemlich nachlässig
ohne rechte Ordnung einherzog, griffen ihn die Aequer an, jagten seinen Soldaten Schrecken ein und trieben sie auf die nächstgelegenen Höhen, und das Entsetzen drang von dort auch nach
Verrugo zu der anderen Formation. Nachdem Postumius seine
Leute in Sicherheit gebracht hatte, berief er eine Heeresversammlung ein und hielt ihnen ihren Schrecken und ihre Flucht
vor, daß sie sich von dem feigsten und jederzeit zur Flucht ge-
neigten Feind hätten schlagen lassen. Da rief das ganze Heer, mit
Recht müßten sie sich das anhören, sie gäben zu, daß sie Schande
auf sich geladen hätten; aber sie würden das wiedergutmachen,
und die Freude der Feinde werde nicht lange anhalten. Sie forderten, Postumius solle sie sogleich von hier zum Lager der Feinde
führen – es lag vor ihren Augen in der Ebene –, und sie wollten
jede Strafe auf sich nehmen, wenn sie es nicht noch vor Einbruch
der Nacht eroberten. Er lobte sie und befahl ihnen, sich zu stärken und in der vierten Nachtwache bereitzuhalten. Auch die
Feinde, die eine nächtliche Flucht der Römer von dem Hügel
herab auf der Straße, die nach Verrugo führte, verhindern woll-

ten, rückten ihnen entgegen, und es kam vor Tagesanbruch zum Kampf – doch der Mond schien die ganze Nacht. Man hatte beim Kampf nicht weniger gute Sicht als am Tage. Das Kampfgeschrei aber war bis Verrugo zu hören; hier glaubten die Leute, das römische Lager werde angegriffen, und sie wurden von solchem Entsetzen gepackt, daß sie zerstreut nach Tusculum flohen, obwohl Aemilius sie unter Beschwörungen zurückzuhalten suchte. Von dort gelangte die Kunde nach Rom, Postumius und sein Heer seien vernichtet.

Sobald das erste Licht des Tages die Furcht nahm, man könne bei einer wilden Verfolgung in einen Hinterhalt geraten, ritt Postumius durch die Reihen, erinnerte sie an ihre Versprechungen und entzündete dadurch in ihnen solchen Feuereifer, daß die Aequer ihrem Angriff nicht länger standhalten konnten. Nun wurden die Fliehenden niedergemetzelt, bis die Feinde vernichtet waren, wie üblich, wenn mehr der Rachedurst das Geschehen bestimmt als die Tapferkeit. Auf die traurige Nachricht aus Tusculum, die die Bürgerschaft grundlos erschreckt hatte, folgte ein lorbeergeschmückter Brief von Postumius, der Sieg gehöre dem römischen Volk, das Heer der Feinde sei aufgerieben.

29. Weil die Volkstribunen mit ihren Umtrieben noch nicht ans Ziel gelangt waren, bemühten sich die Plebejer darum, denen, die das Gesetz beantragt hatten, das Tribunat zu verlängern, und ebenso die Patrizier, die wieder ins Amt zu bringen, die gegen das Gesetz Einspruch eingelegt hatten. Aber bei ihren eigenen Wahlen erwies sich die Plebs als stärker. Für diesen Ärger rächten sich die Patrizier durch den Senatsbeschluß, daß Konsuln gewählt werden sollten, ein Amt, das bei der Plebs verhaßt war. So wurden nach fünfzehn Jahren wieder Konsuln gewählt, L. Lucretius Flavus und Ser. Sulpicius Camerinus.

Zu Beginn dieses Jahres machten sich die Volkstribunen ungestüm daran, das Gesetz durchzubringen, weil keiner aus ihrem Kollegium Einspruch einlegen würde; gerade aus diesem Grund leisteten auch die Konsuln nicht weniger energisch Widerstand, und die ganze Bürgerschaft hatte nur diese eine Sorge – da eroberten die Aequer die römische Kolonie Vitellia, die in ihrem Gebiet lag. Der größte Teil der Siedler konnte unversehrt nach

Rom fliehen, weil die Stadt bei Nacht durch Verrat gefallen war und dieser Umstand ihnen eine Flucht durch die abgekehrten Teile der Stadt ermöglicht hatte. Der Konsul L. Lucretius erhielt diesen Aufgabenbereich. Er rückte mit seinem Heer aus, besiegte die Feinde in einer Schlacht und kehrte als Sieger nach Rom zurück, freilich zu einem erheblich schwereren Kampf.

A. Verginius und Q. Pomponius, zwei Volkstribunen der beiden letzten Jahre, waren vor Gericht geladen worden. Nach einhelliger Meinung der Patrizier hatte der Senat die Pflicht, sie zu verteidigen; denn niemand machte ihnen einen Vorwurf wegen ihres Lebenswandels oder ihrer Amtsführung bis auf das eine, daß sie den Patriziern zu Gefallen gegen den Antrag der Volkstribunen Einspruch erhoben hatten. Aber die Empörung der Plebs trug den Sieg davon über den Einfluß des Senats, und obwohl sie unschuldig waren, wurden sie – ein sehr schlimmes Beispiel – jeder zu 10000 Schweren As verurteilt. Das traf die Patrizier schwer.

Camillus bezichtigte die Plebs öffentlich eines Verbrechens: Sie wende sich schon gegen ihre eigenen Leute und merke nicht, daß sie durch ihr Fehlurteil über die Tribunen den Einspruch abgeschafft und durch die Abschaffung des Einspruchs die tribunizische Macht zunichte gemacht habe. Denn wenn sie hofften, die Patrizier würden die zügellose Willkür dieses Amtes hinnehmen, dann täuschten sie sich. Wenn die tribunizische Gewalt nicht mit Hilfe von Tribunen eingedämmt werden könne, würden die Patrizier eine andere Waffe finden. Die Konsuln fuhr er an, weil sie es stillschweigend hingenommen hatten, daß die Tribunen, die sich durch die Autorität des Senats hatten bestimmen lassen, um den staatlichen Beistand betrogen wurden. Indem er dies in aller Öffentlichkeit vorbrachte, vergrößerte er von Tag zu Tag noch die Erbitterung der Leute.

30. Er hörte aber nicht auf, den Senat gegen das Gesetz aufzubringen: Wenn der Tag der Abstimmung über das Gesetz gekommen sei, sollten sie nicht anders zum Forum hinabsteigen als in dem Gedanken, daß sie für Heim und Herd, für die Tempel der Götter und für den Boden, auf dem sie geboren seien, würden kämpfen müssen. Denn was ihn persönlich angehe – wenn es

recht sei, daß er, wo es um das Schicksal der Vaterstadt gehe, an seinen eigenen Ruhm denke –, so sei es für ihn sogar eine Ehre, wenn die von ihm eingenommene Stadt sich bevölkere, wenn er sich täglich des Denkmals seines Ruhmes erfreuen könne und die Stadt vor Augen habe, die in seinem Triumphzug vorgeführt worden sei, und wenn alle auf die Spuren seiner Ruhmestaten stießen. Doch er halte es für einen Frevel, wenn eine von den unsterblichen Göttern verlassene und aufgegebene Stadt wieder bewohnt werde und wenn das römische Volk auf dem eroberten Boden wohne und die siegreiche Vaterstadt gegen eine besiegte eingetauscht werde.

Durch diese Ermahnungen ihres ersten Mannes aufgestachelt, kamen die Patrizier, alt und jung, als das Gesetz zur Abstimmung gebracht werden sollte, in geschlossenem Zug auf das Forum, verteilten sich auf ihre Tribus, und jeder begann seine Tribusgenossen bei der Hand zu fassen und unter Tränen zu bitten, sie sollten diese Vaterstadt, für die sie selbst und ihre Väter aufs tapferste und glücklichste gekämpft hätten, nicht im Stich lassen, und dabei zeigten sie auf das Kapitol, den Tempel der Vesta und die anderen Heiligtümer der Götter ringsum; sie sollten das römische Volk nicht verbannt und heimatlos vom väterlichen Boden und von seinen Schutzgöttern weg in die Stadt der Feinde treiben und es dahin kommen lassen, daß es besser gewesen wäre, man hätte Veji nicht erobert, damit Rom nicht verlassen würde. Weil sie nicht mit Gewalt vorgingen, sondern mit Bitten und bei den Bitten viel von den Göttern die Rede war, kamen dem größten Teil Bedenken, und die Tribus lehnten das Gesetz mit einer Stimme Mehrheit ab.

Dieser Sieg war den Patriziern so lieb, daß am folgenden Tag auf Antrag der Konsuln der Senatsbeschluß gefaßt wurde, von dem Gebiet von Veji sollten Landlose von je 7 Joch an die Plebs verteilt werden und es sollten nicht nur die Familienväter, sondern auch alle Kinder im Haus berücksichtigt werden und sie sollten in dieser Hoffnung ihre Kinder aufziehen.

31. Durch dieses Geschenk wurde die Plebs beschwichtigt, und es gab keinen Streit darüber, daß Konsulwahlen stattfanden. Zu Konsuln gewählt wurden L. Valerius Potitus und M. Manlius,

der später den Beinamen Capitolinus erhielt. Diese Konsuln führten die Großen Spiele durch, die M. Furius als Diktator im Krieg gegen Veji gelobt hatte. Im selben Jahr wurde der Tempel der Königin Juno geweiht, der von demselben Diktator und in demselben Krieg gelobt worden war, und es heißt, an der Weihe hätten zahlreiche Frauen mit ungeheurer Begeisterung teilgenommen.

Ein alles andere als erwähnenswerter Krieg wurde am Algidus mit den Aequern geführt und die Feinde dabei fast eher geschlagen, als die Scharen aneinandergerieten. Weil Valerius beim Niederhauen der Fliehenden mehr Ausdauer zeigte, wurde ihm der Triumph bewilligt; Manlius durfte im Kleinen Triumph in die Stadt einziehen.

Im selben Jahr brach ein neuer Krieg mit den Bewohnern von Volsinii aus. Es war unmöglich, ein Heer dorthin zu führen, weil im römischen Gebiet infolge allzu großer Trockenheit und Hitze Hunger herrschte und eine Krankheit ausgebrochen war. Daher fielen die Volsinier im Bunde mit den Sappinaten voller Überheblichkeit ohne jede Veranlassung in das römische Gebiet ein; daraufhin wurde beiden Völkern der Krieg erklärt.

Der Zensor C. Julius starb. An seiner Stelle wurde M. Cornelius nachgewählt, was später religiöse Bedenken hervorrief, weil in diesem Jahrfünft Rom eingenommen wurde. Seitdem wird nie mehr anstelle eines verstorbenen Zensors ein neuer nachgewählt.

Da die Konsuln von der Krankheit angesteckt worden waren, beschloß man, die Auspizien durch ein Interregnum zu erneuern. Nachdem daher die Konsuln auf Senatsbeschluß ihr Amt niedergelegt hatten, wurde M. Furius Camillus zum Interrex bestellt; er bestimmte P. Cornelius Scipio, dieser dann L. Valerius Potitus zu seinem Nachfolger. Unter ihm wurden sechs Militärtribunen mit konsularischer Vollmacht gewählt, damit der Staat, auch wenn es einem von ihnen gesundheitlich schlecht ging, noch eine Anzahl von Beamten hatte.

32. Am 1. Quintilis traten L. Lucretius, Ser. Sulpicius, M. Aemilius, L. Furius Medullinus zum siebtenmal, Agrippa Furius und C. Aemilius zum zweitenmal ihr Amt an. Von ihnen erhielten L. Lucretius und C. Aemilius den Befehl gegen die Volsinier, Agrippa Furius und Ser. Sulpicius gegen die Sappinaten.

Zuerst kam es mit den Volsiniern zum Kampf. Das Treffen war durch die Zahl der Feinde bedeutsam, das Gefecht aber nicht gerade hart. Beim ersten Zusammenstoß wurde die Schlachtreihe geworfen, auf der Flucht wurden 8000 Bewaffnete durch die Reiter abgeschnitten; sie streckten die Waffen und ergaben sich. Die Kunde von diesem Treffen bewirkte, daß die Sappinaten sich auf keine Schlacht einließen; bewaffnet hielten sie sich im Schutz ihrer Mauern. Die Römer brachten überall aus dem Gebiet der Sappinaten und aus dem der Volsinier Beute ein, ohne daß jemand diese Gewalttätigkeiten hinderte, schließlich waren die Volsinier vom Krieg erschöpft, und unter der Bedingung, daß sie dem römischen Volk alles zurückgaben und dem Heer den Sold für dieses Jahr zahlten, wurde ihnen ein Waffenstillstand von zwanzig Jahren gewährt.

Im selben Jahr meldete M. Caedicius, ein Mann aus der Plebs, den Tribunen, er habe auf der Nova Via, wo jetzt die Kapelle oberhalb des Tempels der Vesta steht, in der Stille der Nacht eine Stimme gehört, lauter als die eines Menschen, die ihm befohlen habe, den Beamten zu sagen, die Gallier kämen heran. Dies wurde, wie es so geschieht, wegen des niedrigen Standes des Gewährsmanns nicht beachtet und weil diese Völkerschaft weit entfernt und daher weniger bekannt war.

Doch nicht nur die Warnungen der Götter blieben unbeachtet, wo doch das Schicksal hereinbrach, sondern mit M. Furius entfernten sie auch die einzige menschliche Hilfe, die sie hatten, aus der Stadt. Als er von dem Volkstribunen L. Apulejus wegen der Beute von Veji vorgeladen worden war – zur gleichen Zeit hatte er auch einen heranwachsenden Sohn verloren –, rief er seine Tribusgenossen und seine Klienten, die einen großen Teil der Plebs bildeten, in sein Haus, fragte sie nach ihrer Auffassung und erhielt zur Antwort, sie würden den Betrag aufbringen, zu dem er verurteilt werde, aber freisprechen könnten sie ihn nicht. Da ging er in die Verbannung und bat die unsterblichen Götter, wenn dieses Unrecht ihn unschuldig treffe, sollten sie so bald wie möglich in der undankbaren Bürgerschaft das Verlangen nach seiner Rückkehr wecken. In Abwesenheit wurde er zu 15 000 Schweren As verurteilt.

33. Nachdem der Bürger vertrieben worden war, dessen Bleiben, wenn überhaupt etwas im menschlichen Bereich gewiß ist,
die Einnahme Roms hätte verhindern können, zog die vom
Schicksal bestimmte Katastrophe der Stadt heran: Gesandte aus
Clusium kamen und baten um Hilfe gegen die Gallier. Diese Völkerschaft hatte nach der Überlieferung, betört durch die Köst-
lichkeit der Früchte und vor allem des Weins, eines damals noch
neuen Genusses, die Alpen überquert und das bisher von den
Etruskern bestellte Land in Besitz genommen; und zwar soll Arruns aus Clusium den Wein in Gallien eingeführt haben, um die
Völkerschaft herbeizulocken, aus Zorn darüber, daß seine Frau
von Lucumo, dessen Vormund er gewesen, verführt worden
war; dieser junge Mann war sehr mächtig, und Arruns konnte
ihn nicht zur Rechenschaft ziehen, wenn er nicht eine auswärtige
Macht zu gewinnen suchte. Er soll ihr Führer beim Überqueren
der Alpen gewesen sein und sie zum Angriff auf Clusium angestiftet haben.

Ich möchte nicht abstreiten, daß die Gallier von Arruns oder
einem anderen Clusiner nach Clusium geführt wurden. Aber daß
die, die Clusium angriffen, nicht die ersten waren, die die Alpen
überquerten, steht hinreichend fest. Denn die Gallier sind schon
fast zweihundert Jahre vor dem Angriff auf Clusium und der
Einnahme Roms nach Italien hinübergekommen, und die gallischen Heere haben nicht zuerst mit diesen Etruskern gekämpft,
sondern viel früher mit denen, die zwischen dem Apennin und
den Alpen wohnten.

Die Macht der Etrusker erstreckte sich vor der römischen
Herrschaft weit über Land und Meer. Welche Bedeutung sie auf
dem Oberen und dem Unteren Meer hatten, von denen Italien
wie eine Insel umgeben ist, beweisen die Namen; denn das eine
haben die Völker Italiens nach der allgemeinen Benennung der
Völkerschaft das Etruskische, das andere nach Atria, einer Kolonie der Etrusker, das Atriatische Meer genannt; die Griechen
nennen sie das Tyrrhenische und das Adriatische Meer. Und
dazu bewohnten sie die Landschaften an beiden Meeren, jede mit
zwölf Städten, zunächst die diesseits des Apennin am Unteren
Meer, später die jenseits des Apennin, in der sie ebenso viele Ko-

lonien gründeten, wie das Mutterland Hauptorte hatte; diese Kolonien besaßen alles Land jenseits des Po bis zu den Alpen, ausgenommen den Winkel der Veneter, die um die Meeresbucht herum wohnen. Auch die Alpenvölker haben zweifellos diesen Ursprung, vor allem die Räter, die die Gegend selbst hat verwildern lassen, so daß sie nichts vom Althergebrachten außer dem Klang ihrer Sprache, und auch den nicht unverfälscht, bewahrt haben.

34. Vom Übergang der Gallier nach Italien haben wir folgendes erfahren: Als Tarquinius Priscus in Rom herrschte, hatten bei den Kelten, die den dritten Teil Galliens ausmachen, die Biturigen die höchste Macht. Sie stellten dem Bevölkerungsteil der Kelten den König. Das war damals Ambigatus, ein überaus mächtiger Mann durch seine Tüchtigkeit und weil das Glück ihm und vor allem auch seinem Volk hold war; denn unter seiner Herrschaft war Gallien so reich an Früchten und Menschen, daß es schien, als könne die übergroße Menge kaum noch regiert werden. Weil er das Königreich von der drückenden Übervölkerung zu entlasten wünschte, selbst aber schon hoch an Jahren war, erklärte er, er werde Bellovesus und Segovesus, die Söhne seiner Schwester, energische junge Männer, zu den Wohnsitzen schikken, die die Götter ihnen durch ihre Zeichen geben würden. Sie sollten eine Anzahl Leute aufbieten, so viele, wie sie selbst wollten, damit keine Völkerschaft die Ankommenden abwehren könne. Darauf erhielt Segovesus durch die Lose die Hercynischen Wälder; dem Bellovesus gaben die Götter den weit erfreulicheren Weg nach Italien. Der bot auf, was seine Völker an Überzahl hatten, Biturigen, Arverner, Senonen, Haeduer, Ambarrer, Carnuten und Aulercer, machte sich mit ungeheuren Truppenmassen an Fußsoldaten und Reitern auf den Weg und kam in das Gebiet der Tricastiner.

Hier lagen die Alpen vor ihnen. Daß sie ihnen unüberwindlich erschienen, wundert mich nicht, weil man bisher noch auf keinem Weg hinübergekommen war, wenigstens soweit die zusammenhängende Überlieferung reicht, es sei denn, man will den Geschichten über Herkules Glauben schenken. Als hier die Höhe der Berge die Gallier wie eingezäunt festhielt und sie sich umsahen, wie sie denn über die bis zum Himmel ragenden Berge in einen anderen Erdkreis hinüberkommen könnten, hielt sie auch eine religiöse Rücksicht fest, weil gemeldet wurde, Ankömmlinge, die Land suchten, würden von der Völkerschaft der Salyer angegriffen. Es handelte sich um die künftigen Massilier, die auf Schiffen aus Phokaia aufgebrochen waren. Die Gallier hielten das für ein gutes Vorzeichen für ihr eigenes Schicksal und standen ihnen bei, so daß sie den Platz, an dem sie zuerst an Land gegangen waren und den sie in Besitz genommen hatten, mit Duldung der Salyer befestigen konnten.

Sie selbst kamen über die Tauriner Pässe und das Tal der Duria über die Alpen, schlugen die Etrusker in einer Schlacht nicht weit vom Ticinus, und als sie hörten, daß das Gebiet, in dem sie lagerten, als das Land der Insubrer bezeichnet wurde, mit demselben Namen wie die Insubrer, ein Gau der Haeduer, gründeten sie dort, dem guten Vorzeichen folgend, eine Stadt; sie nannten sie Mediolanium.

35. Eine andere Gruppe, Cenomanen unter Führung des Elitovius, folgte den Spuren des ersten Zuges, kam über denselben Paß mit Einwilligung des Bellovesus über die Alpen und gelangte in das Gebiet, in dem jetzt die Städte Brixia und Verona liegen. Die Libuer siedelten sich hinter ihnen an und die Salluvier in der Nähe der alten ligurischen Völkerschaft der Laever, die am Ticinus wohnen. Über den Poeninus kamen dann die Bojer und Lingonen herüber, als schon alles Land zwischen Po und Alpen besetzt war; sie überquerten den Po auf Flößen und vertrieben nicht nur die Etrusker, sondern auch die Umbrer aus ihrem Land; sie hielten sich jedoch innerhalb des Apennin. Die Senonen schließlich, die letzten der Ankömmlinge, bewohnten das Gebiet vom Utens bis zum Aesis. Das ist, wie ich sicher weiß, die Völkerschaft, die nach Clusium und dann nach Rom gekommen ist; es steht jedoch nicht ganz fest, ob allein oder von allen gallischen Völkern diesseits der Alpen unterstützt.

Die Leute von Clusium erschraken über den neuen Krieg, als sie die Menge, als sie die ungewohnten Gestalten der Menschen und die Art ihrer Waffen sahen und hörten, daß die Legionen der Etrusker diesseits und jenseits des Po oft von ihnen geschlagen

worden waren. Obwohl sie den Römern gegenüber kein Recht
auf Bundesgenossenschaft oder Freundschaft geltend machen
konnten, es sei denn, weil sie die Leute von Veji, ihre Blutsverwandten, nicht gegen das römische Volk geschützt hatten,
schickten sie Gesandte, die den Senat um Hilfe bitten sollten. Bezüglich der Hilfe erreichten sie nichts. Aber drei Gesandte wurden geschickt, Söhne des M. Fabius Ambustus, um im Namen
des Senates und Volkes von Rom mit den Galliern zu verhandeln: Sie sollten Bundesgenossen und Freunde des römischen
Volkes, von denen sie kein Unrecht erlitten hätten, nicht angreifen. Die Römer müßten diese, wenn die Lage sie dazu zwinge,
auch mit Waffengewalt schützen. Aber es scheine besser, einen
Krieg zu vermeiden, wenn es gehe, und sie wollten die Gallier,
eine neue Völkerschaft, lieber im Frieden als im Waffengang kennenlernen.

36. Die Gesandtschaft wäre friedlich verlaufen, wenn die Gesandten nicht überaus ungestüm gewesen wären, mehr den Galliern ähnlich als den Römern. Nachdem sie ihre Aufträge in der
Versammlung der Gallier vorgebracht hatten, erhielten sie zur
Antwort: Wenn sie auch den Namen der Römer zum erstenmal
hörten, so glaubten sie doch, daß sie tapfere Männer seien, da die
Clusiner sie in ihrer Bedrängnis um Hilfe gebeten hätten. Und
weil sie ihre Bundesgenossen lieber durch eine Gesandtschaft als
mit Waffen gegen sie hätten schützen wollen, wiesen auch sie den
Frieden nicht zurück, der ihnen angeboten werde, wenn die Clusiner, die mehr Land besäßen, als sie bestellen könnten, den Galliern, die Land brauchten, einen Teil ihres Gebietes abträten. Auf
andere Weise könne man den Frieden nicht erlangen. Sie wollten
die Antwort in Gegenwart der Römer entgegennehmen und,
wenn ihnen das Land verweigert werde, auch in Anwesenheit der
Römer kämpfen, damit diese zu Hause melden könnten, wie sehr
die Gallier die übrigen Menschen an Tapferkeit überträfen. Als
die Römer fragten, was für ein Rechtsgrundsatz das sei, Land von
den Besitzern zu fordern oder sonst mit den Waffen zu drohen
und was die Gallier in Etrurien zu suchen hätten, sagten jene
dreist, sie trügen ihr Recht in den Waffen und tapferen Männern
gehöre alles. Beide Seiten waren empört, man eilte zu den Waf-

fen, und der Kampf begann. Da griffen auch die Gesandten –
denn das Verhängnis brach schon über die Stadt Rom herein –
entgegen dem Völkerrecht zu den Waffen. Das konnte nicht verborgen bleiben, weil die drei edelsten und tapfersten aus der römischen Jugend vor den Feldzeichen der Etrusker kämpften; so
sehr stach die Tapferkeit der Fremden hervor. Ja, Q. Fabius verließ sogar mit seinem Pferd die Reihe, durchbohrte einem Anführer der Gallier, der stolz auf die Feldzeichen der Etrusker los-
sprengte, mit der Lanze die Seite und tötete ihn. Als er ihm die
Rüstung nahm, erkannten ihn die Gallier, und durch die ganze
Schlachtreihe lief die Kunde, es sei ein römischer Gesandter. Sie
ließen daraufhin ihren Zorn gegen die Clusiner fahren und blie-
sen unter Drohungen gegen die Römer zum Rückzug. Einige
waren dafür, auf der Stelle gegen Rom zu ziehen; die Älteren
setzten dann durch, daß zuerst Gesandte geschickt wurden, um
sich über das ungerechte Verhalten zu beschweren und um zu
fordern, daß die Fabier wegen der Völkerrechtsverletzung ausgeliefert würden.

Als die Gesandten der Gallier vorgebracht hatten, was ihnen
aufgetragen war, billigte der Senat das Verhalten der Fabier keineswegs, und die Barbaren schienen nur zu fordern, was recht
war. Aber politische Rücksichtnahme verhinderte, daß der Senat
bei Männern von so hohem Adel das beschloß, was er für richtig
hielt. Damit die Schuld jedoch nicht bei ihnen liege, wenn man im
Krieg mit den Galliern eine Niederlage erleiden sollte, verwiesen
sie die Entscheidung über die Forderung der Gallier an das Volk.
Hier spielten Einfluß und Macht eine noch viel größere Rolle, so
daß die, um deren Bestrafung es ging, für das folgende Jahr zu
Militärtribunen mit konsularischer Vollmacht gewählt wurden.
Da waren die Gallier, wie es nur recht war, empört; sie drohten
ganz offen mit Krieg und kehrten zu den Ihren zurück. Zusammen mit den drei Fabiern wurden Q. Sulpicius Longus, Q. Servilius zum viertenmal und P. Cornelius Maluginensis zu Militärtribunen gewählt.

37. Während so schweres Unheil drohte, bemühte sich die
Bürgerschaft, die doch gegen den Feind von Fidenae und von
Veji und andere Nachbarvölker die letzten Hilfsquellen ausge-

schöpft und bei vielen Gelegenheiten einen Diktator ernannt
hatte, jetzt, wo ein Feind, den man noch nie gesehen und von
dem man noch nie gehört hatte, vom Ozean und vom fernsten
Rand der Welt her Krieg begann, überhaupt nicht um eine außer-
ordentliche Befehlsgewalt oder um Hilfe – so sehr verblendet das
Schicksal die Menschen, wenn es nicht will, daß seine hereinbre-
chende Macht aufgehalten wird! Die Tribunen, durch deren Unbesonnenheit der Krieg heraufbeschworen worden war, standen
an der Spitze des Staates und führten die Aushebung kein bißchen sorgfältiger durch, als man es bei normalen Kriegen zu tun
pflegte, und bagatellisierten noch dazu, was man von dem Krieg
hörte.

Unterdessen hatten die Gallier erfahren, daß man die Verletzer
des Völkerrechts auch noch geehrt und ihre Gesandtschaft verhöhnt hatte. Von Zorn entbrannt – worin die Völkerschaft kein
Maß kennt –, rissen sie auf der Stelle die Feldzeichen aus dem Boden und machten sich im Eilmarsch auf den Weg. Als bei dem
Lärm ihres hastigen Durchmarsches die Städte erschreckt zu den
Waffen eilten und es zur Flucht der Landbevölkerung kam, gaben sie überall, wo sie einherzogen, mit lautem Geschrei zu verstehen, sie zögen nach Rom, ein Heereszug, der sich mit Pferden
und Männern in die Länge und Breite ergoß und einen ungeheuren Raum einnahm. Doch die Kunde eilte vor ihnen her, ebenso
Boten aus Clusium, dann der Reihe nach auch von den anderen
Völkern. Am meisten Schrecken löste in Rom die Schnelligkeit
der Feinde aus; denn obwohl das Heer, als wäre es bei einem
Überraschungsangriff überstürzt aufgestellt, in aller Eile aus-
rückte, stieß man bereits am 11. Meilenstein aufeinander, da, wo
die Allia aus den Crustuminer Bergen in einem sehr tiefen Bett
herabkommt und nicht weit unterhalb der Straße in den Tiber
mündet. Alles gegenüber und ringsum war schon voll von Feinden, und mit ihrer angeborenen Vorliebe für sinnloses Lärmen
erfüllte die Völkerschaft alles mit dem schauerlichen Klang ihres
wilden Gesanges und mannigfachen Geschreis.

38. Hier stellten die Militärtribunen das Heer zur Schlacht auf,
ohne zuvor einen Platz für das Lager bestimmt, ohne einen Wall
aufgeworfen zu haben, hinter den man sich zurückziehen

konnte, und ohne wenn schon nicht an die Menschen, so doch
wenigstens an die Götter zu denken, d. h. ohne Auspizien angestellt und beim Opfer günstige Vorzeichen erlangt zu haben. Zu
den Flügeln hin war die Linie der Römer weit auseinandergezo-
gen, damit sie nicht von der Menge der Feinde umzingelt werden
konnten. Aber es gelang ihnen doch nicht, die Front so lang zu
machen wie die der Feinde, wenn sie auch durch das Auseinan-
derziehen nur noch ein schwaches und kaum noch zusammenhängendes Zentrum hatten. Rechts war eine kleine Anhöhe; hier
beschlossen sie die Reserve aufzustellen. Diese Maßnahme führte
zu Panik und Flucht, aber sie war auch die einzige Rettung für die
Fliehenden. Denn Brennus, der Häuptling der Gallier, fürchtete
gerade in der geringen Zahl der Feinde eine List und glaubte, man
habe die Höhe zu dem Zweck besetzt, daß die Reserve die Gallier, sobald sie mit der Linie der Legionen frontal zusammenge-
stoßen seien, von hinten und von der Seite angreifen solle. Daher
wandte er sich gegen die Reserve und zweifelte nicht daran, daß
er, wenn er sie aus ihrer Stellung vertrieben hätte, bei seiner großen zahlenmäßigen Überlegenheit in dem flachen Gelände einen
leichten Sieg haben werde. So sehr stand nicht nur das Glück,
sondern auch die Vernunft auf der Seite der Barbaren.

Auf der anderen Seite erinnerte nichts an Römer, nicht bei den
Führern und nicht bei den Soldaten. Angst und der Wunsch zu
fliehen hatte sich der Leute bemächtigt, und es herrschte eine solche allgemeine Kopflosigkeit, daß ein viel größerer Teil nach
Veji, der Stadt der Feinde, floh, obwohl der Tiber hier ein Hindernis bildete, statt geradewegs nach Rom zu ihren Frauen und
Kindern. Nur ganz kurze Zeit schützte das Gelände die Reserve.
Sobald man im übrigen Heer das Kampfgeschrei hörte, die
Nächststehenden von der Seite her, die am anderen Ende von
hinten, ergriffen sie völlig unverletzt die Flucht, fast noch bevor
sie den unbekannten Feind sahen, ohne auch nur den Kampf zu
versuchen, ja sogar ohne das Kampfgeschrei zu erwidern. Es kam
nicht zu einem gegenseitigen Niedermetzeln im Kampf; man
schlug von hinten auf sie ein in dem Gewühl, in dem sie sich
durch ihr gegenseitiges Drängen an der Flucht hinderten. Am
Ufer des Tiber, wohin der ganze linke Flügel, nachdem er die

Waffen weggeworfen hatte, floh, gab es große Verluste, und
viele, die nicht schwimmen konnten oder die, von den Panzern
und anderen Teilen der Rüstung beschwert, zu schwach waren,
wurden von den Strudeln verschlungen. Der größte Teil jedoch
rettete sich unversehrt nach Veji. Von dort aber wurde keinerlei
Hilfe, ja nicht einmal ein Bote der Niederlage nach Rom geschickt. Vom rechten Flügel, der weit weg vom Fluß und mehr
am Fuß des Berges gestanden hatte, strebten alle nach Rom, und
ohne auch nur die Stadttore zu schließen, flüchteten sie auf die
Burg.

39. Auch die Gallier waren wie betäubt. Das Wunder des so
plötzlichen Sieges hielt sie fest, und sie standen zunächst in ihrer
Erregung wie angewurzelt da, als könnten sie nicht fassen, was
geschehen war; dann fürchteten sie einen Hinterhalt; schließlich
sammelten sie die Rüstungen der Gefallenen und häuften, wie es
bei ihnen Brauch ist, Berge von Waffen auf. Dann endlich, nachdem nirgendwo etwas vom Feind zu sehen war, machten sie sich
auf den Weg und trafen kurz vor Sonnenuntergang vor der Stadt
Rom ein. Als hier die vorausgeeilten Reiter meldeten, die Tore
seien nicht geschlossen, es ständen keine Posten vor den Toren
und es befänden sich keine Bewaffneten auf den Mauern, da ließ
sie dieses zweite, dem ersten ähnliche Wunder innehalten; und
weil sie die Nacht und die Lage der unbekannten Stadt fürchteten, lagerten sie sich zwischen Rom und dem Anio und schickten
Kundschafter rund um die Mauern und zu den anderen Toren,
um herauszufinden, welche Pläne denn die Feinde in ihrer ver-
zweifelten Lage hätten.

Weil aus der Schlacht mehr Leute nach Veji geeilt waren als
nach Rom und weil niemand glaubte, daß noch jemand am Leben
sei außer denen, die nach Rom geflohen waren, wurden sie in
Rom alle, Lebende wie Tote, in gleicher Weise beklagt, und das
erfüllte fast die ganze Stadt mit Wehklagen. Dann, als gemeldet
wurde, die Feinde seien da, verdrängte das allgemeine Entsetzen
den persönlichen Kummer. Bald bekam man auch Geheul und
mißtönenden Gesang zu hören, als die Barbaren in Gruppen um
die Mauern herumstreiften. Dann waren die Menschen die ganze
Zeit bis zum anderen Morgen in solcher Anspannung, daß sie im-

mer wieder meinten, jetzt werde der Angriff auf die Stadt losgehen – gleich bei der Ankunft der Feinde, weil sie ja an die Stadt
herangerückt waren (denn sie wären an der Allia geblieben, wenn
sie nicht diese Absicht hätten); dann gegen Sonnenuntergang,
weil nicht mehr viel vom Tag übrig blieb (sie würden bestimmt
noch vor der Nacht eindringen); sodann, sie hätten den Plan auf
die Nacht verschoben, um desto mehr Schrecken zu verbreiten.
Zuletzt brachte sie der anbrechende Tag völlig aus der Fassung,
und an die ständige Angst reihte sich das Unglück selbst, als die
feindlichen Abteilungen durch die Tore eindrangen.

Keineswegs jedoch glich die Bürgerschaft in dieser Nacht und
am folgenden Tag der, die an der Allia so furchtsam geflohen
war. Denn da nur eine so kleine Schar übriggeblieben war und
keine Hoffnung bestand, daß man die Stadt verteidigen könne,
beschloß man, die wehrfähigen Männer mit Frauen und Kindern
und die Rüstigen unter den Senatoren sollten sich auf die Burg
und das Kapitol zurückziehen, man solle Waffen und Getreide
dorthin schaffen und sie sollten dann von dem befestigten Platz
aus Götter und Menschen und den römischen Namen verteidigen. Der Flamen und die Priesterinnen der Vesta sollten die Heiligtümer des Staates von Mord und Brand weit wegbringen und
die Verehrung der Götter solle nicht eingestellt werden, solange
noch einer da sei, der sie verehren könne. Wenn die Burg und das
Kapitol, der Sitz der Götter, wenn der Senat, das höchste politische Gremium, wenn die wehrfähige Jugend den drohenden Untergang der Stadt überlebe, wiege der Verlust der vielen älteren
Leute nicht schwer, die in der Stadt zurückgelassen würden und
auf jeden Fall sterben müßten. Und damit die Menge der Plebejer
das mit um so größerer Gelassenheit hinnehme, erklärten die
Greise, die Triumphe gefeiert hatten und Konsuln gewesen waren, vor der Öffentlichkeit, sie würden gemeinsam mit ihnen
sterben und nicht mit ihren Leibern, die keine Waffen mehr tragen und die Vaterstadt nicht mehr schützen könnten, den Mangel
der Bewaffneten noch verschlimmern.

40. Solche Trostworte gingen unter den zum Tode bestimmten
Alten um. Dann richteten sie ihre Ermahnungen an den Zug der
jungen Männer, die man auf die Burg und auf das Kapitol gelei-

tete, und empfahlen ihrer Tapferkeit und Jugendkraft alles, was
der Stadt, die 360 Jahre lang in allen Kriegen siegreich gewesen
war, an Glück noch blieb. Als die, die alle Hoffnung und Hilfe
mit sich nahmen, von denen schieden, die sich entschlossen hatten, den Untergang der eingenommenen Stadt nicht zu überle-
ben, war die Sache an sich und ihr Anblick schon beklagenswert;
aber das Weinen der Frauen und ihr unschlüssiges Hin- und Her-
laufen, indem sie sich bald diesen, bald jenen anschlossen und
ihre Männer und ihre Söhne fragten, welches Schicksal sie auf
sich nehmen sollten, machte das Maß des menschlichen Elends
voll. Ein großer Teil von ihnen begleitete jedoch die Ihren auf die
Burg, ohne daß einer sie hinderte oder einlud; denn was für die
Belagerten nützlich gewesen wäre, die Menge der Unbewaffneten zu verringern, wäre allzu unmenschlich gewesen.

Eine andere Schar, vor allem Plebejer, die ein so kleiner Hügel
nicht fassen und bei dem großen Mangel an Getreide nicht ernäh-
ren konnte, ergoß sich aus der Stadt und strebte wie in einem einzigen Zuge zum Janiculum. Von dort verteilte sich ein Teil über
das offene Land, ein Teil strebte in die Nachbarstädte ohne Führer, ohne gemeinsamen Plan; jeder ließ sich von seiner Hoffnung
und seinen persönlichen Entschlüssen leiten, da sie den Staat ver-
lorengaben.

Der Flamen des Quirinus und die Vestalinnen stellten unterdessen die Sorge um ihre persönliche Habe zurück und überleg-
ten, welche von den Heiligtümern sie mitnehmen, welche sie,
weil ihre Kräfte nicht ausreichten, um alle zu tragen, zurücklassen müßten und welcher Platz diese in treuer Hut bewahren
könne. Sie hielten es für das beste, sie in kleine Fässer zu stecken
und in der Kapelle dicht beim Haus des Quirinus-Flamens zu
vergraben, wo jetzt noch Ausspucken als Frevel gilt. Die übrigen
trugen sie, die Last unter sich teilend, auf dem Weg fort, der von
der Pfahlbrücke zum Janiculum führt. Auf diesem ansteigenden
Weg erblickte sie L. Albinius, ein Mann aus der Plebs, als er seine
Frau und seine Kinder inmitten der übrigen Menge wegschaffte,
die, für den Krieg unbrauchbar, die Stadt verließ. Da auch jetzt
noch die Unterscheidung zwischen göttlichen und menschlichen
Dingen lebendig war, hielt er es für einen Frevel, wenn die Prie-

sterinnen des Staates zu Fuß gingen und die Heiligtümer des römischen Volkes trügen, während er und seine Angehörigen auf
einem Wagen gesehen würden. Daher ließ er seine Frau und seine
Kinder absteigen, setzte die Jungfrauen mit den Heiligtümern
auf den Wagen und fuhr sie nach Caere, wohin die Priesterinnen
wollten.

41. In Rom waren unterdessen schon hinlänglich alle Vorkehrungen zum Schutz der Burg getroffen, soweit es die Umstände
erlaubten. Die Schar der Alten war in ihre Häuser zurückgekehrt
und erwartete, zum Sterben bereit, die Ankunft der Feinde. Diejenigen unter ihnen, die kurulische Ämter bekleidet hatten, wollten mit den Zeichen ihres ehemaligen Glücks, ihrer Ämter und
ihrer Tapferkeit sterben und hatten daher das ehrwürdige Gewand angelegt, das die tragen, die die Wagen mit den Götterbildern geleiten oder einen Triumph feiern, und saßen so auf Elfen-
beinstühlen in der Mitte ihrer Häuser. Manche überliefern, sie
hätten sich für die Vaterstadt und die römischen Quiriten dem
Opfertod geweiht und der Pontifex maximus M. Folius habe dabei die Formel vorgesprochen.

Da bei den Galliern im Laufe der Nacht die Anspannung des
Kampfes abgeklungen war und weil in der Schlacht der Sieg nirgendwo in Gefahr gewesen war und sie auch die Stadt jetzt nicht
im Sturm und mit Gewalt nahmen, kamen sie ohne Wut und
ohne leidenschaftliche Erregung am nächsten Tag durch die offenstehende Porta Collina in die Stadt, gelangten auf das Forum
und ließen ihre Blicke ringsum zu den Tempeln der Götter und
der Burg schweifen, die allein nach Krieg aussah. Dann ließen sie
eine mäßig starke Truppe zurück, damit von der Burg oder dem
Kapitol aus kein Angriff auf sie erfolgte, wenn sie sich zerstreut
hatten, und verteilten sich zum Beutemachen über die menschen-
leeren Straßen; ein Teil stürzte gruppenweise in die nächsten
Häuser, ein anderer Teil strebte zu den am weitesten entfernten
hin, als ob gerade sie unangetastet und mit Beute vollgestopft wären. Doch durch die Stille in Schrecken versetzt, sie könnten
beim Umherstreifen in einen Hinterhalt der Feinde fallen, kehrten sie von dort aus haufenweise wieder zum Forum und in die
nächste Umgebung des Forums zurück. Hier waren die Häuser

der Plebejer verriegelt, während die Säle der Großen offenstanden. Doch sie zauderten noch mehr, in die offenstehenden Häuser einzudringen als in die verschlossenen; denn sie blickten nicht anders als voll Ehrfurcht auf die Männer, die in den Vorhallen ihrer Häuser saßen und die außer durch ihre Kleidung und ihre Erscheinung, die übermenschliche Würde ausstrahlte, auch durch die Hoheit, die aus ihren Mienen und dem Ernst ihres Antlitzes sprach, Göttern glichen.

Als sie nun vor ihnen wie vor Götterbildern standen, soll M. Papirius, einer von ihnen, einem Gallier, der seinen langen Bart, wie ihn damals alle trugen, streichelte, mit seinem Elfenbeinstab auf den Kopf geschlagen und dadurch dessen Zorn erregt haben. Mit ihm nahm das Blutbad seinen Anfang, die übrigen wurden auf ihren Stühlen erschlagen. Nach der Ermordung der führenden Männer wurde dann kein Mensch mehr geschont, die Häuser wurden geplündert und, nachdem alles herausgeholt war, in Brand gesetzt.

42. Aber entweder hatten nicht alle das Verlangen, die Stadt zu zerstören, oder die Anführer der Gallier hatten beschlossen, zwar zum Schrecken eine Reihe von Bränden zu entfachen – vielleicht konnten die Belagerten durch die Liebe zu ihren Wohnsitzen zur Übergabe veranlaßt werden –, aber nicht alle Häuser einzuäschern, weil sie, was von der Stadt noch übrig war, als Unterpfand haben wollten, die Menschen umzustimmen; jedenfalls breitete sich das Feuer am ersten Tag nicht wie in einer eroberten Stadt überall und über weite Flächen aus.

Als die Römer von der Burg aus die Stadt voller Feinde sahen und ihr zielloses Umherlaufen in allen Straßen, wobei es bald hier, bald dort zu neuem Unheil kam, waren sie fassungslos, ja sie trauten selbst ihren Ohren und Augen nicht mehr recht. Worauf auch immer das Geschrei der Feinde, das Jammern der Frauen und Kinder, das Prasseln der Flammen und das Krachen der einstürzenden Häuser ihre Aufmerksamkeit lenkte, verstört wandten sie allem ihre Gefühle, ihre Gesichter und ihre Blicke zu, als seien sie vom Schicksal dazu bestimmt, den Untergang ihrer Vaterstadt zu sehen, und als seien sie von allem, was ihnen gehörte, nur noch das nackte Leben zu schützen imstande, um so bekla-

genswerter als andere, die jemals belagert worden sind, weil sie,
von der Vaterstadt abgeschnitten, belagert wurden und mitanse-
hen mußten, wie all ihre Habe in der Hand der Feinde war.

Auch die Nacht, die dem so grauenhaft verbrachten Tag folgte,
war nicht friedlicher. Dann löste wieder das Tageslicht die unruhige Nacht ab, und es gab keinen Augenblick, an dem nicht immer neues Unheil zu sehen gewesen wäre. Von so viel Leid belastet und bedrückt, ließen sie sich jedoch, wenn sie auch alles in
Flammen und Trümmern zusammenstürzen sahen, nicht davon
abbringen, den Hügel, den sie hielten, wenn er auch noch so arm-
selig und klein war, als den letzten Hort der Freiheit tapfer zu
verteidigen; und sie hatten sich schon, da jeden Tag dasselbe geschah, an das Unheil sozusagen gewöhnt, dachten nicht mehr an
ihre Habe und blickten nur noch auf die Waffen und das Schwert
in ihren Händen als ihre einzige und letzte Hoffnung.

43. Als auch die Gallier eine Reihe von Tagen nur gegen die
Häuser der Stadt vergeblich Krieg geführt hatten und sahen, daß
zwischen den Bränden und Trümmern der eingenommenen
Stadt nichts mehr übrig war als bewaffnete Feinde, die keineswegs durch so viel Unheil eingeschüchtert waren und sich nicht
zur Kapitulation verstehen würden, wenn nicht Gewalt angewandt werde, beschlossen sie, das Äußerste zu versuchen und die
Burg anzugreifen. Beim ersten Tageslicht erscholl das Signal, und
die ganze Menge stellte sich auf dem Forum auf. Dann erhoben
sie ihr Kampfgeschrei, bildeten ein Schilddach und gingen vor.
Ihnen gegenüber zeigten sich die Römer weder leichtfertig noch
ängstlich. Sie verstärkten die Posten an allen Zugängen; wo sie
den Feind anrücken sahen, stellten sie ihm die besten ihrer Männer entgegen und ließen ihn heraufkommen, weil sie glaubten, je
weiter der Feind auf dem steilen Hang komme, desto leichter
könne er den Abhang hinuntergeworfen werden. Etwa auf hal-
ber Höhe leisteten sie Widerstand, griffen hier von erhöhter Position aus an, die sie fast von selbst gegen den Feind trieb, und
schlugen die Gallier mit schweren Verlusten, so daß nie mehr ein
Teil oder sie alle eine solche Art des Kampfes versuchten.

Sie mußten also die Hoffnung, mit Waffengewalt hinaufzu-
kommen, begraben und machten sich an die Belagerung. Daran

aber hatten sie bis zu diesem Zeitpunkt nicht gedacht, und so hatten sie das Korn, das in der Stadt gewesen war, beim Niederbrennen der Stadt vernichtet; von den Feldern aber war gerade in diesen Tagen alles eilends nach Veji geschafft worden. Sie teilten also das Heer und beschlossen, der eine Teil solle bei den Nachbarvölkern plündern, der andere die Burg belagern, so daß die Plünderer die Belagerer mit Getreide versorgen könnten.

Die Gallier, die von Rom aufbrachen, sollten die römische Tapferkeit kennenlernen; daher führte sie das Schicksal nach Ardea, wo Camillus in der Verbannung lebte. Der verzehrte sich dort mehr in der Trauer über das Schicksal seiner Vaterstadt als über sein eigenes, haderte mit Göttern und Menschen und fragte empört und verwundert, wo jene Männer seien, die mit ihm Veji und Falerii genommen, die sich in anderen Kriegen immer mehr auf ihre Tapferkeit als auf das Glück verlassen hätten. Da hörte er plötzlich, daß ein Heerhaufen der Gallier herankomme und daß die Ardeaten sich deswegen angstvoll berieten. Wie von göttlichem Geist ergriffen, begab er sich mitten in die Volksversammlung, während er bisher solchen Versammlungen immer ferngeblieben war. 44. Hier sagte er: »Männer von Ardea, ihr alten Freunde, jetzt, da eure Freundlichkeit es so gefügt und mein Geschick es nötig gemacht hat, auch meine Mitbürger, keiner von euch soll glauben, ich hätte meine Situation aus dem Auge verloren, wenn ich hier auftrete. Aber die Sache und die gemeinsame Gefahr zwingt jeden vorzubringen, welche Möglichkeiten zur Abhilfe er in der bedrohlichen Situation hat. Und wann kann ich euch für eure so großen Verdienste um mich meine Dankbarkeit zeigen, wenn ich jetzt zögere? Oder wo werdet ihr mich brauchen, wenn nicht im Krieg? Mit dieser Kunst habe ich meinem Vaterland gedient, und im Kriege unbesiegt, bin ich im Frieden von meinen undankbaren Mitbürgern verbannt worden. Euch aber, Männer von Ardea, bietet sich die Gelegenheit, euch dankbar zu zeigen für die großen Wohltaten des römischen Volkes, an die ihr euch ja selbst erinnert – man braucht sie Leuten, die sie im Gedächtnis haben, nicht eigens vorzuhalten –, und zugleich für diese Stadt gegen den gemeinsamen Feind, der in aufgelöster Ordnung heranrückt, ungeheuren Kriegsruhm zu erringen. Es

ist eine Völkerschaft, der die Natur zwar große Körper und großen Mut, aber nur wenig Ausdauer gegeben hat. Daher bringen
sie in jede Schlacht mehr Schrecken als Kampfkraft mit. Zum Beweis mag die römische Niederlage dienen. Sie haben die offen da-
liegende Stadt genommen; von der Burg und dem Kapitol aus leistet ihnen jedoch eine kleine Schar Widerstand. Schon sind sie die
Belagerung leid, geben diesem Gefühl nach und streifen zerstreut
durch das offene Land. Speise und Wein schlingen sie rasch hinunter, und voll davon legen sie sich, wenn die Nacht kommt, in
der Nähe von Bächen ohne Schutz, ohne Posten und Wachen
weit zerstreut nach Art von wilden Tieren nieder, jetzt infolge ihres Glücks noch unvorsichtiger als gewöhnlich. Wenn ihr entschlossen seid, eure Mauern zu schützen und nicht zu dulden,
daß dies alles den Galliern in die Hände fällt, dann greift in der ersten Nachtwache zu den Waffen und folgt mir in großer Zahl zu
einem Gemetzel, nicht zu einem Kampf. Wenn ich sie euch nicht,
vom Schlaf übermannt, wie Vieh zum Hinschlachten übergebe,
dann verwahre ich mich nicht dagegen, in Ardea dasselbe Schicksal zu erleiden wie in Rom.«

45. Freunde und Gegner waren überzeugt, daß es zur Zeit nirgendwo einen gleichbedeutenden Kriegsmann gebe. Die Volksversammlung ging auseinander, und man ruhte sich aus, gespannt, wie bald das Signal gegeben werde. Als es ertönte, fanden
sie sich in der Stille der frühen Nacht an den Toren bei Camillus
ein. Sie waren noch nicht weit von der Stadt entfernt, da stießen
sie, wie vorausgesagt, auf das nach allen Seiten hin völlig unge-
schützte Lager der Gallier und drangen mit ungeheurem Geschrei ein. Nirgends gab es einen Kampf, überall nur Gemetzel;
nackt und schlaftrunken wurden sie hingeschlachtet. Die am
weitesten weg lagen, jagte das Entsetzen von ihrem Lager hoch;
es trieb sie, ohne daß sie wußten, was für eine Gewalt das war und
woher sie kam, in die Flucht und einige unversehens dem Feind
direkt in die Arme. Ein großer Teil, der in das Gebiet von Antium gelangte, fiel einem Angriff der Bürger dieser Stadt zum
Opfer.

Zu einer ähnlichen Katastrophe kam es im Gebiet von Veji für
die Etrusker; diese hatten mit der Stadt, die ihnen schon fast vier-

hundert Jahre benachbart war und die von einem noch nie gese-
henen, nicht einmal vom Hörensagen bekannten Feind bedrängt
wurde, so wenig Mitleid, daß sie gerade jetzt in das römische Gebiet einfielen und, mit Beute beladen, vorhatten, auch Veji und
seine Besatzung, die letzte Hoffnung des römischen Volkes, anzugreifen. Die römischen Soldaten hatten sie gesichtet, wie sie
durch die Felder streiften, sich dann zu einem Zug sammelten
und die Beute vor sich hertrieben, und sie sahen, daß sie ihr Lager
nicht weit von Veji aufgeschlagen hatten. Da ergriff sie zunächst
Mitleid mit sich selbst, dann Empörung, die sich in Wut verwan-
delte. Machten sich auch die Etrusker, von denen sie den Krieg
mit den Galliern auf sich gezogen hatten, über ihr Unglück lustig? Kaum konnten sie das Verlangen bezwingen, sogleich auf
sie loszugehen. Zurückgehalten von dem Centurio Q. Caedicius,
den sie selbst zu ihrem Führer gemacht hatten, verschoben sie die
Sache auf die Nacht. Es fehlte nur ein Anführer wie Camillus;
sonst geschah alles in derselben Weise und mit demselben glücklichen Ausgang. Ja, unter Führung von Gefangenen, die das
nächtliche Blutbad überlebt hatten, brachen sie noch zu einer anderen Schar der Etrusker bei den Salinen auf, richteten in der folgenden Nacht unversehens ein noch größeres Blutbad an und
kehrten, über den Doppelsieg jubelnd, nach Veji zurück.

46. In Rom wurde die Belagerung unterdessen meist nachlässig
betrieben, und auf beiden Seiten herrschte Ruhe; die Gallier achteten nur darauf, daß keiner von den Feinden durch die Posten
hindurch herauskommen konnte. Da lenkte plötzlich ein junger
Römer die bewundernden Blicke seiner Mitbürger und der
Feinde auf sich. Für das Fabische Geschlecht war ein Opfer auf
dem Quirinal vorgeschrieben; um es darzubringen, stieg C. Fabius Dorsuo, auf Gabinische Art gegürtet, die Opfergaben in den
Händen, vom Kapitol hinab, schritt mitten durch die Posten der
Feinde hindurch, von keinem Anruf und keiner Drohung beeindruckt, und gelangte zum Quirinal. Nachdem er dort alles in ge-
höriger Form durchgeführt hatte, kehrte er auf demselben Weg
wieder zurück mit gleich ruhiger Miene und gleich festem
Schritt, weil er sich ganz darauf verließ, daß die Götter ihm gnädig seien, an deren Verehrung er sich nicht einmal durch die

Furcht vor dem Tode hatte hindern lassen, und kam wieder auf
das Kapitol zu den Seinigen, sei es daß die Gallier durch das
Wunder von Kühnheit wie erstarrt waren oder daß sie auch von
frommer Scheu ergriffen wurden, wie sie diese Völkerschaft
durchaus kennt.

In Veji wuchs unterdessen von Tag zu Tag nicht allein der
Mut, sondern auch die Kräfte. Nicht nur Römer aus dem offenen
Land sammelten sich dort, die nach der unglücklich verlaufenen
Schlacht oder nach der unheilvollen Einnahme der Stadt ziellos
umhergestreift waren, sondern auch Freiwillige aus Latium
strömten heran, um Anteil an der Beute zu erhalten. Daher
schien jetzt die Zeit gekommen, die Vaterstadt zurückzugewinnen und sie den Händen der Feinde zu entreißen. Aber dem starken Körper fehlte das Haupt. Der Platz selbst ließ an Camillus
denken, und von den Soldaten hatte ein großer Teil unter seinem
Kommando und Oberbefehl erfolgreich gekämpft. Und Caedicius erklärte, er wolle es nicht dahin kommen lassen, daß einer
der Götter oder Menschen sein Kommando beende, sondern lieber selbst im Bewußtsein seiner Stellung einen Feldherrn fordern. Mit Zustimmung aller beschloß man, Camillus von Ardea
herbeizurufen, zuvor aber den Senat zu befragen, der in Rom
war. So sehr bestimmte die Achtung vor dem Herkommen alle
Entscheidungen, und man respektierte die verschiedenen Kom-
petenzen, obwohl alles fast verloren war. Nur unter ungeheurer
Gefahr konnte man durch die Wachen der Feinde gelangen. Für
diese Aufgabe stellte sich Pontius Cominius, ein tatkräftiger junger Mann, zur Verfügung; er legte sich auf ein Stück Kork und
ließ sich tiberabwärts zur Stadt treiben. Hier stieg er, wo es vom
Ufer aus am nächsten war, über einen steilen und daher von den
Wachen der Feinde nicht beachteten Fels zum Kapitol hinauf
und teilte, vor die Beamten geführt, den Auftrag des Heeres mit.
Dann erhielt er den Senatsbeschluß, Camillus solle, sobald er
durch die Curiatcomitien auf Geheiß des Volkes aus der Verbannung zurückgerufen sei, sogleich zum Diktator ernannt werden
und die Soldaten sollten den Feldherrn haben, den sie wollten.
Der Bote stieg dann auf demselben Weg wieder hinab und eilte
nach Veji. Und man schickte Gesandte nach Ardea zu Camillus,

und diese brachten ihn nach Veji; oder aber das Gesetz wurde von den Curien beschlossen und er in Abwesenheit zum Diktator ernannt – man möchte ja eher annehmen, er sei von Ardea erst aufgebrochen, als er erfuhr, daß das Gesetz durchgekommen war, weil er weder ohne Geheiß des Volkes die Grenze überschreiten noch, ohne zum Diktator ernannt zu sein, den Oberbefehl im Heer ausüben konnte.

47. Während dies in Veji geschah, befand sich die Burg von Rom und das Kapitol in ungeheurer Gefahr. Denn sei es daß die Gallier die menschliche Fußspur bemerkt hatten, wo der Bote von Veji hinaufgestiegen war, oder daß sie von sich aus bei der Kapelle der Carmentis einen Fels entdeckt hatten, der einen Aufstieg zuließ: sie kletterten jedenfalls in einer ziemlich hellen Nacht hinauf, nachdem sie einen Mann ohne Waffen vorausgeschickt hatten, der den Weg erkunden sollte. Wenn es schwierig wurde, reichten sie die Waffen weiter, stützten sich gegenseitig und hoben und zogen einander abwechselnd in die Höhe, wie es das Gelände forderte, und gelangten in solcher Stille bis zur Höhe, daß sie nicht nur von den Wachen nicht bemerkt wurden, sondern nicht einmal die Hunde aufweckten, obwohl doch dieses Tier bei nächtlichen Geräuschen leicht unruhig wird. Doch die Gänse vermochten sie nicht zu täuschen, die der Juno heilig waren und daher trotz größten Nahrungsmangels nicht angetastet wurden. Das war die Rettung; denn durch ihr Geschnatter und ihr lautes Flügelschlagen wurde M. Manlius geweckt, der drei Jahre zuvor Konsul gewesen war, ein im Krieg verdienter Mann. Er griff zu den Waffen, alarmierte zugleich die übrigen, ging hin und stürzte, während die anderen noch aufgeregt hin und her liefen, einen Gallier, der schon auf der Höhe Fuß gefaßt hatte, durch einen Stoß mit dem Schildbuckel hinab. Während der den Halt verlor und sein Fall auch die nächsten mit ins Verderben riß, erschlug Manlius andere, die in ihrer Bestürzung ihre Waffen hatten fallen lassen und sich mit ihren Händen an den Felsen klammerten, an dem sie hingen. Jetzt hatten sich auch andere eingefunden und verjagten mit Geschossen und Schleudersteinen die Feinde, die ganze Schar verlor den Halt und stürzte in die Tiefe.

Als der Kampflärm sich dann gelegt hatte, gönnten sie sich den Rest der Nacht Ruhe, soweit sie das in ihrer Verwirrung konnten; denn auch als die Gefahr vorbei war, hielt die Erregung immer noch an.

Bei Tagesanbruch wurden die Soldaten durch ein Trompetensignal zur Heeresversammlung zu den Tribunen gerufen, da man sowohl dem richtigen als auch dem falschen Verhalten den Lohn schuldig war. Zunächst wurde Manlius wegen seiner Tapferkeit gelobt und nicht nur von den Militärtribunen ausgezeichnet, sondern auch nach einmütigem Beschluß der Soldaten beschenkt; jeder brachte ihm ein halbes Pfund Spelzweizen und einen Quartarius Wein in sein Haus, das auf der Burg lag. Das klingt wie eine Kleinigkeit, aber bei dem Mangel war es ein ungeheurer Beweis von Zuneigung; denn jeder betrog sich um seine eigene Nahrung, wenn er das, was er sich selbst und seinen notwendigen Bedürfnissen entzog, zur Ehrung eines einzelnen Mannes beisteuerte. Dann wurden die Wachen der Stelle, wo der heraufkletternde Feind unbemerkt geblieben war, vor Gericht gestellt. Der Militärtribun Q. Sulpicius erklärte, er werde gegen alle nach Kriegsrecht vorgehen, ließ aber, durch das einmütige Geschrei der Soldaten eingeschüchtert, die die Schuld auf einen einzigen Posten schoben, die anderen in Ruhe; den Angeklagten aber, der ohne Zweifel schuldig war, ließ er mit allgemeiner Zustimmung vom Fels hinabstürzen.

Daraufhin versah man auf beiden Seiten den Wachdienst mit größerer Aufmerksamkeit, sowohl bei den Galliern, weil bekannt geworden war, daß zwischen Rom und Veji Boten hin- und hergingen, als auch bei den Römern in Erinnerung an die nächtliche Gefahr.

48. Aber mehr als alle anderen Übel der Belagerung und des Krieges machte beiden Heeren der Hunger zu schaffen, den Galliern dazu noch eine Seuche, weil sich ihr Lager an einer Stelle zwischen den Hügeln befand, die von den Bränden ausgedörrt und voller Brodem war und bei jedem leichten Windhauch nicht nur Staub, sondern auch Asche aufwirbeln ließ. Die Völkerschaft, die Feuchtigkeit und Kälte gewohnt war, konnte das überhaupt nicht vertragen, und als die Leute, von der Hitze und

Beklemmung geplagt, an Krankheiten dahinstarben, die wie beim Vieh um sich griffen, wurde es ihnen schon zuviel, jeden einzeln zu bestatten, und sie häuften Berge von Leichen auf und verbrannten sie gemeinsam. Die Stelle wurde später unter dem Namen *busta Gallica* (Leichenbrandstätten der Gallier) bekannt.

Darauf wurde ein Waffenstillstand mit den Römern geschlossen, und mit Erlaubnis der Feldherrn fanden Unterredungen statt. Weil dabei die Gallier den Römern immer wieder den Hunger vorhielten und sie angesichts dieser Not zur Kapitulation aufforderten, soll man, um diese Meinung zu beseitigen, an vielen Stellen vom Kapitol herab Brot auf die Posten der Feinde geworfen haben.

Aber dann konnte man den Hunger nicht mehr leugnen noch ihn länger ertragen. Während daher der Diktator selbst in Ardea eine Aushebung durchführte, den Magister equitum L. Valerius das Heer von Veji heranführen ließ und genaue Anordnungen traf, um nicht unterlegen zu sein, wenn er die Feinde angriff, hielt unterdessen das Heer auf dem Kapitol Tag um Tag Ausschau, ob sich irgendwelche Hilfe vom Diktator zeige. Die Soldaten hatten trotz der Erschöpfung durch den Wachdienst bei Tag und Nacht alle menschlichen Leiden ertragen, nur eines, den Hunger, konnten sie nicht bezwingen, weil es die Natur nicht zuließ. Als schließlich mit der Nahrung auch die Hoffnung schwand und, wenn sie auf Posten zogen, die Waffen den schwachen Körper fast niederdrückten, verlangte das Heer, daß man entweder kapituliere oder sich loskaufe, ganz gleich unter welchen Bedingungen. Zudem ließen die Gallier recht deutlich erkennen, daß sie sich für einen nicht allzu hohen Preis dazu verstehen könnten, die Belagerung einzustellen. Da fand eine Senatssitzung statt, und die Tribunen erhielten den Auftrag, ein Abkommen zu treffen. Daraufhin wurde die Sache zwischen dem Militärtribunen Q. Sulpicius und Brennus, dem Häuptling der Gallier, in einer Unterredung zum Abschluß gebracht, und 1000 Pfund Gold wurden als Lösegeld für das Volk vereinbart, das später einmal über die Völkerschaften herrschen sollte. Zu der an sich schon höchst schimpflichen Sache kam noch eine besondere Schmach hinzu: Die Gallier brachten falsche Gewichte heran, und als der

Tribun sie zurückwies, legte der unverschämte Gallier noch sein Schwert zu den Gewichten, und man mußte das für die Römer unerträgliche Wort hören: »Wehe den Besiegten!«

49. Doch Götter und Menschen bewahrten die Römer davor, als Losgekaufte leben zu müssen. Denn noch war der abscheuliche Preis nicht ganz entrichtet, weil man infolge des Wortwechsels noch nicht alles Gold hatte abwiegen können, da kam durch eine glückliche Fügung der Diktator hinzu. Er befahl, das Gold aus dem Weg zu schaffen, und forderte die Gallier auf, sich zu entfernen. Als diese sich weigerten und sagten, sie hätten ein Abkommen getroffen, entgegnete er, dieses Abkommen sei ungültig, weil es nach seiner Ernennung zum Diktator von einem Beamten niederen Ranges ohne seinen Auftrag geschlossen worden sei, und erklärte den Galliern, sie sollten sich zum Kampf fertigmachen. Seinen eigenen Leuten befahl er, das Gepäck auf einen Haufen zu werfen, die Waffen zur Hand zu nehmen und mit dem Schwert, nicht mit Gold, die Vaterstadt zurückzugewinnen, die Heiligtümer der Götter vor Augen sowie ihre Frauen und Kinder, den durch die Leiden des Krieges geschändeten Boden der Vaterstadt und alles, was zu verteidigen, zurückzuholen und zu rächen eine heilige Pflicht sei. Dann formierte er das Heer zur Schlacht, so gut die Beschaffenheit des Platzes es zuließ auf dem Boden der halbzerstörten Stadt, der schon von Natur aus uneben ist, und sorgte dafür, daß seine Soldaten alle Vorteile hatten, die man nach den Regeln der Kriegskunst wählen und ins Auge fassen konnte. Die Gallier, durch die neue Situation verwirrt, griffen zu den Waffen und stürmten mehr in Wut als nach einem Plan gegen die Römer. Aber schon hatte sich das Schicksal gewendet, schon förderten die Macht der Götter und menschliche Maßnahmen die römische Sache. Daher wurden die Gallier beim ersten Zusammenstoß mit ebensowenig Mühe geschlagen, wie sie an der Allia gesiegt hatten. In einer zweiten Schlacht, die eher diesen Namen verdiente, wurden die Gallier dann am achten Meilenstein der Straße nach Gabii, wo sie sich nach ihrer Flucht gesammelt hatten, unter der Führung und dem Oberbefehl desselben Camillus besiegt. Hier gab es ein einziges Blutbad; das Lager wurde genommen, und nicht einmal ein Bote der Niederlage blieb am Leben.

Der Diktator kehrte, nachdem er das Vaterland von den Feinden zurückgewonnen hatte, im Triumph in die Stadt zurück, und bei den kunstlosen Scherzen, die die Soldaten vorbringen, wurde er mit nicht unberechtigtem Lob »Romulus« sowie »Vater des Vaterlandes« und »zweiter Gründer der Stadt« genannt.

Die im Krieg gerettete Vaterstadt rettete er dann unzweifelhaft im Frieden noch ein zweitesmal, als er verhinderte, daß man nach Veji übersiedelte, obwohl die Tribunen die Sache nach dem Brand der Stadt noch leidenschaftlicher betrieben und die Plebs schon von sich aus mehr zu diesem Vorhaben neigte. Und das war auch der Grund dafür, daß er nach seinem Triumph die Diktatur nicht niederlegte; denn der Senat beschwor ihn, den Staat nicht in einer ungewissen Lage zurückzulassen.

50. Da er die religiösen Obliegenheiten auf das genaueste beachtet wissen wollte, setzte er zuallererst die Dinge, welche die unsterblichen Götter betrafen, auf die Tagesordnung und führte einen Senatsbeschluß herbei, daß alle Heiligtümer, soweit sie der Feind in Besitz gehabt habe, wiederhergestellt, abgegrenzt und entsühnt werden sollten und daß wegen ihrer Entsühnung das Zweierkollegium die Bücher befragen solle. Mit den Leuten von Caere solle von Staats wegen Gastfreundschaft geschlossen werden, weil sie die Heiligtümer des römischen Volkes und seine Priester aufgenommen hätten und weil durch den Freundschaftsdienst dieses Volkes die Verehrung der unsterblichen Götter keine Unterbrechung erfahren habe. Es sollten Kapitolinische Spiele stattfinden, weil Jupiter, der Beste und Größte, seinen Wohnsitz und die Burg des römischen Volkes in der Bedrängnis geschützt habe, und der Diktator M. Furius solle dazu aus denen, die auf dem Kapitol und der Burg wohnten, ein Kollegium zusammenstellen. Auch die Sühnung der nächtlichen Stimme, die als Ankündigung der Niederlage vor dem Gallierkrieg gehört, aber nicht beachtet worden war, kam zur Sprache, und es wurde angeordnet, für Aius Locutius solle an der Nova Via ein Heiligtum errichtet werden. Das Gold, welches man den Galliern wieder entrissen hatte, sowie auch das, welches man bei dem Wirrwarr aus anderen Heiligtümern in die Cella Jupiters geschafft hatte, wurde, weil man sich nicht mehr klar erinnern konnte, wo-

hin es zurückgeschafft werden mußte, insgesamt zum Eigentum des Gottes erklärt, und es sollte unter den Sessel Jupiters gelegt werden. Schon vorher hatte sich die Götterfurcht der Bürgerschaft darin gezeigt, daß sie, als im Staatsschatz nicht genug Gold war, um davon den ganzen mit den Galliern vereinbarten Preis zu entrichten, von den Frauen gesammeltes Gold angenommen hatten, damit das den Göttern geweihte nicht angetastet zu werden brauchte. Den Frauen wurde gedankt und überdies die Ehre zuerkannt, daß ihnen wie den Männern nach dem Tode eine feierliche Leichenrede zu halten sei.

Als alles erledigt war, was die Götter betraf und was nur durch den Senat in die Wege geleitet werden konnte, da endlich trat er, während die Tribunen in einer Volksversammlung nach der anderen die Plebejer bearbeiteten, sie sollten die Trümmer verlassen und in das bereitstehende Veji übersiedeln, in Begleitung des ganzen Senats vor die Volksversammlung und hielt folgende Rede:

51. »Die Streitereien mit den Volkstribunen sind mir so zuwider, Mitbürger, daß ich, solange ich in Ardea lebte, in der Bitternis meiner Verbannung keinen anderen Trost fand, als daß ich von diesen Kämpfen weit weg war, und daß ich ihretwegen nie wieder zurückgekehrt wäre, selbst wenn ihr mich tausendmal durch einen Senatsbeschluß und auf Geheiß des Volkes zurückgerufen hättet. Auch jetzt hat mich nicht ein Sinneswandel zur Rückkehr bestimmt, sondern euer Schicksal; denn es ging darum, daß die Vaterstadt ihren Platz behielt, nicht darum, daß ich um jeden Preis in der Vaterstadt sei. Auch jetzt würde ich gerne Ruhe halten und schweigen, wenn es nicht auch bei diesem Kampf wieder um die Vaterstadt ginge; sich ihr zu versagen, solange man noch einen Funken Leben hat, ist für andere schimpflich, für einen Camillus jedoch ein Frevel.

Denn wozu wollten wir sie wiederhaben, wozu haben wir die Belagerte den Händen der Feinde entrissen, wenn wir selbst die Wiedergewonnene verlassen? Als die Gallier gesiegt hatten und die ganze Stadt eingenommen war, haben die Götter und Menschen von Rom doch das Kapitol und die Burg gehalten; jetzt, da die Römer gesiegt haben und die Stadt zurückgewonnen ist, soll

sogar die Burg und das Kapitol verlassen werden und soll unser
Glück der Stadt mehr Verödung bringen, als unser Unglück ihr
gebracht hat? Auch wenn wir die religiösen Verpflichtungen
nicht hätten, die zugleich mit der Stadt geschaffen und von Generation zu Generation weitergegeben worden sind, so hat die
Gottheit sich doch in dieser Zeit so offensichtlich der römischen
Sache angenommen, daß ich jedenfalls glauben möchte, alle
Nachlässigkeit bei der Verehrung der Götter müsse den Menschen vergangen sein. Schaut doch der Reihe nach auf die glücklichen und die unglücklichen Ereignisse dieser Jahre! Ihr werdet
finden, daß alles glücklich ausging, wenn wir den Göttern folgten, jedoch unglücklich, wenn wir sie mißachteten. Zuallererst
schon der Krieg gegen Veji – wie viele Jahre mit solcher Mühe geführt! –; er ging nicht eher zu Ende, als bis auf Mahnen der Götter das Wasser aus dem Albaner See abgeleitet war. Wie ist es
schließlich mit dem Unglück, das unsere Stadt jüngst getroffen
hat? Brach es etwa herein, ehe die Stimme vom Himmel über die
Ankunft der Gallier unbeachtet blieb, ehe das Völkerrecht von
unseren Gesandten verletzt wurde, ehe wir dies Vergehen, obwohl wir es hätten bestrafen müssen, mit der gleichen Nachlässigkeit gegenüber den Göttern ungeahndet ließen? So wurden
wir besiegt, besetzt und losgekauft und von Göttern und Menschen so sehr gestraft, daß wir dem Erdkreis als warnendes Beispiel dienen.

Unser Unglück hat uns dann wieder an die religiösen Verpflichtungen erinnert. Wir flüchteten uns auf das Kapitol zu den
Göttern, zum Sitz Jupiters, des Besten und Größten. Die Heiligtümer haben wir, als alles um uns herum zusammenbrach, teils
unter der Erde versteckt, teils in Nachbarstädte weggeschafft
und sie so den Augen der Feinde entzogen. Die Verehrung der
Götter haben wir, obgleich von Göttern und Menschen verlassen, dennoch nicht unterbrochen. So haben sie uns die Vaterstadt
zurückgegeben und den Sieg und den alten Kriegsruhm, den wir
verloren hatten, und gegen die Feinde, die blind vor Habgier
beim Wiegen des Goldes die Vertragstreue verletzten, Schrek-
ken, Flucht und Tod gewendet.

52. Wenn ihr seht, wie sehr sich die Verehrung und die Ver-

nachlässigung der Gottheit auf die menschlichen Geschicke aus-
wirken, merkt ihr dann nicht, Mitbürger, auf welch großen Frevel wir zusteuern, kaum daß wir aus dem Schiffbruch unserer
früheren Schuld und Niederlage emportauchen? Wir haben eine
Stadt, die nach einem Auspizium und nach den Regeln der Augu-
raldisziplin gegründet ist. Keine Stelle in ihr ist nicht voll von religiösen Verpflichtungen und von Göttern. Für die Jahr um Jahr
stattfindenden Opfer sind nicht nur die Tage bestimmt, sondern
ebenso auch die Plätze, an denen sie dargebracht werden sollen.
All diese Götter, die des Staates und eure privaten, wollt ihr verlassen, Mitbürger? Wie wenig läßt sich doch euer Tun mit der Tat
des trefflichen jungen C. Fabius vergleichen, die kürzlich bei der
Belagerung zu sehen war und bei den Feinden nicht weniger Bewunderung auslöste als bei euch, als er inmitten der Waffen der
Gallier von der Burg hinabstieg und auf dem Quirinal das Jahresopfer des Fabischen Geschlechts vollzog! Oder haltet ihr es für
richtig, daß die Familienkulte nicht einmal im Krieg unterbrochen, die Staatskulte aber und die Götter von Rom sogar im Frieden aufgegeben werden und daß die Pontifices und die Flamines
bei den religiösen Verpflichtungen des Staates nachlässiger sind,
als es ein Privatmann bei dem Jahresopfer seiner Familie war?

Vielleicht sagt einer, wir könnten diese Opfer in Veji darbringen oder von dort unsere Priester hierhin schicken, um sie darzubringen. Doch keins von beiden kann geschehen, wenn man die
Kultvorschriften beachtet. Und um nicht alle Arten von Kulten
und alle Götter durchzugehen, kann man es etwa beim Jupitermahl auf sich nehmen, das Götterpolster irgendwo anders als auf
dem Kapitol zu bereiten? Was soll ich von dem ewigen Feuer der
Vesta und dem Götterbild sagen, das als Unterpfand der Herrschaft in der Obhut dieses Tempels aufbewahrt wird? Was von
euren Schilden, Mars Gradivus und du, Vater Quirinus? Sollen
all diese Heiligtümer, die so alt sind wie diese Stadt, zum Teil sogar noch älter, an ungeweihter Stätte zurückgelassen werden?

Und seht doch, was für ein Unterschied zwischen uns und unseren Vorfahren besteht! Jene haben uns einige Kulte hinterlassen, die auf dem Albaner Berg und in Lavinium zu vollziehen
sind; es galt als ein Frevel, Kulte aus den Städten der Feinde nach

Rom zu uns zu übertragen. Werden wir sie da etwa von hier nach Veji in die Stadt der Feinde übertragen, ohne Schuld auf uns zu laden? Wohlan, erinnert euch, wie oft Opferhandlungen wiederholt wurden, weil etwas vom überkommenen Ritus aus Nachlässigkeit oder durch Zufall unbeachtet geblieben war. Was hat denn eben erst, nach dem Wunderzeichen vom Albaner See, unserem Staat, der vom Krieg mit Veji erschöpft war, geholfen, wenn nicht die Wiederholung der Kulthandlungen und die Erneuerung der Auspizien?

Aber wir haben doch sogar, so sehr wir die alten Kulte in Ehren hielten, fremde Götter nach Rom gebracht und neue eingeführt. Als die Königin Juno von Veji herübergeschafft worden war und vor kurzem ihr Heiligtum auf dem Aventin geweiht wurde, wie bemerkenswert war dieser Tag durch den außerordentlichen Eifer der Frauen und wie groß die allgemeine Anteilnahme! Wir haben angeordnet, dem Aius Locutius wegen der Stimme vom Himmel ein Heiligtum an der Nova Via zu errichten. Wir haben die Kapitolinischen Spiele zu den anderen regelmäßig stattfindenden hinzugefügt und dazu auf Anordnung des Senats ein neues Kollegium gegründet. Wozu das alles, wenn wir vorhatten, gemeinsam mit den Galliern die Stadt Rom zu verlassen, wenn wir während der vielen Monate der Belagerung nicht freiwillig auf dem Kapitol geblieben sind, sondern nur durch die Furcht vor den Feinden festgehalten wurden?

Wir sprechen von den Opfern und den Heiligtümern. Was aber ist mit den Priestern? Kommt euch nicht in den Sinn, welch große Schuld wir hier auf uns laden? Die Vestalinnen haben doch nur diesen einen Wohnsitz, aus dem sie niemals etwas herausgebracht hat außer der Einnahme der Stadt. Der Flamen des Jupiter darf sich nicht eine einzige Nacht außerhalb der Stadt aufhalten. Wollt ihr diese zu Priestern von Veji statt von Rom machen, werden deine Vestalinnen dich verlassen, Vesta, und wird der Flamen, wenn er in der Fremde wohnt, Nacht für Nacht so viel Schuld auf sich selbst und den Staat laden? Nun? Die anderen Dinge, die wir fast alle nach einem Auspizium innerhalb des Pomeriums tun, welchem Vergessen und welcher Vernachlässigung geben wir sie anheim? Die Curiatcomitien, die das Kriegswesen

umfassen, die Centuriatcomitien, in denen ihr die Konsuln und
Militärtribunen wählt, wo können sie mit einem Auspizium
durchgeführt werden, wenn nicht am gewohnten Ort? Werden
wir sie nach Veji verpflanzen? Oder wird das Volk unter entsprechend großer Unbequemlichkeit in dieser von Göttern und Menschen verlassenen Stadt zu den Comitien zusammenkommen?

53. Aber freilich, es ist zwar klar, daß alles entweiht wird und
durch keine Sühnemaßnahmen wieder entsühnt werden kann;
doch die Umstände selbst zwingen dazu, die Stadt zu verlassen,
die durch Brände und eingestürzte Häuser verwüstet ist, ins
gänzlich unversehrte Veji zu ziehen und nicht die armen Plebejer
hier mit Bauen zu plagen. Dies ist aber mehr ein Vorwand als der
wahre Grund; ich glaube, Mitbürger, das wird euch, ohne daß
ich es sage, klar, wenn ihr euch daran erinnert, daß schon vor der
Ankunft der Gallier, als die öffentlichen und privaten Gebäude
noch heil waren, als die Stadt noch unversehrt dastand, ebendiese
Sache, daß wir nach Veji ziehen sollten, verhandelt worden ist.
Und seht nur, Tribunen, welch großer Unterschied zwischen
meiner Meinung und eurer besteht! Ihr glaubt, auch wenn es damals nicht geschehen durfte, müsse es jetzt auf jeden Fall geschehen; ich dagegen – ihr solltet euch nicht darüber wundern, ehe ihr
gehört habt, was es damit auf sich hat –, ich möchte meinen,
selbst wenn man damals, als die Stadt noch unversehrt war, hätte
hinziehen dürfen, dürfe man jetzt diese Trümmer nicht verlassen. Denn damals wäre ein Sieg für uns der Grund zur Übersiedlung in eine von uns genommene Stadt gewesen, ruhmvoll für
uns und unsere Nachkommen. Jetzt aber ist diese Übersiedlung
für uns erbärmlich und schimpflich, für die Gallier ruhmvoll;
denn es wird so aussehen, als hätten wir unsere Vaterstadt nicht
als Sieger verlassen, sondern als Besiegte verloren; als hätte die
Flucht an der Allia, die Einnahme der Stadt und die Einschließung des Kapitols uns keine andere Wahl gelassen, als unsere
Schutzgötter zu verlassen und uns für ein Leben in der Fremde
und für die Flucht aus diesem Ort, den wir nicht schützen können, zu entscheiden. Die Gallier konnten Rom zerstören – soll es
so aussehen, als hätten die Römer es nicht wiederaufbauen können? Was bleibt euch dann anderes übrig, als es hinzunehmen,

wenn sie jetzt mit neuen Scharen kommen – man weiß ja, daß ihre
Menge unglaublich groß ist – und in dieser von ihnen eingenommenen, von euch verlassenen Stadt wohnen wollen? Was aber,
wenn das nicht die Gallier, sondern eure alten Feinde, die Aequer
oder die Volsker tun, daß sie nach Rom ziehen? Wolltet ihr vielleicht, daß sie dann die Römer wären und ihr die Vejenter? Oder
wäre es euch lieber, daß dies hier eine Einöde wäre, die euch gehört, als eine Stadt der Feinde? Ich für meine Person kann mir
nichts vorstellen, was ein größerer Frevel wäre. Wollt ihr solche
Verbrechen, solche Schande auf euch nehmen, nur weil ihr keine
Lust zum Bauen habt? Wenn in der ganzen Stadt kein größeres
und ansehnlicheres Haus errichtet werden könnte als die Hütte
unseres Gründers – wäre es nicht besser, in Hütten nach Art von
Hirten und Landleuten inmitten unserer Heiligtümer und unserer Schutzgötter zu wohnen, als auf einen offiziellen Beschluß
hin in die Fremde zu gehen? Unsere Vorfahren, Hergelaufene
und Hirten, haben, als in dieser Gegend nichts als Wälder und
Sümpfe waren, die neue Stadt in erstaunlich kurzer Zeit erbaut.
Wir aber haben, während das Kapitol und die Burg unversehrt
geblieben sind und die Tempel der Götter noch dastehen, keine
Lust, das, was in Brand gesteckt worden ist, wiederaufzubauen?
Und was jeder einzelne von uns tun würde, wenn sein Haus ab-
gebrannt wäre, das weigern wir uns nach dem allgemeinen Brand
insgesamt zu tun?

54. Und sollte schließlich durch Bosheit oder Zufall in Veji ein
Feuer ausbrechen und die vom Wind verbreitete Flamme, wie es
geschehen kann, einen großen Teil der Stadt verzehren, wollen
wir uns dann Fidenae oder Gabii oder irgendeine andere Stadt
aussuchen, um dorthin zu ziehen? Hält uns der Boden der Vaterstadt so wenig und diese Erde, die wir unsere Mutter nennen?
Für uns hängt wohl die Liebe zum Vaterland an den Gebäuden
und Balken? Ich für meine Person will euch gestehen, obwohl es
nicht gerade erfreulich ist, sich an euer Unrecht und mein Unglück zu erinnern: Als ich in der Fremde war, trat mir jedesmal,
wenn ich an die Vaterstadt dachte, dies alles vor die Seele, die Hügel und die Felder und der Tiber, die den Augen vertraute Gegend und dieser Himmel, unter dem ich geboren und erzogen

bin. Diese Dinge sollten euch, Mitbürger, durch eure Liebe zu ihnen besser jetzt bewegen, an eurem Wohnsitz zu bleiben, als daß ihr euch später, wenn ihr ihn verlassen habt, vor Heimweh verzehrt.

Nicht ohne Grund haben Götter und Menschen diesen Platz für die Gründung der Stadt ausgewählt, äußerst gesunde Hügel, einen günstig gelegenen Fluß, auf dem aus dem Binnenland die Feldfrüchte herangeschafft werden, auf dem wir die Einfuhren über das Meer erhalten, das Meer in der Nähe mit seinen Vorteilen, aber nicht wegen allzu großer Nähe den Gefahren durch Flotten auswärtiger Mächte ausgesetzt, eine Gegend im Herzen Italiens, ein Platz, für das Wachstum einer Stadt in einzigartiger Weise geschaffen. Zum Beweis dient die Größe der verhältnismäßig jungen Stadt. Im 365. Jahr steht die Stadt jetzt, Mitbürger; inmitten so vieler uralter Völker führt ihr schon so lange Krieg, und dabei sind, von einzelnen Städten nicht zu reden, weder die Volsker im Bund mit den Aequern, so viele starke Städte, noch das gesamte Etrurien, das zu Lande und zu Wasser so mächtig ist und zwischen den beiden Meeren die ganze Breite Italiens einnimmt, euch im Krieg gewachsen.

Was, zum Henker, versprecht ihr euch unter diesen Umständen davon, nach solchen Erfahrungen etwas anderes zu versuchen? Denn gesetzt nun den Fall, daß eure Tapferkeit auf einen anderen Ort übergehen könnte, das Glück dieses Platzes läßt sich bestimmt nicht übertragen. Hier ist das Kapitol, wo man einst ein Menschenhaupt gefunden hat und die Auskunft erhielt, an diesem Platz werde die Hauptstadt der Welt und die höchste Macht sein. Hier ließen, als nach Einholung eines Vorzeichens das Kapitol freigemacht werden sollte, Juventas und Terminus zur größten Freude eurer Väter nicht zu, daß man sie von ihrem Platz entfernte. Hier ist das Feuer der Vesta, hier sind die Schilde, die vom Himmel gefallen sind, hier die Götter alle, die euch gnädig sind, wenn ihr bleibt.«

55. Camillus soll mit seiner ganzen Rede Eindruck gemacht haben, am meisten aber mit dem Teil, der sich auf die Religion bezog. Doch war die Sache noch in der Schwebe, die Entscheidung brachte ein Wort, das im rechten Augenblick fiel; denn als

der Senat bald darauf wegen dieser Sache in der Curia Hostilia tagte und die vom Wachdienst zurückkehrenden Kohorten gerade über das Forum zogen, rief der Centurio auf dem Comitium: »Feldzeichenträger, halt! Es ist am besten, wenn wir hier bleiben.« Als der Senat diese Worte hörte, trat er aus dem Senatsgebäude heraus und rief, er nehme das Zeichen an, und die Plebs ringsum stimmte zu. Der Gesetzesvorschlag wurde nunmehr verworfen, und man fing allgemein an, die Stadt wiederaufzubauen. Ziegel wurden vom Staat zur Verfügung gestellt; jeder erhielt das Recht, Steine und Holz zu schlagen, wo er wollte, wenn er Bürgen stellte, daß er noch in diesem Jahr die Gebäude fertigstellen werde. Die Eile verhinderte, daß man sich darum kümmerte, die Häuserzeilen auszurichten; denn der Unterschied zwischen Eigenem und Fremden war aufgehoben, und man baute, wo etwas frei war. Das ist der Grund dafür, daß die alten Abwasserkanäle, die ursprünglich durch öffentlichen Grund geführt worden waren, jetzt immer wieder unter Privathäusern verlaufen und daß der Grundriß der Stadt mehr nach einer Besitzergreifung aussieht als nach einer planmäßigen Aufteilung.

ANHANG

ERLÄUTERUNGEN

Alle Zeitangaben ohne Zusatz beziehen sich auf die Zeit v. Chr.

VORREDE

Rang: Die meisten römischen Geschichtsschreiber waren im öffentlichen Leben hervorgetreten vgl. die Einführung.

in der die Kräfte des Volkes... sich selbst aufzehren: Von 49–29, in dem für Livius' Entwicklung entscheidenden Zeitraum von seinem 10. bis zum 30. Lebensjahr, hatte sich Bürgerkrieg an Bürgerkrieg gereiht.

noch die Heilmittel dagegen ertragen können: Octavian hatte etwa 28 versucht, den Rückgang der Geburten bei den oberen Ständen und den Niedergang der Sitten durch ein Gesetz aufzuhalten, das die Bürger zur Ehe verpflichtete und den Ehebruch unter Strafe stellte, hatte dieses Gesetz aber infolge des Widerstandes weiter Kreise wieder aufheben müssen.

hielten so spät Habsucht und Verschwendungssucht Einzug: Polybios läßt den Niedergang Roms 168 nach dem Perseuskrieg beginnen, L. Calpurnius Piso mit dem Jahre 154, Poseidonios und nach ihm Sallust mit der Zerstörung Karthagos 146; Livius rechnet zum mindesten die Zeit vor dem Ende des Perseuskrieges noch zur alten Zeit (XLIII 13).

ERSTES BUCH

1 *Einnahme von Troja:* Nach den Berechnungen des Eratosthenes (ca. 284–202) war Troja 1184/3 zerstört worden.

Antenor ist der Gründer von Padua, der Heimatstadt des Livius.

aufgrund alten Gastrechts: Antenor hatte Odysseus und Menelaos aufgenommen, als sie als Abgesandte der Griechen nach Troja kamen. Von Aeneas ist nichts Entsprechendes berichtet.

Die *Eneter* waren Verbündete der Griechen gewesen.

2 *war Etrurien... mächtig:* Livius geht auf die Frage nach der Herkunft der Etrusker nicht ein und überträgt ihre spätere Macht, die im 6. Jahrhundert ihren Höhepunkt erreichte, auf die Frühzeit.

3 *den nennt die Familie der Julier Julus...:* Caesar und Augustus legten größten Wert auf ihre Abstammung von Julus und damit von der

Venus. Livius distanziert sich von den genealogischen Fabeleien der gens Julia.

einige Pflanzstädte, die sog. Alten Latiner: Als *Alte Latiner* wurden die Gemeinden bezeichnet, die dem unter der Vorherrschaft von Alba stehenden Latinerbund vor der Gründung Roms angehört hatten; es waren einschl. Alba insgesamt 30 Gemeinden. Daß diese Gemeinden Kolonien Albas seien, ist eine Erfindung der Annalisten.

4 *der Ruminalische Feigenbaum:* Zur Zeit des Livius wurden noch Reste dieses Baumes am Fuß des Cermalus gezeigt.

   »Wölfin«: lupa bedeutet sowohl ›Wölfin‹ als auch ›Dirne‹.

5 *Euander* war ursprünglich wohl ein Dämon aus dem Kreis des Pan. Die Namensähnlichkeit seiner arkadischen Heimat Pallanteion mit dem Palatium führte – spätestens im 3. Jahrhundert – zur Sage von seiner Auswanderung nach Italien. Er gilt als der erste Siedler auf dem Boden des späteren Rom.

   Inuus: Es ist nicht so, daß Pan später bei den Römern Inuus genannt wurde; vielmehr wurde der alte italische Gott mit Pan identifiziert.

6 *seine eigene Verantwortung dafür:* Numitor hatte Remus, der ihm zur Bestrafung übergeben worden war, begnadigt, weil er ahnte, daß er seinen Enkel vor sich hatte, und ihn aufgefordert, Amulius für seine Freveltaten zu bestrafen.

7 *nach griechischem Ritus:* Beim Opfer an der Ara maxima des Herkules war der Opfernde mit Lorbeer bekränzt. Daß man bei diesem Opfer für Herkules das Haupt nicht bedeckte, wich vom üblichen Brauch der Römer ab.

   Geryones, ein Fabelwesen mit drei Leibern, wohnte auf der Insel Erytheia weit im Westen. Unter den zwölf Arbeiten des Herkules war die zehnte Aufgabe, die Rinder des Geryones nach Griechenland zu schaffen.

   Schreibkunst: In Wirklichkeit ist die Kenntnis der Schrift erst im 8. Jahrhundert durch griechische Kolonisten nach Italien gebracht worden (Pithecussa, Cumae) und von ihnen zu den Etruskern und Italikern gelangt.

   Ankunft der Sibylle in Italien: Die Überlieferung setzt das Erscheinen der Sibylle in Italien ins 6. Jahrhundert.

8 *Ornat:* Wir kennen den Königsornat aus der Zeit der Tarquinier. Als Attribute des Königs werden genannt der goldene Kranz, der Elfenbeinstuhl, das mit einem Adler geschmückte Zepter, die golddurchwirkte Purpurtunica, der bestickte Purpurmantel sowie rote Schuhe mit hohem Schaft.

   zwölf Liktoren: Jeder der Liktoren trug das Rutenbündel mit dem Beil zum Zeichen der Macht des Königs über Leib und Leben seiner Untertanen.

   Amtsstuhl... purpurverbrämte Toga: Die römischen Beamten vom kurulischen Ädil an aufwärts hatten das Recht, die Toga mit einem

Purpurstreifen am Rand zu tragen und auf der *sella curulis*, einem Elfenbeinstuhl, zu sitzen.

wenn man hinaufsteigt: Vom Forum zum Kapitol.

9 *Pferde-Neptun:* Entsprechend dem griechischen Poseidon Hippios. Das Pferd war das Tier des Neptun. Er hatte die ersten Pferde ins Leben gerufen. In einer Reihe von Mythen erscheint der Gott selbst in Pferdegestalt: mit Medusa erzeugte er den Pegasos, mit Demeter den Arion, das Pferd des Adrastos. An seinen Festen fanden oft Pferderennen statt. – Consus (zu *condere* gründen, bergen) war der Gott des geernteten Getreides, das in alter Zeit in Gruben unter der Erde aufbewahrt wurde. Sein Altar lag an der ersten Wendesäule des Circus maximus unter der Erde und mußte zu den Opferhandlungen jedesmal eigens aufgedeckt werden. Die *Consualien*, das Fest des Gottes, wurden am 21. August und am 15. Dezember gefeiert. Dabei fanden nach dem Opfer Pferde- und Wagenrennen statt. Das führte dazu, daß die Consualien von manchen für ein Fest des Neptun gehalten wurden.

der bekannte Hochzeitsruf: Man rief der Braut »thalassio« zu, wenn der junge Ehemann sie in sein Haus heimführte. Was das Wort bedeuten sollte, war schon den Römern nicht mehr klar. Neben der verbreiteten anekdotischen Erklärung gab es Versuche, es aus dem Griechischen zu erklären; Varro leitete es von τάλαρος bzw. τάλασος ab, dem Wollkörbchen der Spinnerin, andere von θάλαμος, dem Brautgemach. – Die Schreibung schwankt zwischen *thalassio* und *talassio.*

10 *Jupiter Feretrius:* Daß Jupiter als Kriegsgott verehrt wird, findet sich nur in Rom. – Die Bedeutung des Beinamens ist nicht gesichert; Livius leitet ihn vom Hintragen *(ferre)* der Beute ab.

Feldherrnrüstungen: Die *spolia opima* waren die erbeuteten Waffen eines feindlichen Feldherrn, den ein römischer Feldherr mit voller Befehlsgewalt eigenhändig erschlagen hatte.

nur noch zweimal: A. Cornelius Cossus erschlug 428 Tolumnius, den König von Veji (bei Livius unter dem Jahre 437 dargestellt), M. Claudius Marcellus 222 Vertomarus, den Feldherrn des gallischen Stammes der Insubrer. – Als Livius an Buch I arbeitete, hatte das Problem der *spolia opima* wieder hohe Aktualität gewonnen. M. Licinius Crassus hatte 29 die Bastarnen besiegt und ihren Anführer Deldo eigenhändig erschlagen. Bei seiner Rückkehr im Frühjahr 27 forderte er, die *spolia opima* weihen zu dürfen. Das wurde ihm aber nicht gestattet, da er nur Prokonsul gewesen war und nicht die volle Befehlsgewalt gehabt hatte. Er triumphierte am 4. Juli 27.

12 *in einem Sumpf:* Das Forum war bis zur Zeit der Tarquinier sumpfig.

13 *30 Curien:* Die der Einrichtung der Curien vorausgehende Einteilung des Volkes in drei Tribus (Ramnes, Tities, Luceres; vgl. X 6) hat Livius übergangen; die Namen dieser Tribus sind etruskisch. Jede dieser Tribus wurde in zehn Curien eingeteilt.

benannte... nach ihnen: »In Wirklichkeit entstand dieser Mythos aus
dem Namen einer Curie, der *Rapta;* die anderen erhaltenen Namen
deuten auf ihre Herkunft von Orten *(Veliensis, Foriensis)* oder Familien *(Titia, Acculeia)* hin.« (Ogilvie)

drei Reitercenturien: Aus jeder Tribus eine Centurie.

Ramnenser... Titienser: D. h. »zu den Ramnes, zu den Tities gehörend«. Hier bei den Reitercenturien setzt Livius die Tribusnamen
voraus.

Lucerer: Varro, Cicero u. a. bringen den Namen mit dem Etrusker
Lucumo in Verbindung, der Romulus im Krieg mit den Sabinern unterstützt haben soll. – Die alten Tribusnamen könnten einen latinischen (Ramnes), einen sabinischen (Tities) und einen etruskischen
(Luceres) Bevölkerungsteil in Rom bezeichnen.

14   *der Vertrag zwischen Rom und Lavinium erneuert:* Das Bestehen eines Vertrages mit Lavinium wird vorausgesetzt, vgl. auch VIII 11.

die Leute von Fidenae...: Die Kriege des Romulus mit Fidenae und
Veji sind unhistorisch.

15   *die... schon durch ihre Lage geschützte Stadt:* Veji lag auf einem
Hochplateau mit steil abfallenden Wänden.

einen Teil ihres Landes abtreten: Veji verlor nach der annalistischen
Überlieferung seine Besitzungen am rechten Tiberufer vom ager Va-
ticanus bis zur Mündung des Flusses. – Daß Rom schon in der Frühzeit Besitzungen auf dem rechten Tiberufer hatte, zeigen die Opfer,
die der Flamen des Quirinus an den Robigalien (25. April) am 5. Meilenstein der Via Claudia und die die Arvalbrüder im Hain der dea Dia
am 5. Meilenstein der Via Campana darbrachten.

16   *es sei der Wille der Himmlischen:* Die Legitimation der römischen
Herrschaft durch den Willen der Götter findet sich schon um 200 im
Epos des Naevius, s. S. 9f.

nachdem seine Unsterblichkeit als erwiesen galt: Die Zeit der Entstehung der Legende ist umstritten; der früheste Beleg steht bei Ennius.
Der vergöttlichte Romulus wurde mit Quirinus identifiziert.

17   *war die Stimmung gereizt:* Aus Furcht vor der wachsenden Macht
Roms.

einer von ihnen: Er trug den Titel Interrex *(Zwischenkönig).*

auch heute noch: Das Amt bestand in der Zeit der Republik weiter,
aber nicht bis zur Zeit des Livius. Die letzten Zwischenkönige wurden 52 ernannt.

»Möge es gut, glücklich und segensreich sein«: Die feierliche Formel
bei der Eröffnung der Comitien, aber auch bei anderen wichtigen
Handlungen.

18   Pythagoras von Samos kam 532/1 nach Croton in Unteritalien und
gründete hier seine berühmte Schul- und Lebensgemeinschaft. Unter
den italischen und sizilischen Griechen fand er zahlreiche Anhänger.
Politische Auseinandersetzungen führten dazu, daß er 509 Croton

verlassen mußte und nach Metapontum zog, wo er etwa 497/6 im hohen Alter starb.

als Servius Tullius in Rom herrschte: Es war bereits in der Regierungszeit des L. Tarquinius Superbus.

19 *Janusbogen:* Zwei hintereinanderstehende Torbögen in NO des Forums, die durch Seitenmauern miteinander verbunden sind.

im Konsulat des T. Manlius: 235. – Möglicherweise handelt es sich um eine Verwechslung mit A. Manlius Torquatus, dem Konsul von 241; in diesem Jahr endete der 1. Punische Krieg.

Nach Numas Regierungszeit ist er dann nur noch zweimal geschlossen gewesen: Livius folgt hier unreflektiert der augusteischen Propaganda. Nach seiner eigenen Darstellung hat es in Rom wesentlich mehr Jahre ohne Krieg gegeben.

nach dem Krieg von Actium: Am 11. Januar 29 wurde der Janusbogen durch Octavian geschlossen.

20 *Gewand:* Er trug die Toga mit dem Purpursaum *(toga praetexta).* Die *Salier* haben ihren Namen nach dem altertümlichen Kulttanz (vgl. *salire,* tanzen), den sie aufführten. Auch in anderen Latinerstädten gab es solche Salier.

die vom Himmel gefallenen Waffen, die sogenannten ancilia: Altertümliche, in der Mitte eingebuchtete Schilde aus der italischen Frühzeit, wie sie auch aus der minoischen und der mykenischen Epoche bekannt sind. – Gewöhnlich wird erzählt, nur einer dieser Schilde sei als Geschenk der Götter an Numa vom Himmel gefallen. Da vom Besitz dieses Schildes das Wohl der Stadt abhing und Numa fürchtete, der Schild könne gestohlen werden, ließ er elf völlig gleiche Schilde anfertigen, so daß keiner mehr wußte, welcher der ursprüngliche Schild war.

durch die Stadt zu ziehen…: Am 1., 9. und 23. März und am 19. Oktober, d. h. vor Beginn und nach Beendigung des Feldzuges, zogen die Salier in ihrer altertümlichen Tracht und mit ihren altertümlichen Waffen durch die Stadt und führten dabei einen Waffentanz auf, der die Bewegungen beim Kampf nachahmte.

Pontifex: Livius scheint zunächst nur einen einzigen Pontifex anzunehmen. Später war es ein Kollegium von fünf, seit der *lex Ogulnia* (300) von neun, seit Sulla von fünfzehn, seit Caesar von sechzehn Priestern. An ihrer Spitze stand der Pontifex maximus.

Jupiter Elicius: Livius erklärt den Namen damit, daß Jupiter Auskünfte über die Prodigien entlockt *(elicere)* werden sollten.

21 *Argei:* 27 Kapellen, die über die ganze Stadt verteilt waren. Am 16. und 17. März zog zu ihnen eine Prozession, die in jedes Heiligtum eine Binsenpuppe brachte. Am 14. Mai wurden diese Puppen dann dort wieder abgeholt und durch die Vestalinnen in den Tiber geworfen. Wahrscheinlich handelte es sich um eine Entsühnungszeremonie.

22 *guten Gewissens den Krieg erklären:* Nach Cicero (off. 1,36) ist ein
Krieg, der nach einer Wiedergutmachungsforderung und nach einer
förmlichen Erklärung geführt wird, gerecht.

23 *Diktator:* Das bedeutet nicht eine Änderung der Verfassung. Mettius
Fufetius wurde zum Diktator gewählt, weil man wegen des Krieges
mit den Römern für die Wahl eines Königs nicht genug Zeit hatte.

die Macht der Etrusker: Auch hier ist wie in Kap. 2 die Macht, die die
Etrusker im 6. Jahrhundert erreichten, bereits für die Frühzeit angenommen.

24 *die Könige:* Der römische König und der albanische Diktator.

Die *Fetialen* waren Priester, die für die Wiedergutmachungsforde-
rungen, den Abschluß von Verträgen mit anderen Völkern und die
Auslieferung der für einen nicht ratifizierten Vertrag Verantwortli-
chen und anderer Schuldiger zuständig waren.

Der *Pater Patratus* ist der Wortführer.

das heilige Kraut: Ein Krautbüschel mit daranhängender Erde, das
von einem geweihten Platz geholt wurde. Die Kraft des heimatlichen
Bodens, den sie bei sich hatten, sollte die Fetialen draußen vor allen
feindlichen Mächten schützen.

25 *Manen:* Die Geister der Abgeschiedenen.

26 *Hochverratsprozeß:* Tullus erklärt den Horatius zum Hochverräter,
weil er sich mit der Bestrafung seiner Schwester ein Recht angemaßt
hat, das nur dem Staat oder dem König zustand.

Baum des Unheils: Ein unfruchtbarer Baum, der zur Hinrichtung bestimmt und den Göttern der Unterwelt geweiht war. Der zum Tode
Verurteilte wurde an diesen Baum gebunden und dann zu Tode gegeißelt.

Pomerium: Die von Romulus festgesetzte Stadtgrenze, die später
vorverlegt wurde; s. Kap. 44.

mit dem Recht des Vaters: Der römische Vater hatte gegenüber seinen
Kindern das Recht über Leben und Tod. Wenn er von diesem Recht
Gebrauch machte, mußte er Nachbarn oder Verwandten seine
Gründe eröffnen (»Hausgericht«).

»Die Horatier-Speere«: Die Speere der von Horatius erschlagenen
Curiatier waren zusammengestellt und daran die übrigen Waffen aufgehängt worden.

Gabel: Hier gabelförmig auseinandergehende Äste am »Baum des
Unheils«.

schickte… unter das Joch: Wie man mit Feinden verfuhr, die eigentlich das Leben verwirkt hatten; vgl. III 28.

»Der Schwesternbalken«: Das *sororium tigillum* war ein oben durch
einen Querbalken geschlossener Durchgang zwischen den Altären
der Juno Sororia und des Janus Curiatius am Hang der Carinae. Die
Beinamen der beiden Götter wurden in der Zeit des Livius allgemein
mißverstanden; infolgedessen wurde die gesamte Anlage mit der Sage

von den Horatiern und Curiatiern in Verbindung gebracht. In Wirklichkeit hängt aber der Beiname der Juno mit dem Verb *sororiare* zusammen, das das Sprießen der Brüste bei den jungen Mädchen bezeichnet, der des Janus mit den *curiae*, deren Mitglieder die jungen Männer nach der Pubertät wurden. Der Durchgang diente zu einer Zeremonie, die mit der Pubertät zusammenhing.

27 *Fidenae, eine römische Kolonie:* Hier ist vorausgesetzt, daß nach dem I 14 geschilderten Krieg römische Siedler nach Fidenae geführt wurden. Diese Koloniegründung ist wie der dort geschilderte Krieg des Romulus gegen Fidenae und Veji freie Erfindung. In Wirklichkeit war Fidenae der Brückenkopf Vejis auf dem linken Tiberufer.

zwölf Salier: Neben dem von Numa eingerichteten Kollegium der Salier vom Palatin (s. Kap. 20) gelobte Tullus Hostilius ein weiteres Kollegium, die Salier vom Quirinal.

28 *aus einem in zwei Völker geteilt:* Bei der Gründung Roms.

29 *den Lar:* Der gute Geist des Hauses, der an den Ort gebunden ist; er wurde am Herd verehrt.

die Penaten: Die Gottheiten, die im Inneren des Hauses wohnen und die Wohnstätte der Familie beschützen; auch sie wurden am Herd des Hauses verehrt.

das Werk von 400 Jahren: Zwischen der Gründung Albas durch Ascanius, den Sohn des Aeneas, (Kap. 3) und der Gründung Roms sind 300 Jahre angenommen; seitdem sind weitere 100 Jahre verstrichen. Die Zeitspanne bis zu dem von Eratosthenes angenommenen Datum der Zerstörung Trojas (s. zu Kap. 1) wird damit jedoch nicht ganz überbrückt.

30 Die *Curia Hostilia* war von Sulla um 80 im Zusammenhang mit der Vergrößerung des Senats erweitert und restauriert worden. Sie brannte 52 bei der Leichenfeier für Clodius ab und wurde dann von Sullas Sohn Faustus wiederhergestellt. Nach dem Umbau durch Sulla wurde das Senatsgebäude nicht mehr als *curia Hostilia*, sondern als *curia nova* (Neue Curie) bezeichnet. Caesar ließ im Zusammenhang mit der Anlage seines Forum Julium kurz vor seinem Tode das eben erst wiedererstandene Senatsgebäude abreißen und begann nicht weit davon den Bau eines neuen, der Curia Julia. Sie wurde von Octavian vollendet und am 28. August 29 feierlich eingeweiht.

Feronia war eine sabinische Gottheit. Ihr Hauptheiligtum lag in einem Hain bei Capena. Hier wurde sie nicht nur von den Sabinern, sondern auch von den benachbarten Etruskern, Faliskern und Latinern verehrt. Mit dem Fest der Göttin war ein Markt verbunden.

Leute von ihnen: Entlaufene Verbrecher oder Sklaven.

Hain: Die von Romulus eingerichtete Freistatt (Kap. 8). – Die Römer hatten den Sabinern diese Leute nicht ausgeliefert.

31 *Der Hain auf dem Gipfel des Berges* war dem Jupiter Latiaris ge-

weiht. Zu seiner Ehre fand alljährlich das Bundesfest der Latiner statt. Nach dem Untergang Albas übernahm Rom nach kurzer Unterbrechung die Leitung des Festes.

Die etruskischen *Haruspices* wurden von den Römern herangezogen, wenn Zeichen zu deuten waren, die über die Kenntnisse der Auguren und Pontifices hinausgingen.

32 *einen Vertrag geschlossen:* Die annalistische Überlieferung nimmt nach der Zerstörung von Alba einen Vertrag zwischen Rom und den früher unter der Vorherrschaft Albas stehenden Latinergemeinden an, durch den deren Abhängigkeit festgelegt wurde.

in einer bestimmten Form erklärt: Vgl. Kap. 24. – Man nimmt i. a. an, daß das gesamte Fetialrecht unter einem einzigen König festgelegt worden sei. Bei Cicero ist es Tullus Hostilius, bei Plutarch und Dionysios von Halikarnaß Numa.

eine Binde: Zum Zeichen dafür, daß er als Gesandter kam und unter dem Schutz der Götter stand.

blutrote: Wahrscheinlich war diese Lanze aus dem Holz des Roten Hartriegels *(Cornus sanguinea).*

33 *Pfahlbrücke:* Unterhalb der Tiberinsel. Die Pfahlbrücke wurde allerdings nicht errichtet, um eine Verbindung zum Janiculum herzustellen, sondern das Janiculum wurde befestigt, um die Brücke nach Westen zu sichern.

Quiriten-Graben: Im Gebiet zwischen Caelius und Aventin.

Ostia gegründet: Die Gründung Ostias durch Ancus Marcius ist Erfindung der Annalisten.

34 *Filzkappe:* Die hohe, kegelförmige Kopfbedeckung der Etrusker.

gerade dieser Vogel: Der Adler war der Vogel Jupiters.

aus dieser Himmelsrichtung: Aus der Richtung, die Glück verhieß.

35 *für den Circus... der Platz abgesteckt:* Das setzt die in Kap. 38 erwähnte Trockenlegung des Tals zwischen dem Palatin und dem Aventin voraus.

gesonderte Plätze: Nach XXXIV 44 wurden den Senatoren zum erstenmal durch die Zensoren des Jahres 194 gesonderte Plätze bei den *ludi Romani* angewiesen; die Ritter erhielten erst 67 durch die *lex Roscia* besondere Plätze.

Die *Zuschauersitze* wurden bei jedem Spiel neu aufgeschlagen.

Pferderennen: Pferde- und Wagenrennen.

Die feierlichen Spiele wurden dann zu einer jährlichen Einrichtung: Ursprünglich fanden sie nur bei besonderem Anlaß statt. Zu einer ständigen Einrichtung wurden die *ludi Romani* erst seit 366.

Baugelände: Auch diese Bautätigkeit setzt die in Kap. 38 mitgeteilten Maßnahmen zur Trockenlegung der sumpfigen Täler des Stadtgebietes voraus.

Säulenhallen: Die ersten Säulenhallen in Rom wurden erst 193 errichtet (XXXV 10).

43 *As:* Die Angaben des Livius treffen für die Centurienordnung des
2. Jahrhunderts zu; für die Frühzeit galten ganz andere Sätze.

Die *Centurien* der »Servianischen Ordnung« waren in jeder Klasse
verschieden stark.

Die *Älteren* sind die Männer über 46 Jahre, die *Jüngeren* die vom 17.
bis zum 46. Lebensjahr.

Der *Rundschild* bestand aus Holz oder Leder, das außen mit Bronze-
blech überzogen war.

vorgeschrieben: Die Bürger hatten selbst für ihre Bewaffnung aufzu-
kommen.

zwei Centurien von Handwerkern: Zimmerleute *(fabri tignarii)* und
Bronze- und Eisenschmiede *(fabri aerarii et ferrarii)*. Diese Centurien wurden unabhängig vom Vermögen gebildet, da man im Krieg
auf die Fertigkeiten dieser Handwerker nicht verzichten konnte.

Der *Langschild* bestand aus Holz, das mit Leder überzogen war, und
deckte im Gegensatz zu dem kleineren bronzenen Rundschild der ersten Klasse den ganzen Körper; daher konnten die Angehörigen der
zweiten Klasse auf den Brustpanzer verzichten. Der Langschild wurde
in Rom allerdings erst im 4. Jahrhundert eingeführt (VIII 8); die zweite
bis fünfte Klasse sind erst in dieser Zeit eingerichtet worden.

Der *Wurfspieß* war kürzer als die *Lanze.*

Ebenso bildete er sechs andere Centurien…: Die drei Centurien, die
Romulus eingerichtet hatte, waren durch Tullus und Tarquinius
zwar verstärkt worden, aber es war bei der Aufgliederung in die drei
Centurien der Ramnenser, Titienser und Lucerer geblieben. Servius
Tullius machte jetzt daraus sechs Centurien.

mit denselben Namen: Die alten Namen *Ramnenses, Titienses* und
Luceres erhielten zur Unterscheidung die Zusätze *priores* (die früheren) bzw. *posteriores* (die späteren).

eine alleinstehende Frau: Soweit die alleinstehenden Frauen Vermögen besaßen, wurden sie auf diese Weise zum Schutz des Staates herangezogen.

Abstimmung: Jede Centurie hatte – unabhängig von der Anzahl ihrer
Mitglieder – eine Stimme, die durch Abstimmung innerhalb der Centurie ermittelt wurde.

man braucht sich aber nicht zu wundern…: Die »Servianische Ordnung« umfaßt nach Livius 193 Centurien. Einige Zeit nachdem die
Zahl der Tribus auf 35 angewachsen war (241), wurde die Centurienordnung reformiert. Man nimmt an, daß jetzt in jeder Tribus die
Bürger der ersten bis fünften Klasse, wieder nach *seniores* (Älteren)
und *iuniores* (Jüngeren) aufgeteilt, in je einer Abteilung zusammengefaßt wurden, so daß es nun ohne die *equites* (Ritter), die *fabri*
(Handwerker), die Musiker und die letzte Centurie 350 Abteilungen
gab, mit diesen 373. Bei den Abstimmungen nach der neuen Ordnung
hatten die Centurien der ersten Klasse jetzt 70 Stimmen; um zu ver-

hindern, daß sich das Stimmenverhältnis zugunsten der unteren Klassen verschob, wurden die 280 Abteilungen der zweiten bis fünften Klasse durch Losen so zusammengefaßt, daß die zweite Klasse 30, die dritte und vierte je 20 und die fünfte wieder 30 Stimmcenturien hatte. *Tribus:* Im Gegensatz zum ständischen Charakter der Centurienordnung handelt es sich bei der Tribuseinteilung des Servius um eine Einteilung der Bürgerschaft nach lokalen Gesichtspunkten. Die vier von Servius eingerichteten Tribus sind die Suburana, die Palatina, die Esquilina und die Collina. Diese Neugliederung ersetzte die ältere Einteilung der Bevölkerung in drei gentilizische Tribus, die Romulus zugeschrieben wurde (s. zu Kap. 13).

44 *80000:* Die Angabe über die Zahl der vom Census des Servius erfaßten Bürger ist ebenso erfunden wie die entsprechenden Zahlen für die ersten Jahrhunderte der Republik.

Erdwall, Gräben und eine Mauer: Oben hat Livius berichtet, daß Tarquinius Priscus die Stadt mit einer Mauer aus Steinen befestigte. Nach der Erweiterung der Stadt durch Servius konnten die neuen Stadtteile nicht ungeschützt bleiben. Die stärkste Befestigung erhielten die Ostseite des Quirinal, Viminal und Esquilin; hier war über eine Länge von etwa 1300 m ein etwa 30 m breiter und 9 m tiefer Graben ausgehoben, dahinter kam eine etwa 10 m hohe Mauer, hinter dieser war ein etwa 15 m breiter Erdwall aufgeschüttet. – Die erhaltenen Überreste der Stadtbefestigung, die als »Servianische Mauer« bezeichnet werden, stammen erst aus dem 4. Jahrhundert; diese Mauer des 4. Jahrhunderts folgt aber fast überall dem Verlauf der Mauer des 6. Jahrhunderts.

entsprechend der geplanten Ausdehnung der Stadtmauer: Das Pomerium verlief nicht überall mit der Mauer; der Aventin war zwar von der Mauer umschlossen, blieb aber bis zur Zeit des Kaisers Claudius außerhalb des Pomeriums.

45 Das *Heiligtum der Diana von Ephesos* wurde 580–460 errichtet, war also zur Zeit des Servius noch im Bau; später galt es als eines der sieben Weltwunder.

daß die latinischen Völker gemeinsam mit dem römischen Volk in Rom ein Dianaheiligtum errichteten: Durch die Errichtung dieses Kultzentrums erkannten die Latiner die führende Stellung Roms an. – Der Tag der Einweihung des Heiligtums wurde am 13. Sextilis gefeiert.

das Haupt von allem: Für die Zeit des Servius ist nicht mehr beansprucht als die Führungsposition im Kreis der Latinerstädte; für Livius und seine Zeit aber verbindet sich mit *caput rerum* der Anspruch auf die Weltherrschaft.

aus dem Volk der Sabiner: Die Sabiner scheinen wie die Latiner zu der Kultgemeinschaft der Diana auf dem Aventin gehört zu haben.

46 *daß der Senat dagegen war:* Die Patrizier beanspruchten das Staatsland allein für sich.

ein Sohn oder ein Enkel: Servius hatte zu Beginn seiner Regierung seine beiden Töchter mit den beiden Söhnen des Tarquinius Priscus verheiratet. Am Ende seiner mehr als 40jährigen Regierungszeit dürfte es sich bei dem »jungen« Tarquinius wohl eher um einen Enkel des Tarquinius Priscus handeln.

Arruns Tarquinius: Ein Versehen des Livius; gemeint ist L. Tarquinius.

47 *was sein Vater ihnen Gutes getan:* Tarquinius Priscus hatte diese Familien in den Senat aufgenommen, s. Kap. 35.

48 *Herrschaft niederzulegen:* Der Plan des Ser. Tullius, die Herrschaft niederzulegen und das Königtum in Rom überhaupt abzuschaffen, ist spätere Erfindung. Diese Überlieferung wird auch in Kap. 60 greifbar, als die ersten Konsuln nach den »Anweisungen des Ser. Tullius« gewählt werden, in denen der König die Einzelheiten des Übergangs zur republikanischen Verfassung niedergelegt haben soll.

49 *stammte... von Odysseus und der Göttin Kirke ab:* Nach der Sage hat Telegonos, der Sohn des Odysseus und der Kirke, Tusculum gegründet. Die Mamilier haben ihren Namen nach Mamilia, der Tochter des Telegonos.

50 Der *Hain der Ferentina* lag am Fuß des Albaner Berges und hieß ebenso wie der dort entspringende Bach nach der Nymphe Ferentina. Nach der Zerstörung Alba Longas kamen die latinischen Gemeinden gewöhnlich hier zusammen, um ihre Beratungen abzuhalten.

erst kurz vor Sonnenuntergang: Nach Sonnenuntergang durften keine Beratungen mehr durchgeführt werden.

53 *Volsker:* Siehe S. 26.

55 *Frieden mit dem Volk der Aequer:* Von einem Krieg mit den Aequern hat Livius bisher nichts berichtet; in Kap. 53 ist allerdings angedeutet, daß die Beziehungen zwischen Rom und den Aequern nicht gut waren. Die Aequer, die im Bergland westlich und nordwestlich des Fuciner Sees saßen, begannen gegen Ende des 6. Jahrhunderts mit ihren Vorstößen nach Latium.

erneuerte den Vertrag mit den Etruskern: Den Vertrag, der nach dem in Kap. 42 erwähnten Krieg geschlossen worden war.

von anderen Kulten frei: Im Kapitolinischen Tempel wurden auch Juno und Minerva verehrt.

von König Tatius... gelobt: Von dem Gelübde des Tatius in der Schlacht und der Errichtung der Heiligtümer ist hier zum erstenmal die Rede. Auf dem Kapitol hat Livius bisher nur das Heiligtum des Jupiter Feretrius erwähnt, das aber von dem Bau des neuen Tempels nicht berührt wurde.

56 *Bauhandwerker aus allen Teilen Etruriens:* Der etruskische Künstler Vulca aus Veji schuf das Kultbild des Jupiter Optimus Maximus und das Viergespann auf dem Dach des Tempels.

nach Delphi... zu schicken: Es ist das früheste überlieferte Beispiel für eine Befragung des Delphischen Orakels durch Rom. Diese Nachricht steht aber nicht allein; nach Cicero (rep. 2,44) schickte Tarquinius Superbus einen Teil der Beute, die er in seinen Kriegen machte, als Geschenk nach Delphi. Auch zwischen dem etruskischen Caere, zu dem die Tarquinier in engen Beziehungen standen (s. Kap. 60), und Delphi bestanden im 6. Jahrhundert Kontakte; die Stadt hatte ein eigenes Schatzhaus in Delphi, und Herodot berichtet von einer Anfrage ihrer Bewohner beim Delphischen Orakel.

59 *Tribun der Celeres:* Der Kommandant der Leibwache des Königs war der Ranghöchste nach dem König und hatte das Recht, bei Abwesenheit des Königs Volksversammlungen (und wohl auch Senatssitzungen) einzuberufen und zu leiten. Es ist allerdings verwunderlich, daß der als einfältiger Tölpel geltende Brutus dieses Amt gehabt haben soll. Offensichtlich legt Livius wie seine annalistischen Vorgänger großen Wert darauf, der Absetzung des Tarquinius ebenso wie der Wahl der ersten Konsuln eine gewisse Legalität zu verleihen: Den entscheidenden Beschluß zur Absetzung und Verbannung des Königs führt Brutus kraft seines Amtes herbei. – Cicero hebt dagegen (rep. 2,47) ausdrücklich hervor, daß Brutus Privatmann gewesen sei.

ZWEITES BUCH

1 *durch wilde Reden von Tribunen aufgehetzt... mit den Patriziern zu kämpfen angefangen hätte:* Livius stellt sich vor, was geschehen wäre, wenn die 495 beginnenden Ständekämpfe eine weniger gefestigte Bürgerschaft getroffen hätten.
führte die Rutenbündel als erster: Die Konsuln wechselten sich monatlich in der Geschäftsführung ab.

2 *wählten sie einen Opferkönig:* Er führte die sakralen Funktionen des Königs fort, hatte aber sonst keine Macht; er wurde auf Lebenszeit gewählt und durfte weder ein politisches Amt ausüben noch ein militärisches Kommando haben.
deinen Besitz herausgeben: Mit einer Verbannung war üblicherweise der Verlust des Vermögens verbunden. Brutus sagt dem Amtsgenossen zu, daß er in dieser Hinsicht nichts zu befürchten habe, wenn er freiwillig in die Verbannung gehe.

5 *weil man Skrupel hatte:* Da das Land jetzt dem Mars geweiht war, gehörte ihm auch alle auf diesem Land wachsende Frucht.

6 *von seinen nächsten Verwandten:* Brutus war ein Neffe, L. Tarquinius Collatinus der Sohn eines Vetters des Tarquinius Superbus.
ihnen angetanes Unrecht: Über Kriege zwischen Rom und Veji hat Livius I 15 aus der Zeit des Romulus, I 27 aus der Zeit des Tullus Hostilius, I 33, aus der Zeit des Ancus und I 42 aus der Zeit des Servius Tullius berichtet.

So folgten zwei Heere aus zwei Städten dem Tarquinius: Der Versuch des Tarquinius, mit Hilfe von Tarquinii und Veji nach Rom zurückzukehren, ist eine Annalistenerfindung.

8 *Berufung an das Volk:* Die Möglichkeit, bei Verhängung der Züchtigung oder der Todesstrafe Berufung an das Volk einzulegen, gehört für die römischen Schriftsteller zu den Grundrechten der republikanischen Freiheit. Sie berichten daher übereinstimmend, dieses Recht sei im ersten Jahr der Republik festgelegt worden. In Wirklichkeit hat sich das Provokationsrecht jedoch erst allmählich aus einem formlosen »Hilferuf an das Volk« entwickelt.

Bannfluch: Wer die Monarchie wieder einzuführen versuchte, verfiel mit seinem gesamten Besitz den Göttern; er war aus der religiösen und bürgerlichen Gemeinschaft ausgeschlossen, und man durfte ihn ungestraft töten.

die Weihe eines so berühmten Tempels: Der Kapitolinische Tempel wurde am 13. September 507 geweiht. Nach einem alten etruskischen Brauch wurde an der rechten Seite des Jupitertempels jedes Jahr am Tag der Tempelweihe ein Nagel eingeschlagen; an der Zahl der eingeschlagenen Nägel ließ sich das Alter des Tempels ablesen. – Eine Inschrift am Tempel wies darauf hin, daß die Weihe von Horatius vollzogen worden war. Mit einem beliebten Synchronismus wurde das Jahr der Tempelweihe mit dem ersten Jahr der Republik gleichgesetzt; Livius, der nur ein Konsulat des Horatius anführt, legt beides auf 509, Polybios (3,22,1) auf 507. Dionysios von Halikarnaß hat den Synchronismus nicht, erwähnt ein zweites Konsulat des Horatius im Jahre 507 und berichtet über die Tempelweihe unter diesem Jahr nach dem Abzug Porsennas. – Livius selbst beklagt sich an mehreren Stellen über die Unsicherheit der Beamtenlisten und der Datierungen für die erste Zeit der Republik.

Mit einem Toten in der Familie galt man als unrein.

9 *Porsenna glaubte …* Daß Porsennas Kriegsziel die Wiedereinsetzung des Tarquinius war, ist eine Legende.

zu den Volskern. Ins Pomptinische Gebiet.

Privatunternehmern: Die Salinen an der Tibermündung (s. I 33) waren an Privatleute verpachtet.

11 *gab er seine Absicht, die Stadt zu erstürmen, auf:* In Wirklichkeit hat Porsenna Rom besetzt. Er verbot den Römern den Besitz von Waffen, Eisen war nur noch für Geräte zur Bestellung der Felder zugelassen. Vgl. auch S. 7.

gegen Lucretius Front gemacht hatten: Ein Versehen des Livius; sie hatten natürlich gegen Valerius Front gemacht. Lucretius befand sich noch erheblich weiter südlich.

14 *zum Angriff auf Aricia:* Siehe S. 26. – Nach Dionysios von Halikarnaß erfolgte der Angriff auf Aricia 507; die Entscheidungsschlacht, in der Arruns fiel, fand im folgenden Jahr statt.

15 *P. Lucretius und P. Valerius Publicola:* Livius stellt die beiden Jahre
507 und 506 als ein Jahr dar. Die bei ihm fehlenden Konsuln des Jahres 506 waren nach Dionysios von Halikarnaß Sp. Larcius und T.
Herminius, die Kampfgefährten des Horatius Cocles.

16 *von Inregillum:* Der Ort ist weiter nicht bekannt. Er heißt bald Inregillum, bald Regillum.

Pometia: I 53 ist vorausgesetzt, daß die Volsker gegen Ende des 6.
Jahrhunderts bis in das Gebiet von Pometia vorgedrungen waren und
die Stadt in ihre Hand gebracht hatten; sie wurde ihnen dann von
Tarquinius Superbus wieder entrissen.

Das am Westrand der Lepiner Berge gelegene *Cora* bildete einen
wichtigen Stützpunkt gegen die vordringenden Volsker.

Aurunker: Livius berichtet über einen Krieg zwischen den Aurunkern und den Römern nach verschiedenen Quellen zweimal: hier und
Kap. 26. Die Quelle, nach der er über einen Aurunkerkrieg der Jahre
503/2 berichtet, nimmt an, die Aurunker hätten damals in der Nähe
von Pometia und Cora gesessen. Das weicht von den sonstigen Berichten ab, nach denen die Aurunker ihre Wohnsitze im äußersten
Süden Latiums hatten. Wahrscheinlich hat der Annalist, dem Livius
hier folgt, Kämpfe mit den Volskern, die das Gebiet von Suessa Pometia und Cora nach dem Zusammenbruch der Tarquinierherrschaft
erneut besetzt hatten, irrtümlich auf die Aurunker übertragen.

18 *neuen Krieg:* In der Livianischen Darstellung haben die beiden Feldzüge von 505 und 504 die Sabiner veranlaßt, für einige Zeit Ruhe zu
halten. Nach anderen Quellen gab es aber auch in den Jahren 503 und
502, in denen Livius von dem Krieg mit den Aurunkern berichtet,
Kriege mit den Sabinern; 503 gelangten die Sabiner danach sogar bis
vor die Tore von Rom.

in welchem Jahr: Nach Varro fällt die Diktatur des T. Larcius in das
Jahr 497.

Larcius... und nicht M'. Valerius: So auch Cicero und Dionysios von
Halikarnaß.

Das Gesetz über die Einsetzung eines Diktators ist eine Erfindung aus
späterer Zeit.

die Beile vorangetragen wurden: P. Valerius Publicola hatte den
Brauch eingeführt, daß die Konsuln in der Stadt die Beile aus den Rutenbündeln herausnahmen.

19 *Fidenae belagert:* Rom suchte sich vor der entscheidenden Auseinandersetzung mit den Latinern die Kontrolle über das linke Tiberufer
zu sichern. Man gewinnt aus dem Livianischen Text den Eindruck,
daß die Belagerung erfolglos blieb. Die Stadt wurde aber im nächsten
Jahr bezwungen.

Crustumeria: Die Stadt, die nicht weit von Fidenae entfernt lag, war
von Tarquinius Priscus eingenommen worden (I 38). Sie hatte sich
nach dem Ende der Tarquinierherrschaft von Rom losgesagt.

Praeneste war offensichtlich eine der dreißig Gemeinden, die sich gegen Rom verschworen hatten.

Sohn des L. Tarquinius: T. Tarquinius.

20 *mit ihren Rundschilden:* Die Reiter hatten kleine Rundschilde.

dem Castor einen Tempel gelobt: Der Kult der Dioskuren war in Unter- und Mittelitalien weit verbreitet. In Tusculum genossen sie besonders hohe Verehrung. Das Gelübde, das Postumius den von den Feinden verehrten Göttern macht, erinnert an die Evocatio. – Livius übergeht die bekannte Legende, daß Castor und Pollux durch ihr persönliches Eingreifen die Schlacht am Regillus-See entschieden und dann auch selbst in Rom den Sieg meldeten.

21 *Konsuln waren Q. Cloelius und T. Larcius:* Dionysios von Halikarnaß berichtet für dieses Jahr von der Fortsetzung der Belagerung von Fidenae (vgl. II 19) und der Kapitulation der Stadt, dem Bündnis der Latiner gegen Rom (vgl. II 18) und der Einführung der Diktatur (vgl. II 18).

erst in diesem Jahr: Das ist die richtige Überlieferung. Die Schlacht fand am 15. Juli 496 statt. – Bei Livius setzen die Strafexpeditionen gegen die Volsker für ihre Haltung im Latinerkrieg (II 22) und der Hinweis auf die »jüngst erlittene Niederlage« der Latiner (II 22) voraus, daß die Schlacht am Regillus-See 496 stattfand.

die König Tarquinius nach Signia geschickt hatte: Die Bewohner der Kolonie waren wohl vertrieben worden und nach Rom geflüchtet. Jetzt konnten sie, durch neue Siedler verstärkt, zurückkehren. Signia beherrschte von der Höhe aus das Trerus-Tal.

21 Tribus eingerichtet: Neben den vier alten städtischen Tribus (I 43) wurden jetzt auch ländliche Tribus eingerichtet, die ihre Namen nach Landbezirken oder nach den alten Familien hatten.

22 *Volsker:* Seit der ersten Erwähnung von Kämpfen mit den Volskern (I 53) ist von keinen weiteren Feindseligkeiten berichtet worden. Die Volsker breiteten sich in der Zeit der römischen Schwäche im mittleren Latium weiter aus und erreichten bei Antium die Küste. Der Bericht des Livius über den Volskerkrieg setzt voraus, daß die Volsker bei diesem Vordringen auch Pometia wieder in ihre Hand bekamen, das ihnen von Tarquinius Superbus entrissen worden war, und auch Cora einnehmen konnten.

Im Bericht über die Schlacht am Regillus-See sind oben weder die *Gefangenen* noch die Bitte der Latiner um einen *Vertrag* erwähnt worden. Livius folgt hier einer anderen Quelle.

23 *Schuldknechtschaft:* In der Frühzeit Roms gab es die Möglichkeit, ein Darlehen zu erhalten, wenn man mit seiner Person haftete. Wenn das Darlehen samt Zinsen zum vereinbarten Termin nicht zurückgezahlt wurde, war der Gläubiger berechtigt, über den Schuldner zu verfügen. Er konnte ihn zu Arbeitsleistungen heranziehen, damit er so seine Schuld abdiente, konnte ihn aber auch einsperren und sogar in

Fesseln legen, bis die Schuld bezahlt war. – Die Schuldknechtschaft wurde 326 abgeschafft (VIII 28).

Knechtschaft: Der Schuldknecht war kein Sklave, er behielt seine bürgerlichen Rechte.

Im *Arbeitshaus* waren die Schuldknechte Tag und Nacht eingesperrt und i. a. gefesselt.

24 *Kinder oder Enkel:* Auch auf diese konnte der Gläubiger zurückgreifen.

der Konsul: Servilius.

25 *Volsker aus Ecetra:* Ecetra war einer der Hauptorte der Volsker. Es lag am Nordrand der Monti Lepini nicht weit von Ferentinum entfernt.

26 *Gesandte der Aurunker:* Die hier gegebene Darstellung des Aurunkerkrieges (vgl. zu II 16) bringt ihn in engste Verbindung mit dem Volskerkrieg.

27 *die Versprechungen des Konsuls:* Servilius hatte dem Volk zu verstehen gegeben, daß man sich nach dem Krieg um eine Lösung der wirtschaftlichen Probleme bemühen werde (II 24).

Schuldsachen: Die meisten Gläubiger verlangten nach dem Krieg ohne Rücksicht auf die von Servilius gemachten Versprechungen, wie früher über ihre Schuldner verfügen zu dürfen. Diese wollten sich aber, auf die Zusage des Servilius pochend, damit nicht abfinden. So kam es zu den Prozessen.

einem Centurio im höchsten Rang: Primipil, Führer der 1. Centurie einer Legion.

29 *auf beiden Seiten:* Die Konsuln hatten zunächst mit dem Senat über die Maßnahmen verhandeln wollen, die gegen die wilden Versammlungen der Plebejer zu ergreifen waren; dann hatten sie versucht, die Aushebungen durchzuführen. In beiden Fällen hatten sie ihr Ziel nicht erreicht.

P. Verginius: Vielleicht versehentlich statt T. Verginius, der 496 Konsul gewesen war. Im römischen Senat war es üblich, die Senatoren nach ihrem Rang zu befragen, d. h. zunächst die designierten Konsuln, wenn es solche gab, dann die ehemaligen Konsuln und erst dann die übrigen Senatoren; unter den ehemaligen Konsuln gab es aber keinen P. Verginius. Wenn die Reihenfolge der Darstellung der Reihenfolge entspricht, in der die Anträge gestellt wurden, hätte der die Sitzung leitende Konsul A. Verginius seinem Bruder vor dem ranghöheren T. Larcius, der vor ihm Konsul gewesen war, das Wort erteilt.

30 *zuzulassen, daß sie selbst zu den Waffen griffen:* Nach der Schlacht am Regillus-See war den Latinern verboten worden, ohne ausdrückliche Genehmigung der Römer zu den Waffen zu greifen.

31 *Velitrae… eine Kolonie:* Dadurch sollte die Verbindung zwischen den Volskern und den Aequern unterbunden werden.

32 *eine Reihe von Tagen:* Nach Kap. 34 unterblieb infolge des Auszugs
der Plebejer die Bestellung der Felder, d. h. es kam nicht zur Aussaat.
Es muß sich also um eine längere Zeitspanne gehandelt haben.

33 *heilig–unverletzliche Beamte:* Der Schutz der Volkstribunen war
nicht Sache des Staates, sondern beruhte auf einer eidlichen Verpflichtung der Bürgerschaft gegenüber den Göttern, sich an den
Volkstribunen nicht zu vergreifen.

der Vertrag mit den Latinergemeinden: Dieser Vertrag war den Latinern 495 in Aussicht gestellt worden (II 22); er löste die Bestimmungen ab, die die Römer den Latinern nach der Schlacht am Regillus-See
diktiert hatten (s. zu II 30). Bei diesem Vertrag handelt es sich um einen Freundschafts- und Beistandspakt. Beide Seiten verpflichteten
sich, untereinander Frieden zu halten und sich im Fall eines feindlichen Angriffs gegenseitig Hilfe zu leisten. – Zum Cassius-Vertrag
s. S. 26 f.

34 *als Ersatz für das Vermögen der Tarquinier, deren Erbe er war:* Tarquinius Superbus hatte sich nach der Schlacht am Regillus-See nach
Cumae begeben und war dort 495 gestorben.

Nach Dionysios von Halikarnaß war *Marcius Coriolanus* darüber
aufgebracht, daß das Volk ihn trotz nachhaltiger Empfehlung durch
die Patrizier bei der Bewerbung um das Konsulat für 491 nicht berücksichtigt hatte.

35 *wenn die Tribunen ihn nicht... vorgeladen hätten:* Es ist das erste
Beispiel eines durch die Tribunen eröffneten Kapitalprozesses. Da
Coriolanus die Abschaffung des Volkstribunals verlangt hatte, hatte
er die heilige Satzung verletzt.

36 *Große Spiele:* Siehe I 35 m. Anm.; aus welchem Anlaß diese Spiele gefeiert wurden, läßt sich nicht mehr ermitteln. – Livius verläßt in der
Geschichte des Coriolanus das annalistische Prinzip; dadurch ge-
winnt die Darstellung größere Geschlossenheit. Weil die Konsuln
der Jahre 490 und 489 nicht erwähnt werden, erhält man zunächst den
Eindruck, als hätten sich alle diese Ereignisse bis zum Erscheinen des
Coriolanus vor Rom noch im Jahre 491 abgespielt. Als Coriolan dann
vor Rom steht, wird aber mitgeteilt, daß damals Sp. Nautius und Sex.
Furius Konsuln waren (II 39); wir befinden uns da also im Jahre 488.
Daß Livius der Ablauf der Jahre durchaus bewußt war, zeigt III 30. –
Nach Dionysios von Halikarnaß waren 490 Q. Sulpicius und Sp. Larcius, dieser zum zweitenmal, Konsuln, 489 C. Julius und P. Pinarius.
Bei ihm sind die Ereignisse folgendermaßen auf die einzelnen Jahre
verteilt: 490 Mitteilung des T. Latinius über den Zorn Jupiters wegen
des »Vorspringers« bei den Großen Spielen und der Beschluß zur
Wiederholung dieser Spiele, 489 der provozierende Hinweis auf einen geplanten Übergriff der Volsker während eines Festes in Rom,
ihre daraufhin erfolgende Ausweisung und der Beginn des Krieges
bis zur Besetzung von Circeji; 488 der Feldzug des Coriolanus in La-

tium, der ihn bis vor die Tore von Rom führte, und die Rettung der Stadt durch die Frauen.

Wiederholung: Wenn bei den Spielen eine Unregelmäßigkeit vorkam, mußten sie wiederholt werden.

unter dem Gabelholz: Eine Astgabel, an die die Arme des Sklaven zur Züchtigung gebunden wurden, um ihn völlig wehrlos zu machen; vgl. I 26.

der Vorspringer: Eigentlich der Anführer eines Festzuges, vor allem bei dem Kulttanz der Salier; hier übertragen gebraucht von dem Sklaven, der, von den Schlägen gepeinigt, seine Sprünge macht.

38 *Ferentina-Quelle:* Siehe zu I 50.

40 Die *Herniker* saßen im Tal des Trerus und im nordöstlich angrenzenden Bergland, das heute noch ihren Namen trägt (Monti Ernici). Sie waren nach Dionysios von Halikarnaß während des Volskerkrieges in römisches Gebiet eingefallen. Weil sie sich weigerten, die von den Römern geforderte Wiedergutmachung zu leisten, führte C. Aquilius seine Truppen gegen sie und bereitete ihnen eine schwere Niederlage.

41 *Mit den Hernikern wurde ein Vertrag geschlossen:* Nach Dionysios von Halikarnaß kämpften die Römer auch in diesem Jahr unter Führung des Sp. Cassius noch einmal gegen die Herniker; diese sahen sich schließlich gezwungen, Verhandlungen mit den Römern aufzunehmen. Sp. Cassius, der klar erkannte, welche Gefahr von den Volskern und Aequern drohte und welche Bedeutung in diesen Kämpfen den zwischen den Volskern und Aequern sitzenden Hernikern zukam, schloß mit ihnen, die eben noch Feinde Roms gewesen waren, für die meisten überraschend, einen Vertrag, durch den sie als gleichberechtigte Partner in das römisch-latinische Bündnis (s. II 33 m. Anm.) mit einbezogen wurden. Die Herniker bewährten sich von nun an als treue Bundesgenossen der Römer. – Vgl. S. 27.

zwei Drittel ihres Landes wurden ihnen weggenommen: Das ist mit dem geschlossenen Freundschafts- und Beistandspakt nicht zu vereinbaren.

das zwar Staatsland, aber im Besitz von Privatleuten war: Die Privatleute, die das Staatsland bewirtschafteten, mußten dafür eine Pachtsumme an den Staat bezahlen.

und das prangerte er an: Das Staatsland war ausschließlich an Patrizier verpachtet.

sobald er sein Amt niedergelegt hatte: Solange er im Amt war, genoß er Immunität.

sein Vater sei für die Hinrichtung verantwortlich gewesen: Kraft der *patria potestas,* die auch gegenüber dem erwachsenen Sohn galt, solange dieser nicht emanzipiert war. Vgl. I 26 m. Anm.

Quästoren, die die Untersuchungen in Kapitalprozessen durchführen, sind auch in den Zwölftafelgesetzen erwähnt. Vielleicht geht dieses Amt schon auf die Königszeit zurück. In der Republik wurden die

Quästoren ursprünglich von den Konsuln ernannt, seit 447 vom Volk gewählt. Dabei scheinen sich die Aufgaben verschoben zu haben: bei den ersten gewählten Quästoren ist von militärischen Aufgaben die Rede. Wie diese Quästoren mit den späteren Quästoren zusammenhängen, in deren Hand vor allem die Finanzverwaltung lag, ist umstritten.

42 *die Patrizier setzten... durch:* Entweder durch ihren Einfluß auf ihre Klienten oder weil der Konsul, der die Wahl leitete, von seinem Recht Gebrauch machte, Kandidaten, an denen er etwas auszusetzen fand, abzuweisen.

Duumvir: Wenn der, der den Tempel gelobt hatte, ihn nicht mehr selbst weihen konnte, wurde die Weihe gewöhnlich einem Zweierkollegium übertragen; im allgemeinen wird von den Duumvirn nur einer namentlich erwähnt.

bestraft: Eine Vestalin, die das Keuschheitsgebot verletzt hatte, wurde lebendig begraben. Der Fehltritt einer Vestalin wurde als ein Zeichen vom Himmel aufgefaßt.

43 *verhindern:* Der Volkstribun konnte durch sein Einschreiten verhindern, daß ein Wehrdienstverweigerer bestraft wurde.

Fabius... gegen Veji, Furius... gegen die Aequer: Livius hat hier die Kriegsschauplätze verwechselt; Fabius kämpfte gegen die Aequer, Furius gegen Veji.

45 *das Ungewöhnliche ihrer Abstammung:* Anspielung auf das Asyl des Romulus (I 8).

46 *eine größere Tat:* Daß sie vielleicht die Konsuln ermordeten oder zum Feind überliefen.

47 *die römischen Triarier:* Die altgedienten Soldaten, denen hier der Schutz des Lagers anvertraut ist. Die Triarier hatten ihren Namen daher, daß sie gewöhnlich im dritten Treffen standen. – Es gab allerdings damals noch keine Triarier.

Lorbeer: Der Triumphator trug einen Lorbeerkranz, den er am Ende des Triumphzuges Jupiter darbrachte.

49 *noch bevor die römische Besatzung von der Cremera abgezogen worden war:* Das war in dem zwischen Rom und Veji geschlossenen Vertrag vorgesehen.

50 *nur einen einzigen:* Bei einem so großen Geschlecht wie den Fabiern muß es eine ganze Reihe von Kindern und Jugendlichen gegeben haben, die in Rom zurückgeblieben waren.

weil er noch minderjährig war: Q. Fabius wird zehn Jahre später bereits als Konsul angeführt (III 1).

der... werden sollte: Das trifft weniger auf diesen Q. Fabius zu als auf die vielen großen Fabier im Verlauf der römischen Geschichte, vor allem auf den bedeutendsten von ihnen, den Cunctator.

52 *weil er als Konsul nicht weit von da sein Standlager gehabt hatte:* Im Widerspruch zum Bericht über den Untergang der Fabier.

53 *ohne einen römischen Feldherrn und ohne ein römisches Heer:* Die
Bündnisverträge von 493 und 486 verpflichteten die Partner zur gegenseitigen Hilfe, wenn sie darum gebeten wurden. Sie besagten aber
nicht, daß nur gemeinsame Verteidigung zulässig sei oder gar, daß
immer ein Römer den Oberbefehl haben müsse. Das ist eine Fehlinterpretation römischer Annalisten, die statt eines Vertrages zwischen
gleichberechtigten Partnern einen römischen Hegemonieanspruch
auch schon für die Zeit des Bündnisvertrages von 493 voraussetzen.

54 *C. Manlius:* Irrtümlich statt A. Manlius.

die purpurverbrämte Toga: Die Toga der Konsuln war am Rand mit
einem Purpurstreifen besetzt.

die Wollbinden: Rindern, die zum Opferaltar geführt wurden, wurden Wollbinden um die Stirn gebunden.

56 *daß die plebejischen Beamten in Tribuscomitien gewählt werden sollten:* Die Volkstribunen scheinen bisher in den *concilia plebis* (Versammlungen der Plebs) gewählt worden zu sein. Dort waren aber
auch die besitzlosen Plebejer stimmberechtigt, die Klienten der Patrizier und wirtschaftlich von ihnen abhängig waren. Durch diese
Klienten konnten die Patrizier auch auf die Wahl der Volkstribunen
Einfluß nehmen. In den Tribuscomitien, der nach den Tribus abstimmenden Volksversammlung, sollten dagegen nur die Bürger das
Stimmrecht besitzen, die Grundbesitz hatten; das waren sowohl Patrizier wie Plebejer, aber die Anzahl der plebejischen Grundbesitzer
war größer.

außer denen, die sich an der Abstimmung beteiligten: Die Abstimmung fand in einem *concilium plebis* statt; dabei waren die Patrizier
nicht stimmberechtigt.

gegen niemand ein Recht, es sei denn gegen einen Plebejer: Die eigentliche Aufgabe der Tribunen war, unrechtmäßige Übergriffe von
Patriziern gegen Plebejer zu verhindern. Sie konnten aber auch gegen
jeden Bürger vorgehen, der sie in ihren Rechten behinderte.

58 *Sie hatten das Land verwüstet, damit die Plebs... bei ihnen eine Zuflucht finden könne:* Nicht weil sie das Land verwüstet hatten, sondern weil sie sich in der Nähe der Stadt befanden, boten sie den Plebejern die Möglichkeit, bei ihnen Zuflucht zu suchen.

da ihm hier kein Tribun in den Weg trat: Das Einspruchsrecht der
Volkstribunen endete am ersten Meilenstein vor der Stadt.

59 *Duplicarier:* Soldaten, die wegen ihrer Tapferkeit doppelte Rationen
erhielten.

mit Ruten schlagen und mit dem Beil enthaupten: Auf Feigheit vor
dem Feinde stand die Todesstrafe.

jeder zehnte: Wenn ein Heer im Einsatz meuterte oder sich feige verhielt, konnte der Feldherr jeden zehnten Mann durchs Los zur Hinrichtung bestimmen. Unsere Stelle ist das früheste erwähnte Beispiel;
der erste sichere Beleg für diese Strafe führt ins Jahr 296.

60 *die Patrizier aus der Versammlung verdrängt:* Die Patrizier hatten zwar das Recht, an den Triburscomitien teilzunehmen, waren dort aber in der Minderzahl. Damit wurde die Teilnahme an diesen Versammlungen, in denen jede Stimme gleich viel galt, für sie uninteressant.

61 *luden... vor:* Dionysios von Halikarnaß nennt als Anklagepunkte: verächtliche Äußerungen über die Plebs, Stiften von Zwietracht, tätlicher Widerstand gegen einen Volkstribunen und damit Verletzung der heiligen Satzung und schließlich erfolglose und verlustreiche Kriegführung.

andere Kleidung anzulegen: Angeklagte legten oft Trauerkleidung an, um Mitgefühl zu erregen; vgl. Kap. 54.

64 *etwa um die dritte Nachtwache:* D. h. kurz nach Mitternacht.

Kohorte der Herniker: Aufgrund des Bündnisvertrages gestellte Hilfstruppen.

DRITTES BUCH

1 *in seinem früheren Konsulat dafür eingetreten...:* 470, von Livius II 61 nicht berichtet.

2 *entgegen der herkömmlichen Ordnung:* Im allgemeinen ließen die Konsuln das Los entscheiden, welchen der beiden Aufgabenbereiche, die der Senat für sie festgelegt hatte, jeder erhalten sollte, oder sie einigten sich durch Absprache. Nur in besonders schwierigen Situationen legte der Senat die Aufgabenbereiche für den einzelnen Konsul fest.

3 *Aussetzen der Rechtsprechung:* Eine Notstandsmaßnahme, die bei großer Gefahr angeordnet wurde.

Stadtpräfekt: Er wurde von den Konsuln eingesetzt und führte bis zu ihrer Rückkehr die Geschäfte.

Schätzung: Es ist die erste Schätzung, von der Livius nach der Schätzung des Königs Servius (I 42–44) berichtet. Bei anderen Autoren sind Schätzungen in den Jahren 508, 503, 498, 493 und 474 erwähnt. – Die Schätzung wurde ursprünglich von den Königen, später von den Konsuln durchgeführt; erst 443 wurde das Zensorenamt eingerichtet.

104 714 Bürger: Gegenüber den Censuszahlen aus der Frühzeit Roms ist Skepsis am Platz; erst für das 3. Jahrhundert besitzen wir glaubwürdige Zahlen.

4 *statt Furius Fusius:* Der Übergang von s zwischen Vokalen zu r vollzog sich bis zur Mitte des 4. Jahrhunderts.

die Formel des Senatsbeschlusses...: Das *senatus consultum ultimum* (Senatsbeschluß anläßlich eines Notstandes) gab es erst seit 121.

6 *dem damaligen Jahresanfang:* Das römische Jahr begann ursprünglich im März. Wann und warum der Anfang des Amtsjahres geändert

wurde, ist unbekannt. Der 1. Sextilis ist als Jahresanfang schon für das
Jahr 476 überliefert. Der Anfang des Amtsjahres hat dann noch häufig gewechselt. Das Jahr 450 beginnt am 15. Mai; es kann aber nicht
das erste Jahr gewesen sein, in dem die Beamten an diesem Tag ihr
Amt antraten. 449 treten die Konsuln nach dem Sturz der Decemvirn
ihr Amt wahrscheinlich am 13. Dezember an; dieser Tag ist auch als
Jahresanfang für 443 und 423 überliefert. Seit 401 beginnt das Amts-
jahr am 1. Oktober. 391 wird der Jahresanfang wegen der Erkrankung der Konsuln des Vorjahres auf den 1. Quintilis vorverlegt; dabei scheint es dann lange geblieben zu sein, wie die Überlieferung für
329 zeigt. Seit 222 liegt der Beginn des Amtsjahres am 15. März, seit
153 am 1. Januar.
Die *plebejischen Ädilen* werden hier zum erstenmal bei Livius erwähnt. Es gab dieses Amt seit 493. Die plebejischen Ädilen hatten die
Aufsicht über das in diesem Jahr geweihte Heiligtum *(aedes)* der besonders von den Plebejern verehrten Gottheiten Ceres, Liber und Libera und über den bei diesem Heiligtum stattfindenden Markt. Aus
der Marktaufsicht entwickelte sich die Pflicht, die Versorgung der
Bevölkerung mit Lebensmitteln sicherzustellen, und die Polizeige-
walt in der Stadt.

7   *der Curio maximus:* Jede der dreißig Curien hatten eine eigene Kult-
stätte und einen Curio, der dort die Kulthandlungen vollzog. Die
Curionen unterstanden dem Curio maximus, der hier zum erstenmal
erwähnt wird.

8   *daß die schlimmere Jahreszeit nun herum war:* Man sollte erwarten,
daß damit das Ende des Sommers gemeint ist. Aber wir befinden uns
bereits am Ende des Amtsjahres. Es scheint, daß der Konsul P. Servilius erhebliche Zeit vorher gestorben ist und daß man die Dinge lange
Zeit treiben ließ, bis man sich wieder aufraffte und einen Interrex ernannte.
einige Interregna: Die Konsulwahlen mußten durch einen der Konsuln durchgeführt werden. Wenn beide Konsuln tot waren oder bis
zum Ende ihrer Amtszeit keine ordnungsgemäße Wahl zustande gekommen war, wurde von den patrizischen Senatoren ein Interrex
(Zwischenkönig) aus ihren Reihen bestellt, der höchstens fünf Tage
im Amt sein durfte und dann selbst seinen Nachfolger bestimmte.
Der zweite und die folgenden Interreges, die auch höchstens fünf
Tage im Amt blieben, mußten dafür sorgen, daß möglichst rasch neue
Konsuln gewählt wurden. – Zur Entstehung des Interregnums in der
Königszeit s. I 17.

9   *vor Richtern, gegen einen von denen gewütet worden sei:* Vor den
Tribuscomitien.

10 Der *Kleine Triumph* wurde einem Feldherrn nach einem leicht errungenen Sieg gewährt oder wenn ein Hinderungsgrund für einen regelrechten Triumph vorlag. Beim Kleinen Triumph zog der Feldherr

nicht auf dem Triumphwagen und nicht im Triumphalornat, sondern zu Pferd oder zu Fuß in die Stadt ein; gewöhnlich wurde er dabei von seinem Heer begleitet.

die Bücher: Die Sibyllinischen Bücher, eine Sammlung von Ritualvorschriften in griechischer Sprache, die im Jupitertempel auf dem Kapitol aufbewahrt wurden. Die bekannte Geschichte, wie diese Bücher von der Sibylle dem König Tarquinius Priscus oder Superbus angeboten wurden, findet sich nicht bei Livius.

Das Zweierkollegium für die Riten: Diese Priester sollen von Tarquinius eingesetzt worden sein. Wenn der Senat ihnen den Auftrag dazu gab, sahen sie die Sibyllinischen Bücher ein und teilten dem Senat das Ergebnis mit.

11 *die Sitze:* Die *sella curulis;* s. zu I 8.

Die *Tage, an denen eine Abstimmung möglich war,* waren im römischen Kalender genau festgelegt.

das Volk aufforderten, auseinanderzutreten: Zur Abstimmung mußte sich das Volk nach den Tribus formieren; vgl. II 56.

Kapitalprozeß: Caeso drohte der Verlust aller bürgerlichen Rechte, vielleicht auch der Verlust der Freiheit oder gar die Todesstrafe.

13 Die *Subura* am Viminal und Esquilin war ein dicht bevölkertes Viertel der kleinen Leute mit vielen Werkstätten, Geschäften und Lokalen. Die Gegend genoß keinen guten Ruf und war wegen ihrer lockeren Sitten berüchtigt.

15 *Verbannte:* Römer, die infolge der inneren Auseinandersetzungen in der jungen römischen Republik in der Verbannung lebten.

Sklaven: Sklaven, die ihren römischen Herren entlaufen waren.

in ihre Heimat zurückzuführen: Das römische Volk sollte sich mit ihrer Rückkehr einverstanden erklären.

17 *Die Nacht:* Alle öffentlichen Verhandlungen wurden bei Sonnenuntergang abgebrochen; vgl. I 50.

18 *Diktator:* Das höchste Amt in Tusculum wie in anderen Latinerstädten.

das Bündnis: Der Vertrag zwischen Rom und den Latinern von 493.

seinen Beinamen: Publicola.

19 *zuvor nicht einmal zuließen:* Nach der Niederlage am Regillus-See hatten die Latiner ohne Erlaubnis der Römer nicht zu den Waffen greifen dürfen; dieser Zustand war 493 durch den Cassius-Vertrag beendet worden.

20 *ein Platz geweiht:* Volksversammlungen durften nur an einem geweihten Platz stattfinden.

mit dem Volk verhandelt: In Centuriatcomitien unter Leitung des Konsuls.

21 *die hohen Ämter:* Damit ist hier das Konsulat gemeint.

22 *entsühnte er:* Die Zeremonie fand regelmäßig vor dem Beginn eines Feldzuges statt.

24 *privat einen Richter anrufen:* Sie schlugen ihm eine Prozeßwette *(sponsio)* vor, bei der jede Seite sich verpflichtete, der anderen eine bestimmte Summe zu zahlen, wenn diese durch den Schiedsrichter für ihre Behauptung Recht erhielt. Die Weigerung, eine Prozeßwette einzugehen, kam dem Eingeständnis der Schuld gleich.

die Schätzung: Livius berichtet hier über diesen Census nach einer anderen Quelle als in Kap. 22.

25 *als Gesandte von Rom:* Rom kommt damit seinen Verpflichtungen gegenüber den verbündeten Latinergemeinden Labici und Tusculum nach.

26 *Minucius* hatte das Kommando gegen die Aequer.

jenseits des Tiber: Vgl. Kap. 13.

in der Toga: In der Frühzeit Roms war man bei der Feldarbeit nur mit einem Lendenschurz bekleidet.

27 *mit zwölf Schanzpfählen:* Die römischen Schanzpfähle werden XXXIII 5 beschrieben und mit den griechischen verglichen. Der römische Soldat trug i. a. drei bis vier Schanzpfähle. Es ist kaum anzunehmen, daß die Soldaten des Cincinnatus zwölf Schanzpfähle tragen konnten; vermutlich wurden diese Schanzpfähle von Maultieren transportiert.

Um Mitternacht gelangten sie an den Algidus: Die römischen Truppen hätten danach mehr als 30 km in 5 bis 6 Stunden zurückgelegt.

29 *als Legat:* An sich lag in der Tatsache, daß der Konsul ein Kommando unter dem Diktator ausüben sollte, keine Erniedrigung. Hier kam allerdings die harte Rüge dazu, die den Konsul zum Rücktritt veranlaßte.

die Tribunen würden die Abstimmung verhindern: Gegenüber dem Diktator hatten die Tribunen kein Einspruchsrecht.

30 *in Corbio:* Die Bewohner der Stadt scheinen mit den Aequern gemeinsame Sache gemacht zu haben.

zwei aus jeder Klasse: Nach der Klasseneinteilung des Servius (I 42–43); die letzte Centurie erhielt keine eigenen Tribunen. Die Mitteilung ist nach A. Klotz »Unsinn, der wohl durch Piso in die Überlieferung gebracht ist«.

31 *ein Gesetz wegen der Freigabe des Aventin zur Bebauung:* Nach I 33 wurde der Aventin bereits in der Königszeit besiedelt. Inzwischen waren auch eine Menge Nichtrömer, vor allem Latiner, dort hingezogen. Aber ein großer Teil des Geländes war noch unbewohnt und Gemeindeland. Dieses sollte nach dem von dem Volkstribunen L. Icilius (vgl. Kap. 32) eingebrachten Gesetz aufgeteilt und den Plebejern zur Bebauung übergeben werden.

eine Kommission nach Athen geschickt: Die Entsendung dieser Kommission wird allgemein als unhistorisch angesehen. Die Überlieferung ist infolge von rechtsgeschichtlichen Untersuchungen in Rom entstanden. – Die unbestreitbaren Übereinstimmungen mancher

Einzelheiten der Zwölftafelgesetze mit griechischen Gesetzen sind durch den starken Einfluß Großgriechenlands auf Rom und Latium bis zur Mitte des 5. Jahrhunderts zu erklären.

P. Sulpicius: Irrtümlich für Ser. Sulpicius; s. zu Kap. 33.

32 *mit unbeschränkter Vollmacht:* Gegen ihre Entscheidungen sollte es keine Möglichkeit des Einspruchs geben.

33 *P. Sulpicius:* Livius selbst bezeichnet ihn in Kap. 50 als ehemaligen Konsul; es gibt aber in der in Frage kommenden Zeit keinen Konsul P. Sulpicius. Es handelt sich demnach um Ser. Sulpicius, den Konsul von 461.

für dieses Jahr zu Konsuln bestimmt: Nach III 56 fand die Wahl der Decemvirn statt, nachdem Claudius und Genucius ihr Amt als Konsuln bereits angetreten hatten.

Appius: Livius hält ihn für den Sohn des Konsuls von 471; nach anderen Quellen ist der Decemvir jedoch mit dem Konsul von 471 identisch.

35 *auf die Woche nach dem dritten Markttag:* Die Landleute kamen nach sieben Arbeitstagen in die Stadt, um dort ihre Waren zu verkaufen und ihre Geschäfte zu erledigen. Ein Gesetzes- oder Wahlvorschlag mußte vor der Abstimmung an mindestens drei solchen Markttagen öffentlich angeschlagen sein. Am Markttag selbst durfte keine Abstimmung oder Wahl stattfinden. Die Wahl konnte also frühestens am 18. Tag nach der Bekanntmachung des Vorschlags erfolgen.

36 *mit den Beilen:* Das Beil ist das Zeichen der Gewalt über Leben und Tod. Noch im Gründungsjahr der Republik hatte P. Valerius Publicola die Beile aus den Fasces entfernen lassen. Seitdem war es nur noch dem Diktator gestattet, in der Stadt Rom die Rutenbündel mit den Beilen zu führen.

38 *Vormacht:* Rom hatte damals nicht die Rolle einer Vormacht gegenüber den Sabinern und Aequern.

39 *Nach dem einleitenden Bericht:* Damit wurde die Tagesordnung der Senatssitzung festgelegt.

unter Führung von Valeriern und Horatiern: Zur Rolle des P. Valerius Publicola, des Großvaters des L. Valerius Potitus, bei der Vertreibung der Tarquinier s. I 58 und II 2. – M. Horatius wird von Livius bei der Vertreibung der Tarquinier nicht erwähnt; er hatte mit der Vertreibung der Könige nichts zu tun. Es war aber bekannt, daß er den Jupiter-Tempel auf dem Kapitol geweiht hatte. – Ob M. Horatius Barbatus ein direkter Nachkomme des Konsuls von 509 und 507 war, ist in der Überlieferung umstritten.

...: Der überlieferte Text ist verderbt.

40 *sein Recht einfordern:* Daß sie das unrechtmäßig weitergeführte Amt niederlegten.

Interrex: Zur Durchführung von Konsulwahlen; s. zu III 8.

43 *L. Siccius:* Die Waffentaten des L. Siccius Dentatus waren legendär und den Zeitgenossen des Livius zweifellos vertraut.

48 *Heiligtum der Cloacina:* An der Stelle, wo die Cloaca maxima das Forum erreichte, befand sich ein kleines Heiligtum der Cloacina, der Schutzgöttin dieser Anlage. In späterer Zeit wurde die Cloacina mit Venus identifiziert.

Läden, die jetzt »die Neuen« heißen: An der Nordseite des Forums.

49 *vor dem Privatmann:* Appius ist nach ihrer Meinung nicht berechtigt, sein Amt zu führen; sein Auftreten ist Amtsanmaßung, Gewalt.

50 *P. Sulpicius:* Irrtümlich für Ser. Sulpicius, s. zu III 31 und 33.

52 *das Maßhalten ihrer Väter:* II 32.

53 *eure Gesetze:* Vor allem die heilige Satzung (II, 33).

die Entscheidung über unser Leben und unser Hab und Gut: Livius scheint an Verfahren wie die Prozesse gegen K. Quinctius (III 11–13) und gegen Romilius und Veturius (III 31) zu denken.

54 *das Tribunat angetreten:* Wahrscheinlich am 10. Dezember; dieses Datum wurde dann der traditionelle Amtsantritt der Volkstribunen.

55 *sie traten sogleich ihr Amt an:* Wahrscheinlich am 13. Dezember, vgl. zu Kap. 6.

was die Plebs tribusweise entschieden habe: Die Entscheidungen der Tribuscomitien.

solle das ganze Volk binden: Bisher hatten diese Entscheidungen erst dann Gültigkeit erlangt, wenn sie durch den Senat bestätigt worden waren. – Entsprechende Bestimmungen für die Centuriatcomitien wurden 339 durch die *lex Publilia* geschaffen, für die *concilia plebis* 287 durch die *lex Hortensia.*

Gesetz über das Recht zur Berufung: Für die römischen Historiker mußte mit der Wiederherstellung der republikanischen Ordnung auch das Provokationsrecht wiederhergestellt werden. Dieses zweite Provokationsgesetz von 449 ist aber ebenso unhistorisch wie das erste von 509 (s. II 8 m. Anm.). Das Provokationsrecht hat sich im Lauf der Ständekämpfe entwickelt und wurde erst 300 durch ein Gesetz des Konsuls M. Valerius geregelt (X 9).

einem von den zehn Richtern: Es muß sich um ein Kollegium gehandelt haben, das vor allem die Interessen der Plebs vertrat; Näheres ist nicht bekannt.

beim Tempel der Ceres, des Liber und der Libera: Der Tempel lag zwischen dem Circus maximus und dem Aventin. Er war 496 gelobt und 493 geweiht worden. Das Heiligtum hatte besondere Bedeutung für die Plebs.

verkauft werden: Der Erlös fiel dann an den Tempel.

Konsul... Prätor: Der Titel »Konsul« wurde nach Zonaras erst nach dem Sturz der Decemvirn eingeführt; bis dahin hießen die höchsten Beamten Roms »Prätoren«.

56 *einkerkern:* Zunächst kommt Appius in Untersuchungshaft.

wenn du nicht einen Richter benennst: Verginius zeigt dem Appius als einzigen Ausweg eine Prozeßwette; s. zu Kap. 24.

57 *Decemvir auf Lebenszeit:* Anspielung auf den Titel »Diktator auf Lebenszeit«, den Caesar im Februar 44 annahm.

die ihre Wehrpflicht schon erfüllt hatten: Die sechzehn Feldzüge als Fußsoldaten oder zehn als Reiter mitgemacht hatten.

»Zwölf Tafeln«: Auch die beiden letzten Tafeln waren noch von den Decemvirn abgefaßt worden (III 37). Livius gibt nicht an, wann das Volk über diese beiden letzten Tafeln abgestimmt und sie damit rechtsgültig gemacht hat. Da die Decemvirn ihr Verharren im Amt mit der noch nicht abgeschlossenen Gesetzgebertätigkeit begründeten, müßte die Abstimmung über die beiden letzten Tafeln unter den Konsuln Valerius und Horatius erfolgt sein.

58 *Bildnis:* Die patrizischen Familien hatten das Recht, in ihren Häusern Wachsmasken der verstorbenen Ahnen aufzustellen. Bei diesen Masken waren die Staatsämter des Betreffenden und seine Leistungen für den Staat aufgeführt.

seinen von Ruten zerfleischten Rücken: Es scheint, daß Oppius ihn so bestraft hat, weil er sich weigerte, weiter Kriegsdienst zu leisten.

die äußerste Strafe: M. Claudius hatte falsches Zeugnis abgelegt; darauf stand die Todesstrafe. Vgl. Kap. 29.

61 *an Ehre und Rang übertrefft:* In der Reiterei dienten die Patrizier, soweit sie nicht zu arm dazu waren (s. Kap. 27), und die wohlhabenden Plebejer (I 43).

63 *Dankfest:* Die *supplicationes* waren ursprünglich Bittgänge des ganzen Volkes zu allen Tempeln der Götter, die in größter Not vom Senat angeordnet wurden (vgl. Kap. 7). Später entwickelten sich daraus die Dankfeste für große Siege. Die Dauer dieser Dankfeste richtete sich nach der Bedeutung des militärischen Erfolgs.

beriefen den Senat hinaus auf das Marsfeld: Vor dem Triumph durften die Konsuln die Stadt nicht betreten.

64 *die Rechte der Plebs in Frage gestellt:* Auch die Soldaten – das Heer bestand zum größten Teil aus Plebejern – hatten wie die siegreichen Feldherrn ein moralisches Anrecht auf den Triumph.

nicht die nötigen Stimmen erhielten: Jede Tribus stimmte für sich ab und teilte das Ergebnis dem Wahlleiter mit. Gewählt war nur, wer die absolute Mehrheit der Tribus erhielt. Da Duilius die für die amtierenden Tribunen abgegebenen Stimmen für ungültig erklärte, erhielt außer den bereits gewählten Kandidaten keiner die erforderliche Stimmenzahl.

ernannt: So schon 493 bei der Wahl der ersten Tribunen geschehen (II 33).

fünfzehn Volkstribunen: Die neun Amtsgenossen des Duilius hatten offensichtlich gefordert, daß das gesamte Kollegium des auslaufenden Jahres im kommenden Jahr zusammen mit den fünf neugewählten Tribunen amtieren solle.

65 *auch zwei Patrizier:* Nach der II 33 erwähnten Abmachung war das nicht erlaubt. Die Patrizier scheinen sich aber auch sonst gelegentlich bemüht zu haben, bei Cooption Mitglieder ihres Standes in das Kollegium der Volkstribunen zu bringen, s. V 10.

67 *eben noch den Hernikern kaum gewachsen:* Die Kämpfe, auf die Quinctius hier anspielt, sind bei Livius nicht erwähnt.
Männer von eurer Partei: Valerius und Horatius.

68 *durch fremde Hilfe:* Der Volkstribunen.

69 *als Fahnenflüchtiger gelten:* Fahnenflüchtige konnten mit Kerkerhaft, Verkauf in die Sklaverei oder mit dem Tode bestraft werden.
am 10. Meilenstein: Der Via Latina.

70 *Feldzeichen… in die dichte Masse der Feinde zu werfen:* Dadurch wurden die Soldaten zum äußersten Einsatz angespornt; denn der Verlust des Feldzeichens bedeutete eine große Schande und wurde schwer bestraft (s. II 59).

71 *Schiedsspruch des Volkes in einer Grenzstreitigkeit der Bundesgenossen:* Der ganze Vorfall ist unhistorisch.
bei Corioli gekämpft: 493, s. II 33.

72 *Ahnenmaske:* Im allgemeinen stellten nur senatorische Familien in ihren Häusern wächserne Masken der verstorbenen Ahnen auf. – Vgl. zu Kap. 58.

VIERTES BUCH

1 *Genucius:* Die Genucier waren Plebejer; wahrscheinlich sind das Konsulat des M. Genucius und das Decemvirat des T. Genucius (III 33) unhistorisch.
Gesetzesvorschlag über die Möglichkeit einer Ehe zwischen Patriziern und Plebejern: Die Ehe zwischen Patriziern und Plebejern war durch eine Bestimmung der Zwölftafelgesetze ausdrücklich untersagt worden. Der Gesetzesvorschlag des Canulejus ist die Reaktion auf diese Vorschrift.
Konsuln aus der Plebs: Dieser Antrag auf Zulassung der Plebejer zum Konsulat ist unhistorisch. Es handelt sich um einen Versuch der römischen Annalistik – wahrscheinlich des Licinius Macer –, die Einführung des Konsulartribunats zu erklären. Ein anderer Erklärungsversuch steht in Kap. 7. – In Wirklichkeit wurde der Antrag auf Zulassung der Plebejer zum Konsulat erst 376 gestellt, s. S. 29.

2 *Verwirrung in den staatlichen und privaten Auspizien:* Die Patrizier hatten allein das Recht, in staatlichen Angelegenheiten Auspizien durchzuführen; somit konnten auch nur sie das *imperium* ausüben. Hier ist vorausgesetzt, daß auch im privaten Bereich nur die Patrizier berechtigt sind, den Willen der Götter durch ein Auspizium zu erkunden.

welche Opfer er darzubringen habe: Die Sonderopfer der einzelnen patrizischen Geschlechter.

3 *besiegten Feinden das Bürgerrecht verliehen:* Z. B. den Sabinern (I 13), Albanern (I 30) und Latinern (I 33).

keinen Zugang zum Kalender und zu den Aufzeichnungen der Pontifices: Die Pontifices führten den offiziellen römischen Kalender, in dem der sakrale und staatsrechtliche Charakter jedes Tages festgelegt war. Hier waren auch die Beamten des Jahres verzeichnet und die wichtigen Begebenheiten, die sich im Lauf des Jahres ereigneten, festgehalten. Siehe auch S. 19 f.

die doch alle Patrizier waren: Die Amtsführung der Decemvirn und die von ihnen veröffentlichten Gesetze sprechen für die Richtigkeit dieser Feststellung. In den Listen der Decemvirn bei Livius tauchen jedoch auch Plebejer auf: unter den Decemvirn von 451 T. Genucius (s. zu IV 1), unter denen von 450/449 (III 35), um die es hier hauptsächlich geht, L. Minucius, Q. Poetelius, T. Antonius, K. Duilius, Sp. Oppius und M'. Rabulejus. Diese Namen müssen gefälscht sein.

6 *...:* Der Name des Sprechers ist in der Überlieferung weggefallen. Es handelt sich um einen der Konsuln.

da die Tribunen Einspruch einlegten: Es ist das erste Beispiel eines Einspruchs der Tribunen gegen Beschlüsse des Senats.

Valerius und Horatius: Die beiden Konsuln des Jahres 449, die für die Forderungen der Plebejer Verständnis gezeigt hatten.

C. Claudius, der Konsul des Jahres 460, hatte sich von den Schandtaten seines Neffen, des Decemvirn App. Claudius, distanziert, war aber ein entschiedener Verfechter einer senatorischen Standespolitik (z. B. III 63).

Militärtribunen... Konsuln: Je nach Bedarf sollten Konsuln oder Militärtribunen gewählt werden. Bei dieser Regelung blieb es bis 367.

in glänzendweißer Toga: Durch das Einreiben von Kreide wurde die Toga, die gewöhnlich die natürliche Wollfarbe hatte, glänzendweiß *(toga candida).* Dadurch gaben sich die Bewerber um ein Amt als solche zu erkennen und lenkten die Aufmerksamkeit auf sich.

7 *L. Atilius* stammte aus einer plebejischen Familie, ebenso Q. Merenda, der unter den Konsulartribunen von 422 aufgeführt ist. Livius bezeichnet jedoch V 12 P. Licinius Calvus als den ersten Plebejer, der Konsulartribun wurde (400). Bei den Namen der plebejischen Konsulartribunen vor 400 handelt es sich demnach wohl um Fälschungen.

weil zwei Konsuln so viele Kriege zugleich nicht hätten übernehmen können: Dies ist der ältere Erklärungsversuch für die Einrichtung des Konsulartribunats; vgl. zu Kap. 1.

Platz für das Zelt: Von dem aus er die Auspizien einholte.

Leinenbücher: Siehe S. 14.

8 *zunächst klein anfing:* Die Aufteilung der Bürger nach Centurien und Klassen.

die Staatseinkünfte... dem Willen und Ermessen der Zensoren anheimgegeben: Hier ist an die Einführung neuer Steuern und Zölle, den Verkauf von staatlichem Besitz, die Verpachtung des *ager publicus,* die Verpachtung der Steuern und Zölle und die Vergabe von Staatsaufträgen für die Straßen und öffentlichen Bauten zu denken.

viele Jahre lang nicht mehr geschätzt: Der letzte Census hatte 460/459 stattgefunden.

patrizische Ämter: Die Zensur war vor 351 nur Patriziern zugänglich. Dann wurde zum erstenmal ein Plebejer zum Zensor gewählt. 339 wurde durch die *lex Publilia* bestimmt, daß einer der beiden Zensoren aus der Plebs kommen müsse.

9 *ihre Vormunde:* Das Mädchen hatte also keinen Vater mehr.

Optimaten: Die Adligen und ihre Anhänger.

Mutter: Auch in Rom beanspruchten die Frauen i. a. ein Mitspracherecht bei der Verheiratung ihrer Töchter.

Der römischen Plebs ganz unähnlich: Die römische Plebs hatte sich bei ihren beiden Auszügen bemüht, keinen unnötigen Schaden anzurichten, s. II 32 und III 52.

Volsker unter Führung des Aequers Cluilius: Offensichtlich volskische Freischärler; ein reguläres Kontingent der Volsker würde kaum einen Aequer zum Führer gehabt haben.

10 *nicht weit von der Stadt Tusculum lagerten:* Es ist erstaunlich, daß die Volsker über Tusculum abziehen; dieser Weg würde eher zu Aequern passen.

von den Tusculanern aus altem Haß: Auch dies würde eher zu den Aequern passen; denn Tusculum hatte vor allem immer wieder unter Überfällen der Aequer zu leiden gehabt; Livius berichtet darüber unter den Jahren 459, 458, 455 und 449. 463 und 462 hatten aber zusammen mit den Aequern auch Volsker Tusculum angegriffen; die Volsker erlitten dabei durch römische Truppen eine vernichtende Niederlage.

11 *zum Schutz gegen die Volsker:* Die römischen Erfolge gegen Antium in den Jahren 468 und 459 hatten die von dort drohende Gefahr nicht bannen können. Unter den Jahren 464, 461 und 459 wird von der Unzuverlässigkeit der Bevölkerung von Antium und von dort ausgehenden antirömischen Aktionen berichtet. Um so wichtiger war für die Römer die Gewinnung zuverlässiger Bundesgenossen in Ardea.

12 *C. Furius Pacilus:* Wahrscheinlich identisch mit dem III 54 genannten Q. Furius.

Kommissar für die Getreideversorgung: Für die Getreideversorgung waren die Ädilen zuständig. Es ist unwahrscheinlich, daß jetzt das Amt eines *praefectus annonae* (Versorgungskommissar) eingerichtet wurde. Die Einsetzung von Sonderbeauftragten für die Getreideversorgung ist erst aus der Spätzeit der Republik bekannt. Das früheste Beispiel ist 104 M. Aemilius Scaurus.

13 *der Name des Kommissars:* In den *libri lintei* (Leinenchronik) war L. Minucius als *praefectus* (Kommissar) angeführt; vielleicht war er *praefectus urbi* (Stadtkommandant).

einer, der freie Hand habe und dem die Gesetze keine Fesseln anlegten: Das III 55 angeführte Gesetz gilt für gewählte Beamte, nicht für den Diktator.

15 *Leute wie Claudius:* Der Decemvir App. Claudius.

Spelzweizen: Der daraus hergestellte Brei *(puls)* war die Hauptnahrung im frühen Rom.

verdauen: Beispiel für politischen Slang in Rom.

eine Verirrung der Natur: Maelius' Verhalten fällt damit unter die Zeichen für den Zorn der Götter und muß gesühnt werden.

16 *mit einem vergoldeten Rind vor der Porta Trigemina:* Nach Plinius (nat. 18,15 und 34,21) wurde Minucius durch ein Denkmal vor der Porta Trigemina geehrt. – Livius bzw. seine Quelle denkt offensichtlich an ein vergoldetes Standbild eines Rindes. Ein solches vergoldetes Standbild ist für das 5. Jahrhundert aber undenkbar. Die Nachricht von dem Denkmal für L. Minucius vor der Porta Trigemina, das zu Livius' Zeit wohl nicht mehr gestanden hat, ist hier mit einer annalistischen Mitteilung verquickt, nach der L. Minucius ein Rind mit vergoldeten Hörnern erhielt, um es den Göttern zu opfern.

von den Patriziern zu den Plebejern übergetreten: Hier ist vorausgesetzt, daß nur Plebejer Volkstribunen werden können; s. aber III 65 m. Anm.

durch ein Gesetz verboten: Die *lex Trebonia* von 448 (III 65) verbot die Ernennung eines der zehn Volkstribunen an Stelle der Wahl. Eine spätere Erweiterung des Tribunenkollegiums durch Zuwahl des Kollegiums war dabei nicht ins Auge gefaßt.

sechs Stellen: Erst für 404 werden zum erstenmal sechs Militärtribunen mit konsularischer Vollmacht gewählt.

17 *ein mißverständliches Wort von ihm,... sie sollten getötet werden:* Nach Valerius Maximus rief er nach dem Wurf seinem Mitspieler zu: »Occide!« (d. h. »Töte!« im Sinne von »Wirf diesen Stein hinaus, wenn du das kannst!«). Tolumnius spielte wohl ein Brettspiel, bei dem gewürfelt wurde.

seinen Beinamen hat er... von dem Krieg erhalten: Der Beiname bezeichnet vielmehr den Mann, der selbst oder dessen Familie aus Fidenae gekommen war.

Die *Falisker* mit der Stadt Falerii lebten in Etrurien, waren aber nach Ausweis ihrer Sprache keine Etrusker. Livius erwähnt sie hier zum erstenmal.

wo er... konnte: Der überlieferte Text ist verderbt.

18 *die etruskischen Legionen:* Das Fußvolk der Etrusker.

20 *Im Anschluß an alle Geschichtsschreiber vor mir...:* Livius bringt hier einen Nachtrag. Die neuen Argumente sind ihm im Jahre 27 bei

der Diskussion um die *spolia opima* nach der Rückkehr des M. Licinius Crassus bekannt geworden, s. zu I 10.

unter dessen Auspizien der Krieg geführt wird: D. h. ein Konsul, ein Diktator oder ein Militärtribun mit konsularischer Vollmacht.

als Konsul: Cossus war 428 Konsul. – E. Täubler vermutet, der Konsultitel sei erst um 300 zu dem auf dem Leinenpanzer stehenden Namen des A. Cornelius Cossus hinzugefügt worden. Nach T. J. Luce ist die Inschrift vielleicht erneuert worden, als Marcellus 222 seine *spolia opima* weihte; auch dabei könnte der Konsultitel hinzugefügt worden sein.

habe... selbst gelesen: Offensichtlich hat Livius sich mit dem Zeugnis des Augustus begnügt und sich nicht selbst durch den Augenschein überzeugt.

Leinenpanzer: Ein Panzer aus mehreren Lagen Leinwand, vgl. Hom., Il. 2,529.830.

hielt ich es fast für ein Sakrileg, dem Cossus... einen Zeugen wie Caesar... vorzuenthalten: An der Authentizität der Aufschrift auf dem alten Leinenpanzer des Tolumnius gibt es für Livius keinen Zweifel.

mag sich jeder sein eigenes Urteil bilden: Die sakralrechtliche Voraussetzung, daß nur ein Oberbefehlshaber das Recht zur Weihung der *spolia opima* hat, und die gute Bezeugung von Cossus' Konsulat im Jahre 428 sprechen für eine Datierung seines Sieges über Tolumnius auf dieses Jahr. Livius versteht sich jedoch nicht zu dieser Folgerung. Für ihn ist entscheidend, daß in der ihm bekannten annalistischen Überlieferung für 428 ebenso wie für das Jahr davor und danach von keinem Krieg berichtet ist, in dem der Kampf des Cossus mit Tolumnius stattgefunden haben könnte. Bei seiner hohen Einschätzung der Tradition der römischen Geschichtsschreibung kann seiner Meinung nach dieser Kampf also damals nicht stattgefunden haben. So kann er den Widerspruch zwischen der annalistischen Tradition auf der einen Seite und der wiederentdeckten Inschrift und der sakralrechtlichen Voraussetzung für die Weihung der *spolia opima* auf der anderen Seite nicht lösen.

Folgerung daraus... gegenstandslos: Eine Datierung auf das Jahr 426 schließt Livius also aus.

man kann alle Meinungen zurückweisen: Livius resigniert gegenüber der Schwierigkeit des Problems, stellt aber zum Abschluß seines Nachtrags das Hauptargument gegen seine eigene Darstellung noch einmal mit aller Deutlichkeit heraus.

21   *das Vermögen des Servilius Ahala einzuziehen:* Der Einzug des Vermögens ist nicht die eigentliche Bestrafung – es wurde wohl die Todesstrafe beantragt.

weniger ernst genommen: Nach Cicero wurde Ahala durch die Centuriatcomitien verbannt, später aber wieder zurückgerufen.

Beinamen... Priscus... Structus: In den älteren Quellen gab es noch keine Beinamen; diese wurden erst später hinzugefügt. Bei den Serviliern kommen beide Beinamen vor.

in der Nacht: Nach altem Herkommen konnte ein Diktator nur bei Nacht ernannt werden.

22 *die Stadt erobert:* Der Bericht über die Einnahme von Fidenae entspricht im entscheidenden Punkt der von Veji mit Hilfe eines unterirdischen Ganges (V 21).

das Amtsgebäude auf dem Marsfeld: Die Errichtung dieses Gebäudes war durch die Einführung des Zensorenamtes bedingt.

23 *Konsuln:* Die von Licinius Macer behauptete Wiederwahl der amtierenden Konsuln ist unwahrscheinlich. Die beiden von Valerius Antias und Tubero genannten Konsuln erscheinen auch unter den drei von den »alten Geschichtsschreibern« erwähnten Militärtribunen mit konsularischer Vollmacht (s. die folgende Anm.); wenn der Name eines der drei Militärtribunen in der Überlieferung verlorenging, lag es nahe, für dieses Jahr Konsuln anzunehmen.

bei den alten Geschichtsschreibern: Diodor nennt für dieses Jahr M. Manlius, Q. Sulpicius Praetextatus und Ser. Cornelius Cossus als Militärtribunen.

zu den zwölf Völkern: Die zwölf Stadtstaaten Etruriens (vgl. V 33) hatten sich etwa in der Mitte des 6. Jahrhunderts zu einem Bund zusammengeschlossen.

Voltumna-Heiligtum: Das Bundesheiligtum der Etrusker im Gebiet von Volsinii. Voltumna (etrusk. Veltune), mit Vortumnus identisch, war nach Varro der Hauptgott der Etrusker.

24 *Machtbefugnis... zu groß:* Im Widerspruch zu dem in Kap. 8 Mitgeteilten, wonach die Zensur zunächst relativ unbedeutend war und erst im Lauf der Zeit an Machtfülle gewann. Dem Diktator war lediglich die lange Dauer der Zensur ein Dorn im Auge.

stießen ihn aus seiner Tribus aus: Aemilius verlor damit das passive und das aktive Wahlrecht. Die Strafmaßnahmen der Zensoren galten aber nur bis zum Beginn der nächsten Zensur.

machten ihn zum Ärarier: Die Ärarier wurden nach einem höheren Steuersatz als die übrigen Bürger besteuert. Der Steuersatz wurde von den Zensoren von Fall zu Fall festgesetzt.

25 *das Recht zur Hilfeleistung:* Das Volkstribunat.

keine freie Wahl: Bei den Konsulwahlen konnten keine Plebejer gewählt werden.

26 *eine Verwünschungsformel:* Sie verpflichteten sich durch einen feierlichen Eid, zu siegen oder zu sterben. Wer den Eid nicht hielt, verfiel der Strafe der Götter.

in den Kerker abführen lassen: Dazu waren die Volkstribunen nicht berechtigt.

So waren auch die, die sich ihrer Sache nicht ganz sicher waren, geneigt...: Wenn sie keinen Kriegsdienst leisteten und ihr Entschuldigungsgrund nicht anerkannt wurde, mußten sie als Fahnenflüchtige mit schwerer Strafe rechnen; vgl. III 69 m. Anm.

27 *die Feinde:* Die Aequer.

29 *den die Latiner und Herniker als ihr Eigentum erkannten:* Die Volsker waren plündernd durch das Gebiet der Latiner, die Aequer durch das der Herniker gezogen.

durch die Überlieferung getrübt: Livius glaubt wie die meisten im 1. Jahrhundert und später, daß die Erzählung von dem Todesurteil gegen den eigenen Sohn von T. Manlius Torquatus auf A. Postumius Tubertus übertragen worden sei. Die Überlieferung von dem durch Postumius verhängten Todesurteil ist jedoch wohl die ursprüngliche.

der Beiname Imperiosus: Den Beinamen Imperiosus erhielt schon L. Manlius, der Diktator von 363. Von ihm ging er auf seine Söhne Gnaeus und Titus über. – Livius folgt hier im Gegensatz zu VII 4 der weitverbreiteten Überlieferung, nach der erst T. Manlius wegen der Hinrichtung seines Sohnes den Beinamen Imperiosus erhielt.

die Karthager... zum erstenmal... ein Heer nach Sizilien hinüberschickten: Von Streitigkeiten unter den Siziliern in diesem Jahr und der Entsendung eines karthagischen Expeditionskorps, das die eine der streitenden Parteien unterstützen sollte, ist in der Überlieferung sonst keine Spur zu finden. So bleibt es im dunkeln, worauf diese Notiz von Livius' Quelle zurückgeht. Falsch ist die Angabe, daß jetzt zum erstenmal ein karthagisches Heer in die Auseinandersetzungen auf Sizilien eingegriffen habe; die Karthager hatten schon um die Mitte des 6. Jahrhunderts Truppen unter Malchus nach Sizilien geschickt und Teile der Insel unter ihre Herrschaft gebracht.

30 *Gesetz über das Ansetzen der Bußgelder:* Durch ein Gesetz von 454 oder 452 waren die Bußen, die ein Beamter verhängen konnte, in Schafen und Rindern festgelegt worden. Auch als die Entrichtung der Buße in Geld üblich wurde, blieb es bei dieser altertümlichen Festsetzung des Strafmaßes. Es scheint in der Übergangszeit zu unterschiedlichen, vielleicht auch willkürlichen Ansätzen der statt der Tiere zu zahlenden Beträge gekommen zu sein. Diese Unsicherheit wurde durch das Gesetz von 430 beseitigt: ein Schaf wurde seitdem zu 10 As, ein Rind zu 100 As berechnet.

Auseinandersetzung: Es ging darum, ob es sich um einen neuen Krieg oder um die Fortsetzung des alten, durch einen Waffenstillstand unterbrochenen Krieges handelte. Bei einem neuen Krieg mußte das Volk entscheiden.

der Konsul Quinctius: T. Quinctius war 428 Konsul gewesen; Konsuln von 427 waren C. Servilius Ahala und L. Papirius Mugillanus. Livius benutzt hier und am Anfang von Kap. 31 eine andere Quelle als in den früheren Teilen dieses Kapitels, ohne den Widerspruch zu bemerken.

32 *fast öfter eingenommen als bestürmt:* Mit starker Übertreibung. Li-

vius berichtet über die erste Einnahme von Fidenae unter Romulus I
14; die Kapitulation der Stadt im Jahre 498 fehlt bei ihm (s. zu II 19
und zu II 21); 435 ist die Stadt dann noch einmal eingenommen worden (IV 22).

früher schon... bei Nomentum geschlagen: Nach Kap. 22 siegte 435
bei Nomentum der Diktator Q. Servilius über die Truppen aus Fidenae und Veji. Mam. Aemilius siegte nach Kap. 18 f. in seiner ersten
Diktatur 437 bei Fidenae über die Vejenter, Fidenaten und Falisker.
Die Abweichung ist wohl auf die Benutzung verschiedener Quellen
zurückzuführen.

ein Schandmal aufgedrückt: Vgl. Kap. 24.

die Legionen: Die Fußtruppen der Römer und der Etrusker.

33 *durch eure Wohltaten:* Fidenae war 435 nach seiner Eroberung durch
die Römer nicht seinen schweren Verfehlungen (Abfall von Rom; Ermordung der römischen Gesandten) entsprechend bestraft worden.

34 *habe auch eine Flotte... gekämpft:* Wir fassen hier einen älteren
Sprachgebrauch, den Livius nicht mehr verstand. *classis* bezeichnete
zunächst das aus den Klassen der Servianischen Ordnung bestehende
Aufgebot des römischen Fußvolks; der Gebrauch von *classis* zur Bezeichnung der Flotte kam erst später auf.

35 *auf drei Jahre:* Der 430 auf acht Jahre abgeschlossene Waffenstillstand müßte noch in Kraft sein. Der neue Waffenstillstand ist eine
Dublette infolge der Benutzung verschiedener Quellen.

die Spiele, die im Krieg gelobt worden waren: Es handelt sich wohl
um die Einlösung des Gelübdes des Mam. Aemilius (IV 32), nicht um
die von A. Postumius Tubertus gelobten Spiele (IV 27).

36 *Abgabe für die Besitzer der Ländereien:* Hier hören wir zum erstenn-
mal von einer Gebühr für die Nutzung des Staatslandes *(ager publicus)*. Es befand sich überwiegend in der Hand von Patriziern, die es
zur Viehzucht benutzten.

in Abwesenheit der Volkstribunen: Sie durften die Stadt nicht verlassen, waren aber nicht zur Senatssitzung berufen worden.

37 *Volturnum, eine Stadt der Etrusker:* Nachdem es bereits im 7. Jahrhundert Kontakte zwischen den Etruskern und Kampanien gegeben
hatte, brachten die Etrusker seit der Mitte des 6. Jahrhunderts einen
großen Teil Kampaniens unter ihre Herrschaft, und es kam dort zur
Bildung eines Zwölfstädtebundes ähnlich wie in Etrurien und im
etruskischen Oberitalien. Als die Römer sich von der Etruskerherrschaft befreit hatten und damit die Landverbindung zwischen Etrurien und dem etruskischen Kampanien unterbrochen war, begann
auch dort der Niedergang der etruskischen Macht.

von den Samniten eingenommen: Ähnlich wie die Volsker nach Latium vorgestoßen waren, drangen die Samniten im 5. Jahrhundert aus
dem Bergland von Samnium in das fruchtbare Kampanien ein. Diodor berichtet, daß sich im Jahre 437 das Volk der Kampaner gebildet

habe; d. h. die eingesessene Bevölkerung sah sich gezwungen, den eingedrungenen Samniten weitgehende Zugeständnisse zu machen, und es kam zur Bildung einer neuen politischen Einheit.

im ersten Treffen: Nach Valerius Maximus bei Verrugo.

38 *Decurio:* Entweder als einfacher *decurio* der Anführer einer *decuria*, einer Gruppe von zehn Reitern, oder als *primus decurio* der Anführer einer aus drei Decurien gebildeten Schwadron.

Reiterschild: Ein kleiner, mit Bronze beschlagener Rundschild.

mit dem Reiterschild bewaffnete Kohorte: Die Kohorte war eine Formation des Fußvolks. Bei der Formulierung *parmata cohors* handelt es sich um einen Soldatenscherz.

Fahne: Die Reiterschwadronen hatten statt eines Feldzeichens eine kleine rote Fahne.

41 *zu 10000 Schweren As:* Jeder dieser Schweren As bestand aus 1 Pfund (zu 327 g) Kupfer. 10000 As entsprachen 100 Rindern, s. zu Kap. 30.

42 *die auch die Reiter… als Centurionen an ihre Spitze gestellt hatten:* Nur die Fußsoldaten kämpften unter dem Kommando von Centurionen. Als die Reiter zu Fuß in den Kampf eingriffen, übernahmen einige von ihnen in der Funktion von »Centurionen« das Kommando.

auf ihren tätigen Beistand: Hortensius unterstellt, seine Kollegen wollten gegebenenfalls Einspruch einlegen.

43 *die Tribunen verhinderten die Zusammenkünfte der Patrizier:* Die patrizischen Senatoren mußten alle fünf Tage zusammenkommen, um einen neuen Interrex zu ernennen. Das suchten die Tribunen jetzt zu verhindern, um die Patrizier zum Nachgeben zu bewegen.

44 *Sex. Furius Medullinus zum zweitenmal:* Ein früheres Militärtribunat des Sex. Furius Medullinus ist nirgendwo erwähnt. Nach anderen Quellen war in diesem Jahr L. Furius Medullinus zum drittenmal Militärtribun mit konsularischer Vollmacht.

wegen Unkeuschheit: Die Vestalinnen waren zur Keuschheit verpflichtet. Auf Verletzung dieses Gebotes stand die Todesstrafe.

45 *Labici* scheint sich vom Latinischen Bunde getrennt und an die Aequer angeschlossen zu haben.

46 *zehn Tribus:* Von den insgesamt 21 Tribus, die Rom damals hatte (s. II 21). Daß bei der Aushebung nicht alle Tribus herangezogen werden, ist ganz ungewöhnlich.

daß sie sich Tag um Tag im Oberbefehl abwechseln wollten: Dieses Verfahren ist hier zum erstenmal erwähnt. Später wurde es üblich, wenn zwei gleichrangige Beamte auf einem Kriegsschauplatz eingesetzt waren.

die niederen Beamten: Ädilen und Quästoren.

47 *Sp. Nautius Rutilus:* Der Name eines vierten Militärtribunen, des Q. Fabius Vibulanus, scheint ausgefallen; sein Militärtribunat in diesem (oder einem anderen) Jahr wird auch in Kap. 49 vorausgesetzt. Es

ist nicht zu erkennen, ob Livius in den beiden Kapiteln verschiedenen Quellen folgt oder ob ein Überlieferungsfehler vorliegt.

48 *das Land, das man den Feinden genommen:* Die Volkstribunen fassen mit ihrem Gesetzesvorschlag den gesamten *ager publicus* (Staatsland) ins Auge.

der Besitz eines großen Teils der Adligen…: Die Patrizier hatten einen großen Teil des *ager publicus* in ihren Besitz gebracht.

sein Urgroßvater: Nach der Darstellung des Livius im II. Buch der Großvater des Decemvirn, also der Ururgroßvater des App. Claudius. Siehe aber auch zu III 33.

50 *unter Flechtwerk getötet:* D. h. ertränkt.

52 *sein Name und seine Familie:* Sp. Icilius war 471/0 Volkstribun gewesen, L. Icilius 456, 455 und 449. Letzterer war auch der Bräutigam der Verginia gewesen und hatte 449 bei der Beendigung des Decemvirats eine herausragende Rolle gespielt.

M. Papirius Atratinus: Der Konsul erhält hier versehentlich den Beinamen eines Zweiges der Semproner; es handelt sich um M. Papirius Mugillanus, der schon 418 und 416 Militärtribun gewesen war.

von den Samniten, die Capua und Cumae in Besitz hatten: Livius hat auch zu den Jahren 508, 492 und 433 von Bemühungen der Römer um Getreidelieferungen aus Cumae berichtet.

von den Tyrannen in Sizilien freundlich unterstützt: 411 gab es in Sizilien keine Tyrannen. Da man aber von vielen Tyrannen auf Sizilien wußte, nimmt Livius bzw. seine Quelle auch für das Jahr 411 die Herrschaft von Tyrannen in den Städten Siziliens an. – Rom hatte auch 492 und 433 aus Sizilien Getreide erhalten.

Bereitwilligkeit Etruriens: Getreidelieferungen aus Etrurien sind auch für 492, 440 und 433 erwähnt. Bei diesen Getreidelieferungen dürften wirtschaftliche Überlegungen eine entscheidende Rolle gespielt haben; sowohl Sizilien als auch Etrurien waren an dem Absatz ihres Getreides in Rom interessiert.

53 *im Namen ihres Kollegiums:* Menenius zählt für sie als Außenseiter nicht mit.

am Hals packen: Die Liktoren gingen hart gegen die Wehrdienstverweigerer vor, indem sie ihnen in einer Art Polizeigriff den Hals zuhielten oder verdrehten *(collum torquere).*

54 *als Salier und Flamines:* Siehe I 20 m. Anm.

55 *Sie waren drei:* Die in Kap. 54 genannten Icilier.

schon von Adel, soweit es das bei der Plebs gab: Sie gehörten zu den bekanntesten plebejischen Familien; Angehörige ihrer Familie waren mehrfach Volkstribunen gewesen.

das Konsulat anzustreben: Sie konnten höchstens hoffen, Militärtribunen mit konsularischer Vollmacht zu werden. Den Zugang zum Konsulat erhielten die Plebejer erst 367.

Verrugo war 445 von den Römern befestigt worden (IV 1). Inzwischen war es wieder in die Hand der Volsker gefallen, ohne daß Livius das erwähnt hätte.

56 *Die führende Rolle dabei spielten die Bewohner von Antium:* Wahrscheinlich ist hier und in Kap. 57 Antium mit der Stadt Antinum im oberen Liristal verwechselt.

Siedler in ihr Gebiet geschickt: Es ist an Labici gedacht.

57 Der *Fuciner See* liegt im Gebiet der Marser. Wenn Livius hier vom *Gebiet der Volsker* spricht, hängt das wohl mit der Verwechslung von Antinum mit Antium zusammen.

L. Furius Medullinus war jetzt zum erstenmal Militärtribun; die falsche Zählung seiner Militärtribunate auch in Kap. 61. Richtig gezählt sind dann die folgenden Militärtribunate von 398, 397, 395, 394 und 391.

sein Amt... weiterführen: In Abweichung von dem 460 gefaßten Senatsbeschluß, nach dem keines der hohen Staatsämter ohne Unterbrechung weitergeführt werden sollte (III 21).

58 *Wiedergutmachung:* Wofür jetzt Wiedergutmachung gefordert wird, ist nicht zu ersehen.

Verrugo ging verloren: Schon zum zweitenmal, s. zu Kap. 55.

was Lars Tolumnius gegeben habe: Tolumnius hatte 438 veranlaßt, daß die römischen Gesandten umgebracht wurden (IV 17).

zwei Besatzungen: 409 Carventum und 407 Verrugo.

59 *Anxur, das heutige Tarracinae:* Tarracinae ist der ältere, wahrscheinlich etruskische Name der Stadt. Schon am Ende der Königszeit hatte sich die Macht Roms bis in diesen Raum erstreckt. Im römisch-karthagischen Vertrag von 508 werden Circeji (s. auch I 56) und Tarracinae unter den Gemeinden Latiums aufgeführt, die den Römern untertan sind. Nach dem Zusammenbruch der Tarquinierherrschaft breiteten sich die Volsker weiter in Latium aus und besetzten auch Tarracinae; sie nannten die Stadt Anxur. Nach dem Ende der Volskerzeit erhielt die Stadt wieder ihren alten Namen.

60 *Abgabe:* Nach Kap. 59 sollte der Sold aus der Staatskasse gezahlt werden (vgl. V 20). Nur wenn die Mittel der Staatskasse nicht ausreichten, sollte eine Kriegssteuer erhoben werden. Nach der Darstellung des Livius gewinnt man allerdings den Eindruck, als seien die Mittel für den Sold in der Regel durch eine Kriegssteuer aufgebracht worden.

noch kein gemünztes Silber: Silbermünzen wurden in Rom erst um 280 eingeführt (römisch-kampanische Prägungen); 269 wurde die Produktion dieser Münzen nach Rom verlegt.

Schweren Kupferasse: Die heute als *aes grave* bezeichneten gegossenen Kupfermünzen gab es erst seit 289, ebenso die geeichten Metallbarren *(aes signatum)*. Im ausgehenden 5. Jahrhundert kannte man als Geld nur Rohmetall *(aes rude)*, das gewogen wurde.

die vornehmsten Plebejer, die Freunde der Adligen: An keiner ande-

ren Stelle weist Livius mit solcher Deutlichkeit auf die sozialen Unterschiede innerhalb der Plebs hin. Die Interessen der wohlhabenden
Plebejer deckten sich weitgehend mit denen der Patrizier.

61 *Servius Romanus:* Weil er vom römischen Staat freigelassen worden
war.

FÜNFTES BUCH

1 *anderswo:* Bei den Volskern und Aequern.

es wurden acht gewählt: In Wirklichkeit wurden in diesem Jahr wie
schon in den beiden Vorjahren wieder sechs Militärtribunen gewählt.
Livius führt fälschlich auch die Zensoren dieses Jahres, M. Furius Camillus und M. Postumius Albinus als Militärtribunen an.

König: Veji hatte noch 438/7 bzw. 428 einen König gehabt. Wann das
Königtum in Veji abgeschafft wurde, erfahren wir nicht.

Das verärgerte die Völker Etruriens…: Der Übergang zur republikanischen Regierungsform scheint in Etrurien allgemein vollzogen gewesen zu sein. Ein Wiederaufleben des Königtums hat es aber nicht
nur in Veji, sondern auch später noch in anderen Städten Etruriens
gegeben.

die feierlichen Spiele: Im Voltumna-Heiligtum.

Befestigungen: Die römischen Anlagen waren nach Kap. 19 zunächst
nicht sehr dicht und die Stadt daher nicht völlig von der Umwelt abgeschnitten. Sonst wäre auch ein so langes Durchhalten nicht möglich
gewesen.

2 *Unterkünfte für den Winter zu bauen:* Hier denkt Livius offensichtlich an solidere Unterkünfte aus Holz und Steinen. Im Gegensatz dazu
ist bei der Agitation der Volkstribunen von Lederzelten die Rede.

4 *man dürfe den Soldaten kein Geld geben:* App. Claudius verdreht
hier die Worte der Volkstribunen in IV 60.

weil man es niemals getan habe: Die für die römischen Konservativen
typische Maxime überrascht im Munde der Volkstribunen.

eine Stadt wegen einer einzigen Frau: Der Vergleich der Belagerung
von Veji mit der von Troja ist alt; er hat zu der annalistischen Überlieferung von der zehnjährigen Belagerung von Veji (s. Kap. 22) geführt.

Siebenmal…: Vgl. IV 32 m. Anm.

5 *Türmen… Schutzdächern… Schildkröten:* Hier ist die Belagerungs-
technik einer späteren Zeit vorausgesetzt.

7 *Auch für die Reiter wurde ein bestimmter Sold festgesetzt:* Sie erhielten den dreifachen Sold.

9 *Entscheidung des Senats:* Der Senat konnte beschließen, daß die leitenden Beamten ihr Amt niederlegen sollten; diese befolgten einen
solchen Senatsbeschluß im allgemeinen, waren dazu aber nicht verpflichtet.

die Volkstribunen... drohten den Militärtribunen: Vgl. IV 26 und IV 56.

ebensowenig berechtigt...: In den ersten Jahrhunderten der Republik ist es immer nur bei der Drohung geblieben; 151 scheint es zum erstenmal dazu gekommen zu sein, daß die Konsuln tatsächlich durch die Tribunen eingekerkert wurden.

10 *M. Furius Camillus zum zweitenmal:* In Wirklichkeit war es sein erstes Militärtribunat, s. zu Kap. 1. Die Angaben des Livius über die Wiederholung der hohen Staatsämter sind häufiger fehlerhaft.

Patrizier: Siehe zu III 65.

ernannt: Die gewählten Mitglieder des Tribunenkollegiums sollten nach der III 64 mitgeteilten Wahlordnung selbst ihre Amtsgenossen für die vakanten Stellen ernennen.

Gesetz des Trebonius: Das Gesetz des Trebonius von 448 sah vor, daß alle zehn Volkstribunen gewählt sein sollten; s. III 65. Eine Ernennung von Volkstribunen *(cooptatio)* war somit durch dieses Gesetz untersagt.

11 *beim ersten Versuch:* 449/8 v. Chr., s. III 64–65.

Und doch erschienen sie... vor dem Richterstuhl des Volkes: Man hätte erwarten können, daß sie freiwillig in die Verbannung gingen.

12 *einer aus der Plebs, P. Licinius Calvus:* Er war nicht der einzige aus der Plebs, der in diesem Jahr Militärtribun wurde. Im Gegensatz zu der Behauptung des Livius waren vielmehr vier der Militärtribunen des Jahres Plebejer und nur P. Manlius und L. Furius Medullinus Patrizier. In diesem Jahr gelang der Plebs also der entscheidende Durchbruch, und sie erlangte gleich ein überwältigendes Übergewicht im Tribunenkollegium.

L. Furius Medullinus: Wahrscheinlich versehentlich statt Sp. Furius Medullinus, einem Bruder des L. Furius Medullinus, der 407 und 405 Konsulartribun gewesen war.

seinem Bruder Cn. Cornelius zuliebe: Cn. Cornelius Cossus war wohl sein Stiefbruder.

13 *ein feierliches Göttermahl (lectisternium):* Die Statuen der Götter wurden dabei auf Liegen *(lecti)* gestellt, die wie üblich mit Decken und Kissen bedeckt waren *(sternere)*, und auf einem vor den Liegen stehenden Tisch reich bewirtet.

15 *infolge der Feindschaft mit den Etruskern:* Rom lag nur mit Veji, Capena und Falerii im Krieg. Es wäre demnach durchaus möglich gewesen, aus einer anderen etruskischen Stadt einen Haruspex herbeizurufen.

in den Schicksalsbüchern: Hier für die etruskischen Schicksalsbücher, die Angaben über die befristeten Zeiten des Lebens der Menschen und Völker enthielten.

auf rechte Weise: Vor allem unter Beachtung aller rituellen Vorschriften.

16 *Tarquinii:* Seit dem gescheiterten Versuch von 509, die Königsfamilie wieder nach Rom zurückzuführen, hatte es zwischen Rom und Tarquinii keine Auseinandersetzungen mehr gegeben.

17 *Sühnung des Albaner Wunderzeichens:* Hier ist nur der sakrale Aspekt ins Auge gefaßt, die technische Lösung des Problems ist in Kap. 19 berichtet.

zogen ihn... hinzu: Er kannte die rituellen Vorschriften, die nach etruskischer Lehre bei der Anlage eines Abflußkanals zu beachten waren.

Das *Latinerfest* wird von Livius hier zum erstenmal ausdrücklich erwähnt. Nach dem Untergang von Alba Longa hatte Rom die Leitung des alljährlich stattfindenden Bundesfestes der Latiner übernommen; vgl. zu I 31.

Das *Opfer auf dem Albaner Berg* war der Höhepunkt des Latinerfestes. Dabei wurde dem Jupiter Latiaris ein weißer Stier geopfert. Das Fleisch des Opfertieres wurde an die Vertreter der Latinergemeinden verteilt.

angesagt: Der Termin des Latinerfestes wurde Jahr um Jahr von den höchsten römischen Beamten angesetzt. Da die Beamten dieses Jahres *fehlerhaft* gewählt waren, konnten sie keine sakrale Maßnahme *ordnungsgemäß* vollziehen.

18 *Die Centurien, die als erste ihre Stimme abgaben:* Siehe I 43. Die suggestive Wirkung der zuerst abgegebenen Stimmen hatte i. a. entscheidenden Einfluß auf das Wahlergebnis.

alle aus dem Kollegium dieses Jahres... wiedergewählt: P. Licinius Calvus, L. Titinius und P. Maelius waren 400 Militärtribunen gewesen. Q. Manlius fehlt in der Livianischen Überlieferung und ist aus der Parallelüberlieferung ergänzt; er ist vielleicht mit dem als Militärtribun des Jahres 400 aufgeführten P. Manlius identisch. Die beiden letzten der angeführten Militärtribunen, Cn. Genucius und L. Atilius, waren nicht 400, wie Livius hier annimmt, sondern 399 Militärtribunen gewesen.

ein günstiges Vorzeichen für die Eintracht: Nach der Wahl des Plebejers P. Licinius zum Militärtribunen hatte es 400 keine innenpolitischen Auseinandersetzungen gegeben.

Man erfüllte dem Vater diese Bitte: Das Militärtribunat des jungen P. Licinius ist unhistorisch. Die Parallelüberlieferung führt den Vater als Militärtribunen auch für dieses Jahr an.

19 *die Spiele:* Diese Spiele gehörten mit zum Latinerfest.

das Wasser aus dem Albaner See auf die Felder abgeleitet: Zum Abfließen des überschüssigen Wassers wurde ein 1425 m langer, etwa 1,20 m breiter und 1,20 m hoher Wassertunnel durch den Berg geführt; er reguliert heute noch den Wasserspiegel des Sees.

ein unterirdischer Gang, den man... zu führen begonnen hatte: Wahrscheinlich benutzten die Römer dabei ältere, von den Etruskern

angelegte Stollen, die nicht mehr in Benutzung und zum Teil zuge-
schüttet waren.

21 *Sehern… Orakeln… Götter… andere:* Die Plurale sind rhetorische
Übertreibungen für den Haruspex aus Veji, das Delphische Orakel,
Juno und Apollon.

23 *unpassend für einen Bürger:* D. h. wie ein König. Die Formulierung
ist als Reaktion auf Caesars Triumphzug zu sehen, in dem er, wie es
die Tradition von Romulus und Camillus sagte, seinen Triumphwagen von vier weißen Pferden ziehen ließ.

Daß der Diktator sich mit seinen Pferden Jupiter… gleichstellte: Es
ist nicht Vermessenheit, sondern gehört zum Wesen des Triumphes,
daß der triumphierende Feldherr Jupiter darstellt, der den Sieg für die
Römer errungen hat. Er trägt die gleiche Tracht wie das Kultbild Jupiters im Tempel, seine Haut ist mit Mennige gefärbt wie beim Kultbild, in der Hand hält er das elfenbeinerne Zepter mit dem Adler. Der
Gebrauch weißer Pferde beim Triumph scheint allerdings in republi-
kanischer Zeit ungewöhnlich gewesen zu sein; sie wurden Caesar für
seinen Triumph eigens bewilligt. – Daß sich beim Triumph des Camillus über Veji keine rechte Begeisterung einstellte, ging nicht auf
die Verwendung der weißen Pferde zurück; das Volk war vielmehr
verärgert darüber, daß seine Beuteerwartungen nur zu einem Teil erfüllt worden waren.

24 *eine Kolonie ins Gebiet der Volsker:* Nach Circeji.

25 *wählten sie die Volkstribunen… für das kommende Jahr wieder:*
Entgegen dem Gesetz von 409.

26 *P. Cornelius zum zweitenmal:* Es ist unklar, welcher P. Cornelius gemeint ist. In Frage kommen drei: P. Cornelius Maluginensis, der 397
zum erstenmal Militärtribun mit konsularischer Vollmacht gewesen
war, und die beiden P. Cornelius, die im Vorjahr dieses Amt innegehabt hatten.

27 *denselben Mann als Lehrer und Begleiter ihrer Kinder:* In Rom waren
die Aufgaben der Unterweisung und der Beaufsichtigung der Kinder
auf verschiedene Personen verteilt. Aufseher *(paedagogi, comites, pe-
disequi)* sind in Rom überhaupt erst gegen Ende der Republik unter
griechischem Einfluß eingeführt worden; sie betreuten immer nur die
Kinder einer Familie.

28 *Das Taktgefühl, mit dem er schwieg:* Er drang nicht auf Einlösung
des Gelübdes.

29 *das Gesetz beantragt:* Das Gesetz zur Übersiedlung eines Teils der
Bevölkerung Roms nach Veji.

Volkstribunen… waren vor Gericht geladen worden: Es gibt kein anderes Beispiel dafür, daß Volkstribunen sich für ihre Amtsführung
vor Gericht verantworten mußten. Die Mitteilung ist wahrscheinlich
unhistorisch.

eine andere Waffe: Die Diktatur.

30 *in seinem Triumphzug vorgeführt:* In den Triumphzügen wurden
   auch Bilder der eroberten Städte gezeigt.

31 *der später den Beinamen Capitolinus erhielt:* Livius denkt hier an die
   Verleihung eines Ehrennamens wegen der Rettung des Kapitols; die
   Mitglieder dieser Familie hatten aber bereits vorher diesen Beinamen
   wegen ihrer Wohnung auf dem Kapitol.

   wird nie mehr… nachgewählt: Der überlebende Zensor mußte sein
   Amt niederlegen; danach war die Wahl von zwei neuen Zensoren
   möglich.

32 *Am 1. Quintilis:* Daß der Beginn des Amtsjahres verschoben wird –
   seit 401 hatte es am 1. Oktober begonnen –, hängt wohl mit der durch
   die Krankheit verursachten Amtsunfähigkeit der Konsuln von 392
   zusammen.

   die Kapelle: Des Aius Locutius, vgl. V 50 und 52.

   wegen der Beute von Veji vorgeladen: Es gibt keine einhellige Überlieferung über den gegen Camillus erhobenen Vorwurf. Offensichtlich tappten die antiken Autoren hinsichtlich des Anklagepunktes
   völlig im dunkeln. Es stand lediglich fest, daß Camillus angeklagt
   wurde, freiwillig in die Verbannung ging und in Abwesenheit zu einer Geldbuße verurteilt wurde.

33 *das bisher von den Etruskern bestellte Land:* Die Etrusker hatten im
   späten 6. und 5. Jahrhundert große Teile des nur dünn besiedelten
   und weithin brachliegenden Landes jenseits des Apennin an sich gebracht.

   *die Gallier sind schon fast zweihundert Jahre vor dem Angriff auf
   Clusium und der Einnahme Roms nach Italien hinübergekommen:*
   Die Invasion der Gallier in Oberitalien wird üblicherweise um 400
   datiert.

   das Tyrrhenische Meer: Die Griechen nannten die Etrusker Tyrsener
   (Τυρσηνοί) oder Tyrrhener (Τυρρηνοί).

34 *die Hercynischen Wälder:* Sammelbezeichnung für die mitteleuropäi-
   schen Gebirge nördlich der Donau. Auch Caesar und nach ihm Tacitus berichten von der Einwanderung gallischer Stämme in dieses Gebiet. Es handelt sich um einen Versuch, die Anwesenheit von Galliern
   jenseits des Rheins zu erklären. In Wirklichkeit befanden sich in diesem Gebiet aber die alten Wohnsitze der Gallier, von wo der größte
   Teil von ihnen – wahrscheinlich unter dem Druck der Germanen –
   nach Westen auswanderte.

   Herkules war auf dem Weg von der Insel Erytheia im Westen jenseits
   des Ozeans, wo er den Geryones getötet und seine Rinder an sich gebracht hatte, auf dem Landweg über Spanien, Frankreich und Italien
   nach Griechenland zurückgekehrt; vgl. I 7 m. Anm.

   aus Phokaia aufgebrochen: Massilia wurde von Griechen aus Phokaia
   um 600 gegründet.

   Tauriner Pässe: Über den Mt. Genèvre.

Duria: Die Duria minor, heute Dora Riparia.

35 *Salluvier:* Livius hat den Stammesnamen in Kap. 34 nach der griechischen Form Σάλυες gegeben, hier bringt er den Namen in der im Lateinischen üblichen Form.

Poeninus: Der große St. Bernhard.

Senonen: Sie sind bereits in Kap. 34 erwähnt. Es handelt sich hier um eine andere Gruppe aus demselben Stamm.

die ungewohnten Gestalten der Menschen: Die Gallier waren größer als die Römer und Etrusker und hatten rötliche Haare, die sie lang trugen.

die Art ihrer Waffen: Sie hatten Wurfspeere und lange Schwerter ohne Spitze.

Bundesgenossen und Freunde des römischen Volkes: Nachdem sie die Römer um Hilfe gebeten haben, sind sie als solche zu betrachten.

37 *das Heer:* Nach Dionysios von Halikarnaß führten die Römer vier Legionen kampferfahrener Soldaten in die Schlacht; dazu kam noch eine größere Zahl unerfahrener Mannschaften. Plutarch sagt, die Römer seien mit 40000 Mann in den Kampf gegangen, von denen allerdings der größte Teil ungeübte Leute gewesen seien.

stieß man... aufeinander: Am 18. Quintilis 386.

am 11. Meilenstein: Der Via Salaria.

38 *Zu den Flügeln hin... damit sie nicht... umzingelt werden konnten:* Der linke Flügel lehnte sich an den Tiber an, der rechte Flügel reichte bis auf die Höhen. Eine Überflügelung war also nur auf dem rechten Flügel möglich.

ein schwaches und kaum noch zusammenhängendes Zentrum: Nach J. Kromayer war die römische Aufstellung in der etwa 2 1/2 km breiten Ebene 8–10 Mann tief.

die Reserve: Nach Diodor stand der Kern des römischen Heeres in einer Stärke von 24000 Mann vom Tiber bis an die Höhen heran; auf der Höhe am rechten Flügel standen »die Schwächsten«.

daher wandte er sich gegen die Reserve: Die Gallier griffen mit ihren besten Verbänden die römischen Truppen auf der Höhe frontal und von der Flanke her an und warfen sie ohne große Mühe in die Ebene hinab. Dadurch war die Schlacht bereits entschieden, der Kern des römischen Heeres geriet in Panik und wandte sich zur Flucht.

daß ein viel größerer Teil nach Veji... floh: Die Flucht des geschlagenen Heeres nach Rom war nicht möglich, weil die Höhen im Südwesten des Schlachtfeldes nahe an den Tiber herantreten und nur einen engen Durchlaß bieten. Nur wenige konnten hier entkommen. Für die anderen gab es keine andere Rettung als die Flucht über den Tiber.

Vom rechten Flügel... strebten alle nach Rom: In Wirklichkeit teilte der rechte Flügel, der in die Ebene hinabgedrängt worden war, das Schicksal des übrigen Heeres, von dem die meisten über den Tiber, nur wenige nach Rom entkamen.

39 *Der Flamen:* Der Flamen des Quirinus.

40 *welche von den Heiligtümern sie mitnehmen …:* Vor allem mußte das heilige Feuer der Vesta und das Palladium (s. zu Kap. 52) gerettet werden. Über den anderen Heiligtümern, die im Vestatempel aufbewahrt wurden und an denen nach allgemeinem Glauben der Bestand Roms hing, lag bereits im Altertum geheimnisvolles Dunkel.

41 *kurulische Ämter:* Die Ämter des Konsuls, des Diktators, des Magister equitum, des Militärtribunen mit konsularischer Vollmacht und des Zensors. Die Bezeichnung rührt daher, daß diese Beamten das Recht hatten, bei ihren Amtshandlungen auf der *sella curulis,* dem Elfenbeinstuhl (s. u.) zu sitzen.

mit den Zeichen … ihrer Ämter: Die kurulischen Beamten trugen eine Tunica mit zwei breiten, vom Hals abwärts laufenden Purpurstreifen und eine Toga mit breitem Purpursaum.

das ehrwürdige Gewand …: Toga und Tunica des triumphierenden Feldherrn waren purpurfarben und mit Gold bestickt.

die die Wagen mit den Götterbildern geleiten: Bei den Spielen wurden Götterbilder in einer festlichen Prozession durch den Circus maximus gefahren. Der Beamte, der die Spiele leitete, trug dabei das Triumphgewand.

Elfenbeinstuhl: Ein elfenbeinerner oder mit Elfenbein verzierter Klappstuhl ohne Rückenlehne, der von den etruskischen Königen übernommen worden war.

sich … dem Opfertod geweiht: Das feindliche Heer wurde durch ihren Opfertod dem Untergang geweiht.

M. Papirius: Es kann nur M. Papirius Mugillanus gemeint sein. Da er den Elfenbeinstab hat, müßte er triumphiert haben. Für ihn ist jedoch weder ein Triumph noch ein militärischer Erfolg überliefert, der die Voraussetzung für einen Triumph hätte bilden können.

Elfenbeinstab: Der triumphierende Feldherr trug einen Elfenbeinstab.

45 *bei den Salinen:* An der Tibermündung; vgl. I 33.

46 *auf Gabinische Art gegürtet:* Eine aus Gabii übernommene Art, die Toga beim Opfer zu tragen: der eine Zipfel wurde dabei über den Kopf geschlagen, der andere um die Hüfte gegürtet, so daß die Arme frei blieben.

diese brachten ihn nach Veji: Diese Darstellung nimmt an, Camillus sei nach seiner Rückkehr nach Veji zum Diktator ernannt worden.

das Gesetz: Über die Aufhebung seiner Verbannung.

man möchte ja eher annehmen: Nach Kap. 48 bleibt Camillus nach der Ernennung zum Diktator zunächst noch in Ardea, führt dort eine Aushebung durch und läßt die Truppen aus Veji durch den Magister equitum nach Ardea führen.

47 *ein halbes Pfund:* 163,725 g.

einen Quartarius: 0,136 l.

48 *1000 Pfund:* Zu 327,45 g.

49 *Romulus:* Die Soldaten hatten beim Triumph des Jahres 437 auch
Cossus mit Romulus verglichen, s. IV 20. – Octavian war 27 nicht abgeneigt, den Ehrennamen Romulus anzunehmen, entschied sich
dann aber doch anders.

Vater des Vaterlandes: Livius gibt I 16 Romulus den Titel »Vater der
Stadt Rom«. Cicero wurde nach der Niederwerfung der Catilinari-
schen Verschwörung »Vater des Vaterlandes« genannt. Caesar erhielt
den Titel gegen Ende seines Lebens; Augustus nahm ihn nach mehr-
maliger Ablehnung 2 v. Chr. an, war davor aber schon häufiger mit
diesem Ehrentitel bezeichnet worden.

zweiter Gründer der Stadt: Marius wurde nach seinem Sieg über die
Kimbern als »dritter Gründer Roms« bezeichnet.

50 *abgegrenzt:* Die alten Abgrenzungen der Heiligtümer gegen ihre
Umwelt mußten wiederhergestellt werden.

Kapitolinische Spiele: Sie wurden jährlich am 15. Oktober gefeiert.

Den Frauen… eine feierliche Leichenrede: Popilia, die Mutter des Q.
Lutatius Catulus (Konsul 102), war die erste Römerin, der eine Leichenrede gehalten wurde.

52 *eure privaten:* Der Genius des Mannes, die Juno der Frau, die Laren
und die Penaten.

Jupitermahl: Ein Opfer in der Form eines Mahls, an dem die Senatoren teilnahmen. Es fand am 13. September statt; ein Bildnis Jupiters
stand dabei auf dem Polster eines Speisesofas, Bildnisse der Juno und
der Minerva auf Sesseln. – Vgl. auch V 13 m. Anm.

Götterbild: Das Palladium, ein altes hölzernes Götterbild der waf-
fentragenden Athene/Minerva, das der Sage nach in Troja vom Himmel gefallen war. Man glaubte, es garantiere der Stadt, in der es aufbewahrt wurde, Schutz und Herrschaft. Vor dem Untergang Trojas
wurde es durch Odysseus und Diomedes geraubt. Diomedes gab es
später, weil es ihm kein Glück gebracht hatte, in Kalabrien an Aeneas
und seine Trojaner zurück. Das Palladium wurde in Rom im Tempel
der Vesta aufbewahrt.

von euren Schilden, Mars Gradivus und du, Vater Quirinus: Siehe
I 20 m. Anm. und I 27 m. Anm.

auf dem Albaner Berg: Siehe I 31 m. Anm.

in Lavinium: Der Kult der Penaten und der Vesta war von Lavinium
nach Alba Longa und von da nach Rom übertragen worden. Die
Konsuln, Prätoren und Diktatoren brachten nach ihrem Amtsantritt
in Lavinium ein feierliches Opfer dar.

Die Curiatcomitien, die das Kriegswesen umfassen: Die Curiatcomitien hatten u. a. die Aufgabe, den Beamten das *imperium* (die Befehlsgewalt) zu bestätigen; sie wurden auf dem Comitium gehalten.

Die Centuriatcomitien fanden in der Regel auf dem Marsfeld statt; innerhalb des Pomeriums waren sie untersagt.

53 *Hütte unseres Gründers:* In Rom gab es noch zur Zeit des Livius eine
alte Hütte auf dem Kapitol, die man für die Hütte des Romulus hielt.
das Glück dieses Platzes: Das Glück des römischen Volkes und die
Verheißung der Weltherrschaft sind unlösbar an die Stadt Rom gebunden.
Juventas und Terminus: Als die Vorarbeiten für den Bau des Jupitertempels auf dem Kapitol begannen, durften nach dem Willen der
Götter die Heiligtümer der Juventas und des Terminus nicht verlegt
werden. Für Terminus s. I 55. Die Weigerung der Juventas, ihr Heiligtum auf dem Kapitol zu verlassen, ist I 55 nicht erwähnt; auch ihr
Heiligtum wurde dann in den neuen Tempel mit einbezogen, es befand sich in der Vorhalle der Cella der Minerva.

55 *die alten Abwässerkanäle:* Aus der Königszeit, s. I 38 und I 56.

ZEITTAFEL

1184/3	Zerstörung Trojas (nach Eratosthenes)
21. April 753	Sagenhafte Gründung Roms durch Romulus
753–509	Königszeit
um 650	Untergang von Alba Longa
um 540	Gründung des Dianaheiligtums auf dem Aventin
509	Vertreibung des L. Tarquinius Superbus. Beginn der römischen Republik
508	Porsenna vor Rom
13. Sept. 507	Einweihung des Jupitertempels auf dem Kapitol
15. Juli 496	Schlacht am Regillus-See: Sieg der Römer über die Latiner
495	Beginn des Ständekampfes
493	Einrichtung des Volkstribunats
493	Vertrag zwischen Rom und den Latinern
486	Vertrag mit den Hernikern
462	Gesetzesantrag des C. Terentilius Harsa
451–449	Decemvirat, Zwölftafelgesetze
445	Zulassung der Ehen zwischen Patriziern und Plebejern Einführung des Konsulartribunats
um 400	Eindringen gallischer Stämme nach Italien
396	Einnahme von Veji
18. Juli 390*	Niederlage der Römer an der Allia
390*	Die Gallier in Rom

* Richtiger als die Datierung des Livius ist die des Polybios, nach dem die Gallier 386 die Römer besiegten und Rom besetzten.

SCHEMA DES AUFBAUS

Vorrede

Königszeit

Republik

BUCH II

* Livius berichtet die Ereignisse unter einem Jahr, s. zu II 15.

---

* Die Schlacht war am 15. Juli 496.
** Livius teilt den Beginn der Jahre 490 und 489 nicht mit, s. zu II 36.

BUCH III

BUCH IV

Buch v

* Die Schlacht an der Allia und die Besetzung Roms durch die Gallier fallen in
Wahrheit in das Jahr 386, s. Polybios 1, 6, 2.

VERZEICHNIS DER EIGENNAMEN

Sp. Oppius Cornicen: 450–449 Decemvir

Ortona: Stadt in Latium

Ostia: Hafenstadt an der Tibermündung

Palatium: Hügel in Rom

Pallanteion: Stadt in Arkadien

Pallentium: angeblich alter Name des Palatium

Pallor: Gottheit der Angst

Pan: arkadischer Hirtengott

Paphlagonien: Landschaft in Kleinasien

M. Papirius (Atratinus): 411 Konsul; identisch mit M. Papirius Mugillanus (s. zu IV 52)

L. Papirius Crassus: 436 und 430 Konsul

M. Papirius Crassus: Bruder des vorigen, 441 Konsul

L. Papirius Mugillanus: 444 Konsul, 443 Zensor

L. Papirius Mugillanus: 427 Konsul, 422 Konsulartribun

M. Papirius Mugillanus: 418 und 416 Konsulartribun, 411 Konsul; vgl. M. Papirius (Atratinus)

C. Papius: 409 Quästor

Pavor: Gottheit der Panik

Pedum: Ort in Latium

Phokaia: Stadt in Kleinasien

Pinarier: römische Familie

L. Pinarius: 472 Konsul

L. Pinarius Mamercus: 432 Konsulartribun

Piso: s. L. Calpurnius Piso

Poeninus: Großer St. Bernhard

Poetelius: 441 Volkstribun

Q. Poetelius: 450–449 Decemvir

Politorium: Stadt in Latium

Polusca: Stadt in Latium

Pometia: s. Suessa Pometia

Pompilia: Tochter des Numa Pompilius, Mutter des Ancus Marcius

Numa Pompilius: 715–672 König von Rom

Sex. Pompilius: 420 Volkstribun

M. Pomponius: 449 Volkstribun

M. Pomponius: 399 Konsulartribun

Q. Pomponius: 395 und 394 Volkstribun

Pomptinisches Gebiet: in Latium

Tib. Pontificius: 480 Volkstribun

Lars Porsenna: König von Clusium

Postumia: Schwester des folgenden, Vestalin

M. Postumius: 426 Konsulartribun, vielleicht M. Postumius Albinus

M. Postumius: 403 Konsulartribun

P. Postumius: 505 und 503 Konsul

Sp. Postumius: 394 Konsulartribun, vielleicht Sp. Postumius Regillensis

M. Postumius Albinus: 403 Zensor (s. zu V 1)

A. Postumius Albus: 499 Diktator, 496 Konsul

A. Postumius Albus: wahrscheinlich Sohn des vorigen, 464 Konsul

Sp. Postumius Albus: wahrscheinlich Sohn des Diktators von 499; 466 Konsul, 451 Decemvir, Augur

Sp. Postumius Albus: vielleicht Sohn des vorigen, 432 Konsulartribun

A. Postumius Regillensis: 397 Konsulartribun

M. Postumius Regillensis: 414 Konsulartribun

A. Postumius Tubertus: 434 Magister equitum, 431 Diktator

Potitier: römische Familie

Praeneste: Stadt in Latium

Proca: König von Alba

Publicola: s. P. Valerius Publicola

Volero Publilius: 472 und 471 Volkstribun

Volero Publilius: 399 Konsulartribun

L. Publilius Volscus: 400 Konsulartribun

Erster Punischer Krieg: 264–241

Pylaimenes: König der Eneter

Pythagoras: berühmter griechischer Philosoph aus der zweiten Hälfte des 6. Jh.

Pythia: Priesterin des Apollo in Delphi

Pythisches Orakel: Delphi

Quies: Göttin der Ruhe

Quinctier: römisches Adelsgeschlecht

Quinctilier: Adelsgeschlecht aus Alba

LITERATURHINWEISE

Textausgaben, zweisprachige Ausgaben und Kommentare

Titi Livi ab urbe condita libri, bearbeitet von W. Weissenborn und
  H. J. Müller,
  1. Band: Buch I (⁹1908) und Buch II (⁸1894), Nachdruck Dublin-Zü-
  rich 1969.
  2. Band: Buch III (⁶1900) und Buch IV/V (⁶1896), Nachdruck Dublin-
  Zürich 1970.
Titi Livi ab urbe condita, recognovit et adnotatione critica instruxit R. M.
  Ogilvie (Oxford Classical Texts), Tomus I: Libri I–V, Oxford 1974.
R. M. Ogilvie, A Commentary on Livy, Books I–V, Oxford 1965, Nach-
  druck 1970.
Titus Livius, Römische Geschichte, Lateinisch und deutsch hrsg. von
  Hans Jürgen Hillen (Sammlung Tusculum),
  Band 1: Buch I–III, München-Zürich 1987.
  Band 2: Buch IV–VI, München-Zürich 1991.

Römische Geschichtsschreibung

Historicorum Romanorum reliquiae, recensuit H. Peter, 2 Bände, Leipzig ²1914 und 1906, Nachdruck Stuttgart 1967.
F. Klingner, Römische Geschichtsschreibung, Die Antike 13, 1937, 1 ff.;
  jetzt auch in: Römische Geisteswelt, Stuttgart ⁵1979, 66–89.
V. Pöschl (Hrsg.), Römische Geschichtsschreibung, Darmstadt 1969.
D. Flach, Einführung in die römische Geschichtsschreibung, Darmstadt
  1985.

Livius

R. Heinze, Livius, in: Die Augusteische Kultur, Leipzig-Berlin 1930.
  ²1933, Nachdruck Darmstadt 1983, 91–106.
E. Burck, Die Erzählungskunst des T. Livius, Berlin 1934, Berlin-Zürich
  ²1964.
E. Burck, Livius als augusteischer Historiker, Welt als Geschichte I,
  1935, 446–487; jetzt auch in: Vom Menschenbild in der römischen Literatur II, Heidelberg 1981, 144–180.

A. Klotz, Livius und seine Vorgänger, 3 Hefte, Leipzig 1940/41, Nachdruck Amsterdam 1964.

F. Klingner, Livius - Zur Zweitausendjahrfeier, Neue Jahrbücher 1943, 43 ff.; jetzt auch in: Römische Geisteswelt, Stuttgart ⁵1979, 458–482.

P. G. Walsh, Livy, His Historical Aims and Methods, Cambridge 1961.

R. Bloch, Tite-Live et les premiers siècles de Rome, Paris 1965.

E. Burck (Hrsg.), Wege zu Livius, Darmstadt 1967, ³1987.

T. J. Luce, Livy. The Composition of His History, Princeton/N. J. 1977.

E. Lefèvre – E. Olshausen (Hrsg.), Livius, Werk und Rezeption, Festschrift für Erich Burck zum 80. Geburtstag, München 1983.

GESCHICHTE

Th. Mommsen, Römische Geschichte, Berlin 1854–56/1885, dtv-Nachdruck München 1976.

J. Vogt, Die römische Republik, Freiburg 1932, ⁶1973.

A. Heuss, Römische Geschichte, Braunschweig 1960, ⁵1983.

H. Bengtson, Grundriß der römischen Geschichte, Bd. I: Republik und Kaiserzeit bis 284 n. Chr., München 1967, ³1982.

R. M. Ogilvie, Das frühe Rom und die Etrusker, München 1983 (Early Rome and the Etruscans, London 1976).

F. Bömer, Rom und Troja, Untersuchungen zur Frühgeschichte Roms, Baden-Baden 1951.

H. Strasburger, Zur Sage von der Gründung Roms, Sitzungsberichte der Heidelberger Akademie der Wissenschaften, Philosophisch-historische Klasse, 1968,5.

E. Gjerstad, Early Rome, 6 Bände, Lund 1953–1973.

R. Bloch, Les origines de Rome, Paris 1959.

H. Müller-Karpe, Vom Anfang Roms, Heidelberg 1959.

H. Müller-Karpe, Zur Stadtwerdung Roms, Heidelberg 1962.

A. Alföldi, Das frühe Rom und die Latiner, Darmstadt 1977 (Early Rome and the Latins, Ann Arbor/Mich. 1965).

J. Poucet, Les origines de Rome. Tradition et histoire, Brüssel 1985.

M. Pallottino, Etruskologie, Basel-Boston-Berlin 1988 (Etruscologia, Mailand 1942, ⁷1985).

J. Heurgon, Die Etrusker, Stuttgart 1971, ²1977 (La vie quotidienne chez lez Étrusques, Paris 1961).

R. Täubler, Untersuchungen zur Geschichte des Decemvirats und der Zwölftafeln, Berlin 1921, Nachdruck Vaduz 1965.

K. Hanell, Das altrömische eponyme Amt, Lund 1946.

A. Momigliano, Le origini della repubblica romana, Rivista storica italiana 81, 1969, 5–43.

R. Werner, Der Beginn der römischen Republik, München 1963.

Les origines de la république romaine, Vandœuvres–Genève 1967 (Entretiens sur l'antiquité classique, Tome XIII).

K. A. Raaflaub (Hrsg.), Social Struggles in Archaic Rome. New Perspectives on the Conflict of Orders, Berkeley–Los Angeles–London 1986.

J. Ward-Perkins, Veii. The Historical Topography of the Ancient City, Papers of the British School at Rome, 29, 1961.

J. Kromayer, Drei Schlachten aus dem griechisch-römischen Altertum, Abhandlungen der Sächsischen Akademie der Wissenschaften, Philologisch-historische Klasse, 34,5, Leipzig 1921 (darin S. 28–59: Allia).

R. Schachermeyr, Die Gallische Katastrophe, Klio 23, 1930, 277–305.

H. Homeyer, Zum Keltenexkurs in Livius' 5. Buch, Historia 9, 1960, 345-361.

INHALT

ANHANG

Die antiken Kulturen neu entdecken

Marc Aurel
Wege zu sich selbst
Aus dem Griechischen von Rainer Nickel. Mit einem Nachwort, Anmerkungen und Literaturhinweisen. 1990. 227 Seiten

Die Lebensweisheiten des »Philosophen auf dem Kaiserthron«, die Aphorismen und Maximen Marc Aurels (121–180 v. Chr.) hat Rainer Nickel für den heutigen Leser flüssig und verständlich neu übersetzt. Die darin ausgesprochenen Gedanken über die Stellung und die Aufgaben der Menschen in seiner Umwelt, die Verantwortung sich selbst und anderen gegenüber vermitteln Einsichten allerhöchster Aktualität.

Artemis & Winkler Verlag, München und Zürich